suhrkamp taschenbuch
wissenschaft 183

Gerhard Lenski lehrte von 1950 bis 1963 an der Universität von Michigan und ist heute Professor der Soziologie an der Universität von North Carolina. Publikationen: *Principles of Sociology* (1956), *The Religious Factor* (1961).

Lenski definiert soziale Schichtung als den Prozeß, durch den in menschlichen Gesellschaften knappe Güter und Werte verteilt werden. Von anderen neueren Untersuchungen über soziale Schichtung unterscheidet sich die von Lenski besonders dadurch, daß sie sich weniger auf die Folgen als auf die Ursachen jenes Prozesses konzentriert, die, weil den heute gängigen Methoden der Umfrageforschung kaum zugänglich, von den Sozialwissenschaften nicht nur vernachlässigt, sondern oft genug auch ausgeblendet werden: man nimmt die jeweils bestehenden Strukturen und Systeme der Verteilung von Macht und Besitz als (natur)gegeben hin. Lenski dagegen fragt nach den Bedingungen ihrer Entstehung, der Dynamik ihrer Entwicklung in fünf Grundtypen von Gesellschaft (von primitiven Jäger- und Sammlergesellschaften über Hortikultur- und Agrargesellschaften bis zu den heutigen Industriegesellschaften).

Gerhard Lenski
Macht und Privileg

Eine Theorie der sozialen Schichtung

Übersetzt von
Hanne Herkommer

Suhrkamp

Titel der Originalausgabe:
Power and Privilege. A Theory of Social Stratification

CIP-Kurztitelaufnahme der Deutschen Bibliothek
Lenski, Gerhard, Macht und Privileg:
e. Theorie d. sozialen Schichtung.
– 1. Aufl. – Frankfurt am Main: Suhrkamp, 1977.
(Suhrkamp-Taschenbücher Wissenschaft; 183)
Einheitssacht.: Power and privilege ⟨dt.⟩.
ISBN 3-518-07783-X

suhrkamp taschenbuch wissenschaft 183
Erste Auflage 1977

Druck: Nomos, Baden-Baden
Printed in Germany
Umschlag nach Entwürfen von
Willy Fleckhaus und Rolf Staudt

Inhalt

Vorwort

In den Vorlesungen und Seminaren über soziale Schichtung, die ich in den vergangenen vierzehn Jahren hielt, sah ich mich stets aufs neue vor die Aufgabe gestellt, die mannigfaltigen und häufig gegensätzlichen Beiträge der verschiedenen Theoretiker zu diesem Thema in einen sinnvollen und erhellenden Zusammenhang zu bringen. Daß dies nicht einfach war, läßt sich an den Namen von Marx, Spencer, Gumplowicz, Sumner, Veblen, Mosca, Pareto, Michels, Sorokin, Parsons, Davis, Dahrendorf und Mills ablesen.
Zunächst schien es nur die eine Möglichkeit zu geben, die Arbeiten der verschiedenen Autoren in chronologischer Reihenfolge zu behandeln und dabei jede einzelne als mehr oder weniger für sich stehende und in sich abgeschlossene zu präsentieren. Allmählich jedoch kristallisierte sich die Möglichkeit einer umfassenderen und sinnvolleren Organisation des Materials heraus. Schließlich erkannte ich, daß so gegensätzliche Theorien wie die von Marx und Mosca oder jene von Dahrendorf und Parsons sich innerhalb eines einzigen, gemeinsamen Rahmens begreifen lassen. Dies wird in dem Augenblick möglich, da man die Entwicklung des Denkens auf diesem Gebiet aus der Perspektive der Hegelschen Dialektik betrachtet mit ihrer faszinierenden Einsicht, daß Ideen die ihnen entgegengesetzten Ideen erzeugen und daß aus dem sich ergebenden Kampf zwischen ihnen eine Synthese hervorgeht, die Elemente aus beiden in sich vereinigt in einem neuen und besonderen Zusammenhang.
Wendet man die Hegelsche Dialektik auf die Vergangenheit an, so läßt sich in der sonst verwirrenden Geschichte von Schichtungstheorien leicht eine sinnvolle Struktur entdecken. Von jeher wurden die grundsätzlichen Kontroversen zwischen zwei Schulen ausgetragen, wobei von der einen die konservative These, daß soziale Ungleichheit sowohl unvermeidlich als auch gerecht sei, von der anderen die radikale Gegenthese, daß soziale Ungleichheit weder das eine noch das andere sei, vertreten wurde.
Der dialektische Ansatz gegenüber der Schichtungstheorie ist jedoch mehr als ein guter Trick, die Arbeiten der Vergangenheit zusammenzufassen. Er ermöglicht zugleich Wahrnehmung und Erkenntnis aktueller Tendenzen und Entwicklungen und schafft eine Basis für die Antizipation zukünftiger. Vor allem aber macht er

offen für eine neu sich bildende dritte theoretische Position, welche, um mit Hegel zu sprechen, nur als Synthese bezeichnet werden kann.

Eines der Hauptziele des vorliegenden Buches ist es, diese Entwicklung mehr ins Bewußtsein zu heben, denn ich bin der Meinung, daß sie zwar allgemein empfunden, aber selten artikuliert wird. Ein solches Bewußtsein ist jedoch Voraussetzung für einen rascheren Fortschritt der theoretischen und empirischen Arbeit über Schichtung.

Ein zweites und nicht weniger wichtiges Ziel unserer Arbeit besteht darin, die Synthese zu beschreiben und weiterzutreiben. Es ging mir insbesondere darum, die Darlegung der Synthese dadurch weiterzuführen und zu präzisieren, daß ich die ihr zugrunde liegenden Thesen in einen möglichst weiten Rahmen von ethnographischem, historischem und soziologischem Datenmaterial stellte, in der Überzeugung, daß die induktive Methode für die Theoriebildung nicht weniger wichtig ist als die deduktive.

Ich bin nicht so naiv anzunehmen, was folgt, sei die Synthese, auf welche die Schichtungstheorie sich zubewege. Allerdings bin ich sicher, daß eine solche Synthese im Entstehen *ist*, und daß ich ihre wesentlichen Umrisse mit einiger Prägnanz aufgewiesen habe. In dieser Überzeugung werde ich durch etliche neue Publikationen bestärkt, so besonders durch die von Ossowski und van de Berghe, welche zeigen, daß andere, unabhängig von mir, zu gleichen oder ähnlichen Auffassungen gelangt sind.

Um ein systematisches Theoriegebäude zu entwickeln und nicht nur einen Katalog von begrifflichen Kategorien aufzustellen, beginne ich die Darlegung der Synthese mit einigen fundamentalen Postulaten über die Natur des Menschen und der Gesellschaft (Kapitel 2). Sie dienen als Grundlage für eine Reihe von allgemeinen Thesen über die Dynamik des Verteilungsprozesses und die dadurch sich bildenden Strukturen (Kapitel 3 und 4). Auf ihnen wiederum baut eine Reihe von spezifischeren Thesen über die Verteilungssysteme in fünf Grundtypen von Gesellschaften auf (Kapitel 5 bis 12).

Eine derartige Anordnung des Materials mag einen weitgehend deduktiven Ansatz auf seiten des Autors vermuten lassen, der einige Postulate und Hypothesen unkritisch akzeptiere und in der Folge nach Belegmaterial suche, sie zu stützen. Dem ist jedoch keineswegs so. Die Theorie wurde sowohl mittels Induktion als auch mittels Deduktion entwickelt, und wenn die Fakten ihr widersprachen, wurde sie modifiziert. Vor einigen Jahren, als ich mit der Arbeit begann, war die Theorie der funktionalistischen Position allerdings erheblich näher, als sie es heute ist; unser zunehmend weiter gesteckter Rahmen von Vergleichsmaterial erzwang eine Verschiebung, die leider im Buch selbst nicht sichtbar wird.

Manche werden unser großes Vertrauen in den induktiven Ansatz bedenklich finden, denn in gewissen soziologischen Kreisen ist es gegenwärtig modern, Theoriebildung mit einem rein deduktiven Ansatz gleichzusetzen. Glücklicherweise scheint diese Mode in dem Maße zu verfallen, in dem ihre tiefe Sterilität immer deutlicher und die theoretische Bedeutung von Induktion klarer erkannt wird.

Vom methodologischen Standpunkt aus betrachtet, sind die Daten, die für die Überprüfung der Theorie verwandt wurden, keineswegs ideal. Systematische, quantitative Daten wären viel besser gewesen. Dies würde jedoch ein umfangreiches und über erhebliche Geldmittel verfügendes Team von Wissenschaftlern erfordern, die ein Jahrzehnt oder länger forschten, und selbst dann bliebe es zweifelhaft, ob man zu genauen Messungen aller Variablen käme, welche für ein einigermaßen repräsentatives Sample von Gesellschaften zu beachten wären. Wir beschränken uns darauf zu sagen, daß die vorliegenden Daten nicht mit schielendem Blick darauf gesammelt wurden, vorher aufgestellte Hypothesen zu belegen. Vielmehr wurde jede Anstrengung unternommen, die relevante Literatur so weitgehend wie möglich aufzuarbeiten, um zu bestimmen, inwieweit deduktive Hypothesen gestützt werden. Bei der Darstellung von Ergebnissen habe ich versucht, das quantitative Modell nicht aus den Augen zu verlieren, und war deshalb bestrebt, nicht nur die zentralen Tendenzen herauszuarbeiten und zu erörtern, sondern auch Randtendenzen und Abweichungen und, wenn vorhanden, auch gegenläufige Tendenzen. Ich brauche nicht zu betonen, daß ich mit Freuden dem Tag entgegensehe, da präzisere Techniken eingeführt werden können.

Unser Buch unterscheidet sich von den meisten gegenwärtigen Publikationen auf diesem Gebiet in mehreren Punkten, die zumindest kurz erwähnt werden sollen. Erstens konzentriert es sich mehr auf die Ursachen von Schichtung und weniger auf die Folgen. Letztere haben weit mehr Aufmerksamkeit erfahren, wahr-

scheinlich weil sie der Untersuchung mittels der gegenwärtig gängigen Methoden der Umfrageforschung leichter zugänglich sind. Ohne die Bedeutung der Umfrageforschung leugnen zu wollen, glaube ich doch, daß die Erforschung von Ursachen noch wichtiger ist und der wissenschaftlichen Untersuchung bedarf.
Zweitens konzentriert sich dieses Buch, wie sein Titel sagt, mehr auf *Macht* und *Privileg* als auf Prestige. Die Gründe dafür werden später deutlicher werden (siehe besonders Kapitel 2 und 3).
Schließlich habe ich mir die Freiheit genommen, die Thematik neu zu definieren. Ich definiere soziale Schichtung als *den Verteilungsprozeß in menschlichen Gesellschaften, den Prozeß, durch den knappe Werte verteilt werden.* Wenn auch auf den ersten Blick unorthodox, glaube ich doch, daß diese Definition das zentrale Interesse der wichtigen Schichtungstheoretiker viel genauer wiedergibt als die meisten gängigen Definitionen, die von der Untersuchung sozialer Klassen oder Schichten sprechen. Diese sind nur die strukturellen Einheiten, die zuweilen als Produkt des so und so funktionierenden Verteilungsprozesses sich herstellen; Hauptphänomen aber ist der Prozeß selber.

Ehe ich zum Schluß komme, möchte ich einigen Persönlichkeiten und Organisationen meinen Dank aussprechen. Vor allem bin ich einer ganzen Reihe von Wissenschaftlern verpflichtet, deren Arbeiten mir Anregungen gaben und deren Überlegungen und Forschungsergebnisse ich so häufig übernommen habe. Ich habe soweit wie möglich versucht, ihre Beiträge in Fußnoten und in der Bibliographie zu würdigen; ich weiß aber, daß man niemals in der Lage ist, das Ausmaß solcher Verpflichtungen voll zu erkennen.
Die vielen Studenten, die in den letzten zwölf Jahren an meinen Seminaren über Schichtung teilgenommen haben, leisteten ebenfalls einen wesentlichen Beitrag. Mehr als sonst jemand stimulierten sie meine Unzufriedenheit mit einem einfachen, eklektischen oder historischen Ansatz im Hinblick auf Schichtungstheorie.
Besonders zu danken habe ich dem Social Science Research Council und seinem Präsidenten Dr. Elbridge Sibley für ihre Unterstützung, durch die ich für etliche Monate von meinen täglichen akademischen Pflichten freigestellt war. Auch dem Institute für Research in Social Science an der Universität von North Carolina möchte ich für die sekretarielle Hilfe danken sowie ebendieser Universität und der Universität von Michigan für intellektuelle

Anregung und die Gelegenheit, die notwendige empirische Forschung durchzuführen.
Verschiedene Wissenschaftler waren so freundlich, das ganze Manuskript oder Teile davon zu lesen und mir Ratschläge und Kritiken zukommen zu lassen. Zu ihnen zählen Robert Bellah, Peter Carstens, John Gulick, John Honigman, Richard Simpson und Gideon Sjoberg. Ihre Anmerkungen haben mir sehr genützt, viele haben wichtige Änderungen zur Folge gehabt.
Schließlich schulde ich tiefen Dank meiner Frau, der dieses Buch gewidmet ist und ohne deren ausdauernde Unterstützung und Ermutigung es nie geschrieben worden wäre. Ich bin ihr außerdem besonders dankbar für ihre sorgfältige und wertvolle Überarbeitung des Manuskripts.

Gerhard Lenski

Macht und Privileg

Eine Theorie der sozialen Schichtung

1. Frage: Wer bekommt was und warum?

»Merkwürdiger und merkwürdiger!« rief Alice.

Lewis Carroll

Kurz nach der Wahl Kennedys zum Präsidenten der Vereinigten Staaten im Herbst 1960 hatten die Amerikaner wieder einmal Gelegenheit, über ein Kuriosum in ihrem Lande nachzudenken. Als der Präsident Robert S. McNamara für den Posten des Verteidigungsministers benannte, sprach die Presse von dem beachtlichen finanziellen Opfer, das zu bringen der Nominierte nunmehr gezwungen sei. Als Vizepräsident der Ford Motor Company hatte McNamara in Form von Gehalt und anderen Vergütungen über 400.000 Dollar im Jahr verdient.[1] Als Präsident der Gesellschaft (seine Beförderung war kurz vor seiner Berufung zum Verteidigungsminister ausgesprochen worden) konnte er natürlich mit noch erheblich höheren Bezügen rechnen. Als Verteidigungsminister des Landes dagegen erwartete ihn ein Salär von nur 25.000 Dollar, also etwa 5 Prozent dessen, was er als Präsident der Ford Motor Company bekommen hätte.

Nur wenige schienen sich über diese Informationen zu wundern, und kaum jemand war empört oder beunruhigt. Wie die Einwohner von Lewis Carrolls »Wonderland« sahen auch die Amerikaner nichts Seltsames oder Widersinniges in ihrer Welt.

Wer jedoch länger über diese Angelegenheit nachsinnt, wird kaum umhin können, ob der merkwürdigen Situation und ihrer seltsamen Implikationen betroffen zu sein. Ein und derselbe Mann wechselt mit seinen Kenntnissen und Fähigkeiten über auf einen Posten, der weit wichtiger und zweifellos auch viel anstrengender ist, und sieht seine Bezüge um 95 Prozent gekürzt. In seiner neuen Stellung, in der er ein Großteil der Last der nationalen Verteidigung trägt, ist sein Einkommen nicht höher als das Tausender kleinerer Industriemanager.

Handelte es sich nur um einen Einzelfall, könnten wir ihn als interessante Ungereimtheit, als Ausnahme von der Regel ansehen und wieder vergessen. Dem ist jedoch keineswegs so. Selbst eine oberflächliche Betrachtung des amerikanischen Lebens läßt zahl-

1 Sowohl *Time* wie *U. S. News and World Report* nannten in ihren Ausgaben vom 26. Dezember 1960 diese Zahlen.

lose Fälle erkennen, in denen Vergütungen höchstens andeutungsweise dem Wert der geleisteten Dienste oder gebrachten Opfer entsprechen. Viele große Vermögen sind innerhalb weniger Jahre durch Boden- oder Börsenspekulationen zustande gekommen, häufig mit Hilfe von Krediten; nirgendwo jedoch ist ein Fall verzeichnet, daß jemals in lebenslanger solider und gewissenhafter Arbeit in den Gießereien, Fabriken oder Mühlen dieses Landes ein großes Vermögen erworben worden wäre. Unterhaltungskünstler, die in ihrer Branche die Spitze erreichen, verdienen oft mehrere Hunderttausend Dollar im Jahr; das Höchstgehalt eines Volksschullehrers dagegen dürfte ungeachtet seiner Fähigkeiten 10.000 Dollar im Jahr kaum übersteigen. Playboys wie John Jacob Astor III. leben behaglich und in Freuden, während die große Mehrzahl derer, die ihnen mit ihrer Arbeit ein solches Leben erst ermöglichen, sich abstrampeln müssen, um mit ihren Bezügen auszukommen.

Wie läßt sich diese Situation erklären, die, wie »Wonderland«, merkwürdiger und merkwürdiger wird, je genauer man sie unter die Lupe nimmt? Welche Prinzipien liegen der Einkommensverteilung in unserer Gesellschaft und in anderen zugrunde? Was bestimmt die Höhe der Entlohnung, die der einzelne mit nach Hause nimmt?

All diese Fragen sind lang und breit und immer wieder erörtert worden. Heute sind sie Herz- und Kernstück eines eigenen Forschungsgebietes innerhalb der Soziologie, bekannt als »soziale Schichtung«. Das Etikett ist nicht besonders glücklich gewählt, weil es eine gefährlich vereinfachte Auffassung der modernen Gesellschaftsstruktur begünstigt; und schlimmer noch, es begünstigt eine übertriebene Vertiefung in Fragen der Struktur auf Kosten wichtigerer und grundlegenderer Probleme, welche die Prozesse betreffen, die diese Strukturen hervorbringen.

Von der Erforschung des Verteilungsprozesses zu sprechen, wäre präziser und richtiger. Praktisch alle wichtigen Theoretiker auf diesem Gebiet, gleich welcher theoretischen und ideologischen Richtung sie zuzurechnen sind, haben versucht, jene Grundfrage zu beantworten, die lautet: *Wer bekommt was und warum?*[2] Die-

2 Vor einigen Jahren schrieb Harold Lasswell, *Politik* sei das Studium des »wer bekommt was, wann und wie«. Obwohl Politik und Verteilungsproblem so eng miteinander verknüpft sind, daß man sie nicht völlig voneinander zu trennen vermag, ist es ein schwerwiegender Fehler, sie gleichzusetzen. Lasswell

se Frage liegt allen Diskussionen über Klassen und Schichten und deren strukturelle Zusammenhänge zugrunde, auch wenn es in der neueren empirischen Forschung zuweilen so aussieht, als sei sie in Vergessenheit geraten.

Hauptziel des vorliegenden Buches ist es, diese Grundfrage sowie jenes ganze Bündel von Sekundärfragen zu beantworten, die durch sie aufgeworfen werden. Da wir nicht die ersten sind, die diesen Versuch unternehmen, wollen wir zunächst die verschiedenen, bereits vorliegenden Theorien daraufhin durchgehen, welches Licht sie auf das Problem werfen. Dabei werden wir darauf achten, ob sich in der Entwicklung des Denkens auf diesem Gebiet nicht ein Grundmuster nachweisen läßt – ein Muster, welches, einmal aufgedeckt, die Grundlage unserer gesamten Untersuchung abgeben kann.

Frühe vorchristliche Auffassungen

Wo und wann die Menschen damit anfingen, über den Charakter des Verteilungsprozesses und über die Ursachen von Ungleichheit nachzudenken, ist ein Geheimnis. Der Tatbestand der Ungleichheit ist mit ziemlicher Sicherheit so alt wie das Menschengeschlecht selbst. Keine uns bekannte Sozietät hat jemals ein völlig egalitäres Gesellschaftssystem entwickelt. Von den primitiven Gemeinschaften der Steinzeit bis hin zu den komplizierten Industriegesellschaften findet sich überall Ungleichheit, auch wenn ihre Formen und der Grad ihrer Intensität sich erheblich voneinander unterscheiden.

Den einfachsten Gesellschaften der heutigen Welt gilt die Tatsache der Ungleichheit als ebenso selbstverständlich wie andere Lebensgewohnheiten auch. In prähistorischen Gesellschaften war es zweifellos nicht anders. Die Vorstellung, die Verhältnisse brauch-

selbst hat dies klar gesehen, was auch in seinem neueren Buch zum Ausdruck kommt, welches er zusammen mit Abraham Kaplan verfaßt hat, *Power and Society: A Framework for Political Inquiry* (New Haven, Conn.: Yale University Press, 1950). In ihrer Abhandlung über Klasse, Kaste, Status und Berufsgruppen schreiben die Autoren: »Die Antwort auf die Frage ›wer bekommt was, wann und wie‹ erfordert die Beschreibung der Gesellschaftsstruktur« S. 67—68). Und sie fahren fort: »Sie folgt aus der Definition, daß die Sozialstruktur sich aufgliedern läßt in Beziehungen zwischen Klassen«. Kurz, Lasswell scheint Politik nicht mehr mit dem Verteilungsprozeß gleichzusetzen.

ten nicht zu sein, wie sie sind, kennzeichnet sozial und technologisch entwickeltere Gesellschaften.

Zu den ersten Aufzeichnungen, die sich mit diesem Thema befassen, zählen die Schriften der frühen hebräischen Propheten etwa 800 Jahre vor Christus. Amos, Micha und Jesaja beispielsweise verurteilen immer wieder die Reichen und Mächtigen ihrer Gesellschaft. Dabei beschäftigen sie sich nicht nur mit dem Gebrauch von Reichtum und Macht, sondern, und das ist viel wichtiger, auch mit den Mitteln, mit denen jene erworben wurden. Ein gutes Beispiel dafür ist Michas heftige Anklage der führenden Bürger seiner Tage:

»So höret doch dies, ihr Häupter im Hause Jakob
und ihr Fürsten im Hause Israel,
die ihr das Recht verschmähet,
und alles, was aufrichtig ist, verkehret;
die ihr Zion mit Blut bauet
und Jerusalem mit Unrecht ...«
» ... Weh denen, die Schaden zu tun trachten,
und gehen mit bösen Tücken um
auf ihrem Lager, daß sie es frühe, wenn's licht wird,
vollbringen, weil sie die Macht haben.
Sie reißen zu sich Äcker,
und nehmen Häuser, welche sie gelüstet;
also treiben sie Gewalt mit eines jeden Hause
und mit eines jeden Erbe.
Darum spricht der Herr also:
Siehe, ich gedenke über dies Geschlecht Böses ...«[3]

Ein andermal beschreibt der Prophet die Reichen von Israel als »voll von Gewalt«; von Fürsten und Richtern sagt er, sie verlangten Bestechungsgelder, und von Kaufleuten, sie bedienten sich »eines Sacks voll falscher Gewichte«. All diese Praktiken werden beschrieben als im Widerspruch stehend zum Willen Gottes und als Verirrungen, die den Untergang des Volkes herbeiführen werden.

Auch in Indien dachten die Menschen lange vor Christi Geburt über die Grundlagen sozialer Ungleichheit nach. Der zentrale Punkt ihrer Auffassung war jedoch ein ganz anderer als bei Micha, obwohl auch in Indien das Problem aus der religiösen Per-

3 Zitate aus dem 2. und 3. Kapitel des Micha (Durchgesehene Ausgabe der Bibel, Berlin: Preussische Haupt-Bibelgesellschaft, 1903), S. 892—893.

spektive gesehen wurde. In der Einführung zu *Die Gesetze des Manu,* verfaßt von Hindupriestern im Jahr 200 vor Christus, findet sich ein Bericht über die Erschaffung der Welt. Im Gegensatz zur biblischen Geschichte wird hier gesagt, soziale Ungleichheit sei von Gott verfügt – zum Wohle der Menschen. In Worten, die Manu, dem großen Gesetzgeber, zugeschrieben werden:

»Zum Wohle der Welt ließ Er [der Gott, das göttliche Selbst] die Brahmana, die Kshatriya, die Vaisya und die Sudra aus seinem Munde, seinen Armen, seinen Schenkeln und aus seinen Füßen hervorgehen ...
Um dieses Universum nun aber zu schützen, wies Er, der Glanzvolle, den aus seinem Munde, seinen Armen, seinen Schenkeln und seinen Füßen Hervorgegangenen jeweils besondere Aufgaben zu.
Den Brahmanen gab er auf, zu forschen und zu lehren [die Veda], zu opfern für sich selbst und für die anderen, zu geben und zu nehmen [Almosen]. Die Kshatriya sollten das Volk schützen ... die Vaisya mußten für das Vieh sorgen ... den Sudra wies der Herr nur die eine Pflicht zu, den übrigen drei Kasten bescheiden zu dienen.«[4]

In diesen auffallend unterschiedlichen Betrachtungsweisen eines Micha und der priesterlichen Verfasser der *Gesetze des Manu* finden wir bereits die wichtigsten Elemente zweier Auffassungen von sozialer Ungleichheit, welche das Denken der Menschen von altersher bis heute bestimmt haben. Die eine, die die herrschende Verteilung von Gratifikationen als gerecht und billig und häufig auch als unvermeidlich ansieht, vertritt und stützt im wesentlichen den *status quo*; die andere, die das Verteilungssystem als von Grund auf ungerecht und unnötig verurteilt, ist dem Bestehenden gegenüber höchst kritisch.
Im weiteren werde ich von der ersten Auffassung als von der »konservativen These« und von der zweiten als der »radikalen Antithese« sprechen. Die Termini scheinen mir angemessen, weil in der Vergangenheit die großen Konroversen über soziale Ungleichheit im wesentlichen Dialoge zwischen Vertretern dieser beiden Denkrichtungen waren. Man kann darüber grübeln, weshalb wir die konservative These als These und die radikale als Antithese bezeichnen; immerhin wird dadurch suggeriert, die eine gehe der andern zeitlich voran. Tatsächlich jedoch sprechen Logik und was immer sich an Belegmaterial heranschaffen läßt, dafür, daß

4 *The Laws of Manu,* erschienen in der Reihe *Sacred Books of the East,* hrsg. von Max Müller (Oxford: Clarendon Press, 1886), Bd. 25, S. 13–14 und S. 24. Ähnliche Berichte finden sich in weiteren Hindu-Schriften.

keiner der beiden Standpunkte entscheidend älter ist als der andere. Offensichtlich haben sie sich Seite an Seite entwickelt, in ihren Ausprägungen jeweils Stimulus zur Entfaltung des andern.
Im Laufe der Jahrhunderte sind die beiden Auffassungen über Ungleichheit von Wissenschaftlern wie von Laien gleichermaßen immer wieder neu formuliert worden. Auch wenn die Form des Arguments sich wandelt, bleiben seine wesentlichen Elemente dieselben, denn soziale Ungleichheit wird verurteilt als ungerecht, ungerechtfertigt und unnötig, und sie wird verteidigt als gerecht, gerechtfertigt und notwendig. Keine der beiden Auffassungen hat es je zu einer Monopolstellung im Denken der Menschen in irgendeiner Gesellschaft gebracht. So stimmten im alten Israel viele Zeitgenossen der Propheten in ihren Ansichten durchaus nicht mit jenen überein. Ein großer Teil des Volkes hielt die Monarchie nach wie vor für gottgewollt und begegnete auch anderen Institutionen, welche Ungleichheit beförderten, bereitwillig mit der gleichen Einstellung. Die Lehre der orthodoxen Brahmanenpriester wurde jahrhundertelang angegriffen von häretischen religiösen Bewegungen wie dem Jainismus und dem Buddhismus, die beide entschieden egalitäre Tendenzen aufwiesen.
Die griechischen Philosophen der klassischen Periode lassen uns einen ersten Blick werfen auf die Dialektik in Aktion. In seinem berühmten Werk über die *Politik* suchte Aristoteles mit großem Bedacht die radikalen Thesen eines Platon und eines Phaleas von Chalkedon zu widerlegen, die beide für einen gemeinschaftlichen Besitz von Eigentum eintraten. Auch wenn Aristoteles nicht alle Aspekte der bestehenden Gesellschaftsordnung als ideal oder auch nur gerecht verteidigte, so war er doch ein energischer Verfechter der Institutionen, die das System der sozialen Ungleichheit befestigten. Er trat nicht nur für die Institution des Privateigentums ein, sondern auch für die der Sklaverei; von ihr sagt Aristoteles:

»Daß also ein Teil der Menschen durch die Natur selbst zu freien Leuten und ein anderer zu Sklaven bestimmt ist und daß es für die letzteren gerecht und zuträglich ist, auch wirklich Sklaven zu sein, ist hiermit bewiesen.«[5]

Er leugnete nicht, daß es Menschen gab, die gewaltsam versklavt worden waren, obwohl sie hätten frei sein sollen; dennoch schien

5 *Politik*, 1255a (zitiert nach *Rowohlts Klassiker*, Bd. 171—73, S. 16).

ihm dies nichts gegen Rechtmäßigkeit und Angemessenheit der Institution an sich zu sagen.

Phaleas und Platon dagegen zögerten nicht, die institutionelle Struktur der Gesellschaft in ihren Grundfesten anzugreifen. Phaleas setzte sich für eine Neuverteilung des Bodens auf egalitärer Grundlage ein. Platon war noch viel radikaler, besonders in seinem *Staat.* Es befürwortete den gemeinschaftlichen Besitz *jeder* Form von Eigentum und die Errichtung einer herrschenden Klasse, die selbst Frauen und Kinder gemeinsam haben sollte. Diese Klasse sei auszuwählen nach Kriterien von moralischer Tugend, Intellekt und Liebe zur Wissenschaft. Die zentrale These ist in einem kurzen Absatz zusammengefaßt:

»Wofern nicht ... entweder die Philosophen Könige werden in den Staaten, oder die, welche jetzt Könige und Herrscher heißen, echte und gründliche Philosophen werden, und dieses beides in *einem* zusammenfällt, Macht im Staate und Philosophie, den meisten Naturen aber unter den jetzigen, die sich einem von beiden ausschließlich zuwenden, der Zugang mit Gewalt verschlossen wird, gibt es ... keine Erlösung vom Übel für die Staaten ...«[6]

An Platon wird deutlich, daß die Lehre von der Gleichheit allein kein Wesensmerkmal der radikalen Antithese ist. Einige Radikale, wie Phaleas, traten für totale Gleichheit ein; vielleicht dachte sogar die Mehrheit unter ihnen so. Andere, wie Platon, haben sich nicht gegen soziale Ungleichheit als solche gewandt, sondern eher gegen die spezifischen institutionellen Grundlagen, auf denen das bestehende System von Ungleichheit beruhte. In Platons *Staat* erstreckt sich die Gleichheit nur auf materiellen Besitz und vielleicht noch auf die Möglichkeit aufzusteigen (obwohl in diesem letzten Punkt Platons Abhandlung eher widersprüchlich zu sein scheint).[7] Macht und Ansehen sind der herrschenden Klasse der

6 *Der Staat,* 473 D (zitiert nach Platon, *Sämtl. Werke,* Heidelberg o. J., 2. Bd., S. 194 f.).

7 An manchen Stellen spricht er vom »Zurückstufen der Nachkommen der Wächter im Falle ihrer Unwürdigkeit« und von »Erhebung der Nachkommenschaft der unteren Klassen in den Rang der Wächter im Falle von natürlicher Würde«; bei seiner Beschreibung des Erziehungswesens im Staat scheint er jedoch ein spezielles Erziehungssystem im Auge gehabt zu haben, das den Kindern der Wächter vorbehalten ist und das durchlaufen zu haben Voraussetzung ist für die Zulassung zum Rang des Wächters. Es bleibt deshalb unklar, wie Kinder aus den unteren Klassen in seinem Staat die gleiche Chance haben sollen, Wächter zu werden; außer man geht davon aus, daß ihr vornehmes Potential bereits in früher Kindheit sichtbar wird.

Wächter vorbehalten.[8] Im Grunde vertritt Platon die Eliteposition im radikalen Lager. Die radikalen Elitetheoretiker kritisieren ebenso wie die Verfechter der totalen Egalität das bestehende System der Verteilung von Gratifikationen; sie unterscheiden sich jedoch von den Egalitären dadurch, daß sie an der sozialen Ungleichheit als solcher nichts auszusetzen haben. Insgesamt gesehen hat die elitäre Richtung der radikalen Tradition vor allem Wissenschaftler und Intellektuelle angezogen, während die Lehre von der völligen Gleichheit aller eher bei den Massen des Volkes, den Arbeitern und Bauern Anklang fand.

Christliche Auffassungen von Paulus bis Winstanley

Es liegt nicht in unserer Absicht, These und Antithese in all ihren Äußerungen von Anfang bis heute nachzugehen. Zum einen wäre dazu ein eigenes Buch erforderlich, und zum andern bliebe das Verständnis der Frage, wer was und warum bekommt, ein höchst begrenztes. Vielmehr wollen wir die Aufmerksamkeit auf einige wenige, aber wichtige Ausprägungen dieser beiden Standpunkte lenken, um so den nötigen Hintergrund für die nachfolgende Analyse zu schaffen.

In seinen Anfängen stellte das Christentum eine interessante Mischung aus radikalen und konservativen Elementen dar; zweifellos der Ausdruck dessen, daß für Jesus und seine ersten Anhänger soziale Ungleichheit als solche kein vorrangiges Problem war. Dennoch sind Lehre und Praxis der ersten Christen nicht irrelevant.

Die Ziele, die Jesus den Menschen setzte, und seine Kritik an den bestehenden Zielen zeigen deren deutliche Ablehnung. Der Kommunismus der frühen Kirche in Jerusalem bedeutete ohne Zweifel eine unausgesprochene Kritik an der mangelnden Gleichheit in der damaligen Gesellschaft. In gleicher Weise ist der Brief des Jakobus zu verstehen, den viele als den Bruder von Jesus ansehen und der der erste Bischof von Jerusalem war. Er kritisierte die frühen Christen, weil sie »dem, der goldene Ringe und erlesene Kleidung trägt«, mehr Achtung zollten als dem armen Manne in schäbiger Kleidung.

8 Platon sagt, die Wächter könnten lernen, Macht ausschließlich als Mittel zu dem Ziel zu betrachten, der gesamten Gemeinschaft zu dienen.

In den Schriften des Paulus dagegen, der einen so nachhaltigen Einfluß auf das spätere christliche Denken haben sollte, weht ein viel konservativerer Geist. An mindestens vier Stellen seiner Briefe an die ersten Gemeinden wendet er sich speziell an die Sklaven und weist sie an, ihren Herren zu gehorchen, mit der Begründung, ihre Herren hätten Anspruch auf solches Verhalten und zudem sei es gottgefällig.[9]

Petrus bringt in einem seiner Briefe denselben Gedanken zum Ausdruck. Die Häufigkeit solcher Überlegungen legt die Vermutung nahe, daß das Urchristentum dazu neigte, bei vielen Bekehrten aus den unterdrückten Klassen des römischen Imperiums radikale Vorstellungen zu nähren – Vorstellungen, die zu bekämpfen Paulus und Petrus sich verpflichtet fühlten. Für beide war – wie für Aristoteles – die Sklaverei Bestandteil der natürlichen Ordnung, und beide verglichen den Gehorsam, den Sklaven ihren Herren schuldeten, mit dem Gehorsam, den Kinder ihren Eltern schulden. Beide verbanden ihre Anweisungen an die Sklaven mit entsprechenden Appellen an jene, die zu befehlen hatten, die ihnen Untergeordneten rücksichtsvoll und gleichsam väterlich zu behandeln.

Als die Kirche an Macht und Einfluß gewann, verloren die radikaleren Tendenzen im Christentum allmählich an Boden – zumindest unter den Kirchenführern. Der konservative Standpunkt wurde praktisch zur Doktrin, die es weiterzuentwickeln und zu verfeinern galt.

Eine ihrer vollendetsten Ausformungen erreichte die konservative These im Werk von Johannes von Salisbury, Bischof in England im 12. Jahrhundert. Im *Polycraticus* entwickelte er in subtiler Ausführlichkeit die Organismusanalogie, welche Jahrhunderte zuvor schon in den Werken des Aristoteles und der priesterlichen Verfasser der *Gesetze des Manu* angeklungen war. Johannes trieb diesen Gedanken weiter als frühere Autoren und machte ihn zur Grundlage seiner gesamten Sozialphilosophie.

Nach Johannes von Salisbury ist die Gesellschaft dem menschlichen Körper zu vergleichen. Der Fürst ist der Kopf, Richter und Provinzstatthalter sind Augen, Ohren und Zunge. Der Senat ist dem Herzen vergleichbar, und die dem Fürsten persönlich dienen, sind die Seiten des Körpers. Soldaten und Beamte entsprechen

9 Eph. 6:5; Kol. 3:22,1; Tim. 6:1 und Titus 2:9.

den Händen, Steuereinnehmer und andere Finanzbeamte dagegen dem Magen und den Eingeweiden. Das gemeine Volk sind die Füße und der Klerus ist die Seele.

Johannes sagte, der Fürst sei nur Gott und jenen, die ihn auf Erden vertreten – dem Klerus – untertan. Alle übrigen hätten dem Fürsten zu gehorchen und zu dienen, besonders das gemeine Volk, denn schließlich stelle es die Füße der Gesellschaft dar,

»... es haftet stets am Boden und bedarf deshalb um so mehr des Schutzes und der Voraussicht durch den Kopf, denn während es am Boden umherkreucht und körperliche Arbeit tut, stößt es immer wieder an Steine, über die es stolpern kann ...«[10]

Für Johannes war – wie für alle konservativen Intellektuellen – die Gesellschaft ein System von Teilen, die, obwohl unterschiedlich in ihren Funktionen, vereinigt sind durch das Band ihrer gegenseitigen Abhängigkeit. Auch das Prinzip des *noblesse oblige* war wichtig. In seinem Kapitel »Über diejenigen, die die Füße des Staates sind« kam er zu dem Schluß, der Staat werde nur gesund und blühend sein, wenn

»die höheren Mitglieder die geringeren beschützen, und die geringeren treu und ergeben im gleichen Maße den legitimen Forderungen der über ihnen Stehenden nachkommen, so daß jeder und alle sozusagen einer des anderen Glieder sind auf der Basis von Wechselseitigkeit, und jeder seine Interessen am besten aufgehoben weiß in dem, was er als das Beste für die anderen erkennt«.[11]

Kurz, weit davon entfernt, dem Wohl der Gesellschaft entgegenzustehen, ist soziale Ungleichheit eine notwendige Voraussetzung dafür. Dies ist seit jeher ein zentraler Gedanke der Verfechter der konservativen These, und die Organismusanalogie hat sich stets als das effektivste Vehikel ihrer Vermittlung an das breiteste Publikum erwiesen.

Wenn nun auch die Führenden und die Gelehrten der mittelalterlichen Kirche von den Vorzügen sozialer Ungleichheit überzeugt waren, so galt dies für die Gesamtheit des einfachen Volkes keineswegs. Vom 12. Jahrhundert an flammte eine religiöse Be-

10 John of Salisbury, *The Statesman's Book* (New York: Knopf, 1927), S. 65. Eine verblüffend ähnliche Betrachtungsweise findet sich in David Malos Erörterung der traditionellen Herrschaftstheorie auf Hawaii, *Hawaiian Antiquities*, aus dem Hawaiischen übersetzt im Jahr 1898 von N. B. Emerson (verfaßt um 1840), (Bernice Bishop Museum, Special Publication Nr. 2 1951), S. 187.

11 Ebenda, S. 244.

wegung nach der andern auf, die Kritik am Wohlstand übte und Armut pries. Einige, wie die franziskanische Bewegung, konzentrierten sich mehr auf den zweiten Punkt und ließen sich ohne große Schwierigkeit in die Struktur der Kirche integrieren. Andere, wie die Waldenserbewegung, die Reichtum und Macht der Kirche kritisierten, wurden als häretische Sekten verfolgt. Aber beide Richtungen fanden Anhänger ihrer ausgeprägt egalitären Tendenzen wegen, und beide beriefen sich nachdrücklich auf die radikalen Elemente der Heiligen Schrift.

Diese Kette von radikalen christlichen Bewegungen, die ihren Anfang im Mittelalter hatte, riß auch nach der Reformation nicht ab, sie fand ihr Ende erst, als im 19. Jahrhundert die marxistische Bewegung dem Radikalismus eine neue Richtung gab. In vielen dieser Bewegungen entwickelten sich nur beschränkte Ideologien; in anderen dagegen verhalfen begabte Köpfe der radikalen Antithese in Form von Forderungen nach absoluter Gleichheit zu klarem und nachhaltigem Ausdruck.

Prominent unter den letzteren war der Engländer Gerrard Winstanley, Führer der Leveller-Sekte im 17. Jahrhundert, die auch unter dem Namen »Diggers« bekannt wurde (ihrer Praxis wegen, ohne Erlaubnis brachliegendes Land der Reichen zu kultivieren). Winstanleys Anschauungen über soziale Ungleichheit waren jenen des Johannes von Salisbury diametral entgegengesetzt, wie folgende Zitate aus seinen Schriften zeigen:

»Am Anfang aller Zeit schuf der große Schöpfer *Vernunft* die Erde als gemeinsame Schatzkammer, um aus ihr Tiere, Vögel und Fische zu ernähren, und auch den Menschen, der als ihr Herr diese Schöpfung führen und leiten sollte; denn dem Menschen war die Herrschaft gegeben über Tiere, Vögel und Fische. Kein Wort war jedoch am Anfang darüber gesagt, daß ein Teil des Menschengeschlechts über einen anderen herrschen solle ...«[12]

Und an anderer Stelle:

»Ich sage euch, Jesus Christus, jener mächtige Geist der Liebe, ist der Führer der Levellers ...«[13]

Wie war es dann zu sozialer Ungleichheit gekommen? Winstanley weiß die Antwort darauf:

12 Gerrard Winstanley, *Selections from his Works,* hrsg. von Leonard Hamilton (London: Cresset Press, 1944), S. 37.

13 Ebenda, S. 97.

»Egoistische Vorstellungen ergriffen Besitz von den fünf Sinnen ... und stachelten die Habgier an, so daß sich einer zum Lehrer und Herrscher über andere aufwarf. Dadurch wurde der Geist getötet, der Mensch geriet in Knechtschaft und wurde zum größeren Sklaven für seinesgleichen, als die Tiere in der freien Natur es für ihn waren.«[14]

Gewalt kam ins Spiel. Wiederholt weist Winstanley in seinen Schriften darauf hin, daß soziale Ungleichheit in England ihren Ursprung in der normannischen Eroberung durch Wilhelm den Eroberer habe, der den Engländern gewaltsam ihr Land wegnahm und es unter seine Offiziere und Truppen verteilte. Wie Winstanley schreibt, kontrollierten deren Nachkommen zu seiner Zeit noch immer Englands Reichtum, »die Macht des Schwerts war und ist [noch immer] das Siegel auf ihrem Besitztitel« über Grund und Boden.

Winstanley kritisierte insbesondere das Rechtssystem und entwickelte einen Gedanken, der später von anderen Verfechtern der radikalen Antithese wiederaufgenommen werden sollte:

»Wozu all diese harten und einengenden Gesetze, die seit der Eroberung nacheinander aufgestellt wurden und nach wie vor mit aller Strenge gegen das Volk angewandt werden? Ich weiß, wozu sie da sind; sie sind die Riemen, Ringe, Fesseln und das Joch, welche die versklavten Engländer, Newgate-Sträflingen gleich, an Händen und Füßen tragen, wenn sie die Straße hinuntergehen; mit ihrer Hilfe haben die normannischen Unterdrücker und ihre Nachkommen von Generation zu Generation das arme Volk versklavt, ihren jüngeren Bruder umgebracht und Jacob nicht emporkommen lassen.«[15]

Frühe moderne Auffassungen von Locke bis Mosca

Seit der Englischen Revolution von 1648 haben die Kräfte, die für radikale Gleichheit eintreten, politisch und auch intellektuell ungeheure Fortschritte gemacht. An der politischen Front wurden zwei große Revolutionen erfolgreich im Namen der Gleichheit aller durchgefochten, und eine mächtige internationale politische Bewegung, der Sozialismus, hat sich organisiert und das Leben fast aller Völker in der Welt tiefgreifend verändert. Tatsächlich lebt heute grob geschätzt die Hälfte der Weltbevölkerung in Staa-

14 Ebenda, S. 37.
15 Ebenda, S. 40.

ten, in denen sozialistische oder kommunistische Parteien an der Macht sind. An der intellektuellen Front waren die Veränderungen nicht ganz so dramatisch. Immerhin hat seit 1648 die radikale Antithese einen Grad an intellektueller Ausgefeiltheit, Reife und Solidität erreicht, der dem vergleichbar ist, den ehedem die konservative These besaß. Ein großer Schritt in dieser Richtung wurde im 17. und 18. Jahrhundert von Locke und Rousseau mit der Popularisierung der Theorie getan, Souveränität müsse beim Volk als Ganzem liegen und nicht beim König. Ihre Schriften legten das Fundament für das moderne Naturrechtsverständnis und trugen viel dazu bei, die ältere Theorie vom Gottesgnadentum der Könige auszuhöhlen. Obwohl Locke und Rousseau nicht die ersten waren, welche die These vertraten, die Macht der Regierungen leite sich von der Zustimmung der Regierten her, wurde diese Theorie doch erst im 18. Jahrhundert zur Basis erfolgreicher politischer Aktion.

Wenn die großen Egalitätsbewegungen im 18. Jahrhundert die Abschaffung der Ungleichheit vor dem Gesetz anstrebten, so galt der Kampf im 19. und 20. Jahrhundert der Aufhebung der ökonomischen Ungleichheit. In dieser Epoche hörte der Sozialismus auf, nur eine Form unproduktiver Spekulation für Philosophen zu sein, die sich utopischen Phantasien hingaben, er wurde zur politischen Bewegung, die Millionen Menschen umfaßte. Die radikale Antithese wurde intellektuell mündig mit dem *Kommunistischen Manifest* von Karl Marx und Friedrich Engels im Jahr 1848. Hier wurde in knappen Worten eine durchdringende Analyse der Ursachen von sozialer Ungleichheit vorgelegt in Verbindung mit einem politischen Aktionsprogramm, welches die Geburt einer neuen und gerechteren sozialen Ordnung beschleunigen sollte. In späteren Schriften erweiterten und modifizierten Marx und Engels die im *Manifest* dargelegten Gedanken bis zu einem gewissen Grad, ihre grundlegenden Lehrsätze änderten sich kaum. Zentrales Postulat ihrer Theorie der Verteilung ist bekanntlich das der weitgehenden Abhängigkeit des Charakters der Verteilungssysteme von den jeweils herrschenden Produktionssystemen. In den frühesten und einfachsten Gesellschaften war Kommunismus unabdingbar, weil die Wirtschaft den privaten Besitz an den Produktionsmitteln überhaupt nicht vertrug. Später, in den Agrargesellschaften, kamen die Produktionsmittel in private Hände, was eine Spaltung der Gesellschaft in Klassen zur Folge hatte.

Als sich das Produktionssystem veränderte, wandelte sich entsprechend auch das Verteilungssystem, und da Produktionssysteme sich beständig wandeln, durchlaufen alle Gesellschaften eine Reihe von evolutionären Stadien, um später in der Errichtung eines neuen Zeitalters der Gleichheit und Freiheit zu gipfeln, wenn der private Besitz an den Produktionsmitteln schließlich abgeschafft sein wird.

Ein zweites grundlegendes Postulat von Marx ist, daß soziale Evolution und wirtschaftlicher Fortschritt sich einstellen als Ergebnis der Wirkung einer modifizierten Hegelschen Dialektik, in der die Grundeinheiten die Klassen sind. So sind die gesellschaftlichen Klassen die treibenden Kräfte in der Geschichte und ihre Kämpfe die notwendigen Voraussetzungen für den Fortschritt.

Ein drittes und besonders wichtiges Postulat in der Marxschen Theorie gilt dem Determinismus. Für Marx war der Verlauf der Geschichte im wesentlichen unvermeidlich. Das Äußerste, was die Menschen tun können, besteht darin, den Ablauf ihrer Bewegung zu beschleunigen oder zu verlangsamen; sie können die Geschichte nicht wenden oder ihr eine andere Richtung geben. Dieses Moment, gesehen im Zusammenhang mit einigen von Marxens spezifischen Voraussagen, hat seine Theorie zuweilen nicht nur als wahr erscheinen lassen, sondern als Wahrheit schlechthin.[16]

Viele einzelne Elemente der Marxschen Theorie stammen aus älteren Quellen, wie Marx selbst zugab.[17] Das Prinzip beispielsweise, Gratifikationen seien zu verteilen »an jeden nach seinen Bedürfnissen«, ist ein nahezu wörtliches Zitat aus der Apostelgeschichte, in der die Praxis der frühchristlichen Gemeinden in Jerusalem beschrieben ist.[18] Ähnlich ist die wichtige Marxsche These, Gesetze seien nichts als Unterdrückungsinstrumente, welche die herrschende Klasse dazu benutze, die Massen auszubeuten, nur eine Neuauflage der Winstanleyschen Ansicht. In einigen Fällen machte Marx sogar Anleihen bei den Konservativen, so in seinem Begriff der Unvermeidlichkeit von Ungleichheit unter den bestehenden Verhältnissen. Wiewohl einzelne Elemente entlehnt sind,

16 Diese Tendenz wurde durch die Unklarheiten, ja sogar durch die inneren Widersprüche in vielen von Marxens Schriften noch gefördert. Sie gestatten nämlich eine beständige Neuinterpretation, falls die Ereignisse nicht mit den Voraussagen übereinstimmen, eine Praxis, deren Wert kaum zu überschätzen ist.

17 Vgl. etwa Marxens Brief an Joseph Weydemeyer vom 5. März 1852.

18 Apostelgesch. 4:35.

stellt die Theorie *als Ganze* eine einmalige und ungewöhnlich überzeugende Darlegung der radikalen Antithese dar.

Die Kraft der Marxschen Theorie ist nicht, wie manche meinen, nur eine Funktion der politischen Stärke der marxistischen Bewegung. Sie kann für sich selbst, als Theorie, Respekt fordern, wovon schließlich zahlreiche Wissenschaftler und Intellektuelle zeugen, die trotz ihres Mangels an Sympathie für die politischen Bewegungen, die in Marxens Namen agieren, mehr oder weniger von ihm gelernt haben.

Aber nicht nur die radikale Interpretation von sozialer Ungleichheit konnte in jüngerer Zeit große Erfolge verbuchen, auch die konservative hat fähige Verfechter gefunden. Der bedeutendste unter ihnen war vermutlich Adam Smith, Autor von *The Wealth of Nations* und Begründer der modernen Ökonomie. Smiths großer Beitrag zur Wissenschaft bestand in seiner Analyse der Märkte und in der Formulierung der Gesetze, die sie beherrschen. Sein wichtiger Beitrag zum konservativen Denken bestand in der Entwicklung des Begriffs der »invisible hand«, welche »die privaten Interessen und Leidenschaften der Menschen« in die Richtung lenkt, »die zugleich den Interessen der gesamten Gesellschaft am dienlichsten ist«. Nach Smith motiviert ein freies und uneingeschränktes Marktsystem die Menschen, genau jene Aktivitäten zu unterstützen, die auch ihren Mitmenschen am meisten am Herzen liegen, indem es die Preise der Produkte in direktem Verhältnis zur Nachfrage und in umgekehrtem Verhältnis zum Angebot festsetzt. Obwohl niemand das Gemeinwohl plant und jedermann seine eigenen privaten Interessen in egoistischer Weise verfolgt, wird dennoch das Wohl des Ganzen erreicht. Die Menschen produzieren, was gefragt ist, und profitieren davon. Wenn man also Marktsysteme ohne politische Intervention arbeiten läßt, dann ist es, als lenke und leite eine unsichtbare Hand die Handlungen der Menschen in jene Richtung, die ihnen und ihren Mitbürgern am dienlichsten ist.

Im folgenden Jahrhundert lieferte die darwinistische Theorie den konservativen Theoretikern ein neues schlagendes Argument. Die Sozialdarwinisten erklärten vermittels Analogie, daß unter den einzelnen Menschen eine Auslese stattfinde, wie sie unter Pflanzen und Tieren nachzuweisen sei. Dieses Ausleseprozesses wegen ergehe es jenen, die von der Natur großzügiger bedacht wurden, besser als ihren mit geringeren Gaben ausgestatteten Zeitgenossen. Während die einen in wichtige Positionen aufstiegen, bildeten die anderen die arbeitenden Massen.

Diese Auffassung wurde zu Beginn des 20. Jahrhunderts nachdrücklich vertreten von William Graham Sumner in seinem vielgelesenen Buch *Folkways*.[19] Sumner beschrieb das Klassensystem der Gesellschaft als den wichtigen Maßstab, an dem sich das soziale Verdienst der Menschen ablesen lasse, welches seinerseits den Maßstab für angeborene Fähigkeiten abgebe. Sumner war bereit zuzugeben, daß es aus Gründen des Zufalls oder des Glücks in jedem System, das auf Schichtung beruht, einige Ungerechtigkeiten geben werde; sie waren für ihn jedoch stets von zweitrangiger Bedeutung.

Weil die Grundlage von Klassensystemen für ihn in genetischen Unterschieden zu suchen war, behauptete Sumner, Klassen seien keine echten gesellschaftlichen Gruppen. Eher seien sie heuristische Kategorien, die der Sozialwissenschaftler zu analytischen Zwekken geschaffen habe. Im empirischen Bereich gebe es keine wirkliche Trennung zwischen den Klassen, denn unter dem Aspekt von Fähigkeit und auch von Entlohnung seien die Menschen auf einem Kontinuum von oben nach unten einzuordnen, auf dem sich zwischen den je Einzelnen nur äußerst geringe Unterschiede ablesen ließen.

Während Sozialdarwinisten wie Sumner ihre wichtige Neuformulierung der konservativen These vorlegten, entwickelte der italienische Wissenschaftler Gaetano Mosca eine weitere Version. In seinem Buch *Elementi di scienza politica* (in Englisch erschienen unter dem Titel *The Ruling Class*, in Deutsch: *Die herrschende Klasse*) wendet sich Mosca nachdrücklich gegen die Theorien des Sozialismus, die immer populärer wurden. Seine Argumentation läßt sich in zwei Postulaten zusammenfassen:

– Menschliche Gesellschaften können nicht ohne politische Organisation funktionieren.

– Politische Organisation impliziert notwendig ungleiche Verteilung von Macht.

Ausgehend von diesen Postulaten schloß Mosca, es werde immer zwei Klassen von Menschen geben – »eine Klasse, die herrscht, und eine Klasse, die beherrscht wird«. Da außerdem die meisten Menschen egoistisch seien, werde die herrschende Klasse vom öko-

19 Vgl. auch sein Pamphlet *What Social Classes Owe to Each Other* (New York: Harper and Row, 1903).

nomischen Standpunkt aus gesehen zugleich eine privilegierte Klasse sein.

Nach Mosca ist die herrschende Klasse stets eine Minderheit der Gesamtbevölkerung. Erstens ist sie hochorganisiert und genießt dadurch im Verhältnis zur unorganisierten Mehrheit einen großen Vorteil. Zweitens kanalisieren die meisten herrschenden Klassen bis zu einem gewissen Grad das Potential zur Führung in den unteren Klassen dadurch, daß sie deren fähigste Mitglieder zu sich aufsteigen lassen. Drittens werden die Massen durch das, was Mosca »politische Formeln« nennt, Theorien zur Rechtfertigung sozialer Ungleichheit, dazu gebracht, ihr Schicksal als rechtmäßig und normalerweise auch als unvermeidlich zu akzeptieren. Und schließlich läßt schlichte Gewohnheit jene in den unteren Klassen ihrer Arbeit nachgehen, ohne daß sie die Rechtmäßigkeit oder Unausweichlichkeit ihrer Position in der Gesellschaft auch nur in Frage stellten. Kurz, selbst wenn die herrschende Klasse nur eine Minderheit ist, und in großen Gesellschaften ist es eine recht kleine Minderheit, stützen und stabilisieren viele Faktoren ihre privilegierte Position.

In einem der interessantesten und scharfsinnigsten Teile seines Buches attackiert Mosca die Marxsche Theorie als hoffnungslos utopisch und unrealistisch in ihrer Vorstellung von einer klassenlosen Gesellschaft. Mehr als zwanzig Jahre vor der Russischen Revolution prophezeite er, daß die Kommunisten, wenn sie je an die Macht gelangten und das Privateigentum an den Produktionsmitteln abschafften, in ihren kommunistischen oder kollektivistischen Gesellschaften doch nach wie vor Beamte brauchten und diese dann eine neue herrschende Klasse bilden würden.[20]

Funktionalisten und Konflikttheoretiker

Seit dem Ersten Weltkrieg hat sich in den Sozialwissenschaften viel geändert. Vor allem sind sie inzwischen stark empirisch orientiert, und die heutigen Forschungstechniken und Methoden gleichen denen aus der Zeit vor dem Ersten Weltkrieg kaum noch. Nichtsdestoweniger dürfen die Momente der Kontinuität nicht aus den Augen verloren werden.

20 Gaetano Mosca, *The Ruling Class* (New York: McGraw-Hill, 1939), S. 281—286.

Besonders leicht zu erkennen ist ein Moment von Kontinuität in den modernen Theorien über soziale Ungleichheit. Die meisten dieser Theorien wurzeln direkt entweder in der konservativen oder in der radikalen Tradition. Und hier liegt denn auch ihre Stärke und ihre Schwäche zugleich – ihre Stärke, weil viele gültige Erkenntnisse der Vergangenheit aufgenommen und erhalten werden; ihre Schwäche, weil die Tendenz am Leben bleibt, Gesellschaftsanalyse moralischen Urteilen und politischen Interessen unterzuordnen, und auch weil häufig Hypothesen formuliert werden, die empirische Bestätigung oder Widerlegung nicht zulassen.

Die meisten neuen Theorien über Ungleichheit fallen in die eine oder andere dieser beiden Kategorien. Die auf der konservativen fußen, werden meist als »funktionalistische« Theorien bezeichnet, die in der radikalen Tradition wurzelnden als »Konflikt«-Theorien.

Unter den führenden Funktionalisten der Gegenwart haben zumindest zwei ihre Theorien über Ungleichheit und Schichtung ausführlich dargelegt. Wir sprechen von Talcott Parsons und seinem ehemaligen Schüler Kingsley Davis. Beide gehen das Problem der Ungleichheit unter der Perspektive der Gesamtgesellschaft an und halten sie für ein notwendiges Merkmal jeder gut funktionierenden menschlichen Gesellschaft. Davis hat den funktionalen Ansatz in einem einzigen Satz zusammengefaßt:

»Soziale Ungleichheit ist demnach ein unbewußt entwickeltes Mittel, mit dessen Hilfe Gesellschaften sicherstellen, daß ihre wichtigsten Positionen von Personen mit der besten Qualifikation gewissenhaft ausgefüllt werden.«[21]

Quintessenz der funktionalistischen Position ist: Schichtung entsteht in erster Linie aufgrund der Bedürfnisse von Gesellschaften, nicht aufgrund der Bedürfnisse oder Bestrebungen von Individuen.

Weder Parsons noch Davis behaupten, sämtliche Merkmale jedweden Schichtungssystems bildeten sich in Reaktion auf gesellschaftliche Bedürfnisse heraus. Beide konzedieren, daß in der Realität auch andere Faktoren wirken, die das System der Ungleichheit bis zu einem gewissen Grad modifizieren. Ihr Versäumnis, diesem Aspekt des Problems weiter nachzugehen, läßt jedoch

21 Kingsley Davis, *Human Society* (New York: Macmillan, 1949), S. 367.

darauf schließen, daß beide Autoren solche Faktoren nicht für besonders bedeutsam halten.
Schichtenbildung ist für Davis Reaktion auf zwei spezifische Erfordernisse jeder menschlichen Gesellschaft. Zum einen besteht die Notwendigkeit, den fähigeren Mitgliedern die Motivation zu vermitteln, wichtige und anspruchsvolle Positionen zu übernehmen, die mehr als durchschnittliches Können verlangen. Zum andern muß die Gesellschaft diese Leute, sitzen sie erst in ihren Stellungen, motivieren, die damit verbundenen Pflichten und Aufgaben auch zu erfüllen. Sie muß sie also besser entlohnen.
Davis nennt zwei Faktoren als Hauptdeterminanten für die Höhe der Entlohnung in den einzelnen Positionen: (1) ihre funktionale Bedeutung für die Gesellschaft und (2) die relative Knappheit an qualifiziertem Personal. Positionen von extremer Wichtigkeit, für die sich nur schwer jemand findet, sind am höchsten dotiert. Unwichtige Positionen, für die genug qualifiziertes Personal zur Verfügung steht, sind am schlechtesten bezahlt. Da keineswegs alle Positionen die gleiche Bedeutung haben und nicht alle Menschen gleichermaßen für die verantwortungsvolleren Positionen qualifiziert sein können, ist Ungleichheit unvermeidlich. Sie ist aber nicht nur unvermeidlich, sie ist auch der Vorteil aller, denn Überleben und Wohlergehen jedes einzelnen hängen vom Überleben und Wohlergehen der Gesellschaft ab.
Parsons' Ansatz in dieser Frage unterscheidet sich mehr der Form als dem Inhalt nach. Er geht von der Annahme aus, in jeder menschlichen Gesellschaft gebe es bestimmte gemeinsame Werte. Da Werte in Erfordernissen und Bedürfnissen der Gesellschaft ihren Ursprung haben, und da die Grundbedürfnisse in allen Gesellschaften mehr oder weniger die gleichen sind, sind auch diese Werte auf der ganzen Welt weitgehend die gleichen. Unterschiede zwischen den einzelnen Gesellschaften betreffen eher die jeweilige Rangordnung dieser Werte. Die eine Gesellschaft schätzt Leistung höher als Stabilität, die andere sieht es gerade umgekehrt; alle sind sie jedoch gezwungen, sowohl Leistung als auch Stabilität bis zu einem gewissen Grade hoch zu bewerten.
Das Schichtungssystem der einzelnen Gesellschaften ist vornehmlich Ausdruck ihrer Wertsysteme. Welcher Gratifikationen sich Menschen und Positionen erfreuen, hängt davon ab, inwieweit ihr Können, ihre Leistung und ihr Besitzstand den Normen, welche ihre Gesellschaft gesetzt hat, gerecht werden. Da die Men-

schen sich in diesen Punkten notwendig unterscheiden, ist Ungleichheit unvermeidlich.[22]

Im Gegensatz zu den Funktionalisten sehen die Konflikttheoretiker das Problem sozialer Ungleichheit vom Standpunkt der einzelnen Individuen und Untergruppen innerhalb der Gesellschaft aus.[23] *Deren* Bedürfnisse und Wünsche, nicht die der Gesellschaft als Ganzer, liefern die Postulate für diese Richtung oder Schule. Der Unterschied zwischen beiden Schulen wird besonders deutlich in ihren Ansätzen hinsichtlich des Phänomens der Macht. In seiner Kritik an C. Wright Mills' Buch *The Power Elite* klagt Parsons:

»Der wesentliche Punkt ist der, daß für Mills Macht nicht eine Möglichkeit zur Erfüllung einer Funktion in und zugunsten der Gesellschaft als einem System darstellt, sondern von ihm ausschließlich als eine Möglichkeit interpretiert wird, das durchzusetzen, was *eine* Gruppe, und zwar die, welche die Macht hat, will, indem sie eine andere Gruppe, die Opposition, daran hindert, zu bekommen, woran ihr liegt.«[24]

Konflikttheoretiker sehen, wie schon dieses Etikett verrät, soziale Ungleichheit als Ergebnis des Kampfs um geschätzte Güter und Dienstleistungen, deren Angebot knapp ist. Wo die Funktionalisten die gemeinsamen Interessen der Mitglieder einer Gesellschaft betonen, geht es den Konflikttheoretikern um die Interessen, welche die Gesellschaft spalten. Wo Funktionalisten auf die gemeinsamen Vorteile hinweisen, die aus sozialen Beziehungen erwachsen, betonen Konflikttheoretiker das Moment von Herrschaft und Ausbeutung. Wo Funktionalisten von Konsensus als der Basis gesellschaftlicher Einheit sprechen, reden Konflikttheoretiker von Zwang. Wo Funktionalisten menschliche Gesellschaften als soziale

22 Eine umfassende Darlegung von Parsons' Auffassung über Schichtung findet sich in »A Revised Analytical Approach to the Theory of Social Stratification«, in: Reinhard Bendix und S. M. Lipset, *Class, Status and Power: A Reader in Social Stratification* (New York: Free Press, 1953), S. 92—128.

23 Wie so oft, führt auch hier die Etikettierung einer wissenschaftlichen Schule in die Irre. Unter die Kategorie Konflikttheoretiker fasse ich z. B. nicht Autoren wie Lewis Coser, der *The Functions of Social Conflict* (New York: Free Press, 1956; deutsch: *Theorie sozialer Konflikte)* geschrieben hat. Zwar steht in dieser Arbeit der Konflikt im Zentrum, doch geht es ihr wesentlich darum zu zeigen, inwiefern Konflikt der Gesellschaft insgesamt dienlich ist. Kurz, die zugrunde liegende Theorie ist funktionalistisch.

24 Talcott Parsons, »The Distribution of Power in American Society«, *World Politics*, 10 (Oktober 1957), S. 139.

Systeme betrachten, sehen Konflikttheoretiker sie als Schauplatz von Kämpfen um Macht und Privileg.

Das heißt nicht, daß alle Konflikttheoretiker die Validität des funktionalistischen Ansatzes pauschal bestritten. Ralf Dahrendorf beispielsweise spricht sogar vom »Januskopf« der Gesellschaft und sagt, Funktionalisten und Konflikttheoretiker untersuchten nur die beiden Seiten derselben Realität. Er ist es jedoch wie Davis, Parsons, Mills und andere Theoretiker der beiden Schulen zufrieden, seine Analyse auf eine einzelne Facette der Realität zu beschränken, ohne die entscheidende Frage zu stellen, wie die beiden Seiten zusammenhängen.

Eine Synthese bildet sich heraus

Muß es dabei bleiben? Kann aus den begründeten Einsichten beider, der konservativen und der radikalen Tradition, des modernen Funktionalismus und der Konflikttheorie, nicht eine Synthese hervorgehen, läßt sich nicht eine integrierte Theorie der sozialen Ungleichheit entwickeln?

Zentrale These des vorliegenden Buches ist, daß dies nicht nur möglich ist, sondern bereits geschieht. Ein dritter Ansatz für die Erforschung des Problems der sozialen Ungleichheit wird bereits sichtbar, ein Ansatz, welcher langsam aber sicher den Grund für das legt, was sich mit Hegels Worten als Synthese bezeichnen läßt. Wie die Hegelsche Synthese integriert dieser Ansatz die gültigen Erkenntnisse von These und Antithese, indem er das Problem auf einer anderen Ebene anpackt. Während These und Antithese im wesentlichen *normative* Theorien über Ungleichheit sind, das heißt vornehmlich moralisch werten und sich mit der Frage der Gerechtigkeit befassen, ist die Synthese im wesentlichen *analytisch*, das heißt sie befaßt sich mit empirischen Zusammenhängen und ihren Ursachen. Während These und Antithese sich zur Validierung ihrer Aussagen auf logische Illustration und isolierte Beispiele verlassen müssen, basiert die Synthese auf der systematischen Erhebung empirischer Daten. *Kurz, die Synthese ist weitgehend das Resultat der modernen Anwendung der streng wissenschaftlichen Methode zur Untersuchung des uralten Problems sozialer Ungleichheit.*

Ein entscheidender Schritt in Richtung Synthese ist sogar in den

Schriften der genannten Funktionalisten und Konflikttheoretiker festzustellen. Die meisten unter ihnen ordnen das moralische Moment dem analytischen deutlich unter und erkennen, auch wenn sie sich vielfach auf Logik und Einzelbeispiele berufen, die Überlegenheit systematischen Materials für die Bestimmung der Validität allgemeiner Feststellungen durchaus an. Funktionalisten und Konflikttheoretiker stehen in der älteren konservativen oder radikalen Tradition vornehmlich durch die Auswahl ihrer wichtigsten Postulate. Die Funktionalisten stützen sich hauptsächlich auf Postulate aus der konservativen Tradition und kommen so zu einer Auffassung von Ungleichheit, die ihre notwendigen und gesellschaftlich nützlichen Aspekte hervorhebt. Die Konflikttheoretiker dagegen beziehen sich auf Postulate aus der radikalen Tradition und gelangen dadurch zu einer ganz anderen Auffassung von Gesellschaft. Es genügt jedoch nicht, allein das Verbindende zwischen modernen Gesellschaftstheoretikern und älteren philosophischen Traditionen zu erkennen; gleichermaßen wichtig ist es, die Differenzen zu sehen, die sie voneinander trennen. Wissenschaftler wie Davis, Parsons, Dahrendorf und selbst Mills in seinen jüngeren Jahren haben einen wichtigen Schritt in Richtung einer Synthese getan.

Unterdessen gibt es andere, die noch weiter gegangen sind, und diese Wissenschaftler verdienen besondere Aufmerksamkeit, denn ihre Arbeit stellt heute die nächste Annäherung an die sich herausbildende Synthese dar. Einer der Pioniere dieser Bewegung war der große deutsche Wissenschaftler Max Weber. Obwohl er nie eine systematische Schichtungstheorie entwickelte, hat er sich mehrfach mit verschiedenen Aspekten des Verteilungsprozesses auseinandergesetzt; der analytische Ansatz ist dabei stets deutlich bestimmend: Weber nahm in seine Arbeit gültige Erkenntnisse aus beiden historischen Traditionen auf.[25] Das gleiche läßt sich von seinem bemerkenswerten Zeitgenossen Vilfredo Pareto sagen.[26]

Ein anderer Pionier jener Bewegung zur Synthese hin ist Pitirim Sorokin. Sein frühes Werk *Social Mobility* dürfte die erste ausführliche und systematische Erörterung sozialer Schichtung sein,

25 Vgl. bes. Max Weber, *Wirtschaft und Gesellschaft* (Köln-Berlin: Kiepenheuer u. Witsch, 1964), Teil 3—5.

26 *The Mind and Society*, übersetzt von A. Bongiorno und Arthur Livingston, hrsg. von Livingston (New York: Harcourt, Brace and World, 1935), bes. Bd. III und Bd. IV.

in der die synthetische Perspektive vorherrscht.[27] Seine Arbeit stellt eine ausnehmend kluge Mischung von Elementen aus beiden Traditionen dar. Besonders deutlich wird dies an der mehrdimensionalen Sicht von Schichtung – eine allgemeine Tendenz in synthetischen Arbeiten, die auch Webers Schriften auszeichnet.[28]

Im letzten Jahrzehnt wurde in der Entwicklung der Synthese ein entscheidendes neues Stadium erreicht. Zum ersten Mal in der Geschichte haben einige Wissenschaftler das Problem klar und bewußt dialektisch betrachtet. Der erste unter ihnen war der ausgezeichnete polnische Soziologie Stanislaw Ossowski. In seinem Buch *Class Structure in the Social Consciousness*, erschienen 1957, ein Jahr nach den polnischen und den ungarischen Aufständen, benannte Ossowski noch einmal die Differenzen zwischen der marxistischen und der funktionalistischen Auffassung und Interpretation von Klassenstruktur.[29] Doch Ossowski fragte nicht wie jene, die sich bisher mit dem Problem auseinandergesetzt hatten, »welche Auffassung ist die richtige?« Vielmehr versuchte er zu zeigen, daß *beide Auffassungen im Grunde richtig sind.* Seine Begründung dafür: menschliche Gesellschaften sind viel komplizierter, als die beiden theoretischen Systeme jeweils erkannt haben; beide präsentieren nur eine Teilsicht oder eine, die einzelne Aspekte der Realität auf Kosten anderer hervorhebt. Beispielsweise, so sagt Ossowski, belegen gewisse Fakten durchaus den Versuch einer Realisierung des sowjetischen wie des amerikanischen Anspruchs, eine klassenlose Gesellschaft zu etablieren, wie auch vieles den wechselseitigen Vorwurf stützt, des anderen Gesellschaft sei eine Klassengesellschaft. Und er zeigt, wie dieselbe Gesellschaft nach Marxschen Kategorien als Zweiklassengesellschaft und als Drei- oder Vierklassengesellschaft nach funktionalistischen Kategorien analysiert werden kann.

Ein junger Soziologe belgisch-amerikanischer Abstammung, Pierre van den Berghe, veröffentlichte kürzlich einen Aufsatz, der in dieselbe Richtung weist. Er versucht zu zeigen, daß die marxistische

27 New York: Harper and Row, 1927.

28 Eine neuere Fassung von Sorokins Schichtungstheorie ist *Society, Culture and Personality* (New York: Harper and Row, 1947), Kap. 14 und 15.

29 Übersetzt von Sheila Patterson (New York: Free Press, 1963). Vgl. auch Ossowskis Aufsatz »Old Nations and New Problems: Interpretations of Social Structure in Modern Society«, *Transactions of the Third World Congress of Sociology* (London: International Sociological Association, 1956), Bd. 3, S. 18 bis 25.

und die funktionalistische Theorie, »die beiden großen Ansätze, welche die Sozialwissenschaft weithin beherrscht haben, partielle aber komplementäre Auffassungen der Realität sind«.[30] Zum Beweis untersucht er vier wichtige Bereiche, in denen Konvergenz und Überschneidungen vorliegen, und weist nach, daß selbst in Punkten offensichtlicher Gegensätzlichkeit eine Synthese sich erreichen läßt. Auch wenn seine Erörterung des Problems weit weniger ins einzelne geht als die Ossowskis und der Gegenstand der Schichtung bei ihm viel weniger im Zentrum steht, teilt sie doch dessen Ansicht.

Interessant ist, daß Ossowski und van den Berghe nichts voneinander wußten, und auch wir erhielten erst kurz vor Abschluß unserer Arbeit Kenntnis von den Arbeiten der beiden Autoren. Wir alle reagierten unabhängig voneinander auf dieselben Stimuli, und die Art der Reaktion scheint weitgehend von diesen Stimuli geprägt zu sein.

Dies zeigt, daß die synthetische Theorie von sozialer Schichtung nicht so sehr das Resultat von Bemühungen oder Erkenntnissen irgendeines Einzelnen oder einer Gruppe von Einzelnen ist als vielmehr die spontane Auswirkung eines komplexen sozio-intellektuellen Prozesses und die Widerspiegelung wesentlicher Tendenzen und Entwicklungen in der Arbeit vieler vereinzelter Wissenschaftler.

Bis vor kurzem war die Entwicklung zur Synthese viel eher zufällig als planvoll. Ziel dieses Buches ist es, den Prozeß dadurch zu beschleunigen, daß wir die Aufmerksamkeit auf die Dialektik in der Entwicklung des Denkens auf diesem Gebiet lenken und daß wir den Charakter der Synthese herausarbeiten, auf die wir uns zuzubewegen scheinen. Dazu haben wir Elemente aus beiden älteren theoretischen Traditionen entnommen und mit solchen verknüpft, die in keiner von beiden anzutreffen sind.

Der Prozeß der Synthese nimmt in verschiedenen Forschungsbereichen unterschiedliche Formen an; es gibt jedoch bestimmte gemeinsame Tendenzen, die Beachtung verdienen. Vorab impliziert der Prozeß der Synthese in der Regel *die Neuformulierung von Problemen und Begriffen.* Viele Sackgassen, in die Verfechter von These und Antithese geraten sind, erklären sich daraus, daß beide Parteien die gleiche falsche Frage gestellt oder die gleichen fal-

30 »Dialectic and Functionalism: Toward a Theoretical Synthesis«, *American Sociological Review,* 28 (1963), S. 695—705.

schen Begriffe benutzt haben. Allzu oft übersehen wir, daß Fragen, die wir stellen, und Begriffe, die wir benutzen, Annahmen einschließen – Annahmen, die bei sorgfältiger Untersuchung und Prüfung sich als falsch erweisen und dadurch eine angemessene Lösung des zur Debatte stehenden Problems von vornherein verhindern können. So wie es keine wirkliche Antwort geben kann auf die Frage: »Wann haben Sie aufgehört, Ihre Frau zu prügeln?«, so gibt es auch keine auf die Frage: »Werden Totalitarismus oder Demokratie die Zukunft bestimmen?« Beide enthalten versteckte Annahmen, welche die Antworten in enge Kategorienbereiche hineinzwängen, die eine angemessene Annäherung an die Wahrheit gar nicht zulassen. In gleicher Weise, so zeigt Ossowski, machen auch die traditionellen Begriffe, die wir gebrauchen, unser Denken häufig voreingenommen.[31] Wenn die Grenzen traditioneller Begriffe und Fragen gesehen werden und die Wissenschaftler neue und bessere Begriffe und Fragen verwenden, kommt es ganz spontan zum Prozeß der Synthese. Dieser Prozeß kann indes noch beschleunigt werden, wenn das Problem in seinem ganzen Umfang erkannt wird und bewußte Anstrengungen unternommen werden, unangemessene Begriffe und Fragen auszusondern.

Es gibt zwei Möglichkeiten, Begriffe und Probleme, die sich als so bedeutsam erwiesen haben, daß sie besondere Beachtung verdienen, neu zu formulieren. Da ist einmal die Technik des *Umformens kategorialer Begriffe in variable Begriffe.* Kategoriale Begriffe zwingen einen von sich aus, in begrenzten »entweder-oder«-Vorstellungen zu denken. So gibt es in einer Gesellschaft entweder ein Kastensystem oder es gibt keines. Wenn kategoriale Begriffe umgeformt werden in variable Begriffe, steht man nicht länger vor dem Problem, zwischen zwei (drei oder mehr) falschen Ansichten wählen zu müssen. Im Gegenteil, man ist aufgefordert zu fragen, *in welchem Umfang* ein bestimmtes Phänomen vorhanden ist. Auf diese Weise hören wir auf, danach zu fragen, ob es in der amerikanischen Gesellschaft ein Kastensystem gibt, und fragen statt dessen, inwieweit es vorhanden ist.

Die zweite Technik besteht darin, *zusammengesetzte Begriffe in ihre konstitutiven Elemente zu zerlegen.* Viele traditionelle Begriffe, die zur Beschreibung von Schichtungssystemen verwendet

31 A. a. O., 11. Kap.

wurden, schließen eine Vielfalt entfernt miteinander verwandter Variabler ein. Der Begriff der »vertikalen Mobilität« ist ein gutes Beispiel dafür. Die neuere Forschung hat den Soziologen zunehmend die Notwendigkeit verdeutlicht, zwischen Mobilität zwischen und innerhalb von Generationen (»inter- and intragenerational«) sowie zwischen Mobilität auf der Berufs-, der Ausbildungsebene und in anderen Bereichen zu unterscheiden. Verallgemeinerungen, die für eine dieser Arten von Mobilität gelten mögen, können von Grund auf falsch sein, wenn sie auf vertikale Mobilität angewandt werden. Es liegt auf der Hand, daß ein Wechsel von kategorialen zu variablen Begriffen in Verbindung mit einer Auflösung zusammengesetzter Begriffe fruchtbarere Fragen aufkommen läßt, was dann wiederum im allgemeinen zu produktiver Einigung in kontroversen Bereichen führt. In den folgenden Kapiteln machen wir bewußt den Versuch, viele traditionelle Probleme und Begriffe in dieser Weise neu zu formulieren.

In der Forschung sind stets drei Grundfragen zu beantworten. Erstens, welcher *Natur* ist das fragliche Phänomen? Zweitens, welche *Ursachen* liegen seinen einheitlichen und seinen unterschiedlichen Ausprägungen zugrunde? Und drittens, was sind die *Folgen* seiner Existenz oder seiner Aktion? Unsere Arbeit befaßt sich vornehmlich mit den beiden ersten Fragen. Die dritte erörtern wir nur, wo es um Rückkopplung geht, das heißt wenn die Konsequenzen eines bestimmten Verteilungsmusters die Distributionsstruktur selbst tangieren. Dic Entscheidung, die Analyse in dieser Weise zu begrenzen, beruht hauptsächlich auf der Erkenntnis der Komplexität der beiden ersten Fragen und auf dem Wunsch, ihnen gerecht zu werden, dann aber auch auf der Überzeugung, daß die dritte Frage bereits genauer untersucht wurde und zudem weniger Schwierigkeiten aufwirft.

Eine weitere »Besonderheit« dieses Buches bedarf eines Kommentars. In den letzten zwanzig Jahren haben viele amerikanische Soziologen Theoriebildung gleichgesetzt mit der Anwendung rein deduktiver Logik.[32] Das war ein schwerwiegender Fehler, denn erfolgreiche Theoriebildung verlangt beides, sowohl *induktive wie deduktive Logik*. Sich auf einem Gebiet wie dem der Soziologie auf rein deduktives Denken zu beschränken, ist unmöglich,

32 Talcott Parsons scheint weitgehend dafür verantwortlich, was eine subtile Ironie darstellt, denn das deduktive Element in Parsons' Werk war nie besonders hervorstechend oder ergiebig; dennoch ist das Image geblieben.

zumindest wenn man Relevantes sagen will; es zu versuchen und zu fordern, heißt nichts als sich selbst und andere zu täuschen und die normale Entwicklung von Theorie zu hemmen.

Zunächst legen wir hier die Betonung auf deduktive Logik. In ihrem Verlauf verlagert sich die Analyse dann von der allgemeinen Ebene auf die des spezifischen Gesellschaftstypus, und entsprechend verschiebt sich die Betonung auf induktive Logik. In dieser späteren Phase könnten wir so tun, als seien alle vorgetragenen Verallgemeinerungen in strenger und stringenter Logik von den Grundprämissen aus den ersten Kapiteln abgeleitet; doch dies wäre einfach nicht wahr. Trotz der Verlagerung des Gewichts ist die Vereinbarkeit zwischen den beiden Reihen von Verallgemeinerungen immerhin sehr beachtlich – ja sie ist so groß, daß sie gemeinsam ein recht wohlintegriertes Theoriensystem bilden. Im derzeitigen Stadium mehr zu erwarten, hieße Utopist sein.

Die wesentlichen Streitpunkte

Ehe wir dieses Kapitel abschließen, halten wir es für sinnvoll, die wichtigsten Streitpunkte, die sich in der historischen Kontroverse zwischen Konservativen und Radikalen ergeben haben, zu benennen und zusammenzufassen. Jede wirklich synthetische Theorie muß sich mit diesen Grundfragen befassen. Deshalb soll ihre Zusammenfassung nicht nur Abschluß der historischen Übersicht, sondern zugleich Ausgangspunkt und Grundlage alles Folgenden sein.

Bei der Zusammenfassung einer Kontroverse, die so ausgedehnt war und sich über einen so langen Zeitraum hinzog wie diese, ist ein gewisses Maß an Simplifizierung unvermeidlich. Weder die Konservativen noch die Radikalen waren sich untereinander stets einig. Die einzige Überzeugung, an der alle Konservativen festhielten, war die These, das bestehende Verteilungssystem sei grundsätzlich gerecht; der einzige Punkt, in dem die Radikalen sich völlig einig waren, war ihre Überzeugung, dieses Verteilungssystem sei grundsätzlich ungerecht. In allen anderen Fragen gab es weder eine einheitliche konservative noch eine einheitliche radikale Position, die jeder der jeweiligen Anhänger unterschrieben hätte. Nichtsdestoweniger scheinen auf der Basis dieser Ausgangsthesen von der Gerechtigkeit bzw. der Ungerechtigkeit des Systems die einzelnen unterschiedlichen Auffassungen sich so zu gruppieren, daß sich am Ende die Mehrzahl der Konservativen auf der einen und die Mehrzahl der Radikalen auf der anderen Seite der Schlüsselfragen versammelt haben. Mit diesen beiden herrschenden Tendenzen haben wir es hier zu tun.

Eine der fundamentalen Divergenzen zwischen Radikalen und Konservativen, deretwegen sie sich jahrhundertelang immer wieder zerstritten haben, betrifft die Natur des Menschen selbst. Die Konservativen mißtrauten stets der Natur des Menschen und wiesen auf die Notwendigkeit restriktiver sozialer Institutionen hin. Die Radikalen dagegen mißtrauten diesen restriktiven Institutionen und vertraten eine durchaus optimistische Auffassung von der menschlichen Natur. Dieser Unterschied tritt offen zutage in der Französischen Revolution, wo die Konservativen ihre Hoffnung auf die Monarchie und die Kirche setzten, während die Radikalen auf den Menschen vertrauten, den von den Zwängen dieser »korrumpierenden« Institutionen freien Menschen.

Ein zweiter Streitpunkt war die Natur der Gesellschaft. Wie bereits gesagt, war für die Konservativen die Gesellschaft ein soziales System, aus dem sich verschiedene Erfordernisse ergaben, die erfüllt werden mußten, sollte den Bedürfnissen und Wünschen der sie bildenden Mitglieder entsprochen werden. Die Radikalen dagegen sahen die Gesellschaft immer viel eher als den Rahmen, in dem verschiedene Kämpfe stattfinden; sie ist hauptsächlich deshalb von Bedeutung, weil die Gegebenheiten in ihr das Ergebnis dieser Kämpfe beeinflussen.

Drittens divergierten Konservative und Radikale auch in der Frage, inwieweit Systeme, in denen Ungleichheit herrscht, mit dem Mittel des Zwangs am Leben erhalten werden. Die Radikalen haben durchweg auf den Zwang als Hauptfaktor bei der Festigung und Erhaltung von Privateigentum, Sklaverei und anderen Institutionen hingewiesen, welche ungleiche Verteilung von Rechten und Privilegien zur Folge haben. Die Konservativen hingegen haben gesagt, Zwang spiele nur eine untergeordnete Rolle, und Ungleichheit sei die notwendige Folge von Konsensus (hergestellt aufgrund von Werten, welche weithin in der Gesellschaft geteilt werden, selbst von den weniger privilegierten Menschen) und/oder von angeborenen Unterschieden zwischen den Menschen.

Viertens unterscheiden sich die Vertreter der beiden Traditionen hinsichtlich der Frage, welches Maß an Ungleichheit in der Gesellschaft schließlich zum Konflikt führe. Die Radikalen sahen im Konflikt eine der Hauptkonsequenzen von Ungleichheit; die Konservativen dagegen pflegten ihn zu bagatellisieren.

Fünftens besteht eine tiefe Uneinigkeit hinsichtlich der Mittel, durch die Rechte und Privilegien erworben werden. Die Radikalen sahen in Gewalt, Betrug und Erbprinzip die wichtigsten Zugangswege. Die Konservativen verwiesen dagegen auf die vertretbareren Mittel der harten Arbeit, des Delegationsprinzips und so weiter.

Sechstens haben die Konservativen Ungleichheit stets als unvermeidlich betrachtet. Die Radikalen oder zumindest jene, die in der Tradition des Egalitarismus stehen, haben den gegenteiligen Standpunkt vertreten, obwohl sie wie im Falle der Marxschen Theorie die Unvermeidlichkeit von Ungleichheit auf bestimmten gesellschaftlichen Entwicklungsstufen zugaben.

Siebtens bestand ein tiefgreifender Unterschied in der Einschätzung des Charakters von Staat und Gesetz. Die Radikalen haben im allgemeinen in beiden ein Mittel der Unterdrückung gesehen, dessen die herrschende Klasse zu ihrem eigenen Wohle sich bedient. Für die Konservativen hingegen waren sie Organe der Gesamtgesellschaft, dazu da, das Gemeinwohl zu fördern.

Achtens und letztens war für die Konservativen der Begriff der Klasse ein im wesentlichen heuristisches Mittel, welches aufmerksam machen sollte auf bestimmte Ansammlungen von Menschen mit gewissen gemeinsamen Merkmalen. Im Gegensatz dazu verstanden die Radikalen unter Klassen viel eher gesellschaftliche Gruppen mit ganz bestimmten eigenen Interessen, welche sie unausweichlich in Konflikt geraten lassen mit Gruppen, deren Interessen entgegengesetzte sind. Das Vorangehende läßt sich vielleicht am besten so zusammenfassen: in ihrem Gesellschafts-Begriff waren die Konservativen eher Realisten, in ihrem Klassen-Begriff dagegen Nominalisten; die Radikalen vertraten in der Regel die Gegenposition.

Damit sind die wichtigsten Streitpunkte zwischen beiden Lagern genannt. In den folgenden Kapiteln werden wir immer wieder auf sie zurückkommen, denn die Synthese muß entweder zu jedem Punkt Stellung nehmen oder ihn neu formulieren. Eines möchten wir bereits an dieser Stelle sagen: wir beschreiten den zweiten Weg ebenso oft wie den ersten.

2. Mensch und Gesellschaft

> Der Mensch ist das einzige Wesen, welches errötet – oder erröten muß.
>
> *Mark Twain*

Zu den fundamentalen Gegebenheiten menschlicher Existenz gehört u. a. die merkwürdige Mischung aus Gut und Böse. In manchen Situationen waren die Menschen zu totaler Selbstaufgabe und größtem Heroismus bereit, in anderen beteiligten sie sich an den entsetzlichsten Aktionen voller Grausamkeit und Egoismus. Dieser eigenartige Dualismus stellt seit den Tagen Homers eine nicht versiegende Materialquelle für Dichter und Dramatiker dar.
Sozialphilosophen und Sozialwissenschaftler sind zu der Erkenntnis gelangt, daß auch sie mit diesem Aspekt des menschlichen Lebens zu rechnen haben, jedoch stellt er für sie eher ein Problem als eine literarische Quelle dar. Denn wie soll man solch unterschiedliches Verhalten innerhalb einer einzigen Spezies, häufig in einem einzigen Individuum erklären?
In der Vergangenheit führten die meisten Versuche, diese Frage zu beantworten, zu dem Schluß, menschliches Verhalten entspringe zwei gegensätzlichen Quellen, der Quelle des Guten und der Quelle des Bösen. Gott ist die Quelle des Guten und der Teufel die Quelle des Bösen. Oder die Natur ist die Quelle des Guten und die Gesellschaft die Quelle des Bösen. Oder die Vernunft ist die Quelle des Guten und die Leidenschaften die Quelle des Bösen. Kurz, das Gute im Menschen entstammt einer Quelle und das Böse einer anderen.
Diese klassische Lösung hat sowohl bei den konservativen wie bei den radikalen Theoretikern Anklang gefunden. Die beiden Positionen unterscheiden sich allerdings darin, welche Quellen sie jeweils zur Erklärung heranziehen. Wie im letzten Kapitel gezeigt, verweisen die Radikalen auf die Gesellschaft als Quelle des Bösen. Der Mensch, so sagen sie, ist im Grunde genommen gut, das Böse in seinen Handlungen spiegelt den Einfluß korrumpierender Institutionen wider. Im Gegensatz dazu haben die Konservativen im allgemeinen den Standpunkt vertreten, das Böse habe seinen Ursprung in den egoistischen Trieben des Menschen, und die Funktion der Gesellschaft sei es, diese schädlichen Neigungen aufzufangen und in Kanäle zu lenken, die dem Allgemeinwohl dienten.

Natürlich simplifizieren diese Verallgemeinerungen die Dinge bis zu einem gewissen Grad; die Grenzen sind nicht immer so klar gezogen.[1]

Dennoch liegt diese fundamentale Differenz zwischen konservativer und radikaler Auffassung von Mensch und Gesellschaft vielen punktuellen Unterschieden in ihren Verteilungstheorien zugrunde. Indem man den Hauptunterschied benennt, hat man es leichter, eine der Hauptquellen für die Kontroverse zwischen den beiden intellektuellen Traditionen aufzudecken und so zugleich die wichtigste Aufgabe klarzulegen, vor der Verfechter der synthetischen Auffassung stehen.

Hauptziel dieses Kapitels ist es, eine Reihe von Postulaten über die Natur des Menschen und der Gesellschaft vorzutragen, welche die Grundlage für die sich entwickelnde Synthese abgeben. Einige entstammen der konservativen Tradition, einige der radikalen und einige keiner von beiden. Wir wollen hier nicht den Versuch machen, ein umfassendes Bild vom Menschen oder der Gesellschaft zu zeichnen, sondern uns auf die Aspekte konzentrieren, die für die Theorie der Verteilung relevant sind.

Die Natur des Menschen

Ausgangspunkt jeder soziologischen Erörterung der Natur des Menschen ist die trügerisch einfache Behauptung: *der Mensch ist ein soziales Wesen, von Natur aus gezwungen, mit anderen zusammenzuleben als Mitglied einer Gesellschaft.* In dieser Behauptung zumindest sind Radikale und Konservative sich einig; sie dient uns als *erstes Postulat* in unserer allgemeinen Theorie.

Den Menschen als soziales Wesen zu bezeichnen, heißt nicht leugnen, daß einige wenige Individuen sich von der Gesellschaft zurückziehen und als Eremiten leben. Allerdings könnte die menschliche Rasse auf dieser Basis nicht überleben, denn ihre Hauptwaffe im Kampf um die Existenz war stets die Kultur, und Kultur

1 Beispielsweise ist die marxistische Theorie eine radikale Theorie, welche die sozialen Institutionen nur so lange kritisiert, wie die Marxisten nicht an der Macht sind. Sind sie erst an der Macht, wie in Rußland oder China, treten die zutiefst konservativen Elemente der Theorie in den Vordergrund. Die drastische Wendung ihrer ideologischen Richtung, welche von den Kommunisten in der Periode nach der Revolution von 1917 gefordert wurde, war zweifellos eine der Ursachen für die häufigen Säuberungen unter den alten Bolschewiken.

ist einzig und allein ein gesellschaftliches Produkt. Ein Leben in der Gesellschaft ist wichtig nicht nur für den Fortbestand des Menschengeschlechts, sondern auch für eine maximale Befriedigung menschlicher Bedürfnisse und Wünsche. Durch kooperative Aktivität kann der Mensch viele Bedürfnisse befriedigen, die anders gar nicht zu befriedigen wären, und er kann viele Bedürfnisse viel wirksamer befriedigen, das heißt mit viel höheren Gratifikationen bei geringerer Anstrengung oder Investition.

Den Menschen als soziales Wesen zu bezeichnen, heißt auch sagen, daß die Gesellschaft, in die er hineingeboren wird, seinen Charakter und seine Persönlichkeit in einer Weise prägt, über die er keine Kontrolle hat und deren er sich häufig nicht einmal bewußt ist. Peter Berger drückte dies sehr treffend aus, als er schrieb:

»Die Gesellschaft kontrolliert nicht nur unser Handeln, sie formt auch unsere Identität, unser Denken und unsere Emotionen. Die Strukturen der Gesellschaft werden auch die Strukturen unseres eigenen Bewußtseins. Die Gesellschaft endet nicht an unserer Hautoberfläche, sie dringt in uns ein, so sehr wie sie uns umfängt.«[2]

Während unser erstes Postulat wenig umstritten ist, läßt sich dies vom zweiten nicht behaupten. Es führt uns direkt ins Zentrum des erbittertsten Disputs zwischen Radikalen und Konservativen – der Streit über den Ursprung des Bösen. Wie im letzten Kapitel vermerkt, gewann die radikale Auffassung von Mensch und Gesellschaft seit der Englischen Revolution im 17. Jahrhundert beständig an Popularität und intellektuellem Ansehen. In einer Periode des europäischen Wachstums und der Ausdehnung fand diese optimistische Auffassung, welche in der Gesellschaft die Quelle des Bösen sieht, mehr und mehr Anklang, besonders bei den Intellektuellen. Seit dem Aufschwung des Nazismus und dem Ausbruch des Zweiten Weltkrieges jedoch ist dieser Trend zum Stillstand gekommen, ja zum ersten Mal seit rund dreihundert Jahren scheint das Pendel in die Gegenrichtung auszuschlagen. Überall nehmen die Beweise dafür zu, daß das Böse in den Handlungen des Menschen tiefer verwurzelt ist, als radikale Theoretiker angenommen haben. Weder die Französische noch die Russische Revolution setzten die Utopien ins Werk, die versprochen worden waren – trotz allen revolutionären Wandels der Insti-

2 Peter Berger, *Invitation to Sociology* (Garden City, N. Y.: Doubleday Anchor, 1963), S. 121.

tutionen. Obwohl Normen und Struktur des menschlichen Lebens durch die sozialen und technologischen Revolutionen der Moderne erheblich verändert wurden, nehmen Egoismus, Selbstsucht und Grausamkeit nach wie vor einen ungeheuren Raum ein.

Das Argument, die moderne Geschichte sei der Beweis gegen die Möglichkeit der Utopie, findet Unterstützung durch die gegenwärtige Psychologie, die mit theoretischen und empirischen Arbeiten unser Vertrauen darein, der Mensch sei von Natur aus gut, ebensosehr erschüttert, wie die politischen Ereignisse es tun. Die neuere Forschung zeigt das Kleinkind als extrem ichbezogenes Geschöpf, das ausschließlich von seinen eigenen Bedürfnissen und Wünschen motiviert ist. Wenn wir uns von der sentimentalen Aura um die kleinen Kinder in unserer Gesellschaft freimachen, sehen wir, daß sie ganz und gar damit befaßt sind, die verschiedenen Spannungen zu reduzieren, die biologische Natur und Umwelt ihnen verursachen. Ihre ersten Handlungen sind schlicht *trial-and-error*-Versuche zur Entdeckung von Mitteln und Wegen zur Verminderung oder Befreiung von diesen Spannungen.

Mit der Zeit lernt das normale Kind natürlich, die Wünsche der anderen in Rechnung zu stellen, was aber nicht heißt, daß es weniger bestrebt sei, ein Maximum an eigener Befriedigung zu erlangen. Vielmehr hat das Kind begriffen, daß die Erreichung seiner eigenen Ziele fest verknüpft ist mit den Interessen der anderen. Beispielsweise bemerkt ein Junge, der Freude am Baseballspiel hat, bald, daß er seine Lust an diesem Spiel nur befriedigen kann, indem er mit anderen, die seine Begeisterung teilen, kooperiert. Aus der Tatsache, daß er mit ihnen kooperiert und sich an die Spielregeln hält, sollten wir nicht schließen, es gehe ihm nicht mehr darum, seine eigene Befriedigung zu maximieren. Ganz im Gegenteil, wir können sicher sein, daß er darauf aus ist!

Kindliche Spiele vermitteln einen größeren Einblick in die Natur sozialer Organisation, als gemeinhin angenommen und gesehen wird. Insbesondere demonstrieren sie den Prozeß, in dessen Verlauf sich aus Handlungen einer ursprünglich unorganisierten Ansammlung von Individuen, die höchst egoistisch auf größtmögliche eigene Befriedigung aus sind, Institutionen entwickeln, die ihre eigenen Kooperationsregeln, ihre eigene Moral und ihre eigenen Begriffe von Recht und Gerechtigkeit haben. Um ein Maximum an eigener Befriedigung zu erreichen, sind die Einzelnen gezwungen zusammenzuarbeiten (zusammenzuspielen); dabei machen sie die Erfahrung, daß sich Gratifikationen nur einstellen, wenn die jeweilige Aktivität innerhalb des Rahmens eines Regelsystems erfolgt, welches vor allem anderen die kooperative Aktivität selbst schützt. Dies kann aber nur geschehen, wenn bestimmte grundlegende Rechte allen wichtigen Beteiligten garantiert sind; zum Beispiel steht fest, daß beim Baseballspiel jeder Mitspieler einen Schlag hat. Es könnte nun scheinen, als bedeute dies ein gewisses Opfer auf seiten der stärkeren oder fähigeren Beteiligten, in Wirklichkeit ist dem jedoch keineswegs so, denn die einzige Alternative dazu ist die Beendigung der kooperativen Aktivität und mit ihr aller Gratifikationen. Bei den fähigeren wie bei allen übrigen Beteiligten läßt sich die Befolgung der Regeln schlicht als eine Form von *aufgeklärtem Eigeninteresse* erklären.

Vor vielen Jahren prägte William Graham Sumner das Wort von der »antagonistischen Kooperation«, um auf diesen paradoxen Zug menschlichen Lebens hinzuweisen.[3] Die Menschen, so Sumner, »werden in die Gesellschaft hineingestellt und darin festgehalten mittels Zwang« – dem Zwang des eigenen Interesses. Er sagt, »anzunehmen, der menschlichen Kooperation liege wechselseitiges Wohlwollen zugrunde, ist ebenso falsch wie die Vermutung, Biene und Klee oder Nilpferd und Zecke seien durch gegenseitiges Wohlwollen miteinander verbunden«. Nach seiner Meinung »stecken in der Kooperation meist . . . unterdrückte Antagonismen, die überlagert werden von praktischen Vorteilen«. Mag er mit seinem Beispiel überzogen haben, seine Erkenntnis trifft ganz bestimmt auf jene Formen sozialer Organisation zu, die so groß und kompliziert sind, daß die einzelnen Mitglieder einander schon gar nicht mehr kennen.

Wer das Paradoxe und die Ironie liebt, könnte weitergehen und sagen, Kooperation selbst stelle eine der Hauptkonfliktquellen im menschlichen Leben dar. Wenn der Mensch einer Gattung von Einzelwesen angehörte, in der jedes Lebewesen – außer während der Paarungszeit – isoliert von allen anderen lebte, wie es der

3 Vgl. *Folkways* (Boston: Ginn, 1906), S. 32. Die folgenden Zitate stammen aus Sumner und Albert Keller, *The Science of Society* (New Haven; Conn.: Yale University Press, 1927), Bd. I, S. 28—29. Für eine weitere luzide Erörterung des Themas siehe Bronislaw Malinowski, *Crime and Custom in Savage Society* (New York: Harcourt, Brace and World, 1926), bes. Kap. 5. Dennis Wrong diskutiert dasselbe Problem in seinem jüngst erschienenen Aufsatz »The Oversocialized View of Man«, *American Sociological Review*, 26 (1961), S. 183—193.

Fall ist bei einigen Tierarten, dann gäbe es viel weniger Konflikte unter den Menschen. Wenn jeder nur für sich produzierte und Arbeitsteilung und Warentausch nicht existierten, wäre eine Hauptquelle des Haders unter den Menschen ausgeschaltet. Vereinigen die Menschen dagegen ihre Kräfte zu einem kooperativen Unternehmen, sei es in der Familie oder der gesamten Gesellschaft, nehmen Gelegenheit und Motivation für Konflikt erheblich zu. Diesen Aspekt sozialen Lebens haben die meisten konservativen Theoretiker recht stiefmütterlich behandelt.

Wir können indes nicht sagen, daß simples Eigeninteresse, aufgeklärtes oder auch anderes, die einzig motivierende Kraft in menschlichen Dingen sei. Wenn wir objektiv sind, müssen wir sehen, daß das Problem komplizierter liegt. Beides, Aufopferung wie Selbstsucht sind nachweislich Realitäten: Eltern opfern sich *tatsächlich* für ihre Kinder und Soldaten für ihre Kameraden.

Unter moralischem Aspekt sind solche Aktionsformen äußerst lobenswert. Dennoch implizieren, das haben kluge Beobachter des menschlichen Lebens herausgefunden, auch solche Handlungen ein starkes Moment von Egoismus. Jesus erklärte es seinen Jüngern, als er sagte, »wenn ihr nur jene liebt, die euch auch lieben, zu welcher Ehre gereicht euch das? Selbst Steuereinnehmer verhalten sich so«. Viele Handlungen erscheinen nur als Opfer, wenn man den weiteren Zusammenhang außer acht läßt. Im Kontext erweisen sie sich als Teile eines wechselseitig nützlichen und vorteilhaften Systems ausgetauschter Gefälligkeiten.

Was auch immer über solche Opfer gesagt werden mag, eins sind sie nicht: uneigennützig, selbstlos. Solche Handlungen geschehen selten zugunsten von Fremden; und das erwartet auch niemand. Vielmehr setzen sie die Existenz hochgeschätzter und lohnender menschlicher Bande zwischen den betroffenen Parteien voraus. In Ermangelung eines besseren Terminus könnten wir dieses Aktionsmuster als »parteiliches Selbstopfer« bezeichnen und die Interessen, denen es dient, als »parteiliche Gruppeninteressen«, um es von dem uneigennützigen Muster des Selbstopfers in Form einer wahrhaft altruistischen Handlung zu unterscheiden.

Ein weiterer Aspekt des Problems ist zu beachten. Gruppen, die unter ihren Mitgliedern wechselseitig aufopferungsvolles Handeln bewirken, entwickeln in der Regel Außenstehenden gegenüber ein ganz anderes Aktionsmuster. Tatsächlich scheint die Neigung zu Aufopferung in den Beziehungen *zwischen* verschiedenen Gruppen eine um so geringere Rolle zu spielen, je stärker sie *innerhalb* der einzelnen Gruppen ausgeprägt ist. Das heißt, unsere *Urteile über Häufigkeit und Bedeutung von Aufopferung im menschlichen Dasein sind keine absoluten, sie beziehen sich auf die soziale Ebene, mit der wir uns jeweils befassen.* Wenn wir zum Objekt unserer Analyse die Familie oder eine andere Primärgruppe machen, werden wir von ihrer Opferwilligkeit weit mehr beeindruckt sein, als wenn wir einen großen und komplizierten Staat untersuchen. Bei der Betrachtung menschlichen Handelns unter dieser weiteren Perspektive, wie wir sie in diesem Buch ja einnehmen wollen, stellen wir bald fest, daß Gruppen, die höchst opferfreudig sind nach innen, nach außen häufig zu einer skrupellosen Verfolgung ihrer parteilichen Gruppeninteressen fähig sind, auch wenn die Außenstehenden durchaus Mitglieder derselben Gesellschaft sind.[4]

Eng verwandt damit ist die aufopferungsvolle Tat des »Rechtgläubigen«, wie Eric Hoffer ihn nennt – des fanatisch hingebungsvollen und pflichtbewußten Anhängers einer sozialen Bewegung, welche »das Heilmittel für die Leiden der Menschheit« entdeckt hat und darauf vorbereitet ist, seine Anwendung einer »dumm« widerstrebenden Welt aufzuzwingen. Obwohl der Rechtgläubige fest davon überzeugt ist, er opfere sich für das Heil seiner Mitmenschen auf, sind für die anderen die wichtigen psychischen Gratifikationen, die er aus seinem Engagement an einer solchen Bewegung zieht, ohne weiteres erkennbar. Aufopferung bedeutet in diesem Fall Selbsttäuschung; die Handlungen des Rechtgläubigen dienen selten den Bedürfnissen anderer, wie jene sie empfinden.

Eine weitere zweifelhafte Form von Aufopferung ist die Praxis des *noblesse oblige.* In einigen Gesellschaften übernehmen die Reichen gewisse Verpflichtungen, sie betätigen sich karitativ, geben Almosen oder stellen sich für öffentliche Ämter zur Verfügung, alles Dinge, die ihnen keine sichtbaren Gewinne eintragen. Aber auch hier hat der Eigennutz seinen Anteil. Ihre Philanthropie kostet die sehr Reichen relativ wenig, dagegen wirft sie im allgemeinen ganz erhebliche Dividenden ab. Sie stellt einen der

4 Ein extremes Beispiel hierzu liefert Edward Banfield, *The Moral Basis of a Backward Society* (New York: Free Press, 1958); es enthält die lebendige Beschreibung eines süditalienischen Dorfes, wo extrem starke Familienbande einhergehen mit eiskalter Mißachtung anderer Gemeindemitglieder.

ganz wenigen zuverlässigen Wege zu Ehre und Ansehen dar; und für jene, die alles andere haben, kann dies schon von Bedeutung sein (siehe dazu unsere Diskussion über den Grenznutzen auf Seite 61 in diesem Kapitel). Die Philanthropie kann, das haben die Lynds in ihrer berühmten Untersuchung von »Middletown« gezeigt, wunderschöne politische und ökonomische Dividenden abwerfen.[5] Das soll nicht heißen, jede wohltätige Aktion wurzle im Eigennutz, wir wollen damit nur sagen, das Element des Eigennutzes sei mit Philanthropie durchaus nicht unvereinbar. Eine viel wichtigere Frage, die bei mildtätigen Aktionen zu stellen ist, betrifft ihre relative Bedeutung innerhalb der Gesamtwirtschaft. Wohltätige Schenkungen stellen im allgemeinen nur einen winzigen Bruchteil der Gesamtausgaben dar; wie die Glasur auf dem Kuchen ist ihre Sichtbarkeit kein Maßstab für ihre Substanz.

Damit es nun nicht so aussieht, als sei jedwede menschliche Handlung allein durch Eigennutz motiviert, muß betont werden, daß es sehr wohl Handlungen gibt, deren Motiv eindeutig genuines Interesse am anderen ist, ohne jeden Oberton von Eigennutz. Zweifellos gibt es Kräfte im menschlichen Dasein, welche *selbstlose und altruistische Liebe* als Reaktion hervorzurufen imstande sind.[6] Da jedoch bei den meisten Menschen dieses Reaktionsmuster nur wenig entwickelt ist, beschränkt sich altruistisches Handeln meist auf die kleineren Begebenheiten des Alltags, wo wenig auf dem Spiele steht. Offensichtlich entwickeln viele Menschen den echten Wunsch, im Umgang mit anderen großzügig und gütig zu sein, es ist ihnen jedoch »unmöglich«, entsprechend zu handeln, wenn viel auf dem Spiele steht. Altruistisches Handeln konzentriert sich so auf die Ebene der weniger wichtigen Begebenheiten und Entscheidungen und ist im Bereich der großen sozialen Entscheidungen selten. Ja, man scheint dahingehend verallgemeinern zu dürfen: *Die Häufigkeit altruistischer Handlungen variiert in umgekehrtem Verhältnis zur Höhe der Werte, um die es geht.*

Damit wollen wir nicht sagen, die Menschen seien unmoralisch,

5 Robert Lynd und Helen Lynd, *Middletown in Transition* (New Hork: Harcourt, Brace and World, 1937), 3. Kap. Eine ähnliche Struktur läßt sich auch in vielen anderen Teilen der Welt nachweisen, vgl. dazu die Kapitel 6 und 7 unseres Buches.

6 Bestimmte religiöse Ideologien in Verbindung mit persönlicher Erfahrung und dem Gefühl von unverdienter Liebe scheinen die hauptsächlichen Quellen solchen Verhaltens zu sein.

wenn es um hohe Werte geht. Wir wollen vielmehr auf die Notwendigkeit einer Differenzierung zwischen zwei Arten von Moral hinweisen, *der pragmatischen Moral und der ideellen Moral.* Die pragmatische Moral ist die Basis aller geläufigen Moralgesetze; sie beruht auf der Erkenntnis, daß die Menschen einander brauchen, und verurteilt deshalb nachteilige Handlungen, besonders solche, die die soziale Ordnung zu unterminieren drohen. Die ideelle Moral hingegen war niemals als Basis allgemeiner Moralgesetze akzeptiert, und zwar deshalb nicht, weil sie nicht nur nachteilige Handlungen verurteilt, sondern die Menschen auch auffordert, ihre Nächsten wie sich selbst zu lieben, auch ohne Aussicht auf Lohn.

Das heißt nun nicht, Altruismus oder selbstlose Liebe seien nur von geringer oder gar keiner Bedeutung. Sowohl vom psychologischen wie vom moralischen Standpunkt aus ist Altruismus äußerst wichtig; das menschliche Leben wäre ohne ihn viel ärmer und härter. Selbstlosigkeit ist jedoch keine wesentliche Determinante bei der Verteilung von Macht und Privilegien.

Eine genaue Betrachtung des menschlichen Lebens führt dennoch zu dem Schluß, daß *Menschen, wenn sie vor wichtige Entscheidungen gestellt sind, bei denen sie zwischen ihren eigenen oder ihren Gruppeninteressen und den Interessen anderer wählen müssen, fast immer die eigenen wählen* – auch wenn sie dies vor sich und anderen häufig zu verbergen suchen. Und damit haben wir das zweite *Postulat* unserer Theorie formuliert. Wie nicht zu übersehen, liegt es deutlich auf der Linie der konservativen Position mit ihrer Skepsis der Einschätzung gegenüber, der Mensch sei von Natur aus gut.

Ehe wir dieses umstrittene Postulat hinter uns lassen, scheint uns der Hinweis wichtig, daß Tausch und Arbeitsteilung in allen komplizierteren Gesellschaften den Schleier abgeben, der diese häßliche Wahrheit weitgehend verhüllt. In komplizierteren Gesellschaften sehen die Menschen kaum noch die Konsequenzen ihrer eigenen ökonomischen und politischen Handlungen. Viel eher sehen sie, wie das unpersönliche Marktsystem funktioniert, welches einige begünstigt und andere benachteiligt. Erfolg und Mißerfolg erscheinen dadurch als Produkte unpersönlicher oder komplexer Kräfte, neben denen der Einfluß des einzelnen Individuums bedeutungslos wird. Der Mythos, der Mensch sei von Natur aus freundlich und gut, wird dadurch nur gefestigt.

Das *dritte Postulat* unserer Theorie betrifft Ziele und Dinge, um welche die Menschen sich bemühen. Einige, wie etwa die Luft, die wir atmen, stehen allen zur Verfügung; die meisten indessen nicht. *Die meisten sind knapp* – das heißt, die Nachfrage nach ihnen übersteigt das verfügbare Angebot.

Dies ist eine durchaus normale Erscheinung in der Welt der Natur. Auch wenn wir häufig vom Überfluß der Natur sprechen, bleibt es doch Tatsache, daß alle Lebewesen die Fähigkeit zur Fortpflanzung haben, eine Fähigkeit, die es angesichts des begrenzten Vorrats an Nahrung und anderen Ressourcen einfach mit sich bringt, daß viele vor Ablauf der normalen Lebensdauer sterben müssen und die Mehrzahl der andern am Rande des Existenzminimums lebt.

Bis zu einem gewissen Grad war der Mensch fähig, sich aus diesen Schwierigkeiten zu befreien. Vor Tausenden von Jahren lernte er bereits, das Nahrungsangebot zu steigern, und in jüngerer Zeit hat er auch gelernt, seine eigene Reproduktion zu kontrollieren. Aber während der Mensch, im Vergleich zu anderen Lebewesen, in den Genuß einiger Vorteile kommt, hat er auch unter etlichen Nachteilen zu leiden. Anders als viele Pflanzen und Tiere hat er *einen unstillbaren Hunger auf Güter und Dienstleistungen.* Ganz gleich, wieviel er produziert und konsumiert, er will mehr. Und zwar hauptsächlich deshalb will er mehr, weil Güter und Dienstleistungen, die er konsumiert, ebensosehr *Statuswert* wie Gebrauchswert haben. Wären Autos nichts als Transportmittel, dann könnte eine Gesellschaft, die ihre Reproduktion kontrolliert, diesen Bedarf schließlich decken. Autos sind aber auch Statussymbole; deshalb sind der Forderung nach ihrer Verbesserung und der Nachfrage nach den zu ihrer Produktion benötigten Gütern und Dienstleistungen keine Grenzen gesetzt. Gerade das Statusstreben bewirkt, daß die Nachfrage unentwegt das Angebot übersteigt: diejenigen mit niedrigem Status bemühen sich ununterbrochen, es jenen mit höherem gleichzutun, und jene mit höherem Status sind ständig bestrebt, den Unterschied zu erhalten.

Unter solchen Verhältnissen ist Sättigung unmöglich, auch wenn der Mensch die Produktion noch so sehr steigert oder den Bevölkerungszuwachs noch so sehr beschränkt.

Wenn unsere ersten drei Postulate zutreffen, das heißt, wenn der Mensch ein soziales Wesen ist, wenn die meisten seiner wesentlichen Handlungen Eigeninteresse oder parteiliches Gruppeninteresse zum Motiv haben, und wenn viele oder die meisten der von ihm erstrebten Güter knapp sind, dann folgt logisch daraus, daß *in jeder menschlichen Gesellschaft ein Kampf um Gratifikation stattfindet.* Dieser Kampf braucht nicht immer die Form von Gewalt anzunehmen. Im Gegenteil, er kann im Rahmen festgefügter Regeln geführt werden. Das Fehlen von Gewalt bedeutet dabei nicht, daß der Kampf weniger Realität hätte oder weniger ernst wäre für die betroffenen Parteien.

Ehe wir diesen Teil unserer Diskussion abschließen, möchten wir noch zwei weitere Postulate einführen. Das erste und damit vierte im Anschluß an die bereits genannten besagt: *Die Natur hat nicht alle Menschen gleichmäßig mit den Eigenschaften ausgestattet, die in diesem Kampf notwendig sind.* Einige kommen mit ernsthaften körperlichen Gebrechen auf die Welt, die ihre Chancen nachhaltig beschneiden. Andere sind nicht ganz so offensichtlich behindert, sie haben eine schwächliche Körperkonstitution oder einen leichten geistigen Schaden, es fehlt ihnen an Lebensenergie oder sie sind häßlich.

Unterschiedliche Naturgaben sind nicht der primäre Grund für soziale Ungleichheit. Sie sind jedoch wichtig genug, um der alten konservativen These, Natur sei die Quelle sozialer Ungleichheit, einige Nahrung zu geben.

Fünftens und für den Augenblick auch letztens behaupten wir: *Der Mensch ist ein Gewohnheitstier und läßt sich gerne von dem gesellschaftlichen Gegenstück der Gewohnheit, von den Bräuchen, darin stützen.* William James bezeichnete einmal die Gewohnheit als »das enorme Schwungrad der Gesellschaft«, eine nach wie vor angemessene Beschreibung, denn die Gewohnheit bringt – wie das Schwungrad – den mächtigen Faktor der Trägheit ins Spiel menschlichen Handelns. Das gleiche gilt für die Bräuche. Vom Standpunkt des Verteilungsprozesses aus sind Gewohnheit und Brauch gleichermaßen wichtig, denn sie fördern die Stabilität der bestehenden Verteilungssysteme, indem sie die Menschen sogar solche Verteilungsmodi akzeptieren und als selbstverständlich hinnehmen lassen, die weder ihr Vorteil noch notwendig sind. Auf dieser Basis ist zu verstehen, warum sich solche Verteilungsmodi als viel dauerhafter und stabiler erweisen, als man annehmen möchte, und sich viel länger erhalten, als eine sorgfältige Analyse der Struktur selbst anzeigen würde.

Ausgehend von dieser Auffassung vom Menschen können wir uns nun dem diffizileren Problem der Natur menschlicher Gesellschaften zuwenden. Auch hier haben wir es, wir wiesen im letzten Kapitel bereits darauf hin, mit einem grundsätzlichen Konflikt zwischen Konservativen und Radikalen oder ihren geistigen Erben, den Funktionalisten und Konflikttheoretikern zu tun.

In der konservativen Tradition wurden menschliche Gesellschaften immer wieder verglichen mit biologischen Organismen. Wie Organismen sind die Systeme, die aus spezialisierten und interdependenten Teilen bestehen, und wie bei Organismen überlebt normalerweise das Ganze die verschiedenen Teile, die beständig ersetzt werden, und hat das Ganze Bedürfnisse, die, soll es leben und gedeihen, gestillt werden müssen; dabei fällt den Teilen die Aufgabe zu, diese Bedürfnisse durch spezielle Einzelaktivitäten zu befriedigen. Kurz, Gesellschaften sind, wie Organismen, Systeme, in denen Blühen und Gedeihen des Gesamten durch gegenseitige Kooperation der Teile erreicht wird. Durch solche Kooperation wird das Wohl des Ganzen ermöglicht und in der Folge auch das Wohl aller Teile.

Es ist kein Zufall, daß eine der wichtigsten Darlegungen der modernen funktionalistischen Theorie den Titel *The Social System*[7] trägt. Funktionalistische Theorie ist gewöhnlich System-Theorie; sie stellt den Systemcharakter menschlicher Gesellschaften an den Anfang und versucht in der Folge, das Handeln der einzelnen Teile aufgrund der Bedürfnisse und Erfordernisse des Ganzen zu erklären.

Die Konflikttheorie geht im Gegensatz dazu in der Regel *nicht von einem System* aus. Sie betont die Konflikte und Kämpfe, welche beständig das Gesellschaftsgefüge zu zerstören drohen. Sie befaßt sich weit weniger mit der Gesamtgesellschaft und ihren Bedürfnissen als mit den Untergruppen innerhalb von Gesellschaften, mit Klassen, Parteien, Splittergruppen und Interessengruppen, die dauernd um Vorteile konkurrieren. Wie wir im ersten Kapitel gezeigt haben, betrachten radikale Theoretiker menschliche Gesellschaften gerne als Rahmen, in dem die Konflikte des Lebens ausgetragen werden. Sie sind hauptsächlich insofern

7 Talcott Parsons, *The Social System* (New York: The Free Press, 1951).

von Bedeutung, als ihre besonderen Merkmale, das heißt der Stand ihrer ökonomischen Entwicklung, das Ergebnis dieser Kämpfe beeinflussen. Die Kämpfe und die kämpfenden Gruppen, nicht die Gesellschaft, stehen im Zentrum ihres Interesses.

Beide Auffassungen schlagen beim aufgeschlossenen Gesellschaftsforscher eine empfindliche Saite an. Beide enthalten zweifellos ein Moment von Wahrheit. Kooperation ist ganz sicherlich ein beherrschender Zug allen menschlichen Lebens, und genau dasselbe läßt sich für den Konflikt sagen. Manche Aktionsmuster ergeben nur einen Sinn, wenn man sie im Lichte der Bedürfnisse der Gesellschaft als Ganzer interpretiert, während andere erst im Lichte der Interpretation individueller Bedürfnisse und Wünsche verständlich werden. In dem Maße, in dem eine Theorie alternativ entweder die sozialen oder die antisozialen Momente in menschlichen Gesellschaften leugnet, verkennt sie einen ganz wichtigen Aspekt und wird zum unzuverlässigen Interpreten menschlichen Daseins.

Um die gültigen Erkenntnisse beider Traditionen zu integrieren und zu synthetisieren, müssen wir mit einiger Sorgfalt den Begriff des »Systems« überprüfen, der für die konservativen Theoretiker so wichtig ist. Gesellschaftstheorie kommt um diesen Begriff nicht herum; er darf aber auch nicht, wie es heutzutage geschieht, unkritisch hingenommen werden.

Ursprünglich bezieht sich der Begriff auf eine Organisation unabhängiger Teile, die einheitlichen Charakter tragen. Soziologen haben ihn aus anderen Disziplinen entliehen, der Astronomie, der Physik oder der Biologie, in dem Bestreben, den extremen Individualismus und die psychologische Vereinfachung, die vielfach in der Populärwissenschaft besonders der Vereinigten Staaten herrschen, zu bekämpfen. Als Waffe in diesem Kampf hat sich der Begriff als außerordentlich wirksam erwiesen; als Instrument bei der Gesellschaftsanalyse ist seine Leistung weniger beeindruckend.

Die größte Schwierigkeit liegt darin, daß der Begriff im allgemeinen *kategorial* verwendet wird. Entweder etwas ist ein System oder es ist kein System. Dazwischen gibt es nichts. Wenn eine Ansammlung von Menschen in einem nennenswerten Maße interdependent ist, halten es moderne Funktionalisten für gerechtfertigt, ihr Leben als eines mit Systemcharakter zu analysieren. Auf dieser Grundlage entwickeln sie dann ihre kunstvollen Analysen, die in jedem gängigen Aktionsmuster nach sozialer Nützlichkeit suchen.

Ein solches Verfahren läßt zwei wichtige Tatsachen außer acht. Erstens *variieren die einzelnen Systeme beträchtlich im Grad der Interdependenz und Integration ihrer Glieder.* Die einzelnen Mitglieder menschlicher Gesellschaften erfreuen sich eines Maßes an Unabhängigkeit und Autonomie, welches weit über jenes der Einzelteile von biologischen Organismen oder mechanischen Systemen hinausgeht. Darüber hinwegzusehen, heißt Verwirrung stiften. Zweitens gibt es nicht so etwas wie ein perfektes menschliches Gesellschaftssystem, in dem die Handlungen der Einzelnen den Erfordernissen des Ganzen stets und völlig untergeordnet sind. Dies ist ein theoretisches Konstrukt, das in der Wirklichkeit noch nicht einmal von ferne sein Gegenstück hat.[8]

Diese Tatsachen haben wichtige Implikationen für die Gesellschaftstheorie. An erster Stelle sollten wir, wenn es so etwas wie ein perfektes Gesellschaftssystem nicht gibt, aufhören, Theorien zu spinnen, die dessen Existenz postulieren, und unsere Energien auf die Bildung von Theorien verwenden, die explizit voraussetzen, daß alle menschlichen Organisationen *unvollkommene Systeme* sind. Zweitens sollten Gesellschaftstheoretiker (und Empiriker nicht minder) nicht länger versuchen, in allen möglichen Verhaltensmustern nach *gesellschaftlicher* Nützlichkeit zu forschen, sondern erkennen, daß viele etablierte Aktionsmuster durch und durch antisozial sind und fürs Gemeinwohl keinen Deut leisten. Drittens sollten wir beides, Kooperation und Konflikt, als kontinuierliche und normale Züge menschlichen Lebens betrachten und aufhören, Konflikt als einen pathologischen oder anomalen Zustand zu begreifen, wie es die derzeitige funktionalistische Theorie häufig tut. Viertens sollten wir uns mehr um Ursachen und Folgen der Schwankungen im Grad der Gruppenintegration kümmern. Und letztlich müssen wir lernen, daß Verteilungssysteme zugleich Systembedürfnisse und Einzelbedürfnisse widerspiegeln, die obendrein häufig miteinander konfligieren.

8 Hobbes war sich darüber völlig im klaren, wie sein Vergleich des Menschen mit Bienen und Ameisen zeigt. Über letztere schrieb er: »Bei diesen Lebewesen unterscheidet sich das Gemeinwohl nicht vom Privatwohl, und da sie von Natur aus ihr privates Wohl anstreben, fördern sie zugleich das Gemeinwohl. Der Mensch dagegen, der es liebt, sich mit anderen Menschen zu vergleichen, kann nur an Außerordentlichem Geschmack finden«. Thomas Hobbes, *Leviathan* (Neuwied: Luchterhand, 1966), S. 133.

Dieser letzte Punkt verdient deshalb besondere Beachtung, weil konservative Theoretiker immer wieder bestreiten, daß es überhaupt einen grundsätzlichen Konflikt zwischen den Interessen der Gruppe und den Interessen des Einzelnen gebe, indem sie behaupten, was gut sei für die Gesellschaft, sei auch gut für den Einzelnen, und umgekehrt. Den klassischen Beitrag in dieser Hinsicht lieferte Adam Smith mit seiner berühmt gewordenen Abhandlung *The Wealth of Nations*. Der Vater der modernen Ökonomie hielt ein sehr eindrucksvolles Plädoyer für die These, durch die Alchimie des Marktes gereiche die zielstrebige Verfolgung von Eigeninteresse durch jedes einzelne Mitglied der Gesellschaft der Gesamtgesellschaft zum Wohle. Hundert Jahre später entwickelten die Sozialdarwinisten eine ähnliche These. Sie behaupteten, infolge der Wirkung des Gesetzes der natürlichen Auslese überlebe nur der Fähigste, so daß auch hier die Verfolgung von Eigeninteresse zum Nutzen der Gesamtgesellschaft ausschlage.

Auch wenn es ganz sicher zutrifft, daß das Schicksal des Einzelnen mit dem seiner Gesellschaft verknüpft ist, herrscht doch keine 1-zu-1-Relation zwischen beiden. Vielerlei Belege lassen sich dafür anführen. Eine Gesellschaft blüht – und einige ihrer Mitglieder erleben gerade ein finanzielles Debakel. Umgekehrt, die Wirtschaft einer Gesellschaft geht dem Ruin entgegen, während einige ihrer Mitglieder mächtig profitieren, wie der Börsenkrach von 1929 zeigt.

Nun ist es allerdings logisch, daß die Interessen der Gesellschaft sich nicht mit den Interessen aller ihrer Mitglieder decken, wenn die Interessen dieser Mitglieder selbst in beträchtlichem Maße unvereinbar sind. Und genau das, so haben wir gesehen, ist der Fall. Unter solchen Bedingungen können bestenfalls die Interessen der Gesellschaft mit den Interessen *einiger* ihrer Mitglieder zusammenfallen. Wie wir später sehen werden, haben wir guten Grund zu der Annahme, daß in der Vergangenheit in vielen Gesellschaften die Interessen einer nur winzigen Minderheit mit den Interessen der Gesamtgesellschaft identifiziert wurden.

Der Konflikt zwischen gesellschaftlichen und individuellen Interessen läßt sich jedoch auch auf andere Weise nachweisen. Vom Standpunkt der Gesellschaft als Ganzer aus gesehen ist es wünschenswert, die Schlüsselpositionen mit den fähigsten Leuten zu besetzen. Vom Standpunkt des Einzelnen aus, den Eigeninteresse leitet, ist es im allgemeinen erstrebenswert, daß er selbst eine dieser Positionen ausfüllt. In den meisten Fällen werden die Interessen des Einzelnen den Interessen der Gesellschaft gefährlich sein, und umgekehrt.

Konservative Theoretiker haben häufig das Argument vorgetragen, das Innehaben von Schlüsselpositionen in einer Gesellschaft sei bereits der Beweis für größere Fähigkeiten, also kämen auch die Handlungen der Inhaber dieser Positionen allen zugute. Kritiker halten jedoch dagegen: »Größere Fähigkeit worin? Sich die Eltern auszusuchen? Gewalt zu üben? Zu täuschen und zu betrügen?« Leider spielten diese Faktoren für die Erlangung von Schlüsselpositionen in der Tat häufig die größte Rolle. Der Zirkelschluß der Logik der Konservativen läßt allerdings diese Tatsache zur Bagatelle werden.

Individuelle Interessen: ihre Natur

Bislang haben wir zwar mehrfach von gesellschaftlichen und von individuellen Interessen gesprochen, jedoch ohne jemals genau zu definieren, was im einzelnen damit gemeint ist. Auf den ersten Blick mag es so aussehen, als liege die Natur dieser Interessen so offen zutage, daß eine Diskussion darüber sich erübrigt. Bei näherem Zusehen indes werden gewisse Schwierigkeiten sichtbar, besonders was den Begriff der gesellschaftlichen Interessen anlangt.

Nur allzu leicht ist man versucht, Gottvater zu spielen und diese Interessen gleichzusetzen mit denen, die man für wünschenswert oder für die »wirklichen« hält. In der Tat ist dies die Praxis von Marxisten und anderen Ideologen, die sogar besser als die jeweils Betroffenen wissen, was für das Individuum oder für die Gesellschaft gut ist. Ein solcher Ansatz mag politisch fruchtbar sein, wissenschaftlich ist er es nicht.

Verwerfen wir diesen deduktiven Ansatz, dann sind wir wieder auf die Induktion verwiesen. Zwei Alternativen bieten sich an: (1) Induktionen, die auf den *Aussagen* des Einzelnen oder der Gruppe basieren; (2) Induktionen, die auf *Schlüssen* beruhen, *gezogen aus den Handlungen* des Einzelnen oder der Gruppe. Die letztere scheint aus zwei Gründen die klügere. Erstens haben sowohl der Einzelne wie die Gruppe häufig Grund, ihre wahren

Interessen falsch darzustellen: Verschleierung ist in vielen Fällen von Nutzen. Zweitens können wir seit Freud die Rolle des Unbewußten im menschlichen Verhalten nicht mehr außer acht lassen; sind doch die Handlungen des Menschen häufig motiviert durch Wünsche und Ziele, deren er sich nur dunkel bewußt ist. Es ist demnach klüger, Urteile über die Interessen, welche die Menschen bei ihren Handlungen leiten, darauf zu gründen, was wir tun, und nicht auf das, was sie sagen.

Ziele oder Interessen der einzelnen Individuen sind hinlänglich bekannt; eine ausführliche Erörterung darüber dürfte sich erübrigen. Zwei Dinge sind jedoch zu beachten: zum einen ist die Erkenntnis wichtig, daß nicht alle Menschen die gleichen Ziele haben, und daß selbst jene, die es tun, ihnen nicht immer den gleichen Rang einräumen. Drei Männer lieben Wein, Weib und Gesang; während jedoch der eine den Wein am liebsten mag, zieht der zweite die Frauen vor und der dritte den Gesang. Solche Unterschiede sind von erheblicher Bedeutung, denn die Menschen stehen dauernd vor der Notwendigkeit, zwischen erstrebenswerten Zielen zu wählen.

Zum andern liegt eine gewisse Schwierigkeit in dem, was die Ökonomen mit dem Begriff des »Grenznutzens« andeuten. Der Wert vieler Ziele variiert in umgekehrtem Verhältnis zur Quantität des bereits Erreichten. Die meisten Menschen sind bereit, für ihr erstes Paar Schuhe mehr Geld auszugeben als für ihr zweites, und mehr für ihr zweites als für ihr zehntes. Das gleiche gilt für die meisten anderen Güter und Dienstleistungen: den jeweils ersten wird mehr Wert beigemessen als den nachfolgenden.

Diese Komplikationen erschweren zwar die Aufgabe, sinnvolle Hypothesen darüber aufzustellen, welche Ziele die Menschen anstreben, machen sie aber nicht unmöglich. Zunächst steht fest: in ihrer großen Mehrzahl haben die Menschen zu allen Zeiten der Selbsterhaltung die höchste Priorität zuerkannt. Obwohl es Ausnahmen gab – religiöse und politische Märtyrer oder heroische Krieger – ließen die meisten Menschen sich auf deren Werte nicht ein. Die herrschende Philosophie ist eingefangen in dem einfachen Reim:

> Wer heut im Kampfe duckt sich nieder,
> lebt morgen noch und kämpft dann wieder.

Der Tod setzt allen Träumen, Hoffnungen und allem Ehrgeiz, die sich auf diese Welt richten, ein Ende. Selbst jene, deren Ziele im Jenseits liegen, hängen im allgemeinen mit aller Zähigkeit am Leben in dieser Welt.

Die Tatsache, daß Selbsterhaltung in der Regel die höchste Priorität genießt, hat für die gesellschaftliche Existenz des Menschen weitreichende Implikationen. Auf dieser Basis können Macht oder Gewalt zum effektivsten Abschreckungs- und zugleich zum höchsten Sanktionsmittel im menschlichen Leben werden. Es ist kein Zufall, daß Gewalt die letzte Instanz in menschlichen Konflikten ist. Wie aus späteren Kapiteln erhellt, ist diese Tatsache für unsere Theorie der Verteilung von großer Bedeutung.

Weil die meisten Menschen der Selbsterhaltung einen so hohen Wert beimessen, wird alles, was ein Überleben ermöglicht, ebenfalls hoch bewertet. Das bedeutet praktisch, daß Nahrung und andere Güter und Dienstleistungen, welche den *Erhalt* garantieren, hoch bewertet sind, insbesondere auch deshalb, weil sie normalerweise knapp sind.

Welches Ziel für den Menschen das zweitwichtigste nach der Selbsterhaltung ist, läßt sich schon schwerer sagen. Die beiden Hauptkonkurrenten um diese Position dürften *Gesundheit* und *Status* oder *Prestige* sein. Über die Gesundheit braucht nicht viel gesagt zu werden; welchen Wert die Menschen ihr beimessen, liegt in jeder Gesellschaft offen zutage. Überall sind sie bereit, ihre Gesundheit teuer zu bezahlen, und geben dies auch gerne zu.

Status und Prestige – damit steht es ganz anders. Viele Menschen weisen es weit von sich, groß daran interessiert zu sein. Beispielsweise hier im Lande werden nur wenige Menschen bereit sein, andern oder auch nur sich selbst gegenüber zuzugeben, daß Status für sie einen hohen Wert darstellt. Schauen wir uns dagegen an, was sie tun, dann ist ihr Interesse für Status offenkundig. Es beeinflußt nahezu jede Entscheidung, von der Wahl des Autos bis zu der der Ehefrau. Angst vor Status- oder Prestigeverlust ist eins der wenigen Motive, welche die Menschen dazu bringen, ihr Leben auf dem Schlachtfeld zu lassen. Robert Lowie, führender Anthropologe der letzten Generation, traf so ziemlich ins Schwarze, als er schrieb, der Primitive sei weder Geizhals, noch Weiser, noch Raubtier, sondern viel eher ein Pfau. Das gleiche könnte man vom zivilisierten Menschen sagen: Klassischer Beleg dafür ist Thorstein Veblens *Theory of the Leisure Class.*

Die moderne Sozialpsychologie hilft uns verstehen, warum die Menschen Status oder Prestige eine so große Bedeutung beimessen. Selbstachtung ist ein Konstituens jeder gesunden intakten Persönlichkeitsstruktur. Wo die Selbstachtung zerstört ist, ist die Motivation untergraben. Seit Charles Horton weisen die Sozialpsychologen darauf hin, daß Selbstachtung in hohem Maße eine Funktion jener Achtung ist, die andere einem entgegenbringen. Mit anderen Worten, das Bild, das wir uns von uns selbst machen, ist weitgehend das Spiegelbild dessen, welches andere von uns haben. Unsere psychische Gesundheit und unser Wohlergehen hängen also stark von unserem Status in von uns anerkannten Gruppen ab. Das heißt nicht, emotionale Gesundheit sei von der Wahl in ein hohes Amt oder dergleichen abhängig. Für die meisten Menschen ist Achtung durch die eigene Familie und durch Freunde ausreichend. Aber derselbe psychologische Prozeß, der Menschen auf dieses bescheidene Maß an Anerkennung pochen läßt, erzeugt auch den Wunsch nach weiterer Beachtung. Dieser Wunsch nach Status schafft einen unstillbaren Appetit. Nur wenige Menschen empfangen soviel Ehre und Achtung, daß sie bei sich bietender Gelegenheit nicht nach mehr suchen würden. Und genau aus diesem Grunde steckt in so vielen Entscheidungen des täglichen Lebens, insbesondere den wichtigen, ein Moment von Statusstreben.

Leibliche Genüsse sind ein weiteres wichtiges Ziel; auch wenn es sich nicht vergleichen läßt mit Selbsterhaltung, Gesundheit und Status. Häufig ist es schwierig, zwischen dem Streben der Menschen nach Status und nach Genuß zu unterscheiden, mit dem Resultat, daß wir den Wert, der dem Genuß beigelegt wird, überschätzen. Der Kauf eines Wagens enthält in der Regel beide Momente. Trotz des vielen Geredes über die Nützlichkeit des Autos haben die Hersteller keinen ausreichenden Markt für ein im strengen Sinne nützliches Fahrzeug gefunden. Und dasselbe läßt sich von zahllosen weiteren Produkten sagen, deren Nachfrage sowohl vom Statuswert als auch vom Gebrauchswert bestimmt wird. Robert Lowies Vergleich des Menschen mit einem Pfau enthält mehr Wahrheit, als wir gemeinhin zugeben.

Zwei weitere, für viele geltende Ziele finden ihren Niederschlag in dem Wunsch nach einer *Erlösung* nach dem Tode und nach *Liebe* in dieser Welt. Im allgemeinen kommt es ob dieser Ziele zu keinen ernsthaften gesellschaftlichen Kämpfen und Konflikten. So wie die Luft, die wir atmen, steht auch das Heil im Jenseits allen zur Verfügung, die es suchen, zumindest den meisten Religionen zufolge. Mit der Liebe ist es nicht ganz so einfach; da sie jedoch von Primärgruppen produziert und auch verteilt wird, gewinnen die Kämpfe um sie normalerweise keine Bedeutung auf gesellschaftlicher Ebene.

Der Menschen Wunsch nach Erlösung, verbunden mit ihrer Gottesfurcht und Gottesliebe beeinflußt unsere Analyse jedoch auf andere Weise. Wo Menschen die Existenz eines Systems übernatürlicher Sanktionen anerkennen, weichen ihre Handlungen möglicherweise von dem Weg ab, den sie nähmen, spielte dieses Moment keine Rolle. Wie stark die Abweichung ist, hängt einerseits vom Glaubenssystem ab und andererseits von der Ernsthaftigkeit und Ergebenheit seiner Anhänger. Viele Religionen sanktionieren das bestehende System von Macht und Privilegien positiv und werden so im Sinne einer Verstärkung des *status quo* wirksam. Einige andere dagegen, wie zum Beispiel Judentum und Christentum, liefern durchaus die Basis für eine moralische Kritik an der bestehenden Ordnung und ermuntern dadurch zuweilen zu Angriffen auf den *status quo*. Religionen mit starker moralischer Komponente können auch die Funktion übernehmen, der scharfen Spitze von Eigennutz ein wenig von ihrer Schärfe zu nehmen. Zuweilen bremsen sie die Mächtigen in ihrer Sucht, ihrem Vorteil bis zu dem Punkt nachzujagen, an dem andere ernsthaft gefährdet oder gar ausgelöscht werden. Diese humanisierende Funktion einiger Religionen läßt sich leicht übertreiben, sie läßt sich aber auch übersehen; die Sozialwissenschaften verfielen eher in den zweiten Fehler.

Alle bisher genannten Ziele werden direkt um ihrer selbst willen von den Menschen geschätzt. Es gibt aber auch Ziele, die weitgehend oder sogar ausschließlich ihres *instrumentellen* Wertes wegen angestrebt werden – das heißt, weil sie ein Erreichen der bisher genannten Ziele ermöglichen. Klassisches Beispiel dafür ist das *Geld*. Das Geld an und für sich ist kaum in der Lage, normale menschliche Bedürfnisse zu befriedigen; als Tauschmittel vermag es jedoch leibliche Genüsse, bessere Gesundheit und Status zu verschaffen, ja sogar ein Überleben läßt sich zuweilen damit erreichen. Aus diesem Grunde ist das Geld das umkämpfte Objekt heftigsten Wettbewerbs in jeder Gesellschaft, in der es anzutreffen ist. Weil es ein Tauschmittel ist, vermag es Menschen mit ganz verschiedenen Zielen gleichermaßen gute Dienste zu leisten. Für einen, der Status über Genuß stellt, ist es ebenso nützlich wie für den, der in umgekehrter Reihenfolge denkt. Deshalb ist der Kampf ums Geld (und um andere Ziele von instrumentellem Wert) zumindest ebenso heftig wie der um Status, Überleben, Genuß und andere primäre Ziele.

Andere Formen von Besitz nehmen eine viel unklarere Stellung ein, weil sie entweder um ihrer selbst willen oder nur ihres instrumentellen Wertes wegen erstrebt werden. Eins ist allerdings klar: der instrumentelle Wert von Besitz steigert die Hitze des Konkurrenzkampfs und erhöht die Zahl der Konkurrenten.

Ämter in Organisationen und andere institutionalisierte Rollen mit etablierten Rechten und Vorrechten sind ebenfalls ihres instrumentellen Werts wegen allgemein begehrt. Den meisten hohen Positionen haften Status und Einkommen als Attribute an; für hohe Ämter in wichtigen Organisationen gilt dasselbe: hohes Ansehen und Einkommen sind in der Regel garantiert. Außerdem sind jenen in verantwortlichen Stellungen meist zahlreiche Personen unterstellt, die bereitwillig ausführen, was die Vorgesetzten anordnen, zumindest innerhalb der Grenzen der Amtsautorität. Ämterjagd ist deshalb ebenso an der Tagesordnung wie die Jagd nach dem Geld; erleichtern doch beide das Erreichen so vieler Ziele. Ein hohes politisches, wirtschaftliches, kirchliches oder Erziehungsamt gestattet dem Einzelnen, viele, wenn nicht die meisten seiner Wünsche zu befriedigen. Was die Frauen anlangt, so ist für sie in den meisten Gesellschaften die Rolle der Ehefrau von entscheidender Bedeutung, denn sie ist die Basis vieler, wenn nicht der meisten ihrer Rechte und Vorrechte. Weil der Umfang dieser Rechte so häufig von der Höhe der Einkünfte des Ehemannes abhängt, findet im allgemeinen ein lebhafter Konkurrenzkampf um die Position der Ehefrau eines wohlhabenden oder vielversprechenden Mannes statt.

Erziehung oder *Ausbildung* sind ein weiteres Ziel, welches die Menschen mehr seines instrumentellen als seines unmittelbaren Werts wegen anstreben. Es hat zwar immer einige gegeben, die Wissen um seiner selbst willen schätzten; die meisten bemühten sich jedoch in erster Linie darum, weil sie es für nützlich hielten. Mit der zunehmenden Bürokratisierung der Arbeitswelt dürfte formale Ausbildung immer erstrebenswerter werden.

Um all diese Ziele zu erreichen, sind die Einzelnen gezwungen, die verschiedenen Mittel, mit denen sie von Natur und Gesellschaft begabt sind, intensiv zu nutzen. Zu diesen Mitteln zählen materieller Besitz und persönliche Eigenschaften wie Energie, Intelligenz, Schönheit und eine gute physische Verfassung. Jeder

Einzelne nutzt sie in dem Bestreben, die Dinge zu erlangen, die ihm am meisten wert sind. In diesem Prozeß nutzt er seine ursprünglichen Kräfte und Mittel, um zu instrumentellen Gratifikationen wie Ausbildung, Geld und Position zu gelangen, welche ihm dann ihrerseits als Mittel dienen, zu jenen höchsten Befriedigungen wie Status, Genuß, Gesundheit und ähnlichem zu kommen oder sie zu bewahren.

Dieser »Tausch«-Prozeß stellt einen der wichtigsten Aspekte des Verteilungssystems dar und sollte von allen, die Verteilungsprozeß und Schichtung untersuchen, viel stärker beachtet werden.[9] Wir können nicht, wie die klassischen Ökonomen, unser Interesse auf jenen Tausch beschränken, der in Übereinstimmung mit den geltenden Regeln der Geschäftspraxis abgewickelt wird. Wir müssen uns mit dem rechtmäßigen und dem unrechtmäßigen Tausch, dem moralischen und dem unmoralischen, dem friedlichen und dem gewaltsamen befassen. Wollten wir uns auf den rechtmäßigen, den moralischen und den friedlichen Tausch beschränken, so kämen wir zu einer recht irreführenden Antwort auf die Frage, wer bekommt was und warum. Viel zu häufig fällt der entscheidende Tausch – der das Grundmuster für Tausende oder Millionen von Tauschaktionen abgibt – aus dem Rahmen des Gesetzlichen, des Moralischen und des Friedlichen heraus. In der Tat sind – dies wird in den späteren Kapiteln deutlich werden – die wichtigsten Tauschaktionen (unter dem Aspekt ihrer Wirkung auf nachfolgende Tauschaktionen betrachtet) oft zugleich die gewaltsamsten, unmoralischsten und zutiefst unrechtmäßigen. Und hier liegt auch der Grund, warum es den klassischen Ökonomen gelungen ist, ein nur so schwaches Licht auf die Frage zu werfen, wer bekommt was und warum, obwohl sie doch eine so umfangreiche Literatur zum Thema Verteilung verfaßt haben. Leider war ihr Untersuchungsbereich viel zu eng.

Gesellschaftliche Interessen: ihre Natur

Gesellschaftliche Interessen lassen sich viel schwerer definieren als individuelle. Der Grund: menschliche Gesellschaften sind höchst

9 Zwei neuere und bemerkenswerte Beiträge auf diesem Gebiet stammen von George C. Homans, *Social Behavior* (New York: Brace and World, 1961) und Peter Blau, *Exchange and Power in Society* (New York: Wiley, 1964).

unvollkommene Systeme. Ihre Mitglieder arbeiten häufig gegeneinander, und die Aktionen des Ganzen frommen wiederum den einzelnen Teilen nicht. Eine ähnliche Situation herrscht zwar auch im Falle des Individuums; dennoch ist dies weniger gravierend, weil Organismen viel vollkommenere Systeme sind. Drogensüchtige beispielsweise sind hinter Drogen her, obwohl sie per Vernunft beschlossen haben, damit aufzuhören, und obwohl der fortgesetzte Gebrauch ihr Nervensystem und andere Teile ihres Körpers schädigt. Und doch zögern wir nicht, in solchen Fällen Drogen zu den Primärzielen dieser Menschen zu zählen.

Wendet man dasselbe Prinzip auf menschliche Gesellschaften an, dann müssen wir *als Ziele* einer bestimmten Gesellschaft *jene angeben, denen die mehr oder weniger koordinierten Anstrengungen des Ganzen gelten – ohne Rücksicht auf den Schaden, den sie vielen einzelnen Mitgliedern, ja sogar vielleicht der Mehrheit zufügen.* In der Realität bedeutet das, daß in Gesellschaften, die von einer herrschenden Klasse kontrolliert werden, welche die Macht hat, die Richtung der koordinierten Anstrengungen der Gesellschaft zu bestimmen, *die Ziele der Gesellschaft mit den Zielen dieser Klasse identisch sind.*

Obwohl dieser Schluß für jene mit demokratischer Überzeugung ärgerlich sein mag, scheint er doch der einzig haltbare. Außerdem lassen sich auf seiner Basis einige verwickelte Probleme klären. Beispielsweise wird verständlich, warum es für die Mitglieder politisch herrschender Klassen stets viel einfacher war als für die übrigen Mitglieder der Gesellschaft, »die Übereinstimmung zwischen den Interessen des Einzelnen und denen der Gesellschaft zu erkennen«.[10] Mit Hilfe dieses Ansatzes läßt sich auch das Verhältnis zwischen gesellschaftlichen und individuellen Interessen klären. Er macht deutlich, daß die Interessen des Einzelnen und die seiner Gesellschaft nicht notwendig identisch sind. Ob sie es sind, hängt weitgehend vom Charakter der Gesellschaft und von der Position des Einzelnen in ihr ab.

Auf die Gefahr hin, allzustark zu vereinfachen, sagen wir, daß die koordinierten Aktionen von Gesellschaften weitgehend an

10 Beispielsweise hat der Präsident von General Motors, zugleich Verteidigungsminister des Landes, gesagt, »was gut ist für General Motors, ist auch gut für Amerika und umgekehrt«. In gleicher Weise hat sich lange auch die Handelskammer der Vereinigten Staaten geäußert, als sie behauptete, was dem Geschäft nütze, nütze auch dem Land.

zwei Grundzielen orientiert sind. In erster Linie richten sie sich auf die *Erhaltung des politischen status quo innerhalb der Gruppe.* Da vollkommene Stabilität oder exaktes Gleichgewicht nicht möglich sind, läßt sich dieses Ziel angemessener beschreiben als das der *Minimisierung von innerem politischen Wandel.* Seinen Ausdruck findet es u. a. in einem riesigen Staatsapparat und anderen Agenturen und Instrumenten sozialer Kontrolle, im großen Interesse an Recht und Ordnung, das alle im Staat Maßgeblichen bekunden, sowie in der Schaffung und Erhaltung politischer Ideologien zur Rechtfertigung des *status quo.* Außerdem zeigt es sich an der universellen Bemühung aller Gesellschaften und ihrer Führer um ausreichende Verteidigung gegen Aggressionen von außen.

Zweites vordringliches Ziel der einzelnen Gesellschaften ist *die Maximierung der Produktion sowie der Ressourcen, auf denen die Produktion beruht.* Zuweilen versuchte man, dieses Ziel zu erreichen, indem man den technologischen Fortschritt beschleunigte; viel häufiger jedoch mittels Krieg und Eroberung.

Welches der beiden Ziele Vorrang hat, divergiert von Gesellschaft zu Gesellschaft. In einigen scheinen die Bemühungen, politischen Wandel möglichst gering zu halten, der Steigerung der Produktion vorzugehen, in anderen ist es gerade umgekehrt. Im allgemeinen scheint das Ziel maximaler Produktionssteigerung in Gesellschaften mit relativ schwach ausgeprägter Schichtung Vorrang zu haben, während das Ziel minimalen politischen Wandels in Gesellschaften, in denen Macht und Privilegien von einigen wenigen monopolisiert sind, dominiert. In Gesellschaften, auf die weder die eine noch die andere Voraussetzung zutrifft, scheinen beide Ziele annähernd gleichrangig zu sein.

Weitere Ziele ließen sich anführen, sie stellen jedoch wenig mehr als Varianten oder Erweiterungen der beiden genannten dar. Dies läßt einen letzten Schluß über die Gesellschaften zu: *Gesellschaften sind wie Individuen in erster Linie egoistische Einheiten.*[11] Und tatsächlich zeigt die Geschichte zwischengesellschaftlicher Beziehungen, daß das egoistische Moment in Gesellschaften wenn möglich noch stärker ist als in den einzelnen Menschen.

11 Dehnt man die Vergleichsbasis weiter aus, so zeigt sich, daß dies eine Eigenschaft ist, welche Gesellschaften mit allen Lebensformen teilen. Viel wäre gewonnen, würde mehr Aufmerksamkeit, als gegenwärtig modern zu sein scheint, auf die biologischen Grundlagen menschlichen Lebens verwendet, würden Mensch und Gesellschaft als Teile, zugegeben als unterschiedliche, der Welt der Natur betrachtet.

3. Die Dynamik von Verteilungssystemen

> Unfähig, das Gerechte zum Starken zu machen, hat der Mensch das Starke zum Gerechten erklärt.
>
> *Pascal*

In Analysen über soziale Schichtung ist man dauernd versucht, sich stracks den interessanten und vielumstrittenen strukturellen Problemen wie Charakter, Umfang und Zusammensetzung von Klassen zuzuwenden. Zwar müssen solche Fragen auch unabdingbarer Teil jeder adäquaten Erörterung dieses Gegenstandes sein, dennoch sind sie zweitrangig in ihrer Bedeutung gegenüber Fragen nach den Prozessen, welche diese Strukturen hervorbringen. Mehr noch: zu versuchen, die strukturellen Probleme anzupacken, ohne zuvor diese Prozesse zu untersuchen, wie es zuweilen getan wird, heißt den Wagen vor das Pferd spannen und Verwirrung stiften. Aus diesem Grunde wird sich dieses Kapitel hauptsächlich mit Fragen der Dynamiken befassen und die strukturellen Probleme bis zum folgenden Kapitel vertagen.

Zwei Verteilungsgesetze

Wenn man versucht, auf den Postulaten über die Natur von Mensch und Gesellschaft, die wir im letzten Kapitel vorgetragen haben, eine Theorie der Verteilung aufzubauen, stellt man rasch fest, daß sie zu einem merkwürdigen, aber wichtigen *Dualismus* führen. Die Richtigkeit der Postulate vorausgesetzt, würde man prognostizieren, daß nahezu alle Produkte menschlicher Arbeit nach zwei scheinbar gegensätzlichen Prinzipien verteilt werden, nach *Bedürfnis* und nach *Macht.*

In unserer Erörterung der Natur des Menschen war postuliert worden, daß bei wichtigen Entscheidungen Hauptmotiv der meisten menschlichen Handlungen Eigeninteresse oder parteiliche Gruppeninteressen seien. Damit liegt die Vermutung nahe, Macht allein bestimme die Verteilung von Gratifikationen. Dem widerspricht nun aber unsere Behauptung, der größte Teil dieser im wesentlichen egoistischen Interessen könne nur durch die Herstellung kooperativer Beziehungen zu anderen befriedigt werden.

Kooperation ist absolut notwendig; einmal, um überhaupt zu überleben, zum andern aber auch, um die übrigen Ziele zu erreichen. Mit anderen Worten, ihre egoistischen Interessen zwingen die Menschen dazu, Mitglieder einer Gesellschaft zu bleiben und sich an der Arbeitsteilung zu beteiligen.

Wenn die beiden Postulate richtig sind, dann folgt daraus, *daß die Menschen das Produkt ihrer Arbeit insoweit teilen, als dies zur Sicherung ihres Überlebens und der kontinuierlichen Produktivität jener notwendig ist, deren Handlungen für sie selbst notwendig oder nützlich sind.* Diese Erkenntnis kann man als erstes Verteilungsgesetz bezeichnen, insofern von seiner Erfüllung das Überleben des Menschengeschlechts als Gattung abhängt.

Das erste Gesetz erfaßt jedoch nicht das ganze Problem. Es sagt nichts darüber aus, nach welchen Prinzipien der *Surplus** verteilt wird, das heißt alle Güter und Dienstleistungen, welche über das Minimum zur Erhaltung der Produktivität der Produzenten hinaus die Menschen hervorzubringen imstande sind. Damit sind wir beim zweiten Verteilungsgesetz. Wenn wir davon ausgehen, daß viele Dinge, welche die Menschen erstreben, knapp sind, dann muß es dieses Surplus wegen unweigerlich zu Konflikten und Kämpfen zwischen ihnen kommen. Wenn wir Weber folgend Macht als die Chance definieren, innerhalb einer sozialen Beziehung den eigenen Willen auch gegen das Widerstreben der anderen durchzusetzen[1], dann folgt daraus, daß *Macht weitgehend darüber bestimmt, wie der Surplus einer Gesellschaft verteilt wird.* Die Einschränkung »weitgehend« stellt die sehr begrenzte Auswirkung altruistischer Handlungen in Rechnung, auf welche wir unserer Analyse der Natur des Menschen zufolge rechnen dürfen.

Das zweite Gesetz weist auf einen weiteren wichtigen Zusammenhang hin, nämlich den zwischen unseren beiden Hauptvariablen Macht und Privileg. Wenn Privilegien definiert sind als Besitz oder Kontrolle eines Teils des Surplus, den eine Gesellschaft produziert, dann folgt daraus, daß *Privilegien weitgehend eine*

* Ich übernehme den Lenskischen Begriff des ›surplus‹, weil der Autor, wie die meisten amerikanischen Soziologen und sogar Ökonomen, nicht sauber unterscheidet zwischen Mehrprodukt und Mehrwert. (Anm. d. Übers.)

1 Vgl. Max Weber, *Wirtschaft und Gesellschaft* (Berlin: Kiepenheuer und Witsch, 1964), Bd. 1, S. 38.

Funktion von Macht und in einem sehr geringen Maß eine Funktion von Altruismus sind. Die Verteilung von Privilegien in einer Gesellschaft zu erklären, heißt also vornehmlich die Verteilung von Macht aufzudecken.

Faßt man das Problem in dieser Weise, so scheint sich die Verteilung von Privilegien höchst einfach erklären zu lassen. Leider ist dem nicht so: denn es gibt viele Arten von Macht, und ihre Quellen sind unterschiedlich. Dennoch reduziert die Konstatierung dieser Schlüsselbeziehung das Problem auf handlichere Proportionen, indem es die Aufmerksamkeit auf die eine Schlüsselvariable Macht konzentriert. Sind wir in der Lage, ihre Verteilungsstruktur in einer Gesellschaft aufzuzeigen, dann haben wir bereits weitgehend auch die Verteilungsstruktur der Privilegien; und gelingt es uns, die Ursachen der Machtverteilung zu bestimmen, dann haben wir auch die Ursachen der damit verbundenen Privilegienverteilung aufgedeckt.

Unsere jetzige Problemstellung provoziert natürlich die Frage, wie das dritte Grundelement jedes Verteilungssystems, das *Prestige*, mit Macht und Privilegien zusammenhänge. Es wäre schön, könnte man sagen, Prestige sei nichts als eine Funktion von Privileg; leider scheint dies aber nicht der Fall zu sein. Ohne hier in eine komplizierte Analyse der Frage einzutreten, können wir bestenfalls sagen, daß sich durch das empirische Material sehr stark die Vermutung aufdrängt, *Prestige sei weitgehend, wenn auch nicht ausschließlich, eine Funktion von Macht und Privileg, zumindest in Gesellschaften, in denen es einen nennenswerten Surplus gibt.*[2] Trifft das zu, dann folgt daraus, daß, auch wenn das Phänomen des Prestiges in diesem Buch relativ selten explizit erwähnt ist, seine Verteilungsstruktur und seine Ursachen doch weitgehend abgeleitet werden können aus der Erörterung der Verteilung von Macht und Privilegien sowie deren Ursachen, wie sie gelten in Gesellschaften, in denen es einen beachtlichen Surplus gibt.

Graphisch läßt sich der Zusammenhang zwischen den drei Varia-

2 Belege für diese Verallgemeinerung siehe Kap. 12, Abschnitt 9. Ich habe nicht versucht, zu dieser Generalisierung auf deduktivem Wege zu gelangen, weil dies ein größeres Unterfangen bedeutete, welches die Einführung neuer Postulate erfordern und die Analyse von ihrer Hauptaufgabe ablenken würde. Aus dem gleichen Grunde habe ich auch nicht versucht, mich an anderen Stellen dieses Buches mit dem Phänomen des Prestiges auseinanderzusetzen, ich erwähne es nur beiläufig.

blen – den vorgetragenen Thesen entsprechend – wie folgt darstellen:

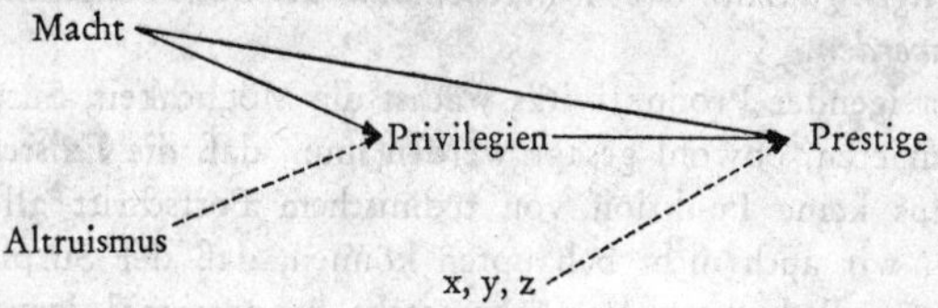

Die durchgezogenen Linien zeigen die Haupteinflußquellen, die gestrichelten die sekundären.
Um das Diagramm zu vervollständigen, müßte man wohl noch eine gestrichelte Linie hinzufügen, die eine Art Rückkopplung von Prestige zur Macht anzeigt. Eine genauere Darstellung der Zusammenhänge sähe demnach wie folgt aus:

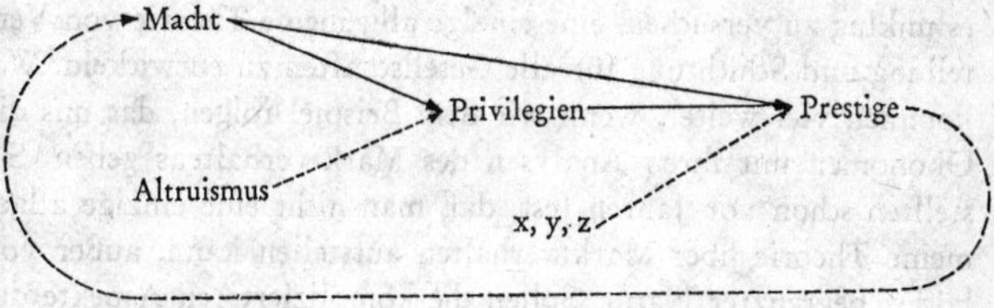

Vom kausalen wie vom erklärenden Standpunkt aus ist Macht die Schlüsselvariable in diesem Dreiklang. Mit ihr wollen wir uns deshalb in der nun folgenden Analyse hauptsächlich befassen.

Die verschiedenen Aspekte von Verteilungssystemen

Aus unserer Erörterung der beiden Gesetze geht hervor, daß das zweite ohne jeden Einfluß auf den Verteilungsprozeß ist, wenn die Bedingungen, die im ersten spezifiziert sind, nicht erfüllt sind. Solange das Lebensnotwendige nicht ausreichend vielen produktiven und gegenseitig voneinander abhängigen Mitgliedern der Gruppe zur Verfügung steht, gibt es keinen Surplus, um den zu kämpfen und der auf der Basis von Macht zu verteilen wäre. Wir möchten deshalb eine erste Hypothese aufstellen und behaupten, daß *in den einfachsten Gesellschaften oder in jenen von primitivem technologischen Stand die vorhandenen Güter und Dienstleistungen gänzlich oder weitgehend auf der Basis des Bedarfs verteilt werden.*

Mit steigender Produktivität wächst die Möglichkeit, Surplus zu produzieren, obwohl gesagt werden muß, daß die Existenz von Surplus keine Funktion von technischem Fortschritt allein ist. Wenn wir auch nicht behaupten können, daß der Surplus, der einer Gesellschaft zur Verfügung steht, proportional dem technologischen Fortschritt zunehme, so erhöht solcher Fortschritt doch die Wahrscheinlichkeit eines ganz erklecklichen Surplus. In unserer zweiten Hypothese behaupten wir deshalb: *bei technologischem Fortschritt wird ein wachsender Teil der Güter und Dienstleistungen, die einer Gesellschaft zur Verfügung stehen, auf der Basis von Macht verteilt.*

Angesichts der dualistischen Grundlage des Verteilungsprozesses und der Unterschiede, welche sich notwendig daraus ergeben, wäre es unklug zu versuchen, eine einzige allgemeine Theorie von Verteilung und Schichtung für alle Gesellschaften zu entwickeln. Wir kommen viel weiter, wenn wir dem Beispiel folgen, das uns die Ökonomen mit ihren Analysen des Marktverhaltens geben. Sie stellten schon vor Jahren fest, daß man nicht eine einzige allgemeine Theorie über Marktverhalten aufstellen kann, außer von höchst begrenzter Natur. Sollen die komplizierteren Aspekte des Marktverhaltens adäquat analysiert werden, darf man die Existenz verschiedener Markttypen nicht außer acht lassen. Dies hat zur Unterscheidung geführt zwischen Theorien des vollkommenen und des unvollkommenen Wettbewerbs. Letztere lassen sich weiter unterteilen in Theorien über Oligopole, Monopole und Nachfragemonopole. Mit anderen Worten, bei näherem Hinsehen zeigt sich, daß die Theorie des Marktverhaltens aus einer kleinen Zahl allgemeiner Prinzipien besteht, welche die allgemeine Theorie über Märkte bilden, und einer Vielzahl von speziellen Prinzipien, welche nur unter spezifischen Bedingungen anwendbar sind.

Wenn unsere Analyse bisher richtig ist, bedarf es dieses Ansatzes auch in der Schichtungstheorie. Wenn die ersten beiden Verteilungsgesetze und die daran anknüpfenden Hypothesen gültig sind, dann *variiert der Charakter der einzelnen Verteilungssysteme erheblich, und zwar je nach dem Grad des technologischen Fortschritts in den einzelnen betroffenen Gesellschaften.* Die Unterschiede dürften genau so groß sein wie jene, welche Märkte mit vollkommenem Wettbewerb von Märkten mit unvollkommenem trennen.

Aus diesem Grunde bleibt ein großer Teil dieses Buches einer Reihe von Analysen von Verteilungssystemen in verschiedenen Gesellschaftstypen vorbehalten; Gesellschaften, die aufgrund ihrer technologischen Bedingungen definiert sind. Jene Handvoll allgemein anwendbarer Verteilungsprinzipien läßt sich recht kurz und dennoch angemessen abhandeln in diesem und dem folgenden Kapitel.

Während das bisher Gesagte uns Anlaß genug sein kann, unsere speziellen Theorien auf Gesellschaftstypen zu gründen, die anhand von technologischen Merkmalen definiert sind, zeichnet noch ein weiterer großer Vorteil einen solchen Ansatz aus. Die ganze bisherige Forschung hat gezeigt, daß Technologie niemals eine isolierte Variable innerhalb soziokultureller Systeme ist. Ganz im Gegenteil scheint sie mit einer ganzen Reihe weiterer Variabler eng verknüpft zu sein, die offensichtlich in einem Abhängigkeitsverhältnis zu ihr stehen.[3] Dies gilt in besonderem Maße für viele gesellschaftlich-organisationellen Variablen, die mit den Verteilungssystemen eng zusammenhängen und deren Variationsgrenzen bestimmen, etwa was Natur und Ausmaß von Arbeitsteilung oder den maximalen Umfang der Gesellschaft etc. anlangt. *Indem wir also Gesellschaften auf der Basis von Technologie klassifizieren, kontrollieren wir effektiv gleichzeitig viele andere wichtige Variablen völlig oder teilweise.* Der Wert dieses Verfahrens wird voll erkennbar in Kapitel 5.

Die Feststellung, mit der Technologie veränderten sich zugleich auch viele andere Merkmale menschlicher Gesellschaften, soll nicht besagen, daß sich alle verändern. Manche wandeln sich zweifellos nicht, und manche nur in bescheidenem Umfang. Wilbert Moore hat behauptet, religiöse Überzeugungen, Orientierungen am Übernatürlichen und ästhetische Formen seien mit der Technologie nicht so eng verknüpft wie viele andere Formen

3 Vgl. etwa L. T. Hobhouse, G. C. Wheeler und M. Ginsberg, *The Material Culture and Social Institutions of the Simpler Peoples* (London: Chapman und Hall, 1930) und Alvin W. Gouldner und Richard A. Petersen, *Notes on Technology and the Moral Order* (Indianapolis: Bobbs-Merrill, 1962) oder Ralph Linton, *The Tanala: A Hill Tribe of Madagascar* (Chicago: Field Museum of Natural History, 1933), eine ausgezeichnete Einzelfallstudie.

sozialer Organisation.[4] Das gleiche läßt sich von einigen grundlegenden Aspekten des Familienlebens sagen. Während diese Ausnahmen durchaus Aufmerksamkeit und sorgfältige Reflexion verdienen, heben sie jedoch die Hauptprinzipien nicht auf.

Weiter ist zu sagen, daß eine Klassifikation von Gesellschaften auf der Basis ihrer Technologie nicht impliziert, daß alle Gesellschaften innerhalb einer einzelnen Kategorie *identische* Verteilungssysteme hätten, ebensowenig wie daß alle oligopolistischen Märkte auf die gleiche Weise funktionierten. Offensichtlich gibt es Unterschiede innerhalb jedes Gesellschaftstypus, ebenso wie innerhalb der einzelnen Marktsysteme, und wir werden uns bemühen, die wichtigeren herauszuarbeiten und zu erklären. Indes, man darf sie als *zweitrangige Unterschiede* betrachten, die am sinnvollsten zu behandeln sind, nachdem zunächst die wichtigeren festgestellt und ihre inneren Regelmäßigkeiten deutlich gemacht sind.

Bei der Erörterung der zweitrangigen Unterschiede müssen wir uns zur Aufstellung kausaler wie deskriptiver Verallgemeinerungen zuweilen auf die induktive Logik verlassen. Allerdings nicht in allen Fällen. Wenn beispielsweise die Höhe des Surplus sich auf den Charakter des Verteilungssystems einer Gesellschaft auswirkt, und wenn die Höhe des Surplus bis zu einem gewissen Grade vom Charakter der Umwelt abhängt, dann sollten wir prognostizieren, daß *Unterschiede in der Umwelt zu sekundären Unterschieden im Verteilungssystem führen.* Genauer, je reicher die Umwelt, desto höher der Surplus und desto größer die Bedeutung von Macht im Verteilungsprozeß.

Ganz bestimmt ist der Einfluß von Umweltunterschieden in primitiven Gesellschaften größer als in technologisch fortgeschrittenen. Zum einen ermöglicht der technologische Fortschritt die geographische Expansion von Gesellschaften; und je größer das Territorium einer Gesellschaft, um so geringer ist die Wahrscheinlichkeit, daß das gesamte Gebiet extrem günstig oder extrem ungünstig liegt, und um so eher verfügt sie über eine Mischung aus brauchbarem und unbrauchbarem Boden. Danach sollten in größeren, technologisch fortgeschrittenen Gesellschaften geringere umweltbedingte Unterschiede vorliegen als in kleineren und primitiveren. Außerdem impliziert technologischer Fortschritt häufig die Möglichkeit von Alternativlösungen für die verschiedenen

4 Wilbert E. Moore, *Social Change* (Englewood Cliffs, N. J.: Prentice-Hall, 1963), S. 72—76.

Probleme der Produktion. Technologisch fortgeschrittene Gesellschaften sollten deshalb weniger behindert sein durch äußere Schwierigkeiten als primitive Gesellschaften, was bedeutet, daß *Umweltunterschiede sich in fortgeschrittenen Gesellschaften auf die Höhe des Produktivitätsniveaus weniger auswirken sollten als in primitiven.*

Eine weitere Quelle von sekundären Unterschieden hat Stanislaw Andrzejewski in seinem ausgezeichneten und leider kaum beachteten Buch *Military Organization and Society*[5] genannt. Er hat mittels deduktiver Logik wie anhand von empirischem Material nachgewiesen, *daß der Grad der Ungleichheit von Gesellschaften eines bestimmten technologischen Entwicklungsstandes dazu neigt, in umgekehrtem Verhältnis zu dem zu variieren, was er die »Militärquote« nennt,* das heißt *dem Anteil der männlichen Erwachsenenbevölkerung an militärischen Aktivitäten.* Wo die erwachsenen Männer in ihrer Mehrzahl solche Aufgaben haben, ist der Grad der Ungleichheit niedriger als in Gesellschaften, in denen die militärischen Erfordernisse mit Hilfe einer kleinen Streitmacht von Spezialisten erfüllt werden. Dieser Faktor vermag denn auch einige Sekundärunterschiede zu erklären, die sich in Gesellschaften mit gleichem technologischen Stand finden.

Eine dritte Quelle sekundärer Unterschiede, die wir antizipieren können, besteht in der technologischen Differenz, welche selbst zwischen Gesellschaften herrscht, die in derselben Kategorie rangieren. Vom technologischen Standpunkt aus gleicht keine Gesellschaft der anderen aufs Haar; die Klassifikation nach technologischen Kriterien basiert auf Ähnlichkeiten (oder auch Übereinstimmungen) hinsichtlich gewisser fundamentaler Merkmale, sekundäre Unterschiede ignoriert sie. Wenn primäre Unterschiede der Technologie zu großen Differenzen zwischen Verteilungssystemen führen, *möchte man annehmen, daß die sekundären entsprechend geringere Differenzen zwischen den Verteilungssystemen zur Folge haben.* So würde man sicher mit beachtlichen Unterschieden rechnen zwischen einer Gesellschaft, die sich erst am Beginn einer Industrialisierung befindet, und einer hochindustrialisierten, wie man auch Unterschiede erwartet zwischen einer Gesellschaft von Jägern und Sammlern, die keine andere Möglichkeit der Produktion von Nahrungsmitteln hat, als zu jagen und zu

5 (London: Routledge, 1954), bes. Kap. 2.

sammeln, und einer, die zumindest rudimentäre Formen von Akkerbau zu ihrem Erhalt kennt.

Und schließlich *kann man*, wie in diesem Kapitel noch gezeigt wird, *mit sekundären Unterschieden rechnen, die bedingt sind durch das jeweilige Stadium, in dem eine Gesellschaft innerhalb dessen sich befindet, was ich als »den politischen Zyklus«* bezeichnen möchte (vgl. Seite 90). Tatsächlich ist damit ein Maßstab dafür gegeben, inwieweit das herrschende Verteilungssystem als legitim betrachtet wird. Es besteht auch hier ein gewisser Zusammenhang mit dem Stand der technologischen Entwicklung von Gesellschaften, dennoch ist der »politische Zyklus« keine einfache Funktion dieser Variablen und übt deshalb einen im wesentlichen unabhängigen Einfluß aus.

Gewalt und ihre Transformation

Das erste der beiden den Verteilungsprozeß regierenden Prinzipien (Bedarf und Macht) ist relativ unkompliziert und wirft kaum Probleme von größerer Bedeutung oder Schwierigkeit auf. Leider läßt sich das vom zweiten nicht auch sagen. Kaum einer der von Soziologen verwandten Begriffe bildete häufiger den Anlaß zu Verwirrung und Mißverständnissen als der Begriff der Macht. Wir müssen diesem Begriff deshalb im Hinblick auf den Verteilungsprozeß einigermaßen sorgfältig und ausführlich nachgehen, um zu sehen, welche Rolle er in diesem Zusammenhang spielt.

Ausgangspunkt der Betrachtung mag eines der Postulate sein, die wir im letzten Kapitel eingeführt haben; und zwar das Postulat vom wichtigsten Ziel der großen Mehrzahl aller Menschen, dem der Selbsterhaltung. Stimmt es, dann folgt daraus, daß *die wirksamste Form von Macht in der Fähigkeit liegt, jemandem das Leben zu nehmen.* Mit anderen Worten, auf die Androhung von *Gewalt* reagieren die meisten Menschen viel schneller als auf irgendein anderes Druckmittel. Tatsächlich stellt Gewalt die letzte Berufungsinstanz dar; gegen Gewalt ist keine Beschwerde möglich, es zählt nur noch überlegene Gewalt. Das Verhältnis von Gewalt zu anderen Formen von Macht entspricht dem von Trümpfen zu Farben im Bridgespiel; wer die größte Gewalt ausüben kann, hat die Trümpfe in der Hand.

Zahllose Beobachter menschlichen Lebens in allen Epochen haben diese Tatsache registriert. Pascal schrieb: »Unfähig, das Gerechte zum Starken zu machen, hat der Mensch das Starke zum Gerechten erklärt.« Cicero meinte dasselbe, als er sagte: »Gesetze sind stumpf inmitten von Waffen«, und Hobbes erklärte: »Verträge, hinter denen kein Schwert steht, sind nichts als leere Worte, sie haben nicht die Kraft, jemanden zu schützen.«

Auch jene, die einen Staat lenken, die Politiker, sind sich dieses Prinzips wohlbewußt. Jeder souveräne Staat beschränkt – und, wo es möglich ist, verhindert – die eigenmächtige Ausübung von Gewalt bei seinen Untertanen. Staaten tolerieren eine Menge Dinge, in keinem Falle jedoch dulden sie unabhängige militärische Organisationen auf ihrem Territorium. Der Grund dafür liegt auf der Hand: jede Regierung, die nicht in der Lage ist, jegliche gewaltsame Herausforderung ihrer Autorität zu unterdrücken, ist bereits gestürzt. Gewalt ist die Grundlage der Souveränität.

In diesem Punkt sind sich Konservative und Radikale völlig einig. Ihr Disput geht allein um die Ziele, denen die Anwendung von Gewalt durch den Staat dient. Die Konservativen insistieren darauf, Macht sei nichts als die Dienerin des Rechts, dazu da, jenen Einhalt zu gebieten und die zurechtzuweisen, die ihren Egoismus über das Gemeinwohl stellen; die Radikalen dagegen behaupten, der Staat benutze seine Macht, um das Recht unterdrücken und egoistische Interessen verteidigen zu können.

Wenn Gewalt die Grundlage politischer Souveränität ist, dann ist sie auch die Grundlage des Verteilungssystems in allen Gesellschaften, in denen es einen Surplus zu verteilen gibt. Wo die Herrschaft schwach ist, kommt es zwangsläufig zu Herausforderungen, das bestehende System wird möglicherweise zerschlagen und durch ein neues ersetzt, welches sicherer und fester auf Gewalt beruht. Solange es eine Berufungsinstanz gibt, vor der die Menschen mit einiger Aussicht auf Erfolg und Gewinn ihre Sache vertreten können, werden sie im Kampf um den Surplus nicht aufgeben.

Das Prinzip, um das es hier geht, ist im wesentlichen das der Eskalation, von der moderne Militärs immer wieder reden. Kleine Kriege mit kleinen Waffen müssen sich einfach ausweiten zu tödlichen Kriegen mit tödlichen Waffen, wenn bei zunehmend höherer Ebene des Konflikts eine der Parteien, ihre Niederlage vorwegnehmend, versucht, sie in einen Sieg zu verwandeln. Ähnlich sind im Falle von Konflikten innerhalb von Gesellschaften die betroffenen Parteien stets geneigt, ein Problem bis zur letzten Instanz durchzufechten, solange die Wahrscheinlichkeit besteht, daß etwas für sie dabei herausspringt. Trivialer Vorteile wegen fangen die Menschen keine bewaffneten Revolutionen an; wenn es allerdings um die Verfügung über den Surplus einer Gesellschaft geht, ist die Aussicht schon erheblich verlockender. Die Stärke der Verlockung steht in direktem Verhältnis zur Schwäche des jeweiligen Systems.

Dennoch, so erkannte der berühmte englische Konservative Edmund Burke: »Gewaltanwendung allein ist etwas Vorübergehendes. Für einen Augenblick vermag sie die Oberhand zu gewinnen; sie enthebt jedoch niemanden der Notwendigkeit, die Betroffenen immer wieder von neuem zu unterwerfen: und ein Volk, welches permanent erobert werden muß, wird nicht beherrscht.« Obwohl Gewalt das wirksamste Mittel ist, um in einer Gesellschaft an die Macht zu kommen, und obwohl sie die Grundlage jedes Systems von Ungleichheit bleibt, ist sie keineswegs das wirksamste Mittel zur Erhaltung und Nutzung einer Machtposition und zur Erreichung des größtmöglichen Gewinns daraus. Deshalb ist es, gleich welche Ziele ein neues Regime auch verfolgen mag, nach der Zerschlagung der organisierten Opposition unbedingt von Vorteil, zunehmend von anderen Kontrollmitteln und -instrumenten Gebrauch zu machen und die Gewalt in den Hintergrund treten zu lassen, um nur in Fällen des Versagens anderer Techniken auf sie zurückzugreifen.

Wenn die neue Elite materialistische Ziele verfolgt und ausschließlich mit der Mehrung ihres eigenen Reichtums beschäftigt ist, wird sie bald feststellen, daß Gewaltherrschaft sowohl ineffizient wie auch teuer ist. Solange sie sich auf Gewalt stützt, wird ein Großteil des Profits von den Kosten für notwendigen Zwang verschlungen. Wenn die Bevölkerung nur aus Furcht vor physischer Gewaltanwendung gehorcht, fließt ein großer Teil von Zeit, Energie und Vermögen der Elite in die Anstrengung, die Unterdrückten unter Kontrolle zu halten und die Produzenten von den Produkten ihrer Arbeit zu trennen. Ja, noch schlimmer, selbst das Ansehen, das normalerweise einen hohen Rang in der Skala der menschlichen Werte einnimmt, bleibt denen, die allein mittels Gewalt herrschen, versagt.[6]

6 Eine ausgezeichnete Diskussion über die Schranken von Herrschaft mittels Gewalt liefern Robert Dahl und Charles Lindblom, *Politics, Economics and Wel-*

Wenn sogar materialistische Eliten starke Motive haben, von der Herrschaft mittels Macht abzugehen, um mittels Recht zu herrschen, dann gilt dies für ideologisch motivierte um so mehr. Wenn Visionen und Ideale, die sie das schreckliche Risiko und die Härten der Revolution haben auf sich nehmen lassen, jemals Wirklichkeit werden sollen, dann bedarf es in erster Linie der freiwilligen Kooperation des Volkes; und sie läßt sich nicht mit Hilfe von Gewalt erreichen. Gewalt ist bestenfalls Mittel zum Zweck. Der Zweck, die Errichtung einer neuen Gesellschaftsordnung, wird niemals ganz erreicht, wenn die Mehrzahl der Gesellschaftsmitglieder sie nicht als die ihre anerkennt. Ziel einer Revolution ist es, die alte Elite und ihre Institutionen zu zerschlagen, sie, die die Realisierung des Traums von der Zukunft verhindern. Sind sie erst hinweggefegt, versucht die ideologische Elite auf der Basis von Überzeugung zu herrschen. Deshalb *sind alle, die mit Hilfe von Gewalt an die Macht kommen, bestrebt, zuerst jede gut organisierte Opposition auszulöschen, um dann so rasch wie möglich ihre Herrschaft rechtlich zu verankern.* Gewalt hat ihre Rolle ausgespielt. Sie kann nicht länger als privates Mittel einer kleinen Gruppe fungieren. Sie muß vielmehr in ein staatliches Mittel transformiert werden, welches im Dienst der Verteidigung von Gesetz und Ordnung steht.

Es könnte nun scheinen, als sei dies gleichbedeutend mit der Forderung, jene, die unter großer Gefahr für Leib und Leben die alte Führung abgeschafft haben, sollten auf alles verzichten, was sie gewannen. In Wirklichkeit ist dies gar nicht notwendig, denn mit einiger Intelligenz und Einsicht läßt Gewalt sich transformieren in Autorität und Macht in Recht.

Für diese Transformation stehen verschiedene Mittel zur Verfügung. Zunächst ist die neue Elite aufgrund ihrer Macht in einer Position, in der sie das Gesetz des Landes in einer Weise neu schreiben kann, die ihr genehm ist. Damit hat sie eine einmalige Chance, denn das Gesetz wird seinem Wesen nach mit Gerechtigkeit und Rechtsherrschaft gleichgesetzt. Da Gesetzesverordnungen allgemein und unpersönlich abgefaßt sind, scheinen sie abstrakte Prinzipien von Gerechtigkeit und nicht besondere Interessen einzelner Menschen oder Klassen zu vertreten. Die Tatsache,

fare (New York: Harper and Row, 1953), S. 107—109. Vgl. auch Karl A. Wittfogel, *Oriental Despotism: A Comparative Study of Total Power* (New Haven; Conn.: Yale University Press, 1957), Kap. 4.

daß die Gesetze eher da sind als die Begebenheiten, auf die sie angewendet werden, suggeriert objektive Unparteilichkeit, was zu ihrer Anerkennung noch weiter beiträgt. Und doch können Gesetze jederzeit so abgefaßt sein, daß sie einen bestimmten Bevölkerungsteil begünstigen. Anatole France wies darauf hin, als er schrieb: »In seiner majestätischen Gleichheit untersagt das Gesetz sowohl dem Reichen wie dem Armen, unter Brücken zu nächtigen, in den Straßen zu betteln und Brot zu stehlen.« Und Edwin Sutherland dokumentierte ebenso ausführlich diese Art von Einseitigkeit wie eine Vielzahl weiterer Autoren.[7] Kurz, Gesetze können so abgefaßt sein, daß sie durchaus die Interessen der Elite schützen und doch in allgemeinen, universalistischen Termini daherkommen.

Häufig befindet sich die neue Elite in der Situation, die geltenden Gesetze nicht einmal ändern zu müssen, um ihre Ziele zu erreichen. Schließlich waren die alten Gesetze im Interesse derer geschrieben, die bestimmte Schlüsselpositionen innehatten; und hat sie diese Positionen erst übernommen, kann die neue Elite sie nutzen, um zu Vermögen zu kommen oder ihre sonstigen Ziele zu erreichen.

Bei der Legitimierung ihrer Position können sich neue Eliten zudem auf Institutionen stützen, welche die öffentliche Meinung bilden und prägen. Indem sie eine Mischung aus Versprechungen und Drohungen laut werden lassen, können erzieherische und religiöse Institutionen gemeinsam mit den Massenmedien und anderen Meinungsmachern zu Instrumenten der Propaganda für das neue Regime umgewandelt werden. Eine entschlossene und intelligente Elite, die sich ihrer bedient, vermag sich innerhalb von wenigen Monaten oder Jahren eine Aura der Legitimität zu verschaffen.

Der Begriff der »Propaganda« oder der Manipulation des Konsensus ist integraler Bestandteil der synthetischen Schichtungstheorie. Die Erkenntnis dieses Phänomens und seiner besonderen Rolle im Verteilungsprozeß hilft uns die Sackgasse zu meiden, welche Dahrendorf und andere daran hat verzweifeln lassen, Konservative und Radikale jemals zu vereinen. Konsensus und Zwang ste-

7 Edwin Sutherland, *White Collar Crime* (New York: Holt, 1949). Für eine ganz andere Art der Dokumentation über Parteilichkeit von Gesetzen siehe Philip Stern, *The Great Treasury Raid* (New York: Random House; 1964) oder irgendeins der ausgezeichneten Bücher über den politischen Lobbyismus angestammter Interessen und der damit verbundenen Vorteile.

hen einander näher, als jene, die vom januskopfigen Charakter der Gesellschaft sprechen, uns glauben machen möchten. *Zwang läßt sich durchaus auch dort anwenden, wo ein neuer Konsensus hergestellt werden soll.*

Es gibt wahrscheinlich kein besseres Beispiel dafür als die Sowjetunion. Hier verschaffte sich eine kleine Minderheit im Jahre 1917 die Kontrolle über den Staatsapparat und nutzte die Macht des Staats dazu, das gesamte Erziehungswesen und die Massenmedien zu einem einzigen gigantischen Propagandainstrument umzuformen. Innerhalb einer einzigen Generation wurde die große Mehrheit der Russen für eine ehrliche und echte Unterstützung der meisten Grundelemente des kommunistischen Parteiprogramms gewonnen.[8]

Kurzfristig kann mit Hilfe von Propaganda für eine große Vielfalt von Programmen und politischen Konzeptionen der Elite geworben werden. Auf lange Sicht liegt die Hauptintention der Propaganda jedoch in der Verbreitung einer Ideologie zur moralischen Rechtfertigung der Machtausübung durch das Regime. Gaetano Mosca schreibt:

»Herrschende Klassen legitimieren ihre Macht nicht ausschließlich durch die Tatsache ihrer Ausübung, sondern versuchen, ihr eine moralische und gesetzliche Basis zu verschaffen, indem sie sie als logische und notwendige Konsequenz von Lehren und Überzeugungen präsentieren, welche generell anerkannt und akzeptiert sind.«[9]

Der größte Teil der von Philosophen diskutierten Theorien über politische Souveränität sind intellektualisierte Versionen irgendeiner populären Ideologie. Ein gutes Beispiel dafür ist der heute längst diskreditierte Glaube an das Gottesgnadentum von Königen. Der heutige Glaube an die Volkssouveränität hat die gleiche

8 Belege zu dieser kühnen Verallgemeinerung liefern Alex Inkeles und Raymond Bauer, *The Soviet Citizen* (Cambridge, Mass.: Harvard University Press, 1959). Anhand von Interviews mit Hunderten von Verschleppten unmittelbar nach dem Zweiten Weltkrieg zeigen die Autoren, daß nur ganz geringe Zweifel am Staatssozialismus, an zentraler Planung und den übrigen wesentlichen Punkten der sowjetischen Innenpolitik gehegt wurden. Die Hauptkritik galt den Mitteln, die zur Erreichung dieser Ziele eingesetzt wurden — besonders der Anwendung von Terror. Zum gleichen Schluß kommen die meisten Sowjetexperten.

9 Gaetano Mosca, *The Ruling Class,* übersetzt von Hannah Kahn (New York: McGraw-Hill, 1939), S. 70 (Deutsch: *Die herrschende Klasse*).

Rechtfertigungsfunktion. Grundelement der derzeitigen amerikanischen Ideologie ist die einst von Lincoln formulierte These, unsere Regierung sei »eine Regierung des Volkes, durch das Volk und für das Volk«. Das zweite Grundelement findet sich in Francis Scotts vielzitiertem Wort vom »Land der Freiheit«. Was diese Überzeugungen für die politische Stabilität unseres derzeitigen politischen Systems und das darauf beruhende Verteilungssystem leisten, kann gar nicht überschätzt werden.

Und schließlich wird die Transformation der Gewaltherrschaft in Rechtsherrschaft erheblich erleichtert durch die Zwänge des Alltags, die den politischen Aktivitäten der großen Mehrheit aller Menschen enge Grenzen setzen. Obwohl die Mehrheit für kurze Zeit während einer revolutionären Periode in entscheidender Weise politisch aktiv werden kann, verbannt die Notwendigkeit, den Lebensunterhalt zu sichern, die meisten doch schnell wieder aus der politischen Arena. Was auch geschehe, die wenigsten verfügen über jene finanziellen Mittel, die es ihnen gestatteten, ihren Broterwerb für lange hintanzustellen. Als Folge davon werden in allen zivilisierten Gesellschaften und in vielen, die nicht zivilisiert sind, ebenfalls, die Staatsgeschäfte von einer kleinen Minderheit geführt. Die Mehrheit ist weitgehend unpolitisch. Selbst in Volksdemokratien beschränkt sich die politische Aktivität der großen Mehrheit darauf, in langen Abständen einen Stimmzettel auszufüllen und abzugeben. Die Bestimmung der großen politischen Linie sowie die Erfüllung der vielen anderen Aufgaben, die das System verlangt, liegen in den Händen einer winzigen Minderheit. Und genau aus diesen Gründen fällt es dem neuen Regime so leicht, von der Gewaltherrschaft zur Rechtsherrschaft überzugehen.

Die Rechtsherrschaft

Auf den ersten Blick mag es scheinen, als sei Rechtsherrschaft nichts als Gewaltherrschaft im neuen Gewande, und ein wirklicher Wandel des Verteilungsprozesses sei deshalb nicht zu erwarten. Eine solche Auffassung ist ebenso ungerechtfertigt wie die, welche die Rolle leugnet, die Gewalt bei der Durchsetzung angestammter Interessen selbst im Falle von Rechtsherrschaft spielt. Vielmehr ist es so, daß mit der Verlagerung der Machtbasis von Gewalt auf

Recht gewisse subtile, aber dennoch wichtige Veränderungen mit weitreichenden Konsequenzen vor sich gehen.

In erster Linie gilt, daß die Machtbefugnisse des Regimes, sollen sie als rechtmäßig und legitim anerkannt werden, zumindest bis zu einem gewissen Grad in Übereinstimmung mit den rechtlichen und moralischen Vorstellungen der Mehrheit ausgeübt werden müssen – Vorstellungen, die sich aus deren Eigeninteresse und aus parteilichen Gruppeninteressen entwickeln. Deshalb sind der neuen Führung, auch wenn sie Gesetze proklamiert, die stark dazu tendieren, nur ihre eigenen Interessen zu begünstigen, Grenzen gesetzt, die sie beachten muß, will sie in den Genuß einer Herrschaft auf Rechtsbasis kommen.

Zweitens lassen sich nach der Verlagerung der Herrschaft auf die Rechtsgrundlage die Interessen des einzelnen Mitgliedes der Führungsgruppe nicht länger umstandslos gleichsetzen mit den Interessen der Führung insgesamt. Schließt beispielsweise ein Mitglied der neuen Elite einen Vertrag mit irgend jemandem, der nicht zur Führung gehört, und das ganze Geschäft erweist sich als nachteilig, so liegt es im Interesse dieses einzelnen, das Gesetz zu mißachten und den Vertrag zu brechen. Dies wiederum liegt nicht im Interesse der übrigen Mitglieder der Elite, weil die meisten vertraglichen Übereinkünfte ihr Vorteil sind. Deshalb ist sie daran interessiert, das Gesetz zugunsten der Ansprüche dessen, der nicht zur Führungsgruppe gehört, durchzusetzen, um dem Recht, das ihr nützt, Respekt und Geltung zu bewahren.

Vilfredo Pareto, der große italienische Wissenschaftler, der viel zum Verständnis dieser Fragen beigetragen hat, wies auf eine dritte Veränderung hin, die mit der Verlagerung der Herrschaft von Gewalt auf Recht einhergeht. Er beobachtete, daß jene, die mittels Gewalt an die Macht kamen, später in einem System, das sich auf Recht gründet, allmählich ersetzt werden durch Personen von einer anderen Art, und daß nach einiger Zeit dieser Personenkreis eine neue Art von Elite bildet. Um den Charakter dieses Wandels anschaulich zu machen, sprach Pareto davon, die Regierungsgewalt gehe über von den »Löwen« auf die »Füchse«.[10] Die Löwen kennen sich aus im Umgang mit Gewalt und die Füchse im Umgang mit Klugheit. Mit anderen Worten, die Abkehr der

10 Siehe Vilfredo Pareto, *The Mind and Society*, übersetzt von A. Bongiorno und Arthur Livingstone und herausgegeben von Livingstone (New York: Harcourt, Brace and World, 1935), Bd. III, bes. die Abschnitte 2170—2278.

Herrschaft von Gewalt erfordert neue Fähigkeiten; die Wahrscheinlichkeit, daß viele aus der bisherigen Elitegruppe verdrängt werden, weil es ihnen an diesen Fähigkeiten mangelt, ist hoch. Dieser Prozeß wird erheblich erleichtert durch die Tatsache, daß die Interessen der Mitglieder nicht länger identisch sind, was bedeutet, daß die einzelnen individuell angreifbar werden. Selbst jene, die sich in ihrer bisherigen Position halten, sind gezwungen, sich zu ändern, so daß nach einiger Zeit der Charakter der Elite als Klasse ein anderer ist, vorausgesetzt die Gruppe wurde nicht durch eine neue Revolution oder einen Putsch von Löwen zerschlagen. Auch wenn dieser Wandel, den Pareto beschreibt, bedeutet, daß zunehmend auf Klugheit und weniger auf Gewalt gebaut wird, was sich in der Wahl seines Bildes niederschlägt, spricht er doch von »Füchsen« und nennt sie »klug«; so stellt die Verlagerung der Herrschaft auf die Rechtsbasis keineswegs den Beginn des Paradieses auf Erden dar, wo Schafe getrost neben Löwen – und Füchsen – schlafen könnten. Sie bedeutet auch nicht das Ende der Ära, in der Egoismus und parteiliche Gruppeninteressen menschliches Handeln bestimmen.

Paretos Analyse zeigt, daß die Herrschaft der Füchse nicht nur Aufstieg und Fall einzelner Individuen impliziert, sondern auch Veränderungen in der Machtposition ganzer Klassen zur Folge hat. Konkret heißt das, die Position des Militärs wird schwächer und die der Kaufleute und professionellen Politiker stärker; schließlich sind letztere Experten, was schlaues Verhalten anlangt. In einem geringeren Maße geht damit auch eine Statuserhöhung derer einher, die nicht-manuellen, friedlichen, zivilen Tätigkeiten nachgehen.

Viertens und letztens bringt der Übergang von der Gewalt zur Rechtsherrschaft im allgemeinen auch eine stärkere Dezentralisierung von Macht mit sich. Wo Gewalt herrscht, ist fast alle Macht in den Händen eines inneren Kreises der herrschenden Elite und ihrer Agenten vereinigt. Unabhängige Machtzentren gelten als Gefahr und werden entweder zerschlagen oder annektiert. Im Rechtsstaat ist das anders. Solange sie sich dem Gesetz unterordnen, können einzelne Machtzentren sich ungehindert entwickeln und miteinander konkurrieren. Zu einer solchen Entwicklung *muß* es nicht kommen, sie wird aber mit hoher Wahrscheinlichkeit in dem Moment eintreten, da die Elite nicht mehr unmittelbar um das neue Regime zu fürchten braucht. Wie viele Beobachter immer wieder festgestellt haben, hängt der Grad von Einigkeit und Einheit in einer Gruppe weitgehend davon ab, inwieweit die einzelnen Mitglieder ihre Existenz durch andere in der Gruppe bedroht sehen.

Angesichts solcher Veränderungen wird klar, daß Verschiebungen von der Gewalt- zur Rechtsherrschaft und umgekehrt eine ganz wichtige Ursache für Unterschiede zwischen Gesellschaften darstellen, die aufgrund von technologischen Kriterien dem gleichen Typus angehören. Mit anderen Worten, selbst in Gesellschaften mit gleichem technologischen Entwicklungsstand haben wir mit Unterschieden im Rahmen des oben Dargelegten zu rechnen; auf dem Gewalt-Recht-Kontinuum lassen sie sich als Positionsunterschiede ablesen.

Verschiedene Formen von institutionalisierter Macht

Aus dem Vorangehenden erhellt: auch *bei der Verlagerung der Herrschaft von der Gewalt- auf die Rechtsbasis bleibt Macht die entscheidende Determinante von Privilegien; die äußeren Formen der Macht wandeln sich allerdings.* Gewalt wird ersetzt durch institutionalisierte Formen von Macht als nützlichste Mittel im Kampf der einzelnen und Gruppen um Prestige und Privilegien; dennoch bleibt die Gewalt nach wie vor als höchste Garantie dieser artigeren Formen auf dem Plan.

Institutionalisierte Macht unterscheidet sich von Gewalt in mehrerlei Hinsicht; wir wollen kurz darauf eingehen. Erstens ist sie eine gesellschaftlich akzeptable Form von Macht; was heißt, daß diejenigen, die sie ausüben, weniger Kritik und mehr Unterstützung beim Volk finden als jene, die Gewalt anwenden. Zweitens ist institutionalisierte Macht viel unpersönlicher. Einzelne beanspruchen die Vorteile institutionalisierter Macht nicht aufgrund ihrer persönlichen Qualitäten oder Leistungen, in denen sie leicht zu kritisieren wären, sondern einfach aufgrund dessen, daß sie ein bestimmtes Amt, eine bestimmte Funktion innehaben oder ein gewisses Maß an Besitz ihr eigen nennen. Sicher wird häufig davon ausgegangen, daß jene, die die Vorteile institutionalisierter Macht haben, ein Anrecht darauf hätten aufgrund ihrer höheren Leistungen oder persönlichen Qualitäten; dies ist jedoch nicht der entscheidende Punkt und ein Amtsinhaber braucht nichts von alledem zu demonstrieren. Eine Funktion oder ein Amt innezuhaben oder Besitzer von Eigentum zu sein, ist bereits ausreichend. Institutionalisierte Macht garantiert, daß die damit verbundenen Vorteile automatisch an die entsprechenden Personen fallen, ohne Ansehen ihrer persönlichen Qualitäten oder Leistungen. Hier liegt natürlich der Hauptgrund dafür, warum alle, die mit Hilfe von Gewalt an die Macht kommen, so sehr bestrebt sind, eben diese Gewalt in institutionalisierte Macht umzuwandeln.

Institutionalisierte Macht nimmt vielerlei Formen an, in allen Fällen jedoch impliziert sie den Besitz bestimmter durchsetzbarer Rechte, die es den mit Macht Ausgestatteten ermöglichen, selbst gegen eine vorhandene Opposition ihren Willen durchzusetzen. All diese vielfältigen Formen hier aufzuzählen und zu erörtern ist unmöglich, die wesentlichsten müssen allerdings genannt und ihre unterschiedliche Natur aufgezeigt werden.[11]

Eine der wesentlichen Unterscheidungen innerhalb der Kategorie institutionalisierter Macht ist zu treffen zwischen *Autorität* und *Einfluß*. Autorität ist das durchsetzbare Recht, über andere zu gebieten. Einfluß hingegen ist etwas viel Subtileres. Einfluß ist die Fähigkeit, die soziale Situation anderer, deren Wahrnehmung von dieser Situation zu manipulieren, indem man seine Mittel und Rechte einsetzt und dadurch den Druck auf sie, so zu handeln, wie man es haben möchte, verstärkt.[12] Obwohl diese beiden Formen institutionalisierter Macht sich auf der analytischen Ebene deut-

11 Versuche, die verschiedenen Formen von Macht zu klassifizieren, gab es zahllose, keiner war jedoch rundum von Erfolg gekrönt. Drei der eindrucksvolleren Unternehmungen sind: Herbert Goldhamer und Edward Shils, »Types of Power and Status«, *American Journal of Sociology*, 45 (1939), S. 171—182; Harold Lasswell und Abraham Kaplan, *Power and Society: A Framework of Political Inquiry* (New Haven, Conn.: Yale University Press, 1950), Kap. 5; und Robert Bierstedt, »An Analysis of Social Power«, *American Sociological Review*, 15 (1950), S. 730—738.

12 In vielen soziologischen Abhandlungen ist das Verhältnis von Macht und Einfluß äußerst verwirrend. Zuweilen werden beide synonym gebraucht, ein andermal erscheinen sie als zwei unterschiedliche Phänomene, die sich überhaupt nicht überschneiden. — Einfluß sollte als eine spezifische Art von Macht behandelt werden. Dieser Ansatz entspricht auch dem guten alten englischen Brauch und den Einsichten einiger der fähigeren Gesellschaftstheoretiker. In *Webster's Collegiate Dictionary* (5. Aufl.) beispielsweise ist Einfluß definiert als »die Handlung oder die Macht, die eine Wirkung erzielen, *ohne offene Gewalt oder direkte Autorität*« walten zu lassen (Hervorhebungen durch uns).

lich unterscheiden, sind sie auf der empirischen häufig hoffnungslos ineinander verhakt.

Institutionalisierte Macht variiert nicht nur in ihrer jeweiligen Ausprägung, sondern auch in ihren Grundlagen. Man kann hier von einem Unterschied sprechen zwischen der *Macht durch Position* und der *Macht durch Besitz in Form von Eigentum.* Macht durch Position ist die *Macht, die dem Inhaber irgendeiner sozialen Rolle oder eines organisationellen Amtes, welches Autorität oder Einfluß besitzt, rechtmäßig zukommt.* Dies läßt sich zeigen am Beispiel der Staatsbeamten, die sich großer Autorität und eines beachtlichen Einflusses erfreuen, solange sie auf ihrem Posten sitzen, die aber beides verlieren, sobald sie aus dem Amt ausscheiden. Natürlich handelt es sich hierbei um eines der eindrucksvolleren Beispiele für Macht, welche an der Position hängt; das gleiche Phänomen zeigt sich jedoch auch im Falle unzähliger geringerer Rollen oder Funktionen. Unter die gleiche Rubrik gehören nicht nur Positionen in politischen Organisationen, sondern auch solche in wirtschaftlichen, religiösen, schulischen und militärischen Organisationen, ebenso Alters- und Geschlechtsrollen, Rollen innerhalb von Verwandtschaftsgruppen, in rassischen und ethnischen Gruppen sowie jede andere Rolle und jedes andere Amt, die mit Autorität und Einfluß ausgestattet sind.

Eine zweite Grundlage, auf der institutionalisierte Macht gewöhnlich beruht, ist der *private Besitz von Eigentum.* Obwohl Eigentum und Position häufig eng verknüpft sind, ist ihre Verbindung weder notwendig noch unabdingbar. Der Besitz von Eigentum steht oft in keinerlei Zusammenhang mit der Tatsache, daß jemand eine bestimmte Stelle oder Rolle innehat oder nicht innehat. Eigentum ist per definitionem etwas, was nicht in Hülle und Fülle zur Verfügung steht, sondern knapp und deshalb von Wert ist; aus diesem Grunde hat der Besitzer von Eigentum ein Mittel in der Hand, welches es ihm gestattet, auf die Handlungen anderer Einfluß zu nehmen. Je mehr er besitzt, desto größer ist seine Möglichkeit der Beeinflussung und damit zugleich seine Macht. In einigen Fällen, so wenn jemand Sklaven besitzt oder sich ein politisches Amt gekauft hat[13], kann die Macht des Eigentums die Form der Autorität annehmen. Eigentum kann auch insofern zur Autorität werden, als es den Besitzer dazu berechtigt,

13 Über den Ämterkauf siehe Kap. 8, Abschnitt 4.

anderen gewisse Handlungen zu untersagen – das heißt, ihnen zu gebieten, gewisse Dinge *nicht* zu tun, wie etwa sein Land zu betreten.

Ehe wir diese kurze einführende Betrachtung institutionalisierter Macht abschließen, sollten wir noch die Beobachtung Simmels aufnehmen, der sagt, wo Herrschaft auf Gesetz oder Recht beruhe, herrsche zwischen den Mächtigeren und den weniger Mächtigen durchaus Gegenverkehr, was Einfluß (und zuweilen auch Autorität, so könnte man hinzufügen) anlange.[14] Dieser Punkt wird nämlich leicht übersehen, weil allein der Begriff »Macht« schon suggeriert, es handle sich um Eingleisigkeit. Wenn wir von Wechselseitigkeit sprechen, wollen wir allerdings nicht sagen, der Strom sei in beide Richtungen gleich stark; was wir aber sagen wollen, ist, daß die Gegenbewegung oder die für sie verantwortlichen Faktoren und deren Folgen nicht völlig unter den Tisch fallen dürfen.[15]

Politische Zyklen

Wie die Geschichtslektüre zeigt, herrschte in menschlichen Gesellschaften ein mehr oder minder zyklischer Wechsel zwischen Perioden, in denen die Macht bestimmend war, und solchen, in denen mehr oder weniger das Recht dominierte. Jeder dieser politischen »Zyklen«, wie ich sie nennen möchte, dauert solange wie die Existenz eines politischen Regimes.[16] Jeder Zyklus beginnt mit der gewaltsamen Machtergreifung durch eine neue Elite und beinhaltet eine Anfangsphase der Gewalt, in welcher organisierter Widerstand entweder zerschlagen oder unterdrückt wird. In der

14 Georg Simmel, *Soziologie* (Berlin: Duncker und Humblot, 1968), 3. Teil.

15 Mit dem gleichen Punkt beschäftigten sich neuerdings Robert Dahl und Charles Lindblom in *Politics, Economics and Welfare,* Teil 4, wo sie auf die Existenz von vier sozialpolitischen Systemen hinweisen, von denen zwei, das Preissystem und das polyarche System, ein gewisses Maß an Einfluß der weniger Mächtigen auf die Mächtigeren implizieren.

16 Mit dem Terminus »Regime« bezeichne ich die Mitglieder einer politischen Elite, die mit Hilfe von Gewalt an die Macht kommen, sowie alle ihre Nachfolger, die mit legitimen Mitteln an die Macht gelangen. Ein Regime dauert demnach vom Zeitpunkt einer siegreichen Revolution bis zu seiner Niederlage oder seinem Umsturz in einem nachfolgenden Krieg oder der nächsten Revolution.

nächsten Phase versucht das Regime dann, seine Abhängigkeit von nackter Gewalt zu verringern und seine rechtliche Autorität zu steigern. In diesem Stadium kann der Trend zur verfassungsmäßigen Regierungsform gestoppt, ja sogar verkehrt werden, wenn die Machtstellung der Elite durch Kräfte im Land oder von außerhalb in Frage gestellt wird. Wenn jedoch keine unablässige Folge von solchen Herausforderungen eintritt, dann läuft die Entwicklung auf längere Sicht auf eine Verminderung der aktiven Funktionen von Gewalt und Zwang und auf eine Stärkung der Funktionen hinaus, die Überzeugung und Ansporn zufallen, bis schließlich der Zyklus mit dem Umsturz des Regimes durch seinen Nachfolger oder einen fremden Eroberer sein Ende findet.

Mit der Einführung des Begriffs des Zyklus in unsere Theorie wollen wir nicht sagen, die Geschichte wiederhole sich, oder ein Zyklus gleiche einem anderen aufs Haar. Offensichtlich differieren sie in einer ganzen Anzahl wichtiger Punkte.

Vorab sind Zyklen nicht von einheitlicher Dauer. Manche sind ganz kurz, wie im Falle des Zyklus, welcher in Rußland mit der Februarrevolution im Jahre 1917 beginnt und mit der Oktoberrevolution im selben Jahr endet. Andere erstrecken sich über Jahrhunderte, wie im Falle des gegenwärtigen britischen Zyklus, der zurückreicht bis in die Mitte des 17. Jahrhunderts.

Kurze Zyklen unterscheiden sich erheblich von solchen mit langer Dauer. Der Prozeß der Legitimierung oder der Verfassungsgebung kommt in kurzen Zyklen kaum richtig in Gang, und eine neue Ära der Gewalt bricht bereits an, ehe die letzte zu Ende gegangen ist.

Selbst wo Zyklen von vergleichbarer Dauer sind, beeinflussen andere Faktoren unvermeidlich den Fortschritt zum verfassungsmäßigen Regime, wobei sie im einen Fall hinderlich und im anderen förderlich sind. Zum Beispiel sind die Kämpfe, die einen Zyklus auslösen, oft von großer Bedeutung. Unter sonst gleichen Bedingungen entwickelt sich der Konstitutionalismus nach einem langen und harten Befreiungskrieg, der gegen die Tyrannei einer ausländischen Macht geführt wurde, schneller als nach einer Revolution, bei der Bruder gegen Bruder kämpfte. Auch der Charakter der vorangehenden Regime ist von Bedeutung. Gesellschaften, die niemals die Tradition einer verfassungsmäßigen Regierung entwikkelt haben, bewegen sich viel langsamer in diese Richtung als solche, die auf eine entsprechende Tradition zurückblicken. Ebenso ist es nur logisch, daß die Tradition des Konstitutionalismus nach einer kurzen und begrenzten Palastrevolution sich viel schneller entwickelt als nach einer langen und tiefgreifenden sozialen Revolution.

Auch die wirtschaftliche Situation eines Landes wirkt sich darauf aus, inwieweit Konstitutionalismus sich entwickelt. Man kann sagen, daß ein hoher Produktivitätsstandard und eine rasche Steigerung der Produktivität der Entwicklung einer konstitutionellen Regierung zuträglich sind. Beide Faktoren stellen erhöhte Chancen für die Menschen dar, ihre Wünsche zu befriedigen, ohne zu Gewalt zu greifen.

Zusammenfassend läßt sich feststellen, daß konstitutionelle Herrschaft dort zur vollen Entfaltung gelangt, wo (1) der politische Zyklus von langer Dauer ist, (2) das gegenwärtige Regime in einem Unabhängigkeitskrieg errichtet wurde, (3) konstitutionelle Herrschaft bereits blühte, ehe der gegenwärtige Zyklus begann, (4) es, wenn überhaupt, wenige ernsthafte Bedrohungen für das bestehende Regime gibt, (5) ein hoher Produktivitätsstandard vorhanden ist, und (6) eine Periode rascher wirtschaftlicher Entwicklung sich einstellt. Kurz, die volle Blüte konstitutioneller Herrschaft hängt von einer ganz besonderen Konstellation von Umständen ab, wie sie in der menschlichen Geschichte nicht oft eingetreten ist.

Andere wichtige Unterschiede zwischen politischen Zyklen hängen mit dem Charakter der Elite zusammen, die das alte Regime stürzte und die erste Phase des neuen Zyklus bestimmte. Manchmal sind Plünderung und der eigene Aufstieg ihre einzigen Ziele; in solchen Fällen kann man von »materialistischen« Eliten sprechen. Klassische Beispiele dafür liefert die neuere Geschichte mit dem Regime Trujillos in der Dominikanischen Republik und der Saudi-Dynastie in Arabien.

In anderen Fällen dagegen sind Eliten von Idealen und Visionen einer sozialen Ordnung geleitet, in der mehr Gleichheit herrscht. Von ihnen kann man als den »ideologischen« Eliten sprechen.[17] Die kommunistischen Regime, die in den letzten Jahrzehnten in Rußland, Jugoslawien und China an die Macht kamen, sind Beispiele für diesen Elitetypus.

Häufig treffen beide Elemente zusammen; manchmal ist die Mi-

17 Pareto macht eine ähnliche Unterscheidung, auch wenn er andere Kategorien benutzt (Paragraph 2268).

schung höchst kompliziert. Zum Beispiel ergibt eine offene und ehrliche Beurteilung der Amerikanischen Revolution, daß beide Elemente vorhanden waren. Während einige unter den Gründungsvätern sich vornehmlich um die Verwirklichung der hohen Ideale bemühten, wie sie in der Unabhängigkeitserklärung und in der Präambel zur Verfassung niedergelegt sind, befaßten sich andere damit, die Zahlung von Steuern an die britische Krone zu umgehen. Die Tatsache, daß materialistische und ideologische Elemente zuweilen miteinander verzahnt sind, zeigt, daß wir Unterscheidungen in variablen und nicht in kategorialen Begriffen vornehmen müssen.

Folgt auf eine materialistische Elite eine zweite materialistische, dann sind im Verteilungssystem nur geringe Veränderungen zu erwarten. Eine Bande von Gaunern löst die andere in den Staatsämtern ab, die sich am besten dazu eignen, in die eigene Tasche zu wirtschaften. In solchen Fällen spricht man gerne von »Palastrevolutionen«; schließlich ändert sich fast nur das Personal, welches die Spitzenpositionen innehat. Sind derartige Eliten besonders energisch und erfinderisch, dann sind die personellen Veränderungen mitunter begleitet von Veränderungen in der formalen Struktur der Regierung. Eine Republik macht einer Monarchie Platz und umgekehrt. Solchen Veränderungen kann das Motiv zugrunde liegen, aus der Regierung ein wirksameres Instrument bei der Ausplünderung zu machen oder soziale Reformen vorzutäuschen, um so für eine Weile potentielle Kritiker zum Schweigen zu bringen.

Wenn eine erfolgreiche Elite von ideologischen Erwägungen bestimmt wird, stehen im politischen und im Verteilungssystem viel tiefergehende Veränderungen bevor. Neben radikalen Personalveränderungen kommt es gewöhnlich zu fundamentalen und folgenschweren Veränderungen der Regierungsstruktur (und häufig auch anderer wichtiger Institutionen). Vielfach wird der Terminus von der »sozialen Revolution« benutzt, um den Unterschied zwischen dieser Art von Revolution und »Palastrevolutionen« deutlich zu machen. Die Bezeichnungen sind nicht wichtig, die Unterschiede, auf die sie hinweisen, dagegen sehr: Palastrevolutionen betreffen nur wenige, soziale Revolutionen betreffen jeden – selbst die Dr. Schiwagos, die sich viel Mühe geben, sie zu ignorieren.

Die Unterschiede zwischen politischen Zyklen dürfen keinesfalls heruntergespielt werden, ebensowenig darf man allerdings die zugrunde liegenden Ähnlichkeiten banalisieren. In allen Gesellschaften zeigen jene, die mit Hilfe von Gewalt an die Macht gelangen, die natürliche Tendenz, mit konstitutionellen Mitteln zu regieren, soweit die Umstände es gestatten. Jedoch wird letztlich jedes Regime durch Gewalt oder deren Androhung zerstört. Dies ist das Thema, Variationen dazu gibt es mindestens tausend.

Zyklentheorien übten seit eh und je keinen großen Reiz aus auf die Amerikaner, die dank ihrer besonderen nationalen Erfahrung zu optimistischeren Geschichtstheorien neigten. Für alle, die vornehmlich mit der amerikanischen Geschichte vertraut waren und sich außerdem noch ein wenig in der britischen auskannten, war es leicht, die menschliche Geschichte als einen Zusammenhang zu interpretieren – die politische Komponente eingeschlossen –, als eine mehr oder minder stetige, konsequente und gleichmäßige Entwicklung vom Kruden, Primitiven und Tyrannischen zum Effizienten, Produktiven und Demokratischen. Unglücklicherweise wird unser Glaube an den Fortschrittscharakter der politischen Geschichte stark erschüttert, wenn wir unseren Horizont erweitern und auch Kuba, Paraguay, Bolivien, Argentinien, Brasilien, Peru, Ungarn, Jugoslawien, Frankreich, Polen, Deutschland, Rußland, den Iran, Syrien, Indien, Vietnam, China und in der Tat den größten Teil der übrigen Welt betrachten. Denn wer wagte zu behaupten, es habe in diesen Nationen irgendeine progressive Entwicklung von langer Dauer in Richtung auf eine Stärkung der konstitutionellen oder demokratischen Regierungsform gegeben?
Fortschrittstheorien zur politischen Entwicklung finden nur in jenen Gesellschaften eine breite Aufnahme, die sich eines ungewöhnlich langen Zyklus erfreuen können, in dessen Verlauf der Legitimationsprozeß zur vollen Blüte gelangen kann. England und die Vereinigten Staaten hatten außergewöhnlich viel Glück in dieser Beziehung; England, das einen Zyklus erlebt, der bereits drei Jahrhunderte überdauert, und die Vereinigten Staaten, deren Zyklus bald zweihundert Jahre überspannen wird. Im Gegensatz dazu haben beispielsweise Polen und Kuba in den letzten fünfzig Jahren den gewaltsamen Sturz von nicht weniger als vier Regimen und den Anfang von vier neuen politischen Zyklen erlebt. Leider sind die Erfahrungen dieser Nationen viel typischer als die von England und den Vereinigten Staaten. Und hier dürfte vermutlich auch der Hauptgrund dafür liegen, warum die ameri-

kanische Theorie über Schichtung vielen fremden Beobachtern so kurios und irrelevant erscheint. Sie gilt für eine ganz spezielle Konstellation von Voraussetzungen, die in den meisten anderen Gesellschaften keinerlei Entsprechung haben.

Der Mittelstand und die Institutionalisierung von Macht

Historiker und Politikwissenschaftler haben es längst erkannt: Revolutionen sind das Werk kleiner Minderheiten. Deshalb ist die neue Elite nach Beendigung der Revolution dazu gezwungen, die Dienste anderer in Anspruch zu nehmen, um ihre Ziele realisieren zu können. Nur so kann sie hoffen, den Surplus der Gesellschaft wirksam unter ihre Kontrolle zu bringen, um ihn dann in jene Güter und Dienstleistungen umzuwandeln, nach denen ihr der Sinn steht.

Dabei kommt der neuen Elite ihre Machtposition sehr zustatten, weil sie so über die nötigen Mittel verfügt, sich die gewünschte Unterstützung auch zu verschaffen. Der Teil des wirtschaftlichen Surplus, den sie bereits kontrolliert, ermöglicht ihr die Anwerbung einer Armee von Technikern und Spezialisten, die ihr die Kontrolle über immer mehr Surplus eintragen. Schließlich können wieder neue Leute angeheuert werden, die aus den entsprechenden Rohmaterialien elegante Wohnungen, schöne Kleider, Kunstwerke und öffentliche Monumente erstellen oder auch persönliche Dienste verrichten und all die tausenderlei Dinge tun, die Menschen mit Macht und Privilegien sich wünschen; oder, im Falle ideologischer Eliten, die neuen Leute müssen in Institutionen arbeiten, die die Gesellschaft transformieren sollen.

Dieser Prozeß führt zur Schaffung, Erweiterung oder auch zum Fortbestand einer Mittelschicht von Technikern und Spezialisten, die im Dienste der Elite arbeiten. Dazu gehören Staatsbeamte, Handwerker, Künstler, Bedienstete, Händler, Soldaten, Priester und Wissenschaftler. Hauptaufgabe der Beamten ist es, den wirtschaftlichen Surplus ausfindig zu machen und ihn von seinen Produzenten zu trennen. Shaws Cäsar, aufgefordert, sein großes Interesse an den ägyptischen Steuern zu begründen, formulierte es so: »Mein Freund, Steuern sind das große Geschäft eines Welteroberers.« Handwerker und Künstler sind dazu da, den Surplus in jene Güter und Dienstleistungen zu verwandeln, die die Elite haben möchte. Händler ermöglichen den Transport von Waren an die Plätze, wo sie gefragt sind von Leuten, die die Mittel haben, sie zu kaufen. Persönliche Bedienstete leisten die unzähligen Dienste, die Leute von Rang nicht selbst tun können. Priester und Wissenschaftler tragen zur Erhaltung der öffentlichen Ordnung bei; versagen sie, dann springt das Militär ein. Kurz, ein komplizierter Apparat wird geschaffen, dessen Hauptfunktion darin besteht, es der Elite zu ermöglichen, kontinuierlich die Kontrolle über den wirtschaftlichen Surplus auszuüben und ihn in die verschiedenen gewünschten Güter und Dienstleistungen umwandeln zu lassen.

Natürlich werden alle, die für die Elite arbeiten, entsprechend dem Wert ihrer Dienste sowie dem Arbeitskräfteangebot im jeweiligen Bereich entlohnt. Entgegen den Theorien von Funktionalisten wie Kingsley Davis und Wilbert Moore werden diese Funktionen nicht nach ihrem Beitrag zum Gemeinwohl bezahlt.[18] Die Bedürfnisse der Elite, nicht die Bedürfnisse der Gesamtgesellschaft bestimmen die Nachfragekurve solcher Dienstleistungen. *Die Verteilung von Gratifikationen in einer Gesellschaft hängt von der Machtverteilung, nicht von den Bedürfnissen des Systems ab.* In so unvollkommenen Systemen wie den menschlichen Gesellschaften ist dies unvermeidlich.

Kann ein politischer Zyklus sich über einen langen Zeitraum erhalten, wandeln sich allmählich der Charakter des Mittelstandes und sein Verhältnis zur politischen Elite. In Zeiten verfassungsmäßiger Herrschaft entwickelt der Mittelstand die Tendenz, etliche Rechte und Privilegien der Elite für sich in Anspruch zu nehmen. Er hat es dabei nicht schwer, denn es ist seine normale Funktion, im Namen der Elite zu handeln. Delegierte Befugnisse sind häufig verlorene Befugnisse; einmal verloren, sind sie nicht so leicht zurückzugewinnen. Man könnte also sagen, *je höher das Maß an Verfassungsmäßigkeit in einer Gesellschaft, desto weniger ist die Funktion des Mittelstandes beschränkt auf die eines Agenten der Elite und desto größer ist seine persönliche Unabhängigkeit, Autonomie und Sicherheit.* Diese Entwicklung ist ganz sicher wichtig, und wir werden noch häufig auf sie verweisen. Dennoch sollte sie nicht über das viel grundsätzlichere Verhältnis zwischen Mittelstand und Elite hinwegtäuschen, welches auch in Zeiten der Verfassungsmäßigkeit fortbesteht.

18 Kingsley Davis und Wilbert Moore, »Some Principles of Stratification«, *American Sociological Review* 10 (1945), S. 242–249.

Bisher haben wir die Kämpfe um Macht und Privilegien hauptsächlich vom Standpuntk der Elite aus betrachtet, wir haben festgestellt, auf welche Weise sie mit Hilfe verschiedener Mittel den Surplus der Gesellschaft an sich bringt. Aber das ist nur die halbe Wahrheit; denn in der Soziologie gilt ebenso wie in der Physik: *Aktionen produzieren Reaktionen.* So produziert die Ausübung von Macht und Privilegien durch Eliten stets Reaktionen bei den übrigen Mitgliedern der Gesellschaft. Und diese Reaktionen sind nicht weniger wichtig als die sie hervorbringenden Aktionen, wir wollen ihnen deshalb den Rest des Kapitels widmen.

Diese Reaktionen sind extrem unterschiedlich, und eine der Hauptaufgaben von Schichtungstheorie besteht darin zu bestimmen, wie die verschiedenen Bevölkerungsgruppen reagieren und welche Folgen sich dabei ergeben. Ziel dabei ist es, Natur, Häufigkeit und Folgen von Reaktionen auf Eliteherrschaft so genau wie möglich vorauszusagen. In unserer Untersuchung dieser Reaktionen wollen wir mit den für die herrschende Elite am wenigsten Bedrohlichen beginnen, um dann schrittweise zur Erörterung revolutionärer Bewegungen überzugehen, welche bekanntlich die stärkste Bedrohung darstellen.

Die Reaktion auf die Ausübung von Macht und Privilegien, welche die Eliten selbst unter all den vielen möglichen Reaktionsweisen am meisten schätzen, *besteht im Wettstreit der Nicht-Eliten untereinander um Posten und Positionen, welche die Eliten zu vergeben haben.* Um diese wichtigen Mittelschichtenpositionen für die qualifiziertesten Leute attraktiv zu machen, statten die Eliten sie besser aus als andere Nicht-Elitepositionen. Im Falle bestimmter Schlüsselpositionen sind die Anreize ganz beachtlich. Der Wettstreit darum ist natürlich lebhaft, und die Mitglieder der Elite heizen ihn nur zu gerne noch weiter an, sind sie doch letzten Endes die Nutznießer. Alle eventuellen Kosten kommen vielfach wieder herein, wenn fähige, strebsame und loyale Mitarbeiter auf diesen Posten sitzen.

Sieht man von Gesellschaften ab, die in der Lage sind, ihre eigene Reproduktion unter Kontrolle zu halten, oder die sogar an zeitweiliger Bevölkerungsarmut leiden, wie sie ihren Grund haben kann in großen Seuchen, Hungersnöten oder anderen Katastrophen, dann setzt jedes System, das auf Macht und Privilegien beruht, *unter den Nachkommen des einfachen Volkes einen tödlichen Kampf ums Überleben* in Gang. Unglückseligerweise vermochte das Menschengeschlecht stets eine größere Nachkommenschaft zu zeugen, als die Gesellschaft zu ernähren imstande war, insbesondere dann, wenn der wirtschaftliche Surplus von einer privilegierten Elite abgesahnt wurde. Es gab eben gewöhnlich nicht so viel Boden, daß jeder Bauernsohn hätte Bauer werden können, und nicht so viele Bauern, daß jede Bauerntochter einen Bauern hätte heiraten können. Eine gewisse Anzahl von einfachen Leuten fast jeder Generation sank deshalb zwangsläufig auf den Status von Bettlern, Kriminellen und Prostituierten herab. Meist erwartete diese Menschen ein nur kurzes Leben, denn der Kampf ums Überleben ist hart auf dieser Stufe.[19] Für die Elite hatten die Kämpfe, die das Volk um seine Existenz führte, kaum Bedeutung, garantierte doch die menschliche Fruchtbarkeit stets für eine ausreichende Reserve an qualifizierten Arbeitskräften. In Wirklichkeit dürften diese Kämpfe sogar den Interessen der Elite gedient haben, indem sie die Aufmerksamkeit von ihrer Ausbeuterrolle ablenkten und dadurch ein beachtliches Maß an Sicherheit vor Protest und Revolution von seiten des Volkes boten.

Eine dritte Reaktion auf Macht und Privilegien verbittert gewöhnlich die Eliten zwar, stellt aber keine ernste Bedrohung ihrer Sicherheit oder ihres Status dar. Wir sprechen von der Reak-

19 Anzunehmen, die Verhältnisse wären ohne Elite, die sich den wirtschaftlichen Surplus aneignete, ganz andere gewesen, wäre falsch. Ohne die Elite hätte es nämlich überhaupt keinen wirtschaftlichen Surplus gegeben, denn der Geburtenzuwachs hätte Schritt gehalten mit dem Produktivitätszuwachs — zumindest solange die modernen Methoden der Geburtenkontrolle noch nicht entwickelt waren. So merkwürdig es klingen mag, bis in die neueste Zeit verdankt sich der wirtschaftliche Surplus in den Gesellschaften hauptsächlich der Tatsache, daß die Ambitionen der Elite es der Bevölkerung verwehrten, weiter anzuwachsen.
Stellt man dieses Problem in einen größeren Zusammenhang, so zeigt sich deutlich, daß der Ausbeutungscharakter der Eliten und ihre Aneignung des wirtschaftlichen Surplus notwendige Voraussetzungen für gesellschaftlichen Fortschritt waren. Hätte es die ausbeuterischen Eliten nicht gegeben, dann hätte man auch keinen wirtschaftlichen Surplus gehabt, um Techniker, Erfinder, Künstler, Philosophen, Propheten und andere kulturelle Neuerer zu finanzieren, die die moderne Zivilisation ins Leben gerufen haben. Wer die moderne Zivilisation oder irgendeine ihrer wichtigen Attribute schätzt, hat dem uralten Phänomen der Ausbeutung dafür zu danken. Dies bedeutet keine pauschale Rechtfertigung von Ausbeutungssystemen, ein großer Teil des wirtschaftlichen Surplus wurde schließlich für kulturell unproduktive Dinge verbraucht; wir wollen allerdings damit auf die komplizierte Beschaffenheit der Menschen hinweisen.

tion der *kleinen Diebereien,* die von Subalternen dauernd begangen werden. Wo immer es Hausangestellte gibt, gibt es nahezu mit Sicherheit auch kleine Diebstähle. In vielen Gesellschaften ist es einfach Brauch, daß Handwerker ihren Eigenbedarf aus den Materialbeständen decken, mit denen sie arbeiten; Bauern verstecken oft einen Teil ihrer Ernte vor Steuereinnehmern oder Grundbesitzern, mit denen sie Pachtverträge haben. Solche Praktiken sekkieren die Eliten; weil die Verluste jedoch gering sind und es sich um viele Einzelfälle handelt, lohnt es sich nicht, viel dagegen zu unternehmen. Gelegentlich wird, im Falle einer flagranten Verletzung, der Übeltäter hart bestraft in der Hoffnung, dies schüchtere die anderen ein; aber auch ein solches Vorgehen ändert in den seltensten Fällen etwas.

Eine vierte Reaktionsweise auf die Ausübung von Macht und Privilegien steckt *im Bestreben der Angehörigen des Mittelstandes, sich Kontrolle zu verschaffen über Macht, Privilegien und Mittel, die traditionell der Elite vorbehalten sind.* In den meisten Fällen beschränken Eliten, die an die Macht kommen, die Kontrolle über wichtige Geld- und Machtmittel auf ihre eigenen Leute. Beispielsweise war in vielen Gesellschaften der Besitz von Grund und Boden Privileg einer adligen Elite. Auch das Wahlrecht war zunächst den Wohlhabenden vorbehalten.

Diese Situation bedeutet für die Angehörigen des Mittelstandes beträchtliche Unsicherheit, weil ihre Position (die wenig Macht und nur bescheidene Privilegien abwirft) fast völlig vom Wohlwollen ihrer Oberen abhängt. Verlieren sie deren Gunst, so haben sie nichts, worauf sie zurückgreifen könnten; sie leben deshalb beständig in dem natürlichen Bestreben, Kontrolle über einige Geld- oder Machtmittel zu erlangen, um aus dieser Abhängigkeit freizukommen. Dies würde nicht nur größere Sicherheit für die Zukunft, sondern auch mehr Macht und Privilegien in der Gegenwart bedeuten. Einige Angehörige des Mittelstandes hegen nicht nur solche Motive, sondern verfügen auch über die Mittel, sie zu verwirklichen. Im besonderen gilt dies für die Beamten, die im Dienste der Elite arbeiten, einer Elite, die darauf aus ist, sich von der lästigen Arbeit, ihre eigenen Angelegenheiten zu regeln, fernzuhalten, um der Muße zu pflegen. Was solche Beamte tun, ist, wie im Falle der kleinen Diebereien, zunächst so unauffällig, daß die Elite es häufig erst beachtet, wenn es zu spät ist, um noch irgend etwas dagegen zu unternehmen.

Dieses Reaktionsmuster ist deshalb so besonders wichtig, weil es für die Entwicklung einer verfassungsmäßigen Regierung von einiger Bedeutung ist. Wer so reagiert, zählt eher zu den Füchsen als zu den Männern der Gewalt, um mit Pareto zu sprechen. Und genau aus diesem Grunde ist solchen Menschen auch ein kompliziertes Gesetzessystem für ihre Zwecke nur recht, weshalb sie mit allen ihnen zu Gebote stehenden Mitteln versuchen, Bedeutung und Macht des Gesetzes zu stärken.

Eine fünfte Art der Reaktion auf Macht und Privilegien manifestiert sich in *Gewaltverbrechen gegen die Mitglieder der Elite und ihre Agenten.* Sehr oft richten sie sich gegen die zuletzt Genannten, denn als verlängerter Arm der Elite kommen diese Leute viel häufiger in Kontakt mit den unteren Klassen, denen ja die Mehrzahl der Straffälligen entstammt. Solche Verbrechen werden überall sehr ernst genommen. Die Härte der Strafen spiegelt zweifellos das Bewußtsein von einer weitverbreiteten latenten Feindseligkeit den Machthabern gegenüber wider, sowie die klare Überlegung, daß alles außer prompter und strenger Bestrafung nur zu Gewalt auf breiterer Basis ermuntert. Zudem fallen, wenn Verbrechen dieser Art geschehen, die Interessen des Mittelstandes mit denen der Elite zusammen und alle Mächtigen versammeln sich auf derselben Seite, wodurch ein sehr ungleicher Kampf entsteht.

Bisher haben wir ausschließlich von Reaktionen gesprochen, die auf den unkoordinierten Aktionen einzelner beruhen. Zuweilen führt jedoch die Ausübung von Macht und Privilegien in einer Gesellschaft zu Kollektivreaktionen eines großen Teils des Volkes. Wir wollen uns zunächst nur mit den gewaltlosen unter diesen Fällen befassen.

Derartiges Handeln ist nur unter zwei Bedingungen möglich. Entweder ein konstitutionelles Regime ist an der Macht, welches das Recht des Volkes anerkennt, organisiert seine Interessen zu vertreten, oder die herrschende Elite wird von äußeren Feinden hart bedrängt und bedarf dringend der militärischen Unterstützung durch das Volk. Ein gutes Beispiel für den zweiten Fall sind die anfänglichen Erfolge der römischen Plebejer in ihrem Kampf mit den Patriziern im 5. Jahrhundert v. Chr. Vermutlich ist es kein Zufall, daß diese Art der Reaktion in der westlichen Welt im letzten Jahrhundert so starke Verbreitung gefunden hat. Seit die Französische Revolution die Kriegstechniken durch die Einführung der Wehrpflicht und des Volksheeres so drastisch verändert hat, sind die Eliten viel abhängiger geworden vom einfachen Volk. Höchstwahrscheinlich liegt hier einer der Hauptgründe für die Erweiterung des Wahlrechts im letzten Jahrhundert sowie die auf seiten der Elite zunehmende Anerkennung von Gewerkschaften, Arbeiterparteien und all den anderen Organisationen zum Schutze und zur Förderung der Interessen des Volkes.

Eine letzte Form der Reaktion auf Macht und Privilegien betrifft den Klerus. Früher wurde er jenen Mitgliedern des Mittelstandes zugezählt, die als Vertreter der herrschenden Elite tätig sind. In Wirklichkeit stimmt das nicht so ganz, weil der Klerus sich einer Machtbasis erfreut, die ihn teilweise unabhängig von der herrschenden Elite sein läßt. Anders als die übrigen Spezialisten und Techniker, welche den Mittelstand bilden, erfüllt der Klerus Funktionen, welche die Massen schätzen. Zudem steht der Klerus im Dienste einer höheren Macht, als die Elite sie verkörpert, eine Tatsache, die selbst die Elite gewöhnlich bis zu einem gewissen Grad mit Furcht und Respekt erfüllt. Der Klerus ist dadurch in der einzigartigen Position, Ansprüche auf den wirtschaftlichen Surplus anmelden zu können. Und tatsächlich, so berichten Archäologen, sei die Basis für die Bildung des ersten wirtschaftlichen Surplus im alten Mittleren Orient höchstwahrscheinlich in den Forderungen zu suchen, welche Priester im Namen der Götter erhoben, denen sie dienten.[20]

In der gesamten Geschichte herrschte *bei den meisten Völkern ein beständiger Kampf zwischen religiösen und politischen Eliten.* Hauptwaffe der religiösen Elite war ihr Einfluß auf politische Ideologien. Häufig ist sie aus eigener Kraft in der Lage, den begehrten Weg zur Legitimation zu versperren, und kann deshalb die politische Elite unter recht ausgeglichenen Bedingungen bekämpfen.

Manchmal ging die politische Elite, manchmal die religiöse als Sieger hervor. Meist bestand das Ergebnis jedoch in einem Kompromiß zwischen Kirche und Staat, der eine Allianz zwischen beiden brachte. Im Austausch gegen die ideologische Unterstützung durch die Priester verspricht die politische Elite der Kirche ihren Schutz gegen konkurrierende Religionen. Derlei Abmachungen wirken sich gewöhnlich zum beiderseitigen Vorteil aus.

Der Saldo aus diesen vielfältigen Reaktionen auf die Ausübung

20 Vgl. V. Gordon Childe, *Man Makes Himself* (London: Watts, 1936), insbesondere den letzten Teil von Kap. 6, außerdem Kap. 7 ganz.

von Macht und Privilegien durch politische Eliten, so könnte man sagen, ist eine Verstärkung der Tendenz zur gesetzlich verankerten Herrschaft, d. h. zur verfassungsmäßigen Regierung. Herrschaft auf Verfassungsgrundlage ist ihrem Wesen nach Herrschaft, die eher auf Konsensus beruht als auf Gewalt. Um zu diesem Konsensus zu gelangen, bedarf es etlicher Konzessionen.

Tatsächlich beruht die verfassungsmäßige Herrschaft auf der Grundlage eines Tauschs, der den Interessen beider, der Elite und der übrigen Teile der Bevölkerung dient. Die Elite entsagt der Anwendung von Gewalt außer im Falle von mehr oder weniger spezifizierten Umständen und bringt dadurch ein Moment von Vorhersagbarkeit und Ordnung in die Lebenssituation der andern hinein. Im Austausch dafür erhält sie die Zustimmung der anderen zu ihrer Herrschaft, was die stillschweigende Unterstützung von Gewaltanwendung für den Fall ihrer Übereinstimmung mit den Gesetzesbestimmungen einschließt. In gewissem Sinne könnte man von einer Art Gesellschaftsvertrag sprechen, der sich allerdings von den idealtypischen Versionen, wie frühere Autoren sie beschrieben haben, unterscheidet, da er zwischen Ungleichen geschlossen ist.

Demnach enthalten beide Auffassungen, ob konservativ, ob radikal, ein Moment von Wahrheit. Herrschaft beruht in der Tat auf dem Fundament der Zustimmung, wie die Konservativen behaupten, sie beruht jedoch auch auf dem Fundament der Gewalt, wie die Radikalen sagen. Kurz, beide Positionen sind richtig, aber keine enthält die ganze Wahrheit.

Der Niedergang von Regimen

Trotz allerhöchster Anstrengungen der politischen Eliten hält sich kein Regime auf Dauer. Unter dem Gesichtspunkt der Erforschung von Verteilungssystemen sind die Kräfte, die zum Niedergang eines Regimes führen, nicht weniger wichtig als jene, die es stabilisieren und stärken.

Viele Faktoren tragen zum Niedergang politischer Regime bei, den wirklichen Zusammenbruch indes bewirken nur zwei: *Krieg* und *Revolution*. Auf sie wollen wir uns konzentrieren.

Vom Standpunkt jeder Verteilungstheorie aus ist Krieg nur eine besondere Form des allgegenwärtigen und ununterbrochenen

Kampfes um die Kontrolle des wirtschaftlichen Surplus. Der Unterschied gegenüber anderen Formen besteht darin, daß Krieg im allgemeinen einen Kampf zwischen zwei etablierten Eliten impliziert und nicht zwischen Elite und Nicht-Elite derselben Gesellschaft. Jede etablierte Elite verfügt über bewaffnete Kräfte zum Schutz oder zur Durchsetzung ihrer Interessen. Was am meisten vor einem Krieg zurückschrecken ließ, war im allgemeinen der Mangel an profitablen Gelegenheiten. Keine Elite zog je in einen Eroberungskrieg, wenn die vermutlichen Gewinne die zu vermutenden Kosten nicht überstiegen, mit dem Resultat, daß da, wo zwischen Völkern eine Art Gleichgewicht der Kräfte herrschte, die Kriegsgefahr geringer war als dort, wo ein Volk einen entscheidenden Vorsprung vor einem anderen hatte.

Pareto meint, einer der Faktoren, welche dieses Machtgleichgewicht stören und in der Folge zu Krieg und Revolutionen führen können, sei in einem allzugroßen Vertrauen verfassungsmäßiger Regierungen in ihre Klugheit zu sehen. Mit anderen Worten, sie versuchen, militärische Stärke durch diplomatisches Geschick und ähnliche Techniken zu ersetzen, und bewirken so letzten Endes ihren eigenen Untergang. Pareto mag hier überzogen haben, die Einschätzung, konstitutionelle Regime wiesen diese Tendenz auf, ist aber durchaus begründet.

Auf der anderen Seite werden konstitutionelle Regime seltener von sich aus aggressiv. Wer mit Hilfe von Schläue oder Intelligenz an die Macht gekommen ist, verspürt weniger Neigung, Gewalt anzuwenden, es sei denn als letztes Mittel, oder wenn die Risiken ganz minimal sind (wie im Falle der Kriege, die Großbritannien in der Periode der kolonialen Expansion gegen die afrikanischen Völker führte).

Und da schließlich die Früchte des Krieges allein an die Elite fallen, kann man voraussagen, daß die Wahrscheinlichkeit von aggressiven Handlungen desto geringer sein wird, je höher der Prozentsatz der an der Entscheidung über Krieg und Frieden beteiligten Bevölkerung ist. So wird ein demokratisches Volk weniger geneigt sein, einen Krieg anzufangen, als ein nichtdemokratischer Staat. Man darf nun aber nicht davon ausgehen, dieser Faktor sei der allein entscheidende, denn selbst in einer Demokratie gelingt es der Elite zuweilen, durch geschickte Propaganda das Volk zur Militanz aufzuhetzen.

Geht eine Elite aus einem Krieg als Sieger hervor, dann stehen ihr drei Möglichkeiten im Umgang mit der besiegten Elite zur Verfügung. Erstens kann sie sie auslöschen und ihre Macht direkt übernehmen. Zweitens kann sie die besiegte Elite in ihr eigenes Machtsystem in einer untergeordneten Position integrieren, und drittens kann sie sie durch eine neue Elite ersetzen, die sie selbst auwählt, eine, die ihren Forderungen in der nächsten Zukunft entsprechen wird und die es ihr ermöglicht, aus den Besiegten einen großen Teil des erwirtschafteten Surplus als Tribut herauszupressen, auf dem Wege des Handels oder auf andere Weise. Eine geschlagene Elite überlebt als Elite nur im Falle der zweiten Alternative. Ansonsten findet das alte Regime sein Ende und mit ihm ein politischer Zyklus, und zwar mit allem, was dazu gehört.

Ein Krieg wirft weniger Probleme auf als eine erfolgreiche Revolution, weil im Falle des Krieges beide Parteien über die nötigen Mittel verfügen. Im Falle der Revolution ist die Situation viel komplizierter. Für eine erfolgreiche Revolution sind zumindest drei Dinge erforderlich: (1) Menschen, (2) eine Organisation und (3) Mittel. Aber wo außerhalb der Eliten finden sie sich?

In jedem Staat gibt es *eine* Gruppe, die über die notwendigen Mittel verfügt. Und zwar handelt es sich dabei ausgerechnet um die Organisation, die mit der Verteidigung des Staates und des bestehenden Regimes betraut ist: *das Militär*. Es ist kein Zufall, daß im Lauf der Geschichte die große Mehrzahl aller Revolutionen vom Militär getragen wurden. Es mag durchaus andere aggressive oder habgierige und ehrgeizige Menschen geben, aber es fehlen ihnen die Mittel zur Erfüllung ihrer Wünsche. Das Militär hat diese *Mittel* ständig zur Verfügung: bei ihm bedarf es nur der *Motivation*. Ein Vergleich zwischen Mitteln und Motivation ergibt, daß es in der Regel die Mittel sind, die fehlen – weshalb Revolutionen, die von der Armee ausgehen, viel häufiger sind als solche, die ihren Ausgang woanders nehmen. Außerdem ist die Aussicht auf Erfolg hier viel größer. In der Tat schlagen Militäraufstände selten fehl, es sei denn, die Armee ist in sich gespalten.

Machiavelli erkannte diese Gefahr und schrieb in seiner *Kriegskunst*: »Krieg ... also Geschäft darf nur von Fürsten oder Herrschern eines Reichs geführt werden; sind sie klug, so dulden sie es nicht, daß irgendeiner ihrer Untertanen oder Bürger einen Hauptberuf daraus macht.« Auch die britische Aristokratie hat die Gefahr gesehen und blieb aus diesem Grunde lange beim System des

Ämterkaufs, wodurch die Spitzenpositionen im Militär den Reichen vorbehalten blieben, die ein angestammtes Interesse an der Erhaltung des *status quo* hatten. Lord Palmerston schrieb vor rund hundert Jahren:

»Wenn die Bindung zwischen Armee und oberer Gesellschaftsschicht aufgelöst würde, wäre die Armee eine gefährliche und nicht-verfassungsmäßige Institution. Nur in Zeiten, da die Armee nicht mit denen versippt war, die aufgrund ihres Besitzes Interesse am Land hatten, und da prinzipienlose Abenteuerer die Armee befehligten, wurde sie der Freiheit der Nation gefährlich.«[21]

Der Erregung nach, mit der so viele Amerikaner die diversen »Obristen-Revolten« in Asien und im Mittleren Osten nach dem Zweiten Weltkrieg begrüßten, hat man in unserem Land wenig Kenntnis von diesen Prinzipien. Wie an anderer Stelle bereits angedeutet, ist eine Schulung in amerikanischer Geschichte allein keine ausreichende Vorbereitung für das Verständnis des politischen Lebens in den meisten anderen Gebieten dieser Welt.

Viele, wenn nicht alle Revolutionen, die vom Militär getragen wurden, waren nichts als Palastrevolutionen.[22] Aus diesem Grunde hat die Mehrzahl der Soziologen wenig Interesse an ihnen bekundet und sie für relativ bedeutungslos gehalten.

Dieses mangelnde Interesse an Palastrevolutionen ist weitgehend auf den Einfluß von Marx und Engels zurückzuführen. Ihren Veröffentlichungen, den wissenschaftlichen wie den politischen, verdankt die moderne Sozialwissenschaft ihr einseitiges Interesse an sozialen Revolutionen. Wenn jedoch unsere Analyse der Natur politischer Zyklen stimmt, dann können auch Palastrevolutionen außerordentlich wichtig sein. *Wo sie sich öfters wiederholen, behindern sie die Entwicklung einer verfassungsmäßigen Regierungsform ernsthaft.* Für alle, die die Freiheit des Einzelnen von Tyrannei und Despotismus schätzen, ist dies keine triviale Sache.

Während bei Palastrevolutionen die Führung oft in den Händen von Militärs liegt, sind die Führer sozialer Revolutionen meist *Intellektuelle.* Sie allein sind fähig, das eine und entscheidende

21 Zitiert bei Cecil Woodham Smith, *The Reason Why* (New York: McGraw-Hill, 1953), Kap. 2. Dieses Buch enthält eine faszinierende Darstellung vom System des Ämterkaufs und seiner Funktionsweise in England im 19. Jahrhundert sowie einiger Ereignisse, die schließlich zu seiner Abschaffung geführt haben.

22 Es gab einige Ausnahmen, wie beispielsweise die Karrieren eines Atatürk oder Nasser beweisen.

Ingredienz zu liefern, ohne das soziale Revolutionen nicht möglich sind – eine neue Ideologie, welche die herrschende herausfordert und zerstört. Ideologien sind die Betriebsmittel der Intellektuellen. Was wichtige philosophische Probleme anlangt, sind sie die führenden Köpfe. Intellektuelle können in jedem Beruf arbeiten, sie konzentrieren sich jedoch auf den Beruf des Lehrers, des Priesters und des Künstlers.

Intellektuelle entfremden sich Systemen, in denen Macht und Privilegien herrschen, sehr leicht. Sie sind wie Minister ohne Portefeuille, Experten, die nicht die Macht haben, ihre Ideen in eine öffentliche Politik umzusetzen. Ihre Abwendung hat demnach eine natürliche Basis. Aufgeklärte Eliten halten es deshalb für klug, den Intellektuellen durch Anerkennung und Ehren zu schmeicheln, sie so zu Dankbarkeit und Unterstützung verpflichtend.

Solche Taktiken haben meist ganz gut funktioniert. Die meisten Intellektuellen haben die konservative Position nachdrücklich vertreten und damit einen wichtigen Beitrag zur Verteidigung von Macht und Privilegien geleistet. Mit ihrer Beredsamkeit haben sie dem einfachen Volk erfolgreich die Unvermeidlichkeit ebenso wie die zahllosen Vorteile des *status quo* klargemacht.

Zuweilen jedoch werden Eliten nachlässig oder einige Intellektuelle verweigern sich ihren Schmeicheleien. Für sich allein sind rebellische Intellektuelle keine Bedrohung für die politische Führung. Für eine erfolgreiche Revolution sind sie nicht zahlreich genug, zudem fehlt es ihnen an den nötigen Mitteln. In Zusammenarbeit mit andern jedoch stellen sie einen Katalysator dar, sie liefern die Gegenideologie, die für jede erfolgreiche soziale Revolution notwendig ist.

Ein anderer Bevölkerungsteil, der in den meisten Gesellschaften immer wieder zu sozialen Revolutionen neigt, wird gebildet von *ethnischen, rassischen und religiösen Minderheiten.* Diese Gruppen haben gewöhnlich ihren speziellen Grund zur Klage über die herrschende Mehrheit und sind deshalb für Gegenideologien empfänglicher. Im Unterschied zu den weniger Privilegierten innerhalb der herrschenden Gruppe eint sie kein gemeinsames kulturelles Band mit der Elite, welches die Grundlage für eine Identifikation mit ihr abgeben könnte.

Solche Gruppen bringen für eine revolutionäre Sache gewöhnlich eine ganze Menge Menschen auf die Beine, und sie sind organisiert. Vor allem verfügen sie häufig auch über finanzielle Mittel, die für revolutionäre Bewegungen so schwer aufzutreiben sind. Während Gruppen mit Minderheitenstatus von höheren sozialen und politischen Ebenen der Gesellschaft meist ausgeschlossen sind – wir haben bereits darauf hingewiesen –, sind sie wirtschaftlich zuweilen doch sehr erfolgreich. Der wirtschaftliche Erfolg der Juden in Europa, der Hindu in Afrika, der Japaner in Hawaii und der Jain in Indien mag als Beispiel dafür stehen. Die wohlhabenden Mitglieder solcher Gruppen lieferten oft den entscheidenden finanziellen Rückhalt für soziale Revolutionen.

Eine soziale Revolution ist jedoch so lange nicht von Erfolg gekrönt, wie die Armee fest hinter dem herrschenden Regime steht. Lenin war sich darüber völlig im klaren, als er schrieb: »Ohne Auflösung der Armee kann und wird es keine große Revolution geben.« Katherine Chorley kam zu demselben Schluß in ihrem Buch *Armies and the Art of Revolution*, das vermutlich die beste Untersuchung über die Rolle der Armee in Revolutionen darstellt.[23] Nach ihrer Auffassung kann eine Revolution der Massen nur erfolgreich sein, wenn das Militär des alten Regimes entweder für die Sache gewonnen oder zerschlagen werden kann. Solange es fest hinter dem alten Regime steht, kann dieses nicht nur überleben, sondern auch jeden gegen sich gerichteten Aufstand niederwerfen. Die Geschichte kennt nur wenige Ausnahmen von dieser Regel.

Wir sind also zurückverwiesen auf die Erkenntnis der entscheidenden Rolle, welche die Spezialisten der Macht, der Gewalt sowohl für die Erhaltung wie für die Zerschlagung politischer Regime spielen. Obwohl einige wenige Revolutionen auch ohne die Unterstützung der Armee zum Erfolg führten, geschah dies doch zumeist in Zeiten, da die Armee stark demoralisiert war und sich in Auflösung befand, wie im Falle der Russischen Revolution von 1917. Nach unserem Postulat von der Gewalt als der höchsten Berufungsinstanz in menschlichen Konflikten sollten uns diese Tatsachen nicht in Erstaunen setzen.

23 (London: Faber, 1943).

4. Die Struktur von Verteilungssystemen

> Die Größten und Besten unseres Geschlechts wuchsen in der harten aber förderlichen Schule der Armut heran – die einzige, die das wahrhaft Große, den Genius hervorzubringen imstande ist.
>
> *Andrew Carnegie*

Wie das letzte Kapitel zeigt, sind Analysen sozialer Dynamiken niemals völlig zu trennen von Analysen der sozialen Strukturen, in denen sie sich entwickeln. Auch wenn es uns vornehmlich um die Dynamiken von Verteilungssystemen ging, gerieten uns doch häufig strukturelle Betrachtungen dazwischen. In diesem Kapitel nun ist es umgekehrt; unser Hauptinteresse gilt strukturellen Fragen; aber auch diesmal wird uns eine perfekte Trennung kaum gelingen. Der Grund dafür ist ganz einfach der, daß Struktur und Dynamik beides Abstraktionen von derselben Realität sind und sich deshalb niemals völlig voneinander separieren lassen. Wenn wir uns also im folgenden vordringlich den strukturellen Aspekten von Verteilungssystemen zuwenden wollen, werden wir dennoch auch den Problemen der Dynamik einige Aufmerksamkeit widmen müssen.

Da die Untersuchung einer Struktur eine Untersuchung von Zusammenhängen zwischen Teilen ist, muß am Anfang der Erforschung der Struktur von Verteilungssystemen die Identifikation der Natur dieser Teile stehen. Dies ist deshalb recht einfach, weil es nur dreierlei Einheiten gibt, die uns interessieren, *Individuen, Klassen und Klassensysteme.* Jede dieser Einzelheiten stellt eine andere Organisationsebene im Verteilungssystem dar. Individuen bilden die unterste Ebene und sind als solche zugleich die einzelnen Einheiten der Klassen. Diese wiederum sind die Einheiten der Klassensysteme.[1] Und um das Bild abzurunden: die verschiedenen Klassensysteme einer Gesellschaft (normalerweise sind es mehrere) bilden die Einheiten in den Verteilungssystemen.

1 Wir werden später noch darauf zu sprechen kommen, daß der Begriff »Klasse« tatsächlich für mehrere aneinandergrenzende Organisationsebenen stehen kann, etwa wenn man von Unterklassen innerhalb von Klassen spricht. Dies ändert jedoch nichts an der grundsätzlichen Tatsache, daß Klassen als Organisationsebene zwischen der von Individuen und der von Klassensystemen zu suchen sind.

Welcher Natur die erste dieser Einheiten ist, liegt auf der Hand, sie bedarf keiner weiteren Erörterung. Die beiden anderen sind jedoch so häufig und in so unterschiedlichem Zusammenhang verwendet worden, daß sie zur Quelle erheblicher Verwirrung wurden. Ihnen wollen wir deshalb im folgenden auf den Grund gehen.

Klassen

Die Konfusion, welche um diesen Begriff herrscht, ist weitgehend Resultat der komplizierten Realität, für die er steht; aber auch der Neigung von Wissenschaftlern, allzusehr zu vereinfachen. Wie unsere Analyse im letzten Kapitel gezeigt hat, ist Schichtung ein mehrdimensionales Phänomen. Gesellschaften sind nicht in einheitlicher Weise geschichtet, und jeder Schichtungsmodus liefert die Basis für einen anderen Klassenbegriff. Das heißt, daß das Thema Schichtung keineswegs erschöpft ist mit der durchaus gerechtfertigten Analyse der Bevölkerung einer bestimmten Gesellschaft auf der Basis von Prestigeklassen. Die gleiche Bevölkerung kann genauso gut auf der Basis der Macht- und Privilegienverteilung analysiert werden. Analytisch gesehen unterscheidet sich jede Klasse von der anderen klar, auch wenn es empirisch gesehen viele Überschneidungen gibt, was unsere frühere Analyse ja gezeigt hat.

Die Schwierigkeit wird noch dadurch verstärkt, daß auch diese drei Klassifikationsmodi nicht eindimensional sind. Wie wir im letzten Kapitel gesehen haben, nimmt Macht vielerlei Formen an, die sich nicht in allen Fällen auf einen sinnvollen gemeinsamen Nenner bringen lassen. Vielleicht besitzt jemand ein großes Vermögen, hat aber kein entsprechend wichtiges und mächtiges Amt inne, und umgekehrt. Oder jemand spielt eine wichtige und mächtige Rolle in einem einzelnen institutionellen System, in allen anderen dagegen nicht die geringste.

Dies vorausgesetzt, darf der Begriff der »Klasse« nicht zu eng definiert werden. Man erreicht mehr, wenn man die Definition weiter faßt und dann sorgfältig zwischen den verschiedenen Arten von Klassen differenziert. Wir definieren deshalb Klasse am besten als *eine Summation von Personen innerhalb einer Gesellschaft, welche sich im Hinblick auf Macht, Privilegien oder Prestige in einer ähnlichen Position befinden.*

Das soll *nicht* heißen, alle Arten von Klassen seien gleichermaßen wichtig für theoretische und analytische Zwecke. Im Gegenteil, wenn unser Ziel die Beantwortung der Frage ist: »wer bekommt was und warum?«, und wenn unsere Analyse der letzten beiden Kapitel überhaupt irgendeine Gültigkeit besitzt, denn müssen die Klassen, in denen die *Macht* zu Hause ist, für uns im Mittelpunkt stehen. Die Verteilung von Privilegien und Prestige scheint weitgehend durch die Verteilung der Macht bestimmt, zumindest in jenen Gesellschaften, in denen ein nennenswerter Surplus produziert wird. Im letzten Kapitel haben wir auch gesehen, daß Macht in zwei grundlegenden Formen sich äußert, in Gewalt und in institutionalisierter Macht. Letztere läßt sich ihrerseits wieder unterteilen in Macht durch Position und Macht durch Besitz. Auf dieser Grundlage kann die mächtige Klasse definiert werden als *die Summation von Personen innerhalb einer Gesellschaft, welche hinsichtlich der Gewalt oder einer spezifischen Form von institutionalisierter Macht eine ähnliche Position einnehmen.* Dabei kann der Begriff »mächtige Klasse« für so unterschiedliche Gruppen stehen wie Fabrikarbeiter, reiche Grundbesitzer oder die Mitglieder einer Militärjunta, welche mittels Gewalt herrscht. Obwohl die Fundamente ihrer Macht unterschiedliche sind, stellt jede Gruppe eine Summation von Personen dar, die hinsichtlich einer spezifischen Form von Macht eine ähnliche Position einnehmen.

Da der Terminus »mächtige Klasse« schwerfällig, andererseits aber in der nun folgenden Analyse immer wieder erforderlich ist, werde ich das beschreibende Adjektiv meist fortlassen und nur von »Klasse« sprechen. Wenn nicht weiter indiziert, bezieht sich »Klasse« in Zukunft also auf Gruppierungen, die an Hand des Kriteriums von Macht definiert sind.

Obwohl die Definition von Klasse relativ einfach und geradeaus zu sein scheint, impliziert sie doch einige Vorstellungen, die nicht so ohne weiteres auf der Hand liegen und die zu prüfen sind, ehe wir weiter gehen. Erstens ist zu sagen, daß die Klassen, mit denen wir uns befassen wollen, zwar nach *Macht-Kriterien* definiert sind, dies jedoch nicht bedeutet, daß sie auch alle Macht *haben.* Ganz im Gegenteil, einige haben praktisch keinerlei Macht, wie im Falle der Entbehrlichen in Agrargesellschaften (siehe Kapitel 9). Zweitens kann nach dieser Definition ein einzelner Mensch durchaus einem halben Dutzend »mächtiger Klassen« angehören. Dazu kommt es notwendig überall dort, wo die verschiedenen Formen von Macht nicht hundertprozentig korrelieren. Ein Beispiel dafür: in der heutigen amerikanischen Gesellschaft kann ein Einzelner im Hinblick darauf, was er besitzt, Angehöriger der Mittelschicht sein, aufgrund seiner Arbeit in einem Betrieb zählt er zur Arbeiterklasse und als Neger gehört er der Neger-»Kaste« an. Jede einzelne seiner Rollen, ebenso wie sein Status in der Besitzhierarchie, wirken sich darauf aus, welche Chancen er hat, die Dinge zu erlangen, nach denen er im Leben trachtet; sie weisen ihn jeweils einer besonderen Klasse zu. Da die einzelnen Pfeiler seiner Existenz so wenig miteinander übereinstimmen, kann er nicht nur einer einzigen Klasse zugerechnet werden. In diesem Zusammenhang möchten wir darauf hinweisen, daß diese Tendenz sich mit der Entwicklung von technologisch primitiven zu technologisch fortgeschrittenen Gesellschaften immer mehr verstärkt hat. Mit anderen Worten, *die Notwendigkeit multidimensionaler Analysen scheint in modernen Industriegesellschaften am größten.*

Drittens *haben die Angehörigen jeder mächtigen Klasse* – auch wenn die Definition dies nicht ausdrücklich sagt – *bestimmte Interessen miteinander gemein, und diese gemeinsamen Interessen bilden die potentielle Basis einer Gegnerschaft anderen Klassen gegenüber.* Dies ist das logische Korrelat der Tatsache, daß das Verbindende zwischen den Angehörigen einer Klasse ihr gemeinsamer Besitz, ihre gemeinsame Kontrolle oder Nutzung von etwas ist, was ihre Chancen hinsichtlich der Erfüllung ihrer Wünsche und Sehnsüchte beeinflußt. Denken wir an unsere früheren Thesen über die Natur des Menschen, so ist klar, daß alle Mitglieder einer bestimmten Klasse ein angestammtes Interesse daran haben, den Wert ihrer gemeinsamen Ressourcen zu schützen oder zu steigern und den Wert konkurrierender Ressourcen, welche die Basis anderer Klassen bilden, zu mindern.

Das heißt jedoch nicht, daß die Mitglieder einer Klasse stets ein klares Bewußtsein von ihren gemeinsamen Interessen hätten, oder daß sie gar auf dieser Basis kollektiv handelten; auch stehen sie nicht ständig bewußt feindlich oder offen aggressiv den Mitgliedern anderer Klassen gegenüber. Diese Möglichkeiten sind gegeben, aber sie müssen nicht zwangsläufig Realität werden.[2]

Ein letzter Aspekt der Definition muß noch erwähnt werden –

2 Mit anderen Worten, unsere Definition befindet sich auf der gleichen Ebene mit Marxens Definition von »Klasse an sich«, nicht mit seiner Definition von »Klasse für sich«.

die etwas vage und ärgerliche Formulierung von der »ähnlichen Position«. Der kritische Leser wird fragen, wieviel Ähnlichkeit nötig ist, und er wird leider keine präzise Antwort erhalten. Ob sie uns nun gefällt oder nicht, diese Art der Formulierung ist uns aufgezwungen durch den Charakter der Realität, die wir analysieren wollen. In den meisten Fällen sind Gesellschaften einfach nicht nach einer begrenzten Anzahl von klar unterschiedenen, trennscharfen Kategorien geschichtet. Viel eher lassen sie sich auf einem Kontinuum darstellen, dem die Zäsuren fehlen, welche als Klassengrenzen dienen könnten. Und wenn wir darauf insistierten, daß die Mitglieder von Klassen hinsichtlich der Verteilung von Dingen von Wert *identische* Positionen einnehmen, dann hätten wir in vielen Gesellschaften Tausende, ja Millionen von Klassen; die meisten von ihnen zählten nur eine Handvoll Mitglieder, manche sogar nur ein einziges.

Um solches zu vermeiden, sind wir gezwungen, weniger restriktive Kriterien zu verwenden, was uns allerdings auch zu weniger *präzisen* nötigt. Im allgemeinen hielten Schichtungsforscher es für vorteilhafter, eine kleinere Anzahl weiterer und umfassenderer Klassen zu benutzen. Deshalb wird häufig von so umfassenden Kategorien ausgegangen wie den Bauern, den Kaufleuten, den Arbeitern, den Akademikern usw. Mit der Verwendung solcher Kategorien soll die Existenz innerer Unterschiede innerhalb dieser Klassen nicht geleugnet werden. Jede Klasse kann unterteilt werden in homogenere Unterkategorien oder Unterklassen, wie zum Beispiel reiche Bauern und arme Bauern oder reiche Kaufleute und arme Kaufleute. In welchem Ausmaß dies geschieht, hängt weitgehend vom Charakter der Studie ab. In einer stark spezialisierten Untersuchung mit engem Rahmen wird den Unterklassen mehr Aufmerksamkeit zuteil werden als in einer umfassenderen Vergleichsstudie wie der vorliegenden.

Kasten, Stände, Statusgruppen und Eliten

In vielen Arbeiten über soziale Schichtung wird von einigen weiteren Arten von Kollektiven neben den Klassen gesprochen. Insbesondere vier tauchen an prominenter Stelle in solcher Literatur auf – »Kasten«, »Stände«, »Statusgruppen« und »Eliten«. In welchem Verhältnis stehen diese Begriffe zu dem der Klasse?

Ebenso wie Klasse ist auch Kaste immer wieder definiert worden. Allen oder fast allen Definitionen liegt jedoch die Vorstellung einer Gruppe zugrunde, deren Mitgliedschaft streng erblich ist. Wenn Kasten und Klassen direkt als Gegensätze auftreten, dann sind Kasten als Gruppen zu verstehen, die praktisch keinerlei Mobilität zulassen, weder nach draußen noch nach drinnen. Selbstverständlich ist auch Zugehörigkeit zu Klassen zu einem gewissen Teil erblich, und umgekehrt herrscht ein wenig Mobilität auch dort, wo es sich um Kasten handelt. Das Verhältnis wäre präziser definiert mit der Feststellung, daß Mobilität *nach oben* im Falle von Klassen gesellschaftlich legitim ist, während sie es im Falle von Kasten nicht ist.[3]

In Wirklichkeit besteht jedoch keine Notwendigkeit, Kasten und Klassen getrennt zu behandeln. Im Interesse begrifflicher Ökonomie kann man mit Fug und Recht Kaste als eine besondere Form von Klasse definieren – zumindest wenn Klasse so weit gefaßt ist wie hier. Wir können also sagen, *daß eine Klasse in dem Maß eine Kaste ist, in dem die Bräuche jegliche Mobilität nach oben verbieten.*

Eine zweite Variante eines Kollektivs, welche Autoren, die über Schichtung schreiben, häufig zitieren, sind die Stände. Der Terminus stammt aus der europäischen Geschichte des Mittelalters (obwohl er eine umfassendere Bedeutung hat) *und bezieht sich auf einen gesetzlich definierten Bevölkerungsteil einer Gesellschaft, welchem besondere Rechte und Pflichten zufallen, die das Gesetz vorschreibt.*[4]

Wiederum besteht kein notwendiger Gegensatz zwischen den Definitionen von Stand und Klasse. Wir können demnach sagen, *eine Klasse ist in dem Maße ein Stand, in dem ihre Existenz, ihre Rechte und ihre Privilegien gesetzlich festgelegt sind.*

Der dritte Begriff, die »Statusgruppen«, geriet durch die Übersetzer der Weberschen Schriften in die Schichtungsdiskussion. In vielen seiner Arbeiten benutzte Weber das Substantiv »Stände« und das Adjektiv »ständisch«. In vielen Fällen bezog sich das

3 Mobilität nach unten lassen Klassensysteme gewöhnlich zu, und zwar als Strafe für Verstöße gegen bestimmte Bräuche. Für eine gute Darstellung des Verhältnisses von Kasten zu anderen Klassen siehe Charles Horton Cooley, *Social Organization* (New York: Scribner, 1909).

4 Siehe z. B. Egon Bergel, *Social Stratification* (New York: McGraw-Hill, 1962), S. 68.

Substantiv auf die mittelalterlichen Stände in Europa, manchmal jedoch verwandte er Substantiv und Adjektiv zur Charakterisierung von »ständeartigen« Phänomenen, wie Berufsgruppen, die Ersten Familien Virginias, ethnische Gruppen, ja sogar indische Kasten. Ihr gemeinsamer Nenner waren nach Webers Auffassung Ansehen oder Prestige der jeweiligen Gruppe, ein gemeinsames Attribut, das automatisch für alle Gruppenmitglieder gilt. Statusgruppen oder »Stände« unterscheiden sich für Weber von Klassen, die nach seiner Definition auf ökonomischer Macht basieren. Weiter sagt Weber, Statusgruppen seien normalerweise Gruppen, welche mehrere Subkulturen entwickelten, während Klassen eher eine bloße Summation von Menschen in gleicher wirtschaftlicher Lage oder soziale Kategorien seien. Und schließlich sind Statusgruppen viel eher Gruppierungen, in die man durch Geburt hineingerät.[5]

Während durchaus plausibel ist, daß diese von den Übersetzern Webers als Statusgruppen bezeichneten Gruppierungen unter unsere Definition von Klasse fallen, leuchtet nicht sofort ein, inwiefern sie in unseren Rahmen passen. Einige seiner Statusgruppen scheinen hauptsächlich Prestigeklassen zu sein, wie etwa die Ersten Familien von Virginia, andere hingegen sind auch Machtklassen. In diesem Falle besteht der gemeinsame Nenner, der sie vereinigt und von anderen Klassen abhebt, in ihrem *endogamen, erblichen und kommunalen* Charakter. Bis zu einem gewissen Grad weisen alle Klassen diese Merkmale auf, bei Statusgruppen sind sie jedoch besonders ausgeprägt.[6] Und genau in diesem Sinne will ich später den Terminus auf rassische, ethnische und religiöse Gruppen anwenden.

Der vierte und letzte Terminus, der vorgestellt werden soll, ist der etwas exklusive der »Elite«. Im Unterschied zu den drei übrigen dürfen Eliten nicht nur als eine spezielle Art von Klasse betrachtet werden; ganz im Gegenteil sind sie in manchen Fällen weniger als eine Klasse und in anderen mehr. Einmal kann der mächtigste (oder privilegierteste oder angesehenste) Teil einer Klasse als *Elite dieser Klasse* angesprochen sein. Ein andermal

5 Vgl. Max Weber, *Wirtschaft und Gesellschaft* (Berlin: Kiepenheuer und Witsch, 1964), S. 223—26. Hier wird der Begriff systematisch abgehandelt.

6 Kasten können deshalb als Extremfall von Klasse oder Statusgruppe betrachtet werden, weil hier die endogamen, erblichen und kommunalen Züge maximal ausgeprägt sind.

mögen zwei oder mehr Klassen, die die politische *Elite einer Gesellschaft* bilden, gemeint sein. Mit einer dritten Alternative hat man es dort zu tun, wo eine einzige Klasse als politische Elite einer Gesellschaft anzusehen ist. Kurz, der Terminus meint heute nur den *an der Spitze stehenden Teil jeder gegebenen sozialen Einheit, sei es nun eine Klasse oder die gesamte Gesellschaft, die man nach irgendwelchen Kriterien hierarchisch ordnet.*[7] Unser Kriterium in diesem Buch ist die *Macht*, sofern wir nicht ausdrücklich etwas anderes ankündigen.

Die Grenzen von Eliten sind wie die Grenzen von Klassen gewöhnlich unscharf – und sie sind es aus demselben Grunde. In beiden Fällen haben wir es mit Daten zu tun, die sich auf einem Kontinuum verteilen, welchem die sinngebenden Zäsuren fehlen. Den Gesellschaftsanalytikern bleibt unter solchen Umständen nichts übrig, als selbst willkürliche Grenzen zu ziehen, genau wie die Ökonomen es tun, wenn sie Einkommensverteilungen aufstellen.

Dies alles vorausgesetzt, scheint uns unsere Definition von »Klasse« durchaus die gesamten Aspekte von Schichtungssystemen zu erfassen. Damit soll nicht gesagt sein, alle Arten von Klassen glichen einander aufs Haar. Die einen gründen sich auf Macht, die anderen auf Privilegien und wieder andere auf Prestige. Unter denen, die auf Macht basieren, beruhen einige auf der Macht der Position, andere auf der Macht durch Besitz und Eigentum. Die einen stützen sich auf diese Position, die anderen auf jene. Manche stellen enge kommunale Gruppen dar, andere sind bloße soziale Kategorien. Manche sind fast ausschließlich erblich, andere sind dies ganz und gar nicht. Manche sind gesetzlich verankert, die meisten sind es nicht. Dies alles sind unterschiedliche Eigenschaften von Klassen; eine der wichtigen, wenn auch immer wieder vernachlässigten Aufgaben der Schichtungstheorie und -empirie besteht darin, diesen unterschiedlichen Merkmalen nachzugehen und die dafür verantwortlichen Kräfte aufzuspüren und zu benennen.

7 Eine ähnliche Auffassung dieses Gegenstandes vertritt Vilfredo Pareto, *The Mind and Society*, a. a. O. Bd. III, Paragraph 2027 ff.

Von den drei Organisationsebenen innerhalb der Struktur von Verteilungssystemen werden die Klassensysteme am häufigsten außer acht gelassen. Der Grund dafür liegt auf der Hand. Wenn man die gängige eindimensionale Auffassung von sozialer Schichtung vertritt, dann gibt es in jeder Gesellschaft nur ein Klassensystem; »Klassensystem« und »Verteilungssystem« werden zu Synonymen.

Ist der multidimensionale Charakter von Verteilungssystemen erst erkannt, dann ist auch eine solche Auffassung nicht länger haltbar. Wenn feststeht, daß die Grundlagen von Macht unterschiedlich und nicht auf einen gemeinsamen Nenner zu bringen sind, dann müssen wir auch von mehreren verschiedenen Klassenhierarchien oder Klassensystemen sprechen. Sie stellen eine Organisationsebene dar, die zwischen der einzelnen Klasse und dem gesamten Verteilungssystem liegt.

Zum Zwecke formaler Definition kann ein Klassensystem definiert werden als eine Hierarchie von Klassen, welcher ein einziges Kriterium zugrunde liegt. Wie wir bereits früher gesagt haben, umfaßt jedes Klassensystem einer Gesellschaft alle Mitglieder dieser Gesellschaft. So gehört jedes Mitglied der amerikanischen Gesellschaft zugleich einer der Klassen innerhalb der verschiedenen Klassensysteme an, deren Kriterien Beruf, Besitz, rassische und ethnische Abstammung, Ausbildung, Alter und Geschlecht sind.

Abbildung 1 soll den Charakter von Klassensystemen erhellen, indem es graphisch deren Verhältnis zu den übrigen drei Organisationsebenen darstellt, der von Individuum, Klasse und Verteilungssystem als Ganzem. Die Graphik beschreibt die Machtverteilung in einer fiktiven lateinamerikanischen Gesellschaft. In dieser Gesellschaft gibt es vier wichtige Machtquellen: (1) politische Aktivität, (2) Reichtum, (3) Arbeit oder berufliche Aktivität, und (4) Rassenzugehörigkeit. Sie haben nicht alle die gleiche Bedeutung, wie die Gewichtung von 2 bis 10 in den einzelnen Spalten anzeigt. In jedem Klassensystem gibt es eine Reihe von Klassen, deren Anzahl zwischen drei (im ethnischen Klassensystem) und sieben (im beruflichen Klassensystem) schwankt. Die Grenzen zwischen den Klassen variieren in ihrer Deutlichkeit, einige sind ziemlich scharf gezogen (durch einen durchgezogenen Strich ge-

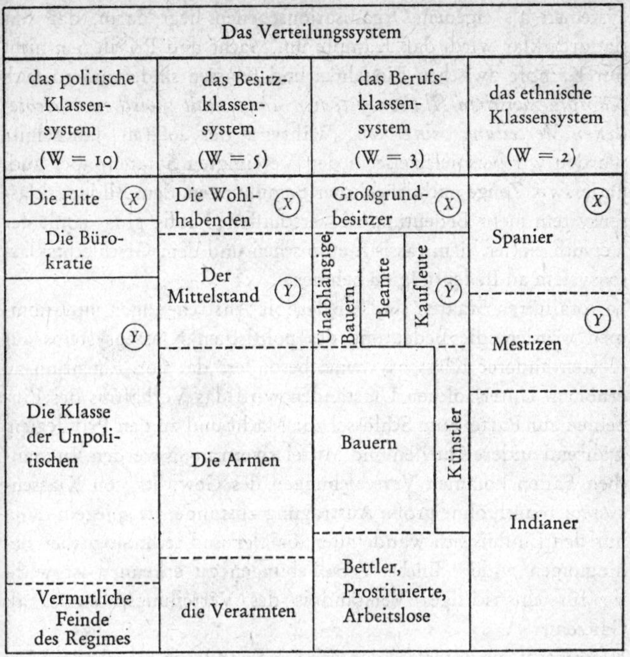

Abb. 1: Graphische Darstellung der Struktur der Machtdimensionen des Verteilungssystems in einer fiktiven Gesellschaft

kennzeichnet), während andere doch recht willkürliche Punkte auf einem Kontinuum darstellen (mittels gestrichelter Linie gekennzeichnet). Die Buchstaben X und Y stehen für zwei Menschen: im einen Falle ein wohlhabender Grundbesitzer spanischer Abstammung, der zugleich zur politischen Elite gehört, im zweiten ein Mittelstandsmestize, der ein kleines Geschäft betreibt, politisch inaktiv bleibt, das bestehende Regime jedoch zu stützen geneigt ist. Wo Herrschaft auf Machtbasis vorherrschend ist, wie in dieser fiktiven Gesellschaft, ist der Status der Einzelnen in den verschiedenen Klassensystemen meist recht konsistent; mit der Entwicklung verfassungsmäßiger Regierungsformen nehmen aus Gründen, die wir im letzten Kapitel genannt haben, die Status an Inkonsistenz zu.

Der große Vorteil einer bewußten Kenntnisnahme von Klassensystemen als eigenen Organisationsebenen liegt darin, daß uns dadurch klar wird, daß Kämpfe um Macht und Privilegien nicht nur Kämpfe zwischen Einzelnen und Klassen sind, sondern auch *Kämpfe zwischen Klassensystemen und damit zwischen verschiedenen Verteilungsprinzipien.* Während der letzten Jahrzehnte wurden wir beispielsweise in den Vereinigten Staaten, aber auch anderswo, Zeuge nachdrücklicher Bemühungen, dem Bildungsklassensystem mehr Bedeutung zu verschaffen; häufig ging damit der Versuch einher, dem rassisch-ethnischen und dem Geschlechtsklassensystem an Bedeutung zu nehmen.

In totalitären Staaten sind wiederholt Anstrengungen unternommen worden, die Bedeutung des politischen Klassensystems auf Kosten anderer Klassensysteme, besonders des von Eigentum zu erhöhen. Unter solchen Umständen wird das Verhältnis des Einzelnen zur Partei zum Schlüssel zur Macht und zu den Privilegien, während andere Quellen und Mittel zweitrangig werden. In manchen Fällen kommen Verschiebungen des Gewichts von Klassensystemen auch ohne große Austragung zustande, sie spiegeln dann nur den Einfluß sich wandelnder sozialer und technologischer Bedingungen wider. Solche Verschiebungen zu erkennen ist wichtig für ein richtiges Verständnis des Verteilungsprozesses als Ganzem.

Klassensysteme unterscheiden sich voneinander in mancherlei Hinsicht; einiges ist dazu zu sagen. Wie Abbildung 1 zeigt, unterscheiden sie sich in *Bedeutung und Kompliziertheit.* Nicht alle haben den gleichen Einfluß auf die Chancen der Menschen, gesteckte Ziele zu erreichen. Auch haben die einen kompliziertere Strukturen als die andern; man vergleiche beispielsweise das berufliche mit dem ethnischen Klassensystem in Abbildung 1.

Zwei weitere unterschiedliche Merkmale von Klassensystemen sind ihre *Spannweite* und *Gestalt.*[8] Unter Spannweite wird der Variationsbereich innerhalb eines Klassensystems verstanden. Mit der Gestalt eines Systems ist die Struktur der Verteilung von Einzelfällen gemeint. Graphisch dargestellt ergäbe dies eine Pyramide, an deren Basis die Mehrzahl der Menschen konzentriert

8 Die Termini stammen von Bernard Barber, *Social Stratification: A Comparative Analysis of Structure and Process* (New York: Harcourt, Brace and World, 1957), S. 87—93. Inhaltlich sind sie identisch mit dem, was Sorokin vorher als Höhe und Profil bezeichnet hatte. Siehe Pitirim Sorokin, *Social Mobility* (New York: Harper and Row, 1947), Teil I.

wäre, oder die mehr oder weniger steile Variante einer Normalkurve, bei der man die Mehrzahl aller Individuen auf der mittleren Höhe zu suchen hätte. Wie Sorokin festgestellt hat, gibt es Klassensysteme, deren Gestalt zu verändern den Menschen leichter fällt, und solche, wo sie es schwerer haben. Er meint beispielsweise, die Gestalt politischer Klassensysteme sei für uns leichter zu beeinflussen als die von Besitzklassensystemen.[9]
Fünftens unterscheiden sich Klassensysteme hinsichtlich des *Grades an Mobilität*, den sie zulassen. In manchen, so im rassischen und im Geschlechtsklassensystem sind die Positionen praktisch festgelegt. In anderen dagegen ist Mobilität in ganz unterschiedlichem Maße möglich.[10]
Sechstens unterscheiden sich Klassensysteme aufgrund des *Maßes an Gegnerschaft*, welche zwischen Klassen besteht. In einigen wenigen Fällen herrschte zumindest während bestimmter Perioden Klassenkampf im Marxschen Sinne. Auf der anderen Seite gab es aber auch Zeiten, in denen Gegnerschaft praktisch nicht vorhanden war. Man kann wohl mit gutem Grund sagen, Klassengegnerschaft korreliere in umgekehrtem Verhältnis mit den Mobilitätschancen, auch wenn das vorhandene Datenmaterial zeigt, daß diese Korrelation keine hundertprozentige ist.
Schließlich unterscheiden sich Klassensysteme im *Grad ihrer Institutionalisierung.* In einigen Systemen sind Rechte und Pflichten der verschiedenen Klassen fest in die Bräuche eingebettet und werden durch eine allgemein akzeptierte Ideologie, welche Ungleichheit rechtfertigt, gestützt. In Extremfällen wurde der Brauch sogar zum Gesetz erhoben. Das andere Extrem stellen jene Klassensysteme dar, in denen die herrschende Klasse die anderen mit nackter Gewalt beherrscht.
Eine der wichtigen Aufgaben, vor denen Schichtungsforscher in den nächsten Jahrzehnten stehen werden, ist das Herausarbeiten der Faktoren, die für Veränderungen in allen diesen Dimensio-

9 Ebenda, S. 92—93.
10 Verschiedene Autoren haben behauptet, es sei unmöglich, einen einzelnen Maßstab für vertikale Mobilität innerhalb einer Bevölkerung zu entwickeln, weil das *Volumen der Bewegung* und die *Distanz der Bewegung* nicht auf einen gemeinsamen Nenner zu bringen seien. Die konkreten Schwierigkeiten bei der Erarbeitung eines angemessenen Maßstabs für soziale Distanz zugegeben, würde ich doch sagen, aussichtslos ist dieses Unterfangen nicht. Im Gegenteil, die Physik hat vor geraumer Zeit solche Probleme gelöst, indem sie kombinierte Maße entwickelte wie zum Beispiel Meter-Kilopond.

nen verantwortlich sind. Bisher ist erst ein Anfang gemacht, weitgehend deshalb, weil die Aufmerksamkeit auf etwas anderem ruhte.

Das Bürgerrecht: ein potentiell einmaliges Machtmittel

Ehe wir unsere Aufmerksamkeit von den strukturellen Einheiten, welche Verteilungssysteme bilden, ab- und den Systemen selbst zuwenden, muß die Bedeutung des *Bürgerrechts* für unsere Analyse noch kurz erörtert werden. Wie der britische Soziologe T. H. Marshall vor etwas mehr als einem Jahrzehnt nachwies, kann das Bürgerrecht genauso wie andere Varianten von Positionen und Besitz als Machtmittel betrachtet werden, weil auch das Bürgerrecht dem Einzelnen gewisse Rechte garantiert und damit eine Basis für Macht abgibt.[11] Im Unterschied zu anderen Machtmitteln jedoch teilt das Bürgerrecht die Bevölkerung eines Staates nicht in allen Fällen in solche, die haben, und in »Habenichtse« – zumindest nicht in den fortgeschritteneren Industriestaaten der modernen Welt.

In früheren Zeiten waren die Rechte, welche die Zugehörigkeit zum Bürgertum begleiteten, einigen wenigen vorbehalten, und das Bürgerrecht unterteilte ebenso wie andere Mittel die Menschen in Klassen. Zuweilen teilte das Bürgerrecht die Mitglieder von Gesellschaften in Bürger und in Nicht-Bürger, zuweilen auch in Bürger erster und in Bürger zweiter Klasse. Dieses traditionelle Muster gilt auch für die frühe Geschichte Amerikas, als die Bevölkerung unterteilt war in wahlberechtigte Bürger, nicht-wahlberechtigte Bürger und in Sklaven. Das jeweilige Verhältnis dieser drei Gruppen zum Staat war recht unterschiedlich, die wahlberechtigten Bürger waren in der besten Position, die Sklaven in der schlechtesten.

Heute gibt es in fortgeschrittenen Industriegesellschaften keine Sklaverei mehr, und das Wahlrecht ist auf nahezu alle Erwachsenen ausgedehnt. Damit ist das Bürgerrecht zu einem Machtmittel geworden, in das sich alle gleichermaßen teilen.

Wenn alle im Besitz des Bürgerrechts sind, dann, so könnte man annehmen, habe es für den Schichtungsforscher keine spezielle

11 T. H. Marshall, *Citizenship and Social Class* (London: Cambridge University Press, 1950).

Bedeutung mehr. Dies ist jedoch keineswegs der Fall. Nach wie vor ist das Bürgerrecht ein wichtiger Faktor im Verteilungsprozeß. Diejenigen, die über keine anderen Mittel verfügen oder aus ideologischen Gründen für soziale Gleichheit eintreten, haben sich zusammengeschlossen, um für eine Steigerung des Werts des Bürgerrechts zu Lasten jener Machtmittel zu kämpfen, die Ungleichheit schaffen. Dieser Kampf schlägt sich nieder in neueren Kontroversen, in denen Besitzrecht gegen Menschenrecht steht. Diejenigen, die den Primat der Menschenrechte über die Besitzrechte vertreten, setzen sich bezeichnenderweise für eine Erweiterung der Bürgerrechte auf Kosten der traditionellen Besitzrechte ein. Ihre Gegner vertreten die gegensätzliche Position. Der Konflikt ist so nicht nur einer zwischen Klassen, sondern zugleich einer zwischen Klassensystemen und damit zwischen unterschiedlichen Schichtungsprinzipien.

Historisch orientierte Schichtungsforscher werden erkennen, daß die Moderne in diesem Punkt keine totale Ausnahme bildet, denn in vorindustriellen Gesellschaften bekämpften die weniger mächtigen Klassen oft die mächtigeren auf die gleiche Weise, und nicht einmal ohne Erfolg. Zumindest gelang es ihnen häufig, gewisse einheitliche, gesetzlich verankerte Rechte durchzusetzen, einschließlich des Rechts auf einen öffentlichen Prozeß auf geltender gesetzlicher Grundlage. In einigen Fällen schafften sie es sogar, das Recht aller Menschen auf Schutz vor außergewöhnlicher und unrechtmäßiger Besteuerung und anderem Mißbrauch durchzusetzen. Natürlich haben Männer von Rang und Vermögen stets alles getan, um die Einführung und Durchsetzung solcher Rechte zu verhindern oder sie zu unterhöhlen, falls es sie bereits gab. Und in den meisten Fällen schafften sie das auch. Nur in den fortgeschritteneren Industriegesellschaften der Gegenwart ist das Bürgerrecht *wichtiger* und allen gemeinsamer Besitz zugleich.

Der jahrhundertealte Versuch, dem allgemeinen Bürgerrecht mehr Geltung und Wert zu verschaffen, kann in vieler Hinsicht als ein Versuch betrachtet werden, in der Verteilung den *Bedarf* wieder zum bestimmenden Prinzip über die *Macht* zu machen. Wie im letzten Kapitel deutlich wurde, ist in jenen Gesellschaften, die technologisch auf einem primitiven Stand sind, Bedarf und nicht Macht die wesentliche Determinante dafür, »wer was bekommt«. Mit technologischem Fortschritt und der steigenden Kapazität, Surplus zu produzieren, wurde die Macht zur Hauptdeterminante. Heute wird der organisierte Versuch unternommen, die Bedeutung des Bedarfs wiederherzustellen. Paradoxerweise, so scheint es, ist eine solche Umkehr und Umkehrung indes nur möglich, wenn die Fürsprecher des Bedarfs dabei mehr Macht in die Waagschale zu werfen haben als die Vertreter der Macht.[12] Der Grund dafür liegt darin, daß in fortgeschrittenen Industriegesellschaften im Unterschied zu frühen Jäger- und Sammlergesellschaften Surplus produziert wird und die Verteilungsstruktur dadurch nicht von ökonomischer Notwendigkeit diktiert ist. Man kann also davon ausgehen, daß Bedarf, sollte er jemals wieder bestimmend werden, nicht mehr auf jener Grundlage regieren würde, auf die er in technologisch primitiven Gesellschaften sich stützte.

Verteilungssysteme

Nachdem wir unsere Untersuchung der verschiedenen Einheiten, welche die Struktur von Verteilungssystemen bilden, abgeschlossen haben, können wir nun diese Systeme in ihrer *Totalität* betrachten. Wir erinnern uns, daß wir uns auf die Dimensionen von *Macht* konzentriert haben und Privilegien und Prestige weitgehend unbeachtet ließen. Stimmt unsere anfängliche Analyse, dann ergeben sich aus diesem Umstand auch keine ernsthaften Schwierigkeiten oder Fehler, sind die Verteilungsmuster dieser beiden Gratifikationen doch weitgehend Erweiterungen des Musters der Machtverteilung.

In ihrer Totalität betrachtet ähneln Verteilungssysteme einem Räderwerk innerhalb von Rädern. Die Kompliziertheit solcher Systeme schwankt stark und scheint weitgehend eine Funktion des jeweiligen technologischen Standes von Gesellschaften zu sein.

Wie zu erwarten, haben Verteilungssysteme wie andere Einheiten sozialer Organisation bestimmte Eigenschaften, die als Vergleichsbasis dienen können. Leider ist eine genaue Messung dieser Ei-

12 Auf dieses Paradox sollte eingegangen werden. In modernen Industriedemokratien kann eine Klasse von weniger mächtigen Einzelnen *kollektiv* mächtiger werden als eine Klasse von mächtigeren Einzelnen. Sie kann dies, weil eine Differenz besteht zwischen der Macht des Einzelnen und der Macht seiner Klasse. Eine Klasse von mächtigen Einzelnen ist nicht notwendig mächtiger als eine Klasse von weniger mächtigen Einzelnen, wenn letztere viel zahlreicher und außerdem fähig sind, sich effektiv zu organisieren.

genschaften jedoch nicht möglich. Zudem verbietet der Charakter der meisten Verteilungssysteme die Verwendung einfacher, eindimensionaler Meßinstrumente und erhöht so die Schwierigkeiten noch.

Nirgends werden diese Schwierigkeiten sichtbarer als in dem Versuch, Verteilungssysteme auf der Basis ihres jeweiligen *Grades an Ungleichheit* zu vergleichen. Erstens fehlen für die meisten Gesellschaften die dafür notwendigen präzisen quantitativen Daten; zweitens lassen all die verschiedenen Formen von Macht sich nicht auf einen einzigen gemeinsamen Nenner reduzieren; ein einzelnes Meßinstrument kann also das Maß der Ungleichheit in den meisten Fällen gar nicht voll erfassen.

Nichtsdestoweniger sind *sinnvolle* Verglciche möglich. Glücklicherweise sind die Unterschiede in der Ungleichheit zwischen den einzelnen Verteilungssystemen in vielen Fällen so groß, daß man grobe Vergleiche vornehmen und auch vertreten kann (wenn man beispielsweise das Maß an Ungleichheit in Sammler- und Jägergesellschaften – siehe Kapitel 5 – vergleicht mit dem in Agrargesellschaften – Kapitel 8 und 9). Zudem ist die Konsistenz zwischen den wichtigsten Klassensystemen in den meisten Gesellschaften so groß (das heißt, ausgeprägte Statusinkonsistenz ist ganz selten), daß die Verwendung summarischer Meßinstrumente schon sinnvoll sein kann – besonders wenn Modifikationen eingeführt werden, die solche Klassensysteme in Rechnung stellen, die mit den übrigen in keinem engen Zusammenhang stehen.

Auf der Basis der Postulate aus den letzten beiden Kapiteln könnte man sagen: *Der Grad der Ungleichheit in Verteilungssystemen variiert direkt mit der Höhe des Surplus einer Gesellschaft.* Zu einer gewissen Modifikation dieses allgemeinen Musters könnte es indes schon kommen, wenn die Verhältnisse Personen, denen es je einzeln an Macht fehlt, gestatten, sich zusammenzuschließen und zu organisieren und auf diese Weise ein kollektives Gegengewicht zu jenen mit größerer individueller Macht zu bilden. Solche Entwicklungen scheinen in demokratischen Staaten mit egalitären oder sozialistischen Ideologien am wahrscheinlichsten.

Ein zweites wichtiges Merkmal von Verteilungssystemen ist ihre *vertikale Mobilitätsrate.* Hier stellt sich das gleiche methodologische Problem. Doch auch hier scheint die Möglichkeit grober, aber sinnvoller Vergleiche gegeben, besonders wenn signifikante Unterschiede zwischen Klassensystemen und zwischen inter- und intragenerationeller Mobilität in angemessener Weise berücksichtigt werden.[13] Leider liefert unsere Theorie uns keine Basis, auf der sich systematische Schwankungen in vertikalen Mobilitätsraten prognostizieren ließen. Auf einer ad-hoc-Basis könnte man jedoch sagen: *Sie variieren in direktem Verhältnis zur Rate des technologischen und sozialen Wandels.* Solcher Wandel führt zu Veränderungen in der Machtbasis, und in einer Periode des raschen Wandels erweisen sich traditionelle Mittel der Übertragung und Bewahrung von Macht als weniger effektiv als in Perioden relativer Stabilität.

Ein drittes variables Merkmal von Verteilungssystemen ist das Maß an Gegnerschaft zwischen den Klassen. Die methodologischen Probleme und Möglichkeiten, die die ersten beiden Variablen betrafen, gelten auch hier. Es gibt auch in diesem Falle keine Basis für die Voraussage systematischer Veränderungen, aber auch hier liegt eine ad-hoc-Hypothese nahe. Wenn, wie wir früher gesagt haben, der Mangel an Gelegenheit für Mobilität nach oben eine Quelle für Gegnerschaft zwischen den Klassen darstellt, dann könnte man die Prognose wagen: *Das Maß an Gegnerschaft zwischen den Klassen variiert in umgekehrtem Verhältnis zur Aufstiegsrate.* Da wir jedoch vermuten, daß die Mobilitätsrate nur ein Faktor unter anderen ist, welche Gegnerschaft zwischen Klassen zur Folge haben, sollten wir keine allzu hohe Korrelation erwarten.

Weitere Merkmale von Verteilungssystemen könnten als Vergleichsbasen dienen, beispielsweise der Grad ihrer Kompliziertheit, der Grad ihrer Institutionalisierung usw. Die drei oben genannten scheinen jedoch die wichtigsten zu sein, und mit ihnen wollen wir uns im folgenden auch hauptsächlich befassen.

Reaktionen auf Statusinkonsistenz

Ehe wir dieses Kapitel abschließen, wollen wir kurz ein Problem der Dynamiken noch einmal aufnehmen, das im Zusammenhang mit der Erörterung struktureller Fragen in den Mittelpunkt geriet. Vertritt man eine multidimensionale Auffassung von Vertei-

13 Siehe Fußnote 10, wo die Möglichkeit, das *Volumen der Mobilität und die dabei zurückgelegte Distanz* mit Hilfe eines einzelnen Meßinstruments zu messen, kurz erörtert wird.

lungssystemen, sieht man sich bald einem weiteren interessanten Problem gegenüber, welches die Reaktionen der Menschen auf ungleiche Verteilung von Macht und Privilegien betrifft (siehe 3. Kapitel S. 97). Wir sprechen von der Frage der *Reaktionen der Menschen auf das Phänomen der Statusinkonsistenz.*

Die Erkenntnis, daß hier ein Problem liegt, ist weitgehend neu; eindimensionale Auffassungen von Schichtung beherrschten bis in die jüngste Zeit so sehr das Denken, daß die Existenz eines solchen Problems kaum bemerkt wurde. Selbst jene, die es gewahr wurden, wie Cooley und Sorokin, widmeten ihm nur geringe Aufmerksamkeit.

Seit geraumer Zeit legen jedoch Theorie und Empirie nahe, daß ausgeprägte Statusinkonsistenzen eine Quelle der Spannung darstellen und unterschiedliche Reaktionen hervorrufen können, die allein aus der Kenntnis des Rangs des Einzelnen im jeweiligen Statussystem sich nicht prognostizieren lassen.[14] Diese Theorie basiert auf dem Postulat, Individuen strebten nach maximaler Befriedigung, wenn nötig auch auf Kosten oder zu Lasten von anderen; das heißt, daß ein Mensch mit inkonsistentem Status oder inkonsistenten Rängen die natürliche Tendenz hat, sich mit dem höchsten unter diesen Rängen zu identifizieren, und von seiner Umwelt zu erwarten, daß sie dasselbe tut. Dem gegenüber haben andere, die mit ihm in Kontakt kommen, ein berechtigtes gegenteiliges Interesse, das heißt, ihn seinem niedrigsten Rang oder Status gemäß zu behandeln.

14 Leider gibt es noch keine gute Zusammenstellung der relevanten Literatur zu diesem Thema, ebensowenig wie eine erschöpfende Diskussion. Unter anderen haben folgende Autoren der Hypothese von der Spannung einige Aufmerksamkeit geschenkt: George Homans, »Status among Clerical Workers«, *Human Organization,* 12 (1953), S. 5—10; Gerhard Lenski, »Status Crystallization: A Non-Vertical Dimension of Social Status«, and »Social Participation and Status Crystallization«, *American Sociological Review,* 19 und 21 (1954 und 1956), S. 405—413 und 458—464; Irving Goffman, »Status Consistency and Preference for Change in Power Distribution«, ebenda, 22 (1957), S. 275—281; A. Zaleznik et al., *The Motivation, Productivity, and Satisfaction of Workers* (Cambridge; Mass.: Harvard University Press, 1958); Elton Jackson, »Status Consistency and Symptoms of Stress«, *American Sociological Review,* 27 (1962), S. 469—480. Methodologische Probleme stellten auf diesem Gebiet stets eine Schwierigkeit dar, zwei Aufsätze aus der jüngsten Zeit weisen jedoch den Weg zu ihrer Lösung: Lenski, »Comment«, *Public Opinion Quarterly,* 28 (1964), S. 326—330, und Elton Jackson und Peter Burke, »Status and Symptoms of Stress: Additive and Interaction Efforts«, *American Sociological Review,* 30 (1965), S. 556—564.

Wie dies funktioniert und mit welchen Konsequenzen, läßt sich beispielhaft verdeutlichen, wenn man sich die Interaktion zwischen einem schwarzen Arzt und einem weißen Arbeiter in einer Situation vorstellt, in der weder Rassen- noch Berufsstatussystem allein von Bedeutung sind. Der schwarze Arzt, durch Eigeninteresse motiviert, wird bestrebt sein, den Kontakt auf der Berufsebene (oder vielleicht der von Bildung oder Vermögen) herzustellen, während der weiße Arbeiter, in der gleichen Weise motiviert, auf einen Kontakt auf Rassenbasis bedacht ist. Da jeder seinen Standpunkt für den richtigen und angemessenen hält und wahrscheinlich keiner das Problem aus der Distanz und analytisch sieht, wird einer oder werden beide am Ende vermutlich frustriert, wenn nicht verärgert sein.
Die Praxis des »immer um eine Nasenlänge Vorausseins«, wie dieses Muster zuweilen bezeichnet wurde, ist im Alltag so gebräuchlich, daß die meisten gar nicht mehr merken, wenn sie entsprechend agieren. Im Endeffekt geraten allerdings viele Menschen mit konsistentem Status unter erhebliche Spannungen. Und schließlich empfinden sie soziale Interaktion außerhalb der Grenzen ihrer Primärgruppe (wo die andern wie sie selbst sind) weniger befriedigend als der Durchschnittsbürger.
Dies ist für die allgemeine Schichtungstheorie dann von Bedeutung, wenn solche Erfahrungen einzelne Menschen dazu veranlassen, gegen die bestehende Ordnung und das sie begründende politische System aufzustehen. Es gibt einiges Belegmaterial dafür, daß es zu solchen Reaktionen kommt, und daß Menschen mit inkonsistentem Status liberale und radikale Bewegungen, welche den politischen *status quo* zu ändern trachten, eher unterstützen als solche mit konsistentem Status. Der klassische Fall ist die starke Unterstützung, welche erfolgreiche jüdische Kaufleute und Akademiker solchen Bewegungen in allen Teilen der Welt haben angedeihen lassen. Ähnliche Beispiele lassen sich auch unter wirtschaftlich erfolgreichen Angehörigen anderer ethnischer, rassischer und religiöser Minderheiten finden. Und tatsächlich hat die politische Soziologie nachgewiesen, daß solche Menschen viel weniger dazu neigen, etablierte konservative Parteien zu unterstützen, als Mitglieder der gleichen Berufsklasse es tun, die zugleich der Mehrheit angehören. So haben Wahluntersuchungen ergeben, daß bei konstant gehaltener Klassenlage in protestantischen Ländern die Katholiken liberale oder sozialistische Parteien eher unter-

stützen als Protestanten, während es in katholischen Ländern gerade umgekehrt ist.[15]
Diese Reaktion aufgrund von Inkonsistenz ist vom quantitativen Standpunkt her gesehen nicht ganz so wichtig, wie sie es vom *qualitativen* zu sein scheint. Die große Mehrzahl der Anhänger liberaler und radikaler Bewegungen werden wahrscheinlich immer Menschen mit konsistent niedrigem Status sein. Solche Bewegungen brauchen aber auch *Führer* und *finanzielle Mittel*, und Menschen von konsistent niedrigem Status haben wahrscheinlich weder die Ausbildung noch die Fähigkeiten, solche Bewegungen erfolgreich zu lenken – zudem dürfte es ihnen am nötigen Geld dafür fehlen. Menschen mit inkonsistentem Status hingegen befinden sich häufig in einer Position, über das eine oder andere oder auch über beides zu verfügen, wodurch sie die Wahrscheinlichkeit des Erfolgs solcher Bewegungen beträchtlich erhöhen. Aus diesem Grunde kann ihre Bedeutung durchaus in krassem Mißverhältnis zu ihrer zahlenmäßigen Stärke stehen.
In diesem Zusammenhang ist es interessant zu sehen, daß Marx und Engels bei all ihrem Engagement an revolutionären Bewegungen niemals eine angemessene Erklärung für den Grund ihrer Führerschaft entwickelten. Sie sagten nur, bestimmte Mitglieder der *Bourgeoisie* erhöben sich über ihre Klassenlage und verbänden in Kenntnis des wahren und unausweichlichen Verlaufs der Geschichte ihr Schicksal mit dem des Proletariats. Weder Marx noch Engels haben jemals erklärt, wie dies möglich sei. Die vorliegende Theorie bietet eine mögliche Erklärung dieses ansonsten verwirrenden Aspekts revolutionärer Bewegungen.

Rückblick und Ausblick

Nach dieser allgemeinen theoretischen Einführung können wir uns jetzt einer Überprüfung der Relevanz unserer Theorie für verschiedene Gesellschaftstypen zuwenden. Der restliche Teil des Buches soll indes nicht nur ein Test der allgemeinen Theorie sein, sondern zugleich der Versuch, eine Reihe spezieller Theorien von Schichtung und Verteilung zu entwickeln, die jeweils auf einen spezifischen Typus von Gesellschaft anwendbar sind. Ehe wir uns

15 Vgl. z. B. S. M. Lipset, *Political Man* (Garden City, N. Y.: Doubleday, 1959), S. 247—248.

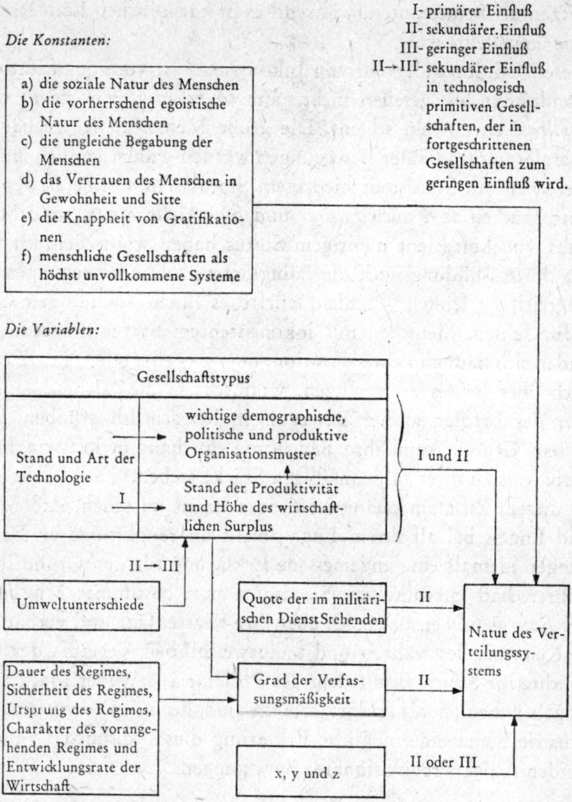

Abb. 2: Diagrammatische Zusammenfassung der allgemeinen Theorie von Schichtung

dieser zweiten Stufe unserer Analyse zuwenden, dürfte es angebracht sein, die zentralen Elemente der allgemeinen Theorie und die Struktur ihrer Zusammenhänge noch einmal kurz aufzuzeigen. Mit Hilfe eines Diagramms ist dies am einfachsten.[16]

Wie aus dem Schema hervorgeht, soll die Theorie den Charakter von Verteilungssystemen erklären. Dazu versuchen wir, den gemeinsamen Einfluß gewisser konstanter und variabler Merkmale der menschlichen Situation aufzuzeigen. Die Pfeile deuten die

16 Ich danke Donald Ploch, Teilnehmer an meinem Seminar über Schichtung, für die Anregung, die Theorie im Diagramm zusammenzufassen.

vermutete Richtung an, in der der kausale Einfluß läuft, und die römischen Ziffern ihre vermutliche Bedeutung.

Das Schema soll daran erinnern, daß unsere Theorie prognostiziert, daß *Veränderungen in der Technologie* die wichtigste Einzeldeterminante für Veränderungen im Verteilungssystem darstellen. Zum Teil beruht dies auf dem Einfluß der Technologie auf Produktivitätsstandard und Höhe des wirtschaftlichen Surplus; zum Teil auf dem direkten und indirekten Einfluß der Technologie auf wichtige demographische, politische und produktive Organisationsmuster. Die Theorie gestattet uns auch die Prognose von sekundären Veränderungen in Verteilungssystemen infolge von Sekundärveränderungen in der Technologie oder von solchen, die unter Gesellschaften vom gleichen gesellschaftlichen Typus auftreten.

Wenn nun unsere Theorie auch sagt, Veränderungen auf technologischem Gebiet stellten die wichtigste Einzeldeterminante für Veränderungen in der Verteilung dar, so behauptet sie doch keinesfalls, es handle sich hierbei um die einzigen Determinanten. Drei weitere sind genannt worden: *(1) Umweltunterschiede, (2) Unterschiede in der Quote der im Militärdienst Stehenden, (3) Unterschiede im Grad der Verfassungsmäßigkeit.* Und da es sich um keine abgeschlossene Theorie handelt, werden noch weitere Faktoren als einflußreich in Rechnung gestellt. Sie sind durch die Symbole x, y und z bezeichnet: sie wollen wir im Verlauf unserer Analyse identifizieren, ihren Einfluß wollen wir messen. Zweifellos werden einige nur für einen einzigen Gesellschaftstypus von Bedeutung sein und dann vielleicht auch nur im Hinblick auf einen winzigen Aspekt der Verteilungssysteme. Andere jedoch werden sich als recht gewichtig herausstellen, und mit ihnen wollen wir uns im besonderen befassen.

Angesichts des Charakters unserer Theorie ist die Organisation des Materials für den restlichen Teil des Buches klar. Aufgrund der Voraussage, daß technologische Unterschiede primär bestimmend seien für Unterschiede zwischen Verteilungssystemen, sind die einzelnen Gesellschaften nach technologischen Kriterien zu klassifizieren, und das sich dabei ergebende Klassifikationsschema ist bei der Darlegung der Daten als Ordnungsschema zu verwenden. Ist die Theorie richtig, dann wird auch diese Darstellungsmethode fruchtbar sein; ist sie falsch, wird die Darstellungsmethode erhebliche Verwirrung stiften.

Das System, nach dem Gesellschaften in den folgenden Kapiteln klassifiziert sind, spiegelt den Einfluß Dutzender von Anthropologen und Archäologen wider, die mit diesem Problem gerungen haben. Lewis Henry Morgan, Pionier unter den amerikanischen Anthropologen, unterschied zwischen drei wichtigen Gesellschaftstypen, den Wilden, den Barbaren und den Zivilisierten.[17] Die beiden ersten Gruppen unterteilte er noch einmal in höhere, mittlere und niedere Stufen, wobei ihm technologische Kriterien zur Unterscheidung dienten.

Obwohl Morgans Schema heute nicht mehr benutzt wird, verraten die meisten neueren Versuche, eine Gesellschaftstypologie auf der Basis technologischer Kriterien zu entwickeln, seinen Einfluß. Und zwar zeigt sich dies in den Arbeiten so grundverschiedener Wissenschaftler wie des britischen Soziologen Hobhouse, des britischen Archäologen Childe, des amerikanischen Anthropologen Goldschmidt und des amerikanischen Soziologen Duncan.[18] Das Klassifikationsschema, das wir verwenden, baut direkt auf dem von Goldschmidt auf.

Goldschmidt nennt sechs Grundtypen von Gesellschaften, die nach seinem Dafürhalten in der in Abbildung 3 beschriebenen Weise miteinander zusammenhängen. Je höher seine Position, desto fortgeschrittener ist der Typus technologisch gesehen. Die Pfeile zeigen den nach Goldschmidt wahrscheinlichen evolutionären Verlauf an. So stellt Goldschmidt auch die Hypothese auf, daß Hirtengesellschaften, obwohl sie technologisch weniger fortgeschritten sind als Ackerbaugesellschaften, sich dennoch aus diesen entwickeln. Wir möchten hier darauf hinweisen, daß Goldschmidts Jäger- und Sammlergesellschaften weitgehend den Morganschen Wilden-Gesellschaften entsprechen, seine Hirten- und Hortikulturgesellschaften den Morganschen Barbaren und seine Ackerbau- und Industriegesellschaften Morgans zivilisierten Menschen.

Die Unterschiede zwischen Goldschmidts Schema und dem, welches wir verwenden, werden deutlich bei einem Vergleich der Ab-

17 Lewis Henry Morgan, *Ancient Society* (New York: Holt, 1877), S. 9—10.

18 Vgl. L. T. Hobhouse, G. C. Wheeler und M. Ginsberg, *The Material Culture and Social Institutions of the Simpler Peoples* (London: Chapman and Hall, 1930); V. Gordon Childe, *Man Makes Himself* (London: Watts, 1939); Walter Goldschmidt, *Man's Way: A Preface to the Understanding of Human Society* (New York: Holt, 1959), bes. Kap. 6; und O. D. Duncan, »Social Organization and the Ecosystem«, in Robert E. Faris, *Handbook of Modern Sociology* (Chicago: Rand McNally, 1964), S. 48—61.

bildungen 3 und 4. Erstens behandelt Goldschmidt seine Nomaden- und siedelnden Jäger- und Sammlergesellschaften als einen einzigen Typus, weil, wie er sagt, die Unterschiede zwischen ihnen eher solche der Umwelt als solche der Technologie sind; das heißt, wenn Jäger und Sammler kein Nomadendasein führen, dann deshalb, weil ihr Land fruchtbar genug ist, um auch eine seßhafte Bevölkerung zu ernähren. Und zweitens unterteilen wir die Hortikulturen in zwei Kategorien, die einfachen und die fortgeschrittenen. Dies war zunächst nicht vorgesehen, eine sorgfältige Lektüre der ethnographischen Literatur machte es jedoch unvermeidlich. Goldschmidt selbst nahm die Notwendigkeit dieses Schritts vorweg, als er schrieb: »Unsere hortikulturelle Kategorie ist unsere umfassendste und in sich vielfältigste, nähere Betrachtung mag schließlich zu feineren und nützlichen Unterteilungen führen.«[19] Drittens erwiesen sich einige Ergänzungen zu Goldschmidts Typologie als notwendig. Fischer-Gesellschaften rangieren in seinem Schema weitgehend unter der Kategorie der »siedelnden Jäger und Sammler«, während seefahrende Völker vermutlich unter der Rubrik »Ackerbaugesellschaften« zu suchen sind. Die Notwendigkeit dieser Unterscheidungen wird in Kapitel 5 und 8 deutlich werden. Und schließlich läßt das von uns benutzte Klassifikationssystem eine ganze Vielfalt von *Misch*typen zu – Gesellschaften, welche merkwürdige und häufig komplizierte Mixturen von Technologie implizieren. Solche Gesellschaften entstehen infolge einer Ausbreitung der Technologie von fortgeschritteneren Gesellschaften auf weniger fortgeschrittene. So passen viele der Prärie-Indianer Amerikas im 19. Jahrhundert in keinen der herkömmlichen Gesellschaftstypen. Sie sind eher Jäger- und Sammler- oder einfache Hortikulturgesellschaften mit gewissen wichtigen Elementen der Agrartechnologie, etwa dem Pferd und dem Gewehr. Diese Elemente, und seien es zahlenmäßig noch so wenige, veränderten den Charakter solcher Gesellschaften so grundlegend, daß man sie unmöglich zu den Jäger- und Sammler- oder den einfachen Hortikulturgesellschaften zählen kann. Ähnlich muß die gegenwärtige indische Gesellschaft als Mischtyp betrachtet werden, in dem eine komplizierte Mischung aus technologischen Elementen von Agrar- und Industriegesellschaften zusammenwirkt. Solche Gesellschaften mit »reinen« Typen in einen Topf zu werfen, kann nur Verwirrung hervorrufen.

19 Goldschmidt, a. a. O., S. 194.

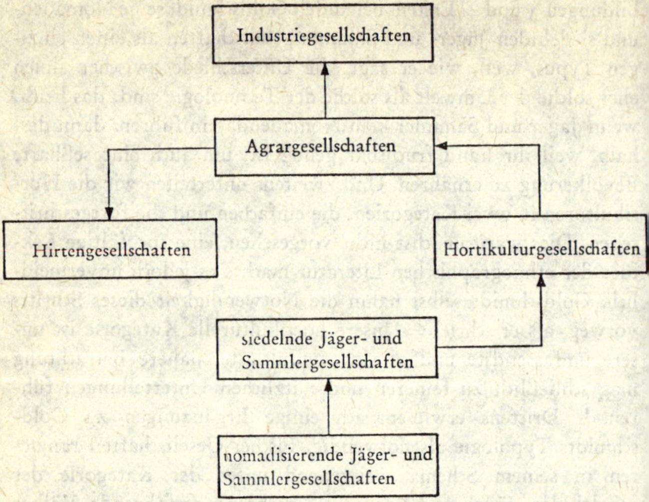

Abb. 3: Goldschmidts Gesellschaftstypologie

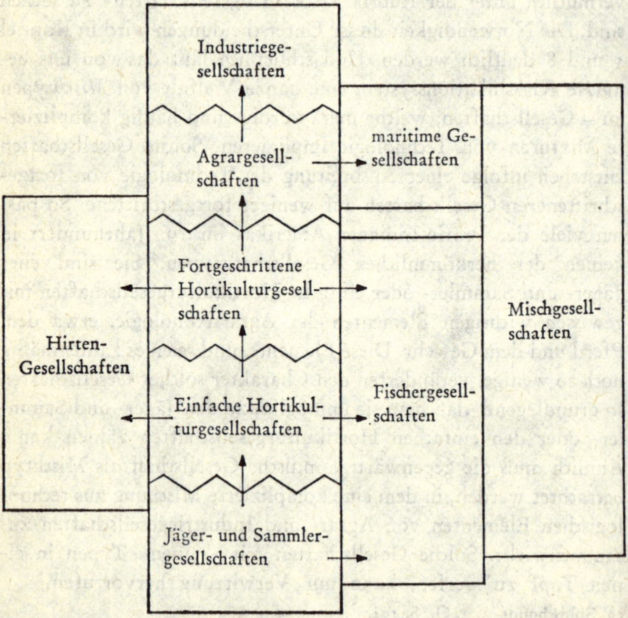

Abb. 4: Gesellschaftstypologie für *Macht und Privileg*

Die gegenwärtige Typologie geht von der Annahme eines zugrunde liegenden Kontinuums aus, auf dem sich alle Gesellschaften anordnen lassen. Das Kontinuum ist der Maßstab, der die *allgemeine technologische Effizienz* einer Gesellschaft angibt, das heißt den Wert des Bruttosozialprodukts einer Gesellschaft auf internationalen Märkten, dividiert durch die zu seiner Produktion aufgewendete menschliche Arbeit. Leider läßt sich dieser Begriff nicht so leicht operationalisieren und wir sind gezwungen, uns zu klassifikatorischen Zwecken an einfachere und naheliegendere Kriterien zu halten. Aus diesem Grunde werden Gesellschaften anhand ihrer wichtigsten Subsistenztechniken klassifiziert. An solche Daten ist leicht heranzukommen, außerdem scheinen sie mit der allgemeinen technologischen Effizienz hoch zu korrelieren.

Der Hauptnachteil dieser Klassifikationsmethode besteht darin, daß sie einen gewissen Bereich zuläßt, in dem aneinandergrenzende Gesellschaftstypen sich überlappen. Beispielsweise werden zu operationellen Zwecken Agrargesellschaften von fortgeschrittenen Hortikulturgesellschaften unterschieden, weil letzteren der Pflug fehlt. Dennoch haben die fortgeschrittensten Hortikulturen mitunter Fortschritte anderer Art gemacht, die sich sogar in einer etwas höheren *Gesamt*effizienz auswirken, als sie in einigen der am wenigsten entwickelten Agrargesellschaften vorhanden ist. (Deshalb die Zickzack-Linie zwischen den einzelnen Gesellschaftstypen in Abbildung 4.) Glücklicherweise ist das Ausmaß solcher Überlappung nicht groß.

Bleibt noch festzustellen, daß die vorliegende Untersuchung sich nur mit fünf der acht Haupttypen befaßt, die in Abbildung 4 genannt sind, die Mischtypen aber unberücksichtigt läßt. Die Auswahl der fünf hat ihren Grund zum einen in der zentralen Bedeutung dieser Gesellschaftstypen in der menschlichen Geschichte und zum andern darin, daß sie gemeinsam die gesamte Variationsbreite technologischer Effizienz umfassen. Mangel an Zeit und Raum verboten eine Ausdehnung der Analyse auf die übrigen Gesellschaftstypen; wir hoffen jedoch, dies in naher Zukunft nachholen zu können.

5. Jäger- und Sammlergesellschaften

Als Adam grub und Eva spann,
wer war da der Edelmann?
John Ball

Jäger- und Sammlergesellschaften stellen die einfachsten aller menschlichen Gesellschaften dar, was Technologie im allgemeinen und Produktionsweise im besonderen anlangt. Dennoch beherrschte dieser Gesellschaftstypus als einzige Art des Zusammenlebens den größten Teil der menschlichen Geschichte. Erst in den letzten zehntausend Jahren haben die Menschen einen Punkt erreicht, an dem es ihnen möglich wurde, ihre Nahrungsversorgung selbst zu bestimmen und sie durch den Anbau von Pflanzen und die Aufzucht von Tieren zu erweitern.

Zur Freude der modernen Sozialwissenschaftler breitete sich dieser Fortschritt ganz langsam aus und erhielt sich die ältere Lebensweise in einigen weniger zugänglichen und unfruchtbaren Gebieten der Welt bis in die jüngste Zeit. So war es geschulten Beobachtern möglich, die Lebensweise von Völkern zu studieren, deren Produktionssysteme sich von dem unsrigen radikal unterscheiden. Zu diesen Gruppen zählen die Ureinwohner Australiens, die Tasmanen, die Semang und Sakai von Malaya, die Kubu von Sumatra, die Punan auf Borneo, die Vedda auf Ceylon, die Andaman-Insulaner, die Pygmäen und Buschmenschen in Afrika, eine ganze Anzahl südamerikanischer Indianerstämme im Amazonasbecken, im Gran Chaco und in Patagonien, einige Indianerstämme in Nordamerika im Gebiet zwischen den Großen Ebenen und der Pazifikküste und einige Eskimostämme. Die empirischen Daten, die wir brauchen, um unsere Hypothese vom Einfluß der Produktionssysteme auf die Verteilungssysteme zu testen, können nur von diesen Völkern kommen, ebenso wie neue Erkenntnisse über spezifische Merkmale von Verteilungssystemen auf dieser Stufe wirtschaftlicher Entwicklung.

Zwei Arten von Gesellschaften, die in die Rubrik der Jäger- und Sammlergesellschaften zu fallen scheinen, wollen wir ausschließen. Zum einen Gesellschaften, in denen die *Fischerei* die Hauptquelle des Lebensunterhalts darstellt. Auch wenn man das Fischen einfach als Variante des Jagens ansehen könnte, so haben wir doch gute Gründe, diese Überlegung als zweifelhafte Hypothese zu betrachten, welche der Überprüfung bedürfte, und sie nicht als Annahme, auf der man bauen könnte, zugrunde zu legen. Verfügbares Material zeigt, daß der Ertrag aus der Fischerei sowohl höher als auch weniger vielfältig ist als der aus der Jagd, daß er also den Produktivitätsstandard hebt und den Charakter der Gesellschaften verändert.[1] Wir wollen deshalb in diesem Kapitel gar nicht erst versuchen, uns mit Gruppen wie den Kwakiutl, Haida, Tlingit und anderen fischenden Stämmen an der Nordwestküste von Nordamerika auseinanderzusetzen, ebensowenig wie mit den Guato, Mura, Yaruro und anderen »Wasser-Nomaden« auf den Flüssen Südamerikas.[2]

Die zweite Kategorie, die wir ausschließen wollen, betrifft jene Gesellschaften, welche westlichen Forschern erst zur Kenntnis kamen, als sie sich im Kontakt mit der europäischen Zivilisation und durch die Übernahme technologischer Elemente, welche traditionellen Jäger- und Sammlergesellschaften total fremd sind, bereits sehr wesentlich verändert hatten. Hierher gehören die Prärie-Indianer in den Vereinigten Staaten, deren Kulturen durch den Einfluß von Pferd und Gewehr (und zuweilen auch durch den Pelzhandel) sich längst vor dem ersten direkten Kontakt mit Europäern gewandelt hatten. In diese Kategorie fallen auch die Prärie-Indianer im südöstlichen Südamerika, die Pferd und Rind schon vor dem ersten direkten Kontakt mit Europäern in ihre Kultur aufnahmen. Eine Zeitlang neigten die Anthropologen dazu, den Einfluß solcher Momente auf Eingeborenenkulturen herunterzuspielen, neuere Arbeiten zeigen jedoch klar, von welch revolutionärer Wirkung sie waren.[3] Die meisten modernen An-

1 Für eine Erörterung der Unterschiede, welche die Fischerei mit sich bringen kann, siehe Gordon Hewes, »The Rubric ›Fishing and Fisheries‹«, *American Anthropologist* 50 (1948), S. 238—246; Julian Steward, *Theory of Culture Change* (Urbana, Ill.: University of Illinois Press, 1955), Kap. 10; oder John Honigman, *The World of Man* (New York: Harper and Row, 1959), S. 308—311.

2 Eine gute Beschreibung der Indianer an der Nordwestküste stammt von Philip Drucker, *Indians of the Northwest Coast* (New York: McGraw-Hill, 1955); über die fischenden Stämme in Südamerika siehe Julian H. Steward und Louis Faron, *Native Peoples of South America* (New York: McCraw-Hill, 1959), S. 437—444.

3 Die frühere Auffassung findet sich bei Clark Wissler, »The Influence of the Horse in the Development of Plains Culture«, *American Anthropologist* 16 (1914), S. 1—25. Eine neuere Einschätzung geben u. a. A. L. Kroeber, »Native Culture of the Southwest«, University of California Publications, *American*

thropologen sind der Überzeugung, daß Pferd und Gewehr zu erheblich gesteigerter Mobilität, zu Kriegen, zu Wohlstand und Ungleichheit führten – alles entscheidende Abweichungen von der üblichen Struktur in Jäger- und Sammlergesellschaften. In einigen Fällen ließ die Einführung von Pferd und Gewehr Gesellschaften, die auf dem Entwicklungsstand der Hortikultur sich befanden, auf das Jagen als Hauptsubsistenzmitel »zurückfallen«, was die Probleme der Analyse noch weiter kompliziert. Aus all diesen Gründen haben wir die theoretisch »unreinen« oder »Misch«-Gesellschaften aus der gegenwärtigen Analyse ausgeschlossen.

Gemeinsame Züge von Jäger- und Sammlergesellschaften

Obwohl Jäger- und Sammlergesellschaften sich in einer Reihe von Punkten unterscheiden, haben sie doch ganz wichtige gemeinsame Merkmale, einfach ihrer gleichen Subsistenzmittel wegen. Gäbe es diese gemeinsamen Merkmale nicht, wäre es viel schwieriger, eine spezielle Schichtungstheorie für diese Gesellschaften zu entwikkeln.[4]

Erstens ist zu sagen, daß dort, wo die Techniken der Nahrungsproduktion primitiv und ineffizient sind (im Sinne des Produktenwerts im Verhältnis zur aufgewendeten Arbeitsleistung), an-

Archaelogy and Ethnology, 23 (1928), S. 375—398; Bernard Mishkin, *Rank and Warfare among the Plains Indians*, Monographie der American Ethnological Society, 3 (1940), bes. im 2. und 6. Kapitel; Oscar Lewis, *The Effects of White Contact upon Blackfoot Culture*, Monographie der American Ethnological Society, 6 (1942); John C. Ewers, »The Horse in Blackfoot Indian Culture, with Comparative Material from Other Western Tribes« (Washington, D. C: Smithsonian Institution, Bureau of American Ethnology), *Bulletin*, 159 (1955). Über die südamerikanischen Indianer siehe Steward und Faron, a. a. O., S. 384 und 408—413.

4 Vgl. den Aufsatz von C. Daryll Forde, »Primitive Economics«, in: Harry Shapiro (Hrsg.), *Man, Culture and Society* (Fair Lawn, N. J.: Oxford Galaxy, 1960); er enthält eine gute Darstellung der vielen Folgen primitiver Technologie. Leider versäumt es Forde, zwischen den verschiedenen Arten und Stufen primitiver Technologien zu unterscheiden, und sorgt so für einige unnötige Verwirrung. Sie wirft Jäger- und Sammlergesellschaften zusammen mit vielen Fischer-, Hirten- und Hortikulturgesellschaften. Vgl. auch Steward und Faron, 13. Kap.; hier findet sich eine gute Zusammenfassung und Beschreibung der gemeinsamen Merkmale von Jäger- und Sammlerstämmen in Südamerika, sowie Honigman, S. 303—308, der eine mehr allgemeine Darstellung gibt.

dere Elemente der Technologie ebenfalls primitiv sind. Dazu gehören die Techniken des Bauens von Behausungen, der Anfertigung von Kleidung (wenn solche benutzt wird), der Herstellung von Werkzeug und Waffen, des Transports etc. Beispielsweise sind Werkzeuge und Waffen in diesen Gesellschaften durchweg aus Holz, Stein, Knochen und anderem direkt der Natur abgewonnenen Material; die Technik der Metallverarbeitung ist völlig unbekannt.[5]

Es herrscht natürlich ein lebhaftes Wechselspiel, eine Interaktion zwischen all den verschiedenen Elementen dessen, was man da Jäger- und Sammlersyndrom nennen könnte. Beispielsweise behindern primitive Techniken der Nahrungserzeugung die Entwicklung von Werkzeugen und Waffen, indem sie berufliche Spezialisierung möglich machen, während der primitive Charakter von Werkzeug und Waffen umgekehrt Fortschritte in den Methoden der Nahrungsproduktion erschwert. Obwohl ich ganz sicher nicht versuchen werde, alle Kombinationen und Mutationen der verschiedenen Elemente im Jäger- und Sammlersyndrom herauszuarbeiten, bitte ich den Leser doch, nicht zu vergessen, daß die meisten dieser Elemente sich gegenseitig verstärken, wodurch sie das System als Ganzes festigen und Wandel und Fortschritt erschweren. Hat man die Zusammenhänge erst erkannt, fragt man sich auch nicht länger, warum unsere vorgeschichtlichen Vorfahren so lange auf dieser Stufe stehen blieben, sondern beginnt sich statt dessen zu wundern, warum sie überhaupt jemals weiterkamen.

Des primitiven Charakters ihrer Technologie und ihrer Werkzeuge wegen leben die Mitglieder von Jäger- und Sammlergesellschaften während des größten Teils des Jahres nahe am Existenzminimum. Es gibt natürlich Unterschiede in diesem wie auch in den übrigen hier erörterten Punkten, und einige wenige der fortgeschrittensten Jäger- und Sammlergesellschaften ähneln den einfachsten gartenbautreibenden Gesellschaften darin, daß sie einen kleinen Surplus erwirtschaften. In der typischen Jäger- und

5 Selbstverständlich waren die Mitglieder von Jäger- und Sammlergesellschaften durch Handel oft in der Lage, Metallwerkzeuge und Waffen von ihren fortgeschritteneren Nachbarn zu erwerben. Aber auch das war erst in den letzten fünf- oder sechstausend Jahren möglich (oder seit die Techniken der Metallverarbeitung erfunden sind). Während der längsten Zeit der Menschheitsgeschichte waren Jäger- und Sammlergesellschaften total auf Holz- und Steinwerkzeug angewiesen.

Sammlergesellschaft jedoch gibt es keinen anhaltenden wirtschaftlichen Surplus, das Leben besteht häufig in periodischem Wechsel von Zeiten des Überflusses und solchen des Hungers, der Fülle und des Mangels, wobei letztere gewöhnlich viel ausgedehnter sind.[6] Weil den meisten dieser Gesellschaften Techniken und Möglichkeiten der Aufbewahrung und Lagerung von Nahrungsmitteln über einen längeren Zeitraum hinweg fehlen, lebt man gleichsam von der Hand in den Mund.[7] Das heißt, wenn die Umstände gut sind und reichlich Nahrung vorhanden ist, stopfen die Einzelnen sich voll; und sie laufen tage- oder auch wochenlang hungrig umher, wenn die Nahrung wieder knapp ist. Ein Missionar, der unter den Indianern im südlichen Kalifornien lebte, berichtete: »Vierundzwanzig Pfund Fleisch in vierundzwanzig Stunden gilt nach erfolgreicher Jagd nicht als außergewöhnliche Ration für einen einzelnen Menschen«, und ein Anthropologe, der sich erst vor kurzem bei den Siriono in Ostbolivien aufhielt, berichtet, er habe Menschen gesehen, die mehr als dreißig Pfund Fleisch an einem Tag verspeisten.[8]

Ein anderes Merkmal von Jäger- und Sammlergesellschaften ist ihre zahlenmäßig durchweg geringe Größe. Wenn Gesellschaften definiert sind als sozial autonome Bevölkerungen, dann bildet jede lokale Gruppe oder Gemeinschaft eine eigene Gesellschaft. Grö-

6 Allan Holmberg berichtet, daß zwei der häufigsten Worte, die in einem Sirionolager zu hören waren, lauteten: »Mein Magen ist sehr leer« und »Gib mir etwas zu essen«. Vgl. *Nomads on the Long Bow: The Siriono of Eastern Bolivia,* Smithsonian Institution, Institute of Social Anthropology, Publication Nr. 10 (1950), S. 30. Vgl. auch Honigmans Feststellung, »solche Menschen [d. h. Jäger und Sammler] sind häufig hungrig, ihr Hunger richtet sich aber im Unterschied zu Agrarvölkern weniger auf ganz bestimmte Nahrungsmittel als auf Nahrung überhaupt« (S. 306).

7 Holmberg schreibt, daß das Fleisch sich bei den Siriono nicht länger als drei Tage halte (ebenda, S. 34). Weniger typisch sind die Paiuten, die bestimmte Produkte über Wochen und Monate hinweg lagern, sowie die Kung Bushmen, die Fleisch trocknen und es so einige Zeit aufbewahren können. Vgl. C. Daryll Forde, *Habitat, Economy and Society* (London: Methuen, 1934), S. 36, über die Paiuten; und Lorna Marshall, »The Kung Bushmen of the Kalahari Desert«, in: James L. Gibbs (Hrsg.), *Peoples of Africa* (New York: Holt: 1965), S. 255, über die Kung Bushmen.

8 Jacob Baegert, S. J., *Account of the Aboriginal Inhabitants of the California Peninsula,* übersetzt und bearbeitet von Charles Rau, *Smithsonian Institution: Annual Reports for 1863 and 1864,* wieder erschienen in Carleton S. Coon (Hrsg.), *A Reader in General Anthropology* (New York: Holt, 1948), S. 72; Holmberg, S. 36.

ßere und kompliziertere Systeme sozialer Organisation sind auf dieser Entwicklungsstufe praktisch unmöglich.[9] Zwei voneinander unabhängige Untersuchungen haben festgestellt, daß die durchschnittliche Bevölkerungszahl von Jäger-, Sammler- und Fischergemeinschaften bei fünfzig liegt.[10] Die größten Jäger- und Sammlergesellschaften scheinen nicht mehr als ein paar Hundert Menschen gezählt zu haben, und auch diese bescheidene Größe war nur möglich, weil die Umweltbedingungen ungewöhnlich günstig waren.[11]

Ihre nomadische oder halbnomadische Lebensweise ist ein weiteres wichtiges Merkmal von Jäger- und Sammlergesellschaften. Ein Sample von mehr als siebzig Jäger- und Sammlergesellschaften der *Human Relations Area Files* zeigt, daß nur zehn Prozent von ihnen in der Lage waren, das Leben von Siedlern in einem Dorf zu führen.[12] Nach den Gründen dafür braucht man nicht lange zu suchen: die gebräuchlichen Techniken der Nahrungsbeschaffung von Jägern und Sammlern verringern normalerweise in ganz kurzer Zeit den Bestand an eßbaren Pflanzen und Tieren innerhalb eines gegebenen Gebiets so weit, daß das zur Erhaltung einer Bevölkerung notwendige Minimum unterschritten wird und die Gruppe gezwungen ist, weiterzuziehen.[13] Häufig folgt sie auf ihrem Zug von Gebiet zu Gebiet einem mehr oder weniger festen

9 Siehe unten, S. 143, wo dieses Problem weiter erörtert wird.

10 George Peter Murdock, *Social Structure* (New York: Macmillan, 1949), S. 81; und Julian Steward, »The Economic and Social Basis of Primitive Bands«, in *Essays in Anthropology Presented to A. L. Kroeber* (Berkeley, Calif.: University of California Press, 1936), S. 333. Siehe auch Stewards neueren Befund, daß patrilineare Stämme durchschnittlich fünfzig Personen zählen und selten hundert übersteigen (*Theory of Culture Change,* Urbana, Ill.: University of Illinois Press, 1955), S. 125.

11 A. L. Kroeber, *Handbook of American Indians of California,* Smithsonian Institution, Bureau of American Ethnology, Bulletin 78 (1925), S. 491 und 689 bis 690, über die Yokuten und die Cupeño-Indianer.

12 Errechnet von Peter Murdock, »World Ethnographic Sample«, *American Anthropologist,* 59 (1957), S. 664—687.

13 Siehe z. B. Colin Turnbull, »The Mbuti Pygmies of the Congo«, in Gibbs, S. 286—287. Er schreibt: »In der Regel sind nach einem Monat die Früchte des Waldes in der näheren Umgebung des Lagers eingesammelt, das Wild ist verjagt, es befindet sich weiter weg, als für die tägliche Jagd bequem ist. Da die Wirtschaft sich allein am täglichen Bedarf orientiert, ist es das Einfachste, das Lager zu verlegen . . .« Obwohl der Zeitraum von einem Monat kürzer ist als alles, was über die meisten anderen Gruppen berichtet wird, ist die zugrunde liegende Struktur dieselbe.

Muster, welches sie nach einer gewissen Zeit an ihren Ausgangspunkt zurückführt.

Der Nomadencharakter dieser Lebensweise in Verbindung mit der beschränkten Produktivität verhindert jede nennenswerte Akkumulation von Kapital. Ohne Lasttiere und mechanische Transportmittel sind diesen Menschen in dem, was sie akkumulieren können, engste Grenzen gesetzt, und ihre Habe ist klein beieinander. Ein Beobachter konnte sämtliche Besitztümer eines Stammes in einem einzigen Satz aufzählen:

»Ihr gesamter Hausrat, wenn dieser Begriff dafür überhaupt angezeigt ist, besteht aus einem Bogen und Pfeilen, einem Feuerstein anstelle eines Messers, einem Knochen oder einem spitzen Stück Holz, mit dem sie Wurzeln ausgraben, einer Schildkrötenschale, die als Korb und Wiege dient, einem großen Darm oder einer Blase, in der sie Wasser holen und es während ihrer Streifzüge mit sich tragen können, einem Sack, in der Art eines Fischernetzes aus Aloefasern geknüpft oder aus der Haut einer Wildkatze gefertigt, in dem sie ihren Proviant aufbewahren und tragen, und Sandalen und vielleicht noch einigen anderen unwichtigen Dingen, die sie zufällig besitzen.«[14]

Wenngleich es sich hier um einen Extremfall handelt, sind auch die Besitztümer der reichsten Jäger- und Sammlergesellschaften nicht viel größer.[15] Außerdem besteht die Habe der Mitglieder solcher Gesellschaften weitgehend aus Dingen, die sie zur Beschaffung des zum Leben Notwendigen brauchen.

Da auf dieser Stufe der technologischen Entwicklung Dorfgemeinschaft und Gesellschaft normalerweise ein und dasselbe sind, ist jede Dorfgemeinschaft zumeist eine autonome Entität; Spezialisierung der einzelnen Gemeinschaften gibt es kaum. Wo Rudimente von kommunaler Spezialisierung und von Handelsbeziehungen zwischen Dörfern sich finden, beruhen sie gewöhnlich auf irgendwelchen Besonderheiten der Umwelt. Bei den Andaman-Insulanern beispielsweise herrscht ein gewisses Maß an Handel zwischen den Küstenbewohnern und jenen, die in den Wäldern leben, was auf die Existenz unterschiedlicher Ressourcen hindeutet. Aber selbst in dieser Situation kommt nur ein kleiner Prozent-

14 Baegert, S. 67.

15 Für eine vergleichbare zusammenfassende Beschreibung der Besitztümer der Yahgan von Patagonien, eines Stammes, der auf Schalentierjagd geht, siehe Rev. Thomas Bridges, in: Coon, S. 108. Vgl. auch Marshall, S. 256–257, über die Kung Bushmen.

satz des Gesamtprodukts in den Handel zwischen den Gruppen. Die meisten Güter und Dienstleistungen, deren sich die Mitglieder eines Dorfes erfreuen, werden von der eigenen Gruppe produziert.

Auch Spezialisierung auf individueller Ebene ist in Jäger- und Sammlergesellschaften recht begrenzt, besonders was ökonomische und politische Aktivitäten anlangt. Wie in jedem Handbuch zu lesen, findet Spezialisierung in diesen Bereichen normalerweise nur auf der Basis von Alters- und Geschlechtskriterien statt. Vielleicht wäre die Situation besser gekennzeichnet, sagte man, daß die entscheidend wichtige Rolle des männlichen Erwachsenen hinsichtlich wirtschaftlicher und politischer Aktivitäten immer noch weitgehend unspezialisiert und undifferenziert ist. Eine der wenigen Ausnahmen davon stellt die Heraushebung dessen dar, der gewisse Führerfunktionen übernimmt. Aber selbst dabei handelt es sich nicht um ein universelles Muster.[16] Dank der begrenzten Produktivität der Gruppe kann der Führer oder Häuptling kaum von den Routineaufgaben der Produktion befreit werden. Seine Rolle ist also höchstens die eines »Teilzeitspezialisten«. Schapera schreibt beispielsweise über die Häuptlinge der Bushmen oder der Bergdama: »Ihre offiziellen Pflichten nehmen selten ihre gesamte Kraft oder auch nur einen größeren Teil ihres Alltags in Anspruch, sie verlangen viel weniger Aufmerksamkeit als die tägliche Reproduktion. Sind sie nicht mit der Erfüllung öffentlicher Aufgaben beschäftigt, dann gehen sie derselben Arbeit nach wie alle andern auch.«[17]

In einigen Gruppen gibt es noch weitere »Teilzeitspezialisten«, so den »Nahrungsmeister« bei den Bergdama, dessen spezielle Aufgabe darin besteht, zu entscheiden, welche wilden Früchte ohne Gefahr gegessen werden können, und der außerdem Botschaften an andere Stämme zu überbringen hat. Solche Speziali-

16 Julian Steward berichtet von Fällen, wo kleine Stämme ohne Häuptling waren, *Basin-Plateau Aboriginal Socio-political Groups*, Smithsonian Institution, Bureau of American Ethnology, Bulletin 120 (1938), S. 247. Vgl. auch Colin Turnbull, »The Lesson of the Pygmies«, *Scientific American*, 208 (Januar 1963), S. 31 und 35, oder »The Mbuti«, S. 302—305, wo gezeigt wird, daß Pygmäenstämme keine Häuptlinge kennen, von solchen abgesehen, die von Außenstehenden ernannt werden und deren Befugnisse dann sehr gering sind.

17 I. Schapera, *Government and Politics in Tribal Societies* (London: Watts, 1956), S. 93. Vgl. auch Holmbergs Beschreibung des Siriono-Häuptlings, weiter unten in diesem Kapitel.

sierung ist jedoch selten. Viel verbreiteter ist die Position des Schamanen oder Medizinmannes. Ihn kennt man in fast allen Jäger- und Sammlergesellschaften, auch wenn diese Funktion immer wieder in anderer Form ausgeübt wird. Manchmal fällt die Aufgabe des Schamanen dem Häuptling zu, meist jedoch herrscht Rollentrennung. In manchen Fällen ist der Schamane eine Frau, in der Regel hat aber ein Mann dieses Amt inne. Manchmal ist die Funktion unterteilt in mehrere Spezialbereiche mit verschiedenen Spezialisten, in den meisten Fällen jedoch praktiziert der Schamane universell. Bei allen Unterschieden scheint das allgemeine Merkmal dieser Rolle darin zu liegen, daß sie, wie die des Häuptlings, eine *Teilzeit*aufgabe darstellt; auch der Schamane verbringt den Hauptteil seiner Zeit mit Tätigkeiten, wie jeder andere erwachsene Mann sie verrichtet.

Dieselben Faktoren, die eine Spezialisierung auf individueller Ebene bremsen, verhindern auch die Entstehung von spezialisierten Untergruppen und Institutionen in der Gesellschaft. Die gesamte Bevölkerung (oder zumindest jeder männliche Erwachsene) tut im Grunde dasselbe. Ausnahmen betreffen im wesentlichen die Bereiche von Ehe und Reproduktion sowie von Ritual und Geselligkeit. Familien und Sodalitäten sind demnach die einzigen wichtigen Untergruppen der Bevölkerung von Jäger- und Sammlergesellschaften.[18]

Spezialisierte dauerhafte Arbeitsgruppen oder spezialisierte politische oder militärische Gruppen gibt es nicht. Regierungen, stehende Heere, politische Parteien, Spezialbetriebe oder -unternehmen sind in Jäger- und Sammlergesellschaften völlig unbekannt. Familie und Dorfgemeinschaft sind die beiden Haupteinheiten sozialer Organisation, und die meisten Aktivitäten der Mitglieder sind nach dem einen oder dem anderen Prinzip organisiert. Jäger- und Sammlergesellschaften sind in dieser Hinsicht einmalig.

Von besonderer Bedeutung ist in diesem Zusammenhang das Fehlen einer wirksamen politischen Organisation über die vorher genannte lokale Ebene hinaus. Gelegentlich erringt der Häuptling eines Dorfes zwar ein gewisses Maß an Einfluß über andere Dörfer, dies ist jedoch äußerst ungewöhnlich und bleibt außerdem

18 Eine kurze Erörterung der Sodalitäten siehe Elman Service, *Primitive Social Organization: An Evolutionary Perspective* (New York: Random House, 1962), S. 73—76. Siehe auch Steward, *Theory*, S. 138—139.

durchweg ohne große Folgen. Die Beziehungen, die ein solcher Mann knüpft, überleben ihn in den seltensten Fällen. Ohne zu übertreiben, kann man sagen, in Jäger- und Sammlergesellschaften ist jedes Dorf politisch autonom.

Unterschiedliche Züge von Jäger- und Sammlergesellschaften

Eine ganze Reihe von Merkmalen haben diese Gesellschaften miteinander gemein; in einigen Punkten unterscheiden sie sich jedoch voneinander, und sie wollen wir – auch wenn sie von sekundärer Bedeutung für unsere Analyse sind – nicht völlig außer acht lassen.[19] Viele dieser Unterschiede sind direkt auf Umweltunterschiede zurückzuführen. Jäger- und Sammlergesellschaften sind gezwungen, ihren Bedarf hauptsächlich aus dem eigenen begrenzten Territorium zu decken und müssen sich deshalb an die Besonderheiten ihres Gebietes anpassen. Es muß also Unterschiede geben zwischen Gruppen, die in den Tropen leben, und solchen, die in gemäßigten Zonen oder der Arktis wohnen, zwischen Gruppen im Landesinnern und jenen, die sich an der Küste niedergelassen haben, zwischen Gruppen in der Wüste und solchen in regenreichen Gebieten. Die Unterschiede zwischen ihnen sind viel größer als die zwischen Industriegesellschaften in ebenso unterschiedlichen Klimazonen, denn letztere sind nicht so stark von ihrer unmittelbaren Umgebung abhängig. Zudem können Industriegesellschaften ihre Umwelt bis zu einem gewissen Grad verändern, was Jäger- und Sammlergesellschaften nicht können.

Jäger- und Sammlergesellschaften unterscheiden sich auch in einigen anderen Punkten voneinander, die allerdings mit der Geographie gar nicht oder nur unwesentlich zusammenhängen. Beispielsweise unterscheiden sie sich deutlich in ihrem Glauben an übernatürliche Kräfte. In manchen Gruppen sind solche Glaubensvorstellungen hoch entwickelt; in anderen finden sie sich nur ansatzweise.[20] Gibt es sie, so differieren sie beträchtlich in Form und Inhalt. Auch was die Struktur der Familienorganisation an-

19 Eine gute allgemeine Erörterung dieser Unterschiede findet sich bei Forde, *Habitat*, 18. Kap., oder bei Steward, *Theory*, S. 137—142. Vgl. auch Kap. 6—8.

20 Einen guten und knappen Überblick über die religiösen Unterschiede zwischen den Jägern und Sammlern in Südamerika geben Steward und Faron, S. 389—391; siehe auch die diesbezüglichen Abschnitte im 14. Kapitel.

langt, bestehen Unterschiede. In manchen Jäger- und Sammlergesellschaften ist Monogamie das Normale, in anderen wird Polygamie praktiziert. Polygamie kann auch die Schwester betreffen, muß es aber nicht, sie kann allgemein üblich sein oder nur sporadisch auftreten. Die eheliche Wohnung kann am Ort sein, an dem der Vater des jungen Ehemannes lebt, das heißt patrilokal; sie kann matrilokal, kann aber auch bilokal sein; oder sie befindet sich dort, wo der Vater der Frau lebt, ist also uxoripatrilokal, in einigen wenigen Fällen auch uxoribilokal, oder die Frau bestimmt einen ganz neuen Ort.[21] Wir haben einigen Grund anzunehmen, daß das patrilokale das »normale« Muster in primitiveren Jäger- und Sammlergesellschaften vor dem Kontakt mit fortgeschritteneren Gesellschaften ist; allerdings ist diese Hypothese nach wie vor nur unzureichend getestet.[22] Auf alle Fälle gilt, daß Ehe- und Verwandtschaftsbräuche sich von einer zur andern Jäger- und Sammlergesellschaft erheblich unterscheiden. Und schließlich differieren diese Gesellschaften bis zu einem gewissen Grade auch in ihrer technologischen Entwicklung. Einige sind so primitiv, daß sie noch nicht über die Techniken des Feuermachens verfügen[23], andere dagegen beherrschen bereits die Anfänge der Hortikultur und kultivieren kleine Gärten, um ihre Versorgung mit Grundnahrungsmitteln sicherzustellen.[24] Es ließen sich noch weitere Unterschiede nennen, die erwähnten mögen jedoch genügen, um klarzustellen, daß Jäger- und Sammlergesellschaften zwar viele gemeinsame Züge aufweisen, aber dennoch keineswegs miteinander identisch sind.

21 Siehe Murdock, »World Ethnographic Sample«, *American Anthropologist*, 59 (1957), S. 664—687; hier findet sich Material zu all diesen Punkten. So zeigen seine Kodes beispielsweise, daß Polygamie in begrenztem Rahmen die gebräuchlichste Form der Ehe in den vierundsechzig Jäger- und Sammlergesellschaften darstellt, über welche Datenmaterial vorhanden ist, daß sie aber nur von 31% der Gesamtbevölkerung praktiziert wird. Das gleiche gilt für die Wohnung, das patrilokale Muster ist am gebräuchlichsten, wird aber nur von 37% praktiziert.

22 Vgl. bes. Service, 3. Kap.; Steward nimmt einen ähnlichen Standpunkt ein in *Theory*, im 7. und 8. Kap., dennoch sind die Unterschiede zwischen seiner und der Auffassung von Service vermutlich wichtiger als beider Gemeinsamkeiten.

23 Vgl. beispielsweise Colin Turnbull, *The Forest People* (New York: Simon and Schuster, 1961), S. 58, über die Pygmäen im Kongo.

24 Vgl. Steward und Faron, S. 392, oder Murdock, »World Ethnographic Sample«; hier finden sich Beispiele dazu.

Für den Schichtungsforscher ist unter all den verschiedenen Charakteristika von Jäger- und Sammlergesellschaften eines von zentraler Bedeutung, nämlich das Fehlen eines nennenswerten wirtschaftlichen Surplus. Nach den beiden Verteilungsgesetzen, wie wir sie im 3. Kapitel entwickelt haben, können Menschen nur jenen Teil des Produkts der Gruppe monopolisieren oder expropriieren, der nicht zur direkten Erhaltung der Produzenten erforderlich ist. Wenn dies stimmt, und wenn Jäger- und Sammlergesellschaften unfähig sind, einen nennenswerten wirtschaftlichen Surplus zu produzieren, dann können wir aufgrund unserer Theorie sagen, daß in diesen Gesellschaften relative Gleichheit herrscht, zumindest was die Verteilung von Gütern und Dienstleistungen angeht.

Die Tatsachen stützen unsere Prognose. Wenn etwas auffällt am Leben von Jäger- und Sammlergesellschaften und den Beobachter beeindruckt, dann die relative Gleichheit ihrer Mitglieder. Und in der Tat haben viele ungeschulte Beobachter in ihren Berichten über diese Gesellschaften von völliger Gleichheit gesprochen. Auch wenn sorgfältigere Beobachtungen geschulter Forscher solche extremen Aussagen widerlegen, bleibt es doch Tatsache, daß sich der Verteilungsprozeß in Jäger- und Sammlergesellschaften von dem in Industriegesellschaften, wie etwa der unsrigen, oder in Agrargesellschaften, aus denen sich erst in jüngster Zeit Industriegesellschaften entwickelt haben, radikal unterscheidet.

Die Andaman-Insulaner sind ein gutes Beispiel für eine reine und unangetastete Jäger- und Sammlergesellschaft, eine, die noch nicht einmal die geringsten Spuren von Hortikultur aufweist. Über ihre wirtschaftliche Existenz schreibt Radcliffe-Brown: »es läuft auf eine Art von Kommunismus hinaus«.[25] Der Boden, wichtigste Ressource der Gruppe, ist Gemeinbesitz und sichert so allen den gleichen Zugang zum Lebensnotwendigen. Obwohl der Ertrag des Bodens und alle tragbare Habe Privatbesitz sind, verhindern die andamanesischen Bräuche die sonst üblichen Folgen von Privateigentum. Zwar ist alle Nahrung Privatbesitz, doch »soll jeder, der Nahrungsmittel hat, ... dem geben, der nichts hat«. Folge davon ist, daß »praktisch die gesamte gewonnene Nahrung im ganzen Lager gleichmäßig verteilt wird, wobei die einzige

25 A. R. Radcliffe-Brown, *The Andaman Islanders* (New York: Free Press, 1948, erstmals erschienen 1922), S. 43 ff.

Ungleichheit darin besteht, daß die jüngeren Männer nicht so gut dabei wegkommen wie die älteren«. Im Falle anderer Formen von Privateigentum sorgt die andamanesische Sitte des Austauschs von Geschenken für eine gleichmäßige Verteilung. Dieser Brauch in Verbindung mit der Tradition, jene Personen zu ehren, die großzügig mit ihrem Eigentum umgehen, garantiert bei der Verteilung von Gütern nahezu Gleichheit. In solch einer Gesellschaft hat der Mensch mehr zu gewinnen, indem er teilt, als indem er hortet.[26]

Eine einzelne Jäger- und Sammlergesellschaft kann zwar nicht repräsentativ für alle sein, dennoch wird jemand, der mit der Verteilung von Gütern in der andamanesischen Gesellschaft vertraut ist, nicht allzusehr überrascht sein über das, was er in den meisten andern Gesellschaften antrifft. Auch hier herrscht annähernd Gleichheit in der Verteilung von Gütern. Gewöhnlich kommt sie auf gleiche Weise zustande wie bei den Andamanesen, durch gemeinsamen Besitz des Bodens und eine Art von institutionalisiertem Umverteilungsprozeß.[27] Häufig herrscht auch eine begrenzte Ungleichheit, die einige Teile der Bevölkerung besser wegkommen läßt als andere. Im Falle der Andamanesen genießen die älteren Männer einige Vorteile vor den jüngeren. Bei den Siriono sollen Berichten zufolge in einer polygamen Familie die älteste Frau und ihre Kinder besser abschneiden als die jüngere und deren Nachkommen. In einigen Gesellschaften geht es den Männern besser als den Frauen. Auf dem Hintergrund substantieller Gleichheit sind dies jedoch alles kaum mehr als zweitrangige Unterschiede.

Eine wichtige Ausnahme davon machen jene Gesellschaften, wel-

26 Wie Forde zeigt, kommt er durch seine Großzügigkeit nicht nur zu Ansehen, sondern auch zu Sicherheit; denn jene, die etwas von ihm bekommen, betrachten es als moralische Verpflichtung, es ihm später im Bedarfsfalle zurückzugeben. Siehe »Primitive Economics«, S. 337.

27 In einigen Jäger- und Sammlergesellschaften fehlt sogar der Begriff für Gemeinbesitz von Grund und Boden. Jeder sucht nach Nahrung, wo er gerade mag, und die Dorfgemeinschaft verwehrt auch Außenstehenden den Zutritt nicht. Vgl. etwa Steward, *Socio-Political Groups*, S. 254 ff. Auf der anderen Seite gibt es einige Gesellschaften, in denen der Umverteilungsprozeß nicht so fest etabliert zu sein scheint und wo deshalb auch gehortet wird. Die Siriono sind in dieser Hinsicht bemerkenswert (vgl. Holmberg, S. 36 und 61—62), obwohl selbst hier die Art des Hortens und die Verhaltensweisen der Menschen sehr stark vermuten lassen, daß das Prinzip, mit anderen zu teilen, selbst in dieser wenig kooperativen Gruppe nicht fehlt. Es besteht demnach zwar ein Unterschied, aber doch ein recht geringer.

che die unproduktiven Mitglieder aus ihrer Gemeinschaft aussondern. In vielen dieser Gesellschaften wird allen, die aus Gründen von Alter, Gebrechen oder Krankheit hilflos sind, das Lebensnotwendige verweigert; in einigen Fällen werden sie von ihren Stammesgenossen sogar zu Tode gebracht. So schrieb etwa Rev. Thomas Bridges, daß die Yaghan gelegentlich das Ende ihrer Verwandten durch Erhängen herbeiführen; er betonte jedoch: »Dies war gut gemeint und man hatte gute Gründe dafür.«[28]
Es geschah auch nur, wenn der Betreffende völlig hilflos war und alle außer dem Opfer, das zu diesem Zeitpunkt meist schon völlig apathisch war, sich damit einverstanden erklärten. Gebräuchlicher war es, solche Menschen beim Aufbruch des gesamten Lagers zurückzulassen. In vielen Jäger- und Sammlergesellschaften gab es auch den Kindermord; Kinder, die mit Gebrechen zur Welt kamen oder sonstwie die Sicherheit der Gruppe bedrohten, wurden getötet. All diese Praktiken scheinen in der einfachen Logik begründet, daß unproduktive Individuen mit den beschränkten Mitteln der Gruppe nicht durchzubringen sind. Wer also keine vernünftige Aussicht darauf habe, ein sich selbsterhaltendes Mitglied der Gruppe zu werden, habe auch keinen legitimen Anspruch auf das, was andere produzieren. Dies ist eine spezifische Ausnahme von der allgemeineren Regel des gleichen oder annähernd gleichen Zugangs zum Lebensnotwendigen; außerdem gilt sie nicht für alle Jäger- und Sammlergesellschaften.

Die Verteilung von Prestige ist etwas ganz anderes als die Verteilung von Gütern. Hier gibt es kein Mangelproblem, Ungleichheit bedroht nicht die Überlebenschancen der Gruppe. Folge davon ist, daß ungleiche Verteilung von Ansehen in Jäger- und Sammlergesellschaften eher die Regel als die Ausnahme ist, genau wie unsere Theorie erwarten läßt.[29] Das Maß an Prestigeungleichheit bleibt aus Gründen, die gleich ersichtlich werden, jedoch weit hinter dem zurück, das Mitglieder fortgeschrittener Gesellschaften kennen.

Wir berufen uns noch einmal auf die andamanesische Gesellschaft als einigermaßen typische, zumindest was die wichtigsten Aspekte der Frage anlangt. Radcliffe-Brown, Autorität in dieser Hinsicht,

28 Bridges, in: Coon, S. 97.

29 Diese Erwartung gründet sich auf unsere Annahmen, es gehöre zur Natur des Menschen, bei anderen möglichst viel gelten zu wollen, und die Menschen seien von der Natur für den Wettstreit um die Gratifikationen, welche die Gesellschaft zu vergeben hat, nicht alle in gleicher Weise ausgestattet.

berichtet, dreierlei Gruppen von Menschen erführen dort Ehre und Ansehen: (1) ältere Menschen, (2) Menschen, die über übernatürliche Kräfte verfügten, und (3) Menschen mit gewissen hochbewerteten persönlichen Qualitäten, wie etwa »Geschick beim Jagen und Kämpfen, Großzügigkeit und Güte, und Ausgeglichenheit«. Obwohl aus Radcliffe-Browns Bericht nichts Eindeutiges hervorgeht, gibt es etliche Anzeichen dafür, daß Männer in höherem Ansehen stehen als Frauen.

Solche Ungleichheit ließe sich treffend bezeichnen als »funktionale Ungleichheit«.[30] Mit anderen Worten, die Gratifikationen und Ehren, welche einigen wenigen zuteil werden, stellen *eine Art Entgelt für deren Dienste an den anderen dar, Dienste, die geleistet werden frei von sozialem Zwang oder Druck.* Besonders deutlich wird dies dort, wo einer Ansehen genießt, weil er ein guter Jäger und außerdem großzügig ist. Die weniger geschickten Mitglieder der Gruppe danken ihm für den Teil der Beute, den er ihnen überläßt, indem sie ihm Ehre erweisen und Einfluß zubilligen. Dieser spontane Tausch, hinter dem kein Zwang steht, spornt jene, welche von der Natur mit Gaben und Energie ausgestattet sind, zu größeren Leistungen an, und wer nicht so talentiert ist, kann sicher sein, die lebenswichtigen Güter dennoch zu bekommen. Die Alternative würde Entbehrung, Leiden und den möglichen Tod für die weniger Fähigen und für die Fähigeren Überfluß und Überdruß an Nahrung sowie den Verlust von Ehre und Ansehen bei den anderen bedeuten. *So werden potentiell verhängnisvolle materielle Ungleichheiten umgewandelt in Ungleichheiten von Prestige und Einfluß, eine viel sicherere und befriedigendere Lösung des Problems.*

Man mag fragen, ob die Ungleichheit von Ansehen und Einfluß in der andamanesischen und in ähnlichen Gesellschaften sich *durchweg* als echter Gewinn für die weniger Begünstigten auswirke. Ob zum Beispiel die Dienste des primitivsten Medizinmannes wirklich einen Wert für die andern haben. Hier berühren wir einen Punkt, der möglicherweise Einmütigkeit nicht zuläßt. Der eine Beobachter mag der Meinung sein, der Seelenfrieden, den ein geschickter Schamane seinen Patienten verschafft, rechtfertige das Prestige, das er habe; ein anderer wird dem keineswegs beipflichten. In dieser Si-

30 Zu dieser Bezeichnung regte R. H. Tawney's Unterscheidung zwischen »der funktionellen Gesellschaft« und »der gewinnsüchtigen Gesellschaft« an. R. H. Tawney, *The Acquisitive Society* (New York: Harcourt, Brace and World, 1920).

tuation dürfte es klüger sein, sich auf das Urteil der Eingeborenen zu verlassen und zwischen funktionaler und nichtfunktionaler Ungleichheit auf der Basis der relativen Freiheit der betroffenen Einzelnen zu unterscheiden. Wenn der Tausch ohne Zwang vor sich geht, dann kann man Ungleichheit wie die in diesem Fall bestehende füglich als funktional betrachten. Akzeptiert man diesen Ansatz, dann ist Ungleichheit in primitiven Jäger- und Sammlergesellschaften im wesentlichen unter dieser Kategorie zu fassen.

In Jäger- und Sammlergesellschaften geht Ansehen gewöhnlich mit politischem Einfluß einher. Die Gründe dafür liegen auf der Hand. Zwangsherrschaft ist in diesen Gesellschaften eine Unmöglichkeit. Der Führer der Gruppe hat keine Truppe von Macht- und Gewaltspezialisten zur Seite, die von seiner Gunst abhingen und deshalb auch motiviert wären, seine Anordnungen zu befolgen. Alle Männer sind kampferfahren und gleich ausgerüstet, und allen stehen die gleichen Waffen und die gleiche Erfahrung zur Verfügung. Die einzigen Unterschiede zwischen ihnen betreffen körperliche Konstitution und Charakter; und wenn auch ein einzelner, den die Natur außergewöhnlich reich bedacht hat, es mit zwei weniger Begünstigten aufnehmen oder sie sogar beherrschen könnte, so dürfte er kaum in der Lage sein, drei, die sich gegen ihn zusammentun, zu unterdrücken oder sich gegen sie zur Wehr zu setzen. Obendrein können unzufriedene Gefolgsleute jederzeit ihren Führer verlassen und sich anderen Gruppen anschließen.[31] Herrschaft muß deshalb auf Überzeugungskraft beruhen. Das bedeutet, daß in allen Situationen, für die es kein eindeutig geregeltes Verfahren gibt, erfolgreiche Führerschaft nur möglich ist, wenn die Mehrheit der Bevölkerung bereit ist, bestimmten Personen zu folgen und anderen nicht. Kurz, aufgrund ihrer geringen politischen Entwicklung herrscht in diesen Gesellschaften eine Situation, in der Ehre und Ansehen notwendige Voraussetzungen für politischen Einfluß sind.[32]

31 Vgl. Schapera, S. 193.

32 Julian Steward liefert mit den Paiuten aus dem Norden ein gutes Beispiel hierzu. »Nachfolger des Häuptlings war dessen Sohn, vorausgesetzt er war intelligent, freundlich und überzeugend. Andernfalls folgte ihm ein Bruder oder ein anderes Mitglied der Familie, oder auch jemand, der gar nicht verwandt war, der aber der *allgemeinen Unterstützung* sicher sein konnte.« Über die Shoshoni schreibt er: »Ausmaß und Bestand der Autorität des Häuptlings waren unsicher und hingen weitgehend von seiner *Überzeugungskraft* ab.« Siehe *Socio-Political Groups*, S. 56 und 251 (Hervorhebungen durch uns).

Die gleichen Verhältnisse, die Ehre und Ansehen zu notwendigen Qualifikationen für politischen Einfluß machen, schränken zugleich das Ausmaß möglicher politischer Ungleichheit ein. Die Extreme politischer Herrschaft und Unterordnung sind in einer Gesellschaft, in der mittels Überzeugung regiert werden muß, nicht möglich. Das manifestiert sich auf verschiedene Weise; üblich ist Regierung in Form eines Rats. Dieser Brauch ist so weit verbreitet, daß der finnische Soziologe Gunnar Landtman in seiner Untersuchung über Schichtung in primitiven Gesellschaften zu dem Schluß kommt: »Bei den primitivsten Völkern wird Stammesautorität fast immer in demokratischer Form mittels eines allgemeinen Rats ausgeübt, während Regierungen nach dem Monarchieprinzip bei Völkern auf den untersten Stufen kaum vorkommen.«[33] Auch wenn Landtman das Übergewicht dieser Regierungsform etwas überschätzt, ist es doch Tatsache, daß die meisten ethnographischen Berichte über Jäger- und Sammlergesellschaften Hinweise auf Gruppen dieses Typs enthalten und sogar häufig auch zeigen, welch beachtliche Bedeutung sie haben.

Selbst in Gruppen, die von einem Häuptling regiert werden, sind dessen Machtbefugnisse gewöhnlich eng begrenzt. In den seltensten Fällen reichen sie über die Grenzen des eigenen Stammes hinaus, und wenn, sind sie äußerst gering. Grenzen sind ihm allein schon durch die Tatsache gesetzt, daß er praktisch keinen Besitztitel, keine Amtsgewalt hat. Immer wieder lesen wir, daß, wie im Falle der Maidu-Indianer im nördlichen Kalifornien, der Häuptling »seine Stellung nur so lange behauptete, wie die anderen mit ihm zufrieden waren«.[34] War das Volk mit ihm unzufrieden, wurde er sofort durch einen andern ersetzt. Über die Arunta in Australien erfahren wir, daß der Häuptling ». . . *ex officio* eine Position hat, die es ihm im Falle persönlicher Fähigkeit, *aber auch nur dann*, erlaubt, beträchtliche Macht auszuüben . . .«[35] Radcliffe-Brown sagt das gleiche, wenn er über den andamanesischen Häuptling schreibt, »Amtsgewalt haben die führenden Männer kaum oder gar nicht, Einfluß dagegen haben sie reichlich«, zumindest wenn sie beim Volke beliebt sind.[36]

33 Gunnar Landtman, *The Origin of the Inequality of the Social Classes* (London: Routledge, 1938), S. 309—310.

34 Roland Dixon, »The Northern Maidu«, in: Coon, S. 272.

35 Baldwin Spencer und F. J. Gillen, *The Arunta: A Study of a Stone Age People* (London: Macmillan, 1927), Bd. I, S. 10 (Hervorhebung durch uns).

36 Radcliffe-Brown, S. 47.

Eine der besten Beschreibungen der Stellung des »typischen« Häuptlings einer Jäger- und Sammlergesellschaft stammt von Allan Holmberg, einem amerikanischen Anthropologen, der lange Zeit unter den Siriono im östlichen Bolivien lebte. Er schreibt:

»Bei den Siriono steht jedem Stamm ein Häuptling vor, der zumindest nominell das höchste Amt innehat. Obwohl theoretisch seine Autorität sich auf die gesamte Gruppe erstreckt, hängt ihre praktische Ausübung fast ausschließlich von seinen persönlichen Qualitäten als Führer ab. Zumindest ist niemand gezwungen, den Anordnungen eines Häuptlings Folge zu leisten, Unterlassungen werden nicht bestraft. Tatsächlich erfährt der Häuptling bei dem, was er sagt, außerhalb seiner eigenen Familie wenig Aufmerksamkeit. Um sein Ansehen zu wahren, muß er die gleichen Pflichten erfüllen wie jeder andere auch, mit dem einzigen Unterschied, daß er es besser machen muß.

Die Vorrechte, die mit der Stellung des Häuptlings verbunden sind, sind nicht zahlreich ... sein wichtigstes Privileg, wenn man es als solches bezeichnen kann, besteht in dem Recht, mit seinen nächsten Angehörigen im Zentrum des Hauses [der Gemeinde] zu wohnen. Wie jeder andere muß er sich Pfeile und Bogen und sein Werkzeug selbst anfertigen; er muß jagen, fischen, sammeln und Gärten bebauen. Er macht Vorschläge, wohin der Stamm ziehen oder welches Jagdgebiet er aufsuchen sollte, etc., sie werden von seinen Stammesgenossen jedoch keineswegs immer befolgt. Ein Statussymbol des Häuptlings findet sich durchweg: er besitzt stets mehr als eine Frau.

Häuptlinge klagen viel darüber, daß die übrigen Stammesangehörigen ihren Anordnungen nicht Folge leisteten, aber kaum jemand nimmt davon Notiz. So erfuhr ich beispielsweise sowohl von Indianern wie von Weißen, die mit ihnen Kontakt hatten, daß dem Häuptling ein Teil des gesamten auf der Jagd erlegten Wildes zustehe. Während meines Aufenthalts in Tibaera hatte ich immer wieder Gelegenheit, zu diesem Punkt Beobachtungen anzustellen; ich kam zu dem Schluß, daß der Häuptling nicht stets, sondern äußerst selten seinen Anteil bekommt. In der Regel vermied man, wenn irgend möglich, ihm überhaupt etwas zu geben ...

Und doch fahren Häuptlinge im allgemeinen besser als die übrigen Stammesmitglieder. Ihre Wünsche werden eher beachtet als die der anderen, denn sie sind die besten Jäger und befinden sich dadurch in der viel günstigeren Lage, sich jederzeit für erwiesene Gefälligkeiten revanchieren zu können.«[37]

Das Vorangehende zeigt, wie immens wichtig persönliche Qualitäten in der Siriono-Gesellschaft sind; und genau dasselbe gilt für

37 Holmberg, S. 59—60.

alle übrigen Jäger- und Sammlergesellschaften. Kann ein Häuptling mehr als die andern in der Gruppe, dann hat er es auch besser, andernfalls nicht. Wie Holmberg feststellt, schneiden Häuptlinge allein schon deshalb besser ab, weil sie »die besten Jäger sind«.

In einigen Jäger- und Sammlergesellschaften allerdings bietet die Stellung des Häuptlings einige Sondervorteile: aber auch hier nur für einen Mann von besonderen Fähigkeiten. Spencer und Gillen berichten, daß die Stellung des Häuptlings bei den Arunta eine beachtliche Machtbasis darstellen könne; wobei sie betonen, daß dies nur im Falle eines fähigen Mannes gelte. Von den Bergdama im südwestlichen Afrika hören wir, daß der Häuptling

»allgemein mit großem Respekt behandelt wird, die Erwachsenen nennen ihn ›großer Mann‹ und die Kinder ›Großvater‹; in der Regel besitzt er die meisten Frauen (zuweilen drei und mehr); er kann sich das Beste auswählen unter den Häuten der erlegten Tiere, um sich selbst und seine Familie zu kleiden, und nur seine Frauen tragen Halsketten oder Gürtel aus Straußeneierschalenperlen; er erhält einen bestimmten Anteil allen auf der Jagd erlegten Wildes, ebenso wie einen Teil des Honigs oder des Tabaks, den andere Männer finden oder anbauen.«[38]

Die Häuptlinge der Bergdama genießen eine Vorzugsstellung, den meisten andern geht es nicht so gut; die Norm dürfte zwischen den Siriono und den Bergdama liegen. Aber selbst das Beispiel der Bergdama zeigt, daß die Vergünstigungen aus dem Amt nicht sehr groß sind; allerdings, wie sollten sie es auch angesichts der beschränkten Produktivität dieser Gruppen!

Die gleichen Muster gelten für das Amt des Schamanen, eine Funktion, welche gleichfalls mit Prestige, Einfluß und besonderen Rechten verbunden ist. Tatsächlich trägt es mitunter größere Gratifikationen ein als das des Häuptlings. Bei den Nord-Maidu zum Beispiel hatten die Schamanen »in der Regel ein viel gewichtigeres Wort zu sagen als der Häuptling«. Außerdem »wurde der Häuptling weitgehend mit Unterstützung des Schamanen gewählt, zu dessen Aufgaben es gehörte, den Ältesten die Wahl der Geister zu enthüllen«.[39] Bei den Nord-Maidu war das Amt nicht erblich, in einigen anderen Gesellschaften dagegen schon. Aber ob erblich oder nicht, in den Genuß der damit verbundenen Gratifi-

38 Schapera, S. 117.

39 Dixon, S. 282 und 272.

kationen kommt nur, wer seinen Anspruch darauf auch legitimieren kann. Schamanen stehen ständig unter dem Druck, sich beweisen zu müssen; wer seine Fähigkeit und Macht nicht zu demonstrieren vermag, dem bringt sein Amt auch nicht viel ein. Neben den üblichen Prüfungen ihrer Künste und Kräfte in Krankheitsfällen und anderen Krisen praktizieren einige Gesellschaften institutionalisierte Proben, in denen Schamanen miteinander konkurrieren müssen, um herauszufinden, wer der größte ist. Die Nord-Maidu veranstalteten zum Beispiel jährlich Tänze, zu denen sie alle Schamanen einluden. Dabei mußte jeder versuchen, den andern an Magie zu übertrumpfen. Der Schamanentanz dauerte so lange, bis nur noch ein Mann stand; er wurde zum Ersten Schamanen erklärt. Wer bereits zu Beginn ausscheiden mußte, büßte zweifellos erheblich an Status ein und damit zugleich einen großen Teil der mit dieser Stellung verbundenen Gratifikationen.[40]

In vielen Gesellschaften waren die Vergünstigungen der Schamanen ganz beachtlich. Radcliffe-Brown berichtet, daß ein andamanesischer Schamane, der seinen Ruf festigen konnte, »nicht nur den Respekt aller genießt, sondern auch ganz erhebliche persönliche Gewinne und Vorteile einstreicht«.[41] Pater Baegert schreibt über erfolgreiche Schamanen bei den Indianern im südlichen Kalifornien, sie »konnten sich ernähren, auch ohne die Mühe auf sich nehmen zu müssen, selbst auf die Felder zu gehen; denn das dumme Volk versorgte sie mit dem Besten, was aufzutreiben war, um sie bei Laune zu halten und ihre Gunst zu erringen«.[42] Solche Vergünstigungen sind jedoch stets an Leistung geknüpft, und ethnographische Berichte zeigen, daß Erfolg abhängt von ganz bestimmten persönlichen Eigenschaften, die der Mehrzahl einfach abgehen.

Was wir bisher gesagt haben, läßt sich dahingehend zusammenfassen, daß *Macht, Privileg und Prestige in primitiven Jäger- und Sammlergesellschaften hauptsächlich eine Funktion von persönlichen Fähigkeiten und persönlicher Geschicklichkeit sind.* Das Erbe einer Position liefert nur die Ausgangsbasis; damit sie dem einzelnen auch etwas eintrage, bedarf es überzeugender Handlungen, welche auf persönlichen Qualitäten beruhen. Wo diese fehlen,

40 Eine vorzügliche Schilderung dieses Wettstreits siehe ebenda, S. 283—284.
41 Radcliffe-Brown, S. 177.
42 Baegert, S. 79.

nützt der Besitz eines Amtes wenig. In diesem Punkte unterscheiden sich Jäger- und Sammlergesellschaften von den fortgeschritteneren Gesellschaften doch stark.
Der Grund dafür dürfte darin liegen, daß es diesen Gesellschaften an etlichen Dingen fehlt, welche die Weitergabe von Vergünstigungen von einer Generation an die nächste erleichtern. Erstens verfügen sie kaum über Besitz, und in Form von Besitz lassen sich Vorteile am leichtesten vom Vater auf den Sohn vererben. Ein ansehnliches Vermögen vorausgesetzt, können Nachkommen von beschränkten Fähigkeiten sich fähige Leute kaufen, die ihre Geschäfte führen, und so im Genuß von Macht und Privilegien bleiben. Dies ist aber in Gesellschaften, in denen der Besitz des Einzelnen überaus dürftig ist, einfach nicht möglich. Zweitens kennen diese Gesellschaften keine erblichen Funktionen mit institutionalisierten Vorrechten, die dem Inhaber *unabhängig von seinen Fähigkeiten* zufielen. Die begrenzten Ressourcen von Jäger- und Sammlergesellschaften schließen solchen Luxus aus; jeder Inhaber eines Amtes muß aufgrund von absoluter Notwendigkeit seinen Anspruch darauf und die damit verbundenen Vorrechte beständig legitimieren. Und schließlich sind diese Gesellschaften zu klein, um Subkulturen auf Klassenbasis zu entwickeln, wie sie in fortgeschritteneren Gesellschaften zu finden sind. In letzteren herrschen ganz beträchtliche Unterschiede in der Lebensweise zwischen den verschiedenen Klassen, und Kinder, die in die oberen Klassen hineingeboren und dadurch in Familien sozialisiert werden, denen eine bestimmte Kultur gemeinsam ist, genießen einen ganz speziellen Vorteil vor Kindern aus den unteren Schichten. In Jäger- und Sammlergesellschaften sind die Möglichkeiten unterschiedlicher Sozialisation eng begrenzt, und die Kinder von Häuptlingen und Schamanen wachsen normalerweise gemeinsam mit anderen Kindern auf.
Aus all dem spricht, daß die Rate *intergenerationeller* Mobilität in Jäger- und Sammlergesellschaften sehr hoch ist. Den talentierten Sohn eines untalentierten Vaters hindert kaum etwas daran, in eine führende Stellung aufzusteigen. Das Amt des Häuptlings oder des Schamanen kann ihm in einer Gesellschaft, in der diese Positionen erblich sind, zwar verwehrt bleiben, er kann jedoch ein durchaus mächtigerer Mann werden als der offizielle Häuptling, wenn er die entsprechenden Fähigkeiten hat. Ethnographische Berichte enthalten viele Beispiele von Häuptlingen, die bloße Reprä-

sentationsfiguren waren und sich anderen fähigeren Männern unterordnen mußten.[43]

Auch die Rate *intragenerationeller* Mobilität ist hoch in diesen Gesellschaften. Das Alter hat viel zu sagen für die Vorteile, die jemand genießt, auch wenn der spezifische Charakter dieser Korrelation sich von Gesellschaft zu Gesellschaft unterscheidet. In vielen, ja vielleicht den meisten Gruppen stehen die Älteren in hohem Ansehen und üben großen Einfluß aus. Ein gutes Beispiel stellen die Ureinwohner Australiens dar, ihre Gesellschaften werden häufig als Gerontokratien bezeichnet. Hier verbessert sich die Lage des Einzelnen mit zunehmendem Alter ständig. In anderen Gesellschaften wie denen der Eskimos, der Siriono und der Indianer in Südkalifornien ist das Älterwerden mit dem Verlust von Vergünstigungen verbunden; die besten Jahres des Lebens sind hier die mittleren oder frühen Erwachsenenjahre.

Dieser Unterschied scheint eine Funktion unterschiedlicher Umwelt und Technologie zu sein. Unter weniger schwierigen Umweltbedingungen und in Gesellschaften mit einigermaßen entwikkelter Technologie können die Älteren versorgt werden und durchaus einen Gewinn für die Gruppe bedeuten durch Wissen und Weisheit, die sie im Lauf ihres Lebens und ihrer Erfahrung angesammelt haben. Die Tiwi in Nordaustralien sind ein gutes Beispiel dafür. Bei diesem Inselstamm haben ältere Frauen ein viel höheres Ansehen als junge, einfach deshalb, weil sie die besseren Sammlerinnen sind.[44] Und im Falle der Arunta, so zeigen Spencer und Gillen, sind die älteren Männer einflußreich, weil sie im allgemeinen über »mehr überliefertes Wissen verfügen oder in Fragen der Magie erfahrener sind«. Fehlen den Älteren jedoch solche Fähigkeiten, dann sind die jüngeren Leute die angeseheneren.[45] Kurz, es ist nicht das Alter an sich, welches besondere Macht und besonderen Einfluß verschafft, vielmehr tun das die besonderen Fähigkeiten, die damit einhergehen.

Wie das Alter ist auch das Geschlecht ein Faktor im Verteilungsprozeß dieser Gesellschaften, obwohl seine Bedeutung unter-

43 So berichten beispielsweise Spencer und Gillen, daß der Häuptling eines Arunta-Stammes nicht notwendig auch das wichtigste Mitglied im Rat ist (Bd. I, S. 9—10).

44 C. W. M. Hart und Arnold R. Pilling, *The Tiwi of Northern Australia* (New York: Holt, 1960), S. 35 usw.

45 Spencer und Gillen, Bd. I, S. 12.

schiedlich groß ist. Durchweg haben Frauen eine niederere Position als Männer, auch wenn in einigen Gesellschaften der Unterschied nicht erheblich ist. Fast nirgends können sie Häuptling werden und in der Regel auch nicht Schamane; außerdem dürfen sie nicht an Ratssitzungen teilnehmen. Inwieweit solche Ungleichheit als funktional bezeichnet werden kann, läßt sich kaum sagen; es wäre jedoch falsch anzunehmen, daß die höhere Position der Männer allein deren größere physische Stärke widerspiegele. Aufgrund ihrer exklusiven Rolle als Gebärende und Ernährerinnen von Kindern scheinen die Frauen unmöglich erfahrene Jäger oder Krieger werden zu können.[46] In einer Gesellschaft aber, in der das Wohl der Gruppe engstens verbunden ist mit dem Geschick ihrer Jäger und Krieger, ist es unvermeidlich, daß alle, die an den entscheidenden Funktionen des Jagens und Kämpfens keinen Anteil haben, weniger Ansehen und Einfluß genießen als diejenigen, die diese Funktionen erfüllen. Auf der anderen Seite kommen die Frauen bei der Verteilung der Nahrung nicht zu kurz; man könnte sogar sagen, daß – das Fehlen jedes nennenswerten Surplus vorausgesetzt – auf diesem Gebiet zwischen Männern und Frauen Gleichheit zu herrschen scheint.

Obwohl die Frauen als Gruppe weniger Prestige und Einfluß haben als die Männer, sind sie untereinander nicht alle gleich. Im allgemeinen reflektiert der Status einer verheirateten Frau den Status ihres Ehemannes. So schreibt Holmberg zum Beispiel: »Mit einem Mann verheiratet zu sein, der ein guter Jäger ist, und mehrere Kinder zu haben, sind die wichtigsten Statussymbole einer Frau.«[47] Radcliffe-Brown berichtet, daß bei den Andamanesen »die Frau eines führenden Mannes im allgemeinen einen ähnlichen Einfluß auf die Frauen ausübt wie ihr Mann auf die Männer«.[48] Auf eine ähnliche Struktur traf Howitt bei den Kulin in

46 Edwin Thompson Denig berichtet die dramatische Geschichte von einer Crow-Indianerin, aus der ein hervorragender Krieger und Häuptling wurde; es ist jedoch bezeichnend, daß sie nie einen Mann heiratete und auch, außer in ihren jungen Jahren, keinerlei weibliche Aufgaben übernahm. Später »heiratete« sie vier »Ehefrauen«, die die einer Frau zufallenden Arbeiten in ihrem Haushalt verrichteten. Dieses Beispiel zeigt eindringlich, daß ein Einzelner, und sei er noch so begabt, nicht in der Lage ist, beide Rollen erfolgreich auszufüllen, die der Frau und Mutter einerseits und die des Jägers und Kriegers andererseits. Siehe *Five Indian Tribes of the Upper Missouri* (Norman, Okla.: University of Oklahoma Press, 1961), S. 195—200.

47 Holmberg, S. 58.

48 Radcliffe-Brown, S. 47.

Australien.[49] Es hat indes auch Fälle gegeben, wo einzelne Frauen größeren Einfluß hatten als manche Männer. Über die Kurnai, ebenfalls ein australischer Stamm, schreibt Howitt, daß einige Frauen aufgrund ihres Alters und ihrer Fähigkeiten einen beachtlichen Einfluß ausübten, und er fügt hinzu, »solche Frauen wurden von den Männern um Rat gefragt, ihr Einfluß und ihre Autorität im Stamm waren groß«.[50]
Ein letztes Moment, welches die Lebenschancen des einzelnen in Jäger- und Sammlergesellschaften beeinflußt, stellen Verwandtschaftsbeziehungen dar. Wie gesagt, sind die Positionen von Häuptling und Schamanen häufig erblich, wodurch manche einfach zufällig aufgrund ihrer Geburt bestimmte Vorteile vor anderen genießen. Wir wissen außerdem, daß Brüder oder andere nahe Verwandte wichtiger Männer bis zu einem gewissen Grad deren Vergünstigungen teilen. Allerdings scheint dies im Gesamtbild nur von zweitrangiger Bedeutung zu sein, denn das bisher vorliegende Material zeigt an, daß in diesen Gesellschaften persönliche Unfähigkeit durch nichts aufzuwiegen ist, ebensowenig wie kaum jemand, der sich als guter Jäger oder Sammler oder als versiert im Umgang mit Magie erwiesen hat, unbeachtet bleibt. Holmbergs Beschreibung der Situation bei den Siriono ist typisch:

»Innerhalb des Stammes genießen die nächsten Verwandten des Häuptlings wohl die meisten Vorteile; ich kann dies jedoch nicht als hervorstechenden Zug speziell der Siriono-Gesellschaft betrachten und belegen. Sicherlich trifft es zu, daß der Bruder des Häuptlings mehr Privilegien hat als ein entfernter Vetter; aber in einer Gesellschaft wie der der Siriono, wo die Nahrungsversorgung knapp und unsicher ist, hängt der Status eines Menschen notwendig mehr von seiner Fähigkeit ab, Nahrung heranzuschaffen, als von jedem anderen Einzelfaktor. Der Beweis dafür wurde mir während meines Aufenthalts in Tibaera immer wieder ad oculos demonstriert.«[51]

Damit kommen wir zu unserem Ausgangspunkt zurück: *Zentraler Punkt im Leben aller Jäger- und Sammlergesellschaften ist das Fehlen jedes nennenswerten wirtschaftlichen Surplus.* Und diese Tatsache bestimmt das Verteilungssystem all dieser Gesellschaften. Es sind zwar geringfügige Unterschiede möglich; wie wir ge-

49 A. W. Howitt, *The Native Tribes of South-East Australia* (London: Macmillan, 1904), S. 308.
50 Ebenda, S. 316.
51 Holmberg, S. 58

sehen haben, sind sie jedoch so begrenzt, daß es eine ganz starke Ähnlichkeit zwischen den Verteilungssystemen aller Gesellschaften auf dieser Stufe gibt. Die Unterschiede zu übersehen, wäre ein Fehler, sie zu übertreiben, wäre allerdings ein größerer Fehler.

Unterschiedliche Züge von Verteilungssystemen und ihre Ursachen

Wenn wir uns im folgenden den unterschiedlichen Zügen in den Verteilungssystemen von Jäger- und Sammlergesellschaften zuwenden, dann dürfen wir nicht vergessen, daß diese Unterschiede nur einen ganz kleinen Teil der zwischen menschlichen Gesellschaften insgesamt möglichen Unterschiede darstellen. Ausgeprägte Formen von Ungleichheit, wie sie in Agrar- und Industriegesellschaften in der Regel zu finden sind, fehlen in Jäger- und Sammlergesellschaften völlig.

Die wichtigsten Unterschiede zwischen den Verteilungssystemen von Jäger- und Sammlergesellschaften sind folgende:

1. Unterschiede im Führungs- und Regierungssystem; sie reichen von der Abwesenheit jedweder Funktion, die über die des Familienoberhauptes hinausgeht (selten), bis zur Existenz eines Häuptlings, welcher begrenzten Einfluß auf mehrere Dorfgemeinschaften hat (sehr ungewöhnlich); im Normalfall gibt es einen Häuptling, der begrenzten Einfluß auf sein Dorf ausübt.
2. Unterschiede im Einfluß von Schamanen oder Medizinmännern; sie reichen von der völligen Abwesenheit solcher Personen (selten oder ungewöhnlich) bis zu der Situation, in der sie die einflußreichsten Mitglieder der Gruppe sind (häufig); im Normalfall nehmen Schamanen eine Position ein, die an Einfluß und Prestige der des Stammeshäuptlings gleich- oder fast gleichkommt.
3. Unterschiede in der Besitzstruktur von Grund und Boden; die Skala reicht vom Privatbesitz in den Händen einzelner Familien (sehr selten) bis zum Fehlen jeden Begriffes von Grundbesitz überhaupt (nicht häufig); üblich ist der gemeinschaftliche Besitz aller Stammesmitglieder.
4. Unterschiede im Gewicht, welches Umverteilungstechniken zukommt; sie reichen von der Situation, wo sie ohne besondere Bedeutung sind (selten oder ungewöhnlich), bis zu jener, wo

sie ein wesentliches Merkmal der Wirtschaft darstellen (Normalfall).

Die Theorie hält eine ganze Reihe möglicher Erklärungen für diese Unterschiede bereit. Darunter:

Umweltunterschiede
Unterschiede der sozialen Situation oder sozialen Umwelt
Unterschiede des technologischen Entwicklungsstandes
Kulturelle Diffusion
Unterschiedliche Einflüsse großer Männer
Traditionsunterschiede
Zufall

Zu den besten Erörterungen des Problems zählt der Beitrag, den Julian Steward mit seiner wichtigen ökologischen Untersuchung der Western-Shoshoni-Indianer aus Nevada und den umliegenden Gebieten sowie ihrer Uten- und Paiuten-Nachbarn leistete.[52] Steward vergleicht die soziale Organisation verschiedener Dorfgemeinschaften, die zwar eine gemeinsame kulturelle Tradition haben, deren äußere Bedingungen jedoch verschieden sind, und ist dadurch in der Lage, in etwa beurteilen zu können, inwieweit Unterschiede in der sozialen Organisation von *Umweltunterschieden* abhängen und inwieweit die Erklärung anderswo zu suchen ist. Seine Analyse weist klar nach, daß bestimmte Unterschiede im Verteilungsprozeß auf Umweltunterschiede zurückzuführen sind. Die Paiuten-Indianer von Owens Valley zum Beispiel praktizierten den gemeinschaftlichen Besitz ihres Bodens, ganz im Unterschied zu den übrigen. Steward behauptet nun, der Grund dafür liege darin, daß ihr Land fruchtbarer war und genügend pflanzliche und tierische Nahrung bot, um den Bestand der Bevölkerung zu garantieren. Das Gebiet, welches die Western Shoshoni, die Uten und andere Paiuten bewohnten, war dagegen weit weniger fruchtbar und, was noch bedeutsamer ist, man konnte nicht mit regelmäßigen Erträgen rechnen. Der Boden, der im einen Jahr eine üppige Ernte brachte, warf im darauffolgenden fast nichts ab. Diese unsichere Situation zwang die genannten Gruppen, auf der Suche nach Nahrung weiterzuziehen, so jedes System von Bodenbesitz ausschließend.[53]

52 Steward, *Socio-political Groups.* Vgl. auch seinen früheren Aufsatz »The Economic and Social Basis of Primitive Bands«, S. 331—350, und Forde, *Habitat,* 18. Kap.

53 Steward, *Socio-political Groups,* bes. S. 255—256.

Stewards Analyse zeigt auch, daß Existenz oder Nichtexistenz der Position eines Häuptlings ebenfalls mit Umweltunterschieden zu tun haben. Nur in relativ kleinen Dorfgemeinschaften kannte man laut Steward dieses Amt überhaupt nicht. Da der Umfang einer Gruppe aber weitgehend von der Fruchtbarkeit ihres Bodens abhängt, scheint auch hier ein Zusammenhang mit den Umweltunterschieden gegeben.

Gewisse Unterschiede in den Machtbefugnissen von Häuptlingen schreibt Steward auch der *sozialen Situation der Gruppe* zu. So sieht er zum Beispiel zwischen der zeitweiligen Herausbildung einer Führungsposition über die eigene Gruppe hinaus im 19. Jahrhundert und der Auseinandersetzung mit weißen Siedlern einen eindeutigen Zusammenhang. Auf diese Krise reagierten die Indianer spontan damit, daß sie über den einzelnen Stamm hinaus einige Führer mit besonderer Autorität ausstatteten.[54] Serano berichtet von einer ähnlichen Struktur bei den Charrua in Südamerika, und Gunnar Landtman kommt aufgrund seiner umfassenden Vergleichsstudie primitiver Völker zu dem Schluß, daß Krieg oder Konflikte zwischen Stämmen zu den Hauptfaktoren zählten, welche die Autorität von Führern stärkten und soziale Ungleichheit beförderten.[55]

Schließlich zeigt Steward, daß gewisse Unterschiede im Leben der Basin-Plateau-Stämme auf die *Ausbreitung gewisser Kulturphänomene* (kulturelle Diffusion) zurückzuführen sind. Die Existenz des besonderen Amtes eines »Sprechers des Häuptlings« in manchen Stämmen beispielsweise erklärt er als übernommenes Element. Das gleiche gilt nach seiner Ansicht für die Forderung mancher Stämme an ihre Häuptlinge, sie müßten Visionen haben.[56]

Den Einfluß von *technologischen Unterschieden* zwischen den von ihm untersuchten Stämmen erörtert Steward vermutlich deshalb nicht, weil sie minimal waren. Eine vergleichende Untersuchung auf allgemeiner Basis zeigt im übrigen, ganz wie unsere Theorie erwarten läßt, daß solche Unterschiede einen ähnlichen Effekt haben wie die durch unterschiedliche Umweltbedingungen verursach-

54 Ebenda, S. 246—251.

55 Siehe Antonio Serano, »The Charrua«, in: Julian Steward (Hrsg.), *Handbook of South American Indians* (Washington, D. C.: Smithsonian Institution Bureau of American Ethnology, 1946), Bd. I, S. 194, und Landtman, bes. S. 320, aber auch Kapitel 7 und 16 im allgemeinen.

56 Steward, *Social-political Groups*, S. 252.

ten. Entsprechend sind in Gesellschaften, in denen es eine rudimentäre Form von Hortikultur gibt, die Bevölkerungszahlen höher, die Siedlungen von längerem Bestand und die Führungsfunktionen genauer definiert.[57] Es ist anzunehmen, daß die Inhaber dieser Funktionen auch größere Gratifikationen erhalten.

Während der letzten Generation war die Hypothese, *große Männer* seien fähig, Kultur und soziale Organisation zu beeinflussen, für die meisten Soziologen und Anthropologen ein Greuel.[58] Im wesentlichen war ihre Ablehnung dieser Hypothese auch sehr berechtigt, denn der Einfluß großer Männer ist in der Vergangenheit offensichtlich überschätzt worden. Außerdem hatte diese Hypothese allzu oft die Psychologisierung der sozialen Analyse zur Folge gehabt.

Heute sind die Theoretiker, die große Männer Geschichte machen lassen, aus der Arena verschwunden, das Problem kann etwas gelassener wieder aufgenommen werden. Der Philosoph Sidney Hook hat in seinem provozierenden Buch *The Hero in History*[59] einen exzellenten Anfang gemacht. Hook ist der Meinung, daß die Sozialdeterministen der letzten hundert Jahre in ihrem Eifer, von übertriebener Heldenverehrung loszukommen, das Kind mit dem Bade ausgeschüttet haben. Er kommt zu diesem Schluß nach der Analyse von einigen spezifischen historischen Ereignissen, einschließlich der Russischen Revolution.

Hook wird in seiner Ansicht durch ethnographisches Material über Jäger- und Sammlergesellschaften unterstützt. So beschreibt zum Beispiel Howitt einen berühmten Häuptling des Dieri-Stammes in Australien, dem es allein aufgrund seiner einmaligen persönlichen Macht möglich war, auf Stämme Einfluß zu nehmen, auch wenn sie hundert Meilen entfernt lebten – eine außergewöhnliche Leistung.[60] Auch in seinem eigenen Volk verfügte er über Machtbefugnisse, wie sie sonst keineswegs üblich waren. So schied er beispielsweise Ehepaare, die nicht miteinander zurechtkamen, und erteilte Eheerlaubnis im Falle junger Frauen, die gar

57 Siehe z. B. Steward und Farons Erörterung der verschiedenen Gé-sprechenden Völker im östlichen Hochland von Brasilien (S. 362—372).

58 Eine der heftigsten Attacken gegen die große-Männer-Hypothese ritt Leslie White, *The Science of Culture* (New York: Grove Press, 1949), 9. Kap.

59 Sidney Hook, *The Hero in History: A Study in Limitation and Possibility* (Boston: Beacon Press, 1955, erstmals erschienen 1943).

60 Howitt, S. 297—299.

nicht mit ihm verwandt waren. Auf der anderen Seite gab es viele Häuptlinge, denen die notwendigen persönlichen Qualitäten fehlten, welche ihnen den Genuß der traditionellen Vorrechte ihres Amtes garantiert hätten. Solche Unterschiede in den Verteilungssystemen lassen sich nur erklären, wenn man auch die persönlichen Eigenschaften führender Männer in Rechnung stellt.

Viele Vertreter des sozialen Determinismus und viele Umwelttheoretiker haben auch gezögert, der *Tradition* oder *dem kulturellen Erbe einer Gruppe* Gerechtigkeit widerfahren zu lassen. Handlungsmuster, einmal etabliert, sind nicht so leicht hinwegzufegen, und trotz aller Argumente von Funktionalisten wie Malinowski gibt es das Phänomen der Trägheit im Leben von Gruppen, und es ist nicht so einfach oder rasch zu überwinden.[61] Handlungsmuster, die habitualisiert sind und keine offensichtlichen Probleme verursachen, werden oft nur deshalb weiter beachtet, weil der Weg zur Beherrschung neuer Verhaltensmuster beschwerlich und unbequem ist, und weil die Menschen, insbesondere die älteren, die langsamer lernen und zugleich die Machtpositionen innehaben, sich dagegen sträuben.

Die Feststellung, die Menschen folgten den Traditionen ihrer Gruppe, besagt nichts anderes, als daß keine Generation mit einer tabula rasa oder einem leeren Blatt beginnt. In seiner frühen Jugend, der Zeit seiner größten Aufnahmefähigkeit, ist jeder Mensch der Kultur seiner Gruppe ausgesetzt; er internalisiert eine Menge, wodurch es schwierig wird, diese Kultur zu zerstören. Kultur und Charakterstruktur wirken bei der Erhaltung vieler Elemente aus der Vergangenheit in einer Weise zusammen, die den Menschen meist gar nicht bewußt wird, vermittels des Sprachzusammenhangs nämlich. Die Hypothese, einige der Unterschiede zwischen Verteilungssystemen von Gesellschaften, die sich auf dem gleichen ökonomischen Entwicklungsstand befinden, in vergleichbaren äußeren Verhältnissen leben (sowohl sozial wie geographisch) und deren Technologie und Regierungsform vergleichbar sind, seien

61 Siehe Bronislaw Malinowski, *A Scientific of Culture* (Chapel Hill, N. C. University of North Carolina Press, 1944), 3. Kap. Er reitet einen heftigen Angriff gegen den Begriff der »Überbleibsel«. Leider herrscht, wie in der Widerlegung der großen-Männer-Theorie, die wir schon zitierten, auch hier eine Mischung aus Sinn und Unsinn vor, der ein semantischer Taschenspielertrick zugrunde liegt. Für einen anderen Ansatz siehe Gerhard Lenski, *The Religious Factor* (Garden City, N. Y.: Doubleday Anchor, 1959), S. 398.

auf eine unterschiedliche Vergangenheit zurückzuführen, scheint durchaus vernünftig. Besonders wahrscheinlich dürfte dies sein, wenn man den stark konservativen Charakter der Primitiven bedenkt, von dem die Anthropologen so häufig gesprochen haben. Und schließlich scheint auch der *Zufall* ein Faktor zu sein, welcher zu den Unterschieden zwischen den Verteilungssystemen beiträgt. Selbst Engels, einer der Väter des modernen Sozialdeterminismus, leugnete seinen Einfluß nicht. Im Gegenteil, er entwickelte sogar eine Definition des Zufalls oder der historischen Zufälligkeiten, welche er als jene Dinge und Ereignisse beschrieb, deren innerer Zusammenhang von jeglichem Beweis so weit entfernt ist oder sich ihm überhaupt entzieht, daß wir ihn als nicht-existent, als négligeable betrachten können.[62] Nur diejenigen, die nach wie vor an die Möglichkeit totalen Wissens glauben – Traum gewisser Wissenschaftler des 19. Jahrhunderts –, können auf den so definierten Zufall in ihren Theorien verzichten.

62 Vgl. Lewis Feuer (Hrsg.), *Karl Marx and Friedrich Engels: Basic Writings on Politics and Philosophy* (Garden City, Doubleday Anchor, 1959), S. 398.

6. Einfache Hortikulturgesellschaften

Die Energien der Talentierten werden in niedriger Arbeit verzehrt, wo sie doch höheren Dingen zugute kommen sollten...

Es geht uns nicht um uns selbst.
Es geht uns um das Wohl der Gesellschaft.
Michael Young

Vor zehntausend Jahren erkannten die Primitiven erstmals, wie sie einige der Pflanzen, von denen ihre Ernährung abhing, anbauen und kultivieren konnten. Diese wichtige Entdeckung legte den Grund für die Entstehung der ersten Hortikulturgesellschaften einige Jahrhunderte oder Jahrtausende später. Diese Form sozialer Organisation breitete sich in weiten Teilen der Welt entweder auf dem Wege der Imitation oder durch unabhängige, eigenständige Entdeckung aus; sie wurde in der Folgezeit allerdings in vielen Gebieten durch noch weiter fortgeschrittene Formen sozialer Organisation verdrängt.

Wie der Name sagt, handelt es sich bei Hortikulturgesellschaften um Gesellschaften, deren wirtschaftliche Grundlage der Gartenbau ist. Sie unterscheiden sich damit von den primitiveren Jäger- und Sammlergesellschaften, in denen der Anbau von Pflanzen entweder überhaupt nicht bekannt oder von zweitrangiger Bedeutung ist, ebenso wie von den weiter fortgeschrittenen Agrargesellschaften, die wirksamere Anbautechniken verwenden und in größerem Maßstab anbauen.[1] Das beste Kriterium zur Unterscheidung zwischen Hortikultur und Agrikultur dürfte sein, daß letztere beim Anbau den Pflug als Hauptwerkzeug verwendet, während die erste auf die primitivere Hacke angewiesen ist oder auf den noch einfacheren Grabstock.

Hortikulturgesellschaften blühten einst in ganz Europa, im Mittleren Orient und in Süd- und Ostasien, ehe sie von Agrargesellschaften verdrängt wurden oder sich zu solchen weiterentwickelten. In neueren Zeiten existierten sie noch in weiten Teilen Nord-

1 Das Wort »Hortikultur« stammt aus dem Lateinischen, es ist zusammengesetzt aus *hortus* und *cultura* und bedeutet Gartenbau, während »Agrikultur« von *ager* und *cultura* kommt, was die Bebauung von Feldern meint.

und Südamerikas, in Afrika südlich der Sahara und auf einigen Pazifikinseln.

Wie in Kapitel 4 gezeigt, sind die Gesellschaften, welche Gartenbau treiben, höchst unterschiedlich, und wir müssen unbedingt zwischen den mehr und den weniger fortgeschrittenen differenzieren. Dies geschieht am leichtesten anhand folgender Kriterien:

1. Sind Grabstock oder Hacke die wichtigsten Geräte beim Anbau?
2. Wird terrassenförmig angebaut und gibt es künstliche Bewässerung (im Gegensatz zu natürlicher Überflutung)?
3. Gibt es Techniken der Fruchtbarmachung (die über das Abbrennen des Bodens nach der Rodung oder natürliches Überflutenlassen hinausgehen)?
4. Arbeitet man mit Metall und werden Metallwerkzeuge hergestellt?

Einfache Hortikulturgesellschaften sind solche, die nur den Grabstock verwenden und keine der fortgeschrittenen Techniken kennen. *Fortgeschrittene Hortikulturgesellschaften* benutzen die Hacke und praktizieren die eine oder andere fortgeschrittenere Technik.[2]

In der Neuzeit finden sich einfache Gartenbauern hauptsächlich in Nord- und Südamerika und auf einigen der größeren Pazifikinseln, besonders auf Neu-Guinea.[3] Mit diesen Gruppen wollen wir uns denn auch in diesem Kapitel befassen. Zwar gab es einfache Hortikulturgesellschaften einst auch in vielen anderen Teilen der Welt, aber wir wissen von ihnen nur sehr wenig; wir verfügen höchstens über einige Artefakte, die uns äußerst begrenzte Einsichten in den Funktionszusammenhang ihrer Verteilungssysteme gewähren.

2 Für eine lebendige Schilderung dessen, was die Einführung auch nur eines dieser Elemente für eine Gesellschaft bedeuten kann, siehe Ralph Linton, *The Tanala: A Hill Tribe of Madagascar* (Chicago: Field Museum of Natural History, 1933); er beschreibt, wie sich die Tanala-Gesellschaft nach Einführung der Bewässerungstechnik veränderte.

3 Wir übergehen hier die afrikanischen Gartenbauer, weil sie Hacken verwendeten und mit Metall umgehen konnten. Auch die meisten Gartenbauer von Mexiko und Peru lassen wir außer acht; sie kannten die Hacke und bewässerten künstlich, häufig legten sie auch Terrassen an und machten den Boden urbar. Diesen Gruppen wenden wir uns erst im nächsten Kapitel zu.

Einfache Hortikulturgesellschaften ähneln Jäger- und Sammlergesellschaften stark, besonders wenn letztere in einer günstigen Umwelt leben. Was Faktoren wie Umfang der Dorfgemeinschaft, Pro-Kopf-Produktivität, Ausmaß der sozialen Ungleichheit usw. betrifft, so scheint es erhebliche Überschneidungen zwischen ihnen zu geben, die laut Goldschmidt weitgehend auf äußere Bedingungen zurückzuführen sind: Umfang, Produktivitätsstandard und Grad der inneren Ungleichheit von Jäger- und Sammlergesellschaften, die in sehr fruchtbaren Gegenden leben, sind meist etwas höher als die von einfachen Hortikulturgesellschaften in ungünstiger Umgebung.[4] Unter *vergleichbaren* Bedingungen sind einfache Hortikulturgesellschaften jedoch gewöhnlich größer, produktiver und weniger egalitär. Auch im *Durchschnitt* gesehen sind einfache Hortikulturgesellschaften in all diesen Punkten höher entwickelt, vor allem liegt die obere Grenze ihrer Reichweite entschieden höher.

Ein Vergleich der Bevölkerungszahlen in beiden Gesellschaftstypen mag als Illustration dienen. Im Falle von Jäger- und Sammlergesellschaften, so erinnern wir uns, waren Gesellschaft und Dorfgemeinde identisch, die Gemeinden umfaßten im Durchschnitt nicht mehr als fünfzig Personen. In einfachen Hortikulturgesellschaften dagegen umfassen die Gesellschaften häufig mehr als eine Gemeinde und der durchschnittliche Umfang der Gemeinden ist größer.

Noch heute können wir nicht sagen, welcher Gesellschaftstypus unter den einfachen Hortikulturgesellschaften der übliche war, die Gesellschaft mit nur einer Gemeinde oder die, in der viele Dorfgemeinden zusammengeschlossen waren. Beide Formen treten ziemlich häufig auf. Die Hasinaí von Texas liefern ein gutes Beispiel für eine Gesellschaft mit vielen Dorfgemeinden; sie bestand aus einem sehr dauerhaften und stabilen Zusammenschluß von neun Dörfern.[5] Frühe spanische Autoren berichten, daß die Gayuvava in Ostbolivien von einem einzigen Häuptling regiert

4 Walter Goldschmidt, *Man's Way: A Preface to the Understanding of Human Society* (New York: Holt, 1959), S. 149.

5 John Swanton, *Source Material on the History and Ethnology of the Caddo Indians*, Smithsonian Institution, Bureau of American Ethnology, Bulletin 132 (1942), bes. S. 107—173.

wurden; er kontrollierte sieben Dörfer, unter denen einige 2000 Einwohner hatten.[6] Andere Quellen berichten von ähnlichen Strukturen unter so verstreut lebenden Gruppen wie den Kapauku und den Garia von Neu-Guinea, den Jivaro, Paressí und Xaray in Südamerika, den Yuma im amerikanischen Südwesten, den Irokesen im Nordosten sowie verschiedenen Stämmen im Südosten.[7] Gewöhnlich umfaßten diese Gesellschaften nur eine Handvoll Dörfer, ganz selten waren es mehr als zehn; oft war die Verbindung zwischen den einzelnen Gemeinden instabil, von kurzer Dauer oder nur ganz lose und kaum von Bedeutung. Dennoch stellen sie einen wesentlichen Fortschritt dar im Vergleich zur Organisationsstruktur von Jäger- und Sammlergesellschaften.

Es ist unmöglich, die durchschnittliche Größe einer einfachen Hortikulturgemeinde genau anzugeben; sie scheint aber zwischen ein- und zweihundert Mitglieder zu zählen, also etwa drei- bis viermal soviele wie die durchschnittliche Jäger- und Sammlergesellschaft.[8] Die obere Grenze läßt sich etwas leichter bestimmen, sie

6 Julian Steward und Louis Faron, *Native Peoples of South America* (New York: McGraw-Hill, 1959), S. 350; oder Julian Steward (Hrsg.), *Handbook of South American Indians*, Smithsonian Institution, Bureau of American Ethnology, Bulletin 143 (1946), Bd. III, S. 427.

7 Siehe Leopold Pospisil, »Kapauku Paupuan Political Structure«, in: F. Ray (Hrsg.), *Systems of Political Control and Bureaucracy in Human Societies*, Protokolle der Sitzungen der Amerikanischen Ethnologischen Gesellschaft aus dem Jahre 1958, S. 9; C. G. Seligman, *The Melanesians of British New Guinea* (London: Cambridge University Press, 1910), S. 58—59 über die Garia; M. W. Stirling, *Historical and Ethnographical Material on the Jivaro Indians*, Smithsonian Institution, Bureau of American Ethnology, Bulletin 117 (1948), S. 38 bis 41 über die Jivaro; Steward and Faron, S. 350 über die Xaray und S. 258 über die Paressí; C. Daryll Forde, *Habitat, Economy and Society* (London: Methuen, 1934), S. 251 und 257 über die Yuma und die Stämme im amerikanischen Südosten; und Peter Murdock, *Our Primitive Contemporaries* (New York: MacMillan, 1934), S. 304 ff. über die Irokesen.

8 Diese Schätzung stammt von mir, sie beruht auf der Lektüre von ethnographischem und archäologischem Material. Vgl. z. B. V. Gordon Childe, der berichtet, daß neolithische Dörfer in Europa acht bis fünfzig Häuser umfaßten, was eine Bevölkerung zwischen 30 und 300 Menschen vermuten läßt (in: »The New Stone Age«, in: Harry Shapiro (Hrsg.), *Man, Culture and Society* (Fair Lawn, N. J.: Oxford Galaxy, 1960), S. 105), oder H. Jan Hogbin, der schreibt, daß die Durchschnittsgröße von Dörfern in Neu Guinea bei 200 liegt (in: *Transformation Scene: The Changing Culture of a New Guinea Village* (London: Routledge, 1951), S. 30). Vgl. auch Steward und Faron, die zeigen, daß einfache Hortikulturgesellschaften in Südamerika die fünffache Bevölkerungsdichte von Jäger- und Sammlergesellschaften hatten (vgl. Seite 298 und 383).

liegt bei etwa 3000 Menschen und ist damit zumindest fünfmal so hoch wie in Jäger- und Sammlergesellschaften.[9]
Einen größeren Umfang der einzelnen Gemeinden und ihren möglichen Zusammenschluß zu einfachen Hortikulturgesellschaften vorausgesetzt, liegt auf der Hand, daß einfache Hortikulturgesellschaften durchschnittlich größer sind als Jäger- und Sammlergesellschaften, obwohl es bislang unmöglich ist, das Verhältnis präzise anzugeben. Eine konservative Schätzung könnte von 5 zu 1 sprechen. An der *oberen Grenze* ist der Gegensatz jedoch schärfer. Die Irokesen beispielsweise zählten eine Zeitlang annähernd 16 000 Köpfe und damit mindestens fünfundzwanzigmal soviel, wie eine Jäger- und Sammlergesellschaft im Höchstfall erreichte.[10] Trotz seines vermutlichen Ausnahmecharakters zeigt dieses Beispiel doch das organisationelle und demographische Potential dieser Gesellschaften an.
Der größere Umfang einfacher Hortikulturgesellschaften spiegelt deutlich die höhere Produktivität ihrer Wirtschaft wider. Obwohl ein großer Teil dieses Produktivitätszuwachses vom Bevölkerungszuwachs verschlungen wird, bleibt einiges in Form eines wirtschaftlichen Surplus übrig. Ausdruck davon ist nicht zuletzt die neue »Muße«, deren die Mitglieder dieser Gesellschaft sich erfreuen. Im Gegensatz zu den Angehörigen von Jäger- und Sammlergesellschaften sind sie nicht mehr gezwungen, den größten Teil ihrer Arbeitszeit mit der Suche nach Nahrung und anderen lebensnotwendigen Dingen zu verbringen, sie können ihre Zeit zum Teil auch anders verwenden.
Eine Möglichkeit, die neue gewonnene »Muße« zu nutzen, bestand in der *Herstellung verschiedener entbehrlicher Güter.* So wurden beispielsweise Häuser oder andere Gebäude errichtet. Diese Bauten sind denen von Jägern und Sammlern meist weit überlegen. Von so primitiven Gruppen wie etwa den Boro in Südamerika, die in einer Hortikultur leben, wird berichtet, daß sie Dorfzen-

9 Diese Zahl nennen Murdock für die Irokesen und Steward und Faron für verschiedene Völker im tropischen Urwald von Südamerika (siehe Murdock, *Contemporaries,* S. 297 und Steward und Faron, S. 299). Weitere Beispiele einfacher hortikultureller Gemeinden mit Bevölkerungszahlen zwischen 1000 und 2000 sind nicht ungewöhnlich. Vgl. zum Beispiel Leo Simmons, *Sun Chief* (New Haven, Conn.: Yale University Press, 1942), S. 10, oder Fred Eggan, *Social Organization of the Western Pueblos* (Chicago: University of Chicago Press, 1950), S. 176 über die Indianer im amerikanischen Südwesten.
10 Murdock, *Contemporaries,* S. 319.

tren bauten, die 18 bis 20 m lang und breit und mehr als 9 m hoch waren.[11] Die Irokesen errichteten Bauten von 15 bis 45 m Länge und in einem Fall sogar von 90 m.[12] Die Kiwai Papuas dürften mit einem Bau von 155 m Länge den Rekord gehalten haben.[13] In Jäger- und Sammlergesellschaften findet sich nichts Vergleichbares.[14]

In vielen Fällen wird die neue »Muße«, die durch hortikulturelle Wirtschaft möglich wird, auf *zeremonielle Aktivitäten* verwandt. Wer die ethnographische Literatur über einfache hortikulturelle Gesellschaften liest, wird nicht umhin können, von den häufigen Hinweisen auf zeremonielle Aktivitäten und die ihnen gewidmete Zeit beeindruckt zu sein. Klassisches Beispiel dafür sind die Zuñi-Indianer in Neu-Mexiko, deren Lebensweise Ruth Benedict in *Patterns of Culture* so lebendig beschreibt. Die Zuñi widmen solchen Aktivitäten viel Zeit und Energie, ja sie messen ihnen eine zentrale Bedeutung in ihrem Leben bei. Obwohl die Zuñi (wie auch andere Pueblo-Indianer) in dieser Hinsicht als extrem gelten können, spielen zeremonielle Aktivitäten im Leben der meisten einfachen Hortikulturgesellschaften eine wichtige Rolle. Häufig werden zu ihrem Zweck geheime Gesellschaften oder Clubs gegründet, in denen man sich an einen Festkalender hält, wie etwa die Irokesen es tun. Oft werden dafür auch besondere Gebäude errichtet, was in Jäger- und Sammlergesellschaften kaum vorkommt.[15] Wo die Gruppen nur geringe Mittel zur Verfügung haben, wie etwa bei den Berg-Arapesch in Neu-Guinea, sind Zeremonien seltener und nicht so aufwendig, stellen aber immer noch wichtige und hervorstechende Züge im Leben der Gruppe dar.

Eine zweite Möglichkeit, die neue »Muße« zu nutzen, ist der *Krieg*. Das heißt nicht, Jäger- und Sammlergesellschaften kennten

11 Forde, *Habitat,* S. 133—134.

12 Murdock, S. 297.

13 Gunnar Landtman, *The Kiwai Papuans of British New Guinea* (London: Macmillan, 1927), S. 5.

14 Interessant ist, daß der Archäologe V. Gordon Childe von ähnlichen Unterschieden zwischen den frühen neolithischen Hortikulturen und deren Jäger- und Sammlervorgängern berichtet. Und tatsächlich bauten die Danubier, ein einfaches Hortikulturvolk in Zentraleuropa, Gemeindehäuser, die denen, welche die Irokesen einige tausend Jahre später errichteten, sehr nahe kommen. Siehe Childe, »The New Stone Age«, in: Shapiro, S. 104.

15 Wie kunstvoll und eindrucksvoll solche Bauten sein können, zeigen Photos über die Gemeindehäuser der Papuas in Seligman, a. a. O.

keinen Krieg, aber er ist hier nur eine äußerst selten praktizierte Aktivität. In manchen einfachen Hortikulturen dagegen ist die Kriegführung bis zu einem Punkt entwickelt, wo sie zur allgemeinen Lebensweise wird, wo Nahrungsproduktion und andere gewerbliche Tätigkeiten zumindest im Leben der Männer zweitrangig sind. Die Jivaro-Indianer im oberen Amazonasbecken sind das klassische Beispiel dafür. Ein spanischer Jesuit wies bereits zu Beginn des 17. Jahrhunderts darauf hin, als er schrieb, die sie »beherrschende Leidenschaft, Zentrum ihrer Feste, Vergnügungen und ihres größten Glücks ist der Krieg«. Und in jüngerer Zeit meinte ein amerikanischer Ethnologe über die Jivaro, ihre »endlosen Blutrachefehden reichen vom Meuchelmord bis zu verzweifelten Vernichtungskämpfen, in denen Hunderte von Menschen einander gegenseitig umbringen«.[16] Mittelpunkt all dieser Aktivitäten scheint die Tsantsa-Zeremonie zu sein, in der die Köpfe gefangengenommener Feinde zu Schrumpfköpfen präpariert werden. Auch wenn die Jivaro ein Extremfall sind, so läßt sich an ihnen doch eine weitverbreitete Tendenz unter einfachen Hortikulturen ablesen: diese Völker führen häufiger Krieg und messen ihm auch eine viel größere Bedeutung bei als Jäger- und Sammlervölker.[17]
In diesem Zusammenhang ist zu sagen, daß sich in Untersuchungen über einfache Hortikulturen weit mehr Hinweise auf die Gefangennahme von Feinden finden als in Untersuchungen über Jäger- und Sammlergesellschaften. Und zwar gibt es diesen Brauch in Nord- und in Südamerika, und auch in Neu-Guinea.[18] Männliche Gefangene werden meist gefoltert und geschlagen und zuweilen anschließend sogar gefressen (Kannibalismus scheint in diesen Gesellschaften häufiger als in irgendwelchen anderen).[19] Gelegentlich werden sie aber auch in den Stamm aufgenommen und genie-

16 Beide Zitate aus Stirling, S. 42 und 43.

17 Archäologisches Material weist in dieselbe Richtung. Siehe Childe, »The New Stone Age«, S. 107.

18 Für Südamerika siehe Steward und Faron, S. 304—305; für Nordamerika siehe Murdock, *Contemporaries*, S. 309—311, der über die Irokesen schreibt; für Neu-Guinea siehe Seligman, S. 318—319, der über die Mekeo berichtet.

19 Elman Service in *Primitive Social Organization: An Evolutionary Perspective* (New York: Random House, 1962); er schreibt: »Terror oder psychologische Kriegführung scheinen in Stammesgesellschaften die höchste Entwicklung zu erreichen« (S. 115). Service vertritt den Standpunkt, die letzten Endes notwendige Vergeblichkeit von Stammeskämpfen, die jedes entscheidende Engagement oder die wirksame Eroberung einer Gruppe durch eine andere ausschließe, sei dafür verantwortlich zu machen.

ßen dann nach einiger Zeit die vollen Rechte und Privilegien selbständiger Stammesmitglieder. Weibliche Gefangene werden dagegen meist zu »Sklaven« gemacht und gezwungen, ihre Eroberer zu heiraten und für sie zu arbeiten.[20]

Die wichtigste Folge des hortikulturellen Systems besteht darin, daß Dorfgemeinschaften nicht mehr so häufig von einem Ort zum andern weiterzuziehen brauchen. Obwohl auch die Gemeinden einfacher hortikultureller Gesellschaften ganz selten auf Dauer an ein und demselben Ort leben, nomadisieren sie im Durchschnitt doch erheblich weniger als Jäger- und Sammlergesellschaften. Letztere müssen mindestens einmal im Jahr ihren Standort wechseln. Die Dorfgemeinschaften einfacher Hortikulturen dagegen bleiben meist mehrere Jahre am selben Platz. Die Boro in Südamerika ziehen erst nach mehreren Jahren weiter, und von den Irokesen wird berichtet, daß sie zehn bis zwölf Jahre im gleichen Dorf blieben.[21] In einigen Fällen, besonders im amerikanischen Südwesten, waren dank der natürlichen Bewässerung oder Überflutung, die immer wieder neue, fruchtbare Ackerkrume auf die Felder brachten, welche den ausgelaugten Boden ersetzte, echte Dauersiedlungen möglich.[22]

Die Bedeutung dieser Entwicklung läßt sich kaum überschätzen. Solange Menschen umherziehen müssen, können sie kaum materiellen Besitz ansammeln, zumal wenn sie ihre gesamte Habe auf dem Rücken mit sich tragen. Reduziert sich das Nomadenleben erst einmal, dann läßt sich auch Besitz aller Art anhäufen. Dazu zählen dann nicht nur Gebrauchsgegenstände, wie Werkzeug, Waffen, Kleidung, Hausrat, Körbe usw., sondern auch eine ganze Menge von Dingen wie Masken und anderes Gerät, welches bei Zeremonien verwendet wird, Statussymbole wie Skalps und andere Trophäen, Kunstgegenstände wie zum Beispiel Musikinstrumente. Kurz, die Mitglieder von einfachen Hortikulturgesellschaften besitzen nicht nur mehr als die von Jäger- und Sammlergesellschaften, ihre Habe ist auch von größerer Vielfalt.

20 Auf die Praxis der »Sklaverei« in einfachen Hortikulturgesellschaften kommen wir in diesem Kapitel noch zu sprechen.

21 Über die Boro siehe Forde, *Habitat*, S. 135, und über die Irokesen siehe Murdock, *Contemporaries*, S. 295.

22 Forde, *Habitat*, S. 230. Auch in Neu-Guinea scheinen viele Dörfer lange Zeit unverändert am selben Ort zu bestehen. Vgl. Seligman, S. 228, der Traditionen beschreibt, welche zeigen, daß ein Dorf über fünf Generationen hinweg an derselben Stelle verblieb.

Einfache Hortikulturen zeichnen sich im Vergleich zu Jäger- und Sammlergesellschaften im allgemeinen durch einen viel höheren Grad an Spezialisierung aus, sowohl auf der individuellen wie auf der kommunalen Ebene. Im individuellen Bereich zeigt sich dies in einer deutlichen Zunahme spezialisierter ökonomischer, politischer und religiöser Funktionen. Ausgeklügelte religiöse Zeremonien etwa erfordern eine größere Zahl priesterlicher Spezialisten. Im allgemeinen sind sie zwar nur »Teilzeit-Spezialisten«, in einigen Fällen jedoch, wie zum Beispiel bei den Zuñi, sind die wichtigen priesterlichen Ämter volle Berufe, und die sie ausüben, sind freigestellt von der Arbeit des täglichen Broterwerbs.[23]
Auch die politischen Ämter sind zahlreicher als in Jäger- und Sammlergesellschaften, und sie beanspruchen in vielen Fällen die volle Arbeitskraft. Eine der wichtigsten Entwicklungen in dieser Hinsicht ist die Schaffung eines Personalstabs von Subalternen, deren Hauptaufgabe darin besteht, dem Führer oder Häuptling zu assistieren und seine Anweisungen auszuführen. Auf diese Weise wird seine Autorität gestärkt, er ist nicht mehr allein von seiner Überzeugungskraft abhängig. Solche Einrichtungen finden sich in recht unterschiedlichen Ausprägungen, allerdings ist auch in Extremfällen der Stab des Häuptlings von bescheidenem Umfang, zumindest im Vergleich zu fortgeschritteneren Gesellschaften.
Die Trumaí-Indianer von Südamerika zeugen von einer minimalen Entwicklung auf dieser Ebene – sie bestimmten zwei Unterhäuptlinge, deren einzige Aufgabe darin bestanden zu haben scheint, den Häuptling oder Führer des Dorfes im Falle seiner Abwesenheit zu vertreten.[24] Die Roro in Neu-Guinea sind etwas typischer. Bei ihnen hatte der erste Mitarbeiter des Häuptlings die klar definierte Aufgabe, im Krieg zu führen und im übrigen die Anordnungen des Häuptlings durchzusetzen.[25] Sein zweiter Mitarbeiter, gewöhnlich ein Mann von Reichtum und Einfluß, hatte die Aufgabe, »in der Nähe seines Häuptlings zu sein und ihm bei allen zeremoniellen Anlässen im Gemeindehaus zu assistieren, so-

23 Siehe Irving Goldman, »The Zuñi Indians of New Mexico«, in: Margaret Mead (Hrsg.), *Cooperation and Competition among Primitive Peoples*, rev. Aufl. (Boston, Beacon Press, 1961), S. 332.

24 Robert Murphy und Buell Quain, *The Trumaí Indians of Central Brazil*, Monographie der Amerikanischen Ethnologischen Gesellschaft, 24 (1955), S. 54.

25 Seligman, S. 218.

wie ganz allgemein dafür zu sorgen, daß dem Häuptling Ärger und Aufregung erspart blieben und die Dinge reibungslos liefen«.[26]

Selbst auf wirtschaftlichem Gebiet wird Spezialisierung sichtbar. Die Irokesen kannten eine rudimentäre Form von Spezialisierung insofern, als die älteren Männer und andere, die nicht an Jagd oder Kampf teilnehmen konnten, sich mit der Herstellung von Waffen und Werkzeug beschäftigten.[27] Etwas höher entwickelt in dieser Hinsicht sind die Kiwai-Papuas, bei denen Spezialisierung nicht auf Alte und Kranke beschränkt ist. In der Erkenntnis, daß nicht alle Menschen über die gleiche Geschicklichkeit in der Herstellung von Produkten verfügen, überlassen sie die Produktion der Dinge, die besonderes Geschick erfordern, den »Experten«. Dies gilt für die Manufaktur von Kanus, Trommeln, Harpunenschäften, Kunstgegenständen sowie fürs Hautritzen. Wer auf einem dieser Gebiete besondere Fähigkeiten zeigt, wird meist »Teilzeitspezialist«.[28] Über ähnliche Entwicklungen in anderen einfachen Hortikulturgesellschaften liegen Berichte vor.[29]

Auch auf kommunaler Ebene ist bei den Gartenbauern Spezialisierung größer als bei Jägern und Sammlern. Dies zeigt sich meist in einem lebhafteren Handel zwischen den einzelnen Dörfern, ja sogar zwischen Gesellschaften. Landtman schildert recht eindrucksvoll, bis zu welchem Grad Spezialisierung und Handel auf dieser Stufe gelegentlich entwickelt sind. So berichtet er, daß die Kiwai-Insulaner mit Kanus, mit Sago und Gartenprodukten, mit Bogen, Pfeilen, Matten, Gürteln, Baströcken für Frauen und mit Federn handeln; ihre Nachbarn, die Mawata, bieten Kokosnüsse an, Muschelschalen, Fische, Seekuh- und Seeschildkrötenfleisch und etliche Gegenstände, die aus Fisch- und Seekuhknochen gefertigt sind; die Torres-Straits-Insulaner haben Steinäxte, Steinkeulen, Harpunenschäfte, alle Arten von Muschelschalen und Seekuh- und Schildkrötenprodukte anzubieten; und die Buschmänner im Innern des Landes handeln mit verschiedenen Vogelfedern, Knochen, Bogen, Pfeilen und Gartenprodukten.[30]

26 Ebenda.

27 Murdock, *Contemporaries*, S. 301.

28 Landtman, *The Kiwai*, S. 168.

29 Siehe z. B. Murdock, *Contemporaries*, S. 335 über die Hopi-Indianer im amerikanischen Südwesten.

30 Landtman, *The Kiwai*, S. 213—214.

V. Gordon Childe berichtet über einen ähnlichen, wenn auch längst nicht so umfangreichen Handel zwischen einfachen gartenbautreibenden Dörfern im neolithischen Europa. So erwähnt er beispielsweise, daß in neolithischen Dörfern und Gräbern im gesamten Donaubecken, ja sogar in den Dörfern an Oder, Elbe und Rhein Muscheln gefunden wurden, die aus dem Mittelmeer stammten. Es scheint auch einen lebhaften Handel mit auserlesenen Steinen und Kunstgegenständen aus Stein gegeben zu haben; dennoch, so Childe, »waren weder die Schürfer noch die Beilschleifer noch die Hökerer ›Ganztagsspezialisten‹«. Abgesehen von den Unterschieden im Grad der Spezialisierung und im Handelsvolumen der einzelnen einfachen Hortikulturen kann man generell sagen, daß viele, wenn nicht die meisten, sich mindestens bis zu einem gewissen Grade in der Spezialisierung ihrer Warenproduktion danach richten, welche Rohmaterialien sie auf ihrem eigenen Territorium reichlich finden, während sie woanders fehlen.

Schließlich findet die Spezialisierung ihren Ausdruck auch in der Bildung zahlreicher Organisationen außerhalb von Familie oder Verwandtschaft. Sie haben meist die Form von geheimen Gesellschaften und geselligen Vereinen für Männer; ihre primären Funktionen sind in der Regel entweder religiöse oder soziale. Daneben sind sie vielfach Ausdruck männlicher Herrschaft – oder sollen deren Ausübung erleichtern. Wie bereits gesagt, ziehen solche Organisationen eine Vielzahl von speziellen Funktionen und Ämtern nach sich, von denen manche große politische Bedeutung gewinnen und dadurch von weitreichenden Folgen für den Verteilungsprozeß sind.[31]

Gemeinsame Züge der Verteilungssysteme

Vorausgesetzt, das erste und zweite Verteilungsgesetz sind richtig und die vorangehende Analyse des Charakters einfacher Hortikulturgesellschaften ist einigermaßen gelungen, dann muß die Ungleichheit der Verteilung von Macht und Privilegien in diesen Ge-

31 Eine gute Beschreibung solcher Gruppen unter den Gartenbau treibenden Völkern Südamerikas stammt von Robert Lowie, »Social and Political Organization of the Tropical Forest and Marginal Tribes«, in: Steward, *Handbook*, Bd. V, S. 335–339.

sellschaften ausgeprägter sein als in jenen von Jägern und Sammlern. Und das ist in der Tat auch der Fall: ein frappierender Unterschied, der sich bei jedem Vergleich zwischen diesen beiden Gesellschaftstypen ergibt, besteht darin, daß soziale Ungleichheit im hortikulturellen Typus viel stärker ist. Wir wollen damit die Überschneidungen zwischen beiden Formen keineswegs leugnen, sie sollen im nächsten Abschnitt des Kapitels zur Sprache kommen. Im allgemeinen besteht jedoch ein entscheidender Unterschied zwischen ihnen; und *viele* einfache Hortikulturgesellschaften weisen einen Grad an Ungleichheit auf, den keine Jäger- und Sammlergesellschaft je erreicht hat.

Wie weit in einfachen Hortikulturen politische Ungleichheit gelegentlich gehen kann, wird deutlich an den Hasinaí-Indianern in Texas.[32] Fray Casañas, der erste Missionar, der in ihrer Mitte lebte, hat diese Facette ihres Lebens wie folgt beschrieben:

»Jeder Stamm (das heißt jedes Dorf) hat seinen *caddi*. Er ist eine Art Gouverneur, der sein Volk regiert und befehligt. Das Amt des *caddi* wird in direkter Linie vererbt. Der einzelne *caddi* herrscht in dem Teil des Landes, der im Besitz seines Stammes ist, sei das Gebiet nun groß oder klein. Ist es groß, dann gibt es einige weitere Amtspersonen, die *canahas* heißen. Sieben oder acht von ihnen leisten Regierungsarbeit. Ist der Stamm klein, gibt es nur drei oder vier *canahas*. Ihre Aufgabe ist es, den *caddi* von Arbeit zu entlasten und seine Anweisungen unters Volk zu bringen. Sie schüchtern das Volk ein, indem sie im Falle mangelnden Gehorsams Auspeitschung und andere Strafen androhen. Diese *canahas* wiederum haben ihre eigenen Untergebenen, die sogenannten *chaya*. Sie tun alles, was die *canahas* ihnen befehlen. Es gibt noch weitere Beamte, die *tammas*. Sie sind die Offiziere, die alle Befehle unverzüglich ausführen. Sie peitschen Müßiggänger mit Ruten aus, indem sie sie auf Bauch und Beine schlagen ... Friede und Eintracht unter den

32 Obwohl die Hasinaí das Pferd besaßen, war ihre Kultur davon bei weitem nicht so bestimmt wie beispielsweise die der echten Prärie-Indianer. John Swanton hat in seiner ausgezeichneten Monographie der Caddo-Indianer, zu denen die Hasinaí gehören, geschrieben: »Zwei Dinge hinderten die Hasinaí daran, echte Prärie-Indianer zu werden, ihre Beschäftigung mit dem Ackerbau und der Druck, den die nördlichen Stämme auf sie ausübten ... Sämtliche Caddo lebten ursprünglich vom Wald, ja man kann sagen, daß sie auch später nie etwas anderes waren als ein Waldvolk, auch wenn ein Teil von ihnen eine Zeitlang nach Prärie aussah« (a. a. O., S. 198). Wenn also die oben im Text beschriebene politische Struktur den Einfluß des Pferdes auch bis zu einem gewissen Grad erkennen läßt, so war dieser Einfluß doch recht begrenzt. Dieser Schluß wird gestützt durch Material über einige südamerikanische Stämme wie die Manasí oder die Bauré, auf die wir im folgenden noch zu sprechen kommen werden.

Beamten sind so groß, daß wir während der ganzen Zeit, die wir dort verbrachten – ein Jahr und drei Monate –, keine Zwistigkeiten erlebt haben, keine kleinen und keine großen. Nur Faule und Aufsässige werden bestraft.«[33]

Über den örtlichen *caddices* stand noch ein weiterer Würdenträger, der *xinesí*, den Casañas als »einen kleinen König« beschreibt. Andere Informationen zeigen, daß er zugleich der Hohe Priester des Stammes war. Im Unterschied zu den *caddices* war er freigestellt von der Arbeit, sich seinen Lebensunterhalt zu verschaffen. Die Indianer in Südamerika liefern weitere Beispiele für Macht und Privilegien eines Häuptlings. Die Häuptlinge der Manasí etwa hatten eine Gruppe von Untergebenen um sich, die ihre Befehle ausführten; sie lebten in einem großen Haus, das ihre Untertanen gebaut hatten. Außerdem besaßen sie zwei große Felder, die ihre Untertanen für sie zu bestellen hatten, und erhielten die ersten Früchte aus allen Ernten sowie einen Teil des erlegten Wildes und der gefangenen Fische.[34] Bei den Bauré, einem anderen Stamm in diesem Gebiet, waren die Häuptlinge sehr mächtig und konnten sogar die Todesstrafe verhängen. Wie die Manasí-Häuptlinge mußten auch sie keine gemeine Arbeit verrichten und wurden von ihren Untertanen mit allem Notwendigen versorgt.[35] Diese Gruppen sind deshalb von besonderem Interesse, weil sie beide Nachbarn der im letzten Kapitel beschriebenen Siriono sind, was immerhin einen einigermaßen zuverlässigen Vergleich zuläßt, bei dem die Umweltbedingungen unter Kontrolle gehalten sind.

33 Aus »Descriptions of the Tejas or Asinai Indians: 1691—1722«, übersetzt von Mattie Austin Hatcher, *Southwestern Historical Quarterly, 30* (1927), S. 216—217.

34 Alfred Métraux, *Native Tribes of Eastern Bolivia and Western Matto Grosso,* Smithsonian Institution, Bureau of American Ethnology, Bulletin 134 (1942), S. 128—131. Steward und Faron klassifizieren die Manasí, Bauré, Mojo, Paressí und Xaray als »Häuptlingstümer« und bringen sie in Zusammenhang mit den fortgeschritteneren, von Häuptlingen regierten Stämmen im karibischen Gebiet. Vom technologischen Standpunkt aus sind sie allerdings weniger fortgeschritten, denn sie praktizierten weder Bewässerung noch Terrassenanbau (S. 253). Steward und Faron sagten: »In Gartenbau, Wohnungsbau, Anlage des Dorfes und einigen sozialpolitischen und religiösen Dingen ähnelten diese Indianer den Völkern aus dem Amazonasgebiet« (S. 252). Kurz, obwohl sie sich an der Grenze zwischen einfachen und fortgeschrittenen Hortikulturgesellschaften befinden, scheint es doch angemessener, sie zu den ersteren zu zählen.

35 Métraux, *Native Tribes,* S. 69.

In Neu-Guinea und auch anderswo gibt es noch eine zweite Art von Ungleichheit, sie beruht auf *Reichtum*. Die Kuma, ein Stamm im inneren Hochland, mögen als Beispiel dafür stehen. Die australische Anthropologin Reay stellt fest: »Bei den Kuma gibt es ›große Männer‹ von der Art, wie man sie häufig in Neu-Guinea antrifft. Sie sind wohlhabend und polygam.«[36] Status und Reputation sind die wesentlichen Ziele des Menschen, und ihre Erlangung hängt weitgehend vom Reichtum des einzelnen ab, der sich dokumentiert in Ehefrauen, Schweinen, Feder- und Muschelschmuck.[37] Frauen stellen das entscheidende Kriterium für Reichtum dar, weil sie die einzig produktive Form von Reichtum sind, die zudem knapp ist. Ideal jedes Kuma-Mannes ist es, zehn Frauen zu besitzen; Reay berichtet, daß zur Zeit ihrer Untersuchung jedoch keiner mehr als sechs sein eigen nennen konnte. Aber selbst unter diesen Umständen gab es ausgeprägte Unterschiede in Reichtum und Status innerhalb des Stammes. In einer Sippe gab es siebenundachtzig heiratsfähige Männer. Einer unter ihnen besaß vier Frauen, fünf hatten drei, zwölf zwei, fünfzig hatten jeweils eine und neunzehn waren unverheiratet.[38] Damit war die Basis eines regelrechten Schichtungssystems gegeben. Es gab sogar ein Schimpf- und Schmähwort für Männer, die ihrer mangelnden Attraktivität wegen keinerlei Aussicht auf Heirat hatten. Man nannte sie die »Herumtreiber« (in dem von Reay untersuchten Stamm gab es davon fünf), sie hatten den Status von Parias und waren von allen zeremoniellen Tänzen, den wichtigsten Ereignissen im Leben der Kuma, ausgeschlossen.[39]
Eine dritte Form von Ungleichheit, die es in den meisten einfachen Hortikulturgesellschaften gibt, gründet in *Religion und Magie*. Genau wie in Jäger- und Sammlergesellschaften werden auch hier einigen Menschen besondere Kräfte nachgesagt. Hauptunterschied ist allerdings, daß diese Kräfte in einfachen Hortikulturen einen größeren materiellen Gewinn abwerfen als in Jäger- und Samm-

36 Marie Reay, *The Kuma* (Melbourne University Press, 1959), S. 114. Vgl. auch Landtman, *The Kiwai*, S. 168, der von den Kiwai ein ähnliches Bild zeichnet, oder Pospisil über die Kaupauku, S. 11.

37 Reay, S. 97—98.

38 Ebenda, S. 84—85. In einer anderen Untersuchung über Neu-Guinea wird berichtet, daß kein einziger Mann fünf Frauen besaß und mehr als die Hälfte der Verheirateten nur eine Frau hatten. Siehe F. E. Williams, *Papuans of the Trans-Fly* (Oxford: Clarendon Press, 1936), S. 149.

39 Ebenda, S. 47—48 und 161.

lergesellschaften, wo Prestige die Hauptgratifikation ist. Die Jivaro in Südamerika zeigen, welche Vergünstigungen Schamanen in einfachen Hortikulturgesellschaften haben können. Der Schamane ist hier meist der reichste Mann im Dorf, sein Reichtum ist das Entgelt, welches er für die von ihm geleisteten Dienste fordert.[40] Bei den Manasí rangieren die Priester offensichtlich direkt nach dem Häuptling und werden wie er gänzlich oder weitgehend mit dem Lebensnotwendigen versorgt.[41] Ähnliches wird von zahlreichen anderen Gruppen berichtet.

In vielen einfachen Hortikulturgesellschaften stellen religiöse Kräfte oder magische Fähigkeiten die lukrativsten Quellen dar. Über die Guaraní in Paraguay hören wir beispielsweise, »die wirkliche Macht lag häufig in den Händen der Schamanen«, auch wenn es in jeder Gemeinde einen Häuptling gab.[42] Von den etwas rückständigeren und stark isolierten Stämmen weiter westwärts im bergigen Monatana weiß man, daß es, von Kriegszeiten abgesehen, wo die Schamanen oft die Führungsrolle übernahmen[43], keine politische Autorität außer dem Familienoberhaupt gab. Ein Stamm, die Quijo, machte die Schamanen direkt zu seinen Häuptlingen. Dieses Muster der Schamanenherrschaft war nicht auf Südamerika beschränkt, wie das Beispiel der Zuñi zeigt.[44] Auch der Häuptling, der religiöse Funktionen übernimmt, ist nicht ungewöhnlich. Beispiele dafür finden sich bei so unterschiedlichen Gruppen wie den Paressí, Mojo, Chiriguano und Guaraní, um nur einige zu nennen.[45] Robert Lowie hat es so ausgedrückt: »Der Einfluß eines Häuptlings steigt erheblich, wenn er religiöse und weltliche Funktionen gleichzeitig ausübt.«[46] Kurz, trotz einiger Unterschiede im Detail *sind religiöse oder magische Kräfte eine der Hauptquellen für soziale Ungleichheit in vielen, vermutlich in den meisten einfachen Hortikulturgesellschaften.*

Eine vierte wichtige Form von Ungleichheit, wie sie in vielen einfachen Hortikulturen zu finden ist, beruht auf *kriegerischer Tapferkeit.* Auch in diesem Punkt erbringt ein Vergleich mit Jäger-

40 Stirling, S. 115—121.

41 Métraux, S. 130.

42 Alfred Métraux, »The Guaraní«, in: Steward, *Handbook*, Bd. III. S. 85.

43 Julian Steward, »The Tribes of the Montana and Bolivian East Andes«, ebenda, S. 528.

44 Vgl. z. B. Goldman, S. 313.

45 Vgl. Steward, *Handbook*, Bd. III, S. 85, 355, 419 und 478.

46 »Social and Political Organization«, in: Steward, *Handbook*, Bd. V, S. 345.

und Sammlergesellschaften einige Übereinstimmung einerseits und etliche Unterschiede andererseits. In beiden Gesellschaftstypen gibt es Männer, die tapfer und geschickt im Umgang mit Waffen sind und deshalb in hohem Ansehen stehen. Der Unterschied wird deutlich, wenn man untersucht, wo Tapferkeit und Geschick mit Waffen ihre Anwendung finden. In den primitiveren Jäger- und Sammlergesellschaften ist die Tätigkeit des Jagens wichtigstes Element der Rolle des männlichen Erwachsenen, ihr kommt weit mehr Bedeutung zu als dem Kämpfen. Mit der Entwicklung der Hortikultur verliert die Jagd viel von ihrer Bedeutung, in vielen Fällen treten militärische Aktivitäten an ihre Stelle, die Männer haben nun Gelegenheit, Tapferkeit zu demonstrieren. Wie bereits gesagt, besteht eine Möglichkeit, ihre neu gewonnene »Muße« zu nutzen, in der Kriegführung. Das kriegerische Element ist demnach in der einfachen Hortikulturgesellschaft viel ausgeprägter als bei Jägern und Sammlern. Ein weiterer Unterschied zwischen ihnen hängt ebenfalls mit der neuen »Muße« zusammen. Aufgrund der geringeren Anforderungen an die Zeit der Männer in vielen dieser Gesellschaften wird es möglich, die Verherrlichung der Kriegerrolle zu institutionalisieren. Das findet seinen Niederschlag in der Entwicklung spezialisierter Kriegergesellschaften und Kriegerzeremonien, in denen Ansprüche auf Prestige aufgrund von kriegerischer Tapferkeit angemeldet und bestätigt werden, und die hohe Anerkennung und Gratifikationen für ihre Kriegshelden bereithalten.

In einigen einfachen Hortikulturgesellschaften ist kriegerische Tapferkeit Bedingung, will jemand Häuptling sein – zum Beispiel gilt das für die Chiquito-Indianer in Südamerika.[47] Häufiger jedoch werden Männer mit kriegerischen Fähigkeiten zum obersten Kriegsherrn ernannt, ein Amt, welches in einigen Fällen dem des zivilen Häuptlings unterstellt ist und in anderen auf der gleichen Ebene rangiert. Eine solche Struktur findet sich in so weit voneinander entfernten Gebieten wie Neu-Guinea und dem amerikanischen Südwesten.[48] Wie sein Titel sagt, hat der oberste Kriegsherr die Aufgabe, die Gruppe im Kampf zu führen. Er hat außerdem häufig wichtige zivile Funktionen, wobei er in diesen Belangen oft den zweiten Rang einnimmt.

47 Métraux, *Native Tribes*, S. 125.

48 Siehe beispielsweise Seligman, Kap. 19 und 29, und Eggan, S. 108, oder Swanton, S. 171 und 191.

In manchen Fällen hat die kriegerische Praxis die *Sklaverei* nach sich gezogen. Wie bereits gesagt, werden männliche Gefangene gewöhnlich entweder getötet oder assimiliert, Frauen dagegen werden vielfach als Siegestrophäen mitgenommen und müssen dann im Haushalt des Eroberers arbeiten. Sie werden zum Besitz desjenigen, der sie gefangennahm. Dennoch ist es nicht ganz richtig, sie als Sklaven zu bezeichnen. Erstens unterscheidet sich ihr Status von dem der übrigen Frauen im Haushalt kaum. Zweitens sind ihre Kinder normalerweise frei und damit volle Mitglieder des Stammes. Ihre Situation ist also ein Mittelding zwischen der von freien Menschen und der von echten Sklaven jenen Typs, den man in fortgeschritteneren Gesellschaften antrifft. Man könnte dieses Muster als Protosklaverei oder als beginnende Sklaverei bezeichnen, um so auf die wichtigen Unterschiede hinzuweisen, die es von dem gebräuchlicheren Muster einer erblichen Klasse von Personen beiderlei Geschlechts abheben, deren Kennzeichen ein entwürdigender Status ist.[49]

Eine sechste und letzte Form von Ungleichheit in einfachen Hortikulturgesellschaften beruht auf der *Redekunst*, der *Redegabe.* So können wir beispielsweise lesen: »Beredsamkeit und Waffen waren die beiden wichtigsten Wege zum Ruhm und Ansehen bei den Irokesen.«[50] Auch wenn dies nicht typisch ist für alle Gesellschaften auf dieser Stufe, so stehen die »rhetorischen Kolosse«, wie die Kuma in Neu-Guinea sie so treffend nennen, doch bei überraschend vielen in hohem Ansehen. In vielen Fällen wird, wie bei den Kuma, der engste Mitarbeiter des Häuptlings aufgrund seiner Redegabe ausgewählt, er ist der Sprecher des Häuptlings. Bei den Guaraní in Südamerika »kann ein redegewandter Mann,

49 Steward und Faron erörtern diesen Brauch, der besonders unter den südamerikanischen Stämmen sehr verbreitet gewesen zu sein scheint. Vgl. S. 253, 356 und 302—303. Sie schreiben, nach der Ankunft der Spanier habe bei einigen dieser Stämme offensichtlich die Tendenz geherrscht, einfach Nachbarstämme zu überfallen, um Gefangene zu machen, die man an die Spanier verkaufen konnte. Ihrer massiven Beteiligung am Sklavenhandel wegen hielten diese Angreifer selbst männliche Sklaven, die jene ökonomischen Funktionen übernehmen mußten, die sie ehedem selbst ausgeübt hatten, womit sie das schufen, was einer echten Sklavenklasse sehr nahekam. Das vorhandene Material zu diesem Punkt ist keineswegs befriedigend, aber es scheint doch, daß es sich bei diesem Phänomen um keine spontane und ursprüngliche Entwicklung handelt, sondern allein um eine Reaktion auf die besonderen durch die spanische Kolonisation geschaffenen Verhältnisse.

50 Murdock, *Contemporaries*, S. 305.

der sich in der Kriegführung hervorgetan hat, Häuptling werden«.[51]

Da die Gratifikationen, welche Rednern in einfachen Hortikulturen zuteil werden, freiwillig gezollt werden und nicht, weil jene im Besitz von Druckmitteln wären, liegt die Frage nahe, welche Dienste sie leisten, daß die anderen ihnen Ehre und Dank zu erweisen gewillt sind. Offensichtlich handelt es sich um eine ganze Anzahl von Diensten, die sich jedoch nicht alle gehäuft in derselben Gesellschaft beobachten lassen. Manche Redner sind Unterhalter, andere sind geistig anregende Führer, wieder andere stekken voller Ideen, einige sind Chronisten und einige geben wichtigen Anlässen einfach die Würde oder bestimmen den Ton. All diese Funktionen genießen Wertschätzung, deshalb stehen auf entsprechende Leistungen auch Gratifikationen.

Wie das Vorangehende zeigt, haben die Angehörigen einfacher Hortikulturen nicht gezögert, die Gelegenheiten wahrzunehmen, zu Macht und Privilegien zu kommen, wenn der bescheidene wirtschaftliche Surplus ihrer Gesellschaften es ihnen gestattete. Alle Vergleiche zwischen ihnen und Jäger- und Sammlervölkern ergeben, daß in den Hortikulturen die ungleiche Verteilung von Macht und Privilegien fast durchweg viel ausgeprägter ist.

Dabei sind die Unterschiede nicht nur größer, sie sind auch stärker institutionalisiert; eine Entwicklung, die möglich wurde durch die Zunahme der »Muße« und die größere Gelegenheit zur Spezialisierung. In Jäger- und Sammlergesellschaften sind nur ganz wenige soziale Positionen bis zu dem Punkt formalisiert, daß sie die Bezeichnung »Amt« verdienen. Gewöhnlich sind sie nichts als informelle Rollen mit bestimmten mehr oder weniger unterschiedlichen Funktionen. In Hortikulturgesellschaften dagegen sind viele Positionen bis zu einem Punkt formalisiert, wo sie einen Amtstitel und einen bestimmten, genau umrissenen Rahmen von Verantwortlichkeiten und Privilegien haben.

Diese Entwicklung ist von größter Bedeutung, weil sie das Verhältnis von persönlichen Eigenschaften und Status kompliziert. Letzterer ist nicht mehr nur Funktion der ersteren; *Status ist jetzt die komplexe Funktion sowohl von persönlichen Eigenschaften wie des jeweiligen Amtes oder der Ämter.* Jetzt ist es dem einzelnen möglich, Gratifikationen zu erlangen, auf die er aufgrund seiner persönlichen Eigenschaften allein keinen Anspruch anmelden könnte.

51 Métraux, »Guarani«, S. 85.

An den Hasinaí in Texas läßt sich diese Entwicklung gut verdeutlichen. Starb einer ihrer Häuptlinge, ehe der Sohn und Erbe erwachsen war, wurde dieser dennoch als Häuptling anerkannt. Während seiner Minderjährigkeit bildeten die übrigen Würdenträger einen Rat und regierten für ihn; sie traten jedoch ab, sobald er volljährig wurde.[52] Unter solchen Umständen zählte persönliches Können wenig und Herkunft alles. Dieser Mensch brauchte seine höheren Fähigkeiten als Führer seines Volkes nicht erst unter Beweis zu stellen – er war anerkannt, lange bevor eine Demonstration solcher Fähigkeiten überhaupt möglich war. Dieses Phänomen ist neu; es entwickelt sich in menschlichen Gesellschaften, sobald ihre lebenswichtigen Funktionen institutionalisierten Ämtern anheimgegeben werden.

Wie das Beispiel des Hasinaí-Häuptlings zeigt, ist die Wahrscheinlichkeit einer Diskrepanz zwischen Fähigkeit und Status dann sehr hoch, wenn Ämter quasi als »Eigentum« von einer Generation auf die nächste übergehen. Unter solchen Verhältnissen dürften die Korrelationen zwischen Können und Status, zwischen Leistung und Belohnung viel niedriger sein, als wenn ein Amt in freiem und offenem Wettbewerb allen zugänglich ist. Und selbst in diesem Fall wird sich eine gewisse Diskrepanz entwickeln, wenn die einzelnen auf lange oder unbeschränkte Zeit im Amt sind. Kurz, *die Entwicklung von Ämtern in Gesellschaften stellt einen wichtigen Schritt in Richtung Stabilisierung, Erstarrung und Institutionalisierung von Systemen mit sozialer Ungleichheit dar.*

Für die Gesellschaft als Ganzes erwachsen aus dieser Entwicklung einige Vorteile. In jeder komplizierten Gesellschaft wäre die Alternative die Anarchie. Ihr Hauptnachteil ist, wie oben gesagt, die wachsende Kluft zwischen Leistung und Gratifikation, welche durch Institutionalisierung gefördert wird. Könnte man den Nettogewinn der Gesellschaften graphisch darstellen, dann erhielte man vermutlich eine Kurve, deren höchster Punkt bei mittlerer Institutionalisierung läge.

Theoretisch werden recht viele Schlüsselpositionen in einfachen Hortikulturgesellschaften als »Eigentum« von einer Generation auf die nächste übertragen, wie etwa die Stellung des Häuptlings bei den Hasinaí. Faktisch zeigt eine sorgfältige Analyse jedoch, daß gewisse Kontrollen gegen Mißbrauch vorhanden sind. Ob-

52 Swanton, S. 171.

wohl zum Beispiel die Jivaro-Indianer das Amt des Häuptlings vom Vater auf den Sohn vererben, mußte der Erbe eines der mächtigsten Häuptlinge in neuerer Zeit abtreten, weil er kränklich war.[53] Von den Kuma wird berichtet, daß bei ihnen die Führung von Kleinstsippen (das höchste politische Amt in der Gruppe) normalerweise vom Vater auf den Sohn überzugehen hat; eine genauere Untersuchung ergab jedoch, daß in 36 Prozent der untersuchten Fälle ein anderer die Position innehatte.[54]

Die Neigung zu solchen Ausnahmen scheint die brüchige Natur der institutionellen und organisationellen Struktur der betreffenden Gesellschaften widerzuspiegeln. Es ist bezeichnend, daß die Hasinaí, die ein gut entwickeltes politisches System mit vielen Beamten hatten, welche dem Häuptling zur Seite standen, durchaus in der Lage waren, einen Unfähigen in diesem Amt zu dulden; während die Jivaro, die Boro und die Kuma, die ein solches System nicht hatten, es für notwendig hielten, die Regeln der Nachfolge zu mißachten, wenn ein Unfähiger ins Amt zu kommen drohte. Die meisten einfachen Hortikulturgesellschaften ähneln eher den zuletzt genannten als den Hasinaí, zumindest soweit es sich um die politische Entwicklung handelt. So sind sie entweder geneigt, die Nachfolgeregeln von Zeit zu Zeit außer acht zu lassen, oder, was ebenfalls vorkommt, sie so zu definieren, daß es keine automatische Nachfolge gibt.[55] Außerdem beschränken viele die Amtsdauer ihrer Häuptlinge auf die Jahre, in denen sie mächtig und fähig sind, und sorgen dafür, daß sie abtreten, wenn sie zu alt sind, um den Anforderungen ihres Amtes noch gerecht zu werden.[56] Andere machen die Amtsdauer von gutem Verhalten abhängig.[57]

53 Stirling, S. 40—41.

54 Reay, S. 114. Ähnliche Normen finden sich in vielen anderen Gruppen. Lowie zum Beispiel berichtet, daß »in vielen Stämmen [in Südamerika] Ersatzleute an die Stelle treten, wenn der rechtmäßige Nachfolger ungeeignet scheint«. Siehe »Social and Political Organization«, in: Steward, *Handbook*, Bd. V, S. 346.

55 Bei den Irokesen können nur Mitglieder bestimmter großer Familien »sachem« (Häuptling) werden; die Wahl im einzelnen bleibt jedoch der Familie überlassen. Siehe Murdock, *Contemporaries*, S. 306. Eine ähnliche Situation herrscht bei den Mekeo in Neu-Guinea (Seligman, S. 346).

56 Bei den Manasí beispielsweise mußte der Häuptling sein Amt an seinen Sohn abtreten, wenn dieser volljährig wurde. Dennoch mußte der älteste Sohn sein Recht auf dieses Amt erst legitimieren, indem er sein Kriegskommando führte. Siehe Métraux, *Native Tribes*, S. 128—129.

57 Siehe z. B. die Irokesen; Murdock, *Contemporaries*, S. 307.

Diesem Datenmaterial nach scheinen einfache Hortikulturgesellschaften eine Zwischenstellung zwischen Jäger- und Sammlergesellschaften einerseits und fortgeschrittenen Hortikultur- und Agrargesellschaften andererseits einzunehmen. Im Falle der letzteren sind die Führungsfunktionen bereits institutionalisiert und auf formelle Ämter festgelegt, die Elemente von Autorität und Zwang sind sichtbar; was die ersteren angeht, so gelten Macht und Privilegien normalerweise nicht als »Eigentum«, das unbegrenzt erhalten oder innerhalb der Familie weitergegeben werden kann ohne Rücksicht auf die Qualifikationen des Inhabers.
Ein anderes wichtiges Merkmal des Verteilungsprozesses praktisch aller einfachen Hortikulturgesellschaften ist die relativ hohe Bedeutung, die den persönlichen Fähigkeiten des einzelnen zukommt. Obgleich nicht mehr ganz so entscheidend wie in Jäger- und Sammlergesellschaften, haben sie doch immer noch ein erheblich stärkeres Gewicht als in den meisten fortgeschrittenen Gesellschaften. In den meisten Hortikulturen stehen den Qualifizierten viele Möglichkeiten offen, voranzukommen. So hat beispielsweise jeder männliche Hasinaí die Chance, den ehrenvollen Titel des *amayxoya* zu erwerben, des »großen Mannes«, und ihn seinem Namen hinzuzufügen. Einzige Qualifikation dafür ist herausragendes Verhalten im Kampf.[58] Man brauchte mit der Verleihung solcher Ehren nicht zu geizen, sie waren nicht knapp. Die einzige Schranke, die vor ihren Erwerb gesetzt war, stellten Charakter und körperliche Konstitution des einzelnen dar.
Die Kuma von Neu-Guinea liefern ein noch faszinierenderes Beispiel desselben Prinzips. Eine sorgfältige Untersuchung dieser Gruppe, in der Macht und Privilegien auf eine Minderheit wohlhabender Polygamisten begrenzt waren, ergab, daß Erfolg zum Teil eine Funktion des Alters war. So gelangten drei Fünftel aller Männer im Laufe ihres Lebens in Führungspositionen, obwohl nur ein Drittel der erwachsenen Männer jeweils als einflußreich betrachtet werden konnte.[59]
Aus dem Material, welches uns vorliegt, geht hervor, daß in den meisten einfachen Hortikulturgesellschaften eine hohe Mobilitätsrate sowohl innerhalb der einzelnen Generationen wie auch zwischen den Generationen die Regel war. Erfolg ist nicht auf die wenigen Glücklichen beschränkt, die in begünstigte Familien hin-

58 Stirling, S. 170.
59 Reay, S. 116.

eingeboren werden, obwohl im Vergleich zu Jäger- und Sammlergesellschaften ein Trend in dieser Richtung sichtbar wird. So gibt es, wie wir bereits gesehen haben, bis zu einem gewissen Grade die Vererbung von Ämtern. In anderen Fällen, wie bei den Kuma, ist es wichtig, als Mitglied einer wohlhabenden Sippe geboren zu werden; denn wer in einer ärmeren Familie zur Welt kommt, hat es schwerer, die zum Kauf einer Frau nötigen Mittel aufzubringen. Oder es war, wie im Falle der Araona in Südamerika, wichtig, zu einer großen Familie zu gehören und viele Verwandte zu haben, wenn man Häuptling werden sollte, was zur Folge hatte, daß der Wettbewerb um dieses Amt beschränkt war.[60] Aber trotz dieser gelegentlichen Beschränkungen sind die Verhältnisse viel fließender und die Chancen, nach oben zu kommen, viel zahlreicher in einfachen Hortikulturgesellschaften als in solchen, die technologisch fortgeschritten sind.

In einfachen gartenbautreibenden Gesellschaften ebenso wie in Jäger- und Sammlergesellschaften gibt es keine großen Ungleichheiten, was materiellen Besitz anlangt. Das hat zwei Gründe. Zum einen *sind die materiellen lebensnotwendigen Dinge für alle leicht erreichbar.* In den meisten dieser Gesellschaften ist reichlich Land vorhanden, und wer gewillt ist zu arbeiten, kann seine Bedürfnisse auch befriedigen. (Dieser Überfluß an Grund und Boden kann durchaus ein Nebenprodukt des chronischen Kriegszustandes sein, in dem diese Gesellschaften sich meist befinden, sowie der hohen Mortalitäsrate, die eine Folge dieser Situation ist.)

Zum andern scheint *die relative Abwesenheit von Kapitalgütern* die Gleichheit an materiellen Gütern zu fördern. Die Nachfrage nach Gütern ist viel geringer als in fortgeschritteneren Gesellschaften, weil der Grenznutzen von Konsumgütern viel rascher sinkt als der Grenznutzen von Kapitalgütern. Was durchweg knapp ist in einfachen Hortikulturgesellschaften, ist das *Prestige.*[61] Unter den geschilderten Umständen neigen die, die einen nennenswerten Surplus an materiellen Gütern akkumuliert haben, häufig dazu, ihn *wegzugeben*, um damit das einzige, wovon sie nicht genug haben – Prestige – zu erwerben. So gesehen überraschen die häufigen Hinweise in den ethnologischen Schriften auf die Großzügigkeit von Häuptlingen, Schamanen und anderen, die

60 Métraux, *Native Tribes,* S. 39. Siehe auch die Kapauku von Neu-Guinea (Pospisil, S. 18).

61 Für einige Gesellschaften könnte man auch Frauen nennen.

in der Lage waren, sich einen gewissen Wohlstand an Gütern zu verschaffen, keineswegs.[62]

Menschen, die in technologisch fortgeschrittenen Gesellschaften aufgewachsen sind, besonders in solchen mit kapitalistischer Tradition, erscheint der Brauch, mit Reichtum so freizügig umzugehen, wie es in vielen dieser Gesellschaften üblich ist, als höchst ungewöhnlich und unlogisch, es ist für sie ein Anzeichen von erstaunlichem Interesse an anderen Menschen oder von blankem Mangel an gesundem Menschenverstand. In Wirklichkeit greifen beide Interpretationen daneben. Vielmehr handelt es sich um die schlaue und wohlkalkulierte Verfolgung von Eigeninteresse, darauf aus, sich für die Investition von Zeit, Energie und anderen Mitteln den höchstmöglichen Gegenwert zu verschaffen.

Um die Logik dieses Systems zu begreifen, muß man zunächst einige Punkte klären. Erstens stellen in diesem Gesellschaftstypus die Frauen die einzig wirklich entscheidende Form von Kapitalgütern dar.[63] Zweitens herrscht hier die Norm der Reziprozität, die vom einzelnen verlangt, daß er alle erhaltenen Geschenke durch andere gleichwertige Geschenke vergilt. Drittens wirkt wie überall das Gesetz des Grenznutzens. Und schließlich gilt Status diesen Menschen soviel wie uns auch, sie sind in ihrem Statusstreben genauso unersättlich.

Unter solchen Bedingungen ist eine »Potlatsch«-Struktur[64] fast unvermeidlich.[65] Die Menschen können nur ein bestimmtes, begrenztes Maß an Federn, Muschelornamenten, ja sogar an Schwei-

62 In der Kuma-Gesellschaft z. B. kommt man zu Reputation und Status, indem man seinen Reichtum — von den Frauen allerdings abgesehen — mit verschwenderischer Hand verteilt. Reay schreibt: »So wie eine wohlhabende Sippe viel für ihren Ruf tun kann, indem sie Nahrung an andere verschenkt, so erhöht ein wohlhabender Mann sein Ansehen, wenn er mit seinen Schätzen großzügig umgeht.«

63 Auch Schweine sind eine wichtige Art von Kapitalgütern, sie sind jedoch nur produktiv, wenn sie von Frauen gehütet und versorgt werden; andernfalls würden sie weglaufen, und wären für den Menschen nutzlos, selbst wenn sie noch so fruchtbar sich vermehren. Außerdem herrscht an ihnen nicht so große Knappheit wie an Frauen.

64 Dieser Begriff bezieht sich auf die berühmten Zeremonien der Indianer an der Nordwestküste, deren Höhepunkt die großzügige Verteilung von Geschenken war.

65 Wenn wir sagen, das »Potlatsch«-Muster sei »fast unvermeidlich«, dann meinen wir damit nicht, das Muster müsse sich überall in gleichem Maße entwickeln wie an der Nordwestküste.

nen selbst konsumieren. Jenseits dieses Punktes, so erkennt der Mensch, kann er mehr gewinnen, indem er etwas weggibt, als indem er alles behält; denn er vermag auf diese Weise sowohl seinen Ruf zu erhöhen wie auch jene sich moralisch zu verpflichten, die sich nicht revanchieren können.[66] Ehefrauen dagegen sind eine ganz andere Sache. Eine äußerst knappe und unermeßlich wertvolle Form von Kapital, werden sie gehortet und akkumuliert genau wie Kapital in unserer Gesellschaft auch. Der erfolgreiche Mann, der »große Mann«, ist also derjenige, der fähig ist, Kapital zu akkumulieren, denn er kann sich damit einen nicht abreißenden Strom von Konsumartikeln verschaffen, die sich gegen Prestige und Einfluß austauschen lassen. Auf diese Weise kommt der fähige Unternehmer nicht nur an die materiellen lebensnotwendigen Dinge, sondern zugleich auch an die weniger greifbaren Gratifikationen, die in den Augen jener, deren materielle Bedürfnisse befriedigt sind, so hoch rangieren.

Nun wird klar, daß Handlungen, die technisch durchaus den Tatbestand des »Weggebens« erfüllen, in Wirklichkeit *Tauschhandlungen* sind. Die an Gütern Reichen tauschen ihren materiellen Surplus gegen Ehrerbietung oder Prestige, welche unbegrenzt zur Verfügung stehen. *Per Saldo verringern solche Aktionen zwar die Ungleichheit des materiellen Besitzes erheblich, sie steigern sie jedoch ganz beträchtlich in den Bereichen von Einfluß und Prestige.*

Ehe wir diesen Abschnitt abschließen, bedarf es noch einer kurzen Betrachtung der Rolle von Alter und Geschlecht im Verteilungsprozeß. Im ganzen scheint sich die Situation in einfachen Hortikulturgesellschaften von der in Jäger- und Sammlergesellschaften nicht sehr zu unterscheiden. Der Status von Männern ist generell etwas höher als der von Frauen, auch wenn es im einzelnen Unterschiede gibt; die Skala reicht von – einigen wenigen – Gesellschaften, in denen nahezu Gleichheit herrscht, bis zu solchen, wo die männliche Vorherrschaft stark ausgeprägt ist. Die Bevorteilung des Mannes betrifft nicht alle Bereiche des Lebens in gleicher Weise. Sie gilt für politische und militärische Aktivitäten in stärkerem Maße als für materiellen Besitz. Aber selbst zu Politik und Kriegsgewerbe liegen Daten vor, die zeigen, daß der Grad der

66 In seinen Schriften über die Kapauku in Neu-Guinea sagt Pospisil, die Schuldner eines Menschen zählten zu seiner zuverlässigsten Gefolgschaft; jenen zu geben, die nicht in der Lage seien, sich zu revanchieren, sei der sicherste Weg zu Einfluß und Ansehen (S. 21).

Unterdrückung der Frau in primitiven Gesellschaften leicht übertrieben werden kann. So gibt es beispielsweise vereinzelte Berichte über weibliche Häuptlinge oder darüber, daß bei den Irokesen das Recht und die Macht, die Häuptlinge zu wählen, fast gänzlich bei den Frauen lag.[67] Wie in Jäger- und Sammlergesellschaften, ist der Status der Frau gewöhnlich verknüpft mit dem des Mannes, von dem sie abhängig ist.[68]

Zunehmendes *Alter* schlägt in einfachen Hortikulturgesellschaften gewöhnlich positiv zu Buch, zumindest bis zu dem Punkt, an dem Senilität einsetzt. Gründe dafür, warum dies so ist, gibt es mehrere, einer dürfte zweifellos im psychologischen Einfluß der frühen Kindheitserfahrung zu suchen sein. Während der äußerst aufnahmefähigen Phase der Kindheit lernen die Menschen Autorität und Prestige mit der älteren Generation zu assoziieren. Solange ein älterer Mensch physisch und geistig bei Kräften ist, halten diese Kindheitseindrücke vor, mit dem Resultat, daß der jüngere dem älteren auch dann noch Ehrerbietung erweist, wenn jener die Fähigkeit, sie zu fordern, längst verloren hat. Außerdem genießt die ältere Generation häufig den Vorteil der Organisation: Herausforderungen der Autorität kommen gewöhnlich von einzelnen Individuen, begegnet wird ihnen dagegen von einer vereinten Front der Älteren. Da Organisation eine der Hauptgrundlagen von Macht ist, vermögen sie in den meisten Fällen recht wirksamen Widerstand zu leisten. Und schließlich sind die Angehörigen der älteren Generation im allgemeinen zugleich die Hüter der Tradition, so daß in Gesellschaften, in denen die Tradition einen hohen Wert darstellt, hier eine wichtige Quelle der Stärke liegt.

67 Für Belege über weibliche Häuptlinge siehe Seligman, S. 346—347, Swanton, S. 172—173, oder Métraux über die Chiriguano in: Steward, *Handbook*, Bd. III. S. 479; die Rolle der Irokesen-Frauen erörtert Murdock, *Contemporaries*, S. 306—307.

68 Zwei wertvolle Beiträge zur Position der Frau in primitiven Gesellschaften liefern Forde, *Habitat*, S. 408—410, und Lowie, *Social Organization* (New York: Holt, 1948), S. 263—266. Beide weisen auf die Komplexität des Status von Frauen und auf die Schwierigkeiten hin, die jedem Versuch einer Verallgemeinerung hinsichtlich ihres Status anhaften, und sei es innerhalb ein und derselben Gesellschaft. Beide Autoren machen deutlich, daß bei einer Beurteilung der Situation vielerlei Faktoren zu beachten sind: die Behandlung, welche Frauen zuteil wird, Charakter und Ausmaß ihrer Arbeit, ihr rechtlicher Status sowie das Maß ihres öffentlichen Auftretens; ihr Status kann durchaus von Bereich zu Bereich verschieden sein.

Einfache Hortikulturgesellschaften ähneln einander nicht mehr, als Jäger- und Sammlergesellschaften oder andere wichtige Gesellschaftsformen dies tun. Man braucht nur die friedlichen Zuñi von Neu-Mexiko mit den kriegerischen Jivaro von Südamerika zu vergleichen, um zu erkennen, wie groß die Unterschiede sein können. Aber ebenso wie bei Jäger- und Sammlergesellschaften stellen die Unterschiede in den Verteilungsstrukturen nur einen Teilbereich innerhalb der Gesamtheit aller in menschlichen Gesellschaften beobachtbaren Unterschiede dar.

Viele von diesen Unterschieden sollten aufgrund der vorangehenden Analyse bereits klar sein. Sie lassen sich unter vier Hauptkategorien subsumieren: (1) Unterschiede im Grad der Ungleichheit, (2) Unterschiede im Typus oder Charakter der Ungleichheit, (3) Unterschiede in den Ursachen der Ungleichheit und (4) Unterschiede im Grad der vertikalen Mobilität.

Was den *Grad der Ungleichheit* anlangt, so ist der Spielraum nicht sehr groß, wenn er auch weiter zu sein scheint als in Jäger- und Sammlergesellschaften, was hauptsächlich daran liegt, daß die Skala nach oben etwas erweitert ist. Die unteren Grenzen scheinen in den beiden Gesellschaftstypen nicht sehr verschieden. Bei den einfachen Hortikulturgesellschaften scheint am unteren Ende der Skala, an dem die Boro oder die Trumaí im Amazonasbekken stehen, Ungleichheit fast nur auf Unterschieden in persönlichen oder biologischen Merkmalen zu beruhen. Die Gesellschaft von sich aus fügt dem kaum etwas hinzu, Ungleichheit ist deshalb minimal.[69] Am oberen Ende stehen Gesellschaften wie die der Hasinaí in Texas, der Kuma auf Neu-Guinea oder der Bauré in Südamerika, die einen Grad an Ungleichheit aufweisen, wie keine echte Jäger- und Sammlergesellschaft ihn je erreichte.

Hinsichtlich des Grades von Ungleichheit besteht ein zweiter wichtiger Unterschied zwischen Jägern und Sammlern einerseits und einfachen Hortikulturen andererseits. Wenn wir uns die Kurven der Häufigkeitsverteilung für beide Gesellschaftstypen vorstellen, dann ergibt sich aufgrund der ethnographischen Literatur, daß die beiden Kurven schräg verlaufen, allerdings in entgegengesetzter

69 So mußten in einigen dieser Gesellschaften die Häuptlinge ebensoviel arbeiten wie die gewöhnlichen Sterblichen. Vgl. Steward, *Handbook*, Bd. I, S. 489, über die Canella oder Bd. V, S. 342 und Bd. III, S. 478 über die Chiriguano.

Richtung. Während die Kurve für Jäger- und Sammlergesellschaften stark in Richtung auf minimale Ungleichheit weist, scheint die Kurve der einfachen Hortikulturgesellschaften leicht in die entgegengesetzte Richtung zu neigen. Der Bereich ihrer Überschneidung ist damit nicht so groß, wie ein Vergleich ihrer Reichweiten oder ihrer Grenzen vermuten lassen mag.

Mit der stärkeren Ausprägung von Ungleichheit nimmt auch ihr unterschiedlicher *Charakter* zu. Der Anfang unseres Kapitels zeigte, daß eine nicht zu unterschätzende Differenz zwischen den Schichtungssystemen der Hasinaí- und der Kuma-Gesellschaft besteht. Im einen Fall sind politische Ungleichheit oder Unterschiede im Grad politischer Macht viel stärker ausgeprägt als Vermögensunterschiede; im anderen ist das Verhältnis gerade umgekehrt. Es bestehen auch Unterschiede darin, wie hoch religiöse und magische Kräfte, Kühnheit im Kampf und Redegabe bewertet werden. Den Pueblo-Indianern zum Beispiel bedeutet religiöse Würde viel mehr als militärische Auszeichnung. Den Jivaro gilt beides gleichviel. Solche Unterschiede sind an der Tagesordnung.

Drittens bestehen Unterschiede in den *Ursachen von Ungleichheit.* In manchen Gesellschaften hat Ungleichheit nahezu keinen anderen Grund als biologische Unterschiede. Das gilt besonders für einfache Hortikulturen mit minimaler Ungleichheit. In anderen Gesellschaften spielen soziale Faktoren eine viel größere Rolle. In manchen verstärken die sozialen Faktoren auch nur die Wirkung der biologischen. In wieder anderen treten sie an ihre Stelle. Dies geschieht insbesondere dann, wenn die sozialen Faktoren *erblich* sind, wie beispielsweise im Falle von Privateigentum oder von Ämtern, die vom Vater auf den Sohn übergehen.

Schließlich, dies folgt aus dem Vorangehenden, gibt es Unterschiede im *Grad der vertikalen Mobilität.* Alles vorhandene Material zeigt, daß sie dort am größten ist, wo die Erblichkeit der wichtigsten Ressourcen, wie Reichtum und Amt, auf ein Minimum begrenzt bleibt. Erblichkeit von Vermögen und Ämtern trägt dazu bei, Ungleichheit zur Struktur werden zu lassen, und erleichtert es jenen, die Macht, Privileg und Prestige haben, diese Vergünstigungen sich und ihren Kindern zu erhalten.[70]

70 Vgl. zum Beispiel Reays Diskussion zu diesem Thema am Beispiel der Kuma. Die Institutionen von Privateigentum und Polygamie in diesem Stamm hatten zur Folge, daß Knaben, die in armen Kleinfamilien heranwuchsen, auch arm

Aus dem bisher Gesagten geht hervor, daß alle vier Merkmale eng miteinander verwoben sind. In einfachen Hortikulturgesellschaften scheint ein niedriges Maß an Ungleichheit einherzugehen mit (1) minimalen Unterschieden im Charakter der Ungleichheit, (2) maximaler Bedeutung biologischer Faktoren als Quellen von Ungleichheit und (3) maximaler Mobilität. Ein hohes Maß an Ungleichheit dagegen wird begleitet von (1) maximalen Unterschieden im Charakter der Ungleichheit, (2) minimaler Bedeutung der biologischen Faktoren und (3) minimaler Mobilität. Diese Zusammenhänge sind offensichtlich keine zufälligen.

Die Unterschiede zwischen Völkern desselben Gesellschaftstypus werfen viele interessante Fragen über Ursachen auf, die bislang noch kaum untersucht worden sind. Im Augenblick scheint es uns am sinnvollsten, die Hypothese aufzustellen, daß die gleichen Faktoren, die wir in der Analyse der Unterschiede zwischen Jäger- und Sammlergesellschaften genannt haben, auch in einfachen Hortikulturen wirksam sind. Zweifellos muß darüber noch gearbeitet werden.

Eine folgenschwere Entwicklung

Eine der bedeutsamsten Entwicklungen, die mit der Entstehung von Hortikulturen verbunden sind, ist die Stärkung der Position der politischen Führer. Wie wir im letzten Kapitel gezeigt haben, sind die Vorrechte von Häuptlingen in Jäger- und Sammlergesellschaften gering, die Basis ihrer Herrschaft liegt in ihrer Fähigkeit und Möglichkeit, die andern von sich zu überzeugen. Amtsgewalt ist nahezu unbekannt, Tyrannei damit praktisch unmöglich.

In einfachen Hortikulturen haben die Führer ganz andere Vorrechte. Häufig tragen sie besondere Insignien oder Kleidung, die sie von den übrigen Stammesgenossen unterscheiden.[71] Außerdem werden sie oft ehrerbietig behandelt, wie etwa die Manasí-Häuptlinge, die von ihrem Volk nur in formeller Weise angeredet

und jene aus reichen Sippen auch reich blieben. Das gleiche Muster herrscht offensichtlich überall dort, wo lukrative Ämter erblich sind, etwa bei den Manasí und den Mojo.

71 Siehe z. B. Seligman über die Boro, S. 220–221, oder Reay über die Kuma, S. 114, oder Métraux über die Chiriguano, in: Steward, *Handbook*, Bd. III, S. 479.

werden und in deren Anwesenheit die jüngeren Leute nicht sitzen dürfen, oder wie die Atsahuaka-Häuptlinge, in deren Gegenwart die andern flüstern.[72] In sehr vielen Fällen sind die Häuptlinge von einfachen Hortikulturgesellschaften im Besitz besonderer Vorrechte. So haben Jivaro-Häuptlinge beispielsweise das Recht, als erste unter den gefangengenommenen Frauen auszuwählen, Chiquito-Häuptlingen ist die Polygamie erlaubt und die Häuptlinge der Boro bekommen mehr und besseres Land für ihre Gärten.[73] Recht häufig brauchen sie auch keine manuelle Arbeit zu leisten; was sie zum Leben brauchen, bringt ihnen ihr Volk.[74] In vielen Fällen erhalten sie eine Art Steuer oder einen Teil des Ertrags aus der Arbeit der andern.[75] Und schließlich sind sie befugt, Kriege zu erklären, den anderen militärische Pflichten aufzuerlegen; in einigen seltenen Fällen können sie sogar in Gang befindliche Kriege beenden.[76]

Es gibt offenbar keinen Häuptling, der über alle diese Rechte gleichzeitig verfügte; etliche aber erfreuen sich mehrerer davon. Ein paar dieser Rechte sind schon in einigen Jäger- und Sammlergesellschaften bekannt, die meisten jedoch nicht. Die meisten sind neue Elemente in der Amtsgewalt eines Häuptlings, und durchaus folgerichtig finden sich die ersten Spuren echter Tyrannei auch erst in diesen Gesellschaften. Die Fälle, über die solches bekannt ist, sind nicht zahlreich, sie genügen jedoch, um die Anfänge einer Entwicklung anzuzeigen, die in fortgeschritteneren Gesellschaften später weitreichende Folgen haben sollte.

Einer der deutlichsten Beweise solcher beginnenden Tyrannei findet sich in der Darstellung und Erörterung der politischen Situation bei den Stämmen an der Nordwestküste von Neu-Guinea durch einen australischen Anthropologen, H. Jan Hogbin, der schreibt:

». . . Die meisten Häuptlinge scheinen ihre Machtbefugnisse gerecht und besonnen ausgeübt zu haben. Einer oder zwei, so wird gesagt, sollen

72 Siehe Métraux, *Native Tribes,* S. 53 und 129.

73 Über die Jivaro siehe Stirling, S. 56; über die Chiquito siehe Métraux, *Native Tribes,* S. 125; über die Boro siehe Forde, *Habitat,* S. 135.

74 Vgl. z. B. die Hopi (Murdock, *Contemporaries,* S. 336), die Manasí, die Bauré und die Paressí (Métraux, *Native Tribes,* S. 129, 69 und 165).

75 Vgl. die Manasí und die Paressí (Métraux a. a. O.).

76 Vgl. die Beschreibung der Macht des Hasinaí-Kriegshäuptlings, wie ein früher katholischer Missionar sie gibt (Stirling, S. 191). Ein Beispiel für das Recht, Frieden zu schließen, siehe Seligman, S. 58.

jedoch ganz von sich selbst erfüllt gewesen sein und sich aufgeführt haben, als seien alle andern ihr Eigentum. Yomsa' zum Beispiel beging mehrfach Ehebruch, forderte ständig alle Schweine für sich und verfluchte alle, die sich ihm widersetzten.«[77]

Weiter berichtet er, daß solche Häuptlinge die politische Arena in der Regel früher oder später verlassen mußten. Yomsa' zum Beispiel wurde an einen einsamen Ort an der Küste gelockt, wo seine eigenen Verwandten ihm die Kehle durchschnitten. Dies erwies sich als ideale Lösung des Problems; die Notwendigkeit einer Blutrache entfiel, weil einer von Yomsas eigenen Verwandten das Messer führte. Hogbin berichtet von einer anderen Gemeinde, die das gleiche Problem hatte und wo alle an der Ermordung teilnahmen.

Solche Fälle sind interessant, weil sie zeigen, daß in einfachen Hortikulturen ein geringes Maß an Tyrannei bereits möglich ist, daß der Tyrann aber noch über keinerlei Mittel verfügt, sich gegen die Reaktion zu schützen, die sich zwangsläufig einstellt, wenn er die Verfolgung seiner Interessen zu weit treibt. Zum einen fehlt ihm ein Apparat abhängiger Spezialisten, deren Interessen mit den seinen verquickt sind. Zum andern gerät er durch den demokratischen Besitz von Waffen und die allgemeine Erfahrung im Umgang mit ihnen einer aufgebrachten Opposition gegenüber ins Hintertreffen (obwohl Häuptlinge zuweilen die Macht der Magie zu ihrem privaten Vorteil einsetzen können[78]). Und schließlich stehen die von ihm Ausgebeuteten untereinander in ständigem Kontakt, so daß er nicht in den Genuß eines organisationellen Vorteils kommt, wie Tyrannen in komplexeren Gesellschaften im Umgang mit ihren Opponenten ihn haben. In ihrer Kombination hemmen diese Faktoren die Entwicklung von Gewaltherrschaft in einfachen Hortikulturgesellschaften. Und doch werden gerade in Gesellschaften auf dieser Stufe die ersten tastenden Schritte in dieser Richtung getan.[79]

77 Hogbin, S. 144—145.

78 In diesem Zusammenhang ist die Feststellung wichtig, daß in primitiven Gesellschaften Zauberei höchst wirksam sein kann, einfach weil der Glaube an die Wirksamkeit von Magie universell ist. Anthropologische Forschung zeigt, daß viele Primitive ausschließlich durch Zauberei zu Tode kamen.

79 In ethnographischen Berichten finden sich eine ganze Anzahl weiterer Hinweise auf diese Tendenz. So berichtet zum Beispiel Swanton, daß die Caddo-Häuptlinge häufig die Dorfältesten um Rat zusammenriefen, ehe sie zur Tat schritten, daß sie dann aber das machten, was sie selbst, die Häuptlinge, für

Ein anderer Faktor, der entscheidend zur Ausbildung von Tyrannei beiträgt, ist die Art, in der einzelne Gesellschaften das Umverteilungsproblem handhaben. In einigen geschieht dies auf dezentralisierte und unpolitische Weise; in anderen hat man eine zentralistische politische Lösung gefunden. Im ersten Fall geben die, denen es gelingt, einen Surplus an Konsumgütern zu produzieren, einfach ein Festgelage und verteilen den Surplus direkt unter ihre Gäste. Im zweiten fungiert der Häuptling als Mittelsmann, die Güter werden zur Umverteilung erst an ihn gegeben.[80] Diese Methode bietet einem Einzelnen die einmalige Chance, ein ungewöhnliches Maß an Kontrolle über das Leben seiner Gesellschaft auszuüben, vorausgesetzt es gibt einen nennenswerten Surplus. Gibt es ihn, dann ist der Häuptling in einer Position, die es ihm gestattet, einiges für seinen eigenen Gebrauch zurückzubehalten, obwohl er vermutlich sein Tun rechtfertigen muß, indem er den anderen die Überzeugung vermittelt, dies gereiche irgendwie doch der Gruppe als Ganzer zum Wohle. Ist der Surplus sehr klein, wie es in fast allen einfachen Hortikulturen der Fall ist, dann kann der Häuptling bestenfalls sich selbst und seine nächsten Familienangehörigen von der Bürde der Nahrungsproduktion und anderen niederen Arbeiten befreien. Mit steigendem Surplus kann er aber auch andere von der Arbeit für die Subsistenz freistellen und sie für Aufgaben nach seinem Gutdünken einsetzen. Im Anschluß an unsere früheren Thesen über die Natur des Menschen kann eine Prognose in diesem Falle nur lauten, daß solche Personen in der Regel mit Dingen beauftragt werden, die zuerst und in erster Linie dem Häuptling und nur gelegentlich, wenn überhaupt, den übrigen Stammesmitgliedern nützen. Da die Steigerung des Surplus einer Entwicklung unterliegt, die erst in fortgeschrittenen Hortikulturgesellschaften ihre volle Blüte erreicht, müssen wir die Überprüfung unserer Prognose bis zum nächsten Kapitel zurückstellen.

das Beste hielten. Im Falle der Takanan in Südamerika hören wir, daß das Volk gezwungen war, für seine Häuptlinge hart zu arbeiten (Métraux, *Native Tribes*, S. 40). Die Bauré hielten es offensichtlich für einen sinnvollen Brauch, daß einige der Stammesältesten den Häuptling an seine Pflicht gemahnten, wenn er seine Macht zu mißbrauchen im Begriffe schien (ebenda, S. 69).

80 Vgl. z. B. die Koita von Neu-Guinea (Seligman, S. 54).

7. Fortgeschrittene Hortikulturgesellschaften

Der König sollte nicht bei seinen Stammesbrüdern speisen, sie könnten ihn vergiften.

Zulu-Sprichwort

Die Frage, wann und wo es die erste fortgeschrittene Hortikulturgesellschaft gab, ist bis heute unbeantwortet geblieben. Vorliegendem Material nach scheinen die Anfänge im Mittleren Orient vor mehr als 6000 Jahren zu liegen.[1] Ihr Ursprung ist jedoch für unsere Zwecke weit weniger wichtig als die spätere Verbreitung, die diese Gesellschaftsform auf allen fünf Kontinenten teils durch einfache Ausbreitung, teils durch jeweils eigenständige Entwicklung gefunden hat.

Obwohl in vielen Teilen der Welt die fortgeschrittenen Hortikulturen schon vor langer Zeit von Agrargesellschaften verdrängt wurden, überlebten einige wenige doch bis in die moderne Zeit hinein und liefern so die Möglichkeit einer direkten Beobachtung ihres täglichen Lebens durch Menschen, die in der Lage sind, über das, was sie gesehen, angemessen zu berichten. Zuweilen handelt es sich bei den Beobachtern sogar um geschulte Anthropologen oder Ethnographen. Dies gilt besonders im Falle der fortgeschrittenen Hortikulturgesellschaften in Afrika südlich der Sahara. Was die Neue Welt, etwa die Gegend von Peru bis Mexiko angeht, so fehlen Berichte von *geschulten* Beobachtern, weil diese Gesellschaften während der spanischen Eroberungskämpfe vor vierhundert Jahren praktisch zerstört wurden. Dennoch liegt eine Menge Material vor, welches die ersten spanischen Forscher, Missionare und Beamte gesammelt haben; Dokumente, die zumin-

1 Die archäologische Forschung weist die Praxis der Bewässerung eindeutig nach für die Ubiad-Periode in Mesopotamien, die zurückreicht bis zum Ende des 5. Jahrtausends v. Chr. Vgl. beispielsweise V. Gordon Childe, *New Light on the Most Ancient East*, rev. Aufl. (London: Routledge, 1952; oder *Social Evolution* (London: Watts, 1951; deutsch: *Soziale Evolution*, Frankfurt: Suhrkamp, 1968); oder Robert Braidwood, »The Agricultural Revolution«, *Scientific American*, 203 (1960). Siehe auch Wiliam F. Albright, *The Archaeology of Palestine* (London: Penguin, 1956), 4. Kap., oder *From the Stone Age to Christianity*, 2. Aufl. (Garden City: Doubleday Anchor, 1957), S. 137—146 über die Kupferzeit, die bereits in der Mitte des 5. Jahrtausends v. Chr. begonnen hat.

dest die wesentlichen Merkmale der meisten dieser Gesellschaften deutlich werden lassen.

Unsere Schichtungsanalyse fortgeschrittener Hortikulturgesellschaften muß sich deshalb hauptsächlich auf Gesellschaften im südlichen Afrika, und zwar, um den Komplikationen eines allzuweit gespannten Rahmens zu entgehen, auf nicht-islamische stützen.[2] Innerhalb gewisser Grenzen können wir auch Daten über Süd- und Zentral-Amerika sowie solche aus der Archäologie verwenden, obwohl gerade diese Quellen hauptsächlich dazu dienen sollen, Verallgemeinerungen, die das afrikanische Material nahelegt, zu überprüfen.

Diese Einschränkungen sind nicht so gravierend, wie es zunächst den Anschein haben mag. Einmal gibt es eine große Zahl von fortgeschrittenen Hortikulturgesellschaften in Afrika, deren äußere Bedingungen ungeheuer vielfältig sind. Wir brauchen unsere Untersuchung also keineswegs auf eine Handvoll Gesellschaften in einer stark homogenen Umgebung zu beschränken. Zum andern ist in den letzten Jahrzehnten der Umfang der Forschung über diese Gesellschaften bei gleichzeitiger Steigerung ihrer Qualität erheblich gewachsen. Die verfügbaren Quellen scheinen uns deshalb unseren Zwecken durchaus angemessen zu sein, auch wenn sie nicht so umfassend sind, wie man wünschen möchte.

Gemeinsame Züge fortgeschrittener Hortikulturgesellschaften

Wenn man die fortgeschrittenen Hortikulturgesellschaften des Subsaharagebietes in Afrika mit den einfachen Hortikulturgesellschaften von Nord- und Südamerika oder Neu-Guinea vergleicht, stellt man rasch ein ganzes Bündel überraschender und wichtiger Unterschiede fest. Sie beginnen im Bereich der Technologie und erstrecken sich auf fast alle übrigen Sphären des Lebens.

2 Die Gegenden im nördlichen Teil des westlichen Sudan werde ich in der Regel außer acht lassen; sie waren fast tausend Jahre lang massivem islamischen Einfluß ausgesetzt; ebenso bleiben die Gesellschaften im östlichen Sudan und im Horngebiet weitgehend unberücksichtigt, weil hier der Einfluß von mittelöstlichen Völkern und Hirtenstämmen sehr stark war. Ich hoffe, auf diese Weise den Faktor direkten und massiven Einflusses durch weiter fortgeschrittene Gesellschaften soweit wie möglich auszuschalten, obwohl ich weiß, daß der Einfluß, den die einfache Existenz der anderen ausübt, nirgendwo im hortikulturellen Afrika völlig zu eliminieren ist.

Wie wir bereits gesagt haben, ist das wichtigste Werkzeug zur Bodenbearbeitung in einfachen Hortikulturen der Grabstock. Bei den Boro zum Beispiel »dient dasselbe Werkzeug als Spaten, Hacke und Rechen«.[3] Die afrikanischen Gartenbauer dagegen verwenden fast ohne Ausnahme *Metallhacken* unterschiedlicher Bauart. Die englische Anthropologin Forde sagt, solche Hacken »sind den Grabstöcken [der einfachen Gartenbauern] weit überlegen, sie wenden, von Menschen gehandhabt, den Boden in viel größerer Tiefe um«.[4] Dies ist in Gesellschaften, die keine Düngemittel kennen und deshalb die Nährsubstanzen des Bodens an der Oberfläche rasch erschöpfen, von großer Bedeutung.

Auch eine ganze Reihe anderer Werkzeuge lassen sich zur Steigerung ihrer Effektivität aus Metall fertigen. Dies gilt besonders für Werkzeug wie Äxte und Messer, die, sind sie aus Stein, schnell stumpf werden. Metall erhöht überdies die Wirksamkeit und Tödlichkeit von Waffen.

Die fortgeschrittenen Hortikulturgesellschaften Afrikas zeichnen sich vor den einfachen noch durch weitere Vorteile aus. Dank ihrer relativen Nähe zu den großen Zivilisationszentren waren die afrikanischen Gartenbauern in der Lage, sich eine große Zahl eßbarer Pflanzen zu beschaffen, die aus weit entfernten Gegenden stammten. So waren zum Beispiel Bananen, Tarofrüchte und Yamwurzeln, die den Hauptanbau an der westafrikanischen Küste ausmachten, ehe die ersten portugiesischen Eroberer kamen, Importe aus Südostasien, mehr als tausend Jahre zuvor nach Ostafrika eingeführt.[5] Wie ein Experte sagt, »bauen die Afrikaner neun Zehntel aller dem Menschen bekannte Kulturpflanzen an«.[6] Zweifellos ist der neuere europäische Einfluß dabei unverkennbar, und selbstverständlich findet sich in den einzelnen Gesellschaften jeweils nur ein Teil dessen, was es insgesamt gibt. Nichtsdestoweniger ist die Vielfalt von Kulturpflanzen in den fortgeschrittenen hortikulturellen Gesellschaften Afrikas im Durchschnitt größer als in den einfachen hortikulturellen Gesellschaften Amerikas oder Neu-Guineas.

3 C. Daryll Forde, *Habitat, Economy and Society* (London: Methuen, 1934), S. 136.

4 Ebenda, S. 154.

5 Siehe Peter Murdock, *Africa: Its Peoples and Their Cultural History* (New York: McGraw-Hill, 1959), S. 222 ff.

6 Ebenda, S. 21.

Vielfalt ist für jedwede Gesellschaft aus zweierlei Gründen ein großer Vorteil. Zum einen ermöglicht sie die Nutzung unterschiedlichen Bodens, unterschiedlicher Landstriche; denn unterschiedliche Bebauung erfordert unterschiedliche Voraussetzungen. Zum andern erlaubt sie eine intensivere und längere Nutzung des Bodens, weil sie turnusmäßigen Wechsel im Anbau erleichtert (geschehe es nun absichtlich oder unabsichtlich). In beiden Fällen wird die Nahrungsproduktion gesteigert.

Auch in der Neuen Welt wird die technologische Überlegenheit der fortgeschrittenen hortikulturellen Gesellschaften deutlich sichtbar, besonders im Falle der Inka. Ihre größten Leistungen auf dem Gebiet der Nahrungsmittelproduktion gelangen den Inka vermutlich im Zusammenhang mit Bewässerung und Terrassenanbau. Um aus ihrer Wasserversorgung das Bestmögliche zu machen, legten sie riesige Kanal- und Grabensysteme an, die nicht nur ganze Täler versorgten, sondern in einigen Fällen das Wasser sogar in angrenzende Täler weiterleiteten. Einer dieser Kanäle war 120 km lang und ein daran anschließender Aquädukt bestand aus einem Erdwall von 1280 m Länge und 15 m Höhe. Außerdem legte dieses Volk an Abhängen, die sich über Hunderte von Metern erstreckten, Terrassen an und unternahm riesige Märsche ins Landesinnere, um Guano zu holen, mit dem man die Felder düngte.[7]

Die technologische Überlegenheit von fortgeschrittenen Hortikulturgesellschaften zeigt sich auch am Werkzeug, das sie verwenden. Die Inka zum Beispiel kannten sowohl die *taclla* wie die *lampa*. Erstere war ein Urpflug, etwa 1,80 m lang mit einer Fuß- und einer Schulterstütze zur besseren Hebelwirkung; die Spitze war meist aus Bronze.[8] Die *lampa* oder Hacke ähnelte mehr einer altmodischen Krummaxt als einer modernen Hacke; sie diente dazu, Erdschollen aufzubrechen, Unkraut zu jäten und allgemein den Boden zu kultivieren und hatte ebenfalls eine bronzene Klinge.

Im Karibischen Gebiet und in Mexiko waren die Techniken der

7 Siehe Julian Steward und Louis Faron, *Native Peoples of South America* (New York: McGraw-Hill, 1959), S. 87—88. Eine ausführlichere Beschreibung liefert John H. Rowe, »Inca Culture at the Time of the Spanish Conquest«, in: Julian Steward (Hrsg.), *Handbook of South American Indians*, Smithsonian Institution, Bureau of American Ethnology, Bulletin 143 (1946), Bd. II, bes. S. 210—233.

8 Abbildungen dieses Werkzeugs siehe Steward, *Handbook*, Bd. II, S. 213.

Nahrungsmittelproduktion nicht so hoch entwickelt wie in Peru, doch selbst hier findet man Bewässerung, Terrassenanbau und Düngung.[9] Die größte Errungenschaft in dieser Gegend dürfte die *chinampa,* der schwimmende Garten gewesen sein, ein System des Gartenbaus, welches die Azteken entwickelten.

Für die Angehörigen moderner Industriegesellschaften ist die Tragweite solcher Entwicklungen unmittelbar einsichtig. Sorgfältige Untersuchung zeigt, daß der Wechsel vom Jagen und Sammeln zum Gartenbau und die Fortschritte in der hortikulturellen Technologie revolutionäre Veränderungen in menschlichen Gesellschaften ermöglichten. Am besten läßt sich dies ersehen aus einer landwirtschaftlichen Studie über die Halbinsel Yukatán, die Heimat der Maya, welche die Carnegie Institution vor einigen Jahren anstellte. Diese Studie zeigte, daß der durchschnittliche Maya-Maisbauer, der nach traditionellen Methoden arbeitete, in achtundvierzig Tagen Arbeit genug Mais ziehen konnte, um seine Familie damit ein ganzes Jahr zu ernähren.[10] Selbst wenn er noch einmal achtundvierzig Tage brauchte, um die übrigen lebensnotwendigen Dinge für seine Familie heranzuschaffen, blieb ihm noch viel freie Zeit, die er auf andere Aktivitäten verwenden konnte. Wie ein Forscher sagte, war es gerade dieser Überschuß an Zeit, der die Erbauung der berühmten Maya-Pyramiden, der Tempel, Paläste, Kolonnaden, Höfe, Plätze und Straßen ermöglichte.[11] Er hätte hinzufügen können, daß dieser Zeitüberschuß auch die Expansion des Reiches und die hohe Zahl von Kriegshandlungen gestattete, die in fortgeschrittenen Hortikulturgesellschaften überall auf der Welt üblich sind.

Wie zu erwarten, hatte dieser technologische Fortschritt seine *demographischen Konsequenzen.* Vor allem ermöglichte er die Expansion von Gesellschaften auf zweierlei Weise, einmal durch territoriale Ausdehnung und zum andern durch gesteigerte Bevölkerungsdichte. Das letzte Kapitel hat gezeigt, daß die Bevölkerungszahlen von einfachen Hortikulturgesellschaften selten über 15 000 hinausreichen und gewöhnlich weit darunter liegen. In

9 Siehe beispielsweise Steward und Faron, S. 180—184, oder Victor von Hagen, *The Ancient Sun Kingdoms of the Americas* (Cleveland: World Publishing, 1961), S. 61, 68—69, 81—86, 128—129 und 246—252.

10 Sylvanus G. Morley, *The Ancient Maya* (Stanford, Calif.: Stanford University Press, 1946) S. 154—155.

11 Ebenda, S. 155—156.

fortgeschrittenen Hortikulturgesellschaften steigt die obere Grenze zumindest aufs Zweihundertfache. Das Inkareich beispielsweise wird zur Zeit, da die Spanier eindrangen, auf eine Bevölkerung von 4 000 000 Menschen geschätzt, von den Maya sagt man, sie zählten um die Mitte des 9. Jahrhunderts 3 000 000 Menschen.[12] Selbst eine weniger entwickelte Gruppe wie die Chibcha, die im heutigen Kolumbien siedelten, wird zur Zeit ihrer Eroberung auf 300 000 veranschlagt.[13] In Afrika scheint in der vorkolonialen Zeit zwar keine Hortikulturgesellschaft je den Umfang einer Inka- oder Maya-Gesellschaft erreicht zu haben; dennoch brachten es eine ganze Reihe auf Bevölkerungen von 100 000 oder mehr Menschen, und einige wenige mögen auch die Millionengrenze überschritten haben.[14]

Zum Teil spiegeln sich in diesem Wachstum einfach die Fortschritte der Agrartechnologie, die eine substantielle Zunahme der Bevölkerungsdichte zulassen. Dichten von 100 Menschen und mehr pro Quadratmeile gibt es in vielen fortgeschrittenen Hortikulturgesellschaften; im Falle der Ibo in Nigeria erbringen die Zahlen der Volkszählung von 1931 eine Durchschnittsdichte von 260 Menschen pro Quadratmeile, wobei sie in manchen Gebieten durchaus höher liegen kann.[15]

In erster Linie aber zeigt der Umfang von fortgeschrittenen hortikulturellen Gesellschaften eine wichtige Neuerung im gesellschaftlichen Bereich an, die sich auf dieser Stufe der wirtschaftlichen Entwicklung zum ersten Mal klar durchsetzt, nämlich die *Errich-*

12 Siehe Steward und Faron, S. 121 über die Inka, und von Hagen, S. 221 über die Maya.

13 Steward und Faron, S. 212.

14 Siehe Murdock, »World Ethnographic Sample«, *American Anthropologist*, 59 (1957), S. 675—677, wo zahlreichen Völkern des Samples »politische Integration in große unabhängige Einheiten von durchschnittlich mindestens 100.000 Menschen« bescheinigt wird (siehe Kol. 15). Eine der größten Gesellschaften war die der Ganda, die im 19. Jahrhundert 500.000 bis 1.000.000 Menschen gezählt haben soll. Siehe Margaret Chave Fallers, *The Eastern Lacustrine Bantu* (London: International African Institute, 1960), S. 52.

15 Zahlen über die Ibo nennen K. M. Buchanan und J. C. Pugh, *Land and People in Nigeria* (London: University of London Press, 1955), S. 60. Vor einigen Jahren errechnete L. Dudley Stamp von der Londoner Universität, daß Südnigeria unbegrenzt und ohne den Boden auszupowern auf der Basis der Hackkultur und mit Hilfe der Methode von Schneiden und Sengen 144 Menschen pro Quadratmeile [= 2,59 km²] ernähren konnte. Siehe »Land Utilization and Soil Erosion in Nigeria«, *Geographical Review*, 28 (1938), S. 32—45.

tung von Reichen. Die Errichtung eines Reichs scheint in einfachen hortikulturellen und in Jäger- und Sammlergesellschaften unmöglich zu sein. Erstens reichen die Mittel dieser Gesellschaften zur Schaffung des notwendigen militärischen und politischen Apparats nicht aus. Zweitens ist der von potentiellen Opfern produzierte Surplus zu mager, um die Anstrengung überhaupt zu lohnen. Konflikte zwischen solchen Gesellschaften sind deshalb auf Überfälle und Plünderungen beschränkt.

Mit dem Entstehen fortgeschrittener Hortikulturgesellschaften wird es für ehrgeizige und kriegerische Völker möglich und lohnend zugleich, sich eine relativ wirksame und anhaltende Kontrolle über andere Gruppen zu verschaffen. Der wirtschaftliche Surplus ist groß genug, den notwendigen militärischen und politischen Apparat zu unterhalten und die damit notwendig verbundenen Ausgaben zu rechtfertigen. Folge dieses Prozesses der Errichtung von Reichen ist, daß Völker unterschiedlicher Kulturtraditionen häufig innerhalb des Rahmens eines gemeinsamen politischen Systems leben und leben müssen.

Es gibt viele Hinweise darauf, daß die meisten größeren Gesellschaften in Afrika südlich der Sahara sich auf diese Weise entwickelt haben. In ihrer Schrift über die Yoruba von Nigeria, eine der volkreichsten Gruppen in diesem Teil der Welt, schreibt Forde: »Es besteht kein Zweifel, daß der Staat der Yoruba auf dem Wege militärischer Expansion entstand und daß viele der yorubasprachigen Völker von heute die Nachkommen unterworfener Gruppen sind, die Sprache und Brauchtum ihrer Eroberer übernommen haben.«[16] Eine ähnliche Situation herrschte in der Neuen Welt. Die Inka scheinen ein Jahrhundert vor der spanischen Eroberung eine ganz kleine und unbedeutende Gruppe gewesen zu sein. In den hundert Jahren bis zur spanischen Eroberung jedoch unterwarfen sie sich eine ganze Reihe anderer Völker, die kulturell und politisch rasch assimiliert wurden.[17] So waren auf beiden Kontinenten Eroberung und Errichtung von Reichen wichtige Faktoren für gesellschaftliches Wachstum und Expansion.

16 Forde, *Habitat,* S. 164.

17 Eine zusammenfassende Darstellung dieser Entwicklungen gibt Rowe in Steward, *Handbook,* Bd. II, S. 203—209; siehe auch Steward und Faron, S. 112—188 und 133; von Hagen, S. 401—429 und 576—579; und Joseph Bram, *An Analysis of Inca Militarism,* Monographs of the American Ethnological Society, 4 (1941).

Wie die beiden Beispiele zeigen, war in der politischen Organisation weiter Teile des hortikulturellen Afrika und Amerika ein recht beachtlicher Entwicklungsstand erreicht, ehe die ersten Kontakte zu Europäern überhaupt zustande kamen; Staaten, die sich über Tausende von Quadratmeilen erstreckten, wurden von starken Obrigkeiten zentralistisch regiert. In einer Vielzahl von Fällen wurden Dynastien errichtet, die mehrere Jahrhunderte überdauerten.[18] Ein führender Anthropologe schrieb über diese Staaten: »In der Vollkommenheit ihrer politischen Institutionen und im Geschick, mit dem soziale Institutionen eingesetzt wurden, um der politischen Struktur Stabilität zu verleihen, übertrafen sie alles, was es in Europa vor dem 16. Jahrhundert überhaupt gab.«[19] Obwohl dies zweifellos übertrieben ist, kann man zumindest sagen, daß ein Vergleich mit ihren europäischen Gegenspielern im frühen Mittelalter sehr günstig für diese Gesellschaften ausfällt.

Nicht alle Hortikulturgesellschaften in Afrika versuchten, Staaten zu bilden, keineswegs. Wer es jedoch nicht tat, fiel häufig dem zum Opfer, der es tat. So scheint vor dem Auftauchen der Europäer und ihrer Herrschaft die Mehrzahl der Bevölkerung im hortikulturellen Afrika südlich der Sahara expansionistischen Staaten entweder als Mitglied oder als Unterworfener angehört zu haben. Einige entgingen jedoch diesem Schicksal, so daß es falsch wäre anzunehmen, alle fortgeschrittenen Hortikulturgesellschaften seien gleichen Typs. Im Gegenteil, dies ist ein Punkt, in dem fortgeschrittene Hortikulturgesellschaften sich stark voneinander unterscheiden.

Wenn fremde Völker von fortgeschrittenen Hortikulturgesellschaften erobert und assimiliert werden, geht ihre Identität nicht unterschiedslos in allen Fällen verloren oder wird zerstört. Im Gegenteil, oft nehmen sie einen Platz als klar abgegrenzte Untereinheit innerhalb der herrschenden Gesellschaft ein. Der Übergang vollzieht sich häufig ganz leicht und quasi natürlich, besonders dort, wo Unterschiede nach Herkunft gemacht werden. In solchen Gesellschaften wird aus einer frisch unterworfenen Gruppe oder einer, die um Anschluß nachsucht (was gar nicht so selten vorkommt), einfach ein weiterer Stamm, eine nach Herkunft bestimmbare Gruppe, die ihre eigene innere Organisation sogar in

18 Siehe etwa John Roscoe, *The Baganda* (London: Macmillan, 1911), S. 214.
19 Ralph Linton, *The Tree of Culture* (New York: Vintage Books, 1959), S. 170.

vielen Fällen beibehält. Dies trifft eindeutig zu für die Azande in Ostzentralafrika und die Ndebele in Südrhodesien.[20] In vielen anderen afrikanischen Gesellschaften, so hat man festgestellt, sind Stämme oder andere geschlossene Volksgruppen gleicher Abstammung an bestimmten Orten konzentriert, was stark vermuten läßt, daß sie vor der Zeit der Staatenbildung autonome Dorfgemeinschaften waren.[21] Für die Neue Welt ist das Material weniger eindeutig, hauptsächlich wohl der frühen Desintegration der fortgeschrittenen Hortikulturgesellschaften wegen. Dennoch haben wir guten Grund zu der Annahme, daß die niederen »Clans« sowohl bei den Inka wie bei den Azteken die Nachkommen einst unabhängiger Völker waren.[22]

Viele der aggressiveren und expansiveren Staaten schließen ethnische Minderheiten ein, die bis zum heutigen Tag erst teilweise assimiliert sind. Zum Ngwato-Stamm im nördlichen Bechuanaland mit einer Bevölkerung von 101 000 gehören 10 000 Buschmänner, 23 000 Kalaken, 1 000 Herero, 1 000 Rotse und 700 Yeei, die allesamt keine Südbantu wie die Ngwato sind, und die sich obendrein einer vom andern und von den Ngwato in Sprache und Sitten unterscheiden.[23] Ähnliche Beispiele ließen sich aus vielen anderen Teilen Afrikas und der Neuen Welt anführen.

20 Über die Azande siehe P. T. Baxter und Audrey Butt, *The Azande and Related Peoples* (London: International African Institute, 1953), S. 11; über die Ndebele berichten A. J. B. Hughes und J. van Velsen, *The Ndebele* (London: International African Institute, 1954), S. 71 f. Bei den letzteren sind diese Gruppen, bekannt als »Stämme«, so groß geworden, daß ihre Aufgaben innerhalb ihrer Stämme gebildeten Untereinheiten übertragen wurden; aber auch in solchen Fällen sind die umfassenderen Gruppen anhand ihrer gemeinsamen Namen nach wie vor identifizierbar, sie beeinflussen den Status des Einzelnen nachhaltig.

21 Siehe z. B. Hilda Kuper, *The Swazi* (London: International African Institute, 1952), S. 20, oder Melville Herskovits Berichte über Dahomey in: *Dahomey: An Ancient West African Kingdom* (Locust Valley, N. Y.: Augustin, 1938), 10. Kap. Dies sind nur zwei von vielen solchen Beispielen. Siehe auch Linton über das Verhältnis von Stamm und Staat in Buganda wo auf einen ähnlichen Ursprung für diese Stämme hingewiesen wird *(Tree*, S. 175).

22 Siehe z. B. Rowe, in: Steward, *Handbook*, Bd. II, S. 253—256, oder Bram, S. 22—29 über die Inka-*ayllu* und von Hagen, S. 68—70 über die Azteken-*calpulli*.

23 J. Schapera, *Government and Politics in Tribal Societies* (London: Watts, 1956), S. 19. Eine gute Erörterung dieses Gegenstandes stammt ebenfalls von Schapera, *The Tswana* (London: International African Institute, 1953), S. 34 bis 35. Siehe auch Bram, 2. Kap. über die Inka.

Diskrepanzen zwischen Staats- und ethnischen Grenzen entstehen auch, weil Erobererstaaten selbst zuweilen einem Spaltungs- oder Teilungsprozeß unterliegen, der zur Aufteilung und Auflösung der Gruppe in eine Vielzahl kleinerer Fürsten- oder Königtümer führt. Auf dieser Stufe gesellschaftlicher Entwicklung ist es für zentrale Obrigkeiten häufig unmöglich, Spaltungsbewegungen in den entfernteren Provinzen zu verhindern.

Zuweilen werden beide Prozesse, Eroberung und Spaltung, innerhalb eines einzigen Stammes sichtbar. So wird zum Beispiel berichtet, daß »an der Peripherie des Zande-Machtbereichs es viele Gruppen gibt, die nur teilweise ›zandeisiert‹ sind, und andere, die ihre eigene Kultur und Sprache erhalten konnten«.[24] Die Azande selbst sind ihrerseits in viele kleine Königtümer aufgeteilt, jenen nicht unähnlich, in die die europäischen Völker im Mittelalter unterteilt waren.

Das Wachstum des Staates scheint eine ganze Reihe wichtiger Konsequenzen für die Gemeinden innerhalb fortgeschrittener Hortikulturgesellschaften zu haben. Zunächst einmal werden all jene Gemeinden größer, die als königliche Hauptstädte dienen. Ihre Bewohner zehren weitgehend vom wirtschaftlichen Surplus des gesamten Landes, das Wachstum der Gemeinde ist also nicht mehr durch die Ressourcen der unmittelbaren Umgebung begrenzt. Audrey Richards berichtet, daß während der 1930er Jahre die Dörfer, in denen die Häuptlinge der Bemba lebten, durchschnittlich 300 bis 400 Hütten zählten und daß sie früher »offensichtlich noch viel größer« waren, während andere Dörfer nur aus dreißig bis fünfzig Hütten bestanden.[25] Anderswo in Afrika, besonders in Nigeria, entwickelten sich infolge der Staatenbildung noch weit größere Gemeinden. So berichtet beispielsweise ein portugiesischer Forscher bereits im 15. Jahrhundert, daß Gwato, der Hafen von Benin, eine Bevölkerung von 2 000 Personen hatte, was nahelegt, daß Benin selbst erheblich größer war.[26] Etwa hundert Jahre spä-

24 Baxter und Butt, S. 11.

25 Siehe Audrey J. Richards, »The Bemba of Northeastern Rhodesia«, in: Elizabeth Colson und Max Gluckman (Hrsg.), *Seven Tribes of British Central Africa* (Manchester: Manchester University Press, 1951), S. 171, ebenso Richards, »The Political System of the Bemba Tribe of Northeastern Rhodesia«, in: M. Fortes und E. E. Evans-Pritchard (Hrsg.), *African Political Systems* (London: Oxford University Press, 1940), S. 91.

26 Von Duarte Pacheco Pereira, *Esmeraldo de Situ Orbis*, hrsg. von R. Mauny und übersetzt von G. H. T. Kimble, wiedererschienen in Thomas

ter beschrieb ein holländischer Reisender die Stadt Benin, kaum noch Zweifel an ihrer Größe lassend, wie folgt:

»Die Stadt schien sehr groß zu sein; man betritt sie auf einer breiten ungepflasterten Straße, die sieben- oder achtmal so breit zu sein scheint wie die Warmoes-Straße in Amsterdam; sie verläuft schnurgerade, ohne jede Biegung; meine Unterkunft, die ich mit Mattheus Cornelison teilte, war zumindest eine Viertelstunde vom Stadttor entfernt, und dennoch war das Ende der Straße keineswegs abzusehen; statt dessen sah ich in weiter Ferne einen großen hohen Baum – soweit ich es erkennen konnte – und man sagte mir, die Straße sei noch viel länger. Ich sprach auch mit einem Niederländer, der mir sagte, er sei an jenem Baum gewesen, habe aber auch von dort das Ende der Straße nicht sehen können; ... so daß man annehmen kann, daß die Straße eine Meile lang ist [die holländische Meile entsprach ungefähr vier englischen Meilen oder knapp 6,5 km], die Außenbezirke nicht mitgerechnet.«[27]

Selbst noch im 18. Jahrhundert, nachdem Benin eine Periode des Niedergangs erlebt hatte, erzählte ein englischer Besucher: »Die Stadt Benin ist groß und dicht besiedelt, sie hat schätzungsweise 15 000 Einwohner.«[28]

Benin war nur eine von den vielen Hauptstädten kleiner Königtümer in Südnigeria, die während der letzten tausend Jahre aufblühten. Ihre genaue Größe werden wir vielleicht niemals kennen, zahlreiche Berichte nennen jedoch Zahlen von 20 000 oder mehr Einwohnern in der voreuropäischen Periode. Zwar dürften diese Gemeinden die größten gewesen sein, die sich im nicht-islamischen Afrika südlich der Sahara entwickelt haben, ehe die moderne westliche Technologie ihr Werk der Umwandlung begann; aber es gab noch weitere Königtümer, die über ein riesiges Gebiet von der Küste Guineas bis nach Südafrika hin verstreut lagen und in deren Hauptstädten häufig ebenfalls Bevölkerungen von etlichen tausend oder mehr Menschen gelebt haben dürften.[29]

In den fortgeschrittenen Hortikulturgesellschaften der Neuen Welt waren die urbanen Tendenzen nicht minder ausgeprägt. Selbst bei den am wenigsten fortgeschrittenen, den Häuptlings-

Hodgkin, *Nigerian Perspectives: An Historical Anthology* (London: Oxford University Press, 1960), S. 93.

27 Aus *A Description and Historical Declaration of the Golden Kingdom of Guinea*, nachgedruckt in: Hodgkin, S. 119—120.

28 Ebenda, S. 175.

29 Siehe z. B. Schaperas Berichte über die Hauptstädte der Südbantugruppen, *Government and Politics*, S. 15.

stämmen im Karibischen Gebiet, gab es Städte mit bis zu 3 000 Einwohnern.[30] Mayapán, Hauptstadt der Maya, soll eine Bevölkerung von mehr als 20 000 Menschen gehabt haben, und Cortes schätzte Texcoco, eine der führenden präkolumbianischen Städte Mexikos, auf 30 000.[31] Tenochtitlán, die aztekische Hauptstadt, und Cuzco, die der Inka, scheinen noch größer gewesen zu sein. Spanische Beamte berichteten, daß es in der ersteren siebzig- bis hunderttausend Häuser und in der letzteren hunderttausend gegeben habe; beide Berichte dürften allerdings stark übertreiben. Ihre genaue Größe ist zwar unbekannt, die Europäer des 16. Jahrhunderts fanden jedoch beide Hauptstädte sehr beeindruckend.

In fortgeschrittenen Hortikulturgesellschaften können sich Gemeinden länger am Leben erhalten als in einfachen. Das hat seinen Grund zum Teil in den Fortschritten der Agrartechnologie, die es möglich machen, denselben Boden über längere Zeit zu nutzen. Zum Beispiel vermag die Metallhacke die ausgelaugte Ackerkrume durch neue zu ersetzen, indem sie die Erde in größerer Tiefe umgräbt und dabei Nährstoffe erreicht, die mit dem einfachen Grabstock nicht zu erreichen sind. Gleichermaßen wichtig ist die Entdeckung des turnusmäßig wechselnden Anbaus, der die Frist, innerhalb welcher der Boden erschöpft ist, verlängert, was ebenfalls eine längere Nutzung erlaubt. Herskovits berichtet zum Beispiel, es sei in Dahomey nicht selten, daß Felder, die sorgfältig bearbeitet werden, fünfzehn oder zwanzig Jahre bebaut werden können.[32] In Ganda, wo der Ackerbau ein recht hohes Niveau erreicht hat, konnten manche Parzellen nach einem System turnusmäßigen Wechsels im Anbau sogar permanent bestellt und genutzt werden.[33] Das gleiche scheint auf die terrassenförmig angelegten, bewässerten und gedüngten Felder einiger fortgeschrittenerer Gartenbauer der Neuen Welt zugetroffen zu haben.

Ein zweiter Faktor, der zum längeren Bestand einzelner Gemeinden beitrug, war die Bildung von Königreichen und von Staaten. Wie wir gesehen haben, waren die Bewohner der Hauptstädte dieser Staaten zumindest teilweise frei von der Notwendigkeit, ihre materiellen Bedürfnisse mit Produkten aus der unmittelbaren Umgebung zu befriedigen. In dem Maße, in dem dies der Fall

30 Steward und Faron, S. 184—185, etc.

31 von Hagen, S. 134 und 308.

32 Herskovits, S. 33—34.

33 Fallers, S. 38.

war, nahm die Beanspruchung der örtlichen Ressourcen ab und die Möglichkeit eines längeren Bestandes der Gemeinden erhöhte sich.

Auf dem Gebiet beruflicher Spezialisierung sind die Unterschiede zwischen einfachen und fortgeschrittenen Hortikulturgesellschaften eher noch schärfer. In letzteren findet sich eine weit höhere Zahl und größere Vielfalt von Spezialisten. Obwohl es, wie bei vielen anderen Vergleichen, durchaus gewisse Überschneidungen gibt, unterscheiden sich die beiden Gesellschaftsformen in den oberen Grenzen des Erreichten doch recht erheblich.

Wichtigster Einzelfaktor bei der Zunahme beruflicher Spezialisierung ist eindeutig die gestiegene Macht des Staats. Alle größeren und mächtigeren Königtümer erforderten komplizierte Regierungssysteme mit vielen Beamten und Soldaten. Ein zuverlässiger englischer Beobachter aus dem 17. Jahrhundert berichtet zum Beispiel, daß der König von Dahomey allein tausend Steuereinnehmer beschäftigt habe.[34] In anderen Bereichen war die Zahl der Beamten eher noch größer.

Die größten und am stärksten zentralisierten Staaten hatten gewöhnlich Beamtenhierarchien mit drei bis fünf Ebenen, mit dem König an der Spitze und dem Dorfhäuptling auf der untersten Stufe.[35] Jeder Amtsträger, insbesondere die höheren, hatte seinen »Hof«, zu dem eine Reihe verschiedener Spezialisten gehörten – verschiedene Magier, Priester, Steuereinnehmer, Ratgeber, Offiziere, gemeine Soldaten, Ehefrauen und Konkubinen mit Hunderten von Eunuchen zu ihrer Bewachung, verschiedene Unterhalter und Kunsthandwerker von außergewöhnlicher Begabung und Geschicklichkeit. In manchen Gesellschaften gab es hauptberufliche Handwerker nur am Hof des Königs; Werkzeug, Waffen und all die anderen Dinge, die das einfache Volk brauchte, mußte es entweder selbst anfertigen oder sie wurden von Teilzeitspezialisten hergestellt.[36] Auch hier wird der Einfluß politischer Entwick-

34 Herskovits, Bd. I, S. 109.

35 Die meisten Hierarchien wiesen nur drei Stufen auf, so in Dahomey (Herskovits, Bd. II, S. 23 ff.) oder in Buganda (Fallers, S. 61 ff.). In seiner Beschreibung des Kongo-Reiches jedoch, welches im Jahr 1569 zerstört wurde, berichtet Murdock, es sei in sechs Provinzen geteilt gewesen, die ihrerseits noch einmal in Distrikte unterteilt waren, von denen jeder eine Reihe von Dörfern mit vierstöckiger Hierarchie umfaßte (Murdock, *Africa*, S. 298). Die Inka stellen das Extrem dar mit fünf Ebenen, sie reichen vom »Aufseher« bis zum Herrscher (Rowe, in: Steward, *Handbook*, Bd. II, S. 263).

36 Fallers, S. 43.

lungen als Stimulus zunehmender beruflicher Spezialisierung sichtbar.

Von politisch so avancierten Gruppen wie den Inka, Azteken, Dahomäen und Ganda unterscheiden sich andere Gruppen, wie etwa die Tonga von Nordrhodesien, ganz erheblich; ihr Stand beruflicher Spezialisierung bringt sie eher in die Nähe der fortgeschritteneren unter den einfachen Hortikulturgesellschaften. Ihre Spezialisierung beschränkte sich bis in die jüngste Zeit hinein auf Teilzeitarbeit in einigen wenigen Bereichen.[37] Ähnlich wird von den Swazi in Südostafrika berichtet, daß »eine gewisse Anerkennung individueller Fähigkeiten zu einer begrenzten Spezialisierung im Rahmen der allgemeinen von jedem erwarteten Fähigkeiten geführt hat. So haben sich einige darauf spezialisiert, Felle oder Häute zu färben, Schilde zu schneiden und zu meißeln; ein paar Frauen flechten Körbe oder töpfern.«[38] Dies alles sind keine vollen Berufe. Der einzige volle Beruf, vom geistlichen oder politischen abgesehen, ist der des Schmieds. Bei den Swazi ist er, wie bei den meisten Völkern Afrikas, ein hochgeachteter Vollzeitberuf.

Wie zu erwarten, hängt das Volumen von Handel und Gewerbe in fortgeschrittenen Hortikulturgesellschaften eng zusammen mit dem Grad beruflicher Spezialisierung. In Gesellschaften mit hoher Spezialisierung ist auch der Handel lebhaft. Tatsächlich findet man hier organisierte Märkte, die an festgelegten Tagen regelmäßig abgehalten und von Beamten beaufsichtigt und reguliert werden. Es gibt sogar die ersten Anfänge von Währungssystemen sowie eine Spezialisierung im Handel der feilgebotenen Waren.[39]

37 E. Colson, »The Plateau Tonga of Northern Rhodesia«, in: Colson und Gluckman, S. 104.

38 Kuper, S. 31.

39 Entlang der Küste Guineas und östlich bis nach Buganda dienten Kaurimuscheln lange Zeit als Währung. Siehe etwa Michael Crowder, *The Story of Nigeria* (London: Faber, 1962), S. 66, 186 usw., oder Fallers über die Ganda, S. 49. In Afrika scheint die Funktion des Zwischenhändlers oder des Kaufmanns an der Küste Guineas ihre stärkste Ausprägung erfahren zu haben. In Berichten über dieses Gebiet ist hin und wieder von Frauen die Rede, die auf einem Markt Produkte kauften, um sie auf einem anderen weiterzuverkaufen (siehe Herskovits, Bd. I, S. 56), sowie von Männern, die sich als Händler betätigten, wenn auch gewöhnlich im Auftrag des Königs; siehe George Peter Murdock, *Our Primitive Contemporaries* (New York: Macmillan, 1940, S. 577). In Buganda (Ostzentralafrika) sollen »Märkte, die nur einen kleinen Fußmarsch auseinanderlagen, an verschiedenen Tagen, zyklisch aufeinander abgestimmt, abgehalten worden sein, so daß umherziehende Händler, wenn ein Markt

In Gesellschaften mit geringer Spezialisierung dagegen ist der Handel begrenzt, und formelle Märkte, standardisierte Währung und Zwischenhändler fehlen völlig.
Ein Faktor, der Handel und Gewerbe in fortgeschrittenen Hortikulturgesellschaften sowohl in Afrika wie in der Neuen Welt einschränkt, ist der primitive Charakter ihres Transportwesens. In beiden Gebieten fehlt beispielsweise das Rad. Auch Zugtiere gibt es nicht; ebensowenig kennt man Lasttiere, abgesehen von den Inka, die das Lama benutzten. Obwohl viele afrikanische Stämme Vieh hielten, ließen sie es doch niemals Lasten tragen. Auch das Pferd, das aus Nordafrika in den Sudan und nach Nigeria eingeführt wurde, lange ehe die Europäer kamen, scheint nur bei militärischen Operationen Verwendung gefunden zu haben.
Außer bei den Inka wurde deshalb alles, was über Land transportiert werden mußte, von menschlichen Trägern auf Kopf oder Rücken getragen.[40] Gute Träger konnten zwar Lasten von einem Gewicht zwischen 50 und 100 Pfund über größere Distanzen bewältigen, ihre Arbeitskraft wurde jedoch hauptsächlich durch das Mitschleppen ihrer eigenen Versorgungsgüter verbraucht, wodurch die Menge der transportierten Güter beträchtlich gemindert wurde.[41]
Das beste Transportmittel, das in den fortgeschrittensten Hortikulturgesellschaften zu finden ist, ist das Kanu. Unglücklicherweise fehlte es jedoch meist an schiffbaren Flüssen.
Die Unwirksamkeit der Beförderungsmöglichkeiten von Mensch und Ware hatte auch wichtige politische Implikationen. Erstens

schloß, ihre Sachen packen und zum nächsten weiterziehen konnten« (Linton, *Tree,* S. 173). Die höchste Entwicklung merkantiler Spezialisierung dürfte es vermutlich in der Neuen Welt gegeben haben, wo es bei den Azteken und den Maya hauptberufliche Händler gab (von Hagen, S. 174—175 und 268—273). Berichte über die Azteken zeigen, daß es sich dabei um eine sehr späte Entwicklung handelt; sie setzt 1504 ein, also knapp eine Generation vor der Eroberung durch die Spanier. Es ist interessant zu wissen, daß aztekische Händler ebenso wie jene, die im Auftrag der Könige von Dahomey in Afrika unterwegs waren, mitunter beschuldigt wurden, verkleidete Krieger zu sein, die ausgeschickt seien, das Land des Gegners auszuspionieren. Daran mag schon etwas Wahres gewesen sein.

40 Selbst bei den Inka teilten sich die Menschen mit dem Lama in den Transport von Gütern und waren dabei sogar noch effektiver (siehe von Hagen, S. 554), was zeigt, wie wenig das Lama nützte.

41 Die Zahlen stammen von Forde, *Habitat,* S. 167.

waren die Nettoeinnahmen aus eroberten Gebieten, die weit entfernt lagen, recht gering, weil Tribut und Steuern gewöhnlich in Form von Gütern gezahlt wurden und die Kosten der Schiffsfracht sich direkt nach der zu überwindenden Distanz richteten.[42] Zweitens war es extrem schwer für die Könige, über ihre entfernteren Provinzen eine wirksame Kontrolle auszuüben, da, wie gesagt, die Beförderung von Menschen und Gütern so kompliziert war. Im primitiven Charakter des Transportwesens ist deshalb ein entscheidender Faktor für die ständigen Revolten gegen die zentrale Obrigkeit wie auch für den Zusammenbruch einzelner Reiche zu sehen.[43]

Einführung in Verteilungssysteme

Was bei jedem Vergleich zwischen einfachen und fortgeschrittenen Hortikulturgesellschaften am meisten verblüfft, ist die auffällige Entwicklung zur sozialen Ungleichheit bei den letzteren. In vielen fortgeschrittenen Hortikulturgesellschaften Afrikas geht die Ungleichheit weit über das hinaus, was sich in technologisch weniger entwickelten Gesellschaften je beobachten ließ. Der Gegensatz ist so kraß, daß eine Art Schwelle überschritten zu sein scheint, die in einen Bereich ganz neuer Möglichkeiten führt.

In einigen dieser Gesellschaften werden einzelne praktisch zu Göttern und genießen eine entsprechende Behandlung. In Dahomey mußten selbst die höchsten Minister in Anwesenheit des Königs auf dem Boden kriechen und Kopf und Körper mit Staub bewerfen.[44] Niemand durfte mit bedeckten Schultern vor ihn treten,

42 Siehe Baxter und Butt, S. 62.

43 Die Ganda scheinen als einzige unter den Hortikulturvölkern Afrikas gute Straßen gebaut zu haben, was in der Folge dann zur Stabilität ihres politischen Systems beigetragen haben mag (siehe Linton, *Tree*, S. 173, oder Murdock, *Afrika*, S. 355). In der Neuen Welt war die Lage erheblich günstiger. Selbst die kleineren Stämme im Karibischen Gebiet legten unter der Führung ihrer Häuptlinge Straßen an, und die Inka und die Maya bauten geradezu großartige. Siehe z. B. Morley, S. 339—341; Rowe, in: Steward, *Handbook*, Bd. II, S. 229—233; Bram S. 36—37; und Steward und Faron, S. 198—199. Diese Straßen mögen für die relative politische Stabilität einiger dieser Gruppen durchaus eine wichtige Rolle gespielt haben.

44 Herskovits, Bd. II, S. 33. Lucy Mair berichtet, daß man von einem der Könige der Ganda zu sagen wußte, er habe seine Untertanen auf eisernen Dornen vor sich knien heißen. Siehe *Primitive Government* (Baltimore: Penguin, 1962), S. 181; vgl. auch S. 197—205.

niemand durfte in seiner Gegenwart Sandalen, Schuhe oder einen Hut tragen. Niemand durfte in seinem Beisein auf einem Stuhl sitzen; wollte jemand sitzen, mußte er sich auf dem Boden niederlassen. Der König besaß einen enormen Reichtum, was allein schon die Tatsache seiner tausend Steuereinnehmer beweist. Theoretisch, wenn auch nicht praktisch, wurde er als Eigentümer des gesamten Besitzes im Land betrachtet.[45] Jede Frau auf seinem Territorium, an der er Geschmack fand, sei sie verheiratet gewesen oder nicht, konnte er sich nehmen und seinem königlichen Harem einverleiben. Die genaue Zahl seiner Frauen ist nicht bekannt, und zwar vornehmlich deshalb nicht, weil sie so groß war; offensichtlich handelte es sich aber um Hunderte, möglicherweise waren es sogar zweitausend.[46] Der König konnte auch inzestuöse Ehen eingehen, ein Brauch, der allen außerhalb der königlichen Familie streng verboten war.[47] Alle Kriegsgefangenen wurden seine Sklaven.[48] Durch seine direkten Untergebenen »übte der König eine scharfe Kontrolle über alles aus, was auf seinem Gebiet vor sich ging«.[49] So entschied er zum Beispiel über sämtliche Berufungen in den öffentlichen Dienst; Oberhäupter von Sippen, ja sogar die von größeren Familien brauchten zur Übernahme ihrer Funktion seine Bestätigung. Auch auf die verschiedenen religiösen Gruppen übte er einen großen Einfluß aus, und er gab die Billigung zur Vererbung von Eigentum. Schließlich lag in seinen Händen die Macht über Leben und Tod seiner Untertanen. Wer sein Mißfallen erregte, und gehörte er auch zur königlichen Familie, dem konnte es passieren, daß er in die Sklaverei verkauft oder zu Tode gebracht wurde.[50]

Zwar hatte der König die höchsten Machtbefugnisse und die meisten Privilegien, doch waren auch seine wichtigsten Minister und Untergebenen Leute, mit denen man zu rechnen hatte. So waren zum Beispiel Häuptlinge, die in des Königs Gegenwart sich demütig und bescheiden zeigten, in den von ihnen regierten Provinzen in ihrer eigenen Rechtsprechung wahre Despoten. »Außerhalb des königlichen Palastes verlangen diese hohen Potentaten, daß

45 Ebenda, Bd. I, S. 78.
46 Ebenda, Bd. II, S. 45, oder Murdock, *Contemporaries*, S. 582.
47 Ebenda, Bd. I, S. 339.
48 Ebenda, Bd. II, S. 95 ff.
49 Ebenda, Bd. II, S. 36 ff.
50 Ebenda, verschiedene Abschnitte in Kap. 23 sowie an anderen Stellen.

das Volk vor ihnen kniet, den Boden küßt und Beifall klatscht, als wären sie Könige.«[51] Jeder von ihnen hielt seinen eigenen Hof und Harem, wobei beides im wesentlichen Imitationen kleineren Maßstabs ihres königlichen Vorbilds waren.

Den Gegensatz zu diesen herausgehobenen Gestalten bildete die zahlenmäßig viel größere Klasse der Sklaven.[52] Sie hatten keinerlei gesetzmäßige Rechte. Die Mehrzahl von ihnen lebte zusammengepfercht auf den Pflanzungen des Königs, wo sie gezwungen waren, unter der Kontrolle von Aufsehern, dazu bestellt, das Äußerste aus den Feldern herauszuholen, hart und viel zu arbeiten. Eine zweite Kategorie von Sklaven hatte ein noch schwereres Los; sie diente als Menschenopfer bei verschiedenen religiösen Zeremonien. Jeden Morgen beispielsweise schickte der König zwei dieser Unglücklichen als Sendboten zu seinen Ahnen; sie hatten diesen den Dank des Königs dafür abzustatten, daß er einen neuen Tag auf der Erde erleben durfte.[53]

Dahomey ist zwar nicht typisch für alle fortgeschrittenen Hortikulturgesellschaften Südafrikas; dennoch ist es einigermaßen repräsentativ für die vielen Gesellschaften mit zentralistischen Regierungssystemen. Den meisten unter ihnen galten ihre Herrscher als Götter oder Halbgötter, man verehrte sie zutiefst und ließ sie unermeßlich reich und mächtig werden.[54] Sie konnten hohe Ansprüche an Zeit, Kraft und Besitz ihrer Untertanen stellen. Das Volk mußte in der Regel nicht nur einen großen Teil seines Gesamtprodukts abliefern, es mußte auch direkt für den König arbeiten und militärischen Dienst tun, dessen Gewinn wiederum hauptsächlich der König hatte.[55] Die mächtigeren unter den afri-

51 Ebenda, Bd. II, S. 29—30.

52 Ebenda, Bd. I, S. 99 ff.

53 Ebenda, Bd. I, S. 53 und Bd. II, S. 100. Zu erwähnen ist, daß generell die Situation der Sklaven im hortikulturellen Afrika etwas besser war als in Dahomey, obwohl sie sich nirgends beschönigen läßt.

54 Zum Thema Reichtum berichtet Max Gluckman, daß ein Zulu-Häuptling der neueren Zeit 30 Prozent des gesamten Viehbestandes seines Stammes besaß. Siehe »The Kingdom of the Zulu in South Afrika«, in: M. Fortes und E. E. Evans-Pritchard (Hrsg.), *African Political Systems* (London: Oxford University Press, 1940), S. 45 f. Schapera schreibt, daß in den 1930er Jahren ein Häuptling der Kgatla 4000 Stück Vieh besessen habe, zu einer Zeit also, da nur wenige Menschen ein paar hundert ihr eigen nennen konnten (*Government and Politics*, S. 101—102).

55 Siehe Schapera, *Government and Politics*, 4. Kap., »The Privileges and Powers of Office«, eine ausgezeichnete Zusammenfassung aller Rechte der Süd-

kanischen Königen scheinen zeitweise fast den gesamten wirtschaftlichen Surplus ihres Volkes beansprucht zu haben.

An fortgeschrittenen Hortikulturgesellschaften in Afrika fällt auf, daß überall, wo Verwaltungs- und Regierungsinstitutionen jenseits der Dorfautonomie sich entwickelten, sie eine gewisse einheitliche Struktur aufwiesen. Meyer Fortes machte bereits vor vielen Jahren in seiner Pionierstudie über afrikanische politische Systeme darauf aufmerksam. Er vertrat die Ansicht, die politischen Systeme südlich der Sahara ließen sich nach zwei Grundtypen klassifizieren. Den einen nannte er die A-Gruppe, bestehend aus »Gesellschaften mit zentraler Obrigkeit, zentraler Verwaltung und zentralen Rechtsinstitutionen – kurz, einer Regierung –, in denen die Unterschiede in Besitz, Privilegien und Status der Verteilung von Macht und Autorität entsprechen«.[56] Die zweite Kategorie, seine B-Gruppe, umfaßt all jene Stämme, in denen die lokale Dorfautonomie noch galt, oder in Fortes' Worten: »jene [Stämme], denen eine zentrale Obrigkeit fehlt, die keinen zentralen Verwaltungsapparat und auch keine zentralen verfassungsmäßigen Rechtsinstitutionen – kurz, keine Regierung – haben und in denen es keine scharfe Trennung nach Rang, Status und Besitz gibt«. In diesen letzteren liegt die Erfüllung notwendiger politischer Funktionen bei den Verwandtschaftssystemen.[57]

In jüngster Zeit unternahm Peter Murdock die anspruchsvolle ethnographische Untersuchung aller Völker Afrikas. Seine Studie ließ ihn einen Schluß ziehen, der dem von Fortes sehr nahe kommt:

bantu-Häuptlinge und Könige. Oberg erörtert Rechte und Privilegien der Könige von Ankole (in: Fortes und Evans-Pritchard, S. 128—150). Vgl. ebenso Mair über Ostafrika. Weitere gute Darstellungen der Position von König oder Häuptling finden sich in verschiedenen Ethnographien.

56 Fortes und Evans-Pritchard, S. 5.

57 Neuerdings haben verschiedene Anthropologen gezeigt, daß das Klassifikationsschema von Fortes die Dinge etwas zu stark vereinfacht. Siehe beispielsweise Aidan Southall, *Alur Society: A Study of Processes and Types of Domination* (Cambridge: Heffer, 1956), bes. Kap. 9, inbes. S. 248—249; oder John Middleton und David Tait (Hrsg.), *Tribes without Rulers: Studies in African Segmentary Systems* (London: Routledge, 1958, bes. S. 2—3). Diese kritischen Einwände, das muß betont werden, zeigen zwar die Notwendigkeit einer Erweiterung von Fortes' Schema, wollen es jedoch nicht durch ein neues ersetzt wissen. Zum Zwecke unserer Analyse scheint uns Fortes' Grundunterscheidung nach wie vor sinnvoll.

»Spezialisten, intime Kenner afrikanischer Literatur, stellen in der Regel große Unterschiede fest zwischen den komplizierten politischen Systemen in den verschiedenen Gebieten. Uns, die wir zum Gegenstand unserer Forschung erst nach der Untersuchung eines anderen Kontinents kamen, erscheinen diese Unterschiede im Vergleich zu den außergewöhnlich starken Gemeinsamkeiten in fundamentalen Zügen, ja sogar in äußeren Formen, eher als Oberflächenphänomene ... Es scheint fast, als sei ganz Afrika südlich der Sahara gleichsam von der geistigen Blaupause einer despotischen politischen Struktur abgezogen, welche, als Teil der traditionalen verbalen Kultur von Generation zu Generation überliefert, ständig bereit liegt, in Realität umgesetzt zu werden – wann immer jemand kommt, der mit Phantasie, Unternehmungsgeist, Stärke, Glück und der Unterstützung seiner Verwandtschaft ein autoritäres Regime über Menschen aufrichten will, die jenseits der Grenzen seiner eigenen Gemeinschaft leben.«[58]

Murdock zählt achtzehn Merkmale auf, die sich größtenteils in allen hochentwickelten Staaten Afrikas finden, von einigen ostafrikanischen Staaten, welche von den Galla und den benachbarten ostkuschitischen Stämmen in Südäthiopien beeinflußt waren, abgesehen. Diese Merkmale bilden die Basis jenes Regierungssystems, welches Murdock den *afrikanischen Despotismus* nennt:

»1. Monarchistischer Absolutismus. Jeder König oder unabhängige oberste Häuptling hat absolute Macht, zumindest theoretisch.
2. Königliche Domäne. Der gesamte Boden, Vieh- und Wildbestand im Staat gehören theoretisch dem Monarchen, was sein Anrecht auf ein Einkommen daraus begründet.
3. Gottesgnadentum der Könige. Entweder ist der König selbst göttlich, oder er allein hat persönlichen Zugang zu den herrschenden göttlichen Mächten.
4. Rituelle Isolierung. Der König hat keinerlei physischen Kontakt zu seinem Volk, von seiner Gefolgschaft und einigen Vertrauten abgesehen. Oft speist er allein oder er wird gefüttert oder seine Füße dürfen den Boden nicht berühren oder er ist hinter Vorhängen verborgen, weil sein Blick als gefährlich gilt.
5. Amtsinsignien. Der königliche Status wird symbolisiert durch den Besitz bestimmter Krönungsinsignien, dazu gehören Stühle, Trommeln und besonders Tierschwänze.
6. Hauptstädte. Der Herrscher residiert mit seiner Gefolgschaft und sei-

58 *Africa,* S. 37. Mit Erlaubnis zitiert. Einen ähnlichen Schluß zieht Linton, *Tree,* S. 181. Southalls Untersuchung der Alur und Mairs Arbeit über Ostafrika zeigen indessen, daß es ein Fehler sein kann anzunehmen, das einzige Mittel, komplexe politische Systeme zu entwickeln, sei die Eroberung gewesen.

nen Ministern in einer Hauptstadt. Meist gründet jeder neue Monarch eine neue Hauptstadt oder läßt zumindest eine neue königliche Residenz erbauen.

7. Königliche Höfe. Der Monarch unterhält einen riesigen Hof mit Pagen, Wachen, Unterhaltern, persönlichen Dienern, Schatzkämmerern und einer Vielzahl von Kammerherren mit speziellen Aufgaben.

8. Protokoll. Das Verhalten bei Hof folgt genau festgelegten protokollarischen Regeln, unter denen der Fußfall vor dem König als universell zu bezeichnen ist.

9. Harem. Der Herrscher ist beständig von einer großen Zahl von Ehefrauen und Konkubinen umgeben.

10. Königinnen. An den meisten Königshöfen stehen Königinmutter, königliche Gemahlin, Schwester des Königs oder zumindest zwei von ihnen in außergewöhnlich hohem Ansehen, welches theoretisch das des Königs zuweilen sogar übertreffen kann. In vielen Fällen verfügen Königinnen über eigene Ländereien sowie über ein begrenztes Maß an politischer Macht.

11. Territoriale Bürokratie. Aus Administrationsgründen wird jeder Staat in eine territoriale Hierarchie von Provinzen, Distrikten und Ortsgemeinden mit jeweils eigener Bürokratie unterteilt; sie ist für die Erhaltung der Ordnung, das Eintreiben und Überbringen von Steuern, die Aushebung von Truppen und Fronarbeitern verantwortlich. Selbst dort, wo bürokratische Positionen erblich sind, die Kandidaten also nicht ernannt werden, sind ihre Inhaber der zentralen Obrigkeit streng unterworfen.

12. Minister. Als Adjutanten des Herrschers bei der Ausübung von Zentralgewalt sind eine ganze Anzahl von Staatsministern in der Hauptstadt wohnhaft; die wichtigsten unter ihnen bilden den Hohen Rat. Sie unterscheiden sich nach Aufgabengebiet, das heißt es gibt einen Wesir oder Premierminister, einen Militärführer, einen königlichen Scharfrichter, einen Bewacher der königlichen Grabstätten und einen Lehrer der königlichen Prinzen und Prinzessinnen.

13. Dualismus ministerieller Rollen. Fast überall sind die speziellen Aufgaben von Ministern in der Hauptstadt mit dem Amt eines Provinzstatthalters in der territorialen Organisation verbunden.

14. Titel. Charakteristisch für afrikanische Staaten ist der verschwenderische Umgang mit Titeln. Obwohl einige oder auch viele erblich sind, gibt es doch immer noch eine große Zahl, die der Monarch für treue Dienste verleiht; ihretwegen setzt häufig ein lebhafter Wettstreit ein.

15. Sicherheitsvorkehrungen. Um Palastrevolutionen zu verhindern, werden häufig die Brüder des Königs als die wahrscheinlichsten Thronräuber getötet, geblendet, eingekerkert oder aus der Hauptstadt verbannt. Um in den Provinzen Revolten zu verhindern, werden Statthalterposten in der Regel nicht mit Angehörigen der königlichen Linie, son-

dern mit Personen besetzt, die aus formellen Gründen von einer Thronfolge ausgeschlossen sind, das heißt mit Bürgerlichen, geschulten Sklaven, Eunuchen oder, wo die Nachfolge in der väterlichen Linie bleibt, mit Söhnen der Schwester des Königs.

16. Nachfolge durch Wahl. Obwohl der Herrscher oft einen Thronerben bestimmt, ja ihn vielleicht sogar mit ministerieller Amtsgewalt ausstattet, ist die Thronbesteigung kaum irgendwo ein automatischer Akt. Die Entscheidung darüber liegt gewöhnlich bei einem Ministerrat, der verfassungsmäßige Wahlrechte hat, er kann nach Belieben dem Willen des verstorbenen Königs folgen oder sich darüber hinwegsetzen. Nicht selten wechselt die Nachfolge regelmäßig zwischen den verschiedenen Zweigen der königlichen Linie hin und her.

17. Anarchische Interregnen. Weil es immer eine Vielzahl von Kandidaten gibt, jeder von starken Gruppen unterstützt, und weil viel politisches Taktieren nötig sein kann, ehe die Wählenden sich auf einen Nachfolger einigen, vergehen gewöhnlich einige Tage oder auch Wochen zwischen dem Tod des Königs und der Wahl seines Nachfolgers. Während dieses Interregnums lockern sich die Gesetze, es herrscht gesellschaftliche Unordnung, in der die Anhänger rivalisierender Anwärter häufig zu den Waffen greifen.

18. Menschenopfer. In vielen Negerstaaten gehören zur Bestattung des Königs Menschenopfer, zuweilen in ganz großem Maßstab.«[59]

Es ist unmöglich, prozentual genau anzugeben, wie viele von den Hortikulturvölkern Afrikas der A-Gruppe angehören und wie viele der B-Gruppe. Nach Murdock scheinen etwa 65 Prozent der Bevölkerung zur A-Gruppe zu gehören.[60]

Trotz der Tatsache, daß es zwischen den fortgeschrittenen Hortikulturvölkern Afrikas und der Neuen Welt keinen kulturellen Kontakt gab, weist die Struktur ihrer politischen Organisation eine frappierende Ähnlichkeit auf. Murdocks Charakterisierung der führenden afrikanischen Staaten kann größtenteils auf die führenden Staaten der Neuen Welt übertragen werden, etwa die Maya, Azteken oder Inka. Unterschiede scheinen in der Hauptsache sekundäre Züge zu betreffen, wie die rituelle Isolierung des Monarchen, den Status von Königinmutter, königlicher Gemahlin

59 Ebenda, S. 37—39. Vgl. Linton, *Tree*, bes. S. 181.

60 Diese Zahl basiert auf meiner eigenen Tabellierung von Murdocks zusammenfassenden Beschreibungen der über 500 Stammesgruppen südlich der Sahara. Die Tabellen zeigen, daß etwa 60 Prozent der Stammesgruppen in die A-Gruppe fallen, und daß A-Gruppen im Durchschnitt etwas größer sind als B-Gruppen.

oder Schwester des Königs, Bedrohung durch Verwandte, Verlegung von Hauptstädten und anarchische Interregnen; Züge, die allesamt, so ausgeprägt sie in Afrika sind, in der Neuen Welt weitgehend fehlen.[61] Diese Unterschiede werden durch frappierende Gemeinsamkeiten in wichtigeren Punkten mehr als aufgewogen; beispielsweise galten auch in der Neuen Welt die Herrscher fortgeschrittener Staaten als Halbgötter und wurden entsprechend verehrt.[62] Sie hatten ungeheure Macht und riesige Privilegien, ihre Untertanen waren zu extremer Demut gezwungen.[63] Ein großes und hochspezialisiertes Gefolge von Ministern, Höflingen und Beamten stand ihnen zur Verfügung. Sie hatten darauf zu achten, daß auch die geringste Anweisung des Herrschers ausgeführt wurde, und bildeten eine privilegierte Klasse jenseits der Masse des gemeinen Volkes.[64] Die Gemeinsamkeiten erstrecken sich sogar auf den weitverbreiteten Brauch des Menschenopfers (obwohl die Inka darauf zu verzichten scheinen, vermutlich aufgrund der Schwierigkeit, fremde Opfer zu finden, nachdem fast alles zu ihrem Reich gehörte), auf die Existenz königlicher Harems und die Praktiken der Nachfolgerwahl.

Sowohl in der Neuen Welt wie in Afrika bestanden Unterschiede zwischen den einzelnen Gesellschaften im Stand ihrer politischen Entwicklung. Nicht alle erreichten das Niveau der Inka und Azteken oder auch der Maya und Chibcha. Dies gilt besonders für einige Stämme im Karibischen Gebiet.[65] Genau wie in Afrika besteht ein enger Zusammenhang zwischen den Unterschieden im politischen Entwicklungsstand und jenen in Charakter und Ausmaß der sozialen Ungleichheit. Es scheint in der Tat ein Prinzip zu sein, daß *in Gesellschaften auf fortgeschrittener hortikultureller Stufe die Trennung des politischen vom Verwandtschaftssy-*

61 Siehe z. B. von Hagen, S. 119—124, 297—304 und 493—506, oder Rowe, in: Steward, *Handbook*, Bd. II, S. 257—260.

62 Siehe beispielsweise von Hagen, S. 119—124 und 493—506.

63 Siehe A. L. Kroebers Feststellung, daß den Chibcha-Oberhäuptern »jede Ehre zuteil wurde, welche die Phantasie der Eingeborenen überhaupt ersinnen konnte. Selbst Häuptlinge blickten ihnen niemals ins Gesicht, sondern wandten ihre Schultern ab oder senkten den Kopf in ihrer Gegenwart. Die spanischen Soldaten galten als schamlos, weil sie ihren Vorgesetzten in die Augen sahen, während sie mit ihnen redeten«. Siehe »The Chibcha«, in: Steward, *Handbook*, Bd. II, S. 902—903; siehe auch Rowe, S. 259 über die Herrscher der Inka.

64 Siehe z. B. Rowe, S. 263—264 über die Inka oder Morley, S. 168—170 über die Maya.

65 Siehe Steward und Faron, Kap. 6—8.

stem und die daraus resultierende Entwicklung des Staates notwendige Voraussetzungen für die Entwicklung ausgeprägter sozialer Ungleichheit sind. Als eine Folge dieses Prinzips dürfen wir gleich hinzufügen: *In Gesellschaften der A-Gruppe sind auf dieser Stufe der ökonomischen Entwicklung Macht, Privileg und Prestige von Einzelnen und Familien primär eine Funktion von deren Beziehung zum Staat.* Kurz, die Regierungsinstitutionen liefern den Schlüssel zur Lösung der Grundfragen hinsichtlich Verteilung und Schichtung in Gesellschaften auf dieser Stufe.

Ursachen für die Unterschiede in der politischen Entwicklung sowie im Ausmaß der Ungleichheit

Ehe wir mit unserer Analyse fortfahren, möchten wir kurz innehalten und fragen, warum einige fortgeschrittene Hortikulturgesellschaften zentralistische Regierungen vom Typ, den Fortes und Murdock beschreiben, entwickeln und andere nicht. Leider ist dieser Frage bislang nicht in gebührender Weise systematisch nachgegangen worden. Natürlich finden sich in soziologischen und anthropologischen Schriften zahlreiche Hinweise auf die Eroberungstheorie sowie reiches Material, welches zeigt, daß die höher entwickelten politischen Systeme in Afrika südlich der Sahara sich tatsächlich weitgehend auf diese Weise konstituierten. Die Frage, *warum* einige Gruppen den Weg der Eroberung einschlugen und andere nicht, ist damit jedoch nicht beantwortet.

Für Murdock, so zeigt unser Zitat, ist der entscheidende Faktor in der Existenz oder im Fehlen eines Mannes zu sehen, der über die notwendigen Voraussetzungen, über Phantasie, Unternehmungsgeist, Stärke, Glück und Familienbeziehungen verfügt. Zweifellos ist dies ein Faktor; daß er der wesentlichste sei, ist allerdings unwahrscheinlich; schließlich war die technologische Basis für die Entwicklung dieser afrikanischen Staaten in weiten Teilen des Kontinents jahrhundertelang gegeben. Und es fällt schwer zu glauben, daß dort, wo die weniger entwickelten Systeme nicht verdrängt wurden, niemals jemand geboren wurde, der die notwendigen Eigenschaften besessen hätte.

Unserer allgemeinen Theorie nach dürfte die *Umwelt* als Variable fruchtbarer sein – und verfügbares Material bestätigt unsere Erwartungen. Betrachtet man die geographische Lage der entwickelteren Staaten auf einer Afrikakarte, dann sieht man auf Anhieb, daß kein einziger im Innern des Regenwaldes liegt. Auf der Grundlage von Murdocks ethnographischer Übersicht läßt sich dieser Zusammenhang systematisch nachprüfen. Tabelle 1 zeigt leicht vereinfachend die Ergebnisse. Nach Kendalls *tau* ist die Korrelation zwischen den beiden Variablen .19.[66] Ließen sich exakte Informationen über die Umweltunterschiede zwischen der großen Mehrzahl der Gesellschaften außerhalb des Regenwaldes beschaffen, wäre sie zweifellos höher.[67]

Das praktische Fehlen differenzierter politischer Systeme im afri-

66 Die Höhe der Korrelation in Tabelle 1 beträgt nur .15; berücksichtigt man weitere Details, die in der Tabelle nicht zum Ausdruck kommen, steigt sie auf .19. Es gibt zwar einige methodische Schwierigkeiten bei der Aufstellung einer solchen Tabelle, sie sind jedoch nicht gravierend genug, um das Ergebnis in Frage zu stellen. Ein paar der Probleme wollen wir kurz nennen. Erstens sind Murdocks Daten nach Stämmen organisiert, das heißt nach kulturellen und sprachlichen Einheiten und nicht nach Gesellschaften, also sozial und politisch autonomen Einheiten. Dies scheint uns indes keine systematische Verzerrung in Tabelle 1 einzuführen. Zweitens sind die Daten nach Stämmen und nicht nach der Bevölkerungszahl organisiert. Legte man Bevölkerungszahlen zugrunde, wäre das Verhältnis etwas höher, weil Stämme der A-Gruppe meist etwas größer sind als die der B-Gruppe (besondere Tabellen, die hier nicht abgedruckt sind, zeigen das). Drittens sind Murdocks Feststellungen über den Stand der politischen Organisationen nicht in dem Maße standardisiert, wie es zu Kodezwecken wünschenswert wäre. Dies führt mitunter zu Unsicherheiten bei der Klassifikation, sie betreffen jedoch nur benachbarte Fälle. So läßt sich aus Murdocks Material zuweilen nicht mit Sicherheit entnehmen, ob ein bestimmter Stamm einen Obersten Häuptling hat oder nur einen Dorfhäuptling, keinen Zweifel jedoch gibt es darüber, daß sie kein hoch entwickeltes Staatssystem haben. Schließlich mögen sich schon einige Fehler in Murdocks Feststellungen eingeschlichen haben, aber niemand kann Hunderte von Gesellschaften untersuchen, ohne daß dies gelegentlich passierte. Wenn man dies alles bedenkt, scheint es unwahrscheinlich, daß die Tabelle gravierende Fehler enthält.

67 Murdock berichtet beispielsweise, daß nur einer der einundsechzig Stämme auf der Nigerianischen Hochebene jemals einen »wirklich differenzierten Staat« entwickelte (*Africa*, 13. Kap.). Aus anderen Quellen geht hervor, daß es sich hier um eine äußerst ungünstige Umwelt handelt (siehe Buchanan und Pugh, bes. Kap. 1—3). Die Tallensi sind ein anderes Nicht-Regenwald-Volk, das politisch auf einer recht primitiven Stufe stehen blieb. Über ihre Umwelt sagt Fortes: »die Hindernisse beim Ackerbau sind enorm« und an Nahrung »herrscht chronischer Mangel« (siehe »The Political System of the Tallensi of the Northern Territories of the Gold Coast«, in: Fortes und Evans-Pritchard, S. 249). Er berichtet, daß selbst in einem ausgezeichneten Erntejahr nur wenige Menschen genügend Überschuß produzierten, um für zukünftige Mißernten etwas zurücklegen zu können. Unter solchen Umständen überrascht es nicht, daß ihr politisches System in Fortes' B-Gruppe fällt.

TABELLE I

Stand der politischen Entwicklung bedingt durch Umweltbedingungen im hortikulturellen Afrika in Prozenten

Umweltbedingungen	Stand der politischen Entwicklung					Gesamt	Zahl der Gesellschaften
	große Staaten und kleinere Staaten	mittlere oder unsicher	Stammeshäuptlinge	mittlere oder unsicher	nur Dorfhäuptlinge		
Regenwaldgebiete	3	0	34	22	41	100	96
andere Gebiete	35	6	22	2	36	101	416

kanischen Regenwald spiegelt die Schwierigkeiten dieser Gesellschaften mit dem Transport wider. Ein komplizierter Staat setzt die Fähigkeit voraus, Menschen und Güter leicht und billig von einem Ort zum anderen zu bringen. Soldaten müssen rasch vom Fleck kommen, um potentiell rebellische Untertanen unter Kontrolle zu bekommen und um die Grenzen des Staats schützen zu können. Güter müssen aus den vielen verstreut liegenden Dörfern, wo sie produziert werden, in die Hauptstadt des Staates gebracht werden, wo die politischen Machthaber leben. Im afrikanischen Regenwald konnten Hortikulturgesellschaften diese Voraussetzungen gewöhnlich gar nicht schaffen. Es ist kein Zufall, daß die drei fortgeschrittenen Gesellschaften, die sich im Regenwaldgebiet wirklich entwickelten, *alle* am Rand siedelten, keine im Innern, wo die Hindernisse viel größer waren.[68]

Ein viel wichtigerer Faktor für die unterschiedliche politische Entwicklung im hortikulturellen Afrika scheint der *Stand der Technologie* zu sein. Obwohl das gesamte hortikulturelle Afrika in die Kategorie der *fortgeschrittenen* Hortikulturgesellschaften fällt, bestehen innere Unterschiede. Eine Erkundungsstudie über dreiundzwanzig Gesellschaften, ausgewählt aus den neun wichtigsten

68 Diese Ausnahmen bildeten die Edo, die Jiaw und die Itsekiri, sie siedelten am nördlichen Rand des Regenwaldes von Südnigeria. Siehe Murdock, *Africa*, Kap. 31.

Regionen Afrikas südlich der Sahara, ergab eine Korrelation von .63 (nach Kendalls *tau*) zwischen dem technologischen und dem politischen Entwicklungsstand.[69]

Im Unterschied zur Umwelt steht der Stand der Technologie vermutlich in einer Wechselbeziehung zum Stand der politischen Entwicklung; wir können deshalb nicht davon ausgehen, daß der technologische Faktor allein so einflußreich und wirksam ist, wie der Koeffizient vermuten läßt. Mit anderen Worten, obwohl Fortschritte in der Technologie politische Fortschritte zweifellos begünstigen, gilt auch die Umkehrung bis zu einem gewissen Grade. Dies wird besonders deutlich am Beispiel beruflicher Spezialisierung, die häufig zunimmt, wenn eine politische Elite die Kontrolle über den wirtschaftlichen Surplus erhält und ihn für ihre Zwecke zu nutzen beginnt.

69 Die neun ausgewählten Regionen sind die aus Murdocks »World Ethnographic Survey«, S. 675—677. Wenn möglich, wurden aus jedem Gebiet drei Gesellschaften genommen von jeweils höherem, mittlerem und minimalem politischen Entwicklungsstand, wie sie in Spalte 15 von Murdocks Kode erscheinen. Für vier Regionen ließen sich keine politischen Extreme finden. Wo eine Auswahl möglich war, wurden Gesellschaften gewählt, über die gute und viele ethnographische Berichte vorlagen. Gebiete und Gesellschaften seien im folgenden genannt:

Westsudan: Mossi, Susu und Tallensi
Küste von Guinea: Yoruba, Mende und Ibo
Nigerianisches Plateau: Jukun und Tiv
Ostsudan: Shilluk, Azande und Lugbara
Oberer Nil: Alur und Luo
Äquatorial-Bantu: Ganda, Luba und Fang
Nordost-Bantu: Chagga und Kikuyu
Zentral-Bantu: Lozi, Yao und Ila
Süd-Bantu: Zulu und Mbundu

Thomas Brownlee hat die Durchsicht der Literatur und das Verkoden übernommen.

Der Stand der Technologie wurde folgenderweise kodiert:

Hoher Stand: viele hauptberufliche handwerkliche Spezialisten, fortgeschrittene Metallurgie, Handel, quasi monetäre Wirtschaft
Mittlerer Stand: wenige hauptberufliche handwerkliche Spezialisten, etwas Metallkunde
Niedriger Stand: höchstens ein oder zwei hauptberufliche Handwerkerspezialisten

Der Stand der politischen Entwicklung wurde folgendermaßen kodiert:

Hoher Stand: viele Spezialbeamte, hohes Maß an Bürokratie
Mittlerer Stand: einige Spezialbeamte, etwas Bürokratie
Niedriger Stand: ganz wenige Spezialbeamte, keine nennenswerte Bürokratie.

Ein dritter Faktor, dessen Zusammenhang mit dem Stand der politischen Entwicklung in den Gesellschaften dieser Untersuchung sich herausstellte, war *der Charakter ihrer sozialen Umwelt.* Gesellschaften, die von ihren Nachbarn dauernd bedroht wurden, wiesen meist einen höheren Stand politischer Entwicklung auf als andere. Offensichtlich zwingen solche Bedrohungen zur politischen Reaktion, weil sonst für die betroffenen Gesellschaften die Gefahr besteht, von ihren aggressiven Nachbarn erobert und assimiliert zu werden. Die Korrelation zwischen der Intensität äußerer Bedrohung und dem Stand politischer Entwicklung ergibt nach Kendalls *tau* .36.[70]

Wie zu erwarten, hängen diese drei Variablen bis zu einem gewissen Grad miteinander zusammen. Die Messung ihres gemeinsamen Einflusses kommt also nicht der Summe ihrer jeweils einzelnen Wirkungen gleich. Dennoch ergab sich ein Korrelationskoeffizient von .71, was zeigt, daß zumindest die Hälfte der Niveauunterschiede in der politischen Entwicklung sich anhand dieser drei Variablen erklären lassen.[71] Diese Tatsache ist angesichts des engen Zusammenhangs zwischen dem Stand politischer Entwicklung und dem Charakter des jeweiligen Verteilungssystems besonders wichtig. Wie Fortes zeigt, ist soziale Ungleichheit in den politisch fortgeschrittenen A-Gruppen-Gesellschaften viel ausgeprägter als in ihren weniger entwickelten Gegenspielern der B-Gruppe. Dies wird an den Gesellschaften und Stämmen aus unserer Erkundungsstudie besonders gut sichtbar. Von den vierzehn Gesellschaften der A-Gruppe hatten zwölf oder möglicherweise dreizehn einen hohen oder mittleren Grad an sozialer Ungleichheit, gemessen am Standard afrikanischer Hortikulturen; von den acht Stämmen der B-Gruppe wiesen nur zwei ein vergleichbares Maß an Schichtung auf.[72] Daraus dürfte hervorgehen, *daß Un-*

70 Der hier verwendete Kode war: (1) eine Gesellschaft, die ständig von Nachbargesellschaften bedroht ist; (2) die manchmal bedroht ist und (3) die selten oder nie bedroht ist.

71 Diese »multiple Korrelation« basierte auf einer gleichen Gewichtung der jeweils einzelnen unabhängigen Variablen. In jedem Fall wurde ein Dreistufenkode benutzt, hoch-mittel-niedrig, in dem Kendall folgend die hohen mit 2, die mittleren mit 1 und die niedrigen mit 0 bewertet wurden. Bleibt hinzuzufügen, daß der Wert des Koeffizienten auf .78 stieg, wenn man auf die Fälle mit unsicherer Kodifizierung verzichtete.

72 Die Korrelation war für die 2 x 2-Klassifikation nach Kendall .60 und für eine etwas kompliziertere 3 x 3-Klassifikation .67.

terschiede im Stand der politischen Entwicklung die wichtigsten unmittelbaren Ursachen für die Unterschiede im Ausmaß sozialer Ungleichheit in fortgeschrittenen Hortikulturgesellschaften sind. Daten aus der Neuen Welt scheinen diesen Schluß zu bestätigen.

Regierungsform und Ungleichheit

Unter theoretischem Aspekt sind Fortes' A-Gruppen-Gesellschaften viel wichtiger als seine B-Gruppen-Stämme. In ihnen haben wir die ersten Beispiele substantieller sozialer Ungleichheit und die ersten klaren Beweise für institutionalisierte politische Tyrannei und Despotismus. Vom theoretischen Standpunkt aus ist es eminent wichtig, die inneren Zusammenhänge dieser »neuen« Gesellschaften zu erforschen, die sich von den bisher untersuchten Jäger- und Sammlergesellschaften und den einfachen Hortikulturgesellschaften so radikal unterscheiden. Für den Rest des Kapitels wollen wir uns deshalb hauptsächlich mit den fortgeschrittensten Hortikulturgesellschaften befassen, die 65 Prozent der Bevölkerung des hortikulturellen Afrika und den gleichen Prozentsatz in Süd- und Zentral-Amerika stellen.[73]

Eine für jede Analyse des afrikanischen Despotismus, um Murdocks Terminologie zu verwenden, unvermeidliche Frage lautet: In welchem Verhältnis steht diese Regierungsform zu den Regierungsformen einfacher Hortikulturgesellschaften? Wurde der Despotismus *de novo* von Mitgliedern fortgeschrittener Hortikulturgesellschaften geschaffen, oder entwickelte er sich aus den alten, eher republikanischen Formen, die generell in einfachen Hortikulturgesellschaften vorherrschen? Obwohl diese Frage sich niemals definitiv beantworten läßt, verdient sie doch Aufmerksamkeit, weil in der Antwort wichtige theoretische Implikationen stecken. Zudem gibt es, auch wenn uns für die Frage direkt relevantes Material fehlt, doch beachtliche Indizien, die durchweg in dieselbe Richtung weisen.

In allen primitiven Gesellschaften ist ein gewisses System der Umverteilung oder der Gegenseitigkeit erforderlich. Die Unsicherheiten der Produktion machen es nötig, daß die, die haben, mit denen, die nichts haben, teilen. Für die einfachsten Jäger- und

73 Über die Neue Welt vgl. Steward und Faron, Tabelle 2, S. 53; sie lassen Jäger und Sammler unberücksichtigt.

Sammlergesellschaften ist die Logik dieser Praxis unausweichlich, weil *jede* Familie Zeiten erlebt, in denen es ihr unmöglich ist, das Lebensnotwendige heranzuschaffen, und in denen sie gezwungen ist, sich an andere um Hilfe zu wenden. Unter solchen Verhältnissen werden die, die großzügig reagieren, mit besonderem Respekt belohnt; geschickte und großzügige Jäger werden häufig zum Anführer ihres Dorfes bestellt.

In vielen einfachen Hortikulturgesellschaften wird der Umverteilungsprozeß allmählich institutionalisiert und zentralisiert, wobei der Dorf- oder Stammeshäuptling als Hüter und Verteiler des Surplus der Gruppe fungiert. Doch obwohl er Sammlung und Verteilung des Surplus kontrolliert, tut er dies wesentlich in seiner Eigenschaft als Treuhänder. Er ist nicht der Besitzer dessen, was er verteilt; er verteilt das Eigentum der Gruppe. In einigen dieser Gesellschaften jedoch finden sich die ersten Anfänge mangelnder Klarheit in diesem Punkt, gefördert von der Neigung solcher Gruppen, ihren Häuptling als erstes oder einziges Symbol von Stammeseinheit zu betrachten.[74] Weil er das Symbol der Gruppe und die Gruppe der Eigner der Surplus ist, ist er der Eigner, so oder ähnlich muß die »Logik« laufen. Als Schutzvorkehrung gegen die darin schlummernden Gefahren bestehen einfache hortikulturelle Völker gewöhnlich darauf, daß ihre Anführer Männer sind, deren Großzügigkeit bekannt ist. Tatsächlich ist Generosität auf dieser Stufe eine notwendige Voraussetzung für Führerschaft. Weil die Machtbefugnisse der Häuptlingsposition so gering sind, ist das Volk in der Lage, einige Kontrolle über sein Amt auszuüben, einmal durch die Auswahl der Kandidaten selbst und zum andern, indem es darüber bestimmt, wie lange sie im Amt bleiben.[75]

Ein überraschender Zug am afrikanischen Despotismus ist, daß von Königen, Obersten Häuptlingen und hohen Beamten Generosität erwartet wird. Mit anderen Worten, die »Umverteilungsethik« gilt nach wie vor. Dies zeigt sich auf verschiedene Weise. In seiner Beschreibung der Aufgaben und Verantwortlichkeiten des Südbantu-Häuptlings etwa sagt Schapera: »Eine Eigenschaft, die in jedem Falle von ihm erwartet wird, ist Generosität; zeigt

74 Siehe Schapera, *Government and Politics*, S. 106; die symbolische Funktion des Häuptlings in fortgeschrittenen Hortikulturgesellschaften erfährt hier eine gute Darstellung und Reflexion.

75 Ebenda, S. 140.

er Mängel auf diesem Gebiet, ist er schnell unpopulär.«[76] Obwohl er der reichste Mann im Stamm ist, kann er seinen Reichtum nicht allein auf die Befriedigung seiner persönlichen Wünsche und Bedürfnisse verwenden. Er muß den Unterhalt seiner Minister und Höflinge bestreiten. Er muß alle, die ihn besuchen, bewirten. Bei großen öffentlichen Anlässen muß er etliche Stück Vieh schlachten lassen sowie Bier und Grütze für alle, die sich in seinem Dorf versammeln, bereithalten. Er verleiht Vieh, unterstützt mittellose Witwen und Waisen, schickt kranken Leuten Nahrung, sorgt für Ammen und verteilt in Hungerzeiten Korn aus seinen eigenen Kammern oder kauft, wenn es nicht ausreicht, Nahrungsmittel von Nachbarstämmen. Solcher Aktivitäten wegen sagen die Tswana, »der Häuptling ist die Mutter des Stammes«, und die Zulu nennen ihn »die Mutterbrust des Volkes«.[77]

Ähnliche Berichte gibt es über viele andere Teile Afrikas. Wie Richards schreibt, mußten Bemba-Häuptlinge für die Ernährung ihrer Beamten und Höflinge sorgen und die Dorfbewohner in Zeiten der Not unterstützen.[78] Eine ihrer Hauptaufgaben, so fügt sie hinzu, war die Erhaltung ihres guten Rufs der Generosität.[79] Oberg sagt über die Könige der Ankole, sie hätten das ihnen als Tribut erstattete Vieh »als Spartopf benutzt, als Surplus, auf den Hirten in Notzeiten zurückgreifen konnten«.[80] Über die Azande ist zu erfahren, daß sie vom Häuptling »erwarteten, daß er großzügig sei und seine Gäste verschwenderisch bewirte, daß er Untertanen in Not mit Nahrungsmitteln wie auch beim Kauf von Frauen unterstütze [d. h. bei der Erlegung des Brautpreises], Feste und Tänze veranstalte und jeden Zande, der seinen Hof besuchte, mit einem kräftigen Mahl freihalte«.[81] Der Bericht sagt weiter, daß ein knauseriger Häuptling genau wußte, daß der nachlassende Respekt seiner Untertanen ihm gegenüber sich in geringeren Geschenken ausdrücken würde, und daß seine Rücklagen »eine Art Vorratskammer in der Not« darstellten.

In der Neuen Welt sieht die Situation ganz ähnlich aus. Die Herr-

76 Ebenda, S. 75.

77 Das Material über die Südbantu stammt aus Schapera, ebenda. Siehe auch V. G. J. Sheddick, *The Southern Sotho* (London: International African Institute, 1953) S. 47—48.

78 Richards, »The Bemba of North-Eastern Rhodesia«, S. 170

79 Richards, »The Political System of the Bemba Tribe«, S. 105

80 Oberg, »The Kingdom of Ankole in Uganda«, S. 148.

81 Baxter und Butt, S. 59.

scher der Inka beispielsweise unterhielten überall im Lande Lagerhäuser, auf die in Notzeiten zurückgegriffen werden konnte. Außerdem ordnete der Herrscher, wenn er die Vorräte für ausreichend hielt, eine allgemeine Verteilung an, oder er schickte Produkte von der einen Provinz in eine andere, welche aus klimatischen Gründen diese oder jene Güter nicht erzeugen konnte. Die Regierung hielt auch riesige Lama- und Schafherden, deren Wolle an die gesamte Bevölkerung zur Fertigung von Kleidung ausgegeben wurde.[82] Bei den Azteken verteilte der Herrscher einen großen Teil des aus Eroberungen an ihn fallenden Tributs sofort nach Erhalt auf einer pro Kopf-Basis.[83]

Wie diese Beispiele zeigen, gilt in fortgeschrittenen Hortikulturgesellschaften die Umverteilungsethik genauso wie in einfachen Hortikulturgesellschaften und bei Jägern und Sammlern. In politisch zentralisierten Gesellschaften jedoch haben König oder Häuptling den Umverteilungsprozeß fest in der Hand – zumindest solange sie die wesentlichen Bedürfnisse ihres Volkes befriedigen und sich ihren Ruf der Generosität erhalten. Im Vergleich zu den Stammeshäuptlingen einfacher Hortikulturgesellschaften haben sie dank der viel höheren Produktivität viel mehr zu verwalten und zu verteilen. Im Zusammenhang mit einigen anderen Aspekten der Situation ist dies von größter Bedeutung. Zunächst *wird in fast allen diesen Gesellschaften zwischen dem persönlichen Besitz des Königs und dem Surplus des Volkes, der ihm anvertraut ist, nicht klar unterschieden.*[84] Meist sind öffentliche Schatzkammer und persönlicher Besitz des Königs ununterscheidbar verschmolzen.[85] Weitere Verwirrung stiftet die Tatsache, daß diese Gesellschaften selten, wenn überhaupt, zwischen der Rolle des Königs als »Mutter des Volkes« und seiner Rolle als an sich

82 Rowe, S. 267.

83 von Hagen, S. 172—173.

84 Schapera zeigt, daß die ersten Anfänge dieser Unterscheidung von einigen Südbantu gemacht wurden; sie stellen jedoch eindeutig eine Ausnahme von der allgemeinen Regel dar (*Government and Politics*, S. 102).

85 Besonders deutlich wurde dies, als die westlichen Kolonialregierungen die afrikanischen Monarchien ablösten und das System der Staatsfinanzen zu rationalisieren suchten. Siehe Schapera, »The Political Organization of the Ngwato of Bechuanaland Protectorate«, in: Fortes und Evans-Pritchard, S. 78; Richards, »The Political System of the Bemba Tribe«, ebenfalls in: Fortes und Evans-Pritchard, S. 116; Schapera, *Government and Politics*, S. 109; oder Scheddick, S. 48.

selbst interessiertem Einzelnen unterscheiden. Das mag in einer Gesellschaft, in welcher der König als das sichtbare Symbol, ja als die lebendige Verkörperung der Nation betrachtet wird, unvermeidlich sein, weitreichende Folgen hat es nichtsdestoweniger.
Unter solchen Umständen, so möchte man annehmen, ergreifen Herrscher als eigennützige Individuen die Gelegenheit und geben einen Teil des Staatsvermögens für private Zwecke aus. Besonders einfach wäre dies in einer expandierenden Wirtschaft (etwa im Übergang von der einfachen zur fortgeschrittenen Hortikultur), weil hier die absolute Menge der ans Volk umverteilten Güter und Dienstleistungen nicht eingeschränkt zu werden brauchte. Tatsächlich kann ein Häuptling durch die Erhöhung der *absoluten* Gütermenge, die ans Volk verteilt wird, und die Reduzierung der *relativen* seinen Ruf der Großzügigkeit sogar steigern, während er zugleich sowohl absolut wie auch relativ gesehen mehr für seinen persönlichen Verbrauch zurückbehält.
Und wenn schließlich ein Teil des annektierten Surplus dafür ausgegeben wird, dem Personal der abhängigen Beamten und Gefolgsleute ein komfortables Leben zu ermöglichen, dann entfällt die letzte ernsthafte Bedrohung solcher Aneignung.[86] *Mit der Schaffung einer Organisation von Personen mit angestammten Interessen am neuen System sind auch die Mittel gegeben, mögliche Kritiker zum Schweigen zu bringen.* Dies gilt besonders dann, wenn Häuptling oder König selber solche Personen nach ihrem Willen ernennen und entlassen können. (Siehe Punkt 11 in Murdocks Katalog von Merkmalen des afrikanischen Despotismus.) Die einzige beständige Bedrohung für die königliche Macht geht von den Beamten selbst aus; das Volk hat keine Organisation zur Verfügung, die den König und seine Gefolgsleute stürzen könnte.[87]
Ein anderer Faktor, der in vielen Fällen dem System Stabilität garantiert, ist die Eroberungs- und Imperialismuspolitik. Wenn eine nach den oben beschriebenen Prinzipien organisierte Gesellschaft benachbarte Gruppen erfolgreich unter ihre Herrschaft

86 Eine ähnliche Auffassung über das Aufblühen despotischer Regime vertritt Richard Thurnwald, *Economics in Primitive Communities* (Oxford: International Institute of African Languages and Cultures, 1932), S. 12 und 106 bis 108, oder Mair, bes. S. 108—109 und 160—165.
87 Siehe Schapera, *Government and Politics*, S. 108—112; Baxter und Butt, S. 62—63; Oberg, S. 144; oder Herskovits, Bd. II, 25. Kap.

bringt, dann erhöht sich ihr Surplus beträchtlich, und der König kann sein Personal wesentlich erweitern. Er kann nicht nur einen viel höheren Prozentsatz seiner Stammesgenossen in seine direkte Gefolgschaft holen, er kann auch seinen höheren Gewinn mit den anderen teilen und damit ihre Gefolgstreue steigern.[88] In diesem Stadium sind die Gefahren eines Volksaufstandes praktisch ausgeschaltet, nicht jedoch die Gefahren, die ihm von neidischen oder ehrgeizigen Individuen innerhalb seines eigenen Kreises drohen.

Auch wenn sich nicht belegen läßt, daß der afrikanische Despotismus die natürliche evolutionäre Folgeerscheinung der bescheidenen Stammesregierungen einfacher Hortikulturgesellschaften ist, so weisen doch Theorie und empirisches Material ethnographischer Untersuchungen in diese Richtung. Zieht man die vielen wichtigen Übereinstimmungen zwischen den Verwaltungssystemen auf diesen beiden Ebenen wirtschaftlicher Entwicklung in Betracht, dann erscheint es unwahrscheinlich, daß die despotische Regierungsform *de novo,* gleichsam in einem genialen Akt, geschaffen wurde. Eher scheinen die Mittel zur Veränderung im Schoß des älteren primitiven Systems geschlummert zu haben.[89] Stimmt diese Analyse, dann *wurde eine Institution, die zunächst in der funktionalen Notwendigkeit des Lebens der Gruppe begründet war, in vielen hortikulturellen Gesellschaften zu einem Instrument, das in erster Linie zur Selbsterhöhung und Ausbeutung verwandt wurde.* Es scheint demnach an beiden Theorien, der konservativen und der radikalen, etwas Wahres zu sein!

88 Dies könnte zu einem substantiellen Wiederaufleben der alten Umverteilungsethik zugunsten des eigenen Volkes und zu Lasten *der frisch unterworfenen Gruppen* führen. Und genau dies passiert im Falle von Inka und Azteken.

89 Eine ganz ähnliche Analyse, die mir leider erst zu Gesicht kam, nachdem ich mit meiner Arbeit fertig war, stammt von Mair, op. cit. Hinzuzufügen wäre, daß in manchen, ja vielleicht in vielen Gesellschaften das neue System sich auf dem Wege der einfachen Ausbreitung etablierte. Sicherlich war dies in vielen Fällen so; die Frage, wie es zu den ursprünglichen und ersten Übergängen kam, bleibt damit allerdings nach wie vor offen — übrigens genau das Problem, mit dem wir uns hier befassen. Die Wiederholung dieser Struktur in der Neuen Welt deutet auf mehr als nur auf Ausbreitung hin.

Betrachtet man die hohen Machtbefugnisse, die sich in den Händen eines Herrschers konzentrieren, dann überrascht es kaum, daß der wichtigste Einzelfaktor, der ausschlaggebend ist für den Status von Einzelnen und Familien, in deren Beziehung zum König und seinen Untergebenen zu sehen ist. Dank seines riesigen Besitzes und seiner ausgedehnten Machtbefugnisse bei der Vergabe von Positionen kann der König Menschen aus dem tiefsten Nichts in mächtige und privilegierte Positionen erheben; und er kann umgekehrt Männer, die reich und mächtig sind, vernichten. So wird zum Beispiel berichtet, daß »in Yorubaland [im südwestlichen Nigeria] die Sklaven des Oba zu großer Macht kamen und bei seinen Untertanen zutiefst gefürchtet waren«.[90] Auf der anderen Seite verstümmelten, exilierten oder töteten Könige häufig ihre eigenen Brüder und andere nahe Verwandte, die auf die Idee hätten kommen können, eine Palastrevolution anzuzetteln.[91]

Ein Besucher Dahomeys aus dem 19. Jahrhundert gibt eine lebendige Schilderung der entscheidenden Bedeutung königlicher Gunst. Er beschreibt eine Begebenheit, bei der der König plötzlich nach einem seiner Beamten rief, dem Benazon oder Schatzkämmerer.

»Entgegen allen Gepflogenheiten in solchen Fällen – wo der Name des gewünschten Beamten kaum über die Lippen des Königs dringt, ehe die übliche Antwort des ›Wae‹ verlautet und der Gerufene bereits herbeieilt – erschien der Benazon nicht. Herolde riefen seinen Namen aus, zuletzt wurde ein Bote in sein Haus geschickt, um Nachforschungen anzustellen. Unterdessen hielt der König eine Ansprache, in der er sagte, es gehe nicht an, daß ein Monarch nach jemandem rufe und dann feststellen müsse, daß dieser gar nicht anwesend sei; jedermann habe zu warten, ob er, der König etwas von ihm wolle. Nach etwa zehn Minuten erschien der pflichtvergessene Schatzmeister mit gefesselten Händen, zwei von Ajkayahos Wachen stießen ihn vor sich her. Als er sich dem Thron näherte, fiel er auf die Knie und begann seinen Kopf mit Staub zu bewerfen. Der König fragte, wo er gewesen sei. Er sagte, er sei in seinem Haus gewesen, um es für die Prinzessin vorzubereiten, die der König ihm zur Hochzeit versprochen habe. Der König befahl, ihn sofort ins Gefängnis zu bringen; der hohe Würdenträger wurde weggeschafft, als stamme er aus dem Pöbel, und wurde unehrenhaft ins

90 Crowder, S. 65.

91 Siehe Murdocks Katalog von Merkmalen des afrikanischen Despotismus, Punkt 15. Vgl. auch Schapera, *Government and Politics*, S. 157 ff.

Gefängnis geworfen. Offensichtlich macht das Gesetz von Dahomey keine Unterschiede zwischen den Menschen.«[92]

Ein anderer Besucher Dahomeys, ebenfalls im 19. Jahrhundert, schreibt, wenn ein privater Bürger »ohne Erlaubnis des Königs mehr Boden kultiviert oder seiner Familie auf irgendeine Weise zu Reichtum verhilft, dann gefährdet er nicht nur sein Vermögen, sondern auch sein Leben sowie das Leben seiner Familie; statt reich und das Oberhaupt einer Familie zu werden, wird er zur Sklaverei verurteilt.«[93]

Die Könige waren natürlich nicht in der Lage, die gesamte Bevölkerung direkt zu überwachen. Dennoch war eine solche Kontrolle annähernd möglich, und zwar mit Hilfe der hierarchischen Verwaltungsorganisation, die das Königreich in verschiedene Ebenen aufteilte, deren Verwaltungsspitze jeweils der nächst höheren und übergreifenden Einheit, der sie als Teil angehörte, verantwortlich war, mit dem König als höchster Instanz. Der Status des Einzelnen hing damit von seinem Verhältnis zum Dorfhäuptling ab, der seinerseits von einem Distrikt- oder Provinz-Häuptling abhängig war, welcher selbst wiederum als Minister dem König unterstand.[94] Auf diese Weise stand jeder in direktem oder indirektem Abhängigkeitsverhältnis zum König.[95] Für die große Mehrheit der Menschen war der entscheidende Punkt in ihrem Leben ihr Verhältnis zu ihrer unmittelbaren Obrigkeit, möge es sich nun um den Dorfhäuptling oder den Distrikthäuptling gehandelt haben. Diese Personen übten über die ihnen Nachgcordncten eine Macht aus, die der, welche der König über sie selbst hatte, recht nahekam. So schrieb ein weiterer Dahomey-Reisender, wieder im 19. Jahrhundert, der Provinzstatthalter oder Vizekönig einer der Provinzen von Dahomey sei »zugleich Rat, Geschworener und Richter

92 A. J. Skertchly, *Dahomey As It Is: Being a Narrative of Eight Months' Residence in That Country* (London: 1874), S. 375, zitiert bei Herskovits, Bd. II, S. 43. Vgl. auch Mair, S. 181, der sagt, »die enge Nachbarschaft von Mächtigen war offenkundig gefährlich«.

93 F. E. Forbes, *Dahomey and the Dahomans: Being the Journals of Two Missions to the King of Dahomey, and Residence at His Capital, in the Years 1849 and 1850* (London: 1851), S. 36—37, zitiert bei Herskovits, Bd. I, S. 99.

94 Wie bereits früher gesagt, gab es in einigen Fällen noch eine weitere Zwischenschicht. Siehe Mair, S. 146—151 und 173 ff., der eine gute Beschreibung der Hierarchie von Territorial-Beamten in ostafrikanischen Gesellschaften liefert.

95 Siehe z. B. Rowe, S. 263—264 über die Inka, die das vermutlich komplizierteste hierarchische System aller fortgeschrittenen Hortikulturvölker errichteten.

... [mit] dem uneingeschränkten Recht, Einkerkerung und Bastonade anzuordnen«.[96] Ähnliche Beispiele ließen sich über die meisten politisch fortgeschrittenen Hortikulturgesellschaften Afrikas und der Neuen Welt anführen.[97]

Trotz ihrer großen Macht konnten allerdings weder die Könige noch ihre Beamten jeder flüchtigen Laune im Umgang mit ihren Untertanen nachgeben. Die Folgen wären Anarchie und Revolten gewesen. Wie Herskovits schreibt, war sich der König von Dahomey »trotz seiner Launenhaftigkeit ... der Bedeutung einer rückhaltlosen Unterstützung von seiten der Männer, die er in Amt und Würden gehoben hatte, wohl bewußt«.[98] Solches Bewußtsein stabilisierte zweifellos die Situation in Dahomey wie auch andernorts; kein Monarch oder Minister durfte ohne guten Grund und eine feste und längst begründete Machtposition angesehene Beamte vernichten.[99]

Eine andere äußerst privilegierte Gruppe in praktisch jedem afrikanischen despotischen Regime stellten die Verwandten des Königs und die Angehörigen von ehemaligen Königen dar. Sie alle bildeten die Adelsschicht und verkörperten gewöhnlich eine Art »Klasse der feinen Leute«. Ihr Rang richtete sich meist direkt nach der Aktualität der Herrschaft ihres königlichen Verwandten, so daß diejenigen, die mit dem derzeitigen Monarchen verwandt waren, den höchsten Status hatten.

Dank des Brauchs der Polygamie war die adlige Klasse häufig sehr groß. So schrieb Herskovits, in der Hauptstadt von Dahomey habe man den Eindruck bekommen, als entstamme nahezu jeder der königlichen Linie, sei es nun mütterlicher- oder väterlicherseits (beide Linien bedeuteten Zugehörigkeit zur königlichen Sippe).[100] Über den Hof des Königs, zu dem nur jene Mitglieder der königlichen Familie gehörten, die einen besonderen Anspruch auf die Gunst des Königs hatten, sagt er, sie »spielten eine im wesentlichen parasitäre Rolle. Sie lebten ein Leben der Vergnügun-

96 Capt. Sir Richard F. Burton, *A Mission to Gelele, King of Dahomey ...* (London: 1893), Bd. I, S. 63, zitiert bei Herkovits, Bd. II, S. 28.

97 Siehe etwa Schapera, *Government and Politics*, S. 113.

98 Herskovits, Bd. II, S. 43.

99 Schapera und andere zeigen, daß afrikanische Herrscher oft von Rivalen gestürzt wurden. Siehe Schapera, *Government and Politics*, bes. S. 157 ff. und spezieller S. 165 einschließlich der Fußnoten.

100 Herskovits, Bd. II, S. 38. Bram registriert eine ähnlich rasche Zunahme des Inka-Adels aufgrund von Polygamie (S. 73).

gen, ihre ermatteten Sinne stimulierten sie häufig durch sexuelle Exzesse.«[101] Herskovits folgert, diese »Klasse der feinen Leute« sei für die sozialen und wirtschaftlichen Ressourcen des Landes eine schwere Belastung gewesen und dies mit ihrer steigenden Zahl immer mehr geworden.

Nahe männliche Verwandte des Königs, besonders seine Söhne und Brüder, hatten in traditionalen afrikanischen Gesellschaften gewöhnlich eine recht zwiespältige Position. Auf der einen Seite konnten sie aufgrund ihres engen Verwandtschaftsverhältnisses zum König Anspruch auf hohes Ansehen und zahlreiche Privilegien erheben. Auf der anderen Seite wurden sie durchweg von allen, den König eingeschlossen, als die größte Bedrohung für dessen Position, ja für sein Leben erachtet. Kam es in diesen Gesellschaften zu einer Revolution, was häufig geschah, so war mit großer Wahrscheinlichkeit ein naher Verwandter des Königs in wichtiger Funktion darin verwickelt. Auf diesem Hintergrund ist auch das Zulu-Sprichwort zu verstehen: »Der König sollte nicht mit seinen Brüdern speisen, damit sie ihn nicht vergiften können«, oder das der Swazi: »Die Adligen sind die Königsmörder«.[102] Aus dem gleichen Grund besetzten afrikanische Könige hohe öffentliche Ämter häufig mit Männern, die nicht dem Adel angehörten, ja sie holten sogar Sklaven dafür. In Dahomey zum Beispiel, »so verlangte es die Tradition, beruft ein König niemals einen Prinzen in irgendeine Machtposition«, denn »säße ein Bruder des Königs erst auf einem wichtigen Posten, könnte sein Wunsch nach Macht, auf diese Weise angestachelt, ihn in Versuchung führen, mit neidischen Blicken nach dem Thron zu schielen; obendrein hätte er in seinem Amt Gelegenheit, die Untertanen des Königs für seine Intrige zu gewinnen«.[103] Die Ankole von Uganda lösten das Problem, indem sie alle Söhne des Königs beim Tode ihres Vaters einen Kampf austragen ließen, in dem nur einer überlebte. Den Überlebenden machten sie zum neuen König, er brauchte sich um keinerlei Rivalitäten in der Verwandtschaft mehr zu

101 Die sexuelle Freiheit der königlichen Prinzessinnen war durch nichts eingeschränkt. Sie konnten ganz nach Belieben sich von ihren Männern scheiden lassen und sich, ob verheiratet oder nicht, so viele Liebhaber nehmen, wie sie wollten. Selbst das Inzesttabu galt nicht für sie.

102 Eine ausgezeichnete Erörterung dieses Gegenstandes stammt von Schapera, *Government and Politics,* S. 175 ff.

103 Herskovits, Bd. II, S.39.

sorgen.[104] Wo solche Traditionen fehlten, nahmen afrikanische Könige die Sache mitunter selbst in die Hand. Der berühmte Zulu-König Dingane vernichtete systematisch seine ganze Familie, seine Verwandten und Freunde und seine ehemaligen Kameraden, nur seinen Halbbruder Mpande, »einen ruhigen und unaggressiven Jungen, nahm er davon aus«.[105] Seine Großmut erwies sich als riesiger Fehler; Mpande führte schließlich die Revolution an, die Dingane stürzte und mit seiner Ermordung endete.

Königlicher Brudermord war indessen kein unabdingbares Merkmal im Leben politisch fortgeschrittener Hortikulturgesellschaften. In der Neuen Welt sind solche Fälle selten, auch wenn der spanischen Eroberung des Inkareiches ein erbitterter Kampf um den Thron zwischen zwei Söhnen des verstorbenen Herrschers vorausging, was die Eroberung vielleicht sogar erleichterte.[106] Im allgemeinen jedoch vollzog sich die Thronfolge friedlich, und die Herrscher besetzten die höchsten Staatsämter mit ihren nächsten Verwandten.[107] Selbst in Afrika machten zahlreiche Könige ihre Verwandten und andere Adlige zu Ratgebern, ja sie verliehen ihnen sogar hohe Ämter, auch wenn, sofern Murdocks Beobachtungen zutreffen, dies nicht die Norm war (siehe Punkt 15 in seinem Katalog).[108] Es scheint sich demnach bei diesem Phänomen um ein variables Merkmal dieser Gesellschaften zu handeln, nicht um eine Norm, die von wirtschaftlicher oder politischer Notwendigkeit diktiert wäre.

Resultat der Ausübung von königlicher Macht zugunsten und im Namen von Verwandten oder Beamten war die Entstehung dreier großer Klassen in allen despotischen Regimen Afrikas. An der Spitze stand eine kleine Minderheit mächtiger und privilegierter Personen, die dank der ihnen zuteil werdenden königlichen Gunst vom Surplus lebten, den andere produzierten. Ihnen folgte eine etwas zahlreichere, wenn auch immer noch kleine Klasse von Beamten und Spezialisten verschiedener Metiers, die entweder den Launen und Wünschen der herrschenden Klasse schmeichelnd nachkamen oder geringere, aber häufig lebenswichtige Verwal-

104 Oberg, S. 157—159.

105 Schapera, *Government and Politics,* S. 158—159.

106 Siehe etwa von Hagen, S. 581—582.

107 Siehe Rowe, S. 263.

108 Über die Verwendung königlicher Verwandter und Adliger im öffentlichen Dienst siehe Schapera, *The Tswana,* S. 52—53, oder *Government and Politics,* bes. S. 58—59 und 112—113.

tungsaufgaben erfüllten. Ganz unten schließlich rangierte die Mehrzahl des einfachen Volkes, welches den Surplus produzierte, von dem die beiden privilegierten Klassen lebten.
Meist waren diese Klassen im einzelnen noch einmal in verschiedene Unterklassen unterteilt. So haben wir bereits gesehen, daß die Adligen und Beamten sich nach verschiedenen Rängen und Graden unterschieden. Ähnlich war auch die Klasse der Techniker und Spezialisten und die der Produzenten häufig in zwei oder mehr Ebenen unterteilt. So herrschte in der Regel ein Unterschied zwischen Freien und Sklaven; letzteren blieben viele wichtige Rechte versagt, derer die übrigen sich erfreuten. Zuweilen wurde noch weiter unterschieden, wie im Fall jener Zwischenschicht in Dahomey, die zwischen Sklaven und Freien ihren Platz hatte und von Personen gebildet wurde, die in Dahomey als Kinder von Sklaven oder gemischten Eltern geboren waren. Solche Menschen waren gezwungen, auf dem Grund des Herrn ihrer Eltern zu leben, und was sie produzierten, fiel weitgehend an ihren Herrn. Im Gegensatz zu Sklaven durften sie jedoch nicht verkauft oder von ihren Eltern getrennt werden. Selbst die Untergruppe der Sklaven war noch einmal unterteilt in drei Kategorien, die, zieht man ihr Schicksal in Betracht, in absteigender Linie fungierten als (1) Haussklaven, (2) Feldsklaven und (3) Sklaven, die zu Menschenopfern ausersehen waren.[109]
Die Strukturen der fortgeschrittenen Hortikulturen in der Neuen Welt waren auffallend ähnlich.[110] In allen Fällen gab es eine Klasse von Adligen, die sich mit dem König oder Häuptling in die Regierungsaufgaben teilten, wenn auch in untergeordneten Funktionen. Zugehörigkeit zu dieser Klasse war meist erblich, besonders in den weiter fortgeschrittenen Staaten.[111] Aber selbst hier wurde die Erbregel in Zeiten rascher Expansion des Reiches, welche auch die Erweiterung der herrschenden Klasse nötig machte, offensichtlich gelockert.[112]
Die andere große Klasse bildeten die Massen des Volkes, von de-

109 Herskovits, Bd. I, S. 99—101.

110 Gute Beschreibungen dieser Strukturen finden sich bei Morley, 9. Kap. über die Maya, Steward und Faron, S. 132—138 über die Inka und S. 186—188 über die Karibischen Stämme; von Hagen, S. 119—134, oder Eric Wolf, *Sons of the Shaking Earth* (Chicago: University Chicago Press, 1959) 7. Kap. über die Azteken.

111 Siehe beispielsweise Steward und Faron, S. 187.

112 Siehe Rowe, S. 260, oder Bram, S. 33—44 und 71—75.

ren Arbeit die privilegierte adlige Klasse lebte. Meist gab es auch eine Sklavenklasse, aber die meisten waren ganz offensichtlich nicht dort hinein geboren.[113] Wie in Afrika handelte es sich in der Regel um Kriegsgefangene, von denen viele als Menschenopfer getötet wurden. Eine zweite Klasse in der Neuen Welt ebenso wie auch in Afrika bildeten Handwerker und kleine Beamte, welche der Adel von der Nahrungsproduktion freistellte, damit sie ihm für speziellere Dienste zur Verfügung stand.[114] Diese Klasse gab es nur in den fortgeschrittensten Gesellschaften.

Der vermutlich wichtigste strukturelle Unterschied zwischen Afrika und der Neuen Welt betraf den Bereich der Religion. Im größten Teil Afrikas fielen religiöse und politische Führung zusammen, mit dem Ergebnis, daß es keine eigene Priester-Klasse gab. In den wenigen Fällen, wo sie, wie in Dahomey, existierte, standen ihre Machtbefugnisse und Privilegien in keinem Verhältnis zu denen der Adligen. Dagegen waren die Priester in der Neuen Welt eine eigene und mächtige Klasse innerhalb der Gesellschaft und standen mit dem Adel auf gleicher Stufe. Wie ein Forscher über die Maya schrieb, war »die großen Tempel in den zeremoniellen Zentren der Alten und Neuen Reiche zu versehen ... in jenen Tagen eine fast ebenso große Aufgabe wie das Staatsschiff zu lenken«.[115] Der Status der Priester war wie der des Adels meist erblich.

In vielen, wenn nicht allen fortgeschrittenen Hortikulturgesellschaften vom despotischen Typ ist der Status eines Menschen nicht nur eine Funktion seines *individuellen* Verhältnisses zur politischen Autorität, sondern auch seines *kollektiven*. Weil diese Gesellschaften imperialistisch und expansionistisch sind, gehören ihnen in der Regel Menschen von unterschiedlicher ethnischer Herkunft an. Auch wenn unterworfene Völker mit der Zeit kulturell assimiliert werden können, bleiben die ethnischen Unterschiede in Form von Sippenunterschieden doch weiter erhalten. So wird in vielen, wenn nicht in allen diesen Gesellschaften nach ethnischen Kriterien oder solchen der Abstammung unterschieden.[116]

Die Ndebele in Südrhodesien stellen ein gutes Beispiel einer solchen Organisationsstruktur dar.[117] Seit voreuropäischen Zeiten

113 Siehe Morley, S. 176—179 über die Maya.
114 Siehe Steward und Faron, S. 138 über die Inka.
115 Morley, S. 72.
116 Siehe Mair, S. 134—137, der viele Beispiele aus Ostafrika bringt.
117 Siehe Hughes und van Velsen, bes. S. 44—45 und 71—75, oder Schapera, *Government and Politics*, S. 130.

ist dieses Volk in drei große Statusgruppen geteilt, die von den Eingeborenen als »Stämme«, von den Engländern jedoch als »Kasten« bezeichnet werden. In absteigender Linie sind dies die Zansi, die Enhla und die Lozwi. Ihr Anteil an der Gesamtbevölkerung beträgt 15, 25 und 60 Prozent.
Ihr jeweiliger Status hat sich als Funktion ihres historischen Verhältnisses zum Ndebele-Staat und seiner Monarchie erwiesen. Die Zansi stammen von den Staatsgründern ab, einer Gruppe des Swazistammes, welche der große Zulukönig Shaka unterworfen hatte. Im Zulustaat zur Macht gelangt, machten sie einen Aufstand und flohen mit einem Teil von Shakas Vieh. Eine Zeitlang siedelten die Rebellen in Transvaal, wo sie die dort wohnenden Sotho- und Tswana-Eingeborenen unterjochten und zur Arbeit für sich zwangen. Um 1835 wurden die Begründer dieses neuen Staates von den Boers und den Zulu angegriffen, sie mußten erneut fliehen, diesmal in ihre neue und gegenwärtige Heimat in Südrhodesien. Viele der unterworfenen Sotho und Tswana zogen mit ihnen. Auch in Südrhodesien mußten sie erst die Eingeborenen, die Lozwi, unterwerfen, wobei ihre Sotho- und Tswana-Untertanen, die Vorfahren der heutigen Enhla, ihnen Beistand leisteten. Die drei Statusgruppen im Volk der Ndebele sind demnach ein Ergebnis dieser beiden Eroberungen, und ihr jeweiliger Status ergibt sich aus ihrer historischen Beziehung zu Mzilikazi, dem ersten König und Gründer des Staates.[118]
Vor Errichtung der britischen Herrschaft war bei den Ndebele die Statusgruppenzugehörigkeit eine Frage von hoher Bedeutung. Ja, man mißt ihr bis auf den heutigen Tag ziemliches Gewicht bei, obwohl die britische Weigerung, die Regeln des Systems zu praktizieren, zu ihrem allmählichen Verfall führten. In früheren Zeiten zumindest waren bestimmte wichtige Privilegien Angehörigen einer oder beider höheren Statusgruppen vorbehalten. Nur die Zansi durften den Straußenfederkopfschmuck von Kriegern tragen, und nur die Zansi und Enhla durften sich mit einem Rock aus Affen- und Raubtierfellen und den Schwänzen dieser Tiere bekleiden. Heirat zwischen den Gruppen war verboten, und begehrte militärische und politische Posten blieben gewöhnlich den Zansi vorbehalten. Offensichtlich kam es jedoch bereits zu einigen Aus-

118 Siehe Schapera, ebenda, S. 132; ihm zufolge entwickelten sich Statusgruppenunterschiede zwischen Eroberern und Eroberten in Südafrika nur, wenn zwischen beiden Gruppen kulturelle Unterschiede bestanden.

nahmen bei der Vergabe von Positionen; sie führten zu Statusinkonsistenzen, einem Phänomen, welches überall dort auftritt, wo nicht nur ein einziges Verteilungsprinzip gilt.

Nicht alle Gesellschaften verfuhren mit dem Problem der Assimilation von Fremden in gleicher Weise, in Afrika und der Neuen Welt entwickelte sich eine ganze Palette von Strukturen.[119] In den meisten Fällen, wo fremde Völker einem Staat durch Eroberung einverleibt wurden, nahmen die Eroberten und ihre Nachkommen *als Gruppe* eine den Eroberern und deren Nachkommen nachgeordnete Stellung ein. Diese Gruppenunterschiede entfielen auch dann nicht, wenn einzelne Unterworfene ihre ehemaligen Eroberer an Macht und Privilegien längst übertrafen. Ja, gerade ihre besondere Form von Minderwertigkeit, nämlich ihr Status als Fremdstämmige, ließ sie als Reservoir bei der Rekrutierung von Personal für hohe Staatsämter attraktiv sein, so merkwürdig dies auch klingen mag. Die Theorie, die solcher Praxis in Afrika zugrunde lag, war die gleiche, welche türkische Herrscher jahrhundertelang wichtige Posten im Heer und in anderen Institutionen mit den Söhnen von Christen besetzen ließ (man denke nur an die berühmten Janitscharen). Aufgrund ihrer Zugehörigkeit zu bestimmten Statusgruppen konnten diese Menschen niemals einen Anspruch auf den Thron geltend machen, dank ihres abrupten und steilen Aufstiegs aus der Sklaverei oder einem anderen niedrigen Status blieb ihnen ihre totale und vollkommene Abhängigkeit von der königlichen Gunst notwendig im Bewußtsein. Im Fall von Revolution oder Rebellion mußten sie einfach die Zuverlässigsten sein.[120]

Es gab Fälle, wo die Eroberer einzelne Angehörige der unterjochten Gruppen in ihren eigenen Rang aufsteigen ließen. Die Inka zum Beispiel verhielten sich so; dies mag als Reaktion auf die speziellen Probleme zu verstehen sein, die die extrem rasche Expansion ihres Reiches mit sich brachte.[121] Die ursprüngliche Inka-Bevölkerung war so klein, daß sie nicht annähernd genug Administratoren und Beamte hervorbringen konnte. Man ließ also jene in den eigenen Rang aufsteigen, die der Inka-Sprache mächtig wa-

119 Über ein viel flexibleres System berichtet Max Gluckman, »The Lozi of Barotseland in Northwestern Rhodesia«, in: Colson und Gluckman, S. 6.

120 Siehe Karl A. Wittfogel, *Oriental Despotism: A Comparative Study of Total Power* (New Haven; Conn.: Yale University Press, 1957), S. 360—362.

121 Siehe Rowe, S. 260—261, oder Bram, S. 33—44 und 71—75.

ren, sowie kooperative Häuptlinge und Herrscher unterworfener Gruppen. Die gebürtigen Inka und die durch Privileg zu Inka Gewordenen bildeten gemeinsam die herrschende Statusgruppe, welche das Reich regierte.

In diesem Zusammenhang besteht zwischen fortgeschrittenen Hortikulturgesellschaften mit ihren zentralistischen politischen Systemen einerseits und primitiveren Jäger- und Sammlergesellschaften und einfachen Hortikulturen, welche wir in den beiden letzten Kapiteln besprochen haben, andererseits, ein interessanter und eminent wichtiger Unterschied. Bei den letzteren ist es nicht selten, daß Männer versuchen, einer Berufung in ein politisches Amt auszuweichen, weil die Gratifikationen die zusätzlichen Aufgaben einfach nicht aufwiegen (vergleichbar vielen Ämtern in freiwilligen Organisationen unserer heutigen Gesellschaft). Fortgeschrittene Hortikulturgesellschaften des Typs, mit dem wir uns hauptsächlich befaßten, kennen solche Probleme nicht: *hier sind die Menschen gierig auf politische Ämter, sie streben danach selbst unter Lebensgefahr, was deutlich zeigt, daß sich zwischen Lasten und Privilegien des Amtes, ganz besonders was den König betrifft, ein starkes Ungleichgewicht hergestellt hat.*[122]

Andere Machtgrundlagen

Obwohl die wichtigste Statusdeterminante das Verhältnis des Einzelnen oder einer Gruppe zum König und dessen politischem Apparat ist, wäre es falsch anzunehmen, sie sei allein bestimmend oder werde auf ganz einfache Weise wirksam. Der Status des Einzelnen oder einer Familie hängt auch von Kräften ab, denen der König indifferent oder oppositionell gegenübersteht. Wer diese Kräfte außer acht läßt, vermittelt ein falsches Bild vom Verteilungsprozeß.

Erstens sind die Interessen von König, Ministern und Verwaltern keineswegs identisch, auch wenn sie in vielen Punkten übereinstimmen. Selbst wenn die Beamten sich dem König niemals offen widersetzen, haben sie doch Grund und Motivation genug, dies bisweilen im geheimen zu tun. Zweitens ist der König weder allmächtig noch allwissend, und möge er noch so viel Macht haben;

122 Siehe z. B. Schapera, *Government and Politics*, S. 157—220.

was dazu führt, daß er häufig Opfer ministerieller Täuschung wird.

Ein klassisches Beispiel dafür nennt ein Besucher Dahomeys aus dem 18. Jahrhundert. Über die fiskalischen Praktiken im Staate weiß er zu berichten: »Nichts im ganzen Königreich ist zu gering, als daß der König keinen Tribut darauf legte; dies machte ihn, würde alles redlich bezahlt, sehr reich; die Herren Steuereinnehmer wirtschaften jedoch so kräftig in ihre eigene Tasche, daß der König letztlich selten mehr als ein Viertel des Geforderten erhält.«[123] Oberg machte die gleichen Beobachtungen im Königtum der Ankole in Uganda; Tributnehmer forderten häufig mehr, als sie der König zu nehmen ermächtigt hatte, und behielten den Überschuß für sich.[124] Solche Praktiken dürften in den meisten Königreichen üblich gewesen sein.

Ein ernsteres Problem für den König war die auf seiten von Statthaltern entlegener Provinzen weitverbreitete Neigung, verschiedene königliche Machtbefugnisse zu usurpieren. So schrieb ein anderer Dahomey-Besucher über den Statthalter der wichtigen Provinz Whydah: »Er unterhielt eine große Dienerschaft, die er sich durch seine Großmut persönlich verpflichtete; seinen Interessen verband er sie, indem er ihre Schurkereien deckte und sie *unter Mißachtung des Königs* dem Gesetz entzog.«[125] Unser Berichterstatter fügt hinzu, der König sei natürlich bestrebt gewesen, den Minister zu entlassen, habe es aber nicht gewagt, ihn offen anzugreifen, und eine günstige Gelegenheit abgewartet, um ihn durch irgendeine List in seine Hände zu bekommen. Schapera erwähnt, die Könige der Südbantu seien gewöhnlich mit der Ernennung von Verwandten zu Statthaltern entlegener Provinzen recht zurückhaltend gewesen, aus Furcht, jene würden dadurch ermuntert, durch Abspaltung und Gründung ihrer eigenen Stämme Unabhängigkeit zu suchen.[126] Angesichts des primitiven Trans-

123 William Bosman, *A New and Accurate Description of the Coast of Guinea*, 2. Aufl. (London 1721), S. 336—337, zitiert nach Herskovits, Bd. I, S. 109.

124 Oberg, S. 147 und 150.

125 Robert Norris, *Memoirs of the Reign of Bossa Ahadee, King of Dahomey . . .* (London: 1789), S. 40—41, zitiert bei Herskovits, Bd. II, S. 27, Hervorhebung durch uns.

126 *Government and Politics*, S. 172. Vielleicht war es kein Zufall, daß der einzige Bruderkrieg, den die Inka erlebten, zwischen einem Halbbruder, der in einer entlegenen Provinz recht mächtig war, und seinem Bruder in der Hauptstadt geführt wurde.

portwesens in den meisten fortgeschrittenen Hortikulturgesellschaften war die Konrolle entfernter Territorien notwendig weniger wirksam als die von Gebieten nahe der Hauptstadt. Wenn manche zu besonderen Machtbefugnissen und Privilegien durch Betrug und unter Mißachtung königlicher Gebote kamen, so gab es doch auch solche, die auf akzeptablere Weise aufstiegen. Obgleich Könige und Häuptlinge häufig summarische Ansprüche auf das Surplusprodukt ihrer Völker anmeldeten, zeigt die sorgfältige Lektüre ethnographischer Berichte doch, daß sie keineswegs alles forderten. Ein Teil des ökonomischen Surplus blieb in den Händen der Produzenten, vielleicht als Anreiz für weiteren Fleiß und neue Anstrengungen.

Daß dem so war, dafür gibt es viele Belege. Zum einen fänden sich dort, wo ein König den gesamten Surplus an sich gerafft hätte, nur noch die allernotwendigsten Dinge in den Händen des einfachen Volkes, und alles übrige hätten der König, seine Minister und Verwandten. So sieht es aber für gewöhnlich nicht aus. Zur Illustration: die Provinzhäuptlinge der Azande folgten normalerweise dem Brauch, einen reichen Ortsansässigen, einen »Bürgerlichen«, zu einer Art Dorfhäuptling zu ernennen.[127] Dies zeigt, daß königliche Steuern und Tributzahlungen nicht den gesamten Surplus abzogen oder alle einfachen Leute auf den gleichen Lebensstandard reduzierten. Selbst für Dahomey, wo die königliche Familie und ihre Beamten für ihre Raffgier bekannt waren, gilt, daß das einfache Volk aus eigenen Anstrengungen zu etwas Besitz kommen und am Surplus teilhaben konnte.[128] Und so lesen wir bei Herskovits, daß »der ewige Kampf darum, das Erbteil zu vergrößern, selbst Eigentum zu schaffen, durchaus die Lebensauffassung in Dahomey kennzeichnet«. Diese Struktur könnte keinesfalls so verbreitet sein, wenn die Elite den gesamten Surplus monopolisierte. Viele Beispiele ließen sich anführen, die genannten mögen genügen, um zu zeigen, daß trotz der großen Machtbefugnisse der meisten Herrscher fortgeschrittener Hortikulturgesellschaften ein nicht unbeträchtlicher Teil des wirtschaftlichen Surplus in den Händen der Produzenten verblieb.

Schließlich ist zu sagen, daß in einigen Gebieten Afrikas, besonders in Westafrika, sowie in den meisten Teilen der Neuen Welt ein Teil des Surplus auf die Unterhaltung von Tempeln, Heilig-

127 Baxter und Butt, S. 50.

128 Herskovits, Bd. I, 5. Kap., bes. S. 86 ff.

tümern und anderen Kultstätten sowie für die Priester-Klasse verwandt wurde, die darüber wachte. Der Status von Priestern und die Privilegien, die sie genossen, dürfen nicht im gleichen Lichte gesehen werden wie Status und Privilegien von Beamten im Dienste des Regimes. Priester verfügten normalerweise über ein beachtliches Maß an Unabhängigkeit, weil sie ihre Machtbefugnisse nicht vom Staat und seinen Führern hatten. Ihre Macht floß ihnen, so wurde angenommen, direkt aus dem Übernatürlichen zu.
In vielen Teilen Afrikas fiel diese übernatürliche Macht in die Hände von politischen Führern. Wie es dazu kam, wissen wir nicht. Die Annahme, die göttlichen oder halbgöttlichen Könige hätten sich aus priesterlichen und nicht aus politischen Funktionären entwickelt, und in einigen Fällen stelle die Personalunion von Priester und Herrscher die Verdrängung ursprünglicher politischer Autoritäten durch religiöse dar und nicht umgekehrt, scheint gar nicht so falsch zu sein. (So verblüffend dies für die weltlich orientierte Moderne auch sein mag, im Hinblick auf die Vergangenheit scheint die Hypothese gar nicht so wild.)[129] Gleich, wie diese Union nun auch zustande gekommen sein mag, ihr Resultat war eine Position von einmaliger Macht, die zudem mit keinerlei Gegenmacht zu rechnen hatte.
In manchen Gebieten Afrikas, besonders in Westafrika, wie auch in der Neuen Welt erlebte diese Union keine volle Entfaltung. In Dahomey hat der König, der zugleich als Priester von erheblicher Bedeutung ist, gleichwohl keinen monopolistischen Anspruch auf die übernatürlichen Kräfte und muß deshalb mit bedeutenden priesterlichen Konkurrenten rechnen.[130] Sie entstammen offensichtlich dem Mittelstand, können jedoch aufgrund ihrer Position zur privilegierten oder »feinen Leute«-Klasse gezählt werden.[131] Sie brauchen keine manuellen Arbeiten zu verrichten und leben von Geschenken und Diensten der Kultanhänger. Sie sind recht wohlhabend, können sich aber mit dem König und seinen wichti-

129 Vgl. beispielsweise die früheren Diskussionen über die Macht von Priestern und Schamanen in einfachen Hortikulturen in Kap. 6. Siehe auch Bertrand de Jouvenal, *On Power: Its Nature and the History of its Growth*, übers. von J. F. Huntington (New York: Viking, 1949), S. 83—84.

130 In vielen Teilen Afrikas haben göttliche Könige »Konkurrenten« in Gestalt von Magiern und Medizinmännern, die als Nichtorganisierte jedoch nicht genug Macht haben, um ernsthaft mit dem König zu konkurrieren. Wir berücksichtigen sie deshalb hier nicht.

131 Herskovits, Bd. I, S. 102.

gen Ministern nicht messen; viel näher stehen sie den wohlhabenderen »Bürgern«. In der Neuen Welt hatten die Priester eine günstigere Position. Wie gesagt, bildeten sie ihre eigene Klasse und waren offensichtlich den Adligen gleichgestellt.[132] In einigen Gesellschaften waren priesterliche Ämter erblich; wo nicht, hatten die Söhne der Adligen die wichtigsten Ämter inne. In den meisten Fällen waren König oder Kaiser Hoher Priester oder Haupt der Priesterschaft und Staatsoberhaupt in einer Person.

In Westafrika ist das Verhältnis zwischen Priester und König eher ambivalent, in vielem entspricht es dem des Königs zu seinen eigenen Brüdern. Häufig beobachteten Herrscher ihre Priester voller Argwohn, und bei sich bietender Gelegenheit taten sich letztere denn auch mit Dissidenten aus dem Königshaus zusammen, um Komplotte zu schmieden.[133] Auf der anderen Seite konspirierten sie auch wieder mit dem König und halfen, ihre Gläubigen auszubeuten, indem sie ihren priesterlichen Einfluß nutzten, um zu Informationen darüber zu kommen, wieviel das Volk vor den Steuereinnehmern des Königs verborgen hielt.[134] So waren die Priester in Westafrika einmal die Verbündeten und dann wieder die Gegner des Königs. In der Neuen Welt dagegen blieb die Priesterklasse des Königs treuer Verbündeter.[135]

Gewalt, Ideologie und Nützlichkeit

Wie das Vorangehende zeigt, wurde der wirtschaftliche Surplus in den politisch fortgeschrittenen Hortikulturgesellschaften Afrikas und der Neuen Welt nach zweierlei Prinzipien verteilt. Auf der einen Seite gründeten der König und seine Minister gemeinsam mit der Priester-Klasse ihre Ansprüche auf einen Teil des Surplus auf *eine eindrucksvolle Kombination von Macht, Ideologie und Nützlichkeit;* das heißt, sie leisteten dem Volk gewisse wichtige

132 Dies gilt zumindest für die oberen Ränge unter den Priestern. Siehe beispielsweise Morley, S. 170—174 über die Maya; Rowe, S. 298—299 oder Steward und Faron, S. 128—130 über die Inka; Steward und Faron, S. 191—194 über die Karibischen Stämme; und von Hagen, S. 159—162 über die Azteken.
133 Herskovits, Bd. I, S. 175—177.
134 Ebenda, S. 175.
135 Und selbst hier gibt es Anzeichen für einen Kampf zwischen Priester- und Adelsklasse, zumindest was die Inka betrifft. Siehe Steward und Faron, S. 128.

Dienste, deren Wert mittels Ideologie stark aufgeplustert war und dem sie zudem durch bewaffnete Macht Nachdruck verleihen konnten. Auf der anderen Seite sahen sich jene, die der Elite nicht angehörten oder deren Verbündete waren, gezwungen, ihre Ansprüche auf Gratifikationen hauptsächlich mit ihrer *Nützlichkeit* zu begründen.

Einer der großen Mängel traditioneller Theorien über Verteilung liegt in ihrem Versäumnis, diesen *dualistischen* Charakter des Verteilungsprozesses in Gesellschaften in Rechnung zu stellen, in denen die staatliche Ordnung hoch entwickelt ist. Konservative Theoretiker analysieren solche Gesellschaften im allgemeinen so, als sei Nützlichkeit der einzige oder der bestimmende Faktor für die Verteilung von Macht, Privileg und Ansehen. Radikale Theoretiker konzentrieren sich gewöhnlich auf die beiden anderen Faktoren, auf Ideologie und Gewalt. Unsere Analyse afrikanischer despotischer Regime und ihrer Gegenstücke in der Neuen Welt zeigt, daß beide Ansätze Halbwahrheiten darstellen, die nur eine Teilansicht des gesamten Prozesses liefern. Die ethnographischen Dokumente zeigen klar die Notwendigkeit einer theoretischen Synthese.

Bedenkt man die Überlegenheit der Mittel, die der Elite im Kampf um den Surplus zur Verfügung stehen, dann mag man sich fragen, warum ihn diese Gruppe nicht völlig monopolisiert. Eine sorgfältige Untersuchung dieser Frage klärt das Warum. Sie stellt fest, daß verschiedene Faktoren dafür verantwortlich sind. Erstens ist kein Regime allmächtig oder allwissend, und zweitens ist das einfache Volk durch sehr extreme Formulierungen offizieller Ideologien nicht zu gewinnen. Das bedeutet, daß *die Mittel, die einem Regime zur Verfügung stehen, niemals ausreichen, auch das letzte Quentchen Surpluszuwachs ausfindig zu machen und seinen Produzenten zu zwingen, es herauszugeben.* Es gibt einen Punkt, an dem weitere Nachforschungen sich einfach nicht mehr lohnen.

Wäre dies das einzig bestimmende Prinzip, das den Handlungen von Staatsoberhäuptern zugrunde liegt, dann fiele ihnen sicher ein größerer Teil des wirtschaftlichen Surplus zu, als dies augenscheinlich der Fall ist. Es müssen also noch andere Faktoren am Werk sein, die ihre gewinnsüchtigen Bestrebungen einschränken. Vorliegendes Material über Afrika und andere Gebiete zeigt an, daß wir es hier mit dem Problem der Motivation zu tun haben, und daß aufgeklärtes Eigeninteresse die Elite zwingt, Rücksicht zu nehmen. Rafften die Herrscher den gesamten Surplus an sich, würden sie damit den *Leistungsanreiz* zerstören, eine der beiden Hauptsanktionen, mittels derer sie die Handlungen ihrer Untertanen kontrollieren. Es bliebe nichts als Furcht übrig, und wie wir weiter oben gezeigt haben, hat sich Furcht allein als nicht halb so wirksam erwiesen, wie wenn sie mit Ansporn gepaart ist. Zumindest wird denen, die allein auf der Basis von Furcht herrschen, Ehre und Ansehen verweigert, und wenige Menschen sind bereit, darauf ganz zu verzichten, nur um bereits reichlich vorhandene materielle Gewinne noch ein wenig zu steigern. *Indem sie dem Produzenten gestatten, einen Teil des Surplus für sich zu behalten – wobei dieser Teil im Verhältnis zur Effizienz des Produzenten steht –, liefern der König und seine Minister den Anreiz zur Produktionssteigerung.* Obwohl der Produzent nicht den vollen Nutzen seiner Mehrarbeit hat, erhält er, nach den Berichten zu urteilen, genug, um die beabsichtigte Reaktion zu zeitigen.

Ein weiterer Grund für die Bereitschaft der Elite, den leistungsfähigeren Produzenten einen Teil des Surplus zu lassen, dürfte in der spalterischen Wirkung zu sehen sein, die dadurch auf die Massen ausgeübt wird. *Wenn es unter den einfachen Leuten Besitzunterschiede gibt, dann ist es weit weniger wahrscheinlich, daß sie sich vereint gegen ihren Herrscher wenden, als wenn sie alle auf die gleiche Stufe reduziert sind.* Es gibt keinerlei Beweis dafür, daß hortikulturelle Herrscher jemals *bewußt* diese Überlegungen angestellt hätten, und doch kann eine solche Konstellation sich durchaus im Laufe eines ungeplanten Ausleseprozesses hergestellt haben. Herrscher, die dieses Prinzip außer acht ließen, wurden vermutlich gestürzt, während diejenigen, die es, aus welchen Gründen auch immer, befolgten, überlebten und dadurch diese Struktur etablierten.[136]

Schließlich besteht Grund zur Annahme, daß in diesen Gesellschaften ebenso wie in anderen auch *die Ideologie ein zweischneidiges Schwert ist.* Auf der einen Seite macht sie das Volk willfährig gegenüber den Forderungen des Königs; auf der anderen öffnet sie

136 Es gab zwar keine Volksrevolutionen in fortgeschrittenen Hortikulturgesellschaften, Unruhe im Volk manifestierte sich aber sehr wohl, zumindest in Afrika; sie fand ihren Ausdruck in der Unterstützung, welche das Volk dem Rivalen des Königs unter dessen Verwandten zukommen ließ. Wenn ein König mit seinen Ansprüchen auf den dem Volk verbleibenden Teil des Surplus zu weit ging, dann dürfte er diese Art der Reaktion hervorgerufen haben.

aber auch die Ohren der Herrscher für Wünsche und Sehnsüchte ihrer Untertanen. Alle offiziellen Ideologien behaupten, das bestehende System diene dem Gemeinwohl. Da keine Ideologie lange am Leben bleibt, wenn ihr Anspruch durch überhaupt nichts gedeckt ist, muß ein Herrscher die darin enthaltenen Versprechen bis zu einem gewissen Grade schon einlösen. Tatsächlich sind die Ideologien in fortgeschrittenen Hortikulturgesellschaften genausowenig wie anderswo reine Ausbeutungsinstrumente; sie sind immer auch Instrumente zum Schutz des einfachen Volkes.[137] In den Gesellschaften, die politische Stabilität mit ökonomischer Prosperität vereinen, spielen sie eine große Rolle für die Festigung konstitutioneller Herrschaft und die Beförderung größerer Gleichheit bei der Verteilung von Macht, Privilegien und Prestige.[138] Wie anderswo sind auch in fortgeschrittenen Hortikulturgesellschaften die Ideologien von den Herrschern immer wieder ernst genommen worden und deshalb zum Nutzen der Untertanen ausgeschlagen. Einzelne Herrscher taten sich etwas zugute darauf, Wohltäter des Volkes, Mutterbrust der Nation, Vater oder Mutter des Stammes genannt zu werden; und bestrebt, sich diesen Ruf zu erhalten, verzichteten sie oft bereitwillig und glücklich auf einen Teil des Surplus zugunsten ihres Volkes.

Erblichkeit von Macht und Privilegien

Eine der wichtigsten Entwicklungen im Zusammenhang mit dem Aufstieg fortgeschrittener Hortikulturgesellschaften ist die gewaltige Zunahme sowohl der Vielfalt als auch des Werts übertragbarer Besitztümer oder Mittel. Diese Entwicklung hat für die Statusmobilität wichtige Implikationen, weil sie die Weitergabe von Macht und Privilegien von einer Generation an die nächste erleichtert. Solange die wichtigsten Mittel in einer Gesellschaft persönliche Qualitäten wie Stärke, Mut, Redegabe usw. sind (wie es der Fall ist in Jäger- und Sammlergesellschaften und bis zu ei-

137 Gideon Sjoberg macht dieselbe Feststellung in bezug auf Agrargesellschaften. Siehe *The Preindustrial City*, (New York: Free Press, 1960,) S. 226.

138 Auch hier haben sich die älteren theoretischen Traditionen eines einseitigen Ansatzes zur Lösung der Frage schuldig gemacht, wobei die radikale Tradition die ausbeuterischen und die konservative die schützenden Elemente des jeweiligen Mythos betonte.

nem gewissen Grade auch in einfachen Hortikulturen), ist es für alle Väter äußerst schwierig, die erlangten Vergünstigungen auf ihre Söhne zu übertragen. Ja, es ist zuweilen sogar schwierig für einen älteren Menschen, sich selbst diese Vorteile zu erhalten. Solche Probleme können sehr gravierend sein, besonders in Jäger- und Sammlergesellschaften.

Zum Zeitpunkt des fortgeschrittenen Gartenbaus liegen die Mittel zur Lösung dieses Problems allerdings auch schon bereit, und zwar aufgrund dreier wichtiger Entwicklungen: (1) Entwicklung und Formalisierung des Begriffs der »Besitzrechte«, (2) Entwicklung und Formalisierung des Begriffs des »Amtes«, und (3) Entwicklung »übertragbarer Formen von Sachgütern«. Ihrer Bedeutung wegen wollen wir die drei Punkte einzeln betrachten.

Was Eigentum und Besitz anlangt, so erinnern wir uns, daß in primitiven Jäger- und Sammlergesellschaften individuelle oder Familienrechte im allgemeinen nur anerkannt sind, wo es um persönliche Dinge und Geräte wie Kleidung, Werkzeug, Waffen usw. geht. Der Boden und seine Schätze sind fast immer Gemeineigentum der Dorfgemeinschaft, und erst wenn etwas verwendet und benutzt wird, das heißt wenn ein Tier seines Fleisches wegen getötet, ein Nußbaum abgeerntet wird, dann wird es zu Privateigentum. Und selbst dann trägt der Nutznießer gewöhnlich die Verpflichtung, einen Teil des Produkts an andere abzugeben, besonders wenn Nahrungsmittel knapp sind.

Mit der Entstehung einfacher Hortikulturgesellschaften kommt es zwar zu einer gewissen Erweiterung und Differenzierung des Begriffs von Privateigentum, die Struktur ändert sich aber nicht von Grund auf. Boden und andere Grundstoffe werden zuweilen Eigentum von Sippen oder in einigen wenigen Fällen auch von einzelnen Familien. Außerdem ist es allgemeines Prinzip in diesen Gesellschaften, daß der einzelne besondere Anrechte auf das Stück Land hat, das er gerade bebaut. Das ist allerdings ohne großen Belang, weil es Land in Hülle und Fülle gibt. Die wichtigste Entwicklung auf dieser Stufe dürfte die zunehmende Verwendung von Ehefrauen als einkommenproduzierende Form von Eigentum sein, besonders in einigen Teilen Neu-Guineas. Sie und ein kleiner Viehbestand – in der Regel Schweine – stellen Ressourcen dar, die ein Mann das ganze Leben nutzen kann. Einige dieser Besitztümer können sogar auf seine Erben übergehen.

Mit dem Entstehen der fortgeschrittenen Hortikulturgesellschaften geht eine weitere wichtige Entwicklung bezüglich der Besitzrechte einher, eine Entwicklung, die eine viel wirksamere Lösung des Problems der Übertragung von Macht und Privilegien von einer Generation auf die nächste bietet. Wir meinen die neue Institution der Sklaverei. Zum ersten Mal in der menschlichen Geschichte wird es zum allgemeinen Bestandteil des gesellschaftlichen Lebens von Menschen, andere Menschen als eine Form von Eigentum zu betrachten und durchsetzbare Ansprüche auf die Produkte ihrer Arbeit anzumelden.

Sklaverei ist der Polygamie als institutioneller Basis zur Übertragung von Status von einer Generation auf die folgende weit überlegen. Die Bande zwischen Herrn und Sklaven werden durch keinerlei Ansprüche eventueller Verwandtschaftsnormen kompliziert. Die Beziehung eines Sohnes zu den vom Vater geerbten Sklaven kann so einfach sein, wie das Verhältnis des Vaters es ihnen gegenüber war. Ginge es um des Vaters Frauen, wäre dies kaum so. Man könnte auch kaum seine eigenen Brüder und Schwestern erben; während nichts dagegen spricht, die Nachkommenschaft der Sklaven des Vaters auf den Sohn zu vererben. Schließlich führt Polygamie leicht zu Unruhe im Innern, weil die Frauen für gewöhnlich aus dem beschränkten Vorrat des eigenen Stammes kommen, während die Sklaven in der Regel aus fremden Gruppen annektiert sind. So gesehen stellt die Sklaverei eine günstigere Basis für die Übertragung von Macht und Privilegien von einer Generation auf die nachfolgende dar, das heißt, Vererbung von Macht und Privileg läßt sich in fortgeschrittenen Hortikulturgesellschaften viel leichter praktizieren als in einfachen.

In engem Zusammenhang mit der Entwicklung der Sklaverei steht die Schaffung des Rechts für Könige und Häuptlinge, von unterworfenen Völkern Tribut zu fordern. Diese Völker mögen im Gegensatz zu Sklaven theoretisch gesehen zwar frei sein, die Tatsache aber, daß Fremde durchsetzbare Ansprüche auf einen erheblichen Teil dessen, was sie produzieren, erheben können, zeigt, daß ihr Status funktionell von dem von Sklaven gar nicht so verschieden ist. Bedenkt man, wie vielen Menschen in fortgeschrittenen Hortikulturgesellschaften der Status von Tributpflichtigen aufgezwungen wurde, dann ist diese Entwicklung vermutlich noch viel bedeutsamer als die Entstehung und Ausbreitung der Sklaverei. Auf diese Weise werden viel höhere Gewinne erzielt, und es handelt sich bei den Tributrechten (genau wie bei der Sklaverei)

um Besitzrechte, welche die Könige ohne Schwierigkeiten auf ihre Söhne übertragen können.
Eine zweite Entwicklung, welche die Übertragung von Macht und Privilegien von einer Generation auf die nächste erleichtert, ist die Zunahme und Spezialisierung offizieller Ämter in allen politisch fortgeschrittenen Hortikulturgesellschaften. Wo Ämter fest etabliert sind, ist die Bedeutung von persönlichen Qualifikationen erheblich reduziert, und es wird für einen mediokren Sohn viel leichter, die Vergünstigungen zu erben, die ein außergewöhnlicher Vater sich zu verschaffen wußte. Selbst wo Kontrollen bei der Übertragung von Ämtern praktiziert werden, wie zum Beispiel dort, wo der normalerweise zu wählende Sohn aufgrund mangelnder persönlicher Fähigkeiten übergangen wird, bleibt das Amt fast immer in derselben Familie; es kommt eben ein anderer Sohn an die Reihe.[139]
Drittens und letztens wird die Weitergabe von Macht und Privileg durch die Entstehung neuer Arten von konkretem Besitz begünstigt, welcher leicht übertragbar ist. Zwei dieser Güter verdienen besondere Beachtung: Geld und Vieh. Fast überall in Afrika kennt man diese Formen von Vermögen; sie spielten eine wichtige Rolle in der Wirtschaft, lange bevor die ersten Europäer kamen. Geld in Form von Kaurimuscheln war in West-, Vieh in Ostafrika wichtiger. Beide stellten ein Tauschmittel dar, das beträchtlichen Wert in leicht übertragbarer Form verkörperte. Im Gegensatz zu den Produkten aus Jagd und Garten gab es hier kein Lagerungsproblem. Sowohl Vieh wie auch Muscheln ließen sich bis zur Verwendung leicht aufbewahren. Diese Vorzüge der Lagerfähigkeit sowie der Übertragbarkeit in Verbindung mit ihrem hohen Wert erleichterten sowohl die Akkumulation von Reichtum wie seinen Transfer vom Vater zum Sohn.
Wenn wir davon ausgehen, daß Menschen sich in ihren Kindern und insbesondere in ihren Söhnen weiterleben sehen, und wenn fortgeschrittene Hortikulturgesellschaften über bessere Mittel zur Übertragung von Macht und Privilegien verfügen, dann ist ein Rückgang der inter- wie auch der intragenerationellen Mobilitätsraten zu erwarten. Den ethnographischen Quellen zufolge tritt er auch ein. Tatsächlich *finden sich in diesen Gesellschaften zum ersten Mal recht genau definierte erbliche Klassen.*

139 Siehe z. B. Schapera, *Government and Politics*, S. 51—52, oder Rowe, S. 257—258 über die Inka in der Neuen Welt.

Das gilt natürlich nur für die politisch fortgeschrittenen Hortikulturgesellschaften Afrikas und der Neuen Welt, also für jene, die Fortes als A-Gruppe klassifizierte. Für Gruppen, in denen die politische Organisation über die Ebene des Dorfes nicht hinausreicht, trifft es nicht zu. Damit wird erneut die entscheidende Bedeutung politischer Institutionen im gesamten Verteilungsprozeß deutlich; und wie die in diesem Kapitel entwickelte Analyse zeigt, ist der Charakter von politischen Institutionen keine einfache Funktion des Entwicklungsstandes der Produktionseinrichtungen und ihrer Technologie. Noch deutlicher wird dies, wenn wir im letzten Abschnitt dieses Kapitels die Variable des Konstitutionalismus berücksichtigen.

Ehe wir uns diesem Thema zuwenden, müssen wir noch die Kehrseite der Stabilität-Mobilitäts-Medaille betrachten und kurz Natur und Umfang vertikaler Mobilität in diesen politisch fortgeschrittenen Hortikulturgesellschaften untersuchen. Erstens ist trotz der Zunahme von Chancen und Möglichkeiten zur lebenslangen Erhaltung von Status und seiner Übertragung auf die Erben Mobilität keineswegs von der Bildfläche verschwunden. Wir haben in diesem Kapitel zahlreiche Beispiele für Statusveränderungen gebracht, zuweilen von äußerst dramatischer Natur sogar. Ein Faktor, der unzweifelhaft die vertikale Mobilität in fortgeschrittenen Hortikulturgesellschaften steigert, ist *die Instabilität politischer Systeme*. Früher oder später werden die meisten Häuptlinge, Könige und Kaiser gestürzt. Geschieht dies, dann stehen den Siegern eine Vielzahl neuer Positionen offen. Klassischer Fall ist die rasche Ausdehnung des Inkareiches im 15. Jahrhundert.[140]

Aufstieg und Niedergang von Einzelnen und Familien hängt in fortgeschrittenen Hortikulturgesellschaften weitgehend von den gleichen Qualitäten ab, die Aufstieg und Fall der Menschen in einfacheren Gesellschaften bestimmen. Es rückt jedoch, wie Wittfogel in seiner Untersuchung über den orientalischen Despotismus sagt, ein zusätzlicher Faktor ins Bild, wenn despotische Regierungen an der Macht sind, und zwar die Eigenschaft »totaler und ingeniöser Servilität«.[141] Hat ein neues Regime sich etabliert, reichen Talent und Fähigkeit allein für den Aufstieg eines Mannes bei Hofe nicht aus. Er muß auch willig und fähig sein, sich zu

140 Siehe Rowe, S. 260—261.
141 Wittfogel, S. 364.

unterwerfen, in Gegenwart von Höhergestellten zu kriechen und zu katzbuckeln, und er muß versiert sein in der subtilen Kunst der Manipulation, der Verstellung und der Heuchelei. Wer diese Künste beherrscht, kann in große Höhen aufsteigen. In diesem Punkt unterscheiden sich die fortgeschrittenen erheblich von einfacheren Gesellschaften, in denen die Entfaltung solcher Fähigkeiten weit weniger einbringt.

Konstitutionalismus und seine Zwänge

In unseren Analysen über Jäger- und Sammler- und einfache Hortikulturgesellschaften spielte die Variable des Konstitutionalismus nur eine geringe Rolle. Tyrannische Herrschaft läßt sich in solchen Gesellschaften nur unter größten Schwierigkeiten errichten und aufrechterhalten; die Natur ihrer Wirtschaft macht die konstitutionelle Herrschaft fast unvermeidlich. Die einzelnen Varianten, die auftreten, halten sich in einem sehr engen Rahmen und sind deshalb nicht besonders wichtig.

Mit dem Entstehen fortgeschrittener hortikultureller Gesellschaften, zumindest jener, deren Herrschaftsinstitutionen komplizierter werden und deren Könige und Häuptlinge eine große Zahl von Gefolgsleuten haben, verändert sich die Situation. Die Führer können nun Traditionen und Rechte ihres Volkes mißachten und mittels Gewalt herrschen.

Nach den Berichten von Ethnographen und Anthropologen zu urteilen, lassen sich zwei grundlegende Verallgemeinerungen hinsichtlich des Grades von Konstitutionalismus in den politisch fortgeschrittenen Gesellschaften im südlichen Afrika vornehmen. (Leider ist das Material über die Neue Welt in dieser Hinsicht zu karg, als daß man sie in diese Verallgemeinerungen einschließen könnte.) Erstens *bestehen erhebliche Unterschiede im Grad der Verfassungsmäßigkeit solcher Gesellschaften. Und zweitens sind tyrannische Systeme häufiger als verfassungsmäßige.*

Zur ersten Verallgemeinerung mögen einige einfache Vergleiche genügen, um die bestehende Variationsbreite ungefähr anzudeuten. Auf der einen Seite haben wir eine Reihe von Gesellschaften wie die Lozi von Barotseland oder die Tswana von Bechuanaland. In diesen Gruppen sind die Machtbefugnisse des Königs oder Häuptlings zum Schutze der Rechte des einfachen Volkes eingeschränkt. Im Falle der Lozi beispielsweise hören wir, daß das einfache Volk »sich durch die Rechte des Königs nicht im geringsten ausgebeutet fühlt; sie sehen in ihrem König einen Vater, der ihnen großzügig die Mittel zu ihrem Unterhalt gibt«.[142] Weiter wird gesagt, der König übe seine Rechte nicht rigoros aus, häufig nutze er sie überhaupt nicht, so wenn die Ernte schlecht oder der Fischfang mager ausfiel. Von größerer Bedeutung noch ist die Feststellung, daß ein Mitglied der Gruppe, habe der König ihm erst einmal ein Stück Land gegeben, in seinen neuen Rechten vor jedem, der etwas von ihm wolle, geschützt werde, »und sei es vor dem König selbst«. Geschützt werden diese Rechte durch »ein fest etabliertes und genau definiertes Rechtssystem, welches von einem organisierten Gerichtswesen und einer Exekutive verwaltet wird, die sorgsam darüber wachen, daß diese Sicherheit und ihre Prämissen bewahrt werden«. Ein entscheidendes Merkmal des Lozi-Systems ist in der Institution der »Ngambelaschaft« zu sehen.[143] Jeder Beamte, der König eingeschlossen, teilt seine Amtsgewalt mit einem anderen Beamten, »Ngambela« genannt, der einesteils als Vertreter, viel eher aber als Gegengewicht oder Kontrolle zu bezeichnen ist. Eine der Hauptfunktionen des »Ngambela« des Königs ist es, das Volk zu repräsentieren, und obwohl er der zweitmächtigste Mann im Staate ist, darf er nicht von königlichem Blut sein.

Eine andere Gruppe, die mehrfach ein hohes Niveau konstitutioneller Herrschaft erlebt hat, ist die der verschiedenen Tswanastämme.[144] Hier war es lange Zeit üblich, Nationalversammlungen abzuhalten, auf denen das Volk Kritik an seinem Häuptling üben konnte.[145] Obwohl es, wie berichtet wird, gefährlich war, den Häuptling auf solchen Versammlungen zu kritisieren (mit nachfolgenden Repressalien mußte man rechnen), wagten Männer dies durchaus, wenn die Umstände es wirklich erforderten. Bei verschiedenen Gelegenheiten wurden Häuptlinge heftig kritisiert,

142 Max Gluckman, »The Lozi«, S. 63.

143 Ebenda, S. 43—49.

144 Schapera, *Government and Politics*, S. 150—152.

145 Die Ashanti in Westafrika gingen einen Schritt weiter, das Volk hatte seine eigene Organisation zur Vertretung seiner Interessen. Damit war eine mächtige Kontrolle und Sperre gegen eventuelle tyrannische Neigungen des Häuptlings vorhanden. Siehe Madeline Manoukian, *Akan and Ga-adangme Peoples of the Gold Coast* (London: International African Institute 1950), S. 39—40.

und eben diese öffentliche Verurteilung war dann auch der Katalysator, der ihren Sturz auslöste. Zu Beginn des 19. Jahrhunderts zum Beispiel machte sich ein Tswana-Häuptling äußerst unbeliebt, indem er den Leuten ihr Vieh wegnahm und ihre Frauen verführte. Als eine Versammlung einberufen wurde, auf der man besprechen wollte, ob er verbannt werden solle, floh der Häuptling aus dem Land. Andere Häuptlinge wurden nach solchen Versammlungen ermordet. Über die Tswana schreibt Schapera:

»Die relative Häufigkeit solcher Versammlungen sowie die Tatsache, daß alle Stammesangehörigen daran teilnehmen können, ja zuweilen sogar dazu gezwungen werden, erklärt, warum Tswana-Häuptlinge selten autokratisch sind; sie stehen oft und direkt im Kontakt mit den Massen ihres Volkes, was es ihnen erschwert, einer öffentlich geäußerten Oppositionsdrohung gegenüber gleichgültig zu bleiben.«

Auf der anderen Seite gibt es zahllose Beispiele für Tyrannei und Willkürherrschaft. Klassisches Exempel dafür ist der berühmte Zulukönig und Staatsgründer Shaka, von dem gesagt wird: »er ließ buchstäblich Tausende seiner Untertanen aus keinem anderen Grunde als dem purer Laune einfach umbringen«.[146] Ein anderer berüchtigter Tyrann war der große christliche Häuptling der Ngwato, Kgama III., dessen Motive eher ideologische und idealistische als materielle und egoistische waren, der aber nicht minder diktatorisch verfuhr. Ein Häuptling tadelte ihn in einem Brief: »Häuptling, das Sprichwort lautet: ›Der Löwe sagte, ich bin stark, wenn ich allein bin; der Mensch dagegen sagte, ich bin stark durch die Hilfe der andern.‹ Wenn Du regiert hast als *absoluter Monarch*, dann deshalb, weil Gott Dir das Glück dazu hat zuteil werden lassen; ich bestreite jedoch, daß Sekoma [Kgamas Erbe] jemals in der Lage sein wird, eine Herrschaft wie die Eure sich zu erhalten, wenn er zu ihrer Basis nicht Beratungen mit seinem Volk und eine konstitutionelle Regierung macht.«[147] Dieser Tadel spiegelt vermutlich die Tatsache wider, daß Kgama einen Teil der Tswana-Gruppe beherrschte, die, wie bereits angemerkt, eine starke Tradition konstitutioneller Herrschaft kannte. Im Unterschied hierzu wurde in vielen anderen Gruppen tyrannische Herrschaft durchaus als selbstverständlich hingenommen.

Was die zweite Verallgemeinerung anlangt, so ist die zahlenmä-

146 Schapera, *Government and Politics*, S. 149. Siehe auch Mair, S. 197—205 über die Herrscher der Ganda.

147 Ebenda, S. 146—147.

ßige Übermacht tyrannischer Regime im Vergleich zu konstitutionellen kaum überraschend, zumindest nicht wenn man die Instabilität der meisten fortgeschrittenen Hortikulturregime bedenkt. Wenn die primäre Voraussetzung für die Entfaltung des politischen Zyklus und die zunehmende Herausbildung konstitutioneller Herrschaft die Abwesenheit innerer oder äußerer Bedrohungen für die Sicherheit des bestehenden Regimes ist, wie in Kapitel 3 angenommen, dann besteht die Überraschung darin, daß es *überhaupt* jemals zur Errichtung konstitutioneller Herrschaft kam, und nicht in ihrer relativen Seltenheit. Wie gesagt, Aufstände, von königlichen Verwandten initiiert, gehörten durchaus zum Alltag der meisten afrikanischen Gesellschaften. Zudem führte das häufige Umherziehen ganzer Gesellschaften in Verbindung mit etlichen anderen Bedingungen zu einem chronischen Kriegszustand zwischen Stämmen und Staaten. Diese Situation dürfte mit allergrößter Sicherheit autoritäre und tyrannische Tendenzen gefördert und die Entwicklung konstitutioneller Herrschaftsformen verhindert haben.[148] Die Verhältnisse in der Neuen Welt unterschieden sich nicht sehr.[149]

Zugleich waren jedoch zweifellos auch Faktoren am Werk, die das Ausmaß der Tyrannei eindämmten und begrenzten.[150] Erstens ist trotz seiner Spezialisierung und Erweiterung der Regierungsapparat in vielen fortgeschrittenen Hortikulturgesellschaften als Institution weit davon entfernt, ein perfektes Instrument politischer Kontrolle darzustellen. Zum einen kann das System den Herrscher kaum wirksam vor der Ermordung schützen; selbst der große Staatsgründer Shaka starb schließlich durch die Hand seines Mörders. Zum andern kann das System gewöhnlich den Abfall unzufriedener Einzelner oder Gruppen nicht verhindern; und da Macht und Stärke eines Herrschers nicht zuletzt vom Umfang seiner Gefolgschaft abhängen, setzt die Gefahr ihres Verlusts seiner Aktivität Grenzen. Schließlich wirkt die unvermeidliche Abhängigkeit des Häuptlings von seinen Beratern als zusätzliche Schranke gegen autokratische Tendenzen.

148 Ebenda, S. 146.

149 Siehe zum Beispiel die Geschichte der Azteken, die beschrieben wurden als »ewige Wanderer, ein landloser, ›bedürftiger‹ Stamm, der aus dem Norden Mexikos kam« und häufig in Kriege verwickelt war (von Hagen, S. 59).

150 Eine gute Stellungnahme hierzu stammt von Schapera, *Government and Politics*, S. 149 ff.

Jeder Versuch einer Erklärung der unterschiedlichen Grade von Konstitutionalismus muß diese Faktoren in Rechnung stellen. Man kann so formulieren: *Je geringer die Gefahr einer Rebellion oder fremder Attacken, desto höher die Chancen von Mord oder Abtrünnigkeit, und je größer die Abhängigkeit des Königs von seinen Beratern, desto höher die Wahrscheinlichkeit konstitutioneller Herrschaft.* Schapera meint, der letzte Faktor sei der wichtigste. Die Abhängigkeit des Königs von seinen Beratern hängt für Schapera in vielen Fällen mit dem Alter des Königs und seiner Amtszeit zusammen. Wenn ein neuer König als ganz junger Mann an die Macht kommt, erbt er gewöhnlich die Berater seines Vaters und ist in hohem Maße von ihnen abhängig. Im Lauf der Zeit jedoch sammelt er Erfahrung, er weiß mehr und ersetzt die alten Minister durch Männer seiner eigenen Wahl, von denen er weniger abhängig ist. So hält Schapera es auch für keinen reinen Zufall, daß Kgama, der berühmte Ngwato-Autokrat, das hohe Alter von 93 Jahren erreichte und offensichtlich von Jahr zu Jahr autokratischer wurde.[151]

Lassen wir die Ursachen der Unterschiede im Grad von Konstitutionalismus und wenden uns ihren *Konsequenzen* zu, dann gilt die wichtigste Frage im Hinblick auf den Verteilungsprozeß ihrer Auswirkung auf das Ausmaß sozialer Ungleichheit. Grob gesprochen scheint Ungleichheit im Verhältnis zum Grad der Tyrannei zuzunehmen, zumindest wenn ein materialistischer statt eines ideologischen Herrschers am Ruder ist. Die Lozi, die wir vorhin als eine Gruppe mit starker konstitutioneller Herrschaft zitierten, sind ein gutes Beispiel dafür. Allen Berichten zufolge war der Lebensstandard in der Gruppe recht einheitlich, und selbst der König unterschied sich in seinem materiellen Besitz nicht erheblich von seinen Untertanen.[152] Im Falle der Tswana, wo konstitutionelle Herrschaft ebenfalls blühte, war die Ungleichheit stärker ausgeprägt als bei den Lozi; aber selbst hier ging es nicht so extrem zu wie in den meisten afrikanischen Gesellschaften, die von tyrannischen und materialistischen Herrschern und Eliten dominiert wurden.[153] In Gesellschaften, in denen die konstitutionelle Herrschaft einigermaßen verankert war, wurde ein viel größerer Teil der dem König und seinen Ministern zufließenden Revenuen

151 Ebenda, S. 145—146 und 148.
152 Gluckman, »The Lozi«, S. 14.
153 Schapera, *The Tswana*.

für öffentliche anstelle von privaten Zwecken ausgegeben. Auf diese Weise fand ein größerer Teil des gesamten Surplus seinen Weg zurück in die Hände der Produzenten, und extreme Ungleichheit war vermieden.[154]

154 In dreizehn der vierzehn A-Gruppen-Gesellschaften der Studie, die wir oben zitiert haben, bestand eine Korrelation von —.53 zwischen dem Grad von Verfassungsmäßigkeit und dem von Ungleichheit. Dieses Resultat stützt die unabhängig davon aufgrund einer nichtquantitativen Übersicht der ethnographischen Literatur gezogenen Schlußfolgerungen. Daten über den Grad der Verfassungsmäßigkeit in der vierzehnten Gesellschaft des Sample gibt es nicht.

8. Agrargesellschaften: Teil I

Du hast deinen Kopf in den Rachen des Wolfs gesteckt und ihn heil wieder herausgezogen. Das sollte dir Lohns genug sein.
Aesop (»Der Wolf und der Kranich«)

In seiner Darstellung der menschlichen Frühgeschichte weist V. Gordon Childe auf zwei große Sozialrevolutionen hin, welche das menschliche Leben tiefgreifend veränderten.[1] Die erste hatte die Bildung der ersten Hortikulturgesellschaften zur Folge, während die zweite zur Entstehung der ersten Agrargesellschaften führte. Die zweite Revolution nahm ihren Ausgang vor fünf- bis sechstausend Jahren in den fruchtbaren Flußtälern des Mittleren Orients. Von dort breitete sie sich nach Osten und Westen aus mit dem Ergebnis, daß gegen Ende des 15. Jahrhunderts n. Chr. fast in ganz Europa, Nordafrika, dem Mittleren Orient sowie in Süd- und Ostasien Agrargesellschaften fest etabliert waren. Mit der Entdeckung der Neuen Welt wurde diese Form sozialer Organisation auch nach Nord- und Südamerika getragen, wo sie allerdings aufgrund der besonderen Siedlungsbedingungen etwas unterschiedliche Ausprägungen erfuhr.[2]

Für diese zweite große Sozialrevolution des Altertums war eine Vielfalt von Faktoren verantwortlich; am wichtigsten dürfte eine Reihe von Erfindungen und Entdeckungen gewesen sein, die zu großen Fortschritten in Produktion, Transport und Verkehr führten. Herausragend waren die Erfindung des Pflugs und zwei damit verbundene Entdeckungen, welche den Wert des Pflugs noch erheblich steigerten – die Entdeckung, wie die Energie von Tieren nutzbar zu machen sei, und die Entdeckung der Grundprinzipien der Metallurgie. Letztere ermöglichte das Schmieden eiserner Pflugscharen (ein großer Fortschritt gemessen an ihren hölzernen Vorgängern). Childe sagt darüber:

1 Siehe V. Gordon Childe, *Man Makes Himself* (London: Watts, 1936), bes. Kap. 5 und 7.

2 Siehe James G. Leyburn, *Frontier Folkways* (New Haven, Conn.: Yale University Press, 1935), bes. Kap. 11; hier findet sich eine ausgezeichnete Erörterung der Folgen, die sich einstellen, wenn fortgeschrittene Gesellschaften in eine primitive Wildnis verpflanzt werden.

»Der Pflug leitete eine agrikulturelle Revolution ein. Pflügen holt jene fruchtbaren Elemente im Boden nach oben, die in halbtrockenen Gegenden meist soweit absinken, daß die Pflanzen sie nicht mehr erreichen. Das Land, das ein Mann mit zwei Ochsen und einem Pflug an einem Tag zu beackern vermochte, war viel größer als das, welches eine Frau mit ihrer Hacke bestellte. Der Garten weicht dem Feld und die Agrikultur (vom Lateinischen *ager* = Feld) beginnt. Das bedeutet größere Ernten, mehr Nahrung und Bevölkerungszuwachs.«[3]

Zur gleichen Zeit wurden auch Rad und Segel erfunden, die den Transport von Menschen und Gütern beträchtlich erleichterten. All diese Neuerungen legten gemeinsam das Fundament für die nachfolgende Entstehung eines neuen Gesellschaftstypus, den ich trotz seiner verschiedentlich anderen Benennung als Agrargesellschaft bezeichnen werde, und zwar im Hinblick auf den ihm eigenen Charakter seines Subsistenzsystems.

Agrargesellschaften: ein Gesellschaftstypus?

Trotz der Tatsache, daß verschiedene Gesellschaften ihre agrarische Wirtschaftsform miteinander gemein hatten, wehren sich viele Wissenschaftler dagegen, in ihnen die Vertreter eines eigenen Gesellschaftstypus zu sehen. Diese Forscher unterstreichen die zahllosen Unterschiede zwischen ihnen und versuchen nachzuweisen, daß letztlich und bei genauer Analyse jede Agrargesellschaft eine einmalige Einheit eigener Prägung darstelle. Wo, so fragen sie, findet sich irgendein wirkliches Gegenstück zu solch einmaligen Institutionen wie dem kaiserlich chinesischen Prüfungssystem, dem türkischen Janitscharensystem oder der mittelalterlichen katholischen Kirche? Der Einwand ist von fähigen Historikern und Kennern der Materie so oft und so gekonnt formuliert worden, daß er nicht übergangen werden darf.[4]
Niemand kann die tatsächlichen und wichtigen Unterschiede zwischen Gesellschaften mit Agrarwirtschaft bestreiten oder die Tat-

3 Childe, *Man*, S. 100.

4 Bleibt zu betonen, daß nicht alle Historiker diese extreme Auffassung teilen. Besonders in der letzten Generation haben eine Reihe von sehr fähigen Historikern wie Marc Bloch, M. M. Postan und Ralph Turner, um nur einige zu nennen, darauf insistiert, daß sehr wohl allgemeine Strukturen von recht weitem Umfang und fundamentaler historischer Bedeutung existierten.

sache leugnen, daß, in ihrer Totalität betrachtet, jede eine einmalige Entität ist. Dasselbe läßt sich jedoch von allem und jedem sagen, von dem in allgemeinen Termini gesprochen wird. Begriffe wie »Stühle«, »Menschen«, »Atome«, »Galaxen«, »Zellen«, »Sonette«, ja sogar »Historiker« meinen alle eine Summation von Einheiten, die weit davon entfernt sind, einheitlich und uniform zu sein. Dennoch hat die Erfahrung es als intellektuell lohnend, ja als wesentlich ausgewiesen, Begriffe wie diese zu verwenden. Das Grundproblem, das in der Entscheidung, ob man allgemeine Begriffe benutzt oder nicht, steckt, ist eines des Gleichgewichts: sind die Gemeinsamkeiten zwischen den Einheiten wichtiger als die Differenzen, zumindest in den Fragen, die für das jeweilige Problem relevant sind? Wenn ja, dann ist die Verwendung des Allgemeinbegriffs gerechtfertigt.[5]

Zum Zwecke unserer Analyse hier scheint es uns gerechtfertigt, Agrargesellschaften als allgemeinen Typus zu behandeln. Mit Blick auf die Gesamtheit *aller* menschlichen Gesellschaften überwiegen die Gleichartigkeiten die Unterschiede eindeutig. Wir wollen jedoch noch einmal darauf hinweisen, daß wir damit die Existenz von Unterschieden sowie die Möglichkeit wichtiger Unterkategorien nicht bestreiten wollen.[6]

5 Das heißt nicht, daß jede Kritik an Allgemeinbegriffen auf Ignoranz oder Vorurteil beruhte. Weit gefehlt! Solche Kritik hat ihren Grund häufig im Mißbrauch der Termini. Soziologen und andere, die sie verwenden, vergessen zuweilen, daß Identität in mancher keineswegs Identität in jeder Hinsicht impliziert. Sie versäumen, dies zu erkennen und in ihren Schriften zu klären, und vermitteln dadurch den Eindruck einer naiven, einseitigen und grob vereinfachten Auffassung vom menschlichen Leben.

Zu ihrer Verteidigung läßt sich immerhin sagen, daß selbst dort, wo die Natur dieses Problems erfaßt wurde, es extreme Schwierigkeiten bereitet, ein wirklich angemessenes Bild zu präsentieren, das weder die Übereinstimmungen noch die Unterschiede zwischen den Einheiten übertreibt. Besonders schwierig ist dies, wo quantitative Daten fehlen.

6 In seiner Kritik an einem früheren Entwurf von Kapitel 8 und 9 argumentierte Robert Bellah lebhaft für die Notwendigkeit einer inneren Differenzierung dieses Gesellschaftstypus. Er meinte, es sei viel fruchtbarer, zwischen »einfachen« und »fortgeschrittenen« Agrargesellschaften zu unterscheiden, wobei er als Wasserscheide das erste Jahrtausend v. Chr. ansah. Bellah vertrat die Ansicht, die einfachen Agrargesellschaften hätten mit den fortgeschrittenen Hortikulturgesellschaften mehr Ähnlichkeit als mit den fortgeschrittenen Agrargesellschaften. Für entscheidend hält er die großen sozialen und kulturellen Erfindungen im ersten Jahrtausend, also Universalreligionen, Alphabet, Bürokratie, Münzsysteme usw. Er konstatiert auch, dies sei grob gesprochen dieselbe Phase, in der

Es besteht indessen tatsächlich eine echte Notwendigkeit, zwischen Agrargesellschaften und einem Gesellschaftstyp zu unterscheiden, mit dem sie ihrer geographischen Nähe und ihrer langen historischen Verbindung wegen leicht verwechselt werden. Wir sprechen von *maritimen* Gesellschaften. Zu ihnen zählen so berühmte Völkergruppen wie die Phönizier, die Karthager, die Venetier sowie die Holländer um die Mitte des 15. Jahrhunderts. Die Atheniensische Gesellschaft vom 6. Jahrhundert v. Chr. bis zur Periode der römischen Herrschaft und vielleicht auch die englische Gesellschaft vom 16. bis zum frühen 19. Jahrhundert könnte man als Beispiele für Mischgesellschaften nennen, teils maritim, teils agrarisch.

Maritime Gesellschaften unterschieden sich von Agrargesellschaften in verschiedener Hinsicht. Vom Standpunkt der Produktion aus war Handel und nicht Ackerbau Hauptquelle ihres wirtschaftlichen Surplus. Dieses Charakteristikum hing zweifellos eng zusammen mit einem zweiten; im politischen wie im distributiven Bereich schnitten Kaufleute in maritimen Gesellschaften viel besser ab als in Agrargesellschaften. So war auch die Staatsform maritimer Gesellschaften normalerweise republikanisch und plutokratisch, während Agrargesellschaften gewöhnlich von einem Monarchen regiert wurden.[6a] Unter militärischen Gesichtspunkten unterschieden sich maritime Gesellschaften von anderen dadurch, daß ihre Streitmacht eine Seestreitmacht war, eine Besonderheit, welche wichtige Implikationen für die politische wie für die distributive Sphäre hatte. Es ließen sich noch weitere Unterschiede anführen, die genannten sollten indes genügen, um die Notwendigkeit einer Differenzierung zwischen beiden Gesellschaftstypen anzuzeigen.[7]

Eisenwerkzeug gebräuchlich wurde, sieht darin jedoch keine wesentliche Entwicklung (ein Auffassung, die ich nicht teile). Ich glaube, daß eine solche Differenzierung sich in Zukunft als durchaus fruchtbar erweisen wird, und der Leser wird vermutlich bemerken, daß der größte Teil der Daten in diesem Kapitel aus Gesellschaften stammt, die man als »fortgeschrittene« Agrargesellschaften apostrophieren würde, genau wie im letzten Kapitel die meisten Daten aus den »fortgeschrittenen« Hortikulturgesellschaften stammten. Bellah wünscht eine Unterteilung der Agrargesellschaften in drei Unterkategorien, die Stadt-Staaten, die bürokratischen Reiche und die feudalen Regime, die sich mit dem einen oder auch beiden der zuvor genannten Gesellschaftstypen überschneiden.

6a Für eine weitere Diskussion zu diesem Punkt einschließlich der Betrachtung einiger Ausnahmen siehe S. 269 f. in diesem Kapitel.

7 Die Notwendigkeit einer Differenzierung zwischen agrarischen und maritimen

Gesellschaften mit Agrarwirtschaft ähneln einander in vielen wichtigen Punkten; diesen Gemeinsamkeiten wollen wir im folgenden nachgehen. Vorab haben Agrargesellschaften auf den Gebieten von *Technik und Produktion* einen entscheidenden Vorteil vor den anderen drei Gesellschaftstypen, die wir bisher betrachtet haben. Die Kluft, die sie technologisch von jenen trennt, ist erheblich, was zeigt, daß das produktive Potential von Agrargesellschaften im Durchschnitt beträchtlich größer ist als das der andern.[8] Dieser Unterschied zeigt sich am deutlichsten in den überlegenen technischen Leistungen reifer oder hochentwickelter Agrar-

Gesellschaften war mir, als ich diese Arbeit begann, durchaus nicht geläufig, erst die Forschung zwang mich dazu. Als ich jüngst Franz Oppenheimer las, entdeckte ich, daß er vor rund fünfzig Jahren zu demselben Schluß gekommen war. Siehe *The State*, übersetzt von John Gittermann (Indianapolis: Bobbs-Merrill, 1914), 4. Kap.

Nach der Lektüre dieses Abschnitts wies Robert Bellah darauf hin, daß der Unterschied zwischen maritimen und agrarischen Gesellschaften eher ein *ökonomischer* als ein technologischer sei, und daß dies auch sonst die Basis der Unterscheidung zu sein habe. Wenn ich darüber nachdenke, so bin ich geneigt zuzustimmen, wenn auch mit der Modifikation, daß Unterschiede in der Ökonomie von Gesellschaften normalerweise zusammenhängen mit und abhängen von Unterschieden in ihren Technologien. Dies gilt ganz eindeutig für die fünf Haupttypen von Gesellschaften, mit denen dieses Buch sich befaßt. Ökonomie und Technologie divergieren in signifikantem Ausmaß vornehmlich in Fällen, in denen unterschiedliche Umweltbedingungen eine Gesellschaft zwingen, sich auf bestimmte technologische Aspekte zu Lasten von anderen zu konzentrieren oder sie besonders zu fördern. So erkannten einige Gesellschaften, die einige Grundkenntnisse in der Agrartechnologie besaßen, daß es sich lohnte, wenn sie ihre wirtschaftlichen Anstrengungen auf den Überseehandel konzentrierten, und wurden zu maritimen Gesellschaften.

8 Damit will ich nicht sagen, es gebe hinsichtlich der Produktivität keinerlei Überschneidungen zwischen den primitivsten Agrargesellschaften einerseits und den fortgeschrittensten Hortikulturgesellschaften andererseits. Wie im letzten Kapitel gezeigt, scheinen wir davon ausgehen zu können, daß unter dem Gesichtspunkt der Produktivität die entwickeltsten Königreiche im voreuropäischen Afrika und in der Neuen Welt den frühmittelalterlichen Gesellschaften Westeuropas und vielleicht auch den frühesten und primitivsten Agrargesellschaften im Mittleren Orient und in China gleichkamen oder sie gar übertrafen. Man sollte sich jedoch darüber klar sein, daß diese Vergleiche die am wenigsten entwickelten Völker der einen und die fortgeschrittensten der anderen Kategorie heranziehen. Wir wollen hier in erster Linie wissen: was umfassen die Kategorien und wie verteilen sich die Fälle auf sie? Hierzu scheinen genaue Angaben möglich.

gesellschaften, die von keiner einzigen Hortikulturgesellschaft erreicht werden. Dazu zählen solche Wunder wie die großen Kathedralen im mittelalterlichen Europa, die massiven Pyramiden von Ägypten, die weitverzweigten Bewässerungssysteme im Mittleren Orient, in Indien und China, die Straßen und Aquädukte Roms, die zahllosen Paläste und Tempel in Süd- und Ostasien, die Chinesische Mauer und selbst jene bescheidenen Schiffe und Radfahrzeuge, wie sie in allen Agrargesellschaften, die frühesten Perioden ausgenommen, benutzt wurden.[9] Fundament dieser vielen und unterschiedlichen Leistungen waren unter anderem zahllose kleine Fortschritte in Technik und Wissenschaft, zu gering in vielen Fällen, um von den Historikern ihrer Tage überhaupt bemerkt und vermerkt zu werden. Hierher gehört die Entwicklung neuer Werkzeuge und die Verbesserung der alten[10], die Entfaltung neuer Fähigkeiten und Künste, die Kultivierung ganz neuer Pflanzen und die Zähmung neuer Tierarten, die Anwendung neuer Formen von Energie sowie zahllose Fortschritte im wissenschaftlichen und technischen Wissen. All diese Neuerungen schlugen letztlich in Form einer ganz beachtlichen Erhöhung des wirtschaftlichen Surplus zu Buch. Unter agrarwirtschaftlichen Bedingungen war ein viel kleinerer Teil des Gesamtprodukts menschlicher Arbeit zur Erhaltung von Leben und Arbeitskraft des Einzelnen erforderlich, man konnte also mehr für andere Zwecke verwenden.

Fortschritte in der Produktionstechnik gingen einher mit Fortschritten der *Militärtechnik*. Die Mittel der Kriegführung von Agrargesellschaften waren viel wirksamer als die von Hortikulturgesellschaften. Die Domestizierung des Pferdes beispielsweise

9 Einige der fortgeschrittensten Hortikulturen in der Neuen Welt sind den Agrargesellschaften in verschiedenen Punkten vergleichbar. Die höchsten Leistungen der Inka, Azteken, Maya, Tolteken und anderer, insbesondere auf dem Gebiet der Monumentalarchitektur und der Technik, kommen denen ihrer Gegenspieler in frühen Agrargesellschaften nahe. Die Unterschiede sind am stärksten ausgeprägt, wo es um komplizierte und differenzierte technische Leistungen geht. So gibt es selbst in diesen fortgeschrittensten Hortikulturgesellschaften nicht, was den großen mittelalterlichen Kathedralen oder dem Taj Mahal vergleichbar wäre.

10 Siehe z. B. die Beschreibung der typischen in der Landwirtschaft eines chinesischen Dorfes verwendeten Geräte, wie Martin C. Yang sie gibt in *A Chinese Village: Taitou, Shantung Province* (New York: Columbia University Press, 1945), S. 251—257. Sie wäre zu vergleichen mit entsprechenden Angaben über Hortikulturgesellschaften.

und die Erfindung des Rades ermöglichten den Kampf mit dem Wagen und den Kampf zu Pferd, beides bedeutende Fortschritte. Weitere Fortschritte brachten die Erbauung von Burgen und anderen Befestigungen sowie die Entwicklung von Rüstungen und verbesserten Waffen.

Für den Erforscher von Schichtung und Verteilung sind diese Entwicklungen in Militär- und Produktionstechnik aus zwei Gründen eminent wichtig. Zum einen führten die Fortschritte auf dem Gebiet der Militärtechnik zu einer wichtigen gesellschaftlichen Spaltung. Der Einzelne konnte sich nicht länger selbst Waffen anfertigen, die so gut waren wie die jedes anderen auch. Die neue Technologie begünstigte jene, die entweder über genug Arbeitskräfte in Form von Sklaven und Dienern verfügten, um Festungen bauen zu lassen, oder die reich genug waren, um die erforderlichen Spezialisten anstellen zu können, die ihnen die neue Ausrüstung, also Wagen und Rüstzeug, fertigten. So wurden zum ersten Mal in der Geschichte technologisch bedingte Unterschiede der militärischen Stärke zu einer fundamentalen Realität innerhalb menschlicher Gesellschaften, was die Chancen der Ausbeutung entsprechend steigerte.

Technische Fortschritte auf den Gebieten von Produktion und Kriegführung ermöglichten es dem Staat, seine Macht erheblich auszuweiten. Diese Möglichkeit wurde zwar nicht überall erkannt, wie das frühmittelalterliche Europa beweist; wo es aber geschah, vermochten die Ergebnisse durchaus zu beeindrucken. Im Vergleich zu den Regierungen von Hortikulturgesellschaften erwiesen sich die Regime von Agrargesellschaften meist als viel mächtiger, besser organisiert und dauerhafter, sie brachten mehr zustande und ihr Aktionsradius war größer.

Ein Maßstab für die Macht jedweden Staates ist *die Größe des von ihm kontrollierten Territoriums*. Ein paar Beispiele aus der Geschichte von Agrargesellschaften zeigen den Gegensatz, der zwischen ihnen und Hortikulturgesellschaften herrscht. Gebietsmäßig übertraf das Russische Reich alle seine Rivalen. Bereits zur Zeit Peters des Großen (1689–1725) umfaßte es rund 15 Millionen Quadratkilometer, und unter Alexander II. um die Mitte des 19. Jahrhunderts fast 20 Millionen.[11] Seinen schärfsten Rivalen scheint es im 18. Jahrhundert im Spanischen Reich gehabt zu haben; es

11 Jerome Blum, *Lord and Peasant in Russia from the Ninth to the Nineteenth Century* (Princeton, N. J.: Princeton University Press, 1961), S. 278.

umfaßte ein Gebiet von 13 Millionen Quadratkilometern.[12] Um die Mitte des 18. Jahrhunderts stand das Arabische Umayyad-Reich im Zenit seiner Macht und beherrschte ein Territorium, das nahezu 8 Millionen Quadratkilometer maß.[13] Das Römische Reich kontrollierte auf der Höhe seiner Macht ein Gebiet von über 5 Millionen Quadratkilometern und entsprach damit dem Chinesischen seit der Han Dynastie.[14] Das Osmanische Reich schließlich umfaßte auf dem Gipfel seiner Macht unter Suleiman dem Wunderbaren (1520–1566) etwa 4 Millionen Quadratkilometer und war damit dem Persischen Reich während seiner höchsten Blüte sowie dem kurzlebigen Reich Alexanders des Großen vergleichbar.[15] Zugegeben, dies sind Extremfälle, dennoch verdeutlichen sie, welches Wachstumspotential in Agrarstaaten schlummert. Außerdem gibt es Zahlen über weitere Agrarstaaten, deren Territorium zwischen 250 000 und weit über 2,5 Millionen Quadratkilometer groß war. Dagegen erreichten nur wenige Hortikulturgesellschaften jemals auch nur die unterste Grenze dieses Bereichs.[16]

Der *Bevölkerungsumfang* ist ein zweiter Maßstab für die Macht von Staaten, sowie für die Kapazität ihrer Wirtschaftssysteme. Während die obere Grenze für fortgeschrittene Hortikulturgesellschaften bei nur 4 Millionen Einwohnern liegt, werden aus einigen Agrarstaaten Bevölkerungszahlen von 100 Millionen und mehr berichtet; und Staaten mit Millionenbevölkerungen bildeten eher die Regel als die Ausnahme. In China ergab eine Volkszählung im Jahre 1578 eine Einwohnerzahl von 60 Millionen, 1778 war sie

12 Dies ist leicht zu ersehen aus einer Standardkarte des Spanischen Reiches aus dieser Zeit und aus tabellarischen Angaben über sein damaliges Staatsgebiet.

13 Dieser Zahl liegt eine Karte in Philip K. Hitti, *History of the Arabs* (London: Macmillan, 1960), S. 216, zugrunde.

14 Siehe Ralph Turner, *The Great Cultural Traditions* (New York: McGraw-Hill, 1941), Bd. II; hier findet man Karten, die die ungefähren Grenzen dieser beiden Reiche zeigen.

15 Zum Osmanischen Reich siehe Hitti, a. a. O., die Karte gegenüber S. 712. Zum Persischen Reich der klassischen Periode siehe A. T. Olmstead, *History of the Persian Empire* (Chicago: University of Chicago Press, 1948), S. XX—XXI, oder Turner, S. 362. Über Alexander siehe W. H. McNeill, *The Rise of the West* (New York: Mentor, 1965), Karte auf S. 363.

16 Das Inka-Reich z. B., sogar eines der größten, die von fortgeschrittenen Hortikulturgesellschaften je errichtet wurden, umfaßte ein Gebiet von nur 350 000 Quadratmeilen. Siehe Victor von Hagen, *The Ancient Sun Kingdoms of the Americas* (Cleveland: World Publishing, 1961), S. 576—577.

bereits auf 243 Millionen angestiegen.[17] Die erste Volkszählung in Rußland im Jahre 1724 ermittelte eine Gesamtbevölkerung von nur 14 Millionen, zur Zeit der zehnten Volkszählung im Jahre 1858 waren es jedoch bereits 74 Millionen.[18] Die Bevölkerung des Römischen Reiches wird zu Beginn des 3. Jahrhunderts auf insgesamt 70 Millionen geschätzt.[19] Auch hier nennen wir Extremfälle, weil sie den Gegensatz zwischen den Möglichkeiten von Agrar- und von Hortikulturgesellschaften besonders deutlich hervortreten lassen.

Unsere Beispiele zeigen, daß die großen Agrarstaaten der Vergangenheit samt und sonders *Erobererstaaten* waren oder, anders ausgedrückt, soziale Einheiten, die durch die gewaltsame Unterjochung einer Gruppe durch eine andere entstanden.[20] Das gleiche gilt vermutlich für alle oder praktisch alle ihrer kleineren Rivalen auch. Wenige, wenn überhaupt irgendwelche Agrarstaaten entstanden durch die einfache friedliche Evolution und Expansion eines einzelnen Volkes oder durch den freiwilligen Zusammenschluß oder die Vereinigung verschiedener Völker.[21]

Die Folge ist, daß Agrarstaaten häufig aus einer Vielzahl verschiedener ethnischer Gruppen bestehen. Gruppen, die ein paar Generationen lang politisch vereint bleiben, haben meist die Tendenz, kulturell zu verschmelzen, wie es der Fall war bei den verschiedenen ethnischen Gruppen, die dann die englische oder die chinesische Bevölkerung bildeten. Manchmal verschwinden die Unterschiede völlig, allerdings nicht zwangsläufig, wie die anhalten-

17 Wolfram Eberhard, *A History of China*, 2. Aufl. (Berkeley: University of California Press, 1960), S. 274. Schon im Jahr 140 n. Chr. dürfte China 50 Millionen Einwohner gehabt haben (S. 108).

18 Blum, ebenda.

19 *The Cambridge Ancient History* (London: Cambridge University Press, 1939), Bd. XII, S. 267—268.

20 Wie ein Forscher über die Römer sagte, »Krieg ist in der Agrikultur eine wichtige Industrie«; siehe F. R. Cowell, *Cicero and the Roman Republic* (London: Penguin, 1956), S. 287. Diese Feststellung ließe sich auch auf die meisten anderen großen Agrarstaaten anwenden.

21 Nicht jeder Agrarstaat muß in seiner Geschichte notwendig auch Eroberungen verzeichnen. Zuweilen erschienen Staaten auf der Bühne der Geschichte erstmals in einem Augenblick, da sie bereits ein Stadium der Stabilität oder des Niedergangs erreicht hatten, und erweckten so den Eindruck, als hätten sie mit Eroberung nichts zu tun. Umfaßt ein Staat mehr als eine Handvoll Dörfer, wie es in Agrargesellschaften durchweg der Fall ist, dann dürfen wir stark annehmen, daß die Eroberungen in der prähistorischen und voragrarischen Zeit liegen.

de kulturelle Kluft zwischen Griechen und Römern bewies, die noch das Römische Reich überdauerte, oder auch jene ethnischen Unterschiede, die in Indien in Form von Kasten über Jahrhunderte hin fortlebten.[22]

Krieg war ein chronischer Zustand in fast allen Agrarstaaten. Vor rund dreißig Jahren führte Pitirim Sorokin eine umfassende Studie über Inzidenz und Umfang von Kriegen in der Geschichte von elf europäischen Ländern durch. Für die Zeit, die seine Untersuchung einschließt, weist Deutschland die niedrigste Inzidenz auf, von den Jahren zwischen 1651 und 1925 entfallen auf den Krieg 28 Prozent; Spanien rangiert am höchsten, der Anteil der Kriegsjahre in der Zeit zwischen 1476 und 1925 beträgt 67 Prozent.[23] Das Mittel für die elf Länder liegt bei 46 Prozent, Rußland entsprach ihm in dem Zeitraum von 1901 bis 1925. Obwohl die Untersuchung in einigen Fällen ein paar Jahre der modernen Industrieperiode mit einschließt, besteht kein Grund zu der Befürchtung, die Gesamtresultate seien dadurch in irgendeiner Weise nach oben verzerrt. Im Gegenteil, vermutlich liegen sie dadurch niedriger. Außerdem gehen wir sicherlich recht in der Annahme, daß Sorokins Zahlen, sollten sie je irren, sich zugunsten der konservativen Seite irren, und zwar deshalb, weil er kleinere Konflikte, die in den von ihm benutzten Quellen nicht vermerkt sind, außer acht gelassen hat.[24]

Wo keine Kämpfe mit Feinden von außerhalb stattfanden, entwickelten sich häufig *Kämpfe im Innern.* Dies galt besonders für Staaten, in denen die Thronfolge nicht institutionalisiert war, so im Römischen und im Mogulen-Reich. Nicht weniger als einunddreißig der neunundsiebzig römischen Kaiser von Augustus bis Romulus Augustulus sind ermordet worden, sechs weitere wur-

22 Nicht alle Kasten sind ethnischen Ursprungs, die moderne Forschung weist jedoch nach, daß viele so entstanden sind. Eine gute Untersuchung darüber, wie Stämme in Kasten umgewandelt wurden, gibt F. G. Bailey, *Tribe, Caste, and Nation* (Manchester: Manchester University Press, 1960).

23 Pitirim Sorokin, *Social and Cultural Dynamics* (New York: Bedminister Press, 1962, erstmals erschienen 1937), Bd. III, 10 Kap., bes. S. 352.

24 Man vergleiche etwa Sorokins Zahlenangaben für Rußland während der Tataren-Periode mit jenen von Alexandre Eck, *Le moyen âge russe* (Paris: Maison du Livres Etranger, 1933), zitiert bei Blum, S. 59. Oder auch, was Marc Bloch schreibt, daß nach dem Zusammenbruch des karolingischen Reiches »in Europa der Krieg zum Dauerzustand wurde«. Siehe Marc Bloch, *Feudal Society*, übersetzt von L. A. Manyon (Chicago: University of Chicago Press, 1962), S. 160.

den zum Selbstmord getrieben, vier gewaltsam abgesetzt und einige andere nahmen ein ungewisses Ende aus den Händen innerer Feinde.[25] Im Römischen Reich waren diese Kämpfe häufig nicht mehr als kleine Palastrevolutionen, im Reich der Mogulen jedoch signalisierte der Tod eines Kaisers in der Regel den Anfang einer langen Periode von Bürgerkrieg zwischen großen und gutorganisierten Parteien, deren jede miteinander rivalisierende Ansprüche von Prinzen auf den Thron unterstützte.[26]

Die hohe Kriegsinzidenz scheint mit einem anderen Charakteristikum von Agrargesellschaften zusammenzuhängen, mit ihrer ausgeprägten Neigung zur Monarchie nämlich. Verschiedene Autoren haben darauf hingewiesen, daß die Erfordernisse des Krieges es gewöhnlich als vorteilhaft erscheinen lassen, die höchste und oberste Gewalt in die Hände eines einzigen Mannes zu legen.[27] Herrschaft in Form eines Rats oder Ausschusses ist weniger effektiv, besonders in einer großen und weitverzweigten Organisation. Die Häufigkeit von Krieg und den Umfang von Agrargesellschaften vorausgesetzt, wird die monarchische Regierungsform nahezu unvermeidlich.

Es gab einige Ausnahmen von diesem allgemeinen Muster, wie die Römische Republik und die republikanischen Regierungen der Schweizer Kantone sowie einige frühe indische und russische Staaten beweisen. Beachtenswert ist, daß *in allen diesen Fällen eine oder mehrere der folgenden Bedingungen erfüllt sind: entweder der Staat war klein, oder er existierte zu einer Zeit, da Agrarwirtschaft noch relativ neu in diesem Gebiet war, oder es handelte sich um einen Staat, der in einer gebirgigen Region angesiedelt war.* Wie bereits erwähnt, korrelieren die Vorteile der Monarchie in militärischen Dingen positiv mit dem numerischen und territorialen Umfang einer Gesellschaft, so daß die republikanische Staatsform kein unüberwindliches Handikap für kleine

25 Diese Zahlen errechneten A. E. R. Boak, *A History of Rome to 565 A. D.*, 3. Aufl. (New York: Macmillan, 1943), und Harold Mattingly, *Roman Imperial Civilization* (New York: Doubleday Anchor, 1959), unter Verwendung von Mattinglys Katalog von Kaisern auf S. 351—355.

26 Eine gute Zusammenfassung der Geschichte der Mogulen siehe *The Cambridge History of India* (London: Cambridge University Press, 1937), Bd. IV.

27 Siehe z. B. Herbert Spencer, *The Principles of Sociology* (New York: Appleton, 1897), Bd. II, Teil 5, Kap. 17; Pitirim Sorokin, Bd. III, S. 196—198; oder Stanislaw Andrzejewski, *Military Organization and Society* (London: Routledge, 1954), S. 92—95.

Agrarstaaten sein muß – besonders wenn die übrigen Voraussetzungen gut sind. Es scheint auch, daß Republiken sich auf den frühen Stufen der Agrarwirtschaft leichter halten können, also ehe die Gründung und Schaffung von Reichen durch andere Staaten wirklich eingesetzt hat. Das heißt nur noch einmal, daß der Prozeß der sozialen Selektion, in dem die weniger mächtigen Organisationen ausgesondert werden, seine Zeit braucht. Und schließlich scheinen Gebirgsregionen für die Erhaltung republikanischer Staatsformen besser geeignet als Flußtäler und weite Ebenen. Das hat verschiedene Gründe. Erstens ist der wirtschaftliche Surplus in solchen Gebieten gewöhnlich gering, und weil es akute Transportprobleme gibt, ist es schwierig, all das an einen Platz zu schaffen, was für ein königliches Gefolge und seinen Unterhalt nötig ist. Außerdem erweisen sich Militärtaktiken, die in Tälern und Ebenen erfolgreich sind, in gebirgigen Gegenden häufig als unpraktisch, was für die weniger zahlreichen und weniger zentral organisierten Bewohner solcher Gebiete gewisse Vorteile bedeutet, wenn sie gezwungen sind, ihr Territorium zu verteidigen.[28]
Die Geschichte der römischen Gesellschaft stellt einen besonders interessanten Testfall für eine Analyse auf dieser Ebene dar, zum einen, weil sie so reich dokumentiert, und zum anderen, weil sie so bekannt ist. Es scheint mehr als zufällig, daß der Wechsel von der Republik zum Prinzipat einherging mit einer starken territorialen Ausdehnung des Staates, mit dem Heranreifen der agrarischen Gesellschaftsordnung in der mediterranen Welt und der Expansion des römischen Staates in weite gebirgslose Gebiete. Kurz, die Entstehung des Prinzipats hing offensichtlich vom Zerfall jener Verhältnisse ab, die der republikanischen Regierungsform günstig gewesen waren. Trotzdem muß man sagen, daß auf der Basis dieser drei Faktoren allein die Römische Republik längst vor Augustus, ja schon vor Sulla I., der die republikanische Verfassung verletzte und das monarchische Prinzip praktizierte, hätte ver-

28 Systematische Untersuchungen können ergeben, daß Agrarstaaten in gebirgigen Regionen sich von solchen in Flußtälern und Ebenen hinreichend unterscheiden, um ihre Behandlung als völlig eigene Kategorie zu rechtfertigen, als »berg-agrarische« und »fluß-agrarische« Gesellschaften nämlich. Für die Zwecke in unserem Kapitel habe ich sie indessen einfach als Unterklassen der allgemeinen Klasse von Agrarstaaten behandelt und ihre Unterschiede als Funktion der Verhältnisse in den Bergen interpretiert. Je weiter ich allerdings in der Untersuchung dieses Gegenstandes vorgedrungen bin, desto stärker war ich von der Größe der Unterschiede beeindruckt, die sich mit einer bergigen Umwelt einstellen.

schwunden sein müssen. Die Erklärung für den Fortbestand der republikanischen Staatsform in Rom scheint nicht zuletzt in der einmaligen Institution des Konsulats zu liegen, eines Wahlamts von beschränkter Dauer, aber mit monarchischen Machtbefugnissen.[29] Dieses Amt scheint dem römischen Staat die wichtigsten militärischen Vorteile monarchischer Herrschaft verschafft zu haben, während es zugleich die Beibehaltung der Hauptwesenszüge republikanischer Herrschaft erlaubte.

Ein weiteres wichtiges Merkmal von Agrarstaaten war die allgemein verbreitete Existenz von *städtischen Gemeinden.* Wie im letzten Kapitel angedeutet, hatte es städtische und halbstädtische Gemeinden in *einigen* der fortgeschrittensten Hortikulturgesellschaften gegeben, in *vielen* fehlten sie jedoch noch völlig. Außerdem waren die vorhandenen gering in ihrer Zahl, klein in ihrem Umfang, relativ instabil, und auch ansonsten fehlten ihnen die wichtigsten Attribute des Urbanen weitgehend.

In Agrargesellschaften dagegen nahmen ihre Zahl, ihre Größe und die Dauer ihres Bestehens sowie der urbane Charakter solcher Gemeinden erheblich zu. Nur in seltenen Ausnahmefällen fehlten echte städtische Zentren völlig.[30] Die Liste agrarischer Städte enthält so berühmte Namen wie Babylon, Jerusalem, Alexandria, Rom, Konstantinopel, Paris, London, Baghdad, Delhi, Benares, Peking und Edo (oder Tokio), um nur ein paar zu nennen. Den sichersten vorhandenen Quellen nach erreichten einige unter diesen großen Städten der Vergangenheit Bevölkerungszahlen von mehreren Hunderttausend. Ja, es ist durchaus möglich, daß die größten unter ihnen für kurze Zeit sogar die Millionengrenze erreichten oder überschritten, obgleich die neuere Forschung dies im Unterschied zur älteren als zweifelhaft erscheinen läßt.[31] Aber

29 Eine gute Beschreibung dieses ungewöhnlichen Amtes stammt von Cowell, S. 166—171.

30 Es gab einige wenige Agrargesellschaften, in denen städtische Gemeinden völlig oder weitgehend fehlten, so in einigen Teilen des frühmittelalterlichen Europa, wo der Zusammenbruch des politischen Systems zum fast völligen Verschwinden städtischen Lebens führte. Auch auf den frühesten Stufen des Übergangs von der Hortikultur zur Agrikultur mögen städtische Siedlungen manchmal noch gefehlt haben oder gering an der Zahl und klein in der Größe gewesen sein. Diese Beispiele sind jedoch nicht typisch. Die Normalstruktur in einigermaßen fortgeschrittenen Agrargesellschaften impliziert eine Vielzahl recht großer und relativ stabiler städtischer Zentren.

31 Gute Überlegungen zu diesem Gegenstand stammen von Kingsley Davis, »The Origin and Growth of Urbanization in the World«, *American Journal of*

selbst wenn man nur eine halbe Million als obere Grenze für die Größe der Städte in Agrargesellschaften annimmt (eine Zahl, die kaum ein Experte anzweifeln wird), bedeutet dies eine enorme Zunahme verglichen mit allem, was in fortgeschrittenen Hortikulturgesellschaften je existiert hatte.

Obgleich mitunter einige Hauptstädte großer Reiche einen solchen Umfang erreichten, waren die urbanen Zentren in ihrer Mehrzahl doch stets viel bescheidener. London zum Beispiel hatte noch im späten 14. Jahrhundert eine Bevölkerung von nur 30 000 bis 40 000, und die nächstfolgenden englischen Städte, York und Bristol, zählten weniger als 10 000 Einwohner.[32] Um die Mitte des folgenden Jahrhunderts zählten Frankfurt a.M. 8 700, Nürnberg 20 000, Straßburg 26 000 und Brüssel 40 000 Einwohner.[33] Zu dieser Zeit galt eine Stadt mit 20 000 Einwohnern als groß, die meisten Städte waren von weniger als 10 000 Menschen bewohnt. Um die Mitte des 16. Jahrhunderts hatte die zweitgrößte Stadt Englands, Bristol, noch immer eine Bevölkerung von nicht mehr als 10 500 Menschen, während in Schweden im 17. Jahrhundert die zweitgrößte nur 5000 zählte.[34] Selbst zu Beginn des 19. Jahrhunderts, als die Industrielle Revolution bereits begonnen hatte, gab es auf der ganzen Welt noch keine fünfzig Städte mit einer Bevölkerung von 100 000 und darüber.[35]

Solche Zahlen zeigen, daß der Anteil der Stadtbevölkerung in Agrargesellschaften nie mehr als einen kleinen Prozentsatz darstellte. Aus russischen Aufzeichnungen geht hervor, daß vom späten 17. bis zum späten 18. Jahrhundert die Stadtbevölkerung nur 3 Prozent der gesamten Einwohnerzahl ausmachte und selbst im Jahr 1851 noch keine 8 Prozent erreichte.[36] Im späten 14. Jahrhundert lebten in England weniger als 5,5 Prozent der Gesamt-

Sociology, 60 (1955), S. 429—437; J. C. Russell, »Late Ancient and Medieval Population«, *Transactions of the American Philosophical Society*, 48 (1958), S. 37—101; und Gideon Sjoberg, *The Preindustrial City* (New York: Free Press, 1960), S. 80—85.

32 J. C. Russell, *British Medieval Population* (Albuquerque, N. Mex.: University of New Mexico Press, 1948), S. 285.

33 Henri Pirenne, *Economic and Social History of Medieval Population* (New York: Harvest Books, erstmals erschienen 1933), S. 170—171.

34 Russell, ebenda, und Eli F. Heckscher, *An Economic History of Sweden*, übersetzt von Goram Ohlin (Cambridge, Mass.: Harvard University Press, 1954), S. 111.

35 Davis, »Urbanization«, S. 434.

36 Blum, S. 268 und 281.

bevölkerung in Städten mit 3200 oder mehr Einwohnern.[37] Henri Pirenne weiß zu berichten, daß zwischen dem 12. und dem 15. Jahrhundert in ganz Europa, im westlichen wie im östlichen, die Stadtbevölkerung die 10-Prozentgrenze wahrscheinlich niemals überstiegen hat.[38] Und in jüngerer Zeit hat Gideon Sjoberg erklärt, in allen Agrargesellschaften der Welt habe der Anteil der Stadtbevölkerung an der Gesamtmitgliederzahl nie mehr als 10 Prozent betragen, in manchen Fällen sei er noch nicht einmal an die 5-Prozentmarke herangekommen.[39] Von den jeweiligen genauen Zahlen abgesehen sind sich alle Autoritäten darin einig, daß die überwältigende Mehrheit der Bevölkerung in Agrargesellschaften stets aus einfachen Bauern bestand, die auf dem Lande lebten, und daß die Stadtbewohner nie mehr als eine kleine Minderheit darstellten.

Trotz dieser Tatsache dominierten die Bewohner städtischer Zentren in der Regel die Agrargesellschaften politisch, ökonomisch, religiös und kulturell. Und zwar deshalb, weil Reichtum und politische Macht normalerweise in den Städten konzentriert waren[40] – oder, um den Punkt genauer zu fassen, zu einer Konzentration der Bevölkerung kam es dort, wo die Besitzer von Reichtum und politischer Macht lebten. Obgleich also die städtische Bevölkerung in Agrargesellschaften numerisch stets in der Minderzahl war, übte sie in der Regel doch einen entscheidenden Einfluß aus in den Bereichen des Lebens, die bewußter menschlicher Herrschaft am ehesten ausgesetzt waren.

Die Bevölkerung der Städte in Agrargesellschaften war nicht größer als die in fortgeschrittenen Hortikulturgesellschaften, aber sie war städtischer in unserem Sinne. Die größten Gemeinden im hortikulturellen Afrika ähnelten eher übermäßig gewachsenen Dörfern als Städten, hortikulturelle Belange bestimmten nach wie vor die wesentliche wirtschaftliche Aktivität. In den führenden städtischen Zentren von Agrargesellschaften dagegen spielten agrikulturelle Belange, auch wenn sie keineswegs fehlten, eindeutig

37 Russell, *British*, S. 305.

38 Ebenda, S. 58.

39 Ebenda, S. 83.

40 Sjoberg weist auf diese Tatsache hin bei seiner Widerlegung der gängigen Vorstellung, die Elite der Agrargesellschaften habe auf dem Lande gelebt (ebenda, S. 110—166). Ich bin zwar der Auffassung, daß er hier überzieht, zumindest was Europa anlangt, prinzipiell ist seine Argumentation jedoch richtig.

die zweite Geige. Die Bewohner dieser Zentren waren deshalb relativ frei für andere Dinge.[41]

Die Hauptstädte sowie die größeren Städte agrarischer Gesellschaften sind seit langem für die *Vielfalt der Berufe und Betätigungen* ihrer Einwohner bekannt. Einige der wesentlichen Berufskategorien seien hier erwähnt, weil insgesamt gesehen die Stadtbevölkerung in ihrer großen Mehrheit ihnen angehört: Beamte, Priester, Gelehrte, Schreiber, Kaufleute, Diener, Soldaten, Handwerker, Arbeiter und Bettler. Außerdem gab es gewöhnlich eine kleine »feine Leute-Klasse«, die ihren Lebensunterhalt aus Renten, Pensionen, Gewinnen oder politischen Ämtern finanzierte.

Diese Hauptkategorien schließen zumeist eine Vielfalt von Spezialberufen ein, deren Aufzählung, zumindest was die größeren Städte anlangt, in die Hunderte ginge. Eine Ahnung von der beruflichen Vielfalt in größeren Städten vermittelt die Untersuchung eines kleinen Bezirks in Peking zu Beginn dieses Jahrhunderts. In dem untersuchten Viertel, in dem nur 5200 Menschen lebten, zählte man nicht weniger als 163 verschiedene Berufe.[42] Einige wenige waren zwar das Ergebnis westlichen industriellen Einflusses, in ihrer großen Mehrzahl handelte es sich jedoch um traditionelle Berufe, wie man sie in jeder Agrargesellschaft antrifft. Hätte man einen größeren Teil der Stadt untersucht, wäre die Zahl der verschiedenen Berufe noch gestiegen, denn in solchen Städten herrscht ja die Tendenz, daß Arbeiter, die im gleichen Bereich arbeiten, auch eng beieinander wohnen.[43]

Ein Steuerverzeichnis für Paris aus dem Jahre 1313 zeigt eine ähnliche Struktur an. Es nennt allein 157 verschiedene Hand-

41 Es wäre indessen ein Fehler anzunehmen, es habe eine totale Trennung stattgefunden. Noch im 16. Jahrhundert mußten die Weber von Norwich jedes Jahr zur Erntezeit ihre Arbeit beiseite legen, und selbst in London pausierte zur Erntezeit Londons Gerichtshof für dringliche Fragen. Eine Marktstadt wie Leicester ernährte sich noch weitgehend von den angrenzenden Feldern. Siehe B. Clough und C. W. Cole, *Economic History of Europe,* (Boston: Heath, 1941), S. 48; W. G. Hoskins, *The Midland Peasant: The Economic and Social History of a Leicestershire Village* (London: Macmillan, 1957), S. 175; und G. G. Coulton, *Medieval Panorama* (New York: Meridian Books, 1955, erstmals erschienen 1938), S. 282 ff.

42 Sidney D. Gamble, Peking: *A Social Survey* (Garden City, N. Y.: Doubleday, 1921), S. 326—327.

43 Eberhard, *History,* S. 197, berichtet, es habe im 19. Jahrhundert in Peking 420 verschiedene Zünfte gegeben. In dieser Zahl können jedoch Zünfte enthalten sein, die in verschiedenen Vierteln die gleichen Funktionen ausübten.

werksberufe, von allen anderen Betätigungen abgesehen.[44] Die Textilindustrie verschafft uns eine gewisse Vorstellung vom Grad der bereits erreichten Spezialisierung. »Es gab Wollhändler, Flachshändler, Hanfhändler, Wollkämmer, Wollspinner, Seidenspinner (zwei Arten), Weber (sieben Arten für Leinen, Wolle, gewirkte Tapeten, Segeltuch, zweierlei Seide), Färber, Walker, Kalander, Scherer, Textilverkäufer (verschiedene Arten), Schneider (vier Sorten, und zwei weitere kamen im Laufe des 14. Jahrhunderts noch hinzu), Hutmacher (sieben Arten, einschließlich derer, die speziell mit Filz, Pelzen, Wolle und Baumwolle, mit Blumen und Pfauenfedern, mit Goldstickerei und Perlen und mit Seide arbeiteten), Gürtelmacher, Seidenwarenhändler (die spezielle Artikel für Damen führten) und Händler von getragenen Kleidern.« Während diese Stufe der Spezialisierung nur in größeren Städten wie London, Brügge und Florenz anzutreffen ist, hatten kleinere Städte häufig immerhin schon vierzig oder fünfzig verschiedene Arten von Handwerkern, und selbst in kleinen Städten kann man mit zehn bis zwanzig rechnen.[45]

Arbeit im Verband mit anderen gab es nach modernen Maßstäben in den städtischen Zentren generell nur in kleinem Umfang. Zu Zeiten Ciceros galt ein Betrieb, in dem fünfzig Menschen arbeiteten, als sehr groß.[46] Ein Zinnbetrieb, in dem achtzehn Männer beschäftigt waren, ist der größte, von dem jemals in irgendeinem Dokument des Handwerks im mittelalterlichen London die Rede ist, und selbst dieses bescheidene Ausmaß wurde erst um die Mitte des 15. Jahrhunderts erreicht.[47]

In den meisten Agrargesellschaften waren die Menschen, die im selben Wirtschaftsbereich tätig waren, in örtlichen Gruppen organisiert, die von modernen Wissenschaftlern allgemein als Gilden oder Zünfte bezeichnet werden.[48] Tatsächlich unterschieden sich

44 Clough and Cole, S. 25.

45 Ebenda; siehe auch Blum, der schreibt, ein russischer Gelehrter habe zumindest sechzig handwerkliche Spezialberufe in einigen kiewanischen russischen Städten des 12. und 13. Jahrhunderts (S. 16) sowie über zweihundert Spezialberufe im 16. Jahrhundert (S. 126) gezählt.

46 Cowell, S. 80.

47 Sylvia Thrupp, *The Merchant Class of Medieval London* (Ann Arbor, Mich.: Ann Arbor Paperbacks, 1962), S. 9.

48 Es gab Ausnahmen von dieser allgemeinen Struktur, so in Rußland, wo das Zunftsystem sich trotz der Bemühungen Peters des Großen und verschiedener seiner Nachfolger im 18. Jahrhundert niemals fest etablierte. Siehe Blum,

diese Organisationen so sehr voneinander, daß man sagen könnte, ein und derselbe Terminus lasse sich gar nicht auf alle anwenden. Einige waren hauptsächlich religiöse und ordensähnliche Organisationen, andere dagegen überwiegend politisch und ökonomisch ausgerichtet. Manche waren Schöpfungen von Regierungsbehörden, befaßt mit Problemen sozialer Kontrolle und solchen der Besteuerung, während andere von Arbeitern und Kaufleuten ins Leben gerufen worden waren zur Vertretung ihrer speziellen Interessen.[49] Bezeichnenderweise dienten sie aber sowohl den Interessen des Staates wie auch denen ihrer Mitglieder. Der japanische Historiker Takekoshi zum Beispiel sagt über die frühe *za:* »Sie bestand aus Händlern, denen das Monopolrecht auf den Handel garantiert war, und waren als Einheit verantwortlich für die Bezahlung der Steuern.«[50]

Auch wenn sie oberflächlich betrachtet den modernen Gewerkschaften ähneln, so waren die Zünfte doch eher Vereinigungen von Händlern und Herstellern, besonders solcher, die politischen Einfluß besaßen. Die Mitgliedschaft stand in der Regel Arbeitern und Arbeitgebern gleichermaßen offen, doch beherrschten die Unternehmer gewöhnlich die Organisation aufgrund ihres Reichtums, Ansehens und ihrer Macht. Und selbst zwischen den Unternehmern wurde noch einmal unterschieden, wobei die Führung einer Organisation normalerweise dem Reichsten zufiel.[51] In Europa und vielleicht auch anderswo waren diese Organisationen

S. 302. Vor dem 16. Jahrhundert scheint es auch in China nicht existiert zu haben, ebensowenig wie in Japan vor dem 15. Siehe Eberhard, *History*, S. 197, und Yosoburo Takekoshi, *The Economic Aspects of the History of the Civilization of Japan* (New York: Macmillan, 1930), Bd. I, 18. Kap. In Indien scheinen die Kasten einige der üblichen Funktionen der Zünfte erfüllt zu haben, sie schließen sie jedoch keineswegs aus. Siehe R. C. Majumdar (Hrsg.), *The History and Culture of the Indian People* (Bombay: Bharatiya Vidya Bhavan, 1951, 1953), Bd. II, S. 601—602, und Bd. III, S. 592—593.

49 Beispiele für erstere waren Rußland im 18. Jahrhundert (Blum, S. 302), oder Valentine Bill, *The Forgotten Class: The Russian Bourgeoisie from the Earliest Beginnings to 1900* (New York: Frederick A. Praeger, 1959), S. 72—73) oder Rom im 3. Jahrhundert n. Chr. (Boak, S. 369—370). Die Zünfte des mittelalterlichen Europa exemplifizieren die zweite Spezies als die üblichere Struktur recht gut, obwohl auch sie von der Staatsmacht häufig als Instrumente sozialer Kontrolle benutzt wurden. Siehe Sylvia Thrupp, »The Guilds«, in: *The Cambridge Economic History of Europe* (London: Cambridge University Press, 1963), Bd. III, S. 232.

50 A. a. O., S. 242—243.

51 Siehe z. B. Thrupp, *London*, S. 23 und 29—31.

während der ersten Jahre ihres Bestehens demokratischer als später.[52]

Eine der wichtigsten Aufgaben der meisten Zünfte bestand darin, ihre Mitglieder vor Übergriffen durch irgendwelche Instanzen von außerhalb zu schützen. So erstrebten und erhielten Zunftvertreter in vielen Fällen das Recht, Streitigkeiten zwischen ihren Mitgliedern zu schlichten oder Regelungen deren Verhalten angehend zu treffen. Ganz besonders im mittelalterlichen Europa kooperierten Zunftangehörige zuweilen, um Stadtgemeinden von der Herrschaft des Landadels oder der Krone zu befreien, und schufen dadurch republikanische Inseln inmitten eines umfassenden monarchischen Systems.[53] Es scheint kein Zufall zu sein, daß die politische Herrschaft der Kaufleute in den mittelalterlichen Städten Europas die gleiche republikanische Struktur begünstigte, die sich auch in maritimen Gesellschaften findet, in denen die Kaufleute ebenfalls bestimmend waren.

Die Tendenz zur gesteigerten Spezialisierung und größeren Arbeitsteilung, die in den Städten und Hauptstädten von Agrargesellschaften so sichtbar ist, zeigte sich auch auf anderen Ebenen in den meisten dieser Gesellschaften. Die einzelnen Gemeinden und Regionen neigten mehr oder minder stark zur Spezialisierung auf bestimmte Gebiete wirtschaftlicher Aktivität. Im Römischen Reich beispielsweise waren Nordafrika und Spanien als Lieferanten von getrockneten Feigen und Olivenöl bekannt; Gallien, Dalmatien, Kleinasien und Syrien sorgten für Wein, Spanien und Ägypten für gesalzenes Fleisch; Ägypten, Nordafrika, Sizilien und das Gebiet ums Schwarze Meer lieferten Getreide, letzteres zudem gesalzenen Fisch.[54] Auch auf Gemeindeebene herrschte starke Arbeitsteilung, wie aus Cato des Älteren Handbuch für Bauern hervorgeht, das im 2. Jahrhundert v. Chr. geschrieben ist. Cato riet:

»Tuniken, Togen, Tücher, Kittel und Schuhe kaufe man in Rom; Kappen, Eisenwerkzeug, Sensen, Spaten, Hacken, Äxte, Rüstungen, Schmuck

52 Siehe James Westfall Thompson, *Economic and Social History of the Middle Ages* (New York: Appleton-Century-Crofts, 1928), S. 790—791, oder L. Halphen, »Industry and Commerce«, in: Arthur Tilley (Hrsg.), *Medieval France* (London: Cambridge University Press, 1922), S. 189 ff.

53 Siehe z. B. Thompson, S. 779 ff.; Joan Evans, *Life in Medieval France* (London: Oxford University Press, 1925), S. 64 ff; Coulton, 24. Kap.; oder Thrupp, *London*, 1. Kap.

54 Turner, S. 911.

und kleine Ketten in Cales oder Minturnae; Spaten in Venafrum; Karren und Hämmer in Suessa und Lukania; Töpfe und Schüsseln in Alba und Rom; Ziegel und Kacheln in Venafrum, Ölmühlen in Pompeii und bei Rufrius in Nola; Nägel und Stangen in Rom; Eimer, Ölkrüge, Wassertöpfe, Weinkrüge und anderes Kupfergeschirr in Capua und Nola; Erntekörbe, Zugseile und alles Tauwerk in Capua; römische Körbe in Suessa und Casium.«[55]

Das Römische Reich macht in dieser Beziehung keineswegs eine Ausnahme. Berichte über ähnliche Strukturen von Spezialisierung kommen aus allen möglichen Gesellschaften der agrarischen Welt.[56] Selbst auf Dorfebene war ein gewisses Maß an Spezialisierung nicht unüblich, und zwar weil die Bauern außerhalb der Saison häufig gezwungen waren, sich aufs Handwerk zu verlegen, um leben zu können; mit der Zeit entwickelten dann gewisse Dörfer den Ruf, in der Herstellung bestimmter Waren ganz besonders gut und geschickt zu sein.

Die Entwicklung der Spezialisierung impliziert notwendig die Entwicklung von *Handel und Gewerbe*, weil die Spezialisten die Produkte ihrer Arbeit untereinander austauschen müssen. Ein Vergleich zwischen fortgeschrittenen Hortikultur- und Agrargesellschaften zeigt deutlich, daß, von wenigen Ausnahmen abgesehen, das Handelsvolumen der letzteren erheblich größer ist.[57] Ein ganz klares Anzeichen für das Wachstum des Handels ist die Entstehung einer eigenen Kaufmannsklasse als üblichen Bestandteils fast jeder Agrargesellschaft.[58] In hortikulturellen Gesellschaften gibt es diese Klasse nur in rudimentärer Form; die wenigen Mittler zwischen Produzenten und Konsumenten sind gewöhnlich entweder Steuereinnehmer oder andere Regierungsbeamte oder »Teilzeit-Händler« wie etwa die Frauen von Dahomey.

Obgleich das Handelsvolumen von Agrargesellschaften viel größer ist als das von hortikulturellen, läßt es sich mit dem von In-

55 Cowell, S. 79.

56 Siehe z. B. Blum, S. 126 und 394—395 über Rußland, oder Ralph Linton, *The Tree of Culture* (New York: Vintage Books, 1959), S. 231 über China.

57 Auch hier stellt die frühmittelalterliche Zeit in Europa die Hauptausnahme von der allgemeinen Regel dar, die Gründe sind in Fußnote 8 auf Seite 260 dargelegt.

58 Siehe Michael Postan, »The Trade of Medieval Europe: The North«, in: *The Cambridge Economic History of Europe* (London: Cambridge University Press, 1952), Bd. II (1952), S. 168 ff. Die Darstellung der Entstehung der Kaufmannsklasse in Westeuropa ist ausgezeichnet.

dustriegesellschaften noch nicht entfernt vergleichen. Einer der Hauptgründe dafür ist in den hohen Transportkosten für die Waren zu sehen, insbesondere wenn es über Land ging. Ein Bericht über China, der kurz nach dem Zweiten Weltkrieg fertiggestellt wurde, zeigt die jeweiligen Kosten für moderne und althergebrachte Transportmittel. Die Kosten für den Transport von einer Tonne Waren pro Meile mit Hilfe verschiedener Verkehrsmittel belaufen sich auf (ausgedrückt in amerikanischen Cents)[59]:

Eisenbahn	2,7
Karren mit Zugtieren	13,0
Maulesel	17,0
Schubkarren	20,0
Packesel	24,0
Packpferd	30,0
Tragen an Stangen	48,0

Im Transportverkehr zu Wasser konnte das moderne Dampfschiff in China Waren befördern, die Tonne zu 2,4 Cents pro Meile verglichen mit 12 Cents, die es auf der traditionellen Dschunke kostete. Die Zahlen zeigen, daß moderne Transportmittel die Frachtkosten um 80 bis 95 Prozent gesenkt haben. So ist auch der enorme Menschen- und Güterverkehr erst möglich geworden, der alle modernen Industriegesellschaften auszeichnet. Sollten die Zahlen über China nicht repräsentativ erscheinen, so ist hinzuzufügen, daß europäische Vergleichszahlen überraschend ähnlich ausfallen. So beliefen sich beispielsweise die Transportkosten für Pferdewagen im Jahre 1900 auf das Zehnfache der Bahnfracht für dieselben Güter.[60] In den meisten Agrarstaaten erhöhten sich diese Kosten noch durch die traditionellen Binnenzölle, das heißt Gebühren, die an bestimmten Provinzgrenzen erhoben wurden.[61] Dieser hohen Kosten wegen wurden gewöhnlich nur Luxusgüter über weite Distanzen transportiert.[62] Objekte wie Seide oder Gewürze nahmen wenig Raum ein, erbrachten jedoch hohe Preise

59 John Lossing Buck, *Secretariat Paper Nr. 1: Tenth Conference of the Institute of Pacific Relations*, Stratford on Avon, 1947, wieder erschienen in Irwin T. Sanders u. a., *Societies around the World* (New York: Dryden Press, 1953), S. 65.

60 Clough and Cole, S. 445.

61 Siehe z. B. Michael Postan, S. 133—140 über Nordeuropa; Blum, S. 127 über Rußland; Harold Mattingly, S. 221 über Rom; oder Majumdar, Bd. II, S. 605 über Indien.

62 Siehe etwa Clough and Cole, S. 64; oder Pirenne, Kap. 5.

und ließen sich deshalb gewinnbringend auch über weite Distanzen versenden. Sperrige Waren von beschränktem Wert wurden meist nur über kurze Distanzen transportiert und auf lokalen Märkten gehandelt. So wird berichtet, daß in England im 14. Jahrhundert die Kosten, die der Transport von schweren Waren wie etwa Getreide über 50 Meilen verursachte, 15 Prozent der Gesamtkosten ausmachten, während die Transportkosten von Wolle bei der gleichen Entfernung nur auf 1,5 Prozent kamen.[63] In einigen Fällen war die Fracht für Nahrungsmittel so teuer, daß es einträglicher war, wenn die Herrscher samt ihren Höfen sich an den Ort ihrer Herstellung begaben, als wenn sie sich die Güter bringen ließen.[64] Der englische Historiker Coulton schreibt: »Das ganze Mittelalter hindurch sehen wir Herrscher und hohe Adlige mit Ministern und Gefolge von einer Besitzung zur andern ziehen: sie verzehren innerhalb einer Woche oder weniger Tage den Ertrag des ganzen Jahres und ziehen weiter, um den nächsten Besitz aufzufressen.«

Das mittelalterliche Europa ist in diesem Punkt nicht typisch. Der wirtschaftliche Surplus wurde in Agrargesellschaften normalerweise zu den herrschenden Klassen und ihren Abhängigen hingebracht, was dazu führte, daß alle fortgeschritteneren Agrargesellschaften einem Baum oder einer Pflanze mit einem riesigen, nach allen Seiten sich ausbreitenden System von Versorgungswurzeln glichen, so den Surplus abzapfend und ihn etappenweise zum Endverbraucher, zur Stadtbevölkerung schaffend. An den äußeren Rändern dieses Systems befanden sich Tausende, ja Hunderttausende von kleinen Bauerndörfern mit jeweils nicht mehr als ein paar hundert Einwohnern.[65] Sie brachten ihren Mehrertrag zum

63 Postan, S. 152.

64 Siehe z. B. Sidney Painter, *The Rise of the Feudal Monarchies* (Ithaca, N. Y.: Cornell University Press, 1951), S. 130—131; oder Coulton, S. 47, der berichtet, dies habe sogar für Kaiser Karl den Großen zugetroffen. Siehe auch D. D. Kosambi, *An Introduction to the History of India* (Bombay: Popular Book Depot, 1956), S. 283, wo die gleiche Struktur für das Gupta-Reich in Indien nachgewiesen ist.

65 Coulton sagt, die durchschnittliche Bevölkerungszahl von europäischen Dörfern im 14. Jahrhundert habe geschwankt zwischen 200 und 400 bis 450 (S. 68). Ein anderer Autor meint, die englischen Dörfer hätten zur selben Zeit 300 Einwohner gezählt. Siehe H. S. Bennett, *Life on the English Manor: A Study of Peasant Conditions, 1115—1400* (London: Cambridge University Press, 1960). Russells Daten aus der *English Poll Tax Returns* von 1377 sprechen von einem Durchschnitt von nur 100 Menschen in diesem Jahr, welche Zahl allerdings für

nächsten Marktstädtchen, wo ein Teil davon für die lokale Bevölkerung verblieb, während der Rest in die Provinzhauptstadt weiterwanderte. Wieder blieb ein Teil am Ort, während alles übrige in die Hauptstadt des Staates ging. Die Dörfer im unmittelbaren Umkreis von Provinz- oder Landeshauptstädten handelten direkt mit diesen Zentren. Aber sei die Beziehung nun eine direkte oder indirekte gewesen, die Grundstruktur war immer die gleiche. Auf der einen Seite gab es den kontinuierlichen Fluß von Produkten aus den ländlichen Dörfern in die städtischen Zentren; auf der anderen empfingen die Dörfer gewisse *Dienste* politischer, kultureller, religiöser, erzieherischer und kommerzieller Art zusammen mit einer kleinen Zahl notwendiger oder begehrter Waren wie Salz, Werkzeug oder andere Manufaktur-Erzeugnisse, die in den Dörfern selbst nicht hergestellt wurden. Die Beziehungen, die sich zwischen Dörfern und städtischen Zentren entwickelten, waren also im wesentlichen symbiotischer Natur, allerdings mit deutlichen Obertönen von Parasitismus.[66]

Aufgrund von Bedeutung und Komplexität dieses symbiotischen Zusammenhangs waren die am stärksten davon Abhängigen – Stadtbewohner und herrschende Klassen – gezwungen, Mittel zu entwickeln, ihn zu kontrollieren und zu reglementieren. Aus diesen Bestrebungen heraus kam es zu zwei Erfindungen von höchster Bedeutung – der des Geldes und der Schrift.[67]

die Zeit direkt nach den verheerenden Auswirkungen der Schwarzen Pest gilt. Russell schätzt, daß der Durchschnitt vor der Pest bei 166 gelegen habe (siehe *British*, S. 309). Blum verfügt über systematisches Datenmaterial über Rußland im 19. Jahrhundert, welches zeigt, daß 53 Prozent der russischen Dörfer 51 bis 300 Bewohner hatten; das Mittel dürfte demnach bei 150 gelegen haben (S. 506). In Indien gibt es heute etwa 500 000 Dörfer, und trotz des Einflusses der Industrialisierung waren Dörfer mit einer Einwohnerzahl von unter 500 im Jahre 1951 immer noch in der Überzahl. Siehe Ashish Bose, »The First Census of Free India«, *Modern Review*, 95 (1954), S. 114. Eine Untersuchung des dörflichen Lebens im nördlichen Thailand schließlich hat ergeben, daß das Durchschnittsdorf in diesem Gebiet eine Bevölkerung von 450 bis 500 Menschen aufweist. Siehe John E. Young, *Village Life in Modern Thailand* (Berkeley, Calif.: University of California Press, 1958), S. 12.

66 Das Verhältnis war insofern parasitär, als die militärische Überlegenheit der städtischen Elite die Dorfbewohner zwang, von ihrer Ernte mehr herzugeben oder weniger dafür zu nehmen, als sie bekommen hätten, wenn beide Parteien aus einer Position gleicher politischer Stärke miteinander verhandelt hätten. Da die Beteiligung der Dorfbewohner jedoch nicht nur durch Zwang zustande kam, kann das Verhältnis nicht als rein parasitäres betrachtet werden.

67 In Mexiko wurde die Schrift vor dem Pflug erfunden, im Nahen Osten dürfte

Die Erfindung des Geldes erwies sich zweifellos als großer Stimulus für Handel und Gewerbe, weil damit kleine, leicht tragbare Objekte von hohem Wert und universellem Bedarf geschaffen waren.[68] Ein Produzent brauchte nun nicht mehr nach jemand zu suchen, der seine speziellen Güter, die er produziert hatte, haben wollte, er brauchte auch nicht mehr Güter in Zahlung zu nehmen, für die er keine persönliche Verwendung oder keine Kunden hatte. Mit der Entwicklung monetärer Systeme war der Herausbildung der Spezialfunktionen von Kaufmann und Zwischenhändler der Weg geebnet.

Das Geld erleichterte nicht nur die Bewegung von Waren und eine Zunahme des Handelsvolumens, es erwies sich auch als äußerst bedeutsam unter dem Aspekt der Verteilung und der sozialen Kontrolle. Wo Geld unbekannt ist, sind der Kapitalakkumulation feste Grenzen gesetzt und damit auch der sozialen Ungleichheit. Ein Wissenschaftler drückte es so aus: »Als Reichtum im kompakten und unvergänglichen Medium des Silbers sich messen ließ, verschwanden diese Grenzen. Die Wohlhabenden konnten das Silber, das sie aufgehäuft hatten, horten, solange sie wollten.«[69] Obendrein konnte man nach der Entwicklung des Geldwesens höhere Schulden machen, und das Verleihen von Geld stellte ein weiteres Instrument der Herrschaft über die Bauern und zu ihrer Trennung von dem von ihnen produzierten Surplus dar.[70] Obgleich dies nicht in der Absicht derer lag, die die ersten Geldsysteme entwickelten, erwies sich Kreditvergabe bald als äußerst lohnendes und gewinnbringendes Nebengeschäft für die privilegierten Klassen.

Es wäre allerdings falsch anzunehmen, das Geld sei in ähnlich massiver Weise ins tägliche Leben durchschnittlicher Agrargesellschaften eingedrungen, wie wir es von modernen Industriegesell-

es genau so gewesen sein. In beiden Fällen waren die betroffenen Gesellschaften aber *höchst* fortgeschrittene Hortikulturgesellschaften, was darauf hinweist, daß zwischen der Erfindung der Schrift und diesem speziellen technologischen Entwicklungsstand ein Zusammenhang besteht. Außerdem, das muß betont werden, gibt es die Schrift nur in einer Handvoll Hortikulturgesellschaften, aber in praktisch allen Agrargesellschaften.

68 Für eine gute und knappe Darstellung des Ursprungs und der ersten Ausbreitung von Geldsystemen siehe entweder Turner, S. 263—265, oder A. T. Olmstead, S. 186—191.

69 A. Andrews, *The Greek Tyrants* (New York: Harper Torchbooks, 1963), S. 82.

70 Ebenda.

schaften kennen. Im Gegenteil, besonders in ländlichen Gebieten war die Verwendung von Geld eine äußerst seltene Erscheinung, insbesondere für die Bauern.[71]

Die Schrift entwickelte sich anfänglich wie das Geld als Reaktion auf die zunehmend komplexen wirtschaftlichen Probleme, denen sich die städtischen Klassen in den frühen Agrargesellschaften gegenüber sahen.[72] Wenn zeitgenössische Archäologen recht haben, dann ist ihr Ursprung in den Bestrebungen sumerischer Priester zu sehen, über die zahlreichen geschäftlichen Transaktionen ihrer Tempel genau Buch zu führen. Aber wie das Geld wurde auch die Schrift bald zu einem Instrument sozialer Herrschaft, ganz abgesehen davon, daß sie den Unternehmern zugute kam. Auch die Effizienz politischer Verwaltungssysteme vermochte sie erheblich zu steigern.[73] Tatsächlich ist sie zum Fundament jeder echten Bürokratie geworden.

Die traditionelle Kluft zwischen herrschenden Klassen und einfachem Volk wurde mit der Erfindung der Schrift noch weiter vertieft; zwischen der schriftkundigen Minderheit und der schriftunkundigen Mehrheit klaffte nun auch kulturell ein Abgrund.[74] Agrargesellschaften waren in der Regel schriftkundig, aber eben nur bei einem winzigen Teil ihrer Bevölkerung – eine Struktur, welche diese Gesellschaften sowohl von den schriftlosen Hortikulturgesellschaften wie von den weitgehend schriftkundigen industriellen Gesellschaften abhebt. Folge davon war, daß die kulturelle Einheit von Agrargesellschaften ernsthaft geschwächt wurde und eine gespaltene kulturelle Tradition sich entwickelte. Auf der einen Seite gab es das, was ein Historiker »die hohe intellektuelle Tradition« genannt hat, zu der die sakrale Literatur des herrschenden Glaubens ebenso gehörte wie die großen Werke von Philosophie und Literatur oder die Normen von Ehre und Sitte und all die anderen Dinge, die zum Leben der gebildeten Minderheit gehörten.[75] Auf der anderen Seite stand die »niedrige intel-

71 Siehe z. B. Cowell, S. 95 ff. über die römische Gesellschaft im 3. Jahrhundert v. Chr.; Pirenne, S. 102—106 über das mittelalterliche Europa; oder Takekoshi, Bd. I, S. 74 und 95 über das 8. Jahrhundert in Japan.

72 Über den Ursprung der Schrift siehe die ausgezeichnete Arbeit von Childe, *Man*, S. 143 ff. Vgl. Fußnote 67 oben.

73 Siehe Turner, S. 315.

74 Gelegentlich trat der Fall ein, daß ein Herrscher nicht schreiben konnte; dann bediente er sich eben derer, die schriftkundig waren.

75 Siehe Turner, S. 317—323. Siehe auch Marc Bloch, Kap. 5 und bes. S. 77.

lektuelle Tradition« des einfachen Volkes, angefüllt mit praktischen Dingen bäuerlicher Technologie, primitivem Aberglauben und gekennzeichnet durch eine äußerst engstirnige Weltsicht. Die hohe intellektuelle Tradition war eine Art gemeinsamer Nenner, der die privilegierten Klassen in allen Teilen des Landes einte; die niedrige intellektuelle Tradition dagegen wirkte sich meist als spaltende Kraft aus, welche engste Beschränktheit einimpfte, die alles, was nicht bekannt und vertraut war, mit Argwohn betrachten ließ.[76]

Parallel zur kulturellen Kluft zwischen schriftkundiger Minderheit und schriftunkundiger Mehrheit läuft in diesen Gesellschaften noch eine zweite; sie trennt städtische Minderheit und ländliche Mehrheit voneinander.[77] Die Lebensweise in diesen beiden Gemeindetypen war so unterschiedlich, daß, wer in der einen die typische Erziehung genossen hatte, dumm und töricht aussehen mußte, wenn er auch nur mit den alltäglichsten Problemen der anderen konfrontiert wurde. Auf dieser Basis entstanden auch jene anzüglichen Scherze über den »Bauerntölpel«, der sich in der Stadt verirrt, und den »Großstadtschnösel«, der auf dem Lande dumm herumläuft.

Ehe wir diese kurze Charakterisierung von Agrargesellschaften abschließen, muß noch etwas über *Religion* gesagt werden – ein besonders schwieriges Thema, weil die Unterschiede zwischen Gesellschaften häufig bedeutsamer scheinen als alle Punkte der Übereinstimmung. Manchmal sieht es fast so aus, als seien Verallgemeinerungen in Sachen Religion in Agrargesellschaften ganz und gar unmöglich. Man vergleiche nur den toleranten Glaubenspluralismus des Chinesischen Reiches in gewissen Epochen mit der rigiden Haltung der Führer im alten Israel etwaigen Abtrünnigen gegenüber, eine Haltung, die auch die meisten islamischen und christlichen Gesellschaften später an den Tag legten. Oder man

76 Die Zusammenhänge und Interdependenzen zwischen diesen beiden kulturellen Traditionen erörtert recht erhellend McKim Marriott, »Little Communities in an Indigenous Civilization«, in: *Village India: Studies in the Little Community* (Chicago: University Chicago Press, 1955), S. 171—222. Marriott legt allerdings mehr Gewicht auf die integrative Rolle der höheren Tradition als auf die spaltende der niedrigen.

77 Die Parallele war keineswegs vollkommen, weil es stets viele schriftunkundige Arbeiter in den Städten und eine kleine Zahl gebildeter Lehrer, Beamter, Priester, Grundbesitzer oder auch wohlhabender Bauern in den ländlichen Gebieten gab, die lesen konnten.

denke an die Schwäche der Priesterklasse in China und Rom im Vergleich zur riesigen Stärke ihrer Gegenspieler in Indien oder im mittelalterlichen Europa.

Trotz solcher Unterschiede gab es jedoch gewisse Strukturen, die sich in den meisten Agrargesellschaften nachweisen lassen. In erster Linie war die Religion in praktisch all diesen Gesellschaften eine Angelegenheit, für die der Staat und seine Oberen sich interessierten. Die Art, in der diese Belange gehandhabt wurden, variierte beträchtlich, sie reicht vom zynischen Manöver der Herrscher, sich das religiöse Engagement ihrer Untertanen zunutze zu machen, bis zu ihrem aufrichtigen Bemühen, getreu dem eigenen Glauben zu handeln. In beiden Fällen jedoch lief das Interesse an der Religion auf den Versuch hinaus, die religiöse Macht in den Dienst des Staates zu stellen.

Solche Bestrebungen stießen gewöhnlich auf lebhafte Gegenliebe bei der führenden Priesterschaft oder zumindest doch bei jenen Priestern, die politisch etwas zu sagen hatten. Von ihrem Standpunkt aus ließ sich aus einer Allianz oder Fusion der Macht von Kirche und Staat eine Menge herausholen. Ein solches Bündnis sicherte ihnen nicht nur einen Teil des wirtschaftlichen Surplus, sondern gewährleistete auch die Verteidigung ihrer Interessen durch die starke Macht des Staates.

Natürliche Folge dieser Entwicklungen war die allmähliche Schwächung von Familien- und Dorfkulten und die entsprechende Stärkung von Staatsreligionen. In den seltensten Fällen verschwanden die Einzelkulte völlig, wie ihr Überleben in Form des Heiligenkults im Katholizismus und in der Östlichen Orthodoxie sowie Haus- und Dorfgötter im Hinduismus beweisen; sie wurden jedoch meist als untergeordnete Elemente in die jeweils politisch herrschende Staatsreligion integriert.[78]

Ein zweites Merkmal der religiösen Situation, das besondere Aufmerksamkeit verdient, besteht im Auftauchen organisierten Konflikts zwischen religiösen Gruppen zuweilen in größerem Maßstab. In einfacheren Gesellschaften kennt man solche Konflikte praktisch gar nicht. Gründe für ihre Entstehung in Agrargesellschaften gibt es verschiedene. Zum Teil spiegelt sich in ihnen ein wachsender kultureller Pluralismus, der zu Spannungen zwischen ethnischen Gruppen, zwischen Klassen, zwischen Stadt- und

78 Marriott, a. a. O.

Landbevölkerung und nicht zuletzt zwischen bürokratischen Religionsfunktionären und ihren charismatischen Kritikern und Rivalen führte. Oft trafen mehrere dieser Faktoren aufeinander und ließen einen religiösen Konflikt entbrennen.

Aufgrund der engen Beziehungen zwischen Kirche und Staat in Agrargesellschaften war der Staat meist in diese Konflikte verwickelt, womit auch die Anwendung von Gewalt feststand. In einigen Fällen kam es zu echten Religionskriegen, so im frühen Islam oder in Europa nach der Reformation. Unter solchen Verhältnissen dürfte der Glaube eines Menschen erhebliche Konsequenzen für seine Aussichten auf die Gratifikationen der Gesellschaft gehabt haben, wenn er nicht sogar über Leben und Tod entschied.

Staat, Herrscher und soziale Ungleichheit

Nahezu jedem Beobachter von Agrargesellschaften, besonders aber dem, der sie vergleichend betrachtet, prägt sich ein Faktum nachdrücklich ein: *die Tatsache auffälliger sozialer Ungleichheit.* In voll entwickelten Agrargesellschaften trifft man ausnahmslos auf starke Unterschiede in Macht, Privilegien und Ansehen. Sie sind größer als alle Unterschiede von Hortikulturgesellschaften, und seien deren Schichtungssysteme noch so stark ausgeprägt, wie es in Afrika und der Neuen Welt mitunter der Fall ist. Und sie gehen weit über die von einfachen Hortikultur- oder Jäger- und Sammlergesellschaften hinaus.

Man liest nicht lange in der Geschichte dieser Gesellschaften, bis man entdeckt, daß die höchst ungleiche Verteilung von Macht, Privilegien und Ansehen weitgehend von Struktur und Funktionsweise ihrer politischen Systeme herrührt. Um es einfacher zu sagen, *in diesen Gesellschaften sind die Regierungsinstitutionen die primäre Quelle sozialer Ungleichheit.*

Damit sollten wir unserer allgemeinen Schichtungstheorie sowie unserer Analyse von Agrargesellschaften zufolge auch rechnen. Auf der Basis unserer früheren Definition von Mensch und Gesellschaft müssen wir bei einem Anwachsen des wirtschaftlichen Surplus, bei Fortschritten in der Militärtechnik bis zu einem Punkt, an dem nicht mehr jeder unterschiedslos über eine gleich gute Ausrüstung verfügt, und einer wachsenden Staatsmacht eine

Verstärkung der sozialen Ungleichheit logisch antizipieren. Genauso stand zu erwarten, daß die Aktionen der Mächtigen, die im Namen des Staates agieren, sich als Hauptursache dieser wachsenden sozialen Ungleichheit erweisen würden.

Um den Charakter des Verteilungsprozesses in Agrargesellschaften zu verstehen, ist es wichtig, den Charakter des Staates, wie die einflußreichsten Mitglieder dieser Gesellschaften ihn sehen, zu begreifen. Für sie war der Staat nicht nur eine Organisation, die im Kampf um Macht und Privilegien die Regeln bestimmte und durchsetzte. Er war selbst Gegenstand des Kampfes. Der großen Machtbefugnisse wegen, die ihm übertragen waren, war der Staat *der höchste Preis* für alle, die nach Macht, Privilegien und Prestige trachteten. Herrschaft über den Staat zu erlangen, hieß die Macht über das mächtigste Instrument zur Selbsterhöhung in Agrargesellschaften zu besitzen. Bei geschickter und fähiger Ausübung der Staatsmacht konnten ein einzelner oder eine Gruppe einen großen Teil des wirtschaftlichen Surplus unter ihre Kontrolle bringen und auf dieser Grundlage dann zu Ehre und Ansehen gelangen. Folge davon war, daß derjenige, der die Herrschaft im Staat hatte, in der Regel bereit war zu kämpfen, um seine Macht zu behalten, während die anderen entweder bestrebt waren, sich bei ihm lieb Kind zu machen, um an seinem Wohlstand partizipieren zu können, oder versuchten, ihn zu stürzen.

Allen, die politische Institutionen unter funktionalistischen Aspekten zu betrachten gewohnt sind, mag diese Beurteilung von Agrarstaaten merkwürdig und verzerrt erscheinen. Dennoch ist sie die einzige Sichtweise, die eine Interpretation der meisten Grundphänomene in der politischen Geschichte praktisch aller Agrarstaaten überhaupt ermöglicht.[79] Geschichte ist in nahezu allen diesen Fällen nichts als eine fast ununterbrochene Kette von Intrigen und Machtkämpfen in und zwischen Staaten. Zudem fanden diese Kämpfe zumeist zwischen Individuen oder Gruppen statt, die weit mehr an ihrem eigenen Vorteil interessiert waren als an den Prinzipien distributiver Gerechtigkeit oder am Gemeinwohl, außer in jenen Fällen, wo privater Gewinn und Gemeinwohl zufäl-

79 Siehe z. B. Albert H. Lybyer, *The Government of the Ottoman Empire in the Time of Suleiman the Magnificent* (Cambridge; Mass.: Harvard University Press, 1913), S. 147; hier findet sich eine ausgezeichnete Zusammenstellung der Ziele eines einzelnen Agrarstaates. Siehe auch Turner, S. 306 ff., wo dieser Gegenstand allgemeiner behandelt ist.

lig zusammenfielen.[80] Es gab zwar einige rühmliche Ausnahmen von diesem allgemeinen Muster, sie waren jedoch nichts als Ausnahmen und überdies noch äußerst selten.[81]

Den besten Beweis hierfür dürften die Aufzeichnungen über jene Tausende von Militärfeldzügen liefern, welche Herrscher von Agrarstaaten unternommen haben. Kaum irgendwo finden sich Hinweise darauf, daß die Interessen des einfachen Volkes von den Verantwortlichen ernsthaft berücksichtigt worden wären, oder daß das Volk jemals viel dabei profitiert hätte, selbst wenn seine Nation als Sieger aus dem Krieg hervorging. Die meisten Kriege zwischen Agrarstaaten wurden von ihren Herrschern oder herrschenden Klassen einzig zwecks persönlicher Bereicherung oder zum eigenen Ruhme angezettelt, zuweilen auch, um angestammte Interessen vor räuberischen Nachbarn zu schützen.

Auch die inneren Kämpfe um die Macht, gewaltsame wie gewaltlose, die in den meisten Agrarstaaten tobten, waren in den seltensten Fällen Kämpfe um Prinzipien. Vielmehr waren es Kämpfe zwischen rivalisierenden Parteien der privilegierten Klasse, die jeweils hinter ihrem speziellen Vorteil her waren; oder, was mitunter auch vorkam, ein kleiner Teil des einfachen Volkes erkannte eine günstige politische Gelegenheit und versuchte zu Ämtern und Ansehen zu kommen. Die Beteiligten gaben kaum jemals vor, an etwas anderem als ihrem persönlichen Vorteil oder dem ihrer Partei interessiert zu sein.[82]

Wenn man die Folgen dieser Kriege betrachtet, dann braucht man nach den Gründen ihrer Häufigkeit nicht lange zu suchen. Die Eroberung des Regierungsapparates von innen oder von außen war ein Gewinn, der dem Sieger märchenhaften Reichtum und unermeßliche Macht eintrug.

80 Ein gutes Beispiel dafür aus der europäischen Geschichte stellt Painters *(Monarchies)* Schilderung vom Aufstieg der Monarchien in England, Frankreich und Deutschland dar.

81 Die Ausnahmen, von denen wir hier sprechen, machten jene wenigen politischen Führer, die in Fragen von großer Bedeutung distributive Gerechtigkeit oder das Gemeinwohl *dauernd* oder *meistens* über privaten Vorteil stellten. Sicherlich gab es viele, die es sich leisteten, in kleinen Dingen großzügig zu sein, solange sie nur ihre Interessen in wichtigen Fragen gut behaupteten. Sie weichen nicht vom allgemeinen Muster ab.

82 Klassische Beispiele dafür sind die Bruderkriege, die regelmäßig nach dem Tod des Kaisers im Mogulen-Reich ausbrachen, sowie die vielen Kriege im Römischen Reich, die mit der Ermordung fast der Hälfte aller Inhaber des kaiserlichen Amtes endeten.

Das tatsächliche Ausmaß des Reichtums von Herrschern über Agrarstaaten in der Vergangenheit exakt zu bestimmen, ist schwierig, vereinzelte Berichte geben jedoch eindeutige Hinweise auf die Unermeßlichkeit der Mittel, über die sie verfügten. Im letzten Jahrzehnt des 12. und im ersten des 13. Jahrhunderts hatten die englischen Könige Richard I. und Johann Einkünfte von durchschnittlich 24 000 Pfund im Jahr (zwei Kriegsjahre ausgenommen).[83] Das war dreißigmal soviel, wie der reichste Adlige dieser Zeit einnahm, und entsprach drei Vierteln der Gesamteinkünfte aller 160 Adligen zusammen.[84] Die Einkünfte des Königs lassen sich auch dem gesamten Jahreseinkommen von 24 000 Feldarbeitern vergleichen, die zu jener Zeit einen Penny pro Tag verdienten.[85] Zur Zeit Richards II., also gegen Ende des 14. Jahrhunderts, kamen die englischen Könige auf durchschnittlich 135 000 Pfund im Jahr (das Jahr 1380, in dem ungewöhnlich hohe militärische Kosten anfielen, nicht gerechnet).[86] Dieser Betrag war fast vierzigmal so hoch wie das Einkommen des reichsten Adelsmitglieds und *entsprach damit 85 Prozent des Gesamteinkommens der beinahe 2200 Angehörigen von Adel und Junkertum,* wie aus der Einkommensteuerliste aus dem Jahr 1436 hervorgeht.[87]

Die Einkünfte dieser frühen englischen Könige waren bei all ihrer Höhe klein im Vergleich zu den Einnahmen von Herrschern größerer Staaten. Von Xerxes, dem großen persischen Kaiser der vorchristlichen Zeit, wird berichtet, er habe ein jährliches Einkommen in Gold gehabt, das nach heutigen Maßstäben 35 Millionen Dollar entspräche; Suleiman der Wunderbare strich in der Türkei 421 Millionen ein, Akbar der Große von Indien 120 Millionen und sein Nachfolger Aurangzeb 270 Millionen, jeweils in Dollar ausgedrückt.[88] Selbstverständlich wurde ein großer Teil der Einkünf-

83 Errechnet von Sir James H. Ramsay, *A History of the Revenues of the Kings of England: 1066—1399* (Oxford: Clarendon Press, 1925), Bd. I, S. 227 und 261.

84 Sidney Painter, *Studies in The History of the English Feudal Barony* (Baltimore: John Hopkins, 1943), S. 170—171.

85 Bennett, S. 121.

86 Ramsay, Bd. II, S. 430.

87 H. L. Gray, »Incomes from Land in England in 1436«, *English Historical Review,* 49 (1934), S. 614 und 630.

88 Siehe Olmstead, S. 298 über Xerxes, und Lybyer, S. 181 und 295 über Suleiman, Akbar und Aurangzeb. Ich habe die Zahlen dieser Autoren adjustiert, um die jüngste Inflation in Rechnung zu stellen.

te dieser Männer von den Regierungskosten verschlungen, was bedeutet, daß die Zahlen das bildeten, was ein moderner Geschäftsmann das »Bruttoeinkommen« im Gegensatz zum »Nettoeinkommen« nennen würde. Da aber die genannten Zahlen auf dem Tageswert von Barrengold beruhen, können sie, wie Wissenschaftler gesagt haben, an der gegenwärtigen Kaufkraft gemessen auch zu niedrig liegen. Darauf kommt es jedoch hier nicht an; wichtig sind die Einkommensrelationen innerhalb dieser Gesellschaften und nicht irgendwelche Vergleiche mit unserer heutigen Gesellschaft. Und so gesehen waren die Einkünfte dieser Herrscher in jedem Fall riesig.

Einige weitere Beispiele unterstreichen die Unermeßlichkeit des Reichtums, den jene besaßen, die den Staatsapparat in Agrargesellschaften in der Hand hatten. In China gelang es im 16. Jahrhundert einem Eunuchen, Liu Chin, einen jungen und unerfahrenen Kaiser zu dominieren und die riesige Macht des Chinesischen Staates für einige Jahre an sich zu bringen. Er akkumulierte in dieser kurzen Zeitspanne ein Vermögen, das bei seinem Einzug 240 000 Goldbarren, 57 800 Goldstücke, 25 000 000 Unzen Silber, drei Scheffel kostbarer Steine, 3000 goldene Ringe und viele andere Schätze umfaßte.[89] Der Wert dieses Vermögens überstieg das jährliche Gesamtbudget des Staates. Die Geschichte berichtet auch von einem Kaiser in China aus dem 11. Jahrhundert, dessen *persönliches Budget* fast doppelt so hoch war wie die Summe, die für die Gehälter aller Beamten in der Hauptstadt des Landes zur Verfügung stand.[90] Im späten 15. oder frühen 16. Jahrhundert sollen dem Spanischen König ein Drittel der gesamten Erträge aus Grund und Boden zugefallen sein; die Quellen sprechen allerdings von einem Drittel des gesamten wirtschaftlichen Surplus.[91] Im 18. Jahrhundert umfaßten die königlichen Güter in Preußen »nicht weniger als ein Drittel des gesamten anbaufähigen Bodens«; das gleiche galt für die königlichen Güter im benachbarten Schweden.[92] Aber selbst solche Relationen wurden noch über-

89 Eberhard, S. 261.

90 Ebenda, S. 210. Obwohl die Gehälter, die die chinesische Regierung zahlte, gewöhnlich niedrig waren, bleibt dieser Vergleich doch sehr eindrucksvoll.

91 Jean Hippolyte Mariéjol, *The Spain of Ferdinand and Isabella*, übersetzt und herausgegeben von Benjamin Keen (New Brunswick, N. J.: Rutgers University Press, 1961), S. 275.

92 Siehe A. Goodwin, »Prussia«, in: A. Goodwin (Hrsg.), *The European Nobility in the Eighteenth Century* (London: Black, 1953), S. 86, und Heckscher, S. 126.

troffen, und zwar von Rußland im 19. Jahrhundert, wo die Krone fast die Hälfte der europäischen Territorien besaß.[93] Vor der Freilassung der Leibeigenen waren 27,4 Millionen Männer und Frauen Staatsbauern, die der Zar als sein Eigentum ansah, mit dem er machen konnte, was er wollte. So erklärt sich auch, warum Katharina die Große und ihr Sohn Paul in der Lage waren, verschiedenen Günstlingen in dem kurzen Zeitraum zwischen 1762 und 1801 1 400 000 Leibeigene zu schenken, ohne das Vermögen des Hauses Romanow ernsthaft anzugreifen.[94] In unseren Tagen akkumulierte der Premier von Thailand, der verstorbene Marschall Sarit, in nur zehn Jahren ein Vermögen von umgerechnet 140 000 000 Dollar, und das in einer Agrargesellschaft mit einem Pro-Kopf-Einkommen von jährlich noch nicht einmal 100 Dollar.[95]

Unter all den großen Agrarstaaten der Vergangenheit brachte kaum einer seinen Herren mehr ein als der Römische Staat unter den Antoninern im 2. Jahrhundert. Ein Historiker beschrieb die wirtschaftliche Situation dieser Männer wie folgt:

»Das Vermögen des Kaisers bestand nicht allein in den akkumulierten Besitztümern seiner Familien oder Vorgänger, auch nicht nur in den riesigen Latifundien, welche er hier und dort – in Afrika und in Asien – erbte, oder in der Tatsache, daß er stets den Löwenanteil aller partiellen oder totalen von Richtern verfügten Konfiskationen annektierte. In erster Linie und vor allem hinderte ihn nichts daran, seine Privatbörse aus den Kammern der Staatsfinanz aufzufüllen, in welche die Steuern flossen, die zum Unterhalt seiner Soldaten erhoben worden waren, und außerdem wagte es niemand, die Rechnungslegung seiner Ausgaben von ihm zu verlangen. Er konnte nach Belieben, ohne jemandem Rechenschaft zu geben, über die Einkünfte aus Ägypten, dem persönlichen Besitz der Krone, disponieren, und er konnte mit beiden Händen tief in die Kriegsbeute greifen ... Die Kluft, die ihn von den Plutokraten Roms trennte, war fast ebenso groß wie die, welche zwischen jenen und dem ›Mittelstand‹ gähnte.«[96]

Um den letzten Punkt zu illustrieren, weist der Autor darauf hin, daß der Kaiser eine »Sklavenfamilie« von 20 000 Mitgliedern

93 Blum, S. 476—477 und 492.

94 Ebenda, S. 356—357.

95 *New York Times*, 10. Juli 1964, S. 2.

96 Jerome Carcopino, *Daily Life in Ancient Rome: The People and the City at the Height of Empire*, übersetzt von E. O. Lorimer (London: Routledge, 1941), S. 68.

sein eigen nannte, während wohlhabende Plutokraten häufig »nur« über mehrere Tausend persönlicher Sklaven geboten.

Um voll und ganz zu begreifen, wie es zu solch riesigen Anhäufungen von Vermögen kam, muß man *die Theorie vom Staat als Eigentum* in Rechnung stellen, welche in praktisch allen Agrargesellschaften das Denken derer bestimmte, die an der Macht waren. Dieser Theorie zufolge ist der Staat ein Stück Eigentum, welches sein Besitzer innerhalb weiter und recht mangelhaft definierter Grenzen zu seinem eigenen Vorteil nutzen kann.[97] Wie die meisten Formen von Eigentum kann auch diese auf Erben übertragen werden. Max Weber hat in seiner klassischen Analyse traditionaler Herrschaft diesen Staatsbegriff sehr gut dargelegt.[98]

Aufgrund dieser Eigentumstheorie sahen die Herrscher von Agrarstaaten nichts Unsauberes oder Unmoralisches in der Nutzung dessen, was wir – und nicht sie – ein »öffentliches Amt« nennen, zum eigenen Vorteil. Für sie war es nichts als die Nutzung dessen, was sie als ihr »väterliches Erbteil« betrachteten, und als was sie es häufig auch bezeichneten. So schrieb ein Historiker beispielsweise über die Ptolemäer Ägyptens, sie hätten den ersten Kaisern Roms gezeigt, »wie man ein Land nach dem Grundsatz eines einträglichen Gutes führt«.[99] Die Ptolemäer stellten keineswegs einen Einzelfall dar. Wo immer Agrargesellschaften eine monarchische Staatsform hatten (wie wir weiter oben ge-

97 Robert Bellah meint, ich hätte hinsichtlich der Eigentumstheorie in Sachen Staat übertrieben, außerdem sei sie nicht so verbreitet gewesen, wie ich sage. Ich glaube, unsere Meinungsverschiedenheit rührt von der Berufung auf verschiedenerlei Datenmaterial her. Natürlich haben viele Forscher gezeigt, daß Herrscher ihren Untertanen gegenüber auch Verpflichtungen trugen, und viele Herrscher leisteten zumindest die entsprechenden Lippendienste. Das mir bekannte Material beweist allerdings, daß die Mehrzahl aller praktischen und konkreten Entscheidungen von Herrschern an der Eigentumstheorie orientiert war; deshalb spreche ich davon, daß sie »das Denken der Mächtigen beherrscht habe«.

98 Siehe Max Weber, *The Theory of Social and Economic Organization*, übers. von A. M. Henderson und Talcott Parsons (New York: Free Press, 1947), S. 341—348, und Max Weber, *Wirtschaft und Gesellschaft*, 2. Ausg. ed. (Tübingen: Mohr, 1925), Bd. II, S. 679—723.

99 Mattingly, S. 137. Siehe auch Turner, Bd. II, S. 620 oder Michael Rostovtzeff, *The Social and Economic History of the Roman Empire* (Oxford: Clarendon Press, 1957), S. 54, der über die Ptolemäer und ihre Zeitgenossen, die Seleukiden von Syrien, schreibt: »Sie identifizierten ihr eigenes Schicksal mit dem des Staates und beanspruchten für sich die Besitzrechte am gesamten Grund und Boden und allen seinen Schätzen.«

zeigt haben, galt dies fast universell), war auch die Theorie vom Staat als Eigentum bestimmend. Über Mitteleuropa lesen wir:

»Die Eigentumskonzeption der Herrschenden hatte eine unauflösliche Verquickung von öffentlichen und privaten Angelegenheiten zur Folge. Regierungsrechte waren eine Form von Privatbesitz. ›Staatsgüter‹ und ›Grundbesitz des Königs‹ waren Synonyme. Es gab keinen Unterschied zwischen dem König in seinen privaten und in seinen öffentlichen Eigenschaften. Ein Königreich war wie jeder andere Besitz, der mit Amtsbefugnissen verbunden war, Privatsache seines Besitzers. Weil ›Staat‹ und ›Besitz‹ [engl. ›state‹ und ›estate‹] identisch waren, war ›der Staat‹ ununterscheidbar vom Fürsten und seinem persönlichen ›väterlichen Erbteil‹.«[100]

William Stubbs, der englische Verfassungshistoriker, beschrieb die Position von Wilhelm dem Eroberer wie folgt: »Der König von Domesday [des Reichsgrundbuches von England] ist der oberste Grundherr; der gesamte Boden der Nation, das alte Gemeingut, ist in den Besitz des Königs übergegangen; auch alles private Land gehört mittelbar oder unmittelbar ihm.«[101] Die gleiche Struktur findet sich überall und immer wieder: im alten pharaonischen Ägypten, in den kleinen Staaten des Kiewanischen Rußland, und nachdem man dem Joch der Tataren entronnen war, auch unter Ivan dem Schrecklichen und seinen Nachfolgern, im Osmanischen Reich sowie in Indien, angefangen bei Alexander dem Großen bis hin zum Mogulenreich, um nur einige Beispiele zu nennen.[102]
Von einigen Agrarstaaten ist bekannt, daß die Könige keinen formellen Besitzanspruch auf das gesamte Land anmeldeten. Einige Wissenschaftler haben dem eine große Bedeutung beigemessen und versucht, die These zu entwickeln, diese Gesellschaften hätten sich grundsätzlich von jenen unterschieden, in denen solche An-

100 Siehe Hans Rosenberg, *Bureaucracy, Aristocracy and Autocracy: The Prussian Experience 1660—1815* (Cambridge, Mass.: Harvard University Press, 1958), S. 506.
101 Williams Stubbs, *The Constitutional History of England*, 5. Aufl. (Oxford: Clarendon Press, 1891), Bd. I, S. 282—283. Siehe auch J. E. A. Jolliffe, *The Constitutional History of Medieval England* (London: Black, 1937), S. 139 ff.
102 Siehe z. B. Adolf Erman, *Life in Ancient Egypt*, übersetzt von H. M. Tirard (London: Macmillan, 1894), 4. Kap.; Blum, S. 74 und 169, u. a. über Rußland; Lybyer, S. 28, 120 und 147 über die Türkei oder 292 über das Mogulenreich; Kosambi, S. 200, 215 und 237 oder Francois Bernier, *Travels in the Mughal Empire*, zitiert von A. K. N. Karin, *Changing Society in India and Pakistan* (Dacca: Oxford University Press, 1956), S. 37 über Indien.

sprüche erhoben wurden. Ohne die Bedeutung solcher Unterschiede leugnen zu wollen, scheint es uns viel wichtiger, zu erkennen, *daß alle agrarischen Herrscher entscheidende Besitzrechte praktisch am gesamten Grund und Boden auf ihrem Gebiet hatten.* Moderne Polemiken und Propaganda haben im Zusammenhang mit dem Thema Privateigentum allzu oft die Tatsache verschleiert, daß *Eigentum hauptsächlich aus Rechten und nicht aus Sachen besteht,* insbesondere aus Rechten auf Sachen, die knapp sind.[103] Ist dies richtig, dann sind Herrscher von Agrarstaaten Eigentümer oder Miteigentümer nicht nur ihres königlichen Besitzes und der Ländereien, die sie zu Lehen geben, zuteilen oder verpachten, sondern auch all der Ländereien, von denen sie rechtmäßig Steuern oder Tribut nehmen – besonders wenn es ihnen freisteht, diese Einkünfte für private Zwecke zu verwenden. Aus den gleichen Gründen sind sie auch Miteigentümer aller Geschäftsunternehmen, die sie besteuern.

Die Schwierigkeit, die es uns heute macht, die wahre Natur solcher Steuern zu begreifen, rührt von unserer Vorstellung her, Besitzrechte seien etwas Unteilbares. Entweder besitzt der Bauer das Landstück oder der König besitzt es; beide können nicht zur selben Zeit Eigentümer sein. Diese beschränkte Denkweise machte denn auch den Engländern während der ersten Jahre ihrer kolonialen Verwaltung in Asien und Afrika ziemlich zu schaffen. Wohlmeinende Beamte machten sich oft grober Fehlurteile schuldig in ihrem Versuch, Rechtsordnungen der Eingeborenen in Bodenfragen in entweder-oder-Kategorien zu systematisieren und zu kodifizieren.[104] Ein solcher Ansatz wird weder den komplizierten Systemen von Grundbesitz und anderen Formen von Eigentum in modernen Industriestaaten noch denen in traditionellen Agrargesellschaften gerecht. In beiden Fällen sind in der Regel mehrere Parteien gleichzeitig im Besitz von Anrechten auf das gleiche Stück Eigentum.

Herrscher von Agrarstaaten hatten zwar Besitzrechte praktisch auf das ganze Land und alle Unternehmen auf ihrem Gebiet, dennoch bestanden Unterschiede im Umfang dieser Rechte. Zum einen waren die Anrechte des einzelnen Herrschers je nach dem Gegenstand, um den es sich handelte, unterschiedlich groß. So besaß

103 Siehe Robin Williams, *American Society* (New York: Knopf, 1951), S. 272.
104 Siehe z. B. W. H. Moreland, *The Agrarian System of Moslem India* (Allahabad: Central Book Depot, n. d.) 6. Kap.

er, was den wirtschaftlichen Surplus aus Ländereien der Krone oder königlichen Gütern anlangte, gewöhnlich Exklusivrechte, während er sich mit anderen teilen mußte bei Ländereien, die jene »besaßen«.[105] Zum anderen waren auch die Anrechte der einzelnen Herrscher auf den wirtschaftlichen Surplus in ihrem Gebiet unterschiedlich groß. Wir wollen kurz auf diese Unterschiede und ihre Ursachen eingehen; die Tatsache, daß solche Unterschiede existieren, sollte jedoch keinesfalls die viel wichtigere Gemeinsamkeit vergessen lassen, die sich aus der nahezu universellen Anwendung der Theorie vom Staat als Eigentum ergibt.

Die Wahrnehmung ihrer Besitzrechte in Form von Steuer- und Tributforderungen, Pachtgeldern und Dienstleistungen war zweifellos die wichtigste Einnahmequelle für die meisten Herrscher von Agrarstaaten. In vielen Fällen wurden diese Ressourcen jedoch durch weitere ergänzt. Hier ist an erster Stelle *die Beute* zu nennen, die durch kriegerische Eroberung fremder Völker gemacht wurde. Nicht jeder agrarische Herrscher war kriegerisch, und nicht jeder, der es war, konnte Erfolge verbuchen. Wer allerdings in militärischen Unternehmungen siegreich blieb, den erwarteten immense Gewinne.

Sulla, der große Diktator im republikanischen Rom, demonstriert eindrucksvoll die Möglichkeiten von Militärfeldzügen. Obwohl seiner offiziellen Position nach weder König noch Herrscher, übte Sulla praktisch alle Funktionen eines solchen aus, und dazu gehörte, daß er sich auch die Früchte des Sieges aneignete. Seine größten Triumphe feierte er in Griechenland und Kleinasien, wo er Mithridates, den König von Pontus, besiegte. Ein Historiker weiß Folgendes darüber zu berichten: als Sulla nach Rom zurückkehrte, »war sein Troß schwer von Kriegsbeute; sie stammte aus griechischen Tempeln, aus dem Verkauf von Gefangenen und aus dem riesigen Raub, der notdürftig kaschiert war als Kriegsent-

105 Eine ähnliche Situation herrschte in bezug auf Handelsunternehmen. In manchen Fällen führten Herrscher lukrative Unternehmen als königliche Monopole, wie etwa die Zaren im 16. und 17. Jahrhundert in Rußland, die verschiedentlich das Monopol hielten im Verkauf von Alkohol, Zobelpelzen, Rohseide, Kaviar, Pottasche, Rhabarber (als Abführmittel sehr geschätzt), Walroßzähnen (als Messer und Peitschengriff zu verwenden) und im Export von Korn. Siehe Blum, S. 129. Siehe auch B. B. Misra, *The Indian Middle Classes* (London: Oxford University Press, 1961), S. 33—34, der ein weiteres Beispiel für diesen Brauch nennt. Im allgemeinen waren sie jedoch mit der Beteiligung am Gewinn der Unternehmen zufrieden.

schädigung in Höhe von 480 Millionen Sesterzen, die die unglückseligen Einwohner Kleinasiens hatten zahlen müssen«.[106] Um die Höhe einer solchen Summe zu ermessen, brauchen wir nur zu sagen, daß der Lohn eines einfachen Soldaten in den römischen Legionen sich auf 480 Sesterzen im Jahr belief, und daß, wie ein Jahr zuvor Cato der Ältere ausgerechnet hatte, ein Feldsklave für 312 Sesterzen pro Jahr am Leben und arbeitsfähig erhalten werden konnte und für einen freien Arbeiter und seine Familie 1000 Sesterzen genügten.[107]

Indes, Cato hatte den Ruf, mit Sesterzen sehr sorgfältig umzugehen, seine Kalkulationen mögen deshalb vielleicht etwas zu niedrig angesetzt sein, wenn auch nicht viel. Einige Jahrzehnte nach Sullas Triumph vertrat der wohlhabende Redner und Politiker Cicero die Auffassung, ein Mann benötige ein Einkommen von 600 000 Sesterzen im Jahr, um wie ein Herr leben zu können, und zweihundert Jahre später sprach der weniger reiche Poet und Satiriker Juvenal von 20 000 Sesterzen im Jahr als vom »Minimum«, das für ein behagliches und respektables Leben erforderlich sei.[108] Sinnvoller und erhellender dürfte jedoch ein Vergleich mit dem Jahresgesamteinkommen des römischen Staates selbst zu jener Zeit sein. Ein Forscher schätzte die jährlichen Gesamteinkünfte des römischen Staates 20 Jahre nach Sullas Sieg auf nur 202 Millionen Sesterzen, also weniger als die Hälfte von Sullas Kriegsbeute.[109]

Natürlich war dies nicht alles Sullas Reingewinn, er hatte sich schließlich eine Menge Verpflichtungen aufgeladen, um an diese riesigen Schätze zu kommen. Wie groß sein Vermögen in Wirklichkeit war, wird man niemals mit Sicherheit wissen, weil er jede Rechnungslegung verweigerte und niemand es wagte, ihn dazu aufzufordern. Seine Zeitgenossen waren sich allerdings darüber einig, daß er nach seinen Eroberungen der bei weitem reichste Mann im gesamten Römischen Reich war. Was Sulla tat, war nichts anderes, als was Hunderte von agrarischen Herrschern stets getan haben, einige sogar in noch größerem Maßstab.

Nach seiner Rückkehr nach Rom wandte Sulla eine andere, vielen Herrschern agrarischer Gesellschaften vertraute Methode zur Stei-

106 Cowell, S. 290.
107 Ebenda, S. 288, 258 und 104—106.
108 Ebenda, S. 110 über Cicero, und Carcopino, S. 66 über Juvenal.
109 Cowell, S. 386.

gerung seiner Einkünfte an, die der *Konfiskation* – inneres Gegenstück zu dem, was draußen die Eroberung ist. Wie Eroberung bedeutet Konfiskation die gewaltsame Aneignung von fremdem Eigentum. Auch diese Methode vermochte sich als lohnendes Geschäft für mächtige Herrscher zu erweisen, wie Sulla demonstrierte. Er wandte sich gegen seine Feinde in Rom mit der gleichen Härte, mit der er gegen das Heer des Mithridates angetreten war, und verursachte den Tod von nicht weniger als 2300 reichen Equestres und 90 noch wohlhabenderen Senatoren.[110] Ihre Ländereien und Besitztümer nahm er an sich und bezahlte damit seine Schulden beim Heer. Wenn wir davon ausgehen, daß der durchschnittliche Angehörige des Ritterstandes ein Vermögen von 400 000 Sesterzen besaß (das Minimum, welches Augustus ein halbes Jahrhundert später festsetzte), dann dürfte die Konfiskation eher noch lohnender gewesen sein als die Eroberung fremder Gebiete.

Sullas Konfiskationen stellten in der Geschichte der Agrargesellschaften nichts Außergewöhnliches dar. Viele andere römische Herrscher verfuhren genauso, darunter Mark Anton und Oktavian während ihres Triumvirats, Tiberius, Caligula, Nero, Domitian, Commodus und Septimus Severus, um nur einige zu nennen, die, wie ein Forscher es ausdrückte, »in der Anwendung dieses Verfahrens brillierten«.[111] Auch die russischen Zaren bedienten sich immer wieder dieses Instruments. Ivan der Schreckliche konfiszierte von Adligen und vom Klerus Ländereien, die in ihrer Ausdehnung mehr als den halben Staat umfaßten.[112] Zweihundert Jahre später konfiszierte Katharina die Große die gesamten riesigen Ländereien der Kirche von Rußland; das gleiche taten Heinrich VIII. in England und Gustav Vasa in Schweden im 16. Jahrhundert.[113] Die ersten drei der Tokugawa Schoguns, die Japan im 17. Jahrhundert regierten, leisteten einen Rekord, der nicht oft erreicht wurde. Jeder von ihnen nahm im Laufe seiner Regierungszeit dem Feudaladel rund ein Drittel seines gesamten anbaufähigen Bodens ab.[114] Auch verschiedene englische Könige, darunter Wilhelm II. und Heinrich I., wandten dieses Verfahren wie-

110 Boak, S. 200—201.

111 Siehe beispielsweise Léon Homo, *Roman Political Institutions* (London: Routledge, 1929), S. 258; Cowell, S. 268; oder Boak, S. 244—246, 293, 299, 308, 328, 334, 347 usw.

112 Blum S. 145.

113 Ebenda, S. 365; und Heckscher, S. 67.

114 Takekoshi, Bd. II, S. 26, 227 und 305.

derholt an, wenn auch nicht so häufig und nicht in so großem Umfang wie die Tokugawa Schoguns.[115]
Die Motive für Konfiskationen waren häufig eher politischer als wirtschaftlicher Natur. Den Schoguns scheint in erster Linie daran gelegen zu haben, die Macht des älteren Feudaladels zu zerschlagen. Sie erreichten dies dadurch, daß sie den Adligen ihr Land wegnahmen und es unter ihre Verwandten und Gefolgsleute verteilten. Kaum 10 Prozent alles Konfiszierten machten die Schoguns zu ihrem persönlichen Besitz. Im allgemeinen scheint man sagen zu können, *je größer der Maßstab, in dem konfisziert wurde, desto höher die Wahrscheinlichkeit, daß politische Motive beherrschend und ökonomische zweitrangig waren.*

Die regierende Klasse

Könige und Kaiser herrschten niemals allein. Stets teilte sich eine kleine Minderheit mit ihnen in die Regierungsgeschäfte. Obwohl es in der Regel schwierig ist, die Grenzen dieser regierenden Klasse genau zu bestimmen, scheint uns die Feststellung, daß selten mehr als 2 Prozent der Gesamtbevölkerung und zuweilen auch noch weniger dazugehörten, doch wichtig und richtig. So stellte die neuere Forschung zum Beispiel fest, daß im China des 19. Jahrhunderts Landadel und Hochadel, die die regierende Klasse bildeten, in der ersten Hälfte mit 1,3 Prozent und in der zweiten mit 1,9 Prozent an der Gesamtbevölkerung beteiligt waren.[116] Um die Mitte des 19. Jahrhunderts gehörten dem Adel in Rußland 1,25 Prozent der Bevölkerung an.[117] In Frankreich zählten am Vorabend der Revolution sogar nur 0,6 Prozent zum Adel, trotz des Zustroms vieler wohlhabender Kaufmannsfamilien.[118] Während der letzten Tage der Römischen Republik wird die regierende Klasse auf 1 Prozent der Bevölkerung der Hauptstadt geschätzt, was bedeutet, daß der Prozentsatz noch viel niedriger

115 Siehe z. B. Painter, *Barony,* S. 192—193.
116 Siehe Chung-li-Changs ausgezeichnete Untersuchung *The Chinese Gentry: Studies in Their Role in Nineteenth-Century Chinese Society* (Seattle, Wash.: University of Washington Press, 1955), S. 164.
117 Blum, S. 349.
118 Louis Gottschalk, *The Era of the French Revolution* (Boston: Houghton Mifflin, 1929,) S. 47.

läge, bezöge man die Provinzen mit ein.[119] Und in England schließlich brachten es Peers, Baronets, Knights und Esquires im 17. Jahrhundert zusammen auf 1 Prozent der Gesamtbevölkerung.[120]

Die Zusammensetzung der regierenden Klasse variierte innerhalb der einzelnen Gesellschaften und zwischen ihnen erheblich. Zu ihr zählten die höchsten Staatsbeamten, also die persönlichen Ratgeber des Herrschers, ebenso wie jene, deren politischer Einfluß auf eine einzelne kleine Provinzgemeinde beschränkt war. Die Zivilbeamten gehörten ebenso dazu wie die Militärbeamten. Viele waren in diese Klasse gekommen einzig aufgrund ihrer Ernennung durch den gegenwärtigen Herrscher, während andere ihr Erbrecht realisierten, indem sie ihr väterliches Erbteil in Form von Grund und Boden oder eines Amtes angetreten hatten. In der ersten Gruppe fanden sich auch Sklaven, wie die Janitscharen des Osmanischen Reichs beweisen, oder gerade erst Freigelassene wie im kaiserlichen Rom. Schließlich gehörten der regierenden Klasse Männer fremder Abstammung ebenso an wie im Land geborene.

Obwohl die genannten Unterschiede in gewisser Hinsicht von Bedeutung sind – wir werden kurz darauf zu sprechen kommen –, sind die Gemeinsamkeiten doch viel wichtiger. Zunächst einmal garantierte die Zugehörigkeit zur regierenden Klasse dem Einzelnen bestimmte einmalige Aufstiegs- und Bereicherungschancen. Zur regierenden Klasse zu gehören, war gleichbedeutend mit dem verbrieften und durch die höchste Macht im Land garantierten Recht darauf, am wirtschaftlichen Surplus, den die Bauernmassen und die Handwerker in den Städten produzierten, zu partizipieren. Dies war der Lohn dafür, daß die Angehörigen dieser Klasse für die Aufrechterhaltung der Autorität des bestehenden Regimes im allgemeinen und des Herrschers im besonderen sorgten und ihr die nötige Geltung verschafften.

Die Gestalt, welche die Gratifikationen für solche Dienste annahmen, war nicht immer dieselbe, stets jedoch war das Entgelt beachtlich, und im Falle der wichtigsten Minister des Herrschers war es sogar enorm. Häufig übereigneten Herrscher Mitgliedern der regierenden Klasse riesige Ländereien oder die Einkünfte daraus. Üblich war dieser Brauch insbesondere in jenen politisch zentra-

119 Cowell, S. 283.

120 Errechnet von G. E. Aylmer, *The King's Servants: The Civil Service of Charles I* (London: Routledge, 1961), S. 323 und 331.

listischen Staaten, in denen es den Herrschern weitgehend gelungen war, die Institutionalisierung erblicher Grund- und Bodenrechte zu verhindern, und wo aus diesem Grunde die Ländereien nach dem Tod des Inhabers wieder an die Krone zurückfielen. Auch in Perioden der Eroberung fremder Gebiete oder bei Konfiskationen großen Maßstabs vergab der Herrscher gewöhnlich große Ländereien. Selbstverständlich bedeuteten solche Zuwendungen, außer im Falle von hinzuerobertem fremdem Gebiet, in der Regel keinen absoluten Zugewinn für die regierende Klasse insgesamt, sondern stellten nur eine Umverteilung unter ihren Mitgliedern dar. Vom Standpunkt des begünstigten Einzelnen allerdings war es reiner Gewinn.

Im Lauf der Geschichte hat es viele Fälle von großzügigen Zuwendungen dieser Art gegeben. Englischsprachigen Völkern am bekanntesten dürften die Taten von Wilhelm dem Eroberer sein, der nahezu ganz England unter seine Statthalter verteilte.[121] Die meisten großen Eroberungen waren von solchen Praktiken begleitet.[122] In Japan folgten auf die riesigen Konfiskationen durch die ersten drei Tokugawa Schoguns verschwenderische Landvergaben an mehrere hundert Günstlinge und Familien.[123] Im Osmanischen Reich wie auch in Indien waren Landvergaben üblich, weil es den Herrschern gelungen war, der regierenden Klasse die Etablierung von Erbrechten auf das Land zu verwehren. Nach dem Tod eines Mitglieds dieser Klasse fielen seine Ländereien jeweils an die Krone zurück, so das Reservoir für neue Landvergabe immer wieder auffüllend.[124]

In Agrargesellschaften war die Vergabe von Boden fast immer verbunden mit bestimmten politischen Pflichten. So stellte der Tokugawa Schogun in Japan im 17. Jahrhundert einen formellen Katalog darüber auf, welche militärischen Aufgaben und Verpflichtungen alle Besitzer feudaler Ländereien zu übernehmen hatten. Wer Grundbesitz von mehr als 1000 koku erhalten hatte, mußte auf Aufforderung dreiundzwanzig Mann, einen Speer, ei-

121 Siehe Painter, *Monarchies*, S. 44—50.

122 Siehe z. B. Mariéjol, S. 262 über Spanien nach der christlichen Rückeroberung des Landes von den Mauren.

123 Takekoshi, Bd. II, S. 26, 227, 305.

124 Über die Türkei siehe Lybyer, 2. Kap. und S. 82—89, 100—103 und 114 bis 120, oder Mercia Macdermott, *A History of Bulgaria* (London: G. Allen, 1962), S. 26—27. Über das Mogulenreich Indiens siehe Lybyer, S. 285—286 und 297, oder Moreland, S. 9—12 und bes. 92—100 und 205—206.

nen Bogen (mit Pfeilen) und ein Gewehr (mit Kugeln) aufs Schlachtfeld bringen. Bei 1200 koku hatte man siebenundzwanzig Mann, drei Speere, einen Bogen und ein Gewehr zu stellen und bei 1300 koku neunundzwanzig Mann, drei Speere, einen Bogen und ein Gewehr. Die Liste erfaßte auch jene Grundbesitzer, die über 100 000 koku geboten, sie hatten 170 bewaffnete Männer, 350 Gewehre, 60 Bogen und 150 Speere sowie 20 Fahnen bereitzustellen.[125] Ähnliche Normen hinsichtlich militärischer Verpflichtungen galten im mittelalterlichen Europa, im Osmanischen Reich, unter den Mogulen und anderswo.[126] Außerdem mußte, wer vom Herrscher Ländereien empfangen hatte, wesentliche Aufgaben in der Zivilverwaltung übernehmen; er hatte vornehmlich für Recht und Ordnung auf seinem Gebiet zu sorgen und die Steuern einzuziehen.[127] Kurz, Landvergabe war im wesentlichen eine Form der Berufung in ein Staatsamt.

Nicht alle Berufungen in ein Amt sahen so aus. Aus verschiedenen Gründen erfolgten sie oft unabhängig von Landvergaben feudalen Stils, insbesondere in technologisch fortgeschrittenen Agrargesellschaften, wo mehr Geld vorhanden war. Auch wenn die Gehälter gewöhnlich klein waren, blieben politische Ernennungen doch weiterhin lukrativ. Die Beamten in Agrarstaaten waren ungeheuer findig im Herausknobeln neuer Methoden, aus ihren Posten etwas herauszuschlagen.

Beliebte Quelle solcher Einkünfte in praktisch allen Agrargesellschaften war der Verkauf der Gerichtsbarkeit. Kaum eine Agrargesellschaft, in der diese Praktiken fehlten.[128] Im kaiserlichen

125 Takekoshi, Bd. II, S. 20—21.

126 Siehe z. B. Bloch, S. 220—221, oder Pierre Caron, »The Army«, in: Arthur Tilley (Hrsg.), *Medieval France* (London: Cambridge University Press), S. 154 ff. über Europa; Lybyer, S. 100—103, oder Macdermott, S. 27 über die Türkei; Lybyer, S. 285—287, oder Moreland, S. 92—100 über Indien.

127 Siehe z. B. Blum, S. 428 ff. über Rußland; Rosenberg, S. 30 über Preußen; Bennett, 8. Kap. über England; Mariéjol, S. 273 über Spanien; Edith M. Link, *The Emancipation of the Austrian Peasant, 1740—1798* (New York: Columbia Press, 1949), S. 14 und 18 über Österreich; oder Lybyer, S. 100 über die Türkei.

128 Siehe Micha 3:7 und 7:3 über das alte Israel, oder weitere Hinweise bei Jesaja, Amos und in den Psalmen. Über Ägypten siehe Turner, S. 311. Über das Römische Reich siehe A. H. M. Jones, *Studies in Roman Government and Law* (Oxford: Blackwell, 1960), S. 170—171; über England siehe Philip Lindsay und Reg Groves, *The Peasants' Revolt, 1381* (London: Hutchinson, o. J.), S. 21; über Spanien siehe Mariéjol, S. 171 ff.; über das alte Persien siehe Olmstead, S. 129; über Indien W. H. Moreland, »The Revenue System of Mughal India«,

Rom war der Brauch eine Zeitlang so verbreitet, daß Konstantin der Große sich zu schreiben gedrängt sah:

»Beamte, haltet eure raffgierigen Hände unverzüglich zurück; haltet sie zurück, sage ich, denn wer sie nach dieser Warnung nicht zurückhält, dem werden sie mit dem Schwert abgehackt. Es geht nicht an, daß das *velum* des Richters zum Verkauf steht, die Zulassung käuflich ist, das *secretarium* entehrt wird durch konkurrierende Angebote, das Urteil des Statthalters [der Recht spricht] einen Preis hat ... Die Eröffnung eines Falles durch ihn, der *princeps officii* heißt, darf nicht länger mit Plünderungen seinerseits verbunden sein. Der *adjutor* eben dieses *princeps* darf die streitenden Parteien nicht länger erpressen. Die unerträglichen Übergriffe der Centurionen und anderer Beamter, die kleine und große Summen verlangen, müssen abgewehrt werden. Die unstillbare Gier jener, die die Akte eines Falles an die streitenden Parteien aushändigen, muß gemäßigt werden.«[129]

Offensichtlich forderte nahezu jeder Beamte, der an irgendeiner Stelle in ein Gerichtsverfahren eingeschaltet war, eine Art Honorar, eine Zuwendung. So ist es kein Wunder, daß das Volk in China angesichts einer solchen Situation das Sprichwort prägte: »Einen Gerichtshof betreten, heißt sich in den Rachen des Tigers begeben.«

Nicht nur das Recht war käuflich, andere Machtbefugnisse der Regierung, gelegt in die Hände von Beamten, waren es ebenfalls. In vielen Fällen weigerten sich Regierungsbeamte, etwas zu tun, ehe die betroffenen Parteien bereit waren, ihnen für ihre Aktivität persönliche Vorteile zu verschaffen. Wie häufig solche Praktiken waren, läßt sich an der Erfahrung Ciceros ablesen, der eine Zeitlang als Prokonsul in der großen Provinz Sizilien tätig war. Im Gegensatz zu seinen Vorgängern lehnte er Bestechungsgelder ab, eine Tatsache, welche die Eingeborenen nach Ciceros eigenen Worten »sprachlos vor Erstaunen« werden ließ.[131] Er schrieb, er habe die dankbaren Einwohner nur schwer daran hindern kön-

in: *The Cambride History of India*, Bd. 4, S. 453; über China siehe Robert K. Douglas, *Society in China* (London: Innes, 1894), Kap. 2, oder Morton Fried, *The Fabric of Chinese Society: A Study of the Social Life of a Chinese County Seat* (New York: Frederick A. Praeger, 1953), S. 65—66, um nur einige wenige der zahllosen Hinweise auf diese Praktiken zu nennen.

129 Jones, ebenda.

130 Douglas, S. 104.

131 Cowell, S. 292—293.

nen, Tempel und Statuen zu seinen Ehren zu errichten. Seiner Ehrlichkeit wegen brachte es Cicero während seines Jahres als Prokonsul in Sizilien »nur« auf 2 200 000 Sesterzen.[132]

Zu Beginn seiner Karriere hatte Cicero gesehen, wie lukrativ der Besitz eines Amtes sein konnte. Im Jahre 70 v. Chr. vertrat er als Anwalt die sizilianischen Städte in ihrem Rechtsstreit gegen Verres, den ehemaligen römischen Proprätor, dem sie zahlreiche Vergehen im Amt vorwarfen.[133] Im Verlauf des Prozesses stellte sich heraus, daß Verres in seiner dreijährigen Amtszeit aus der Provinz 40 Millionen Sesterzen herausgepreßt hatte, indem er seine politische Machtposition auf jede erdenkliche Weise nutzte und mißbrauchte. Ein Historiker hat seine Methoden wie folgt beschrieben:

»Durch falsche Anschuldigungen und indem er ungerechte Urteile fällte oder andere Richter mittels Einschüchterung zu solchen Urteilen zwang, sorgte er für die Konfiskation von Eigentum, dessen Wert er in seine eigenen Taschen brachte. Die Gerichtsbarkeit verkaufte er meistbietend. Er ersparte sich Ausgaben, indem er die Hafenbeamten um die Gebühren betrog, die er für seine aus Sizilien verschifften Güter hätte zahlen müssen, und er erhöhte seine Einkünfte, indem er Verwaltungs- und Priesterämter verkaufte. Er tat sich zusammen mit den *decumani* oder Steuereinnehmern, die den Zehnten auf alles Produzierte einzogen, und befahl den Landwirten zu zahlen, was die Steuereinnehmer forderten, mit dem Versprechen, sie könnten sich danach an ihn um Rechtsbeistand wenden, ein Rechtsbeistand, welcher – das braucht nicht betont zu werden – ihnen nie zuteil wurde. Er verlieh öffentliche Gelder zu Wucherzinsen und bezahlte zu wenig oder gar nichts für das Korn, das er von sizilianischen Gemeinden für die römische Regierung kaufte, während er den Staat den Marktpreis zahlen ließ. Gleichzeitig verlangte er von den Städten, daß sie das Getreide, das als Unterhalt für den Haushalt des Statthalters gedacht war, zu überhöhten Preisen in Zahlung nahmen. Zuweilen waren seine Forderungen an die Bauern höher als deren gesamte Jahresernte, so daß sie in ihrer Verzweiflung von ihren Gütern flohen. Dem auf diese Weise verdienten Geld fügte Verres noch einen kostbaren und kostspieligen Kunstschatz hinzu, den er zusammenraffte, indem er einzelne Personen oder auch Städte bestahl, sie einschüchterte

132 Ebenda, S. 294.

133 Eine gute knappe Zusammenfassung dieses Prozesses gibt Boak, S. 210 bis 212.

oder einfach beschlagnahmte, was er haben wollte. Selbst die heiligen Kunstschätze in den Tempeln waren nicht sicher vor ihm.«[134]

Wer sich gegen ihn zur Wehr setzte, so wird berichtet, wurde ins Gefängnis geworfen, gefoltert oder getötet. Laut Cicero waren die Gefängnisse unter Verres so voll und war sein Henker so fleißig, daß einer dieser Leute sich ein kleines Vermögen ergattern konnte, indem er sich kleine Vergünstigungen wie schmerzlose Hinrichtung von Verwandten und Freunden der Verurteilten bezahlen ließ.[135] Obwohl Verres' Aktionen formell eine Verletzung der den Sizilianern vom römischen Senat garantierten Charta darstellten, verhielten sich die Herrschenden in Rom alledem gegenüber weitgehend gleichgültig. Wie unser Historiker zusammenfassend schreibt: »Die traurige Wahrheit war, daß Verres nur schamloser und skrupelloser war als der Durchschnitt der Provinzstatthalter; die Sympathien des Senats gehörten deshalb eher ihm als seinen Opfern, den Provinzbewohnern.«[136]

Cicero und Verres scheinen beide als Amtsinhaber weder für Rom noch für andere Agrarstaaten typisch gewesen zu sein. Verres war raffgieriger als die meisten und Cicero hatte mehr Prinzipien. Die große Mehrzahl bestand nicht aus solchen Wucherern und Erpressern wie Verres, sondern beschränkte sich eher auf das, was amerikanische Politiker zuweilen als »ehrlichen Betrug« bezeichnen; ein Terminus, der nicht leicht zu definieren ist: im Grunde sind damit die unerlaubten Gewinne von Beamten gemeint, deretwegen in der Regel niemand (zumindest nicht von anderen Beamten) moralisch verurteilt wird. So hielt Sir Francis Bacon sich offensichtlich für einen »ehrlichen Betrüger«: beschuldigt, Bestechungsgelder angenommen zu haben, beharrte er darauf, nur Geschenke oder Zuwendungen für das empfangen zu haben, was er ohnehin getan hätte![137]

Erpressung und Wucher mögen selten gewesen sein, »ehrlicher Betrug« dagegen scheint zum Alltag gehört zu haben. So weist ein Autor in seiner Beschreibung der traditionellen Verwaltungsstruktur in den germanischen Fürstentümern vor der Blüte des preußischen Absolutismus auf »die selbstverständliche Vermengung von

134 Ebenda, S. 212.

135 Jones, S. 154.

136 Boak, S. 212.

137 Aylmer, S. 179.

öffentlichen und privaten Geschäften«[138] hin. Chung-li-Chang stellte eine sorgfältige Untersuchung über die Einkünfte chinesischer Beamter im 19. Jahrhundert an und kommt zu dem Schluß, daß das Einkommen aus unrechtmäßigen Quellen, das heißt aus »ehrlichem Betrug« und Wucher *»sich auf das Neunzehnfache des regulären Einkommens belief«*, welches sich zusammensetzte aus Gehalt und Aufwandsentschädigung, die die Regierung bezahlte.[139] Wir haben es hier natürlich nur mit einer Schätzung zu tun, und auch sie gilt nur für eine einzige Gesellschaft zu einer ganz bestimmten Zeit. Sie basiert allerdings auf ausgezeichneten Informationen; zudem stützen Daten aus anderen Gesellschaften und anderen Epochen die Vermutung, daß die irregulären Einkünfte normalerweise viel höher waren als die regulären.[140]
Aufgrund ihres äußerst lukrativen Charakters wurden öffentliche Ämter als höchst profitable Einnahmequellen betrachtet. Von hier war nur noch ein kleiner Schritt bis zu der Vorstellung, ein Staatsamt sei eine Ware, die ihren bestimmten Preis habe; und der Ämterkauf war denn auch in Agrargesellschaften extrem verbreitet. Tatsächlich scheinen nur wenige Staaten um dieses Problem völlig herumgekommen zu sein, auch wenn es vielen immerhin zeitweilig gelang. Immer wieder wurden in England, Frankreich, Preußen, Spanien, Rom, dem Byzantinischen Reich, dem Osmanischen Reich, in China, Japan und zweifellos noch in vielen anderen Ländern Ämter offen zum Kauf angeboten.[141]
Der Ämterkauf wurde auf unterschiedliche Weise praktiziert und

138 Rosenberg, S. 54.

139 Chung-li-Chang, *The Income of the Chinese Gentry* (Seattle, Wash.: University of Washington Press, 1962), S. 42. Hervorhebung durch uns.

140 Nur ein intimer Kenner der römischen Geschichte konnte sagen, die *Römer* hätten ein besonderes Talent gehabt, »gesetzwidrige Forderungen« zu stellen.

141 Siehe z. B. Aylmer, S. 225–239, oder Cecil Woodham-Smith, *The Reason Why* (New York: McGraw-Hill, 1953), bes. S. 25—29 über England; Elinor Barber, *The Bourgeoisie in 18th Century France* (Princeton, J. J.: Princeton University Press, 1955), S. 106—116, oder R. Mousnier, *La Vénalité des offices sous Henri IV et Louis XIII* (Rouen: Editions Maugard, 1945) über Frankreich; Rosenberg, S. 77—80 über Preußen; Roger B. Merriman, *The Rise of the Spanish Empire* (New York: Macmillan, 1934), Bd. III, S. 193 und Bd. IV, S. 204, 217, 324, 438—439 und 463 über Spanien; Homo, S. 358, oder Jones, S. 156 über Rom; Jones, S. 169—170, oder Glanville Downey, *Constantinople: In the Age of Justinian* (Norman, Okla.: University of Oklahoma Press, 1960), S. 66 über das Byzantinische Reich; Lybyer, S. 115—116 und 179 über die Osmanische Türkei; Douglas, S. 33—35, oder Chang, *The Chinese Gentry*, S. 5, 29—30 und 115 über China; oder Takekoshi Bd. I, S. 141 und Bd. I, S. 454—456 über Japan.

war von unterschiedlicher Bedeutung.[142] In einigen Fällen war der Herrscher selbst der Verkäufer, dann war der Ämterkauf nichts als ein Mittel, seine persönlichen Einkünfte zu steigern. In anderen war der Verkäufer ein Günstling des Königs, ein wichtiger Minister im Staat, der oberste Beamte eines Ministeriums oder einer nachgeordneten Behörde, der derzeitige Amtsinhaber, der Erbe oder Testamentsvollstrecker des letzten Inhabers oder jemand, der Vorrechte anzumelden hatte und sie abtrat. Oft war die Verbreitung dieser Praxis ein Anzeichen für ineffiziente Verwaltung oder für schwindende königliche Macht, allerdings nicht in jedem Fall. So belegte etwa Cecil Woodham-Smith überzeugend die These, die Praxis des Ämterkaufs sei im britischen Heer nach der Restauration ein wohlbeabsichtigtes Mittel gewesen, ehrgeizige Abenteurer, die unter Umständen darauf aus waren, das bestehende Regime zu stürzen, von den führenden militärischen Ämtern fernzuhalten.[143]

Nur eine kleine Minderheit der regierenden Klasse profitierte direkt aus wichtigen Ämtern in der *Zentral*regierung. Im 19. Jahrhundert saßen in China nur jeweils 1,6 Prozent der Besitzenden in einem Amt der Zentralregierung.[144] Vielleicht sollte man die 1,1 Prozent Adligen, die als Sekretäre von Beamten tätig waren, dazuzählen.[145] Wenn man bedenkt, wie lange es dauerte, bis einer ins Amt kam, und wie lange es dauerte, bis er wieder abgelöst wurde, dann scheint es wahrscheinlich, daß nur 5 bis 10 Prozent des Adels je in ihrem Leben als Beamte oder deren Sekretäre in der Zentralregierung tätig waren.[146] Diese Zahlen entsprechen denen aus dem englischen 17. Jahrhundert. Ein Wissenschaftler, der dieser Frage sorgfältig nachging, schätzt, daß 3 bis 6 Prozent

142 Aylmer erörtert diesen Punkt, S. 227.

143 Woodham-Smith, S. 25—29.

144 Chang, *Income,* S. 42.

145 Ebenda, S. 86.

146 Robert Marshs Untersuchung über die chinesischen Beamten während der Ch'ing- oder Mandschu-Dynastie nennt eine mittlere Dauer für Amtskarrieren von fünfundzwanzig Jahren; allerdings umfaßt sein Sample nur jene, die ruhmreich genug waren, um in Standardbiographien aufgenommen zu werden. Siehe *The Mandarins: The Circulation of Elites in China, 1600—1900* (New York: Free Press, 1961), S. 165. Diese Auffassung teilt Hsiao-Tung Fei mit seiner Feststellung: »Beamte waren nicht gerne für lange Zeit Beamte. Sie traten in die Verwaltung ein, um durch ihr Amt Steuerfreiheit zu erhalten und um reich zu werden«. Kurz, es ging ihnen darum, Grundbesitzer zu werden. Siehe *China's Gentry* (Chicago: University of Chicago Press, 1953), S. 32.

aller Engländer vom Range eines Edelmannes oder darüber ein Amt in der Zentralregierung über einen Zeitraum von jeweils siebzehn Jahren bekleideten.[147]

Wer es zu keinem Amt in der Zentralregierung brachte, war in der Regel offiziell oder inoffiziell auf lokaler Ebene am Regierungs- und Verwaltungsprozeß beteiligt. Chung-li-Chang schätzt, daß im 19. Jahrhundert stets etwa zwei Drittel des chinesischen Adels seine Einkünfte zum Teil aus solchen Tätigkeiten bezog. Die Gesamtsumme aller auf der lokalen Ebene verdienten Gelder entsprach der aus den Ämtern in der Zentralregierung. Weil sie jedoch unter eine viel größere Zahl von Personen aufgeteilt werden mußte, war das Durchschnittseinkommen dieser Beamten viel niedriger. Ein Amt in der Zentralregierung brachte durchschnittlich 5000 Tehl im Jahr, eines auf lokaler Ebene dagegen kaum über 100 Tehl. Wem diese Zahl im Vergleich zur erstgenannten niedrig scheint, der sollte daran denken, daß das Jahreseinkommen derer, die nicht der regierenden Klasse angehörten, nur 20 bis 25 Tehl pro Familie betrug.[148]

Eine weitere Einkommensquelle für den chinesischen Adel war der Grundbesitz. Chang schätzt, daß ein Viertel des gesamten anbaufähigen Landes in China im späten 19. und frühen 20. Jahrhundert der Gentry gehörte. Aus den Erträgen dieses Bodens erhielten sie meist 40 bis 50 Prozent als Pacht (hieraus bezahlten sie Steuern und andere Ausgaben). Die Ertragsrate für Bodeninvestitionen war nie besonders hoch, sie lag zwischen 10 Prozent vor Bezahlung der Steuern im späten 18. und nur 4 Prozent im späten 19. Jahrhundert. Der Größe des Grundbesitzes und der Zahl der dort beschäftigten Menschen wegen lag jedoch das Nettogesamteinkommen daraus etwa auf gleicher Ebene mit dem Gesamteinkommen aus Ämtern in Zentral- und Lokalverwaltungen selbst noch im späten 19. Jahrhundert. Hätte man zu dieser Zeit das Gesamteinkommen des Großgrundbesitzes gleichmäßig unter die 1 443 000 Köpfe der Gentry-Familien aufgeteilt, so hätte sich das Durchschnittseinkommen auf jährlich 150 Tehl vor Bezahlung der Steuern und auf 120 Tehl danach belaufen. Weil einige Angehöri-

147 Aylmer, S. 324.

148 Die Informationen stammen hauptsächlich von Chang, *Income*, Kap. 2. Die Untersuchung ist einmalig in ihrer reichen systematischen Dokumentation des Verteilungsprozesses in einer Agrargesellschaft. Aus diesem Grunde habe ich auch so ausführlich darauf Bezug genommen.

ge der Gentry keine Ländereien besaßen, lag das Durchschnittseinkommen der übrigen vermutlich näher bei 200 Tehl vor und 150 nach der Bezahlung der Steuern.[149]

Mitglieder der regierenden Klasse genossen häufig besondere Vergünstigungen, die den übrigen Großgrundbesitzern verwehrt waren. So hinterzogen sie zum Beispiel im 19. Jahrhundert in China ungestraft so viele Steuern oder waren sogar von ihnen befreit, daß ihr Gesamtsteueraufkommen im Endeffekt niedriger war als das der gewöhnlichen Bürger.[150] Letztere hatten so hohe finanzielle Lasten zu tragen, daß sie ihren Grund und Boden zuweilen unter dem Namen von Gentry-Angehörigen eintragen lassen mußten, ein Verfahren, welches häufig den praktischen Verlust ihres Bodens für sie zur Folge hatte.[151] Die Gentry besaß insofern noch einen weiteren Vorteil, als die Regierung in der Regel ihren Ansprüchen auf etwa nicht bezahlte Pachtgelder Geltung zu verschaffen wußte, was sie im Falle anderer Grundherren nicht tat.[152] Kurz, den Mitgliedern der regierenden Klasse brachte ihr Grundbesitz gewöhnlich viel mehr ein als anderen Personen.

Und schließlich hatte die chinesische Gentry auch Einkünfte aus dem Handel, den sie betrieb. Zuweilen ist gesagt worden, die Mitglieder der regierenden Klassen von Agrargesellschaften hätten merkantile Aktivitäten mit einem gewissen Abscheu betrachtet. Bei Licht besehen stellt sich dies höchstens als Halbwahrheit heraus. Während es zutrifft, daß geringfügige merkantile Aktivitäten als unstandesgemäß galten, waren, wie ein Forscher über den französischen Adel schrieb, »dicke Finanzgeschäfte stets ehrenwert«.[153] Dies gilt auch für das China des 19. Jahrhunderts, wo eine kleine Gruppe der regierenden Klasse versuchte, die lukrativsten Formen von Privatunternehmen zu monopolisieren. Besonders begehrt waren Salzhandel und Außenhandel (beides Monopole in der Hand der Regierung), Bankwesen und Geldverleih.[154]

149 Ebenda, bes. Kap. 5.

150 Ebenda, S. 328—329. Siehe auch S. 133—136.

151 Ebenda, S. 134.

152 Ebenda, S. 134.

153 J. McManners, »France«, in: A. Goodwin (Hrsg.), *The European Nobility in the Eighteenth Century* (London: Black, 1953), S. 37.

154 Der kritische Leser von Changs Untersuchung mag sich fragen, ob dem Phänomen des Geldverleihs genügend Aufmerksamkeit gewidmet wurde, besonders als Nebenquelle neben Grundbesitz. Siehe hierzu z. B. Morton Fried, S. 125—126.

Weniger als 1 Prozent der Gentry scheint am Handel beteiligt gewesen zu sein; die Gewinne, die sie daraus zog, waren jedoch so ungeheuer groß, daß ihre Einkünfte aus diesen Quellen mit jenen aus Ämtern in der Zentralregierung fast Schritt hielten und etwa der Hälfte der Bruttoeinnahmen aus dem Grundbesitz entsprachen. Das durchschnittliche Nettoeinkommen aus dem Handel scheint sich auf 11 000 Tehl im Jahr belaufen zu haben.[155]
Chang schätzt die Gesamtjahreseinkünfte der regierenden Klasse[156] in China im 19. Jahrhundert auf 645 Millionen Tehl, und damit auf 24 Prozent des gesamten Bruttosozialprodukts. Das bedeutet an die 450 Tehl pro Familie, eine Summe, die verglichen werden muß mit einem Durchschnittseinkommen von 20 bis 25 Tehl pro Familie in der gesamten übrigen Gesellschaft. Innerhalb der regierenden Klasse gab es natürlich riesige Einkommensunterschiede. So scheinen die höchsten Staatsbeamten 200 000 Tehl und mehr im Jahr verdient zu haben, während diejenigen am Rande (wie zum Beispiel Mitglieder absteigender Familien, die gänzlich von ihren kleinen Gütern lebten) vermutlich kaum mehr als den nationalen Durchschnitt zur Verfügung hatten.[157]
Da es an systematischen Daten mangelt, ist es schwierig, genau zu bestimmen, wie typisch oder atypisch die Zahlen über das China des 19. Jahrhunderts sind. Offensichtlich herrschen Unterschiede innerhalb von und zwischen Gesellschaften hinsichtlich der Höhe des Anteils, den die regierende Klasse vom nationalen Einkommen für sich beanspruchte, ebenso wie bezüglich ihrer Methoden, ihn an sich zu bringen. Eine weitere Quelle für Vergleichsdaten ist Aylmers Untersuchung über den Verwaltungsdienst unter Karl I. von England im zweiten Viertel des 17. Jahrhunderts.[158] Anhand seines Materials über diese Epoche kommt Aylmer zu dem Schluß, die regierende Klasse (im Rang von Esquire aufwärts), seinerzeit 1 Prozent der englischen Bevölkerung, habe 24 Prozent des nationalen Gesamteinkommens in Form von Einkünften aus ihren Ländereien erhalten; außerdem scheinen zumindest weitere 6 Prozent des Nationaleinkommens aus anderen Quellen an sie gefallen zu sein.[159] Hier liegt ein Vergleich mit der Schätzung Changs nahe,

155 Chang, *Income*, 6. Kap.
156 Er nimmt die Mandschu aus seiner Analyse aus.
157 Ebenda, Zusammenfassende Bemerkungen, Supplement 2, Kap. 1.
158 Aylmer, a. a. O., bes. S. 322—336.
159 Ebenda, S. 323 und 331. Das von Aylmer präsentierte Material zeigt, daß

dem zufolge in China der Anteil der regierenden Klasse von 1,9 Prozent an der Gesamtbevölkerung 24 Prozent der gesamten Einkünfte im Staat für sich beansprucht hat.
Mit der letztgenannten Zahl dürfte der Anteil der Herrschenden am Nationaleinkommen im 19. Jahrhundert und mehr noch im 18. unterschätzt sein. Erstens schließen Changs Zahlen den Mandschu-Anteil unter den Herrschenden nicht ein, dafür aber einige Chinesen, die schon kaum mehr zur regierenden Klasse zu zählen sind. Nähme man erstere hinzu und schlösse letztere aus, dann ergäbe die neue Rechnung, daß zumindest 30 Prozent des Nationaleinkommens für jene 1,5 Prozent an der Spitze der Bevölkerung reserviert waren. Zweitens schreibt Chang selbst, die Investitionsverzinsungen für Grund und Boden seien vom späten 18. bis zum späten 19. Jahrhundert stark gefallen.[160] Bis dahin hatten Ländereien gewöhnlich 10 Prozent gebracht, später gingen die Zinsgewinne bis auf magere 4 Prozent zurück. Die Zahlen über das 18. Jahrhundert entsprächen damit eher den von Aylmer für England zusammengetragenen als die über das 19. Jahrhundert. Den verfügbaren Daten zufolge scheint *an die regierenden Klassen von Agrargesellschaften in der Regel zumindest ein Viertel des Nationaleinkommens gefallen zu sein; regierende Klasse und Herrscher zusammen dürften über nicht weniger als die Hälfte verfügt haben.* In einigen Fällen könnte ihr gemeinsames Einkommen sich auf fast zwei Drittel des Gesamteinkommens belaufen haben. Diesen Schlüssen liegen nicht nur die Analysen der Einkünfte der politischen Elite zugrunde, sondern mehr noch die Analysen von Steuern und Abgaben, welche das einfache Volk in vielen Gesellschaften zu leisten hatte (siehe S. 487–499).
Aus dem Vorangehenden erhellt, daß Grundbesitz und Staatsämter die beiden wesentlichen Einkommensquellen der regierenden Klasse darstellten. Die Vermutung, es habe sich also nur um zwei verschiedene Mittel zu demselben Zweck gehandelt, liegt deshalb nahe. Dennoch trifft dies nicht zu. Im allgemeinen *wurde Grundbesitz, wo er unabhängig von einem Staatsamt auftrat, haupt-*

ihnen zwischen 500 000 und 700 000 Pfund aus Ämtern in der Zentralverwaltung zuflossen, und es scheint durchaus gerechtfertigt, davon auszugehen, daß andere Quellen ihnen die gleiche Summe einbrachten. Weiter gehe ich davon aus, daß die Durchschnittsfamilie der regierenden Klasse zu jener Zeit fünf Mitglieder zählte und die Gesamtbevölkerung sich auf 4,5 Millionen belief.
160 Chang, *Income*, S. 138—139.

sächlich als ein Mittel geschätzt, welches Prestige und wirtschaftliche Sicherheit verschaffte, während ein öffentliches Amt in erster Linie dem politischen und wirtschaftlichen Aufstieg diente. Wenn dieser Unterschied modernen Wissenschaftlern auch nicht immer geläufig war: allen, die in Agrargesellschaften lebten, war er es mit Sicherheit. Ihre Schriften zeugen denn auch immer wieder von der Gültigkeit des Prinzips. So schrieb ein englischer Edelmann aus dem 17. Jahrhundert:

»Für einen einfachen Landedelmann ist es unmöglich, jemals reich zu werden oder sein Haus zu vergrößern. Sein Erbe muß ihm schon irgendeinen Beruf eintragen, den des Höflings, Advokaten, Kaufmanns oder dergleichen. Wenn er keinen anderen Beruf hat, mag er sich ein Schiff nehmen und klug damit umgehen oder den Posten eines Revisors kaufen oder Straßenaufseher in seiner Grafschaft werden. Wenn er nur hinter seinem Pflug hergeht, kann er zwar zu seinem Wort stehen und ein aufrechter, ehrlicher Mann bleiben, doch sein Vermögen wird er niemals vergrößern.«[161]

Ähnliche Überlegungen äußern auch chinesische Autoren.[162]
In diesem Zusammenhang scheint es uns angebracht, explizit zu einem Punkt Stellung zu nehmen, der bisher nur implizit behandelt wurde. In Agrargesellschaften ließ sich Reichtum häufig in politische Macht ummünzen und umgekehrt; im Gegensatz zu modernen kapitalistischen Gesellschaften war es jedoch leichter, politische Macht in Geld umzusetzen als umgekehrt. Robert Heilbroner, Ökonom und Wirtschaftshistoriker, kennzeichnete dieses Verhältnis recht gut, als er schrieb: »In Vor-Marktgesellschaften [hierzu zählen für ihn auch Agrargesellschaften] *folgt das Geld meist der Macht; erst in der Marktgesellschaft drängt die Macht zum Geld.*«[163]
Ehe wir die Betrachtung der regierenden Klassen von Agrargesellschaften abschließen, möchten wir noch auf einen wichtigen Punkt möglicher Unterschiede zwischen ihnen hinweisen. In einigen Gesellschaften, so in den meisten europäischen des frühen Mittelalters, wurde die regierende Klasse gänzlich oder weitgehend von

161 Sir John Oglander, zitiert von H. R. Trevor-Roper, in: *The Gentry 1540 bis 1640*, in: *The Economic History Review Supplements*, Nr. 1 (o. J.), S. 26. Siehe auch S. 11—12 und 25—34.

162 Siehe z. B. Chang, *Income*, S. 127.

163 *The Making of Economic Society* (Englewood Cliffs, N. J.: Prentice-Hall, 1962), S. 27. Siehe auch Trevor-Roper, S. 50, oder Bloch, der über jene Zeit schreibt, »wo wahrer Reichtum darin bestand, ein Herr zu sein« (S. 92).

Angehörigen des Feudaladels gebildet, deren Macht und Privilegien auf ihrer Zugehörigkeit zu einer erblichen legalen Klasse beruhten. In anderen Gesellschaften, wie der römischen, byzantinischen, osmanischen und chinesischen, bestand die regierende Klasse auf der Höhe ihrer Macht vornehmlich aus Beamten der Bürokratie, die ihre Macht aus ihren Ämtern bezogen – Ämter, die in der Regel nicht erblich waren; sie war auch keine rechtlich definierte Klasse. Es gab aber auch Gesellschaften, in denen beide Elemente vorhanden und wichtig waren. Man kann deshalb tatsächlich von einer *Bürokratie-Adel-Skala* sprechen, auf der sich die jeweilige Bedeutung dieser beiden Elemente innerhalb der regierenden Klasse ablesen läßt.

Wichtigste Determinante für die Einordnung von Gesellschaften auf dieser Skala scheint ihr technologischer Stand gewesen zu sein, insbesondere auf dem Gebiet von Transport und Verkehr. Nicht zufällig scheint der Erbadel fast durchweg in den frühen Perioden dominiert zu haben. Er war relativ mächtig im frühen Chou-China, im republikanischen Rom, im frühmittelalterlichen Europa, während in den späteren Stadien derselben Gesellschaften meist die Bürokratien an Bedeutung und Macht gewannen, so im späten Ch'ing-China, im kaiserlichen Rom und im absolutistischen Europa. *Die Bürokratie als zentralistische Regierungs- und Verwaltungsform setzt ein gewisses Maß an Effizienz des Transport- und Verkehrssystems voraus; wies eine Gesellschaft hier eine große Schwäche auf, dann entwickelte sich eher eine dezentralistische feudale Regierungs- und Verwaltungsform.*

Ein zweiter wichtiger Faktor oder auch ein ganzes Bündel von Faktoren stellten die verschiedenen Kräfte dar, die politisches Chaos und Anarchie zu schaffen vermochten. *Alles, was den ordentlichen Regierungsablauf schwächte, begünstigte tendenziell die feudalen Elemente auf Kosten der bürokratischen.* Klassisches Beispiel dafür sind Niedergang und Verfall der römischen Herrschaft in Westeuropa unter dem vereinigten Druck barbarischer Pressionen von außen und mehrerer Krisen und Spaltungen im Innern.

Noch ein dritter Faktor scheint von Bedeutung – das Machtverhältnis zwischen Herrscher und regierender Klasse. *Wo die Herrscher stark waren, vermochten sie in der Regel die Bürokratie auf Kosten des Adels zu stärken, ein Weg, den sie gerne gingen, weil Bürokraten aufgrund ihrer beschränkten Amtszeit der königlichen Herrschaft gefügiger zu sein schienen.* So pflegte die Stärke des bürokratischen Elements in der regierenden Klasse zu korrelieren mit der Position der Gesellschaft auf der Autokratie-Oligarchie-Skala, die weiter unten besprochen wird (siehe Seite 314).

Die Position einer Gesellschaft auf der Bürokratie-Adel-Skala hatte zweifellos ihre Konsequenzen in vielen Bereichen des Lebens. Sie war mit Sicherheit von großer Bedeutung für den Herrscher und für jene, die der regierenden Klasse direkt angehörten oder ihr nahestanden; ob sie sich allerdings auch auf das Leben des einfachen Volkes, der Bauern, Handwerker, Unberührbaren und Entbehrlichen groß auswirkte, ist fraglich. Aber genau diese Frage ist wichtig und bedarf der sorgfältigen und systematischen Erforschung.

Herrscher kontra regierende Klassen: Unterschiedliche Strukturen und ihre Ursachen

Die Geschichte jeder Agrargesellschaft ist gekennzeichnet durch einen nahezu unablässigen Machtkampf zwischen Herrscher und regierender Klasse.[164] Obwohl äußerlich gesehen diese Kämpfe höchst unterschiedlich verliefen, war ihr Grundcharakter stets derselbe: beide Parteien haben durchweg um die Maximierung ihrer eigenen Rechte und Privilegien gerungen.

Höchstes Ziel des Herrschers in diesem Kampf war es, den Genuß von Macht und Privilegien für die regierende Klasse direkt von ihren Leistungen für die Krone und von deren Gunst abhängig zu machen. Praktisch bedeutete das, daß er die Existenz angestammter oder unveräußerlicher Rechte auf seiten der Angehörigen dieser Klasse zu leugnen suchte und bestrebt war, eine stark autokratische Herrschaft zu errichten.

Die Mitglieder der regierenden Klasse dagegen versuchten ständig, in die Rechte des Herrschers einzugreifen mit dem Ziel, ihn au den Stand eines *primus inter pares* zu reduzieren, eines Ersten unter Gleichen. Zu diesem Zweck suchten sie dauernd als Gegenleistung für ihre Dienste *Rechte zu erlangen, die nicht bei Ablau ihrer Amtsperiode erloschen, Rechte, die ihnen der Herrscher nich einfach nach Lust und Laune wieder aberkennen konnte.* Weil Land (einschließlich der darauf lebenden Bauern) und Äm

164 Solche Kämpfe im mittelalterlichen Europa beschreibt höchst anschaulic Painter, *Monarchies*. Ein etwas detaillierteres Bild zeichnet Painter, *Barony*.

ter die Haupteinnahmequellen in Agrargesellschaften darstellten, betrafen die wichtigsten Kämpfe zwischen Herrschern und regierenden Klassen den Streit um die Kontrolle darüber. Den besten Indikator für die Resultate solchen Wettstreits liefern Daten über die jeweilige Verteilung von Anrechten auf diese beiden Ressourcen.

Selbst eine kursorische Betrachtung von Agrargesellschaften zeigt, daß die Verteilung dieser Anrechte eher zu ihren unterschiedlichen Zügen zu rechnen ist, Auf der einen Seite gibt es durchaus Agrargesellschaften, deren Herrschern es zeitweilig gelang, der regierenden Klasse nicht mehr als minimale Rechte auf Land und Ämter zugestehen zu müssen. Dies gilt für die Osmanische Türkei und das indische Mogulenreich in der Epoche so mächtiger und intelligenter Herrscher wie Suleiman und Akbar.[165] Unter solchen Herrschern wurden sowohl Land wie auch Ämter nur auf Lebenszeit verliehen und sofort wieder eingezogen, wenn ihre Inhaber nicht zur Zufriedenheit arbeiteten. In Indien wurden die Angehörigen der regierenden Klasse häufig daran gehindert, auf ihren Ländereien zu leben, und statt dessen ermuntert, an den königlichen Hof zu kommen, während Angestellte, vom Herrscher ausgewählt, ihre Güter beaufsichtigten und ihnen ihre Einkünfte übersandten. Das ihnen zugewiesene Land wurde zudem öfter gegen neues ausgetauscht, wodurch persönliche Bindungen an Grundbesitz und Eigentumsgefühle auf ein Minimum beschränkt blieben. Kurz, ihre Rechte waren weitgehend auf einen Geldlohn beschränkt, welcher ihnen jederzeit entzogen werden konnte. Beim Tode eines Beamten unterlag der größte Teil seines Eigentums der Konfiskation.[166]

Ein holländischer Reisender gab zu Beginn des 17. Jahrhunderts eine lebendige Schilderung der Verhältnisse, die zu jener Zeit in Indien herrschten:

»Unmittelbar nach dem Tod eines Adligen, der sich des Königs *›jagir‹* erfreute, möge er nun zu den Großen oder zu den Kleinen gehört haben, das spielt keine Rolle, sind die Beamten des Königs zur Stelle – mitunter sogar schon, ehe der Betreffende ausgehaucht hat –, sie nehmen eine Bestandsaufnahme des gesamten

165 Siehe z. B. Lybyer über die Osmanische Türkei, oder *The Cambridge History of India* oder Moreland über Indien.

166 Siehe Moreland, S. 92—100, hier wird dieses System zusammenfassend abgehandelt.

Besitzes vor, in der alles bis ins Letzte verzeichnet wird, selbst Kleider und Juwelen der Damen, vorausgesetzt sie haben sie nicht vorher versteckt. Der König nimmt absolut alles an sich, außer der Verstorbene hat ihm zu Lebzeiten gute Dienste erwiesen, dann erhalten Frauen und Kinder das, was sie zum Leben brauchen, allerdings auch nicht mehr ... So kann es geschehen, daß man jemanden trifft, den man kannte, als er, den Turban keck auf die Seite gesetzt, fast so unnahbar war wie sein Herr, und der nun in zerrissenem Mantel und mit zusammengekniffenem Gesicht herumrennt; denn in den seltensten Fällen finden solche Männer eine ähnliche Anstellung bei anderen Herren, sie gehen umher wie lebendige Tote – ich habe viele gekannt, denen es so erging.«[167]

In der Türkei waren die Verhältnisse in dieser Hinsicht sogar noch schlimmer: ein großer Teil der regierenden Klasse, einschließlich der höchsten Staatsbeamten, waren ihrem Rechtsstatus nach Sklaven des Sultans und dadurch völlig von seiner Gnade abhängig.[168]

Wir brauchen nicht zu betonen, daß die meisten Angehörigen der regierenden Klasse mit solch einseitiger Machtverteilung nicht zufrieden und ständig bestrebt waren, diese Verhältnisse zu ändern. Eines der ersten Rechte, welches errungen werden mußte, war der Besitz des Bodens auf Lebenszeit oder besser noch lebenslanges Besitzrecht zuzüglich des Rechts, den Grund als Familienerbe an die Nachkommen weiterzugeben. Selbst in so stark zentralistischen und autokratischen Staaten wie der Osmanischen Türkei und Indien fiel es den Herrschern auf die Dauer schwer, sich des ständigen Drucks der regierenden Klasse zu erwehren. So wurde beispielsweise in der Türkei das Erblichkeitsprinzip allmählich immer mehr erweitert, bis sich eine Adelsklasse herausbildete, die sich praktisch von der europäischen kaum noch unterschied.[169]

In absolutem Gegensatz zur Osmanischen Türkei und zum Mogulenreich stand jene Handvoll republikanischer Staaten ohne Monarchie. Wie wir bereits festgestellt haben, entwickelte sich die republikanische Regierungsform in der Regel nur unter ganz besonderen Verhältnissen, in großen Agrarstaaten war sie selten. In einigen frühen Staaten Indiens und Rußlands gab es republikani-

167 F. Pelsaert, *Jahangir's India,* übersetzt von W. H. Moreland und P. Geyl, zitiert bei Misra, S. 47.

168 Lybyer, S. 47—58 und 115—117.

169 Ebenda, S. 120.

sche Regierungen, auch in abgelegenen Gebirgsgegenden wie der Schweiz oder in Agrarstaaten, die sich im Übergang zu Industriestaaten befanden wie zum Beispiel im heutigen Lateinamerika. Einziger Fall, wo diese Regierungsform in einem großen Agrarstaat vor der Industriellen Revolution zur vollen Blüte gelangte, war Rom; hier konnte sie sich bis ins letzte vorchristliche Jahrhundert hinein am Leben erhalten.

Abgesehen von diesen Extremen finden sich die besten Beispiele für eine Vorherrschaft der regierenden Klasse im mittelalterlichen Europa, wo die Rechte der Herrscher gewöhnlich minimal waren. Ein Historiker hat es folgendermaßen ausgedrückt: »Der mittelalterliche Staat war eine lockere Verbindung von Territorien, in denen Besitzrechte und Souveränität selten ganz eindeutig festlagen.«[170] Obwohl die regierende Klasse ihren Grundbesitz häufig als Pfand im Tausch gegen Dienste erhalten hatte, die sie dem Königshaus leistete, ließen sich solche Pfänder vielfach nicht mehr einlösen. Gebiete, vom König verliehen, wurden praktisch zu souveränen Territorien, zum väterlichen Erbe irgendeiner adligen Familie. Unter solchen Umständen beschränkten sich die Rechte des Herrschers darauf, seine Vasallen gelegentlich zur Erfüllung militärischer Pflichten heranzuziehen und Steuern von ihnen zu nehmen. Und selbst hier vermochten nur mächtigere Herrscher ihren Forderungen Geltung zu verschaffen.[171] Sogar das Königsamt selbst wurde in einigen Fällen zum Wahlamt erklärt.

Natürlich lassen sich Beispiele für beide Extreme finden, für den Herrscher, der die regierende Klasse dominiert, wie umgekehrt; die aus dem Material hervorgehende Gesamtverteilung ergibt jedoch eine etwas abgeflachte Normalkurve, bei der die Fälle im mittleren Bereich die extremeren stark überwiegen. Mit anderen Worten, im Modalfall sind die Machtverhältnisse zwischen Herrscher und regierender Klasse recht ausgeglichen, keiner dominiert den anderen. Offensichtlich war diese Struktur auch über lange Perioden hinweg in der chinesischen, römischen und japanischen Geschichte sowie während des größten Teils der nachmittelalterlichen Periode in europäischen Gesellschaften bestimmend, um

170 Thompson, S. 699.

171 Es gibt viele Berichte über diese Zeit und den Hergang, wie königliche Rechte beschnitten wurden; zu den lesenswerten zählt die Schrift von Bloch, bes. Kap. 14 und 24. Siehe auch Painter sowie Blum, Kap. 2.

nur einige der bekannteren Beispiele zu zitieren. Nicht zu vergessen ist allerdings, daß es in allen diesen Gesellschaften im Lauf der Zeit zu erheblichen Veränderungen und Verschiebungen kam, so daß zeitweilig der Herrscher dominierte und zeitweilig die regierende Klasse. Dennoch erreichten auch diese Schwankungen selten einen Grad, der sich als Extremwert auf der »Autokratie-Oligarchie-Skala« ablesen ließe.[172]

Seit den Tagen der ersten griechischen Philosophen haben politische Theoretiker herauszufinden versucht, warum Agrarstaaten sich in diesem Punkt voneinander unterscheiden. Dank ihrer Bemühungen scheint man heute davon ausgehen zu können, daß sich weder die Unterschiede selbst noch die Tendenz zur Häufung im mittleren Bereich mit Hilfe eines einzelnen Faktors erklären lassen.

Und dennoch wendet sich ein moderner Wissenschaftler gegen einen pluralistischen Ansatz und beharrt nach wie vor auf einer im wesentlichen eindimensionalen oder »Ein-Faktor«-Erklärung. Karl Wittfogel, Autor des provozierenden Buches *Oriental Despotism*, versucht die u. a. von Marx und Lenin vorgetragene These wieder aufleben zu lassen, Autokratie herrsche in Gebieten, in denen die Regierungen gezwungen seien, Bewässerungssysteme großen Stils anzulegen; während Feudalismus, eine Form von Oligarchie, sich dort ausbilde, wo dies nicht nötig sei.[173] Um unter die Theorie auch einige inkonsistente Fakten fassen zu können, führt Wittfogel eine zweite Variable ein, die territoriale Ausdehnung; sie dient ihm dazu, die Existenz autokratischer Regierungsformen in Ländern wie Rußland, Griechenland, Rom und Spanien zu erklären, wo Wasserwerke in großem Maßstab feh-

172 Es ist schwierig, für die beiden Endpunkte der Skala Bezeichnungen zu finden, die nicht bereits mit irrelevanten oder irreführenden Konnotationen belastet wären. Am besten geeignet scheinen uns die Termini »Autokratie« und »Oligarchie«. Die Skala kennzeichnet, wie gesagt, nur Unterschiede des Machtverhältnisses zwischen Herrscher und regierender Klasse. Die Vorstellung einer solchen Skala scheint auch in Webers Unterscheidung zwischen »Sultanismus« und »ständischer Herrschaft« (oder »decentralized authority«, wie man es ins Englische übersetzt hat) zu stecken. Und sie kommt jener von Wittfogel zwischen »despotischen« und »feudalen« Gesellschaften sehr nahe (siehe *Oriental Despotism: A Comparative Study of Total Power* (New Haven, Conn.: Yale University Press, 1957), obwohl er weniger die Vorstellung von einer Skala hat und seine Unterscheidung eher in Zusammenhang bringt mit der oben vorgenommenen Unterscheidung zwischen Bürokratie und Adel.

173 Siehe insbesondere Kapitel 1 und 2 von *Oriental Despotism.*

len.[174] Die Ausdehnung ist allerdings nach Wittfogel selbst in ihrer Bedeutung zweitrangig, wie die Neigung der Regierungen in diesen Ländern, zur feudalen Struktur zurückzukehren, beweist. Leider bedarf es, wie Kritiker gezeigt haben, mehr als des Prinzips der Weiträumigkeit, um diese fesselnde, aber allzu stark vereinfachte Theorie den Fakten anzupassen.[175] Die Machtbefugnisse von Herrschern im »hydraulischen« Asien waren keineswegs durchweg so autokratisch, wie Wittfogel behauptet, noch war die Autokratie den westeuropäischen Staaten und Japan so fremd.[176] So hätte zum Beispiel Ludwig XIV. von Frankreich, der vermutlich nie »L'état c'est moi« gesagt hat, eben dies mit größerem Recht behaupten können als die meisten späteren Kaiser der Ming-Dynastie in China, die bekanntermaßen schwache Herrscher waren.[177] Und die frühen preußischen Herrscher, von Friedrich Wilhelm, dem Großen Kurfürsten, bis zu Friedrich dem Großen, verdienten viel eher als Autokraten bezeichnet zu werden als die osmanischen Kaiser, die von Angehörigen der regierenden Klassen gewaltsam abgesetzt wurden.[178] Tatsächlich wurden nicht weniger als fünfzehn der fünfunddreißig Sultane aus der osmanischen Dynastie gewaltsam abgesetzt, während nur sechs der dreiunddreißig Könige, die in der Zeit von Hugo Capet bis Ludwig

174 Ebenda, Kap. 6.

175 Siehe z. B. Wolfram Eberhard, *Conquerors and Rulers: Social Forces in Medieval China* (Leiden: Brill, 1952), Kap. 2, oder Eberhards Kritik an *Oriental Despotism* in: *American Sociological Review*, 23 (1958), S. 446—448.

176 Vgl. z. B. das Recht englischer Könige, Abstandsummen zu fordern, etwa für das Privileg, ein Lehen zu ererben. Solche Zahlungen waren oft so hoch, daß sie durchaus an die autokratischen Praktiken von türkischen Sultanen und Mogulen erinnern. Siehe Painter, *Monarchies*, S. 50—57 und 67—69, oder *Barony*, S. 56—64.

177 So wurde z. B. der Kaiser Ying Tsung einmal von den Mongolen gefangen genommen und seine Freilassung gegen Lösegeld angeboten. Die Führer der verschiedenen Hofcliquen standen seinem Schicksal so gleichgültig gegenüber, daß die Mongolen gezwungen waren, mit ihrer Lösegeldforderung beträchtlich herunterzugehen, um ihn überhaupt wieder loszuwerden. Nach seiner Rückkehr lebte er gleichsam als Gefangener, während ein anderer an seiner Stelle regierte; er gewann den Thron nur zurück, weil jener starb und die rivalisierenden Gruppen am Hof sich auf niemand anderen einigen konnten. Siehe Eberhard, *History*, S. 259—269 über die späten Jahre der Ming-Dynastie, und S. 259—260 über Ying Tsung.

178 Siehe Rosenberg über Preußen und A. D. Alderson, *The Structure of the Ottoman Dynasty* (Oxford: Clarendon Press, 1956), bes. Kap. 10 über die Türkei.

XVI. in Frankreich regierten, von diesem Schicksal ereilt wurden.[179]

Eine weitere Schwierigkeit in Wittfogels Arbeit rührt von der Tatsache her, daß die Bewässerungssysteme Asiens von der Zentralregierung gar nicht in dem Maße abhängig waren, wie er und andere seiner Tradition angenommen haben. Wolfram Eberhard, berühmter und intimer Kenner der chinesischen Geschichte, hat unzählige Daten zusammengetragen, um zu zeigen, daß Errichtung und Erhaltung dieser Anlagen weit mehr von der Initiative und Aktivität örtlicher Behörden abhing, als Wittfogel erkannt hat.[180] Neuere Arbeiten anderer Wissenschaftler weisen in dieselbe Richtung.[181] Zusammenfassend läßt sich sagen, das vorhandene Material zeigt, daß der Bedarf an riesigen Bewässerungsanlagen einen Faktor darstellte, welcher vermutlich *die Autokratie beförderte, daß er aber ganz bestimmt nicht ausschlaggebend, ja vielleicht nicht einmal besonders wichtig war.*

Zwei andere Faktoren, welche die Einstufung von Staaten und Dynastien auf der Autokratie-Oligarchie-Skala beeinflussen, sind der Umfang der betreffenden politischen Einheiten und die Qualität ihrer Transport- und Verkehrseinrichtungen. *Je größer ein Staat und je dürftiger seine Transport- und Verkehrseinrichtungen, desto größer sind die Chancen der Angehörigen der regierenden Klasse, in die Rechte des Königs einzugreifen.*

Von welcher Bedeutung die geographische Ausdehnung eines Staates ist, geht ganz deutlich aus zahllosen Berichten über die Schwierigkeiten hervor, welche Herrscher des weitläufigen chinesischen und indischen Reichs damit hatten, eine wirksame Kontrolle über ihre Statthalter in weiter entfernten Provinzen auszuüben. Diese Beamten rissen häufig die Vorrechte ihres Kaisers einfach an sich, in einigen Fällen gingen sie sogar so weit, ihm seinen Thron streitig zu machen.[182]

179 Diese Zahlen entstammen eigenen Berechnungen. Man könnte sagen, die französischen Könige hätten überlebt, weil sie schwach und deshalb gezwungen waren, Konzessionen zu machen, die ihre mächtigen Gegner friedlich stimmten. Abgesetzt wurde ein Herrscher jedoch gewöhnlich dann, wenn er schwach war. In der Regel ist es ein Bayezid und nicht ein Suleiman, der gestürzt wird.

180 Eberhard, *Rulers,* S. 32—45.

181 Siehe z. B. Changs Arbeit über die Funktionen der chinesischen Gentry in: *The Chinese Gentry,* S. 58—61, und in: *Income,* S. 48—50.

182 Siehe z. B. Franz Michael, *The Origin of Manchu Rule in China: Frontier and Bureaucracy as Interacting Forces in the Chinese Empire* (Baltimore:

Der Einfluß von Transport- und Verkehrseinrichtungen zeigt sich in der Geschichte Chinas wie in der Europas.[183] In beiden Fällen wird auf lange Sicht eine Verschiebung von der oligarchischen zur autokratischen Herrschaft sichtbar (allerdings nicht ohne kurzfristige Rückschläge). Während der frühen Chou-Dynastie zum Beispiel blühte in China der Feudalismus ebenso wie in Europa im frühen Mittelalter. Mit den späteren Fortschritten im Transport- und Verkehrswesen kam es zu entscheidenden Veränderungen in Richtung autokratischerer Regierungsformen in beiden Gebieten.

Art und Effektivität des Transports waren zumindest bis zu einem gewissen Grade abhängig von den äußeren Gegebenheiten. Zerklüftete und gebirgige Gebiete stellten ein ernsthaftes Hindernis für die Bewegung von Heeren dar, besonders in der Zeit vor der Industrialisierung. Autokratische Herrschaft entwickelte sich und blühte deshalb in solchen Gebieten weniger als in breiten offenen Flußtälern und Ebenen, wo Heere sich normalerweise rasch von der Stelle bewegen konnten. Wie bereits bemerkt, scheint es auch kein reiner Zufall zu sein, daß die wenigen republikanischen Regierungen, die die frühen Stadien der Agrarwirtschaft überdauerten, weitgehend oder gänzlich in Gebirgsgegenden zu Hause waren.

Das Resultat von Kriegen scheint ein weiterer Faktor gewesen zu sein, welcher das Ergebnis der Kämpfe zwischen Herrschern und ihren regierenden Klassen beeinflußte. *Herrscher, die erfolgreich Krieg führten und denen es gelang, fremde Gebiete zu annektieren, konnten ihre regierende Klasse leichter und wirksamer unter Kontrolle halten.* Ihre Möglichkeit, Kriegsbeute zu verteilen, lieferte ihnen ein wirksames Herrschaftsinstrument. Die Neuverteilung von Boden nach einer Konfiskation hatte den gleichen Effekt, besonders wenn zwischen jenen, denen Land weggenommen wurde, und der neuen Elite keine engen Verwandtschafts- oder Freundschaftsbande bestanden. So leisteten Konfiskationen in Zeiten der Etablierung neuer Dynastien, wenn die alte regierende Klasse gänzlich oder teilweise durch eine neue ersetzt wurde, meist autokratischer Herrschaft Vorschub (wie zum Beispiel in der frühen Tokugawa-Periode in Japan). Unter anderen Verhältnissen wie-

Johns Hopkins, 1942). Dieses Buch enthält eine ausgezeichnete Darstellung des Hergangs, wie Mandschuführer von feudalen Vasallen zu Kaisern von China aufstiegen.

183 Andrzejewski, S. 79—80.

derum schweißten Konfiskationen die regierende Klasse eher gegen den Herrscher zusammen.

Kriegsverluste hatten natürlich verheerende Folgen für das Verhältnis des Herrschers zu seiner regierenden Klasse. Wie verschiedene Autoren bemerkt haben, hing die Macht der Herrscher nicht zuletzt vom Mythos ihrer Unbesiegbarkeit ab. Hatte ein Herrscher sich einmal als besiegbar erwiesen, war seine Macht angeknackst, seine Rechte konnten leicht in Frage gestellt werden. Er verlor im wahrsten Sinne des Wortes seinen charismatischen Charakter.

Und noch ein Faktor spielte eine Rolle im Kampf um die Macht zwischen Herrscher und regierender Klasse, nämlich die Funktion, welche letztere in militärischen Dingen hatte. *Wo die regierende Klasse die militärische Elite bildete und sich in der Kriegskunst auszeichnete, waren auch ihre Machtbefugnisse viel größer als dort, wo andere Teile der Bevölkerung, etwa Söldner, militärische Aufgaben übernehmen mußten.* Es ist kein Zufall, daß die Könige in Europa erst im späten Mittelalter auf die Höhe ihrer Macht gelangten, in dem Augenblick nämlich, da die regierende Klasse ihre kriegerische Lebensweise aufzugeben begann.[184] Ganz ähnlich sah die Struktur in Rom aus, als die regierende Klasse ihre traditionelle militärische Rolle nicht mehr spielen wollte.

Diese Entwicklung scheint zumindest teilweise von einem weiteren Faktor ausgegangen zu sein, dem der *Ausbreitung der Geldwirtschaft.* Wo Geld knapp war, waren die Herrscher gezwungen, ihre Heere aus Vasallen zu bilden, die ihnen zu Diensten verpflichtet waren. Solche Heere waren im allgemeinen schwer unter Kontrolle zu halten, besonders im Falle einer Rebellion in ihren Reihen, weil Vasallen nur sehr zögernd für ihren Herrn gegen einen der Ihren antraten. Zudem brauchte ein rebellischer Vasall sich nicht lange zu verteidigen, weil die ihm auferlegte Dienstzeit gewöhnlich von begrenzter Dauer war, in der Regel betrug sie vierzig Tage im Jahr. Im Besitz einer stabilen Burg konnte er sich für diese Zeit oder auch bis das Heer aufgelöst wurde, ganz gut halten und auf diese Weise gleichsam seine Souveränität errichten. Mit der sich ausbreitenden Geldwirtschaft begannen die Könige, Söldner zu mieten und zu erkennen, daß sich solche Probleme nun leichter lösen ließen.[185]

184 Siehe z. B. Mariéjol, S. 270—271.

185 Die Bedeutung des Geldes für dieses Gebiet erörtert Painter, *Monarchies*, S. 16—17.

Die jeweilige Macht von Herrscher und regierender Klasse scheint auch von den Erblichkeitsprinzipien auf beiden Seiten abgehangen zu haben. *Wo die regierende Klasse dem Erstgeburtsrecht folgte, umging sie die Aufsplitterung ihrer großen Ländereien und sorgte auf diese Weise dafür, daß die entscheidende Basis ihrer Macht nicht angetastet wurde.*[186] Auch die Regeln, welche die Thronfolge bestimmten, waren von größter Wichtigkeit, weil sie Einfluß darauf hatten, welchen Charakters der Herrscher war. *Wo, wie in den meisten europäischen Ländern, das Prinzip der automatischen Thronfolge galt, konnten auch Kinder und schwächliche Personen auf den Thron kommen, wodurch der regierenden Klasse eine ausgezeichnete Möglichkeit zur Steigerung ihrer Macht geboten wurde.*[187] Wo dagegen beim Tode eines Königs freier Wettbewerb um den Thron herrschte, wie zum Beispiel in Indien unter den Mogulen, gab es kaum schwache Herrscher. Um Großmogul zu werden, mußte einer schon durch ein Meer von Blut waten, in welches auch das seiner eigenen Brüder geflossen war. Dies garantierte eine lange Reihe starker Herrscher, die die Rechte der regierenden Klasse auf ein Minimum beschränkt hielten.[188] Während der gesamten Mogulen-Periode verfügte der größte Teil der regierenden Klasse nur über vom Herrscher verliehenes Land, was bedeutete, daß die Einzelnen auf den Ertrag aus einem Stück Boden nur solange Anspruch hatten, wie sie ihre Aufgaben zur Zufriedenheit des Kaisers erfüllten.[189]

Die Einstufung von Staaten auf der Autokratie-Oligarchie-Skala hängt nicht zuletzt davon ab, *wieviel Zwist und Uneinigkeit innerhalb der regierenden Klasse herrschen, und mit welchem Geschick der Herrscher sich diese Situation zunutze zu machen versteht.* Wichtigste Ursache für Zwietracht innerhalb dieser Klasse ist der Besitz. Einige spezifische Beispiele lassen den Umfang dieser Differenzen deutlich werden. Um die Mitte des 19. Jahrhunderts nannte Graf Sheremetew, reichster Großgrundbesitzer Rußlands, an die 300 000 Sklaven und fast 2 000 000 Morgen Land sein eigen, während über 40 Prozent des gesamten Adels zwan-

186 Auf die Bedeutung des Erstgeburtsrechts haben viele Autoren hingewiesen. Siehe Wittfogel, S. 79 ff.; Alan Simpson, *The Wealth of the Gentry, 1540 bis 1660* (London: Cambridge University Press, 1961), S. 107—108; Blum, S. 82 und 378; Misra, S. 44 und 50; oder Mariéjol, S. 276—277.

187 Siehe z. B. Painter, *Monarchies*, S. 127—129.

188 Siehe *Cambridge History of India*, Bd. 4.

189 Siehe Moreland, S. 92—100.

zig und weniger Sklaven besaßen.[190] Obwohl der niedere Adel mehr Mitglieder zählte, fehlte es ihm an Macht, was nicht zuletzt die Tatsache zeigt, daß weniger als 3 Prozent aller Sklaven, die dem Adel insgesamt gehörten, sich in seinem Besitz befanden; jenes eine Prozent an der Spitze aber verfügte über 29 Prozent. Im heutigen Département Loire in Frankreich variierten in der zweiten Hälfte des 13. Jahrhunderts die Einkünfte des Adels zwischen einer so niedrigen Summe wie der von 5 Pfund und einer so hohen wie der von 2400 Pfund.[191] Der Lebensstil der armen Adligen unterschied sich kaum von dem der Bauern; ein Historiker hat es treffend so ausgedrückt: »sie lebten von der Hand in den Mund«. Im 17. Jahrhundert wird in England das Einkommen von führenden Mitgliedern der regierenden Klasse, also der Peers, aus ihren Ländereien auf das Vierzigfache dessen eines Landjunkers und auf das Zwölffache eines Landedelmannes geschätzt; beide bilden gemeinsam die unteren Ränge der regierenden Klasse.[192]

Im 15. Jahrhundert hatten die einundfünfzig reichsten englischen Barone Einkünfte, die im Durchschnitt etwa das Dreißigfache dessen erreichten, was die unterste Schicht der regierenden Klasse, das Junkertum, einnahm.[193] Betrachtet man gar einzelne Extremfälle innerhalb der Klasse, so steigt die Differenz aufs Hundertfache (von 20 Pfund auf 3230 Pfund).[194] Vier Jahrhunderte früher, zur Zeit von Wilhelm dem Eroberer, herrschten schon einmal vergleichbare Unterschiede.[195] Changs Arbeit über das chinesische 19. Jahrhundert zeigt, daß die höhere Gentry, die 14 Prozent der gesamten Gentry ausmachte, ein Durchschnittseinkommen hatte, welches zehn- bis zwölfmal so groß war wie das der übrigen Angehörigen dieser Klasse; vergleicht man die Extreme, so ergeben sich Unterschiede ums Tausendfache.[196]

190 Blum, S. 369—370.

191 Siehe Edouard Perroys ausgezeichnete Untersuchung »Social Mobility among the French Noblesse in the Later Middle Ages«, *Past and Present*, 21 (1962), S. 27—28.

192 Aylmer, S. 331.

193 Gray, S. 630.

194 Ebenda, S. 614 und 630.

195 Painter, *Barony*, S. 17—18.

196 Dem Vergleich zwischen höherer und niedrigerer Gentry liegen Daten aus *Income* zugrunde, siehe etwa S. 330. Der Vergleich der Extreme basiert auf Changs Material über die Beamten an der Spitze, die ein Jahreseinkommen von mindestens 180 000 Tehl hatten, während viele aus der niederen Gentry weit unter 180 Tehl im Jahr blieben.

Neben diesen Vermögensunterschieden bekamen die Angehörigen der regierenden Klasse die trennende Wirkung weiterer Unterschiede zu spüren: Unterschiede des Rangs, der Funktion, der ethnischen Abstammung, des rechtlichen Status, des Familienprestiges, des Verhältnisses zum Königshaus, des Wohnorts – Hof gegenüber Provinz –, der militärischen Erfahrung usw., um nur die wichtigsten zu nennen. Jedem Möchte-gern-Autokraten kamen solche Unterschiede enorm zustatten, weil er als Einzelner seine überlegene Position gar nicht hätte halten können, wenn die gesamte regierende Klasse geschlossen gegen ihn angetreten wäre. Angesichts von Opposition aus dieser Klasse mußte deshalb seine einzige Hoffnung darin bestehen, die Differenzen innerhalb derselben für sich auszubeuten, die reicheren gegen die weniger reichen, den alten Adel gegen den neu hinzugekommenen, einheimische Eliten gegen fremde, Höflinge gegen Provinzler usw. auszuspielen. Seine Macht hing also nicht zuletzt von der Intensität solcher Spannungen und Konflikte und von seinem Geschick ab, sie auszunutzen.[197]

An letzter, aber keineswegs unwichtigerer Stelle sind persönliche Faktoren zu nennen; auch sie beeinflussen das Ergebnis der Kämpfe zwischen Herrscher und regierender Klasse. Ein schwacher, unentschlossener, dummer oder die Staatsgeschäfte vernachlässigender Herrscher konnte in kürzester Zeit alles, was er in der Nachfolge mächtiger Vorgänger übernommen hatte, verspielen. Ein starker, skrupelloser und intelligenter dagegen konnte häufig Machtbefugnisse und Privilegien seines Amtes noch erheblich erweitern. Was die regierende Klasse anlangt, so schlugen die Charakterunterschiede der Einzelnen weniger zu Buch, weil sie sich dank der Vielzahl von Personen gewöhnlich ausglichen. Die Existenz oder Nichtexistenz eines dynamischen charismatischen Führers in dieser Klasse vermochte allerdings das Resultat ihrer Konflikte mit dem Herrscher schon zu beeinflussen.

Im allgemeinen stehen Soziologen der Bedeutung von Persönlichkeitsvariablen für soziale Prozesse skeptisch gegenüber. Und generell scheint diese Skepsis aufgrund der Tatsache, daß sich im Falle großer Populationen die Unterschiede auszugleichen pflegen, auch begründet. Theoretisch betrachtet sollten jedoch Persönlichkeitsvariable bei sinkender Population und steigendem Ver-

197 Für ein Beispiel zur Anwendung der Devise »divide et impera« im späten 15. und 16. Jahrhundert in Spanien siehe Mariéjol, S. 264 ff. Siehe auch Rosenberg, S. 152 ff. über Preußen.

mögen der Gruppe an Bedeutung zunehmen. Wenn dies zutrifft, *dann müßten Persönlichkeitsvariable die größte Bedeutung dort haben, wo es sich nur noch um einen einzigen Menschen handelt, dem immense Mittel zur Verfügung stehen, also im Falle von Herrschern über ganze Nationen.* Zu keinem Zeitpunkt der Geschichte eines Volkes »gleichen sich die persönlichen Idiosynkrasien eines Herrschers aus«. Ganz wesentliche Unterschiede sind möglich, und sie gewinnen größte Bedeutung der riesigen Mittel wegen, die sich im Besitz des Herrschers befinden.[198]

Auf die Bedeutung von Persönlichkeitsunterschieden hinzuweisen, heißt nicht den Einfluß anderer Variablen zu bagatellisieren, auch soll damit nicht gesagt sein, die Charakterzüge von Herrschern seien nicht zum Teil das Produkt sozialer Kräfte. Indes, Vererbung spielt auch eine Rolle für die Charakterbildung, und der Gesellschaftsanalytiker weiß, daß dieser unwägbare Faktor gelegentlich die sorgfältigsten Voraussagen, die auf einer Analyse der betreffenden sozialen Faktoren beruhen, einfach auf den Kopf stellt.[199]

Bedenkt man die vielen verschiedenen Kräfte, die offensichtlich das Ergebnis der Kämpfe zwischen Herrschern und regierender Klasse mitbestimmen, dann überrascht es nicht, daß es selten einen totalen Sieg auf einer der beiden Seiten gab, und daß im mittleren Bereich der Autokratie-Oligarchie-Skala mehr Fälle sich sammeln als an den Extremen. Damit war einfach zu rechnen, denn es ist ebenso unwahrscheinlich, daß sich alle diese Kräfte zugunsten der einen Partei und zu Lasten der andern formieren, wie wenn bei zehnmaligem Hochwerfen einer Münze jedesmal Wappen erscheint.

Ein weiterer Punkt sollte in diesem Zusammenhang erwähnt werden. Wenn die Umstände für eine maximale Ausweitung königlicher Macht günstig waren und ein Herrscher seinen Vorteil wahrnahm, dann stieß er bald auf das Gesetz der sinkenden Profite. War ein gewisser Punkt überschritten (und er war erreicht, lange bevor der Herrscher die regierende Klasse all ihrer Rechte berau-

198 Eine Dokumentation dieses Prinzips auf niedrigerer Organisationsebene gibt Gitel P. Steed, »Notes on an Approach to a Study of Personality Formation in a Hindu Village in Gujarat«, in: Marriott, S. 124—143.

199 Wenn Soziologen von Voraussagen zu Erklärungen vergangener Ereignisse übergehen, dann gelingt es ihnen gewöhnlich, eine persönlich befriedigende Erklärung für alles zu geben, ohne auf Persönlichkeitsvariable zu rekurrieren, und doch vermögen sie nicht ganz zu überzeugen.

ben konnte), dann wurde der Gewinn des Herrschers mehr als aufgewogen durch den Verlust jeglicher Initiative auf seiten der regierenden Klasse. Diese Klasse weiter auszupressen, schadete beiden Seiten gleichermaßen.

Man darf wohl annehmen, daß dieser Punkt auf der Höhe der königlichen Macht im Mogulen-Reich erreicht war. Die Kaiser waren hier so mächtig, daß sieben Achtel des Bodens, der sich in den Händen der regierenden Klasse befand, ihr nur auf kurze und unbestimmte Zeit zu Lehen gegeben war. Europäische Besucher dieses Landes waren immer wieder von der Ineffektivität und der niedrigen Produktivität des indischen Ackerbaus überrascht. Auf der Suche nach einer Erklärung dafür beschrieb Bernier die ihm für die regierende Klasse typisch erscheinende Haltung:

»Warum sollte der vernachlässigte Zustand dieses Landes uns Kopfzerbrechen machen? Und warum sollten wir Geld und Zeit aufwenden, um es fruchtbar zu machen? Man kann es uns von heute auf morgen wegnehmen, unsere Anstrengungen kämen weder uns selbst noch unseren Kindern zugut. Wir wollen aus dem Boden herausholen, was er hergibt, auch wenn die Bauern verhungern oder sich heimlich davonmachen, und wir sollten, wenn man uns gehen heißt, eine öde Wildnis hinterlassen.«[200]

Wenn dieser Beobachter recht hat, dann haben die Kaiser die Besitzrechte in einem Maße monopolisiert, daß die regierende Klasse das entwickelte, was moderne Grundbesitzer als Lehensmentalität bezeichnen.

Ehe wir die Betrachtung der Konflikte und Kämpfe zwischen Herrschern und regierenden Klassen abschließen, sollten wir kurz noch ihre Auswirkung auf den Rest der Gesellschaft reflektieren. Dies ist ein sehr wichtiges Thema, zu dem sich jedoch kaum mehr als individuelle Meinungen und Eindrücke und hie und da ein Stückchen Beweismaterial anführen lassen. Zuweilen scheinen Herrscher sich dem Volk als einem Gegengewicht in ihrem Kampf gegen einen gutverschanzten und einigen Adel zugewandt zu haben.[201] Mitunter wandte sich auch das Volk an den

200 Francois Bernier, *Travels in the Mogul Empire*, zitiert bei Moreland, S. 205. Siehe auch Moreland, S. 92—100.

201 Vgl. Aristoteles, *Politik*, 1310 b, und Platon, *Der Staat* (565); beide schreiben über die Neigung gewisser Herrscher, das heißt Tyrannen, sich mit dem Volk gegen die regierende Klasse zu verbünden. In gleicher Weise verbündeten sich auch römische Kaiser oft mit den städtischen Massen in ihrem Kampf gegen die Senatoren.

Herrscher um Schutz vor räuberischen Mitgliedern der regierenden Klasse.[202] Bündnisse zwischen regierender Klasse und den Massen waren seltener, vermutlich weil die regierende Klasse normalerweise über ausreichende Mittel verfügte, den Herrscher zu kontrollieren, sofern sie nur geeint auftrat. Der Herrscher dagegen war stets auf Verbündete angewiesen.

Trotz der gelegentlichen Neigung von Herrschern, beim Volk Unterstützung zu suchen, schien letzteres dabei wenig zu gewinnen. Seine Gewinne waren stets die kleineren, und was noch schlimmer war, sie waren auch von kurzer Dauer. Wir übertreiben keineswegs, wenn wir sagen, daß *die Resultate all der zahllosen Kämpfe zwischen Herrschern und regierender Klasse fast durchweg ohne Auswirkung auf die Lebensumstände der einfachen Leute blieben, außer daß sie zuweilen Gewaltanwendung einschlossen und ihnen dadurch ihr Auskommen nahmen.*

Einige Autoren behaupteten, die Zunahme königlicher Macht habe im Gegensatz zu den Interessen der Massen gestanden, weil sie Despotismus heraufbeschwor und die Freiheit zerstörte. Karl Wittfogel und der französische politische Journalist Bertrand de Jouvenal sind die beiden überzeugendsten Vertreter dieser Auffassung.[203] Ihre Kritik an der Autokratie als den Interessen des Volkes abträglich scheint allerdings relevanter im Hinblick auf die Massen der modernen Industriegesellschaften als die der früheren Agrargesellschaften. Die genannten Autoren befassen sich mit der Gefahr des modernen Totalitarismus und sehen seine Wurzeln in der Agrarautokratie. Vermutlich haben sie recht, wenn sie sagen, die regierenden Klassen von Agrarstaaten, die Rechte und Privilegien zu etablieren suchten, welche der jeweilige Herrscher ihnen nicht nach Lust und Laune wieder entziehen konnte, hätten dazu beigetragen, das Fundament der modernen bürgerlichen Freiheiten zu legen. Dennoch sollten wir historisch denken und nicht vergessen, daß die Motive solcher Bestrebungen auf seiten der regierenden Klassen fast ausschließlich egoistischer Natur waren, und daß zu ihrer Zeit außer ihnen selbst kaum jemand davon profitierte.

202 Siehe z. B. Lindsay und Groves, S. 19—22 und Kap. 9 und 10. Wie die Beispiele zeigen, brachten ihre Bemühungen häufig nichts ein.

203 Zu Jouvenal siehe *On Power: Its Nature and the History of Its Growth*, übersetzt von J. F. Huntington (New York: Viking, 1949).

9. Agrargesellschaften: Teil II

Die Kunst des Besteuerns liegt darin, die Gans kräftig zu rupfen, ohne daß sie viel schreit.

Colbert

Die Vasallenklasse

In allen Agrargesellschaften unterhielten Herrscher und regierende Klassen ein kleines Heer von Beamten, Berufs-Soldaten, Dienerschaft und persönlichem Gefolge, die ihnen mit ihren mehr oder minder speziellen Kenntnissen und Fähigkeiten zu Diensten standen. Diese Personengruppe bildete zusammen mit ihren Familien das, was man die »Vasallenklasse oder -klassen« nennen könnte. Sie so zu bezeichnen, ist zwar nicht üblich, sagt aber mehr über das wichtigste Wesensmerkmal dieser Klasse, ihre Abhängigkeit von der politischen Elite, als alle Alternativen.

Auf den ersten Blick mag es erstaunen, wenn wir so verschiedenartige Gruppen, die sich in ihren spezifischen Funktionen so stark unterscheiden, in einen Topf werfen; dennoch war bei allen Unterschieden ihre Hauptfunktion stets dieselbe – der politischen Elite zu dienen. Als Gegenleistung unterschied man sie von der Masse des einfachen Volkes, hob sie darüber hinaus und ließ sie in Grenzen am wirtschaftlichen Surplus partizipieren. Außerdem waren in vielen Agrargesellschaften die Grenzen zwischen den verschiedenen Spezialistengruppen, die die Klasse der Vasallen bildeten, nicht so scharf gezogen und so genau definiert, wie Mitglieder moderner Industriegesellschaften annehmen könnten. In Gesellschaften, in denen »die Verschmelzung öffentlicher Aufgaben mit privaten Geschäften eine Selbstverständlichkeit« darstellte, war an der Tatsache, daß Personen in öffentlicher Funktion, sei es im zivilen oder im militärischen Bereich, über ein persönliches Gefolge verfügten, überhaupt nichts Merkwürdiges. Zudem überrascht in Gesellschaften, in denen der Krieg nahezu fester Bestandteil des Lebens der regierenden Klasse ist, die Verschmelzung ziviler und militärischer Funktionen kaum.[1]

1 Vgl. A. E. R. Boak, *A History of Rome to 565 A. D.*, 3. Aufl. (New York: Macmillan, 1943), S. 344 f., oder Harold Mattingly, *Roman Imperial Civilization* (Garden City, N. Y.: Doubleday Anchor, 1959), S. 152 f. über die Ver-

Ebenso wie die Grenzen zwischen den verschiedenen Teilen der Vasallenklasse undeutlich und fließend waren, gab es auch zwischen Vasallen- und regierender Klasse keine klare Trennungslinie. Ranghohe Bedienstete mächtiger Mitglieder der regierenden Klasse oder des Herrschers waren häufig im Besitz von mehr Macht und Privilegien als manche, die der regierenden Klasse in ihren unteren Rängen angehörten. Beispiel dafür sind etliche Hausdiener oder Haussklaven römischer Kaiser, die gelegentlich erheblichen politischen Einfluß ausübten und sich zahlreicher Privilegien erfreuten. So wird etwa berichtet, ein Sklave des Tiberius, ein Junggeselle namens Musicus, habe »das gar nicht besonders hohe Amt eines Dispensators im *fiscus Gallicus provinciae Lugdunensis*« bekleidet, und dennoch habe der Kaiser ihm ein sechzehnköpfiges Hauspersonal bewilligt, bestehend aus einem *negotiator*, der seine Geschäfte führte, einem *sumptuarius*, der die Ausgaben seines Haushalts überwachte, zwei Köchen, zwei Lakaien, einem Kammerdiener, zwei Kammerherren, zwei persönlichen Dienern, drei Sekretären, einem Arzt und einer Dame, »deren Aufgaben diskret verschwiegen wurden«.[2] Ähnliche Strukturen lassen sich im chinesischen Kaiserreich nachweisen, besonders was die kaiserlichen Eunuchen anlangt, die, obgleich Diener, mitunter große Macht hatten; oder auch im mittelalterlichen Europa, wo die Diener mächtiger Fürsten häufig an der Macht ihres Herrn partizipierten. In einer ganzen Reihe von Fällen traten geringere Mitglieder der regierenden Klasse freiwillig und gerne in den Dienst mächtigerer Angehöriger ihres eigenen Standes in der Hoffnung, dadurch ihr Vermögen zu mehren.[3] Der beständigen Mobilität nach oben und unten wegen läßt sich häufig schwer sagen, wo die eine Klasse anfing und die andere aufhörte.

Nach unten grenzte die Vasallenklasse an die der Bauern, und

wendung von Haussklaven in öffentlichen Ämtern in Rom, oder Adolf Erman, *Life in Ancient Egypt*, übersetzt von H. M. Tirard (London: Macmillan, 1894), S. 105 f. über das alte Ägypten. Zur Verschmelzung von zivilen und militärischen Funktionen und den sie Ausübenden siehe A. H. M. Jones, *Studies in Roman Government and Law* (Oxford: Blackwell, 1960), S. 161 f. Diese Beispiele betreffen überwiegend das römische Kaiserreich, in dem die Spezialisierung nach agrarischen Maßstäben recht weit gediehen war. Wo es weniger Spezialisierung gab, wie im mittelalterlichen Europa, waren die Unterschiede noch undeutlicher.

2 Jones, S. 160.

3 Marc Bloch, *Feudal Society*, übersetzt von L. A. Manyon (Chicago: University of Chicago Press, 1962); er vermittelt wertvolle Einblicke in dieses Phänomen, wie es sich in Westeuropa entwickelte. Siehe insbesondere Teil 4.

auch hier sind die Grenzen zuweilen kaum zu bestimmen. In England zum Beispiel waren im Mittelalter Vogt und Aufseher weder Fisch noch Fleisch, genau wie heute der Vorarbeiter. Auf der einen Seite dienten sie dem Grundherrn in offizieller Funktion und bezogen daraus auch einen erheblichen Teil ihrer Einkünfte; auf der anderen Seite kamen sie aus der Bauernklasse und kehrten gewöhnlich nach ihrer relativ kurzen Amtszeit auch dorthin zurück. Außerdem mußten sie meist neben ihrem Amt ihre eigene Arbeit als Bauer weiter verrichten. Kurz, in beiden Gruppen standen sie am Rand.[4] Die niedrigsten Arbeiten im Haushalt des Grundherrn oblagen ebenfalls Bediensteten, die ansonsten als Bauern lebten. Und die Masse der Soldaten schließlich rekrutierte sich auch aus der Bauernschaft, in die sie nach dem Kriege im Falle ihres Überlebens zurückkehrte, ohne, oder nur mit einem geringen Gefühl von Rückschritt.

Wie anzunehmen, variierte der Charakter der Vasallenklasse je nach der regierenden Klasse. In Gesellschaften, in denen die Verwaltungsbeamten mächtig waren, nahm die Klasse der Vasallen bürokratischen Charakter an. In Gesellschaften dagegen, in denen der Erbadel dominierte, spiegelte sie eher den Partikularismus dieser Gruppe wider.

Es ist nahezu unmöglich, aus der Geschichtsschreibung verläßliche Angaben über den Umfang der Vasallenklasse zu gewinnen. Theoretisch wie empirisch betrachtet scheint es jedoch so zu sein, daß sie ein Mehrfaches der regierenden Klasse ausmachte. Wenn die regierenden Klassen es durchschnittlich auf ein Prozent der Gesamtbevölkerung brachten, dann dürften die Vasallen insgesamt auf einen Anteil von 5 Prozent gekommen sein. Erheblich weniger ist angesichts der vielen Funktionen, die diese Klasse zu erfüllen hatte, unwahrscheinlich; mit viel mehr scheint man ebenfalls nicht rechnen zu können, weil eine größere Zahl die Wirtschaft allzusehr belastet hätte.[5]

4 Diese Ämter und die sie ausfüllenden Personen beschreibt H. S. Bennett, *Life on the English Manor: A Study of Peasant Conditions, 1150—1400* (London: Cambridge University Press, 1960), S. 166 f., oder George C. Homans, *English Villagers of the Thirteenth Century* (Cambridge, Mass.: Harvard University Press, 1942), S. 292 f.

5 Karl A. Wittfogel, *Oriental Despotism: A Comparative Study of Total Power* (New Haven, Conn.: Yale University Press, 1957); hier ist zu erfahren, daß die Zahl der unteren Zivilbeamten sich gegen Ende des chinesischen Kaiserreiches auf mindestens 1,7 Millionen belief (S. 307), was bedeutet, daß sie

In ihrer Gesamtheit war diese Klasse sehr wichtig, insbesondere unter dem Aspekt der Erhaltung des Verteilungssystems. Erstens bildete sie den dringend benötigten personellen Rückhalt für Herrscher und regierende Klasse bei deren Bemühungen, sich ihre im wesentlichen ausbeuterische Position in der Gesellschaft zu erhalten. Die Militärtechnik dieser Gesellschaften dürfte kaum so weit fortgeschritten gewesen sein, daß eine Minderheit von nur 1 bis 2 Prozent der Bevölkerung, wie gut organisiert auch immer, wirksam die übrigen 98 oder 99 Prozent (ein Verhältnis von 50 oder 100 zu 1) sich hätte unterordnen können. Es kann aber durchaus sein, daß der technologische Stand es einer organisierten Minderheit von 6 oder 7 Prozent, das heißt der regierenden Klasse und ihren Vasallen, gestattete, den Rest der Bevölkerung, also die große Mehrheit zu beherrschen (ein Verhältnis von 15 zu 1), besonders wenn letztere unorganisiert war.

Die Klasse der Vasallen war weiterhin wichtig, weil sie die entscheidende Aufgabe erfüllte, zwischen regierender Klasse und niedrigem Volk die Verbindung herzustellen. Den Vasallen fiel es in erster Linie zu, den Transfer des wirtschaftlichen Surplus von den Produzenten an die politische Elite zu bewerkstelligen. Wie reibungslos und wirksam dies erfolgte, hing weitgehend von ihrem Geschick und ihrer Sorgfalt ab. Zudem zogen die Vasallen als Mittler einen großen Teil der Feindseligkeit und des Zorns auf sich, die sich sonst auf die politische Elite direkt gerichtet hätten. Bauern und andere Angehörige niedriger Stände konnten nie sicher sein, ob sie ihre Not den Steuereinnehmern, kleinen Beamten und anderen Mitgliedern der Vasallenklasse verdankten, mit der sie es unmittelbar zu tun hatten, oder ob die Schuld weiter oben lag. Aufgrund des fehlenden Kontakts zu den Herrschenden kamen diese zumindest in den Genuß von Zweifel und Unsicherheit auf seiten der Bauern. Indem sie so Aggressionen abzog und ablenkte, trug die Vasallenklasse zur Erhaltung und Stabilität des höchst ausbeuterischen Agrarsystems kräftig bei.

Obwohl die Angehörigen dieser Klasse in ihrer Gesamtheit für

mit ihren Familien zu etwa 2 Prozent an der Bevölkerung beteiligt waren. Nimmt man Gesinde und Soldaten hinzu, dann dürfte ihr Anteil kaum unter 5 Prozent liegen. In Rußland arbeiteten im 19. Jahrhundert 2 bis 3 Prozent der Gesamtbevölkerung als Gesinde in den Häusern der Reichen. Siehe Jerome Blum, *Lord and Peasant in Russia from the Ninth to the Nineteenth Century* (Princeton, N. J.: Princeton University Press, 1961), S. 460.

die über ihnen Stehenden von unschätzbarem Wert waren, blieben die meisten von ihnen individuell durchaus entbehrlich. Abgesehen vielleicht von Schreibern und einigen anderen, deren Arbeit die Kenntnis der Schrift voraussetzte, konnten ihre Fähigkeiten gewöhnlich ohne große Schwierigkeit auch von anderen erworben werden. Dadurch war ihre Verhandlungsposition der regierenden Klasse gegenüber recht schwach. Die Einkünfte der Vasallen waren im allgemeinen bescheiden, obgleich es genügend Hinweise darauf gibt, daß sie keine Gelegenheit ausließen, »ehrlich zu betrügen«, genau wie ihre Oberen auch.[6] Im mittelalterlichen England hatte der Seneschall, der höchste Beamte im Dienste eines reichen Grundherrn, ein Einkommen von etwa 15 Pfund im Jahr, dazu kamen ein fast freier Lebensunterhalt sowie einige weitere Vergünstigungen.[7] Dies, in Verbindung mit einer gewissen Summe, die aus »ehrlichem Betrug« stammte, verschaffte ihm Einkünfte, die denen des durchschnittlichen Gutsherrn hundert Jahre später gleichkamen.[8] Ein *bailiff*, der ein einziges Gut verwaltete, bekam 4 bis 6 Pfund im Jahr zuzüglich Lebensunterhalt als rechtmäßiges Einkommen, während ein Aufseher, der unterste in der Hierarchie des Gutes, 1 Pfund und weniger im Jahr verdiente (hinzu kam natürlich sein Einkommen aus seinem eigenen Stück Land).[9] So gering diese Einkünfte nach modernen Maßstäben zu sein scheinen, so verdiente der Gutsverwalter doch ebensoviel wie einige der ärmsten Edelleute, und mehr als erforderlich war, um einen Gelehrten ausreichend zu ernähren, und das Einkommen des Aufsehers war »mindestens doppelt so hoch wie das von Pflügern und Fuhrleuten« und viermal so hoch wie das von Schäfern.[10] Natürlich gab es viel mehr Aufseher als Verwalter und viel mehr Verwalter als Seneschalle.

6 Vgl. zum Beispiel Bennett, S. 174—175 oder F. R. Cowell, *Cicero and the Roman Republic* (London: Penguin, 1956), S. 64. Zuweilen handelte es sich auch um mehr als um »ehrlichen Betrug«, wie Francois Ganshof in »Medieval Agrarian Society in Its Prime: France, the Low Countries, and Western Germany«, in: *The Cambridge Economic History*, Bd. I, S. 293—294, oder Erman, S. 127 über das alte Ägypten nachweisen.

7 Bennett, S. 158.

8 H. L. Gray, »Incomes from Land in England in 1436«, *English Historical Review*, 49 (1934), S. 630.

9 Bennett, S. 163 und 175, oder May McKisack, *The Fourteenth Century* (Oxford: Clarendon Press, 1959), S. 317.

10 Gray, S. 630, Sidney Painter, *Studies in the History of the English Feudal Barony* (Baltimore: John Hopkins, 1943), S. 172, und Bennett, S. 163.

Innerhalb der Vasallenklasse variierten die Gratifikationen in umgekehrtem Verhältnis zur Ersetzbarkeit der Leute. So brachten die Positionen, welche die geringsten Fähigkeiten und Kenntnisse voraussetzten, am wenigsten ein, während alle, die beachtliche Fähigkeiten, ungewöhnliche Talente oder lange Lehrzeit und Erfahrung erforderten, einträglicher waren. Oberflächlich betrachtet scheint dies die Theorie der Funktionalisten vom gerechten Lohn zu bestätigen, in Wirklichkeit handelt es sich um etwas ganz anderes; was belohnt wird, sind die der Elite erwiesenen Dienste, nicht der Dienst an der Gesellschaft im ganzen.

Angehörige der Vasallenklasse waren, wie die über ihnen Stehenden auch, ständig bestrebt, ihre Rechte und Privilegien maximal auszuweiten. Je nach Unterklasse variierten die dabei verwandten Methoden. Die von allen Unterklassen für die politische Elite bedrohlichste war das Militär. *Wenn die regierende Klasse ihre militärische Verantwortung abgab und das Offizierskorps des Heeres aus aufgestiegenen Berufssoldaten bestand, beschwor sie stets eine gefährliche Situation für sich selbst herauf.* Entlohnte man diese Berufssoldaten nicht fürstlich, was bis zu ihrer Aufnahme in die regierende Klasse gehen konnte, dann neigten sie dazu, die ihnen zur Verfügung stehenden Mittel zu nutzen, um die Macht im Staat zu ergreifen.[11] Diese Erfahrung machte das späte Römische Reich; Berufssoldaten, die nicht der regierenden Klasse angehörten, griffen immer wieder in die Innenpolitik ein, um entweder selbst den Thron zu besteigen oder jemanden nach ihrer Wahl darauf zu setzen. Eine ähnliche Situation herrschte in Ägypten zur Zeit der Machtübernahme durch die Mamelucken, unter den Janitscharen in der Türkei sowie im späten Abbasiden-Reich von Samarra.[12]

Die zivilen Teile der Vasallenklasse bedrohten die politische Elite als Ganze nie so ernsthaft, obwohl einzelne Herrscher und Mitglieder der regierenden Klasse in einzelnen Fällen von ihren Bediensteten oder anderen aus ihrer Gefolgschaft ermordet wurden. Solche Ereignisse blieben bei aller lebenswichtigen Bedeutung für

11 Vgl. zu diesem Punkt Gaetano Mosca, *The Ruling Class*, übersetzt von Hannah Kahn (New York: McGraw-Hill, 1939), S. 235—237, und Cecil Woodham-Smith, *The Reason Why* (New York: McGraw-Hill, 1953), S. 25—29.

12 Vgl. Philip K. Hitti, *History of the Arabs* (London: Macmillan, 1960), S. 466—467 über die Abbasiden-Dynastie und Kap. 47 über die Mamelucken. Siehe außerdem A. D. Alderson, *The Structure of the Ottoman Dynasty* (Oxford: Clarendon Press, 1956), Kap. 10 über die Türkei.

die Betroffenen meist ohne jede nachhaltige Auswirkung auf das Verteilungssystem.
Entscheidende und dauerhafte Gewinne auf seiten des zivilen Teils der Vasallenklasse stellten sich viel eher »tröpfchenweise« ein. In einem allmählichen Aushöhlungsprozeß wandelten untere Beamte und Bedienstete spezielle Vergünstigungen langsam in Präjudizien um, zeitweilige Vorteile in dauernde und dauernde Vergünstigungen in erbliche. Solche zugestandenen Privilegien waren symptomatisch für die Schwierigkeiten, auf die eine winzige regierende Klasse stoßen mußte, die bestrebt war, ihre vielen und weitverzweigten Interessen zu wahren und zu befriedigen. *Am größten waren solche Zugewinne auf seiten der Vasallen in Zeiten, in denen die regierende Klasse von einer hedonistischen Moral beherrscht war; am geringsten waren sie, wenn eine Ethik von Verantwortung und Pflicht das Handeln der Elite bestimmte.* Wenn Pareto und andere mit ihrer Behauptung, in den ersten Generationen eines Regimes herrschten gewöhnlich die strengeren Qualitäten vor, die erst allmählich durch eine laschere Haltung verdrängt würden, recht haben, dann mußten die von der Gesamtheit der Vasallen errungenen Vorteile in den Spätphasen der meisten Regime größer und in den frühen geringer sein. Tatsächlich konnte man damit rechnen, daß mit einem neuen Regime auch eine eklatante Veränderung der gewohnten Struktur eintrat, welche die im Laufe von hundert oder mehr Jahren gemachten Errungenschaften der Vasallen in einer einzigen Generation hinwegfegte.

Die Klasse der Kaufleute

Obwohl Herrscher und regierende Klassen in Agrargesellschaften im allgemeinen bestrebt waren, den gesamten wirtschaftlichen Surplus unter ihre Kontrolle zu bringen, gelang ihnen dies in den seltensten Fällen. Praktisch ständig waren andere da, die ihnen ihren Anspruch streitig machten und gewöhnlich auch einen gewissen Erfolg für sich verbuchen konnten. Niemand war in dieser Hinsicht so erfolgreich wie die Kaufmannschaft, eine Bevölkerungsgruppe, deren Aktivitäten zu steuern und zu kontrollieren der politischen Elite meist schwerfiel.
Viel Tinte ist verspritzt worden in gelehrten Debatten über die Ursprünge dieser Klasse; die Frage ist zwar noch immer nicht end-

gültig beantwortet, es scheint jedoch festzustehen, daß die große Mehrheit ihrer ersten Mitglieder aus bescheidenen Verhältnissen stammte. Henri Pirenne zum Beispiel schreibt, in Europa »rekrutierten sie sich anfänglich aus Männern ohne Grundbesitz«, etwa den jüngeren Söhnen von Bauern, für die es kein Land zu erben gab.[13] Sie standen gezwungenermaßen vor der Wahl, entweder ein Leben in kargen Verhältnissen und ledig oder als eine Art Knecht beim älteren Bruder und abhängig von ihm zu führen, oder ihr Glück anderswo zu suchen.[14] Bedenkt man das Alter, in dem solche Entscheidungen normalerweise fielen (zwischen fünfzehn und fünfundzwanzig), dann überrascht es kaum, daß sehr viele auszogen, ihren Lebensunterhalt dort zu suchen, wo sie ihn fanden. Obwohl der überwiegenden Mehrzahl vermutlich nichts anderes übrigblieb, als zu betteln – oder noch Schlimmeres zu tun –, entdeckten doch einige wenige, daß die Mobilität der Erblosen sich in einen Vorteil verwandeln ließ, zumindest wenn man schlau war. So berichtet Pirenne: »In einer Zeit, da regionale Hungersnöte an der Tagesordnung waren, brauchte man nur in besser gestellten Gegenden billig eine kleine Menge Korn zu kaufen, um märchenhafte Gewinne damit zu machen, die sich dann mit Hilfe derselben Methode weiter steigern ließen.«[15] Oder es begann einer als Strandguträuber wie St. Godric of Finchale, der alle Wertgegenstände, die er aus den vielen Havarien, die zu seiner Zeit gang und gäbe waren, barg und verkaufte.[16]

In einigen Fällen scheint sich die Klasse der Kaufleute auch aus den Reihen der Bauern entwickelt zu haben, die in flauen Zeiten merkantile Aktivitäten in beschränktem Umfang betrieben, um überhaupt zurechtzukommen.[17] Eine solche Art der Betätigung war, wie erinnerlich, in fortgeschrittenen Hortikulturgesellschaften keine Seltenheit. Auf der Grundlage der größeren wirtschaftlichen Möglichkeiten in Agrargesellschaften taten manche Bauern nun den Sprung von der kommerziellen Neben- zur Hauptbeschäftigung.

13 Henri Pirenne, *Economic and Social History of Medieval Europe* (New York: Harvest Books, o. J.), S. 45 (Erstausgabe 1933).

14 Vgl. Homans, S. 137 ff.

15 Pirenne, S. 46.

16 Ebenda.

17 Vgl. dazu James Westfall Thompson, *Economic and Social History of the Middle Ages* (New York: Appleton-Century Crofts, 1928), S. 772, oder Blum, S. 288 ff.

Ein Indiz für die bescheidenen Anfänge der Kaufmannschaft ist das geringe Ansehen, welches »reine Händler« fast überall in der agrarischen Welt hatten, das heißt Menschen, die einer merkantilen Tätigkeit nachgingen, ohne der regierenden Klasse anzugehören. In den traditionellen Standesgesellschaften von China und Japan rangierten die Kaufleute am unteren Ende der sozialen Skala, ganz eindeutig unter den Bauern und Handwerkern.[18] Obwohl man bezweifeln darf, daß die Klasse der Kaufleute tatsächlich allgemein so niedrig eingestuft wurde[19], ist fraglich, ob sie überhaupt jemals so weit unten rangiert hätte, wäre ihr Ursprung ein anderer gewesen.[20] Im mittelalterlichen Europa wurde den Kaufleuten nicht soviel Verachtung entgegengebracht; aber auch hier galt ihre Klasse entschieden weniger als die regierende, und entsprechend schätzte sie sich selbst ein, wie die Beflissenheit zeigt, mit der ihre Mitglieder die Lebensweise der regierenden Klasse imitierten und bestrebt waren, in adlige Familien einzuheiraten.

Welches ihre Ursprünge auch gewesen sein mögen, die Klasse der Kaufleute war auf Aufstieg bedacht und schaffte ihn mit der Zeit. In praktisch allen entwickelten Agrargesellschaften ist es den Kaufleuten gelungen, sich einen beachtlichen Anteil am Reichtum zu sichern, und in einigen wenigen Fällen brachten sie es sogar zu einer gewissen politischen Macht.

Die Gründe für ihren Erfolg sind keineswegs völlig klar, sie hän-

18 Vgl. Robert Bellah, *Tokugawa Religion: The Values of Pre-industrial Japan* (New York: Free Press, 1957), S. 24—25; Morton Fried, *The Fabric of Chinese Society: A Study of Social Life of a Chinese Country Seat* (New York: Frederick A. Praeger, 1953), S. 211; Robert K. Douglas, *Society in China* (London: Innes, 1894), S. 139—140; oder Wolfram Eberhard, *Social Mobility in Traditional China* (Leiden, Niederlande: Brill, 1962), S. 6.

19 Liest man Beschreibungen über diese Gesellschaften, so fällt es einem schwer zu glauben, daß diese traditionellen Prestigesysteme keine von den herrschenden Klassen mit Unterstützung von Gelehrten entwickelten Kniffe darstellten, die lästige Kaufmannsklasse »in ihre Schranken« zu weisen. Anders ausgedrückt, sie waren eher Waffen im Kampf zwischen Klassen als objektive Einstufungskriterien, als welche manche moderne Wissenschaftler sie so gerne verstehen möchten.

20 Robert Bellah meint, der niedrige Status von Kaufleuten sei wesentlich auf ihren ständigen Umgang mit Geld zurückzuführen, was »sowohl der Oberklassenethik wie der religiösen zuwiderläuft«. Dies kann durchaus als zusätzlicher Faktor eine Rolle gespielt haben, es fällt mir jedoch einigermaßen schwer, auf seiten der Herrschenden eine Indifferenz dem Geld gegenüber nachzuweisen — auch wenn es ihnen offensichtlich zuwider war, dafür zu arbeiten. Siehe auch Gideon Sjoberg, *The Preindustrial City* (New York: Free Press, 1960), S. 136 et passim, er vertritt eine ähnliche Position wie Bellah.

gen jedoch offenkundig mit den besonderen Merkmalen ihrer Rolle zusammen. Erstens gelang es den Kaufleuten zu einem erstaunlich frühen Zeitpunkt, sich der direkten und unmittelbaren Kontrolle des Herrschers und der regierenden Klasse zu entziehen. Das bedeutete, daß auf wirtschaftlichem Gebiet die Kaufleute zur herrschenden Klasse in einer Beziehung standen, die über den Markt hergestellt wurde, und nicht in einem *obrigkeitlichen* Verhältnis.[21] Dadurch wurde es der Kaufmannschaft möglich, mit der regierenden Klasse zumindest partiell auf einer Basis zu verkehren, die für sie selbst günstiger war als für ihre Gegenspieler.

Was das Autoritätsverhältnis anlangte, so war die politische Elite entschieden im Vorteil. Sie hatte sozusagen alle hohen Karten in der Hand und konnte die Bedingungen weitgehend diktieren, ganz ähnlich wie im Falle der Vasallen. Im Bereich des Marktes war ihre Position dagegen nicht so stark; ja, gerade ihre Anstrengungen, sich die Mittel zu verschaffen, die sie brauchte, um im Autoritäts- und Machtverhältnis zu dominieren, mögen ihre Position auf dem Markt geschwächt haben.

Wie längst bekannt, bedarf es in den beiden genannten Bereichen höchst unterschiedlicher Fähigkeiten und Mittel. Die Herrschaft über ein großes bewaffnetes Vasallenheer ist, was Macht anlangt, eminent nützlich, im Bereich des Marktes tut sie dagegen weit weniger zur Sache. Umgekehrt sind Kennerschaft subtiler Qualitätsunterschiede von Waren, Geschick im Umgang mit Gewichten und Maßen, Kenntnisse von Preisen auf anderen Märkten und von Frachtkosten erhebliche Pluspunkte, wenn es um Handelsbeziehungen geht; wo es sich allerdings um Macht und Autorität handelt, fallen sie kaum ins Gewicht. Ein großer Teil des Erfolges der Kaufmannschaft beruht auf diesen Unterschieden.[22]

Die Frage, warum Kaufleute dem Status von Abhängigen entgehen konnten, während dies so vielen anderen nicht gelang, ist interessant. Eine Antwort kann bislang allerdings nur spekulativ sein, weil detailliertes historisches Material immer noch weitgehend fehlt. Der wichtigste, für den unabhängigen Unternehmerstatus von Kaufleuten verantwortliche Faktor dürfte ihre Mobilität gewesen sein. Angesichts des noch recht primitiven Trans-

21 Ich will damit nicht behaupten, die Kaufmannsklasse habe in keinerlei Herrschaftsverhältnis gestanden: politisch war sie sehr wohl der regierenden Klasse untergeordnet; aber ökonomisch war sie es nicht.

22 Vgl. dazu Fried, S. 126 und 161—162.

port- und Verkehrswesens dürfte es sich für die politische Elite nicht gelohnt haben, die Aktivitäten der Kaufleute gleichermaßen penibel zu überwachen wie die der Vasallen. Zudem waren Kaufleute im Gegensatz zu den meisten Angehörigen der Vasallenklasse auf politischem Gebiet nicht aktiv, stellten also auch keine Bedrohung dar. Und schließlich gehörte es zu ihrem Geschäft, ab und an die Grenzen ihres Landes zu überschreiten, wodurch sie immer wieder der Kontrolle durch die politische Führung im eigenen Lande entgingen. Aus diesen Umständen dürfte zu erklären sein, warum die Klasse der Kaufleute ein anderes Verhältnis zur politischen Elite hatte als die Vasallen.

Noch weitere Faktoren mögen eine Rolle gespielt haben. Die Neuartigkeit des Kaufmannsberufs in Verbindung mit seinen erheblichen finanziellen Risiken mögen zur Bereitwilligkeit der politischen Elite beigetragen haben, den Kaufleuten ein Maß an Freiheit einzuräumen, welches sie anderen verwehrten.

Welches die Gründe auch gewesen sein mögen, die Entwicklung kam beiden Parteien zustatten. Der Reichtum, der sich durch Handel erwerben ließ, ist sprichwörtlich geworden. Sämtliche Schilderungen großer Agrargesellschaften der Vergangenheit sind voll von reichen Kaufleuten, deren Wohlstand sich mit dem der politischen Elite durchaus messen konnte. Der japanische Historiker Takekoshi zum Beispiel liefert eine genaue Aufstellung über den Besitzstand im Hause Yodoya zum Zeitpunkt seiner Konfiskation durch den fünften Tokugawa Schogun. Unter den aufgeführten Besitztümern findet sich Folgendes: Lagerhäuser, deren Inhalt auf 730 000 ryo in Gold geschätzt wird, 21 Hühner und 10 Küken aus reinem Gold (7300 ryo), 277 große Dschunken (263 500 ryo), 150 Faltwände mit Blattgoldüberzug (15 000 ryo), 10 Gemälde des Kaisers Kiso von China (20 000 ryo), 150 000 englische Pfund Quecksilber (25 000 ryo), 3 500 000 ryo in Goldmünzen, 1 500 000 kwamme Silber (14 166 000 ryo), dazu viele Häuser, Güter, Wälder und zahlloses Gerät. Diese Familie soll außerdem über 100 Millionen ryo in Form von Darlehen an Mitglieder der regierenden Klasse besessen haben, welche Zahl allerdings als übertrieben gilt.[23]

Auch wenn die Yodoya-Familie eine Ausnahme darstellen dürfte, deckten sich in den meisten Agrargesellschaften doch in vielen Fäl-

23 Yosoburo Takekoshi, *The Economic Aspects of the History of Civilization of Japan* (New York: Macmillan, 1930), Bd. II, S. 252—254.

len die Vermögensverhältnisse von Kaufleuten mit denen der Herrschenden. Wie weit solche Gemeinsamkeiten gingen, läßt sich schwer sagen; eins steht fest, die führenden Mitglieder der Kaufmannsklasse waren in der Regel viel reicher als die geringeren Mitglieder der regierenden Klasse.[24]

Natürlich sind nicht alle Kaufleute reich geworden. Viele blieben recht arm. Das galt besonders für jene, deren Kunden in den ärmeren Klassen zu suchen waren, also für die Hausierer auf dem Lande sowie für die selbständigen Kleinbetriebe in den Städten.[24a] Die Klasse der Kaufleute darf man sich also nicht als eine in sich geschlossene Schicht, klar nach oben und unten abgegrenzt, innerhalb einer Struktur säuberlich übereinandergeordneter Klassen vorstellen. Die ihr Zuzurechnenden verteilen sich vielmehr, wie Abbildung 1 (S. 377) zeigt, über einen großen Teil der sozialen Skala. Nichtsdestoweniger bildeten sie eine Klasse für sich in dem in Kapitel 4 dargelegten Sinne, insofern nämlich, als sie alle letztlich von derselben wesentlichen Quelle zehrten – ihren speziellen Kenntnissen und Fähigkeiten, Waren zu kaufen und zu verkaufen –, und das war es, was ihnen einen entscheidenden Vorteil auf dem Markt sicherte und einigen unter ihnen den Aufstieg zu Vermögen und Ruhm ermöglichte.

Wenn die Kaufleute von ihrem spezifischen Unternehmerstatus profitierten, so tat es die politische Elite nicht minder. Zum einen wurden Waren, die ansonsten rar oder unerreichbar gewesen wären, mit Hilfe der Kaufleute leicht erhältlich, und zum andern partizipierte die Elite an den Gewinnen aus merkantiler Aktivität vermittels der Steuern, mit denen die Waren belegt wurden. Abgesehen davon, daß sie eine wichtige Einnahmequelle darstellte, hatte eine derartige Besteuerung den zusätzlichen Vorteil, *den Kaufleuten einen Teil der Aufgabe zuzuschieben, aus dem einfachen Volk den wirtschaftlichen Surplus herauszuziehen.* Das Volk konnte nun nicht mehr umstandslos sein Elend der politi-

24 Vgl. dazu den Bericht über jenen Juwelier aus Baghdad, der, nachdem 16 Millionen Dinar seines Vermögens konfisziert waren, immer noch ein reicher Mann blieb (Hitti, S. 344). Siehe auch Blum, S. 473; Douglas, S. 140; A. Andrews, *The Greek Tyrants* (New York: Harper Torchbooks, 1963), S. 80; Sylvia Thrupp, *The Merchant Class of Medieval London* (Ann Arbor, Mich.: Ann Arbor Paperbacks, 1962), S. 11 und 110 f.; oder Alan Simpson, *The Wealth of the Gentry 1540—1660* (London: Cambridge University Press, 1961), Kap. 3. Vergleiche diese Berichte mit solchen über die ärmeren Angehörigen des Adels.

24a Vgl. Sjoberg, S. 201—202.

schen Elite allein anlasten, was wiederum Sicherheit und Stabilität des gesamten gesellschaftlichen Gefüges erhöhte.
Die politische Elite begnügte sich nicht immer mit dem, was sie mittels Besteuerung aus den Kaufleuten herausholen konnte, häufig griff sie zu weiteren Tricks und Mitteln. Ab und an wurde der Besitz der Kaufleute einfach konfisziert.[25] Eine andere Möglichkeit war, sich riesige Summen zu borgen und ihre Rückzahlung zu verweigern.[26] Oder man verheiratete seine adligen Söhne mit Töchtern von Kaufleuten, eine Ehre, für welche diese teuer bezahlen mußten.[27] Oder reiche Kaufleute ließen sich bereitwillig um große Summen im Austausch gegen Adelstitel erleichtern.[28]
Dies waren zwar Mittel und Wege, den Kaufleuten einen Teil ihrer Gewinne abzunehmen, aber eben nur einen Teil. Im Endeffekt mußte jede politische Elite ihre Lust auf das Geld der Kaufleute

25 Dieser Brauch war besonders verbreitet im Mogulenreich Indiens, wo jede sichtbare Akkumulation von Vermögen bei Kaufleuten zur Konfiskation geradezu herausforderte. Siehe B. B. Misra, *The Indian Middle Classes* (London: Oxford University Press, 1961), S. 25—27. Siehe auch Takekoshi, Bd. II, S. 251 f. über Japan, oder Painter, *Barony*, S. 186, oder Sir James H. Ramsay, *A History of the Revenues of the Kings of England 1066—1399* (Oxford: Clarendon Press, 1925), Bd. I, S. 58 über das mittelalterliche England, wo Konfiskation des Eigentums jüdischer Geldverleiher und Kaufleute allgemein üblich war.

26 Während des Tokugawa-Schogunats in Japan war dies die Regel. Siehe z. B. Takekoshi, Bd. III, S. 258 f. oder Bellah, S. 28—29. Vgl. auch Blum, S. 384—385 über Rußland, oder Thrupp, *Merchant Class*, S. 53 und 259 über England.

27 Besonders starke Verbreitung fand der Brauch in Europa, man übernahm ihn allerdings auch andernorts. Zu Europa siehe Elinor Barber, *The Bourgeosie in 18th Century France* (Princeton, N. J.: Princeton University Press, 1955), S. 100 ff.; Thrupp, *Merchant Class*, S. 265—269; H. R. Trevor-Roper, »The Gentry 1540—1640«, *The Economic History Review Supplements*, Nr. 1 (o. J.), S. 26; oder Jean Hippolyte Mariéjol, *The Spain of Ferdinand and Isabella*, übersetzt und herausgegeben von Benjamin Keen (New Brunswick, N. J.: Rutgers University Press, 1961), S. 42 (der von Heiraten zwischen spanischen Adligen und Töchtern reicher jüdischer Kaufleute berichtet). Über eine frühere Periode, die römische Epoche, siehe Cowell, S. 340.

28 Solche Praktiken waren besonders üblich in Frankreich und China, wurden aber auch in anderen Ländern geübt. Zu Frankreich vgl. E. Barber, S. 106 ff., Louis Gottschalk, *The Era of the French Revolution* (Boston: Houghton, Mifflin, 1929), S. 52—53, oder J. McManners, »France«, in: A. Goodwin (Hrsg.), *The European Nobility in the Eighteenth Century* (London: Black, 1953), S. 22 ff. Zu China siehe Chung-li Chang, *The Chinese Gentry* (Seattle, Wash.: University of Washington Press, 1955), S. 102 f. et passim, oder Robert Marsh, *The Mandarins: The Circulation of Elites in China, 1600—1900* (New York: Free Press, 1961), S. 5, 13, 64 usw. Siehe auch Takekoshi, Bd. II, S. 454—456 über Japan, und Cowell, S. 237 über Rom.

immer wieder abwägen gegen die Dienste, die jene ihr leisteten. Kein Herrscher und keine regierende Klasse kamen jemals in den vollen Genuß ihrer politischen Macht, wenn keine Kaufleute da waren, um sie mit den seltenen und ungewöhnlichen Gütern zu versorgen, die das Leben der Privilegierten über das der Masse hinaushoben und ihnen Neid und Bewunderung eintrugen. Es gab deshalb stets Grenzen, welche keine politische Elite in ihrem Bestreben, sich das Vermögen der Kaufmannsklasse anzueignen, zu überschreiten pflegte. Wie der Gans, die goldene Eier legt, gedieh auch den Kaufleuten ihre Nützlichkeit zu Schutz und Vorteil gegen allzu kurzsichtige und törichte Eliten.

Wie zu erwarten, betrachteten die Kaufleute die Anstrengungen der Elite, sich einen Teil aus dem Profitkuchen herauszuschneiden, keineswegs mit Gleichgültigkeit. Sie wehrten sich beständig dagegen, wenn auch mit sehr unterschiedlichen Mitteln. Wo Herrscher und regierende Klasse extrem mächtig und gierig waren, mußten die Kaufleute sich auf ihre Gerissenheit und Gewitztheit verlassen, und hier waren sie meist im Vorteil. Unter der Mogulenherrschaft in Indien beispielsweise gaben reiche Kaufleute oft vor, arm zu sein, sie verbargen ihren Reichtum, um dessen Konfiskation zu vermeiden.[29] Im mittelalterlichen Europa dagegen, wo die politischen Eliten nicht so mächtig waren, erhoben sich die Kaufleute zuweilen in bewaffneten Revolten und erkämpften sich politische Rechte.[30] In weniger extremen Fällen kauften sie sich sogar politische Rechte von ihren hart bedrängten Herrschern. So zahlten etwa im frühen 13. Jahrhundert die Kaufleute von London an König Johann die namhafte Summe von 2000 Pfund für eine Charta, die ihnen gewisse politische Rechte garantierte.[31]

Kurz, so wie Herrscher und regierende Klasse dauernd miteinander um die Erweiterung ihrer jeweiligen Rechte und Privilegien stritten, kämpften auch die Kaufleute um die ihren – und zwar mit beiden Teilen der politischen Führung. Oberstes Ziel der Kaufmannsklasse war es, den Bereich, in dem die Bedingungen des Marktes galten, maximal auszudehnen und den von Obrig-

29 Misra, S. 25—26.

30 Vgl. dazu Thompson, S. 780; Pirenne, S. 54; oder Max Weber, *Die Stadt* (Archiv für Sozialwissenschaft und Sozialpolitik, 47. Bd. (1920/1921), S. 621 bis 772.

31 G. G. Coulton, *Medieval Panorama* (New York: Meridian Books, 1955), S. 285. Weitere Beispiele siehe Thrupp, *Merchant Class*, S. 87.

keit und Macht auf ein Minimum zu beschränken; die Ziele der politischen Führung waren genau entgegengesetzte.
Bisher ist wenig zur Klärung der Frage unternommen worden, warum die Ergebnisse dieser Kämpfe so unterschiedlich ausfielen. Wie bereits gesagt, reicht die Skala von der Situation im indischen Mogulenreich, wo die Kaufleute es nicht wagten, ihren Reichtum zu zeigen, weil Konfiskation drohte, bis zu der im spätmittelalterlichen Europa, wo die Kaufmannschaft sich zur herrschenden Klasse in den neu entstehenden städtischen Zentren entwickelte. Der Normalfall lag offensichtlich zwischen diesen beiden Extremen und sah so aus, daß die Kaufleute Vermögen akkumulieren konnten, ohne ständig von der Konfiskation bedroht zu sein (»Geschenke« an die politische Führung und hohe Steuern ließen sich allerdings nicht umgehen); jedes nennenswerte Maß an politischem Einfluß wurde ihnen jedoch verweigert.
Dem Theoretiker bieten sich verschiedene Hypothesen zur Erklärung der Ursachen dieser Unterschiede an, die in einem kursorischen und unsystematischen historischen Überblick auch ihre Bestätigung finden. Wenn Gewitztheit und Schläue auf seiten der Kaufleute und die Verfügung über Macht auf seiten der politischen Elite die wichtigsten Ressourcen darstellten, dann folgt daraus, daß *alle Entwicklungen, welche Möglichkeit und Notwendigkeit zur Anwendung von Witz und Schläue begünstigten und Möglichkeit und Notwendigkeit zur Anwendung von Gewalt reduzierten, die Stellung der Kaufmannsklasse verbessern mußten.*[32] Zum Beispiel mußte die Existenz fester Verfahrensregeln für die Thronfolge, wie sie in weiten Teilen Europas, nicht aber im Mogulenreich galten, bei im übrigen gleichen Bedingungen die Position der Kaufleute stärken. Auch die wachsende Macht einer zentralen politischen Obrigkeit und der Niedergang des Feudalismus mußten die Position der Kaufmannsklasse verbessern, weil unter solchen Umständen die Möglichkeiten lohnender Gewaltanwendung im politischen Leben des Staates geringer wurden.
Aufgrund derselben Logik kann man sagen, daß *alles, was die Ausweitung von Handel und Gewerbe erleichterte, auch die Stel-*

32 Ich zögere, in diese Verallgemeinerung auch die Abnahme kriegerischer Aktivität zwischen den Völkern einzuschließen, weil Kaufleute an der Beschaffung von Munition und Waffen schließlich in vielen Fällen sehr viel verdient haben. Der Krieg stellte für die Kaufmannsklasse nur dann eine Gefahr dar, wenn die im Krieg entwickelten Gepflogenheiten auch auf die inneren Angelegenheiten übertragen wurden.

lung der Kaufmannsklasse im Verhältnis zur Elite verbesserte, auch hier wieder unter ansonsten gleichen Bedingungen. Dies folgt aus der Tatsache, daß das wesentliche Machtmittel der Kaufmannschaft ihr Reichtum war. Wenn der Reichtum mit dem Gewinn und der Gewinn mit dem Handelsvolumen wuchsen, dann steigerte alles, was das Handelsvolumen erhöhte, vermutlich auch die Macht der Kaufmannsklasse. Man darf also mit einer Verbesserung ihrer Position nach der frühmittelalterlichen Epoche in Europa aufgrund der Wiederherstellung von Recht und Ordnung und des sich infolgedessen erhöhenden Handelsvolumens rechnen. Weiter dürfte die Position von Kaufleuten in Agrargesellschaften, die kurz vor der Industrialisierung stehen, ganz allgemein besser sein als in solchen, die sich noch kaum von Hortikulturen unterscheiden. Kurz, der technologische Fortschritt innerhalb von Agrargesellschaften regte den Handel an und begünstigte dadurch die Kaufmannsklasse.

Angesichts dieser Überlegungen könnte man meinen, Kaufleute und politische Eliten seien unversöhnliche Gegner gewesen. In Wirklichkeit war der Kampf zwischen Kaufmannsklasse und politischer Elite eher eine Art Wettstreit zwischen Brüdern als ein Kampf zwischen Feinden. Neben den Dingen, die sie trennten und gegeneinander aufbrachten, gab es durchaus solche, die sie einten und die das Trennende zwischen ihnen eindämmten. Zum einen waren die Kaufleute ebenso wie die Elite eine privilegierte Klasse in der Gesellschaft und damit abhängig von der Macht und Stärke der Elite, die unteren Klassen in Schach zu halten. Zum andern waren die Mitglieder der politischen Elite die besten Kunden der Kaufleute. Wie wir am Anfang des Kapitels feststellten, machten Luxusgüter in Agrargesellschaften einen großen Teil von Handel und Gewerbe aus; ihre Abnehmer konnten nur die Reichen sein. Und schließlich empfanden die Mitglieder der Kaufmannsklasse Bewunderung für die politische Elite und ihre Lebensweise, ja sie imitierten sie. So scheint, von einigen Ausnahmen abgesehen, die große Mehrzahl der Kaufleute in Agrargesellschaften von dem verzehrenden Wunsch beseelt gewesen zu sein, es den Mitgliedern der regierenden Klasse gleichzutun, von ihnen akzeptiert zu werden und wenn irgend möglich mit ihnen zu verschmelzen.[33]

33 Vgl. dazu E. Barber, S. 89. Natürlich war dies nicht für alle Angehörigen der Kaufmannsklasse möglich; wer zu einer Gruppe mit Minderheitenstatus zählte, wie etwa die Juden, blieb in der Regel ausgeschlossen.

Für die Mitglieder der politischen Elite war die Klasse der Kaufleute einfach unentbehrlich. Ohne sie wäre politische Macht nicht halb so erstrebenswert gewesen. Außerdem konnte man stets auf die Kaufmannschaft rechnen, wenn es um die Verteidigung des Grundprinzips der sozialen Ungleichheit und die vielen Institutionen ging, die ihr Ausdruck verliehen. Und dies war keine Kleinigkeit in Gesellschaften, in denen diejenigen, die die politische Macht in Händen hatten, zahlenmäßig so jämmerlich in der Minderheit waren wie in Agrargesellschaften. Und schließlich – wir haben darauf hingewiesen – spielten die Kaufleute eine wertvolle Rolle in dem wichtigen Prozeß, in dem der wirtschaftliche Surplus aus dem einfachen Volk herausgepreßt wurde. Aus all diesen Gründen war der politischen Führung nicht daran gelegen, die Kaufmannsklasse zu vernichten. Die Kämpfe zwischen ihnen waren deshalb beschränkte Kämpfe von der Art, wie sie sich immer dann entwickeln, wenn die betroffenen Parteien durch wichtige Bande wechselseitiger Abhängigkeit miteinander verbunden sind.

Ehe wir unsere Erörterung über die Kaufmannsklasse abschließen, ist noch auf einen wichtigen Punkt hinzuweisen. In vielen Agrargesellschaften gehörte dem Kaufmannsstand eine beachtliche Zahl von Personen aus Gruppen mit Minderheitenstatus an, etwa die Juden in Europa oder die Parsen in Indien. Aufgrund ihrer Zugehörigkeit zu diesen Gruppen war diesen Menschen der Einzug in die regierende Klasse durch Titelkauf oder Einheirat in der Regel verwehrt, ganz gleich wie erfolgreich sie wirtschaftlich waren. Weiter waren sie aufgrund der Barriere, die sie von den anderen trennte, und des Stigmas, das ihnen anhaftete, vor gewaltsamer Enteignung und anderen Härten weniger geschützt als die übrigen Mitglieder ihrer Klasse.

Die Priesterklasse

An letzter aber keineswegs geringster Stelle unter den Privilegierten in Agrargesellschaften ist jene Klasse zu nennen, die die institutionalisierte Religion in führender Position vertritt, die Priesterklasse. Streng genommen trifft der Terminus nur jene, die eine Mittlerfunktion zwischen Gott oder Göttern und Menschen ausüben, indem sie Opferrituale zelebrieren. Ich verwende die Bezeichnung hier in einem weiteren Sinne, indem ich Mönche, Pfarrer, Rabbis, Imams und alle andern religiösen Führer einschließe, deren Lebensunterhalt und Status in der Gesellschaft hauptsächlich von ihrer Führungsrolle im jeweiligen Glaubenssystem abhängen.

Der Charakter der Priesterklasse variiert von einer Agrargesellschaft zur andern beträchtlich, besonders wenn die religiösen Traditionen unterschiedlich sind. In einigen Gesellschaften waren Priester Mittler zwischen Gott und den Menschen; in anderen haben sie fast ausschließlich Lehrerfunktionen. In einigen Fällen bestimmten sie über den Zugang zu jenen spirituellen Quellen, die für eine Erlösung wichtig waren; in anderen hatten sie keinerlei derartige Machtbefugnisse. Einmal war die Position des Priesters nicht erblich und mit dem Zölibat verbunden, ein andermal war die Heirat allen Priestern oder bestimmten Untergruppen erlaubt. Wo die Ehe gestattet war, entwickelte sich häufig, wenn auch nicht durchweg, ein Erbpriestertum. In manchen Gesellschaften galt innerhalb der Priesterklasse eine feste Hierarchie; in anderen fehlte jede hierarchische Organisation, und die Priester hatten alle den gleichen Status oder unterschieden sich voneinander nur auf der Basis örtlicher Hierarchien. Alle diese Differenzen waren indes gering im Vergleich mit den fundamentalen Unterschieden zwischen den einzelnen Doktrinen oder auch mit denen, die im Verhältnis zwischen Priesterklasse und dem Rest der Bevölkerung in den einzelnen Gesellschaften herrschten, das heißt darin, ob die Priester sich auf die Mehrheit oder nur auf eine kleine Minderheit der Bevölkerung, und ob sie sich auf die politische Elite stützen konnten. Dieser vielfältigen Unterschiede wegen ist es gefährlich, die Rolle der Priesterschaft zu verallgemeinern. Es kann sogar sein, daß im Hinblick auf den Verteilungsprozeß der Charakter dieser Klasse das am stärksten variierende unter den wesentlichen Merkmalen von Agrargesellschaften ist.

Stand diese Klasse in der Gunst der politischen Elite, was zumindest für einen Teil ihrer Mitglieder gewöhnlich zutraf, dann waren ihren Möglichkeiten, zu Reichtum zu gelangen, keine Grenzen gesetzt. Wenn auch Ramses III., Begründer der 20. Dynastie im alten Ägypten, zu den vermutlich großzügigsten Gönnern der Priesterschaft zählen dürfte, wird an seinen Geschenken zumindest deutlich, welche Möglichkeiten die Priester hatten.[34] Einer

34 Siehe Erman, S. 299—305.

Aufstellung zufolge, die bei seinem Tode gemacht wurde, umfaßten seine Geschenke an die Götter und ihre Diener, die Priester, 169 Städte, 113 433 Sklaven, 493 386 Stück Vieh, 1 071 780 Morgen Land, 2756 Götterbilder, in denen 1400 [englische] Pfund Gold, 2200 Pfund Silber und eine riesige Menge weiterer Dinge verarbeitet waren.

Sicher war Ramses ungewöhnlich großzügig, aber auch andere Herrscher beschenkten bei jeder Gelegenheit die Priesterschaft, mit dem Ergebnis, daß sie in vielen Fällen die reichste Klasse in Agrargesellschaften war. So besaß in Ägypten im 12. Jahrhundert v. Chr., also rund hundert Jahre nach Ramses III., die Priesterschaft 15 Prozent des gesamten Bodens.[35] Die gleiche Zahl errechnete man für Frankreich im 18. Jahrhundert.[36] Im frühen islamischen Staat beanspruchte die Priesterklasse für ihren Unterhalt 20 Prozent der gesamten Kriegsbeute.[37] In der Osmanischen Türkei ging ein Drittel des Bodens als vakf, das heißt als Aussteuer, an die Priester.[38] Und zu Zeiten von Karl Martell wird die Kirche in Frankreich auf ein Drittel des gesamten französischen Bodens geschätzt, im 14. Jahrhundert in England sieht es ähnlich aus.[39] Die vorreformatorische Kirche Schwedens besaß 21 Prozent des schwedischen Bodens, in Rußland verfügte die Kirche im 16. Jahrhundert gar über 40 Prozent und mehr in manchen Provinzen (auf nationaler Ebene ist ihr Anteil nicht ganz so hoch).[40] Der Primas der Spanier, der Erzbischof von Toledo, rangierte »unmittelbar nach dem König, was Macht, Reichtum und die Ausdehnung seiner Ländereien« im frühen 16. Jahrhundert anlangte.[41] Auf Ceylon sollen die buddhistischen Klöster über

35 Ralph Turner, *The Great Cultural Traditions* (New York: McGraw-Hill, 1941), S. 288.

36 Shepard B. Clough, *The Economic Development of Western Civilization* (New York: McGraw-Hill, 1959), S. 298.

37 Albert H. Lybyer, *The Government of the Ottoman Empire in the Time of Suleiman the Magnificient* (Cambridge, Mass.: Harvard University Press), S. 276.

38 Ebenda, S. 200—201.

39 Zu Frankreich vgl. Coulton, S. 53, zu England Philip Lindsay und Reg Groves, *The Peasants' Revolt, 1381* (London: Hutchinson), S. 76. Siehe auch Thrupp, *Merchant Class*, S. 182, die berichtet, die Kirche habe in London im 14. und 15. Jahrhundert ein Viertel des gesamten Bodens oder mehr besessen.

40 Über Schweden siehe Eli F. Heckscher, *An Economic History of Sweden*, übersetzt von Goram Ohlin (Cambridge, Mass.: Harvard University Press, 1954), S. 67. Über Rußland siehe Blum, S. 177—178 und 188 f.

41 Mariéjol, S. 251.

rund ein Drittel des Bodens verfügt haben.[42] Zuverlässige Angaben über das Gesamtvermögen der Priesterschaft in Indien, China und Japan zu finden, fällt schwer; aus allen erreichbaren Quellen geht jedoch eindeutig hervor, daß es zumindest während einzelner Perioden recht beachtlich war.[43] Neben ihrem riesigen Reichtum genoß die Priesterklasse häufig Steuerfreiheit, was den wirtschaftlichen Wert ihres Besitzes noch weiter steigerte.

Die Besitztümer der Priesterklasse insgesamt waren zwar vielfach unermeßlich, dennoch partizipierten die einzelnen Mitglieder keineswegs alle zu gleichen Teilen daran. Im mittelalterlichen Europa herrschte eine deutliche Trennung zwischen höherem und niederem Klerus, die der Kluft zwischen regierender Klasse und Bauernschaft entsprach. Der höhere Klerus rekrutierte sich in der Regel aus der regierenden Klasse und hatte einen Lebensstil, der an seiner Herkunft orientiert war, während der niedere Klerus, die Priester also, die in kleinen Gemeinden ihren Dienst am einfachen Volk versahen, im allgemeinen auch aus dem Volk kamen und nicht besser lebten als ihre Verwandten.[44]

Selbst in den Klöstern, wo man annehmen möchte, Klassenunterschiede seien aufgehoben, waren sie in vielen Fällen sehr deutlich ausgeprägt. So wurde zum Beispiel auf einem Kirchenkonzil in Moskau im Jahre 1503 die Frage erörtert, ob Mönchstum und Reichtum notwendig unvereinbar seien. Die beiden Hauptprotagonisten auf diesem Konzil waren Nil Sorskij, Mönch und Sohn eines Bauern, und Joseph Sanin, ebenfalls Mönch, jedoch aus der

42 Vgl. Max Weber, Gesammelte Aufsätze zur Religionssoziologie, Band 1—3, über Indien.

43 Vgl. dazu D. D. Kosambi, *An Introduction to the History of India* (Bombay: Popular Book Depot, 1956), S. 291—308, oder McKim Marriott (Hrsg.), *Village India: Studies in the Little Community* (Chicago: University of Chicago Press, 1955), S. 5, 11—12, 38, 41 und 212 über Indien; Wolfram Eberhard, *A History of China,* 2. Aufl. (Berkeley, Calif.: University of California Press, 1960), S. 134 und 188 über China; und Takekoshi, Bd. I, Kap. 8 über Japan.

44 Ob jemand von einfacher Herkunft in die oberen Ränge des Klerus aufsteigen konnte, hing von den jeweiligen historischen Umständen ab; echte Chancengleichheit scheint es nirgendwo gegeben zu haben. Beiträge zu diesem Thema liefern S. E. Gleason, *An Ecclesiastical Barony in the Middle Ages: The Bishopric of Bayeux, 1066—1204* (Cambridge, Mass.: Harvard University Press, 1936), S. 36 f.; E. Barber, S. 126 f.; Mariéjol, S. 162 und 254; Thompson, S. 642, 658 und 678; McKisack, S. 262; Homans, S. 135; oder George Vernadsky, *History of Russia* (New Haven, Conn.: Yale University Press, 1958), Bd. IV, S. 270 bis 271.

Oberschicht stammend. Nil vertrat die Auffassung, Mönche sollten sich »dem Streben nach Besitz irdischer Güter widersetzen, ja ihn meiden wie ein tödliches Gift«. Joseph dagegen sagte: »Wenn ein Kloster keine Dörfer besitzt, wie kann dann ein vornehmer und hochgestellter Mann Mönch werden, und wenn es keine Mönche adliger Herkunft gibt, wo sollen dann diejenigen herkommen, die würdig sind, Metropolit, Erzbischof, Bischof oder Inhaber eines anderen hohen Kirchenamtes zu werden?«[45] Ähnliche Probleme machten auch der abendländischen Kirche zu schaffen, wo bestimmte Mönchsorden nur Adligen offenstanden.[46] In Ländern, wie zum Beispiel in Indien, wo die Zugehörigkeit zur Priesterklasse erblich war und diese Klasse außerdem die Macht hatte, waren die Unterschiede ähnlich deutlich, sie spiegelten in der Regel die Unterschiede im Verhältnis des Einzelnen oder eines Tempels zur politischen Elite wider.

An der Spitze der Priesterschaft war der Besitz zwar oft groß, ja riesig, selten jedoch war er auch sicher. Die Geschichte der einzelnen Agrargesellschaften ist voll von Konfiskationen durch politische Eliten. Heinrich VIII. war nur einer der europäischen Herrscher, die die weitläufigen Besitztümer der Kirche beschlagnahmten. Bereits im 8. Jahrhundert hatten Karl Martell und die Herzöge von Bayern Kirchenbesitz konfisziert.[47] Im Mittelalter, dem sogenannten Zeitalter des Glaubens, raffte die regierende Klasse immer wieder Besitz und Einkünfte der Kirche an sich; selbst Vasallen, die im Dienst von Klöstern standen, griffen teils betrügerisch, teils gewaltsam danach.[48] Die Reformation im 16. Jahrhundert hatte überall, wo der Protestantismus bestimmend wurde, Konfiskationen von Klostergütern in großem Maßstab zur Folge.[49] In Rußland schwankte der Umfang kirchlicher Vermögen von Jahrhundert zu Jahrhundert, ja von Herrscher zu Herrscher; zu den umfassendsten Konfiskationen kam es allerdings im 18. Jahrhundert unter Herrschern wie Peter dem Großen oder Ka-

45 Siehe Blum, S. 194—196.

46 Thompson, S. 680.

47 Ebenda, S. 649.

48 Ebenda, S. 604 und 651 ff.; Ganshof, S. 293—294; Hans Nabholz, »Medieval Agrarian Society in Transition«, in: *The Cambridge Economic History*, Bd. I, S. 527 und 537; oder Philip Hughes, *A Popular History of the Catholic Church* (New York: Macmillan, 1950), S. 136.

49 Vgl. die Konfiskationen durch Christian III. von Dänemark oder Gustav Vasa in Schweden.

tharina, die die Orthodoxe Kirche fast ihrer gesamten Ländereien beraubten.[50] Auch aus China wird über gelegentliche riesige Konfiskationen berichtet. Die bis zum 20. Jahrhundert umfangreichste dürfte sich im 19. Jahrhundert ereignet haben, als mehr als eine Viertelmillion buddhistischer Mönche aus den Klöstern vertrieben und steuerfreie klösterliche Ländereien, die nach Millionen Morgen maßen, säkularisiert wurden.[51]

Die stark schwankenden Vermögensverhältnisse der Priesterklasse zeigen, wie stark ihre Mitglieder an der Politik beteiligt sind, denn nur die politische Elite war in der Lage, Ländereien oder andere Formen von Besitz in solcher Hülle und Fülle zu vergeben, und nur die politische Elite konnte derart massive Konfiskationen vornehmen. Dieses politische Engagement macht den komplementären Charakter der Bedürfnisse dieser beiden Klassen deutlich. Die eine brauchte, was die andere, und nur die andere, geben konnte. Die politische Elite bedurfte dringend des Segens der Priester. Nur die Priester konnten einem Regime, welches beständig seine Macht dazu benutzte, dem Volk den größten Teil dessen, was es produzierte, wegzunehmen, die nötige Legitimität verleihen. Die Bedeutung dieser Macht, Legitimität zu verleihen, läßt sich kaum überschätzen. Wir erinnern nur daran, wie kostspielig es war, mit nackter Gewalt zu regieren, und sofort wird sichtbar, welcher Gewinn einer politischen Elite erwuchs, wenn sie den priesterlichen Segen erlangen konnte.[52]

Die Priesterklasse erfüllte noch andere für die politische Elite, zuweilen sogar für die gesamte Gesellschaft wertvolle Funktionen. In Gesellschaften, in denen die Allgemeinheit nicht schriftkundig war, mußte der Klerus häufig jene Verwaltungsaufgaben übernehmen, die die Beherrschung der Schrift erforderten. Das moderne englische Wort »clerk« (Sekretär) weist noch heute auf den hi-

50 Blum, S. 362—366.

51 Eberhard, *History*, S. 188. Ein weiteres Beispiel für Konfiskationen großen Maßstabs siehe S. 246.

52 Vgl. dazu Kosambi, S. 291, der über den Brahmanen schreibt: »er war für den Staat eine unschätzbare Hilfe, weil er Gewalt verringern half; indem er Unterwerfung und Gehorsam predigte, sparte er dem Staat eine Menge Verwaltungskosten«. Siehe auch Polybios, griechischer Beobachter der römischen Szene im 2. Jahrhundert v. Chr., der über die römische Religion sagte: »ich sehe in ihr ein Herrschaftsinstrument« (zitiert nach Cowell, S. 184). Einen ausgezeichneten Beitrag zur Diskussion von Ideologie und ihrer gesellschaftlichen Bedeutung leistet Homans, S. 340 ff.

storischen Zusammenhang zwischen dieser Aufgabe und der priesterlichen Klasse oder dem Klerus hin. Weiter stellte der Klerus Diplomaten, Beamte, Erzieher und Lehrer, ja selbst Militärführer stammten manchmal aus der Priesterschaft.[53] In einigen Fällen spielten sie eine wichtige Rolle bei der Befriedung, Zivilisierung und Unterjochung primitiver, den Agrarstaaten benachbarter Völker und trugen so zur Ausweitung des politischen Einflusses der Elite bei, deren Verbündete sie waren.[54]

Die politische Elite konnte ihrerseits wiederum viel für die Priesterschaft tun. Vor allem wartete sie mit ihrer Fähigkeit zur Ausübung von Gewalt auf, um eine Religion zu verteidigen oder zu verbreiten. Es stimmt zwar, daß einige Religionen, so das frühe Christentum und der Buddhismus, sich ohne politische Unterstützung ausbreiteten, und daß einige, so das späte Judentum, sich sogar über lange Perioden ohne Unterstützung hielten; im allgemeinen bestand jedoch eine hohe Korrelation zwischen dem Grad an politischer Unterstützung, welche Religionen in Agrarstaaten genossen, ihren Anhängerzahlen und ihrer geographischen Ausbreitung. Wenige religiöse Führer konnten der Versuchung widerstehen, den »richtigen Glauben« rasch und sicher mit dem Schwert zu verbreiten, statt sich auf langsamere und weniger wirksame Techniken der Überzeugung zu verlassen. Die Unterstützung seitens der politischen Elite erwies sich auch dann als unschätzbar, wenn Häresien oder neue Religionen den etablierten Glauben bedrohten, denn die nachdrückliche Demonstration von Macht Dissidenten gegenüber genügte meist, um jede Gefahr aus der Welt zu schaffen.

Aber auch in anderem Zusammenhang erwies sich eine Unterstützung durch die politische Elite als wertvoll. Kaum einer, der der Priesterklasse angehörte und nicht versuchte, seinen Gott mit glanzvollen Tempeln, Statuen und Kunstwerken zu ehren – alles ziemlich kostspielige Dinge. Auch hier war es die politische Elite, die als einzige über die nötigen Mittel verfügte, die zur Erfüllung

53 Vgl. Thompson, S. 649; Marc Bloch, S. 350; oder *David M. Lang, The Last Years of the Georgian Monarchy*, 1658—1832 (New York: Columbia University Press, 1957), S. 77—79.

54 Dies war der Fall sowohl in Indien wie in Europa. In Indien übernahmen die Brahmanen bei vielen Gelegenheiten diese wichtige Rolle. Siehe z. B. Kosambi, S. 291 ff. Über Rußland siehe Blum, S. 76. Zu Zentraleuropa vgl. Kenneth S. Latourette, *A History of Christianity* (New York: Harper and Row, 1953), S. 397 f.

solcher Sehnsüchte vonnöten waren. Kurz, die symbiotische Beziehung zwischen den beiden Klassen hatte eine natürliche Basis.
Wäre dies aber die ganze Beziehung gewesen, dann hätte es nie die massiven Konfiskationen gegeben, von denen wir gesprochen haben, ebensowenig wie die vielen Kämpfe zwischen Kirche und Staat, welche die Geschichtsbücher füllen. Diese Kämpfe hatten vielerlei Ursachen, allen zugrunde lag jedoch die Tatsache der geteilten Autorität. Abgesehen von jenen Fällen, wo der Herrscher zugleich das menschliche oder halbgöttliche Oberhaupt der religiösen Organisation war, leiteten sich die priesterlichen Machtbefugnisse aus einer anderen Quelle her als die des Herrschers. Das bedeutete, daß immer dann, wenn die Interessen von Priestern und Herrscher auseinandergingen, was sie früher oder später unweigerlich taten, sich das Problem ergab, bei wem die höhere Autorität lag. In vielen Fällen ließ sich dies nur in einem langwierigen Machtkampf entscheiden, aus dem die weltliche Obrigkeit meist als Sieger hervorging[54a], wenn auch nicht, ohne erhebliche Konzessionen an die Priesterklasse gemacht zu haben. Manchmal jedoch triumphierten die religiösen Autoritäten, wie zum Beispiel im alten Ägypten, wo die Nachfolger von Ramses III. in der 20. Dynastie kaum mehr als Gallionsfiguren waren, von den Priestern Amons gesteuert, und wo in der 21. Dynastie die Priester schließlich selbst auf dem Thron saßen.[55] In Europa konnten nach der Gregorianischen Reform mehrere Päpste Königen und Fürsten ihrer Zeit Befehle erteilen, und bis ins 19. Jahrhundert hinein fungierten die Päpste als Herrscher über Popal-Staaten.
Es ist schwer, heute zu sagen, welche Faktoren für die unterschiedlichen Ergebnisse dieser Kämpfe verantwortlich zu machen sind. Offensichtlich hing eine Menge von den religiösen Überzeugungen der Herrscher selber ab. Diese waren in dem Maße verwundbar und dem Druck der Priesterklasse ausgesetzt, in dem sie deren Forderungen und Behauptungen für bare Münze nahmen. Wenn ein Herrscher der Überzeugung war, sein Schicksal in dieser Welt oder im Jenseits hänge davon ab, wie er eine bestimmte re-

54a Robert Bellah fügt hinzu: »Dies stimmt nur, wenn man kurze Zeiträume betrachtet. Religiöse Organisationen waren viel dauerhafter und zählebiger als politische und haben den Niedergang vieler politischer Regime überlebt, indem sie häufig offen oder im Verborgenen zu deren Fall beitrugen« (im persönlichen Gespräch).
55 Erman, S. 50 und 305.

ligiöse Gruppe und deren Führer behandle, dann war er ohne Zögern zu Gunstbeweisen jenen gegenüber bereit. Hier stellt sich natürlich sogleich die Frage, warum manche Herrscher fromm waren und sich dem priesterlichen Einfluß beugten, während andere nicht daran dachten. Zweifellos spielen mehrere Faktoren dabei eine Rolle, einige fallen jedoch stärker ins Gewicht als andere. Erstens dürfte Frömmigkeit bei Herrschern, wie bei allen anderen Menschen auch, ihren Grund in der Erziehung haben. In dem Maße, in dem Könige und Prinzen in ihrer Kindheit von Klerikern – und spezieller von politisch gesonnenen Klerikern – erzogen wurden, dürften sie später priesterlichen Einflüssen nachgegeben haben. Zweitens dürfte Frömmigkeit bei Herrschern, wie bei anderen Menschen auch, von der Homogenität der religiösen Einflüsse abgehangen haben, denen sie ausgesetzt waren. Wer in religiös homogenen Gesellschaften heranwuchs, unterstützte das Priesterwesen sicher bereitwilliger als jemand, der seine Jugend in einer Gesellschaft verlebt hatte, in der mehrere Religionen miteinander rivalisierten.[56] Und schließlich wurden Herrscher, wie andere Menschen auch, von Personen, in die sie besonderes Vertrauen setzten, stark geprägt, wobei deren Einstellung und Glaube leicht auf sie übergingen. So beeinflußten zweifellos Frauen, Mütter, Minister und enge Freunde die Handlungen von Herrschern in diesem Bereich.

Die Position des Klerus scheint aber auch von einer Reihe von Faktoren beeinflußt gewesen zu sein, die mit dem religiösen Glauben des Herrschers nichts zu tun hatten. So variierte sie direkt mit dem Grad der allgemeinen Unterstützung, deren der Klerus sich erfreute, wie mit dem Ausmaß der für den Herrscher notwendigen Unterstützung, welche nur die Priesterklasse geben konnte, sei es nun in politischen Kämpfen mit der regierenden Klasse im eigenen Land oder mit fremden Feinden. Klassisches Beispiel für den zweiten Fall stellen die Bemühungen der römischen Kaiser seit Konstantin dar, die Mittel der Kirche für die zunehmend wackliger werdende kaiserliche Herrschaft zu mobilisieren.

Die Motive der Priesterklasse in ihren vielen Kämpfen um die Macht waren unterschiedlicher Natur. Vielfach ging es ihr darum, ihren Gott oder ihre Götter zu verehren und ihm oder ihnen zu

56 Der Großmogul Akbar stellt das klassische Beispiel eines Herrschers dar, der, weil er auch andere Religionen kennenlernte, schließlich der Priesterschaft seines eigenen Glaubens mißtraute.

dienen. Gleichzeitig strebten die Priester in vielen Fällen auch nach persönlicher Macht und nach Privilegien. Den besten Beweis dafür liefern die vielen Stimmen von gläubigen Männern verschiedener Religionen, oftmals selbst der Priesterklasse zugehörig, Stimmen, die gegen Materialismus, Machtgier und Selbstsucht so vieler religiöser Führer protestierten.[57] Auch Praktiken wie Simonie – ein verbreitetes Übel vom frühen Mittelalter bis zur Reformation – zeugen davon.[58]

Es stimmt zwar, daß der Klerus im allgemeinen erheblich hinter den selbst proklamierten Idealen zurückblieb und außerdem zur Stabilisierung und Perpetuierung von Systemen der Ungleichheit beitrug, insofern er die Herrschaft der politischen Elite legitimierte, aber das ist nicht die ganze Wahrheit. Bei vielen Gelegenheiten, besonders in der jüdisch-christlichen Tradition, aber nicht nur hier, bekämpfte die Priesterklasse Tyrannei und Ungerechtigkeit und unterstützte Bedürfnisse und Interessen der schwächeren Glieder der Gesellschaft.[58a] So lieferte die christliche Tradition zwar ein ideologisches Fundament für den *status quo*, war aber gleichzeitig auch Basis so revolutionärer Bewegungen wie des Bauernaufstands im 14. Jahrhundert in England und der Levellers im 17. Jahrhundert. Einer der wichtigsten Führer des Bauernaufstands war der berühmte Priester John Ball, der vielen seiner Predigten als Text den Volksreim zugrunde legte:

> Als Adam grub und Eva spann,
> Wer war da der Edelmann?

57 Dieses Thema tauchte in der jüdisch-christlichen Tradition immer wieder auf, angefangen von den Propheten Amos und Micha bis hin zu Peter Waldo, dem heiligen Franziskus, Wyclif, Hus, Erasmus, Luther, ja noch am Ende der Agrarperiode.

58 Vgl. dazu Hughes, S. 85; der renommierte katholische Historiker spricht in seiner Schrift über das frühe Mittelalter von den vielen Bischöfen, die sich »ihr Bistum kauften« und dann aus ihrer Amtszeit »ein finanzielles Martyrium für ihre unglücklichen Untertanen machten, weil sie bestrebt waren, ihre zunächst getätigten Ausgaben wieder hereinzuholen«. Siehe außerdem Mercia Macdermott, *A History of Bulgaria* (London: G. Allen, 1962), S. 51 und 52, wo beschrieben wird, wie die osmanischen Sultane Bistümer der Orthodoxen Kirche meistbietend verkauften, oder W. E. D. Allen, *The History of the Georgian People* (London: Routledge, 1932), S. 272, der die Praktiken der Simonie in der Gregorianischen Kirche schildert.

58a Vgl. S. N. Eisenstadt, »Religious Organizations and Political Process in Centralized Empires«, *The Journal of Asian Studies*, 21 (1962), S. 286.

Dem *Chronicon Angliae* zufolge, das ein Mönch geschrieben hat, war Balls Argumentation ganz einfach:

»Am Anfang waren wir alle gleich; die Tyrannei böser Menschen hat gegen den Willen Gottes die Sklaverei geschaffen; hätte Gott gewollt, daß es Sklaven gäbe, dann hätte er auch bestimmt, wer Sklave und wer Herr sein solle.«[59]

Diese Überlegung kommt der von Gerrard Winstanley und den Levellers einige Jahrhunderte später sehr nahe (siehe oben, S. 27).

Weniger extrem, vermutlich aber folgenreicher, war die Tradition der westlichen Religionen, deren Gott vor allem ein Gott der Gerechtigkeit ist, welcher seine ehrfurchtgebietende Macht einsetzt, die Ungerechten zu bestrafen. Im alten Kodex des Hammurabi ist zu lesen:

»Zu jener Zeit forderten Anu und Enlil mich, Hammurabi, den erhabenen Fürsten und Diener der Götter auf, für Gerechtigkeit im Lande zu sorgen, das Böse zu vernichten, die Starken daran zu hindern, daß sie die Schwachen bedrängen, der Sonne gleich über den dunklen Häuptern der Menschen das Land zu erhellen und das Wohl des Volkes zu mehren.«[60]

In den Gesetzen Moses kommt dieselbe Grundvorstellung vom göttlichen Wunsch nach Gerechtigkeit und Rechtschaffenheit zum Ausdruck, und die Propheten des alten Israel schleuderten im Namen Jehovas bittere Anklagen gegen die politische Elite und die Kaufleute ihrer Gesellschaft.[61] Den Angehörigen dieser privilegierten Klassen warfen sie vor, Recht und Gerechtigkeit zu verkaufen; sie ziehen sie des Wuchers, der Bestechung, des Gebrauchs falscher Gewichte, des Diebstahls und vor allem der Unterdrükkung der Armen. Offensichtlich verschafften sie sich auch Gehör, selbst am königlichen Hof, und da sie in Jehovas Namen sprachen, war es äußerst schwer, sie zum Schweigen zu bringen. Obwohl die meisten Propheten ihrer offiziellen Funktion nach keine Priester waren und sogar die Priesterklasse oft nicht weniger kritisierten als alle andern, war es die Priesterschaft, die hauptsächlich die

59 Lindsay und Groves, S. 72.

60 A. T. Olmstead, *History of the Persian Empire* (Chicago: University of Chicago Press, 1948), S. 122.

61 Vgl. die Bücher von Amos, Micha und Jesaia, ebenso 2. Sam., Kap. 11 und 12, mit dem dramatischen Bericht über König Davids Verurteilung durch Nathan wegen seines Mordes an Uriah, dem Hethiter, und seiner anschließenden Heirat mit Uriahs Witwe.

mosaische Tradition und ihre Vorstellung von Jehovas Verlangen nach Gerechtigkeit und Rechtschaffenheit übermittelte.
Die gleichen Elemente stecken in der christlichen Tradition, sie finden ihren Ausdruck an den unwahrscheinlichsten Punkten. So begann zum Beispiel die Russische Kirche zu einem sehr frühen Zeitpunkt, eine menschenwürdige Behandlung für die Sklaven zu fordern, außerdem trat sie für ihre Freilassung beim Tode ihrer Besitzer ein.[62] Und offensichtlich trugen diese Bestrebungen auch Früchte. Die westliche Kirche ging zur gleichen Zeit noch weiter und erklärte auf dem Dritten Lateranischen Konzil im Jahre 1179, kein Christ dürfe einen Mitchristen zum Sklaven machen.[63] Ein Jahrhundert später trat die Englische Kirche nachdrücklich der These entgegen, Sklaven »besäßen nichts als ihren Bauch« und hätten deshalb keinerlei Anspruch darauf, ein Testament zu machen und ihren Erben etwas zu hinterlassen. Fast hundert Jahre lang kämpfte die Kirche, bis ihre liberalere Auffassung gegen den Widerstand des Parlaments, das in einer Petition an den König den Standpunkt vertrat, solche Praktiken seien »gegen die Vernunft«, Gesetz wurde.[64]
Selbst die Doktrin vom Gottesgnadentum der Könige diente dem Priesterstand dazu, den Herrschern Schranken zu setzen, zumindest in den Ländern, wo Gott für Gerechtigkeit stand, und wo die politische Elite einigermaßen fromm und gläubig war.[65] Im 11. Jahrhundert zum Beispiel spielte der Klerus eine wichtige, wenn auch keineswegs dic allcinige Rolle bei der Etablierung des Gottesfriedens, welcher den dauernden Raubzügen der regierenden Klasse ein Ende setzte. Ein Historiker formulierte es so: »Die Kirche schuf die Kategorie einer auf besondere Weise geschützten Klasse. Sie erklärte, daß eine wehrlose Bauernschaft, und sei sie noch so schwach, vor dem Gesetz dennoch Rechte habe, welche die Barone, und seien sie noch so stark und gewalttätig, zu respektie-

62 Blum, S. 52—54 und 113.

63 Latourette, S. 558.

64 Bennett, S. 249—250.

65 Selbst in Indien, wo die ethischen Elemente nicht so schwer wogen wie in der jüdisch-christlichen Tradition, sorgten die Priester dafür, daß das göttliche Recht der Könige durch eine in der Doktrin verankerte Verantwortung der Könige für ihr Volk ergänzt wurde. Siehe R. C. Majumdar (Hrsg.), *The History and Culture of the Indian People* (Bombay: Bharatiya Vidya Bhavan, 1951, 1953), Bd. II, S. 304 ff.

ren gezwungen seien« bei Strafe der Exkommunizierung.[66] Der folgende Eid, den die regierende Klasse auf Geheiß des Klerus leisten mußte, ist bezeichnend:

»Ich werde keinen Ochsen und keine Kuh und auch kein anderes Lasttier an mich bringen; ich werde keinen Bauern und keinen Kaufmann seiner Freiheit berauben; ich werde ihnen nicht ihr Geld wegnehmen und sie nicht zwingen, sich loszukaufen; ich will nicht, daß sie durch Kriege ihrer Herren Hab und Gut verlieren; ich werde sie nicht schlagen, um sie zur Arbeit zu zwingen. Ich werde weder Hengst noch Stute noch Fohlen von ihrer Weide nehmen; ich werde ihre Häuser nicht zerstören und niederbrennen; ich werde ihre Reben nicht ausreißen und ihre Trauben nicht ernten unter dem Vorwand des Krieges; ich werde keine Mühle zerstören und mir nicht das Mehl darin aneignen, wenn sie sich nicht auf meinem Boden befinden oder ich nicht im Kriegsdienst stehe.«[67]

Im mittelalterlichen London warnte der Klerus häufig die Kaufleute vor schlimmen Praktiken wie der Benutzung zu kleiner Gewichte, vor falschen Angaben über Waren sowie vor Wucher, und erklärte sie zu Sünden vor Gott. Predigten solcher Art verfehlten offensichtlich ihre Wirkung nicht, wie die vielen Testamente zeigen, die die Rückgabe unehrlich erworbener Güter und Gelder anordnen.[68] Zuweilen erfolgte die Rückgabe an besonders genannte Personen, in anderen Fällen an die Armen im allgemeinen. Die Summen, um die es ging, waren oft beträchtlich. So hinterließ ein Mann der Wohlfahrt 1800 Pfund, deren größten Teil er als Gaben von einer halben Mark an fünftausend arme Stadthaushalte verteilt wissen wollte. Obwohl der Umfang dieses Vermächtnisses ungewöhnlich war, war es doch lange Zeit üblich, daß bemittelte Leute ein Drittel bis die Hälfte ihrer beweglichen Habe Zwecken verschrieben, die ihrer Seele zugute kommen sollten. Neben solchen individuellen Wohltätigkeitsakten, zu denen die Kirche ermunterte, leisteten auch die Klöster einen ganz erheblichen Teil an Fürsorgearbeit.[69] Auch der Islam kennt die Tradition der Wohltätigkeit auf individueller wie auf organisierter Basis. Zur Unterstützung organisierter Wohlfahrt mußten Moslems ein Vier-

66 Thompson, S. 668.
67 Ebenda.
68 Thrupp, *Merchant Class,* S. 174—180.
69 Vgl. dazu Thompson, S. 632; Coulton, S. 266—267; Latourette, S. 538 und 558.

zigstel ihres Einkommens entweder in Form von Geld oder in Naturalien entrichen.[70]

Das bisher Gesagte trifft natürlich nur eine Seite der Medaille. Viele Angehörige der Priesterklasse waren raffgierig, gewinnsüchtig, selbstsüchtig, grausam, tyrannisch und ausbeuterisch. James Westfall Thompson hat die Widersprüche in der Priesterklasse am treffendsten zusammengefaßt, als er über die mittelalterliche katholische Kirche schrieb: »Demokratisch und aristokratisch; wohltätig und ausbeuterisch; freigebig und gewinnsüchtig; humanitär und grausam; nachsichtig und rigide; progressiv und reaktionär; radikal und konservativ – das sind die Eigenschaften der Kirche im Mittelalter.«[71]

Damit ist aber auch gesagt, daß die Kirche und ihre Führer eine einzigartige Rolle unter den privilegierten Klassen in Agrargesellschaften spielten. In einer Gesellschaft, in der Mächtige dafür sorgten, daß ein breiter Strom von Gütern und Dienstleistungen von den vielen zu den wenigen floß, schafften es einige Mitglieder der Priesterklasse, diesen Fluß zu verlangsamen, ja sogar ein schmales Rinnsal in die Gegenrichtung fließen zu lassen. *So betrachtet, spielte die Priesterklasse ein wenig die Rolle des Erhalters und Bewahrers der alten Umverteilungsethik aus den primitiven Gesellschaften, wo die Akkumulation von Gütern in privaten Händen eher als eine Form von gemeinschaftlicher Versicherung anzusehen war denn als Privateigentum.* In welchem Ausmaß die Pricsterklasse diese wichtige Funktion erfüllte, war von Religion zu Religion verschieden, auch innerhalb der einzelnen Religionen änderte es sich von Jahrhundert zu Jahrhundert und von Land zu Land. Ausschlaggebend dürfte gewesen sein, welchen Inhalt eine Religion hatte, inwieweit soziale Gerechtigkeit als ein Gebot Gottes verstanden wurde. Ein zweiter Faktor von Bedeutung schien in der Macht der religiösen Waffen zu liegen, über die der Klerus gebot. Hatte er die Macht, den Menschen die Erlösung zu verweigern, wie es in der katholischen Kirche im Mittelalter der Fall war, dann verfügte er über eine einzigartige und mächtige Waffe, die kein gläubiger Herrscher ungestraft mißachten konnte.

70 Siehe H. A. R. Gibb, *Mohammedanism: A Historical Survey* (New York: Mentor Books, 1955), S. 56.

71 Thompson, S. 684.

Letzten Endes ruhte die Last, den Staat und die privilegierten Klassen zu ernähren, auf den Schultern des einfachen Volkes, insbesondere auf den Bauern, die die große Mehrheit der Bevölkerung ausmachten. Selbst die Steuern, die den wohlhabenden Bevölkerungsgruppen auferlegt waren, wurden in der Regel auf die eine oder andere Art auf Bauern und städtische Handwerker abgewälzt.[72]

Eine gute Vorstellung vom Ausmaß der den Bauern aufgebürdeten Lasten vermittelt ein Einblick in die Vielfalt von Steuern und Verpflichtungen, die sie zu leisten hatten. Vor und während der Tokugawa-Periode in Japan variierten die Praktiken von Landstrich zu Landstrich und von einer Dekade zur andern ganz erheblich, wobei die Ansprüche der Elite auf die Ernte irgendwo zwischen 30 und 70 Prozent lagen.[73] In dieser Spannweite reflektiert sich eine ganze Reihe von Faktoren; es gibt jedoch Anzeichen dafür, daß die Sätze dort niedriger waren, wo die regierende Klasse auch andere Möglichkeiten hatte, sich den wirtschaftlichen Surplus anzueignen. Dagegen waren die Abgaben höher, wenn alles von einer einzigen Steuer abhing. So schaffte zum Beispiel im 16. Jahrhundert Toyotomi Hideyoshi, mächtiger Herrscher über Japan, alle Steuern bis auf die Bodensteuer ab, sie allerdings bemaß er auf zwei Drittel der gesamten Ernte.[74] Diese Information dürfte ein guter Indikator für die *Gesamt*einnahmen der politischen Elite (Herrscher und regierende Klasse) sein, auch im Falle niedriger Bodensteuern, die dann durch eine ganze Skala weiterer Steuern ergänzt wurden.

72 Vgl. dazu Michael Rostovtzeff, *The Social and Economic History of the Roman Empire*, rev. Aufl. (Oxford: Clarendon Press, 1957), S. 385; er schreibt, daß in Rom unter den Flaviern und Antoninen »genau wie in Rußland unter dem alten Regime die privilegierten Klassen genau wußten, wie man sich vor solchen Lasten drücken und sie den Bauern aufhalsen konnte«. Siehe auch Eileen Power, *Medieval People* (Garden City, N. Y.: Doubleday Anchor, 1954, erstmals erschienen 1924), S. 19 und 33; W. H. Moreland, »The Revenue System of the Mughal Empire«, *The Cambridge History of India,* Bd. 4, S. 470—471; oder William Stubbs, *The Constitutional History of England*, 5. Aufl. (Oxford: Clarendon Press, 1891), Bd. I, S. 303. Gelegentlich erwies sich solche Praxis jedoch als undurchführbar, wie das späte Römische Reich zeigt. Siehe Mattingly, S. 152.

73 Takekoshi, Bd. I, S. 415, und Bd. II, S. 228, 305 und 311.

74 Takekoshi, Bd. I, S. 415, und Bd. III., S. 386.

In China zahlten die Bauern Pachten von 40 bis 50 Prozent ihres Gesamtertrages an die Grundherren.[75] In Indien forderten während der vorbritischen Ära sowohl Moslem- wie Hinduherrscher ein Drittel bis die Hälfte der Ernte.[76] Während der Sukodhya-Periode in Thailand mußten die Bauern ein Viertel des Ertrages aus ihrem Boden abliefern.[77] In Babylon, zu Hammurabis Zeiten, schwankten die Steuern zwischen einem Drittel und der Hälfte der Ernte; und in Ägypten betrugen sie zur Zeit der Sklaverei der hebräischen Tradition gemäß ein Fünftel.[78] Im Achämenidenreich beliefen sich die Steuern auf 20 bis 30 Prozent[79] und ein paar hundert Jahre später in der Osmanischen Türkei auf 10 bis 50 Prozent.[80] Im 16. und 17. Jahrhundert entrichteten russische Pächter ein Fünftel bis die Hälfte ihres Ertrages.[81]

Der niedrigste Steuersatz, den ich in Agrargesellschaften für Agrarproduktion ermitteln konnte, galt unter den Römern für die Provinzen Sizilien und Kleinasien in der ersten Zeit ihrer Herrschaft über diese Gebiete. Den Quellen nach beanspruchten sie nur ein Zehntel des Gesamtertrages, und damit *weniger*, als die Bauern dort zuvor gezahlt hatten.[82] Moderne Historiker haben die Auffassung vertreten, die Römer hätten mit diesem niedrigen Steuersatz die Absicht verbunden, die frisch eroberten Länder für sich einzunehmen, um so die Basis ihrer Macht zu konsolidieren. Vermutlich drückt sich in der geringen Besteuerung auch die Unmöglichkeit einer zweimaligen Ernte durch Doppelanbau aus, eine Praxis, die in den meisten asiatischen Agrargebieten üblich war.

Eine zweite schwere Bürde für die Bauern der meisten Agrargesellschaften stellte die Fronarbeit dar, zu der sie verpflichtet waren. Häufig verschlang sie einen großen Teil ihrer Zeit und Kraft.

75 Siehe Eberhard, *History*, S. 72 und 213, oder Chung-li Chang, *The Income of the Chinese Gentry* (Seattle, Wash.: University of Washington Press, 1962), S. 132—133.

76 Siehe W. H. Moreland, »Revenue System«, S. 453; Moreland, *The Agrarian System of Moslem India* (Allahabad: Central Book Depot, o. J.), Kap. 8; oder Marriott, S. 109.

77 John E. de Young, *Village Life in Modern Thailand* (Berkeley, Calif.: University of California Press, 1958), S. 156—157.

78 Turner, S. 309.

79 Olmstead, S. 76.

80 Lybyer, S. 31.

81 Blum, S. 102 und 221.

82 Boak, S. 125, oder Mattingly, S. 220.

In Europa zum Beispiel mußten die Bauern im Mittelalter zwischen 1 bis 7 Tage pro Woche auf den Ländereien ihrer Grundherren arbeiten, und zwar das ganze Jahr hindurch; der Durchschnitt lag bei 3 Tagen.[83] Allerdings war die Fronarbeit in den meisten Fällen auf ein Familienmitglied beschränkt, so daß die Belastung nicht ganz so groß war, wie es zunächst den Anschein hat, was natürlich nicht bedeutet, daß sie nicht immer noch ganz erheblich gewesen wäre. Neuere Forschung hat außerdem gezeigt, daß zumindest in England »ein Tagwerk« sich in vielen Fällen auch an einem halben Tag schaffen ließ.[84] Zudem richtete sich der Umfang der zu leistenden Dienste im allgemeinen nach der Größe des Lehens, so daß Bauern mit großen Lehen, das heißt mit größeren Mitteln, fünf, sechs und sieben Tagewerke vollbringen mußten, während Bauern mit kleinen Lehen geringere Verpflichtungen hatten.[85] Das Schlimmste an diesen Lasten dürfte das Recht des Grundherrn gewesen sein, ihre Ableistung zeitlich nach seinem Belieben festzusetzen, was zur Folge hatte, daß er in den Erntewochen, wenn Zeit das kostbarste Gut war, mehr Arbeit verlangte.[86]
Hinzu kommt, daß der Bauer mitunter, neben seinen Pflichten dem Grundherrn gegenüber, auch dem König oder anderen Obrigkeiten zu Dienstleistungen verpflichtet war. So schuldeten die französischen Bauern im 18. Jahrhundert dem König zwölf Tagewerke im Jahr neben den Tagen, die sie für ihren jeweiligen Grundherrn zu arbeiten hatten.[87]
In manchen Fällen wurde Fronarbeit zu einer außerordentlich schweren Belastung. Im feudalen Thailand zum Beispiel mußte jeder Bauer ein Drittel des Jahres ausschließlich für den König arbeiten.[88] In China leisteten zur Zeit des Baus der Großen Mauer viele Bauern während des größten Teils ihres Lebens Zwangsarbeit.[89] In noch extremeren Fällen wurden Bauern wie im ame-

83 Vgl. Coulton, S. 73; Homans, S. 257; Power, S. 18; Clough and Cole, S. 14; Gottschalk, S. 31; oder Blum, S. 225—227 und 444—445.

84 Bennett, S. 103—104.

85 Ebenda.

86 Ebenda, S. 106 und 110.

87 Gottschalk, S. 24.

88 de Young, S. 156.

89 Max Weber, »Die Wirtschaftsethik der Weltreligionen«, über Konfuzianismus und Taoismus (*Archiv für Sozialwissenschaft und Sozialpolitik*, 41. Bd., 1916), S. 1—87. Siehe außerdem Eberhard, *History*, S. 235—237, über die Frondienste, welche Mongolen verlangten.

rikanischen Süden oder in Rom versklavt und mußten ihre gesamte Arbeitskraft in den Dienst des Staates oder eines einzelnen Mitgliedes der politischen Elite stellen.[90]

Wenn Bodensteuern, Pachtzahlungen und Fronarbeit noch nicht den gesamten wirtschaftlichen Surplus sicherten oder den Bauern noch ein wenig Zeit oder Kraft übrigließen, dann wurden weitere Steuern und Pflichten auferlegt. In der Osmanischen Periode Bulgariens zum Beispiel haben die Türken an die achtzig verschiedene Steuern und Pflichten ersonnen.[91] Darunter auch jene sogenannte »Zahnsteuer«, die die Türken einem Dorf auferlegten, nachdem sie sich dort satt gegessen hatten, offensichtlich für die Abnutzung ihrer Zähne während des Mahles.[92] Die grausamste Steuer indes war der *ispendzh*, der verlangte, daß alle fünf Jahre eine bestimmte Anzahl von Christenkindern aus den feinsten Familien entweder in die Sklaverei gebracht oder in den Dienst des Janitscharenkorps gestellt wurden.[93]

Auch im christlichen Europa hatten die Bauern im Mittelalter hohe Lasten zu tragen, wenn es auch den *ispendzh* nicht gab. Starb ein Mann, so konnte der Grundherr dessen bestes Stück Vieh oder das Wertvollste aus der beweglichen Habe des Verstorbenen verlangen, und in vielen Fällen hatten die Priester den Anspruch auf das Zweitbeste. Häufig nahm der Grundherr nicht nur das eine Tier, auf das er ein Anrecht hatte; mit dem Ergebnis, daß ein Drittel oder mehr aus dem Besitz des Bauern bei seinem Tode verschwand.[94] Heiratete seine Tochter vom Gut weg oder ging sie die Ehe ohne die Erlaubnis des Grundherrn ein, wurde der Vater mit einer Geldbuße belegt. Auch wenn eines seiner Kinder versuchte, das Gut zu verlassen, und sei es, um in den Priesterstand zu treten, mußte der Vater eine Geldbuße entrichten. Oder wenn im 18. Jahrhundert ein Bauer in Frankreich sein Stück Land verkaufen wollte, mußte er meist dem Adligen, der den Erbtitel darauf hatte, eine Steuer bezahlen, die bis zu 25 Prozent des Verkaufspreises ausmachte. Mehrmals im Jahr mußten die Bauern dem Herrn besondere »Geschenke« machen, Eier zu Ostern, Honig usw. Vielfach betrieb der Grundherr auch eine Mühle, einen

90 Vgl. Boak, S. 127.
91 Macdermott, S. 28.
92 Ebenda, S. 48.
93 Ebenda, S. 28—29.
94 Bennett, S. 144—147.

Backofen, eine Kelter, dann mußten die Bauern diese Einrichtungen benutzen und natürlich teuer dafür bezahlen. Wollte der Grundherr seine Waren auf den Markt gebracht haben, mußten seine Bauern oft diese zeitraubende Arbeit übernehmen, ohne daß ihnen dies auf ihre regulären Arbeitsleistungen angerechnet wurde. Unterdessen forderte auch die Kirche den Zehnten alles Produzierten (wobei häufig ein Großteil davon in den Händen des Landadels hängen blieb).[95] Und schließlich nahm sich in manchen Ländern der Grundherr zuweilen das Recht, sich aus dem persönlichen Eigentum seiner Bauern ohne Bezahlung alles zu nehmen, was er haben wollte, mit der Begründung, ein Bauer besitze »nichts als seinen Bauch«.[96] Kurz, die überwiegende Mehrheit der politischen Elite suchte aus den Bauern soviel wie möglich herauszuholen, indem sie ihnen alles bis auf das Allernotwendigste wegnahm.[97] Nur in einem Punkte war man sich nicht einig, in der Frage nämlich, wie dies am besten zu machen sei.

In ihrem Bestreben scheint die Elite äußerst erfolgreich gewesen zu sein. Die große Mehrzahl aller Bauern verfügte in der Vergangenheit über kaum mehr, als zum Leben notwendig war. Nennenswerte Ausnahmen gab es nur in Gesellschaften, in denen, um

95 Bloch, S. 152.

96 Die vielen verschiedenen Lasten, die die Bauern in den einzelnen Gesellschaften zu tragen hatten, schildern Bloch, S. 248—254; Clough und Cole, S. 14—17; Bennett, Kap. 5 und 6; Blum, S. 103, 434, 444 ff. und 453—455; Gottschalk, S. 34—37; Lindsay und Groves, Kap. 1; Allen, S. 262 ff. und Takekoshi, Bd. III, S. 386 und 402 ff. Zu Äußerungen der Auffassung, Bauern hätten »nichts als ihren Bauch«, siehe Coulton, S. 76; Homans, S. 228; Bennett, S. 249 oder Blum, S. 289, der berichtet, in Rußland habe es eine Zeit gegeben da sei dieser Zustand Gesetz gewesen.

Häufig finden sich Hinweise auf die Tatsache, daß Gesetzesdokumente aus Agrargesellschaften kaum etwas über die Rechte von Bauern enthalten, um so mehr jedoch über die der Oberen. Daraus geht hervor, daß die Bauern in den meisten Gesellschaften dieser Zeit wenig einklagbare Rechte hatten. Siehe z. B. Moreland, »Revenue System«, S. 452—453 über Indien.

97 Vgl. dazu Blum, S. 232, der über die russische Elite schreibt: »ihr Ziel war, die Bauern mit den höchstmöglichen Steuern zu belegen . . .«, oder Moreland, *Agrarian System,* S. 207, der über das Mogulenreich sagt: »die Konsequenz davon war, man holte aus dem Bauern heraus, was ging . . .« Natürlich gab es auch Ausnahmen wie St. Hugh of Lincoln, der es einmal sogar abgelehnt haben soll, einer Bauersfrau ihr einziges Stück Vieh wegzunehmen, einen Ochsen, auf den er nach dem Tode des Bauern Anspruch gehabt hätte (siehe Bennett, S. 147). Unglücklicherweise waren Heilige damals so selten wie heutzutage.

mit Marc Bloch zu sprechen, »jeder freie Mann ein potentieller Soldat blieb, verpflichtet, jederzeit in den Krieg zu ziehen, und sich vom Kriegsmann durch nichts Wesentliches unterscheidend«.[98]

Für die große Mehrheit jedoch war das Leben höchst primitiv. So schreibt ein Forscher über das mittelalterliche England, die Nahrung des Durchschnittsbauern habe aus wenig mehr bestanden als: einem Stück Brot und einem Becher Bier am Morgen; einem Stück Käse mit Brot und vielleicht einer oder zwei Zwiebeln und weiterem Bier am Mittag; einer dicken Suppe oder Gemüse mit Brot und Käse als Hauptmahlzeit am Abend.[99] Fleisch gab es selten und das Bier war dünn. Das Mobiliar im Haushalt bestand aus einigen Stühlen, einem Tisch, einer Truhe für die besseren Kleider und einige Kleinigkeiten, an denen die Leute hingen.[100] Betten waren nicht üblich, die meisten Bauern schliefen auf dem Boden, den sie mit Stroh bedeckten. Der Rest des Hausrats beschränkte sich auf Kochutensilien.

Gelegentlich war das Los der Bauern noch trauriger. Vielfach entwickelten sich die Verhältnisse so schlimm, wurde die Unterdrükkung so groß, daß die Bauern nicht einmal mehr ihr Leben fristen konnten und zur Flucht gezwungen waren.[101] In China herrschten so miserable Zustände, daß Kindesmord an Mädchen in großem Maßstab praktiziert wurde. Im 19. Jahrhundert schrieb ein Forscher, Quellenstudium habe gezeigt, daß in einigen Gebieten bis zu einem Viertel der neugeborenen Mädchen sofort getötet wurden.[102] In solchen Gegenden konnte man Tafeln mit der Aufschrift finden, »hier dürfen keine Mädchen ertränkt werden«. Obgleich dieser Brauch einen Extremfall darstellt, waren die dafür verantwortlichen Verhältnisse keineswegs auf China beschränkt. Im Gegenteil, die große Mehrzahl der Bauern in den Agrarstaaten der Vergangenheit lebte am Rande des Existenzminimums.

Um das Elend ihrer wirtschaftlichen Lage voll zu machen, wurden die Bauern von ihren Herren häufig grausam und unmensch-

98 Bloch, S. 248. Wir gehen auf Seite 366 auf diesen Punkt noch näher ein.

99 Bennett, S. 236.

100 Ebenda, S. 232—233.

101 Vgl. dazu Bernier über das Mogulenreich in Indien, Moreland zitiert ihn in *Agrarian System*, S. 147, oder Blum, S. 163, 266—268, 309—310 und 552 f. über Rußland.

102 Douglas, S. 354.

lich behandelt. In Rußland und im amerikanischen Süden riß man Familien einfach auseinander, wenn es den finanziellen Interessen der Grundherren dienlich war.[103] Hübsche Bauernmädchen wurden zu unmoralischen Zwecken verkauft, Bauern hatten es schwer, ihre Frauen vor lüsternen Grundherren zu schützen.[104] Schließlich waren die Bauern allen Launen und Mißlaunen ihrer Herren ausgesetzt. Iwan Turgenjews Mutter schickte zwei ihrer Sklaven nach Sibirien, nur weil sie es versäumt hatten, sich zu verbeugen, als sie vorüberging, während sie arbeiteten; und im mittelalterlichen England wurden Bauern gehängt, wenn sie ein paar Eier stahlen.[105]

Für die politische Elite war dies alles ganz natürlich. Sie sah in den Bauern bestenfalls eine andere Rasse Mensch, welcher weitgehend oder gänzlich die Charaktereigenschaften fehlten, die sie selbst schätzte und achtete. So sprachen zum Beispiel die Geschichtsschreiber des alten Ägypten von Sklaven als von Menschen »ohne Herz«, das heißt ohne Verstand, die man deshalb mit einem Stock antreiben müsse wie das Vieh.[106] Aristoteles schreibt: »So erhellt denn, daß einige Menschen von Natur Freie oder Sklaven sind, für welche letzteren es auch nützlich und gerecht ist, Sklaven zu sein.«[107]

Aristoteles verglich Sklaven auch mit Tieren, ein Vergleich, der in den Schriften Privilegierter immer wieder auftaucht. In Rechtsdokumenten des mittelalterlichen England wurden die Kinder von Bauern nicht als *familia,* sondern als *sequela* bezeichnet, was soviel bedeutet wie »Brut« oder »Wurf«.[108] Sowohl in Europa wie in Asien gibt es Dokumente, in denen Bauern unter der Ru-

103 Blum, S. 424, 428 et passim. Siehe auch Lang, S. 69 über Georgien.

104 Blum, S. 426—427 und 437, sowie G. M. Carstairs, »A Village in Rajasthan«, in: M. N. Srinivas (Hrsg.), *India's Villages* (Calkutta: West Bengal Government Press, 1955), S. 37—38.

105 Blum, S. 438, und Bennett, S. 196.

106 Erman, S. 128.

107 Aristoteles, *Politik,* 1255a.

108 Coulton, S. 77, oder Thompson, S. 708. In einer neueren Untersuchung über ein indisches Dorf schreibt der Autor, er habe gesehen, wie ein Rajput-Grundbesitzer einen Jungen aus einer niederen Kaste weggeschickt habe mit einer Geste, mit der man sonst Tiere »verscheucht«, und er fügt hinzu, daß »die Kultur [dort] der Vorstellung Vorschub leistete, als seien solche Menschen, verglichen mit anderen, minderer Natur oder überhaupt kaum noch Menschen«, siehe Henry Orenstein, *Gaon: Conflict and Cohesion in an Indian Village* (Princeton, N. J.: Princeton University Press, 1965), S. 155—156.

brik »lebendes Inventar« rangieren.[109] Dasselbe gilt für den amerikanischen Süden, und zwar vor und nach dem Bürgerkrieg gleichermaßen. Angesichts solcher Vorstellungen überrascht es kaum noch, daß ein so gebildeter Mann wie Cato der Ältere sagte, der Sklaven müsse man sich, wenn sie nichts mehr leisteten, ebenso entledigen wie des unbrauchbar gewordenen Viehs.[110]

So schockierend solche Ansichten für uns heute sein mögen, angesichts des Charakters des damaligen Gesellschaftssystems entbehrten sie nicht einer gewissen Ratio. Zum einen war die gesellschaftliche und kulturelle Schranke, die Bauern und Elite voneinander trennte, gewaltig. Selbst im mittelalterlichen Europa in den Tagen der Grundherren, als die regierende Klasse auf dem Lande lebte, gab es kaum persönliche Kontakte zwischen Grundherren und Bauern – entgegen allen modernen romantischen Mythen darüber. Fast immer lag zumindest eine Stufe dazwischen, etwa indem Beamte aus dem Vasallenstand die Verbindung nach unten herstellten und damit die Möglichkeiten eines direkten Kontaktes auf ein Minimum beschränkten. Laut Bloch gab es solche Beamte »noch auf dem kleinsten Gut«.[111] Zum andern herrschten große Unterschiede in den Bräuchen und im Lebensstil von Elite und Bauern. Häufig rührten diese Unterschiede davon her, daß die Bauern von fremder Abstammung und durch Kriegsniederlagen oder, noch schlimmer, durch ihr ehemaliges Sklavendasein stigmatisiert waren (so wenn eine Elite eine andere vernichtete, deren bereits deklassierte Bauern übernahm und damit endgültig die Erinnerung an Unabhängigkeit und Freiheit auslöschte). Der Abstand wurde noch vergrößert durch die ungleichen Lebensstile einer Elite, die in Reichtum und Muße lebte und Kriegskunst oder feine Lebensformen kultivieren konnte, und einer Bauernschaft, der es an jeder Möglichkeit fehlte, sich gute Manieren, Bildung, militärisches Können oder auch nur die Fähigkeit zu lesen und zu schreiben zu erwerben. Unter solchen Verhältnissen überrascht eher, daß einzelne Mitglieder der privilegierten Schichten die Tatsache eines gemeinsamen Menschseins erkannten, als daß die Mehrheit dies nicht tat.

109 Siehe z. B. Stubbs, Bd. I, S. 454 f.; Eberhard, *History*, S. 32; oder Takekoshi, Bd. I, S. 60—63.

110 Siehe Boak, S. 127, oder Cowell, S. 64. Ein Beispiel für die Anwendung von Catos Prinzip im mittelalterlichen Europa gibt Bennett, S. 283.

111 Bloch, S. 337. Siehe auch Homans, S. 229.

Die Bauern ihrerseits scheinen auf ihren Status in der Gesellschaft äußerst ambivalent reagiert zu haben. Einerseits waren sie sich der enormen kulturellen Kluft bewußt, die sie von den »Besseren« trennte; und viele akzeptierten zweifellos ohne weiteres die Erklärungen, die die herrschende Ideologie dafür lieferte. Andererseits entfachte ihre physische Natur in ihnen den glühenden Wunsch zu überleben und, war dies erst gesichert, auch den Wunsch nach einem besseren Leben. Mit anderen Worten, wie ihre Herren waren sie motiviert, ihre Einkünfte so weit zu steigern, wie ihre Situation dies zuließ. Damit waren Konflikte und Kämpfe zwischen den Bauern und ihren Herren unvermeidlich.

Gewöhnlich verliefen diese Konflikte ohne Gewaltanwendung, zumindest von seiten der Bauern. Meist beschränkten sich ihre Bemühungen auf Versuche, Steuern, Pachtzahlungen und Frondienste zu umgehen, etwa indem sie einen Teil der Ernte zu verstecken suchten oder langsam und nachlässig arbeiteten, usw.[112] So kann man zum Beispiel in alten englischen Gerichtsakten lesen, daß Bauern mit Strafen belegt wurden, weil sie nicht oder zu spät zur Ernte erschienen waren, weil sie, waren sie einmal da, nicht genug gearbeitet hatten, weil sie ihr Mehl zu Hause und nicht in der Mühle des Grundherrn gemahlen hatten, und wegen eines ganzen Bündels winziger Vergehen, die darauf abzielten, den Gutsherrn daran zu hindern, den gesamten Surplus einzuheimsen.[113]

Zuweilen allerdings trieben die Herrschenden es so weit, daß die Bauern nicht länger in kleinen Tricks, sondern in Gewalt ihr Heil suchten. E. J. Hobsbawm beschreibt in seinem faszinierenden Buch *Sozialrebellen,* wie junge Bauern nach einem Scharmützel mit irgendwelchen Obrigkeiten gezwungen waren, als Vogelfreie und Banditen zu leben.[114] Beschränkten sie in der Folge ihre Überfälle auf Mitglieder privilegierter Klassen, etwa in der Tradition eines Robin Hood, dann konnten sie durchaus mit der Unterstützung der Bauern rechnen. Tatsächlich nahmen ihre Kämpfe mit der Obrigkeit den Charakter von Klassenkämpfen an. Solche

112 Solche Praktiken scheinen nahezu universell gewesen zu sein. Siehe z. B. Fried, S. 104—105 über China, Moreland, *Agrarian System,* S. 168 und 207 über Indien, oder Bennett S. 100—101, 112—113 und 131 ff. über England.

113 Siehe Bennett, bes. S. 112—113 und 131 ff.

114 *Primitive Rebels,* 2. Aufl. (New York: Frederick, A. Praeger, 1963), bes. 2. Kap.

Strukturen entwickelten sich besonders leicht in gebirgigen Gegenden und in Gebieten, wo dichte Wälder den Banden den notwendigen Schutz für ihre Operationen boten; wo diese Voraussetzungen fehlten, waren solche Strukturen kaum zu finden.

Eine noch extremere Form der Reaktion auf seiten der Bauern war die offene Revolte. Obwohl solche Aufstände oft vergessen oder absichtlich übersehen werden, zeigt die sorgfältige Lektüre der Geschichte von Agrargesellschaften, daß sie keineswegs unüblich waren.[115] Ein Chinaexperte schreibt, »in China habe es fast jedes Jahr Bauernaufstände« gegeben, und ein Rußlandkenner sagt, in der kurzen Periode zwischen 1801 und 1861 sei es in den verschiedenen Teilen des Russischen Reiches zu nicht weniger als 1467 Bauernaufständen gekommen.[116]

Die Zahl der Aufstände ist beeindruckend, die Zahl der daran beteiligten Bauern ist es in der Regel weniger. Meist handelte es sich um lokal begrenzte Revolten, an denen im höchsten Falle einige Hundert oder auch einige Tausend Mann beteiligt waren. Es wäre also ein Irrtum, davon auszugehen, die Bauernschaft habe sich in einem Dauerzustand der Revolte befunden. Nichts entspräche weniger der Wirklichkeit.

Die meisten dieser Aufstände waren hoffnungslose Unterfangen von Anfang an. In einzelnen lokalen Kämpfen wurden zuweilen kleinere Siege errungen, etwa als die Bauern von Preston das Haus ihres Verwalters in Brand steckten und ihn solange mit dem Tode bedrohten, »bis er versprach, in Zukunft keine [d. h. keine außergewöhnlichen] Forderungen mehr gegen ihren Willen zu stellen«.[117] Revolten, die sich ausbreiteten, hatten geringere Erfolgschancen, weil sie rasch auf die organisierten Kräfte der politischen Elite stießen. Einige wenige, wie der berühmte englische

115 Siehe z. B. Robert K. Reischauer, *Japan: Government-Politics* (New York: Nelson, 1939), S. 51 über Japan; Wolfram Eberhard, *Conquerors and Rulers: Social Forces in Medieval China* (Leiden, Niederlande: Brill, 1952), S. 52 über China; Cowell, S. 43—44 und 66 über Rom; Blum, S. 164, 267 f., 365, 368, 555 f. und 587 über Rußland; Edith M. Link, *The Emancipation of the Austrian Peasant, 1740—1798* (New York: Columbia University Press, 1949), S. 12 über Österreich-Ungarn; Mariéjol, S. 273 f. über Spanien; Lindsay und Groves, S. 19, 168 und fast überall in seinem Buch über England; Thompson, S. 681 f. über Westeuropa im allgemeinen.

116 Eberhard, *Conquerors*, S. 52 über China, und Blum, S. 558 über Rußland.

117 Bennett, S. 170. Brandstiftung war eine von Bauern vielfach geübte Taktik; in der Ukraine, vor der Revolution, nannte man es »den roten Feuerhahn herauslassen«.

Große Bauernaufstand von 1381 oder der deutsche Bauernkrieg von 1524–1525, breiteten sich weiter aus und schienen eine Zeitlang sogar die bestehende Ordnung zu gefährden, wurden aber am Ende doch niedergeschlagen. Ganz wenigen nur gelang es, das bestehende Regime zu beseitigen. Wie selten es dazu kam, zeigt die Tatsache, daß in der ganzen langen Geschichte Chinas bis hin zum 20. Jahrhundert nur drei Aufstände von Erfolg gekrönt waren, und selbst damit liegt die Erfolgsquote noch höher als in den meisten übrigen Gesellschaften.[118]

Selbst jene paar Bauernaufstände, bei denen es gelang, das bestehende Regime wegzufegen, brachten keine neue und gerechtere soziale Ordnung. Im Gegenteil, sie bewirkten nichts als einen Wechsel an der Spitze, während die traditionelle institutionelle Struktur praktisch unverändert blieb. Damit kamen zwar einzelne Mitglieder der Bauernschaft zu Reichtum und Macht, für die große Masse aber änderte sich nichts oder nur insofern etwas, als die Erinnerung an solche Aufstände weiterlebte und die neue Elite etwas mehr auf der Hut sein ließ, als sie es sonst gewesen wäre.[119]

Paradoxerweise erreichten Aufstände selten etwas für die Massen, während mildere Formen von Druckausübung dies zuweilen schafften, insbesondere wenn sie mit anderen wichtigen sozialen Entwicklungen einhergingen.[120] Keine dieser Begleitentwicklungen beeinflußte die wirtschaftliche und politische Situation des Durchschnittsbauern mehr als Veränderungen in Militärtaktik und Technologie. Sowohl theoretisch wie empirisch ist die Formulierung der allgemeinen These gerechtfertigt, *je größer die militärische Bedeutung des Bauern, desto besser ist seine wirtschaftliche und politische Situation; und umgekehrt, je geringer seine militärische Bedeutung, desto schlechter ist seine wirtschaftliche und politische Situation.* Eine Bauernschaft, die bewaffnet war und mit Waffen umgehen konnte, stellte eine Gruppe dar, die politisch

118 Eberhard, *Conquerors*, S. 52.

119 Ein Erfolg wurde in der Regel nur erzielt mit Unterstützung eines Teils der regierenden Klasse, mit dem Ergebnis, daß hinterher dieselben Personen an der Macht waren und nur eine ganz kleine Zahl von Bauern Zugang zur politischen Elite fand. Siehe z. B. Eberhard, *Conquerors*, 3. Kap.

120 Die Erklärung dieses Paradoxons scheint zu sein, daß es zu Bauernaufständen hauptsächlich dann kam, wenn die Verhältnisse ganz und gar hoffnungslos waren. Sie stellten den allerletzten Ausweg dar und wurden erst praktiziert, wenn gemäßigtere Mittel fehlgeschlagen waren; und da sie unter den mißlichsten Bedingungen zustande kamen, führten sie in den seltensten Fällen zum Erfolg.

nicht zu übersehen und auch nicht so leicht auszubeuten war wie eine, der Kriegserfahrung und Ausrüstung fehlte.
Viele Beispiele aus der Geschichte ließen sich anführen, die zeigen, wie veränderte militärische Organisation und neue Taktiken in Verbindung mit anhaltendem Druck von seiten der Bauern deren politische und ökonomische Lage beeinflußten. Im alten Rom scheint zwischen dem Aufstand der Plebejer und den veränderten Kriegstechniken ein deutlicher Zusammenhang zu bestehen.[121] Und die wachsende Bedeutung und Macht mit Pferd und Rüstung versehener Männer im mittelalterlichen Westeuropa hängt mit dem Niedergang der freien Bauern und der Zunahme einer unterdrückten Klasse von leibeigenen Bauern ganz offensichtlich zusammen.[122] Im alten China kristallisierte sich während der Periode der konkurrierenden Reiche genau die gegenteilige Struktur heraus. Wagenkämpfe, ausgefochten zwischen kleinen Gruppen von Adligen, wurden verdrängt von Kriegen, in denen die zu Wagen Kämpfenden von relativ großen Heeren bewaffneter Bauerninfanterie unterstützt wurden. In dieser Umbruchsphase war der Verfall der riesigen Ländereien des Adels offensichtlich, während die Zahl der kleinen Güter in den Händen freier Bauern wesentlich stieg.[123]
Noch einige weitere Faktoren beeinflußten die politische und wirtschaftliche Situation der Bauernklasse. Besonders wichtig scheint der demographische Faktor der Sterblichkeit gewesen zu sein. Groteskerweise gelang *Katastrophen* zuweilen das, was Revolutionen in den seltensten Fällen schafften, nämlich das Los des Durchschnittsbauern auf Dauer zu verbessern. Seuchen, furchtbare Hungersnöte und verheerende Kriege hatten einen akuten Arbeitskräftemangel zur Folge, was den Preis der bäuerlichen Arbeitskraft steigen ließ. Normalerweise garantierte die menschliche Reproduktionskapazität einen konstanten Überschuß an bäuerlicher Arbeitskraft, so der politischen Elite die Möglichkeit gebend, die Bauern mit Einkünften abzuspeisen, die die direkten Subsistenzmittel nicht überstiegen.
Katastrophen veränderten diese Situation gelegentlich. Das beste Beispiel für günstige Folgen einer Katastrophe finden wir im

121 Stanislaw Andrzejewski, *Military Organization and Society* (London: Routledge, 1954), S. 53—55.
122 Siehe z. B. Bloch.
123 Eberhard, *History*, S. 52—54.

Zusammenhang mit der Großen Pest, die Europa um die Mitte des 14. Jahrhunderts heimsuchte. Kurz danach quillt die Geschichtsschreibung über von Berichten über Bauern, die beträchtlich höhere Löhne als bisher verlangen *und bekommen.*[124] Das Parlament war schließlich gezwungen, den Anstieg der Löhne mittels Gesetzgebung zu bremsen, hatte jedoch kaum Erfolg, weil die Gutsherren viel lieber die höheren Löhne zahlten, als ihre Felder brach liegen zu lassen. In Frankreich scheint der Hundertjährige Krieg ähnlich vorteilhafte Folgen für die überlebenden Bauern gehabt zu haben.[125]

In einigen Fällen entstand Arbeitskräftemangel auch ohne größere vorherige Katastrophen. So genossen im Mittelalter während der deutschen Grenzbesiedlung im Osten die bäuerlichen Siedler persönliche Freiheit, wirtschaftliche Unabhängigkeit und hatten die Möglichkeit, ein bescheidenes Maß an Besitz anzusammeln.[126] Eine ähnliche Situation herrschte in Rußland zu Zeiten der Expansion in neue östliche Gebiete.[127]

Vier weitere Faktoren scheinen die Lebensumstände der Bauern mitbestimmt zu haben. Erstens war der Inhalt der herrschenden Religionen offensichtlich von Bedeutung. Wie schon bemerkt, ließen sich die Religionen des Ostens, besonders der Hinduismus und der Konfuzianismus, in einer Weise mit extremer Ausbeutung vereinbaren, wie sie weder das Judentum noch das Christentum jemals zuließen; damit war die Bauernschaft dort ungleich schutzloser als hier.[128] Zweitens scheint die Existenz der Sklaverei sich stark auf die sozialen Verhältnisse, in denen die Bauern lebten, ausgewirkt zu haben. Drittens wirkte eine Inflation sich gelegentlich zugunsten der Bauern aus, zumindest wenn ihre Verpflichtungen in absoluten und nicht in relativen Leistungen festgelegt waren. Wenn Bauern ihrem Grundherrn eine bestimmte Summe Geldes schuldeten und nicht einen bestimmten Prozentsatz der Ernte, kam eine Inflation ihnen zugute, weil sie langsam

124 Siehe z. B. McKisack, S. 331—340, oder Lindsay and Groves, S. 30, 34 und 63.

125 Charles V. Langlois, »History«, in: Arthur Tilley (Hrsg.), *Medieval France* (London: Cambridge University Press, 1922), S. 150—151.

126 Hans Rosenberg, *Bureaucracy, Aristocracy and Autocracy: The Prussian Experience 1660—1815* (Cambridge, Mass.: Harvard University Press, 1958), S. 28—29.

127 Blum, S. 61 und 88.

128 Siehe oben, S. 350 ff.

den Wert des Einkommens, welches dem Grundherrn zufiel, minderte, besonders wenn die Inflation so schleichend war, daß sie kaum bemerkt wurde. Viele Wirtschaftshistoriker vertreten die Auffassung, in Europa habe es im späten Mittelalter eine derartige Entwicklung gegeben, auch wenn die These immer wieder auf Ablehnung gestoßen ist.[129] Und schließlich, auch darauf haben wir bereits hingewiesen, behaupten einige, die Lage der Bauern habe sich gebessert, wenn der Herrscher die regierende Klasse dominierte, und sie habe sich verschlechtert, wenn die regierende Klasse den Ton angab.[130]

Eine Erörterung der Bauernklasse bliebe unvollständig, ließe man ihre inneren Unterschiede außer acht. Trotz der schweren Lasten, die die Klasse insgesamt zu tragen hatte, lebten nicht alle ihre Mitglieder auf derselben niedrigen Stufe. In den meisten Agrargesellschaften bestanden wichtige Unterschiede innerhalb der Bauernschaft, was Macht, Privilegien und Ansehen anlangte. In England gab es im 13. Jahrhundert zum Beispiel drei deutlich unterscheidbare Unterklassen, zuweilen als Freisassen, »husbonds« und Häusler bezeichnet.[131] Die Freisassen waren die wohlhabendste und wie zu erwarten die kleinste Gruppe. Wie ihr Name sagt, waren die Freisassen freie Menschen, verantwortlich allein dem königlichen Gericht und nicht den lokalen Herrenhofgerichten, sie waren frei vom Servitium der Leibeigenschaft. Häufig hatten sie besondere Dienste von höherem Ansehen zu leisten, zum Beispiel führten sie die Aufsicht über die Arbeit einfacher Bauern auf dem Grund der Herren. Außerdem zahlten sie in der Regel eine bescheidene Pacht für ihr Land, welches zwei bis viermal so groß war wie das der »husbonds«, welche ihnen im Rang direkt folgen. Die englische Bezeichnung »husbond« galt für jemanden, der einen Haushalt führte, in einem Haus lebte und nicht in einer

129 Vgl. W. G. Hoskins, *The Midland Peasant: The Economic and Social History of a Leicestershire Village* (London: Macmillan, 1957), S. 90, 196 f.; Langlois, S. 150; Trevor-Roper, S. 13; Simpson, Kap. 5. Gleiches dürfte in der Osmanischen Türkei geschehen sein, siehe Lybyer, S. 177.

130 Eine interessante Diskussion griechischer Ansichten zu diesem Thema siehe Andrewes, a. a. O. Eine provozierende moderne Fassung dieser These liefert Bertrand de Jouvenal, *On Power: Its Nature and the History of Its Growth*, übersetzt von J. F. Huntington (New York: Vikings, 1949), bes. Kap. 9. Belegmaterial zu dieser These siehe Lang, S. 62.

131 Gute Beschreibungen dieser drei Unterklassen liefern Homans, S. 242 ff., und Bennett, Kap. 3.

Hütte oder sonst einer ärmlichen Unterkunft wie der Häusler. »Husbonds« verfügten in der Regel über 10 bis 40 Morgen Land und mußten dafür mehrere Tage in der Woche das Gut des Grundherrn bestellen und etliche weitere Dienste verrichten. Die Häusler dagegen besaßen in der Regel höchstens 5 Morgen Land, oft auch weniger, und hatten im Gegensatz zu den »husbonds« keinen Ochsen zum Pflügen. Ihre Verpflichtungen, was Arbeit anlangte, waren zwar geringer als die der »husbonds«, der Boden, den sie zur Verfügung hatten, reichte in der Regel aber nicht aus, um eine Familie zu ernähren; sie waren deshalb zur Lohnarbeit gezwungen, das heißt, sie arbeiteten für den Grundherrn, für wohlhabende Freisassen, ja sogar für die Witwen von »husbonds«. Sie wurden Pflüger, Schäfer, Maler, Schmied oder auch Müller.

Solche Unterschiede innerhalb der Bauernklasse gab es in fast allen Agrargesellschaften, und überall herrschte die gleiche Struktur: die wohlhabenden Bauern waren weit in der Minderzahl verglichen mit jenen, die am Rande des Existenzminimums lebten.[132] Gleich wie diese Unterschiede eingeschätzt werden, sie hatten immer und überall die »nützliche« Funktion, die Bauern untereinander zu spalten und es damit der politischen Führung zu erleichtern, trotz ihrer zahlenmäßigen Schwäche die Herrschaft zu behalten.

Die Handwerkerklasse

In den traditionellen Standesgesellschaften Japans und Chinas folgte auf die Bauernklasse gewöhnlich die der Handwerker.[133] Bei allen Überschneidungen zwischen beiden spiegelten sich in dieser Rangfolge vermutlich nicht nur die Vorurteile der regierenden Klasse, sondern auch eine gewisse ökonomische Realität. In den meisten Agrargesellschaften rekrutierte sich die Klasse der Handwerker ursprünglich aus den Reihen der vertriebenen Bauern und ihren erblos gebliebenen Söhnen und wurde auch später aus diesem Reservoir gespeist. Auch wenn Vermögen und Einkünfte von Bauern und Handwerkern sich im einzelnen zuweilen entsprechen, war das mittlere Einkommen der Handwerker doch ge-

132 Vgl. Blum, Kap. 3 und S. 99 f., 232 f., und 471 f. über Rußland.
133 Vgl. Fried, S. 211 über China oder Bellah, S. 24—25 über Japan.

ringer als das der Bauern. Ein Beobachter schreibt im 19. Jahrhundert über China, die Handwerker lebten in »noch tieferer Armut, als Bauern sie zu erdulden haben«, und weiter: »sie leben beständig am Rande des totalen Elends«.[134] Viele waren so arm, daß sie nicht heiraten konnten; die Folge war, daß das zahlenmäßige Verhältnis zwischen den Geschlechtern zeitweise völlig aus dem Gleichgewicht geriet. Noch vor nicht allzu langer Zeit kamen in Peking zwei Männer auf eine Frau.[135] Selbst in Europa, wo die Lage der Handwerker insgesamt etwas besser war, verabschiedeten die Stadtväter von Brügge um die Mitte des 13. Jahrhunderts ein Gesetz, welches Handwerker mit Dieben und Falschmünzern unter eine Kategorie subsumierte, was genug über ihren niedrigen Status sagt.[136]

Die Handwerkerklasse war nie sehr groß. Wenn die im letzten Kapitel zitierten Schätzungen stimmen (siehe S. 269 ff.) und die Stadtbevölkerung nur 5 bis 10 Prozent der Gesamtbevölkerung ausmachte, dann konnte der Handwerkerstand höchstens auf 3 bis 7 Prozent gekommen sein.

Die Mehrzahl der Handwerker dürfte im Dienste von Kaufleuten gestanden haben, wobei es natürlich immer einige Wanderhandwerker gab, die dort arbeiteten, wo sie Arbeit fanden. Die Löhne in dieser Klasse hingen weitgehend vom Können ab, das für die Arbeit erforderlich war, und damit auch vom Angebot entsprechender Arbeitskräfte. In Berufen, die keine besonderen Fertigkeiten verlangten und dadurch auch keinen Arbeitskräftemangel kannten, waren die Löhne minimal, während Berufe, die Spezialkenntnisse voraussetzten, besser bezahlt waren. In Peking zum Beispiel schwankten zur Zeit des Ersten Weltkrieges die Löhne zwischen monatlich 2,50 Dollar im Duftmischer- und Kosmetikgewerbe und 36 Dollar in der Goldschmiedezunft.[137] Dieser Unterschied ist vermutlich nicht auf die Unfähigkeit der Masse der chinesischen Arbeiter, Kenntnisse und Fertigkeiten von Goldschmieden zu erwerben, zurückzuführen, sondern eher auf ihre Unfähigkeit, sie sich *rasch* anzueignen. Goldschmiede waren nicht so

134 Douglas, S. 137.

135 Sidney D. Gamble, *Peking: A Social Survey* (Garden City, N. Y.: Doubleday, 1921), S. 30; siehe auch S. 101. Dieses extreme Verhältnis dürfte auf die stärkere Tendenz besitzloser männlicher Erwachsener zurückzuführen sein, in die Städte abzuwandern.

136 Thompson, S. 792.

137 Gamble, S. 183.

leicht zu ersetzen wie die Leute in der Parfüm- und Kosmetikbranche; das verschaffte den Goldschmieden die bessere Verhandlungsposition.

Mitunter versuchten organisierte Gruppen von Handwerkern, ihre wirtschaftliche Situation dadurch zu verbessern, daß sie die Zulassung zur Lehre in ihrem Beruf reglementierten und damit das Angebot gelernter Arbeitskräfte verringerten.[138] Dies geschah zum Beispiel im 15. Jahrhundert in London, scheint jedoch keine allgemein verbreitete Praxis gewesen zu sein.

Wie die Bauern lehnten sich auch die Handwerker gelegentlich gegen die Herrschenden auf. Zuweilen geschah dies in Form von Streiks, manchmal auch von Aufruhr.[139] Solche Reaktionen scheinen unter Handwerkern jedoch seltener zu sein als unter Bauern, abgesehen vielleicht vom mittelalterlichen Europa. Diese Einschätzung könnte, was wir allerdings nicht glauben, auch auf einem Irrtum beruhen, verursacht durch die Differenz im Umfang der beiden Klassen. Eine schlüssige theoretische oder empirische Erklärung für einen Unterschied liegt jedenfalls bislang noch nicht vor.

Die Kämpfe der Handwerker unterschieden sich von denen, die die Bauern führten, noch auf andere Weise, zumindest im mittelalterlichen Europa: *sie brachten ihnen einige beachtliche Vorteile ein.* So kam es im 13. Jahrhundert in den Niederlanden zu einer Reihe von Kämpfen zwischen Kaufleuten und Handwerkern, die ihren Höhepunkt 1302 in der Schlacht bei Courtrai erreichten, wo die flämischen Handwerker die französischen Truppen, die zur Unterstüzung der Kaufleute angetreten waren, überwältigten und den hundert Jahre währenden Streit zu einem für sie erfolgreichen Ende brachten.[140] Während der nächsten beiden Jahrzehnte übte die Handwerkerklasse einen entscheidenden Einfluß aus in den flämischen Städten; und selbst als 1320 eine Reaktion einsetzte, spielten sie ihre wichtige Rolle in der Stadtregierung noch weit über hundert Jahre weiter. Zu ähnlichen Entwicklungen kam es auch in anderen Teilen Europas.

Diese Erfolge der Handwerker scheinen auf verschiedenen Fak-

138 Thrupp, *Merchant Class,* S. 113.

139 Vgl. H. van Werveke, »The Rise of Towns«, in: *The Cambridge Economic History of Europe,* S. 34—37; L. Halphen, »Industry and Commerce«, in: Arthur Tilley (Hrsg.), *Medieval France* (London: Cambridge University Press, 1922), S. 190—192; Thompson, S. 792; oder Pirenne, S. 187—206.

140 van Werveke, S. 35.

toren zu beruhen. So bildeten in den flämischen und einigen anderen Städten die Zünfte die Basis der militärischen Organisation zur Verteidigung der Städte.[141] Damit waren sie aber auch für die Verteidigung ihrer eigenen Rechte gerüstet. Außerdem erhielten die Handwerker Unterstützung von der Landbevölkerung. Und schließlich verschafften ihnen ihre Zünfte die Vorteile einer Organisation, über welche die meisten Bauerngruppen nicht verfügten. Je einzeln hätten diese Faktoren vermutlich nicht zu einem Sieg geführt, gemeinsam jedoch brachten sie den Erfolg.

Die Unreinen und Deklassierten

In einigen Agrargesellschaften, insbesondere im Orient, gab es eine oder mehrere Klassen von sogenannten »Unreinen«. Bekanntestes Beispiel dafür sind die Unberührbaren der Hindugesellschaft, aber auch andere Gesellschaften kannten solche Gruppen. In Japan zählten die *hinin* (wörtlich übersetzt die »Nichtmenschen«) und die Eta dazu. In vielen Gesellschaften des Mittleren Orients und Europas wurden auch einige notwendige, aber als anstößig betrachtete Berufsgruppen, etwa die Gerber, gezwungen, mehr oder weniger isoliert von den übrigen Handwerkern und Bauern zu leben und zu arbeiten.

Zeitweise war die Zugehörigkeit zu solchen Gruppen formell und gesetzlich erblich, wie im Falle der Unberührbaren. In anderen Fällen war die Basis solcher Erblichkeit informeller und spontaner und spiegelte eher die Neigung »feiner« Leute wider, Unreine und Deklassierte zu meiden. Zuweilen beruhte der Deklassiertenstatus solcher Gruppen auch auf geringerer ethnischer Herkunft, wofür wieder das Beispiel von den Unberührbaren anzuführen ist; oder der Status war Ausdruck unangenehmer oder anrüchiger Merkmale des Berufs der Gruppe. Es bestanden demnach gewisse Unterschiede im Charakter dieser Klassen. In allen Fällen jedoch lag ihre Position in der Gesellschaft deutlich unter der der Masse des einfachen Volkes.

Eine andere Gruppe, die hier zu nennen wäre, weil ihre Position in der Hierarchie von Macht, Privilegien und Prestige sich mit der oben geschilderten vergleichen läßt, war jene, deren Mitglieder

141 Ebenda.

nichts als ihren eigenen Körper und ihre Kraft zu verkaufen hatten, und die gezwungen waren, Arbeiten anzunehmen, die sie in kürzester Zeit zugrunde richteten. Klassisches Beispiel hierfür ist der orientalische Rikscha-Kuli, der nur für kurze Zeit arbeitsfähig blieb.[142] Auch Träger gehören hierher, die mit Lasttieren konkurrierten oder ganz deren Platz einnahmen, Bergleute, die harte Arbeit leisteten unter gefährlichen Bedingungen, sowie Prostituierte, die für die vielen mittellosen Männer der unteren Klassen da waren, die sich eine Heirat nicht leisten konnten. Zuweilen wurden solche Aufgaben von Sklaven erfüllt, denen keine andere Wahl blieb, oft jedoch sanken »freie« Arbeiter, die keine andere Arbeit fanden, auf solche Betätigungen herab. Für sie war diese Art von Arbeit häufig nur noch Übergangsstufe hinab in die Reihen der Verlorenen und Entbehrlichen.

Die Entbehrlichen

Auf der untersten Stufe des Klassensystems jeder Agrargesellschaft, sieht man von kurzen Perioden nach großen Katastrophen ab, befand sich eine ziemlich große Klasse entbehrlicher Menschen, für die die übrigen Mitglieder der Gesellschaft kaum oder keine Verwendung hatten. Zu ihr zählten vielerlei Gruppen, von den kleinen Kriminellen und Vogelfreien bis zu den Bettlern und zeitweilig arbeitslosen Wanderhandwerkern und nicht zuletzt all jenen, die einzig auf ihre eigene Findigkeit oder die Gnade anderer angewiesen waren, um leben zu können. Diese Klasse, die ich die Entbehrlichen nennen möchte, findet sich notwendig in jeder Gesellschaft, in der die Möglichkeiten, eine anwachsende Bevölkerung zu versorgen, eng begrenzt und die Methoden zur Beschränkung dieses Zuwachses über das erforderliche Maß an Arbeitskräften hinaus erfolglos sind.

Viele Analysen von Agrargesellschaften berücksichtigen diese Klasse überhaupt nicht, und wo sie behandelt wird, ist nicht erkannt, daß sie entscheidende eigene Klassenmerkmale aufweist, das heißt ein gemeinsames Verhältnis zu wesentlichen Ressourcen hat. Ihre Mitglieder werden eher als deviante Individuen behandelt – In-

142 Die Durchschnittsdauer der Arbeitsfähigkeit eines Rikscha-Kuli in Peking zu Beginn dieses Jahrhunderts betrug nur 5 Jahre. Siehe Gamble, S. 283.

dividuen, denen es entweder an Intelligenz oder der notwendigen moralischen Festigkeit fehlt, um zu nützlichen Mitgliedern der Gesellschaft zu werden. So plausibel dies auch klingen mag, die Wirklichkeit ist ganz anders. Die geschichtlichen Quellen sind voll von eindeutigen Belegen dafür, daß trotz der hohen Kindersterblichkeit, des gelegentlich praktizierten Brauchs von Kindesmord, der vielfach praktizierten Ehelosigkeit, der hohen Erwachsenensterblichkeit aufgrund von Krieg, Hungersnot und Krankheiten die Agrargesellschaften in der Regel *mehr Menschen produzierten, als die herrschenden Klassen mit Profit beschäftigen zu können glaubten.*[143] Wie der kursiv gedruckte Satz sagt, bestand das Problem nicht darin, daß Agrarwirtschaften größere Bevölkerungen nicht hätten ernähren können, sondern darin, daß sie dies nicht konnten, ohne die Privilegien der oberen Klassen zu beschneiden und schließlich fallen zu lassen. Letzten Endes natürlich hätte, auch wenn man die gesamte Bevölkerung auf das Existenzminimum reduziert hätte, sich das Problem des Bevölkerungsüberschusses wieder eingestellt.

Mit seiner berühmten Schilderung der Bedingungen, unter welchen die Menschen im Naturzustand leben, beschreibt Hobbes recht eingehend die Lebensumstände der großen Mehrzahl derer, die

143 Siehe z. B. J. J. Jusserand, *English Wayfaring Life in the Middle Ages*, 3. Aufl., übersetzt von L. T. Smith (London: Benn, 1925), bes. Teil 2 von Kap. 3; Homas, Kap. 10; Charles J. Ribton-Turner, *A History of Vagrants and Vagrancy and Beggars and Begging* (London: Chapman and Hall, 1887); Frank Aydelotte, *Elizabethan Rogues and Vagabonds* (Oxford: Clarendon Press, 1913); Hobsbawm, bes. Kap. 2; Pirenne, S. 45; Maurice Keen, *The Outlaws of Medieval England* (London: Routledge, 1961), 13. und 14. Kapitel; Cowell, S. 69 und 119 und Kap. 17; Thompson, S. 571, 649 und 715 f.; McKisack, S. 204; Lindsay und Groves, S. 64; Gamble, S. 274—275; Olmstead, S. 78; Mohinder Singh, *The Depressed Classes: Their Economic and Social Condition* (Bombay: Hind Hitabs, 1947), S. 96—99 und 105—106; Sjoberg, S. 246—249; Coulton, S. 375; Takekoshi, Bd. II S. 397; und Hsaio-Tung Fei, »Peasantry and Gentry«, in: Bendix und Lipset, S. 642.

Neuere Forschung läßt die Vermutung aufkommen, daß in der Vergangenheit die Demographen die Bedeutung der Ehelosigkeit als einer Methode der Bevölkerungsbeschränkung unterschätzt haben. Siehe dazu William Peterson, »The Demographic Transition in the Netherlands«, *American Sociological Review*, 25 (1960), bes. S. 341—345. Daß Ehelosigkeit mitunter eine wirksamere Schranke gegen Bevölkerungszuwachs darstellte, als vielfach angenommen wird, mag schon stimmen; dennoch zeigt die nahezu universelle Existenz jener untersten Klasse der Entbehrlichen, daß die Methode nicht so wirksam war, wie Peterson annimmt.

das Pech hatten, der Klasse der Entbehrlichen anzugehören. Ihr Leben war in der Regel »arm, schmutzig, brutal und kurz«, und zuweilen auch noch »einsam«. Ausnahmen davon bildeten eigentlich nur jene, die sich zu Banden von Gesetzlosen in Gebieten zusammenschlossen, in denen die Macht der Regierung gering war. Sie kamen sogar zeitweise in den Genuß eines gewissen Überflusses; in den meisten Fällen war ihr Wohlleben jedoch von kurzer Dauer, weil die Obrigkeit gewöhnlich rasch mit ihnen fertig wurde.[144] Dennoch scheint man sagen zu können, daß *der Verstoß gegen das Gesetz die einzige Hoffnung für alle darstellte, die in diese Klasse absanken; und für die ärmsten unter den Bauern ebenfalls.*[145]

Aus den Quellen geht hervor, daß diese Menschen nur selten in der Lage waren, normale Ehen zu führen, und daß sie angesichts von Kindesmord, schlechter Ernährung, Krankheit und Verelendung sich auch kaum fortpflanzten.[146] Die Verluste, die der Klasse aus der hohen Sterblichkeit erwuchsen, wurden in der Regel jedoch ausgeglichen durch den beständigen Zustrom derer, die aus den Klassen unmittelbar darüber in ihre Reihen herabgestoßen wurden. Diesen Nachschub bildeten zumeist die Söhne und Töchter armer Bauern und Handwerker, die kaum mehr als das Hemd auf dem Leibe und den elterlichen Segen geerbt hatten.[147] Das Höchste, was die meisten unter ihnen sich erhoffen konnten, war Gelegenheitsarbeit im Frühjahr zur Aussaat und im Herbst zur Ernte und zwischendurch milde Gaben. Zeitweilig schwollen die Reihen der Entbehrlichen stark an; Bauern, die mit den Herrschenden in Konflikt geraten waren, stießen zu ihnen und führten das Leben von Banditen.[148] Gelegentlich nahm die Klasse auch zu, weil enteignete Adlige oder ohne Erbe gebliebene Adelssprößlinge das Leben von Gesetzlosen erniedrigender Arbeit oder unwürdigem Gewerbe vorzogen.[149]

144 Hobsbawm, *Sozialrebellen* (Neuwied/Rhein: Luchterhand, 1962).

145 Ebenda, Kap. 2.

146 Siehe Hobsbawm, der schildert, wie die Laufbahn eines Banditen und Gesetzlosen aussah, der zur Elite der Entbehrlichen gehörte (ebenda, Kap. 2).

147 Vgl. dazu Homans, Kap. 10; Hopkins, S. 75 f.; Fei, »Peasantry and Gentry«, S. 642; oder Takekoshi, Bd. III, S. 397.

148 Hobsbawm, Kap. 2.

149 Man denke an die Geschichten über Fulk Fitzwarin, den zum Vogelfreien erklärten Baron aus den Tagen des Königs Johann, oder über die Raubritter auf dem Kontinent (siehe Keen, Kap. 4).

Heute läßt sich kaum sagen, wie groß die Gruppe der Entbehrlichen in der Durchschnittsagrargesellschaft war. Einige Schätzungen und Hinweise darauf liegen jedoch vor. So erfaßte zum Beispiel in London eine Volkszählung im Jahre 1517 insgesamt 1000 Personen, die als »hauptberufliche Bettler« klassifiziert sind.[150] Ein halbes Jahrhundert später verzeichnet ein Bericht, daß 13 000 Gauner und herrenlose Menschen im Lauf eines Jahres aufgegriffen wurden, wobei allerdings manche vermutlich mehrfach arretiert worden waren. 1577, also weitere zehn Jahre später, spricht ein Autor von 10 000 Bettlern in der Stadt, und 1594 wird eine Zahl von 12 000 genannt. Die Gesamtbevölkerung der Stadtgemeinde London im Jahr 1545 wird mit 80 000 Menschen beziffert.[151] Diesen Angaben zufolge scheinen 10 bis 15 Prozent der Londoner Gesamtbevölkerung der Klasse der Entbehrlichen und Verlorenen angehört zu haben. Sicherlich sind diese Zahlen als Schätzwert für die Gesamtgesellschaft zu hoch, denn Angehörige dieser Klasse haben sich stets eher in städtischen Zentren angesiedelt. Damit jedoch niemand denke, sie seien stark übertrieben, zitieren wir, was ein aufmerksamer Beobachter der französischen Szene im späten 18. Jahrhundert geschrieben hat: »Ich weiß mit Sicherheit, daß in jüngster Zeit fast ein Zehntel der Bevölkerung gezwungen ist zu betteln und auch tatsächlich bettelt.«[152]
Der Situation in Agrargesellschaften werden wir vermutlich am ehesten mit einer Schätzung gerecht, die in normalen Zeiten 5 bis 10 Prozent der Gesamtbevölkerung dieser Pariaklasse zurechnet und Schwankungen bis zu 15 Prozent unter bestimmten Umständen und 0 Prozent unter anderen einkalkuliert. Diese Zahlen scheinen einigermaßen den allgemeinen Eindrücken zu entsprechen, die man aus historischen Berichten über das Auftreten von Bettlern, Kriminellen und anderen arbeitslosen Personen gewinnt. Die Zahlen wären zweifellos viel höher, wäre die Mortalitätsrate in dieser Klasse nicht so hoch.

150 Diese und die folgenden Zahlen stammen aus Aydelotte, S. 4.

151 J. C. Russell, *British Medieval Population* (Albuquerque, N. Mex.: University of New Mexico Press, 1948), S. 285.

152 Zitiert bei Jean Fourastié, *The Causes of Wealth*, übersetzt von Theodore Caplow (New York: Free Press, 1960, erstmals erschienen 1951), S. 27.

Graphische Zusammenfassung

Der Kompliziertheit der Wechselbeziehungen zwischen den verschiedenen Klassen in Agrargesellschaften wegen dürfte der Versuch einer graphischen Darstellung einer »typischen« Agrargesellschaft sinnvoll und nützlich sein.[153] Trotz ihrer Grenzen hat Abbildung 1 einiges für sich.

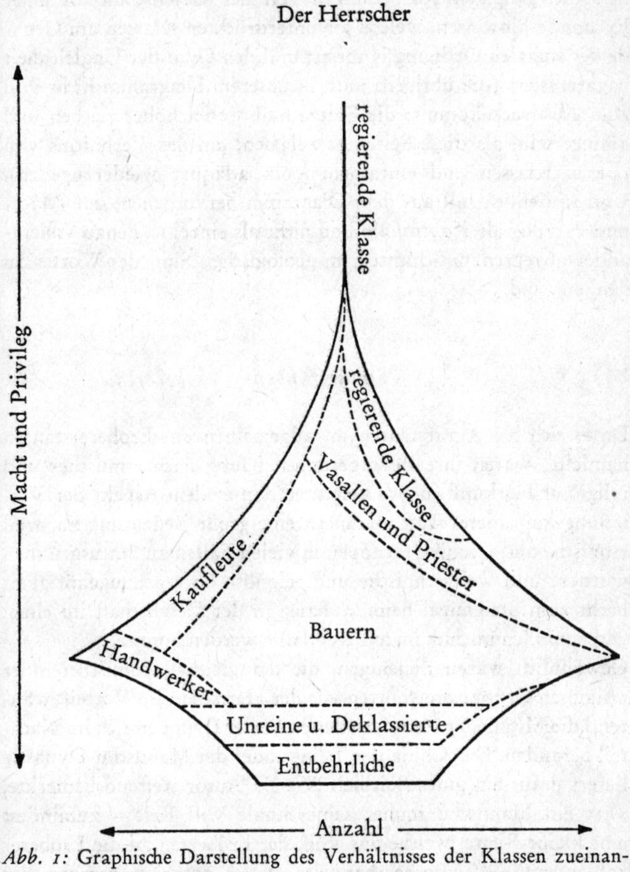

Abb. 1: Graphische Darstellung des Verhältnisses der Klassen zueinander in Agrargesellschaften

153 Wegen der großen Unterschiede zwischen den einzelnen Agrargesellschaften stellt jedes Diagramm eine Vereinfachung der Realität dar. Mir kam es darauf an, die zentralen Tendenzen aufzuzeigen.

Erstens geht daraus hervor, daß man sich Klassen in den Agrargesellschaften nicht einfach als eine Reihe säuberlich übereinander liegender Schichten vorstellen darf. Ganz im Gegenteil, jede Klasse beherrscht einen bestimmten Bereich des Verteilungsspektrums, und was viel wichtiger ist, in gewissem Ausmaß gibt es Überlappungen. Zweitens soll dieses Diagramm auf die Unangemessenheit der gängigen Auffassungen von der Gesellschaft als einer Pyramide hinweisen, welche die unterdrückten Klassen am Grunde der sozialen Ordnung ignoriert und den Grad der Ungleichheit bagatellisiert (die übrigens auch in unserem Diagramm nicht voll zum Ausdruck kommt; die Spitze müßte viel höher reichen und dünner sein, als diese Seiten es zulassen, um das Verhältnis von oberen Klassen und einfachem Volk adäquat wiederzugeben). Und schließlich soll aus dem Diagramm hervorgehen, daß Macht und Privileg als *Kontinuum* und nicht als einzelne, genau voneinander abgegrenzte Schichten im geologischen Sinn des Wortes zu denken sind.

Statusgruppen

Da es sich bei Agrarstaaten im allgemeinen um Erobererstaaten handelte, waren ihre Bevölkerungen häufig nach ethnischer und religiöser Herkunft in sich gespalten. Unter dem Aspekt der Verteilung kam dieser Tatsache meist eine große Bedeutung zu, weil ethnische und religiöse Gruppen in vielen Fällen zu Statusgruppen wurden, und weil ethnische und religiöse Gruppenzugehörigkeit leicht zum Steigbügel beim Aufstieg in der Gesellschaft im einen und zum Hemmschuh im anderen Falle werden konnte.

Gewöhnlich waren diejenigen, die der gleichen ethnischen oder religiösen Gruppe angehörten wie der Herrscher, im Vorteil, während die Mitglieder fremder oder eroberter Gruppen sich im Nachteil befanden. Das China der Ts'ing- oder der Mandschu-Dynastie liefert dafür ein gutes Beispiel. Wie ein Autor treffend bemerkte, »hat ein Mandschu immer seine Schale voll Reis – zumindest eine kleine Rente, welche das Volk der Eroberten an die Eroberer zahlen muß«.[154] Hierbei handelte es sich natürlich nur um das

154 Franz Michael, *The Origin of Manchu Rule in China: Frontier and Bureaucracy as Interacting Forces in the Chinese Empire* (Baltimore: John Hopkins, 1942), S. 119.

Minimum; wer etwas konnte oder gute Beziehungen hatte, verfügte über viel bessere Möglichkeiten, wie Marshs Untersuchung über die Mobilität in Chinas regierender Klasse zeigt. Zu Beginn der Ts'ing-Dynastie waren etwa 40 Prozent aller Beamten im Lande Mandschus, und trotz ihrer ständig sinkenden Zahl kamen während der letzten 60 Jahre ihrer Herrschaft immerhin noch 20 Prozent aus ihren Reihen.[155] »Selbst mit diesem niedrigsten Prozentsatz von Mandschu-Beamten«, schreibt Marsh, »war die Gruppe im Verhältnis zu ihrem tatsächlichen Anteil an der chinesischen Bevölkerung stark überrepräsentiert«. Marshs Untersuchung zeigt außerdem, daß die Mandschu besonders in den *höchsten Ämtern* überrepräsentiert waren. So stellte er fest, daß in seinem Sample 84 Prozent der Mandschu den höchsten Rang erreichten im Vergleich zu nur 44 Prozent unter den Chinesen. Außerdem wiesen die Mandschu-Beamten im Durchschnitt eine Amtszeit von mehr als 21 Jahren auf, während es die Chinesen nur auf 9 brachten.[156] Die Mandschu erzielten diese beachtlichen »Leistungen«, obwohl nur 14 Prozent von ihnen die chin-shih-Würde erhalten hatten, welche allen verliehen wurde, die die schwierigste »Qualifikations«-Prüfung bestanden. Im Gegensatz dazu hatten immerhin 64 Prozent ihrer weniger erfolgreichen chinesischen Kollegen diese Würde erlangt.[157] Nur 24 Prozent der Mandschu-Beamten aus Marshs Sample waren den »regulären« Karriereweg gegangen, der durch viele Examina führte, während 76 Prozent ihrer chinesischen Gegenspieler sich daran gehalten hatten.[158] Die Mehrzahl der Mandschu-Beamten hatte sich statt dessen des Ämterkaufs und anderer »irregulärer« Methoden bedient. Den Chinesen nachgeordnet waren, um dies nicht zu vergessen, die Angehörigen verschiedener Stammesminderheiten, sie waren von der Diskriminierung im Verteilungsbereich noch viel härter betroffen.[159]

155 Marsh, S. 48. Zu Beginn der Mongolen-Dynastie herrschten noch viel ausgeprägtere Diskriminierungsnormen. Siehe Tsui Chi, *A Short History of Chinese Civilization* (New York: Putnam, 1943), S. 184.

156 Ebenda, S. 133 und 138. Um meine Darstellung zu vereinfachen, habe ich die Zahlenangaben über die Söhne chinesischer Beamter und die Söhne chinesischer Bürgerlicher zusammengezogen.

157 Ebenda, S. 125.

158 Ebenda, S. 132.

159 Chung-li Chang, *The Chinese Gentry: Studies in Their Role in the Nineteenth-Century Chinese Society* (Seattle, Wash.: University of Washington Press, 1955), S. 80.

Ganz ähnlich ging es auch in vielen anderen Agrargesellschaften zu. Im Mogulenreich in Indien waren unter Akbar, dem tolerantesten aller Großmogule, nur 12 Prozent der 415 Spitzenbeamten und nur 23 Prozent der Wissenschaftler, die von einer königlichen Apanage lebten, Hindus, obwohl die Hindus die große Mehrheit der Bevölkerung bildeten.[160] Mohammedanische Kalifen verhinderten immer wieder, daß Christen im Mittleren Orient öffentliche Ämter verwalteten.[161] Außerdem mußten Christen und Juden zeitweise eine besondere Kleidung tragen (ein Brauch, welcher der Mandschu-Verordnung zu vergleichen ist, die bestimmte, daß chinesische Männer Schweineschwänze tragen mußten), hölzerne Götzenbilder von Teufeln an ihren Häuser anbringen, ohne Sattel reiten und eine Vielzahl weiterer Demütigungen hinnehmen. Auch wurden Zeugenaussagen von Christen und Juden gegen Mohammedaner vor Gericht nicht gewertet. Viele dieser Diskriminierungen erlitten die Juden auch in Europa; und in Lateinamerika unterschied man lange Zeit zwischen Europäern, Mestizen und Indianern, wobei erstere in vielem privilegiert waren.[162] Kurz, *der Zugang zu Gratifikationen hing häufig von der Zugehörigkeit des Einzelnen zu einer bestimmten ethnischen oder religiösen Gruppe innerhalb der Agrargesellschaft sowie von seinem Verhältnis zur herrschenden politischen Macht in seinem Staate ab.*

Das Hindu-Kastensystem kann in vieler Hinsicht als eine etwas abweichende und zugleich extreme Spielart dieses Grundtyps von Schichtung betrachtet werden. Der wesentliche Unterschied liegt darin, daß im Kastensystem die Gruppenzugehörigkeit des Einzelnen in überwältigendem Maße über seinen Zugang zu den Gratifikationen des Lebens und seine Möglichkeiten, seine Situation zu verbessern, bestimmt, während in anderen Schichtungssystemen das Kollektiv nicht ganz so wichtig war (wenn auch zuweilen kaum weniger wichtig als in Indien). Es bestanden natürlich auch andere Unterschiede; sie scheinen jedoch generell nur eine zweitrangige Rolle gespielt zu haben. Und in der Tat, je genauer man die Realitäten des Verteilungssystems im traditionellen Indien unter die Lupe nimmt, statt auf die hinduistische

160 Misra, S. 45 und 62.

161 Hitti, S. 234 und 353 f.

162 Siehe z. B. Melvin Tumin, *Caste in a Peasant Society* (Princeton, N. J.: Princeton University Press, 1952).

Glaubenstheorie zu starren, desto mehr Lichter gehen einem über die Ähnlichkeiten mit den Systemen anderer Agrargesellschaften auf, während die Unterschiede daneben verblassen.
Wenn auch selten, so hat sich doch in einigen wenigen Fällen Zugehörigkeit zu einer untergeordneten Statusgruppe in der Agrargesellschaft als Gewinn herausgestellt. Den klassischen Fall liefert die Osmanische Türkei mit den Janitscharen. Funktionierte das Janitscharensystem richtig, dann wurden alle hohen Staatsbeamten aus den Reihen christlicher Jugendlicher ausgewählt, sie wurden zu Sklaven des Sultans gemacht, für die militärische oder e Laufbahn ausgebildet und zum Islam bekehrt.[163] Hohe tische Ämter waren den Kindern von Mohammedanern praktisch versperrt, obwohl die Türkei ein mohammedanischer Staat war.
Die Erklärung für diese merkwürdige Struktur scheint in den Machtkämpfen zwischen dem Sultan und den türkischen Mitgliedern der regierenden Klasse zu liegen. Indem er sie von hohen politischen Ämtern fernhielt und diese Positionen mit Personen besetzte, die einer verachteten und unterdrückten Minderheit entstammten, stärkte der Sultan seine eigene Stellung enorm. Solche Beamte waren viel angreifbarer, als Männer türkischer Abstammung es je gewesen wären, und deshalb auch viel fügsamer. Außerdem gelang es dem Sultan durch seine Weigerung, gebürtige Mohammedaner (einschließlich der Söhne von Janitscharen) ins Janitscharenkorps aufzunehmen, die Etablierung eines Erbadels im üblichen Sinne zu verhindern. Zum Leidwesen der Sultane ließ sich dieses merkwürdige System nicht auf die Dauer erhalten; den Janitscharen und anderen prominenten Mohammedanerfamilien gelang es schließlich, ihren Söhnen den Zugang zu dieser Eliteorganisation zu sichern. Das bedeutete den Anfang vom Ende der Effektivität des Systems.
Das Janitscharenprinzip wurde in unterschiedlichem Ausmaß auch in verschiedenen anderen Agrargesellschaften angewandt, niemals allerdings mit dem gleichen Erfolg.[164] Die besten Beispiele dürften Ägypten vor der Mamelucken-Ära und das mohammedanische

163 Eine ausgezeichnete Beschreibung dieses Systems liefert Lybyer, Kap. 2—4.
164 Vgl. dazu Rosenberg, S. 65 oder Sidney Painter, *The Rise of the Feudal Monarchies* (Ithaca, N. Y.: Cornell University Press, 1951), S. 52 über seine Anwendung in Europa.

Königreich Delhi sein. In diesen Fällen hing natürlich jeder Aufstieg von der Konformität mit dem herrschenden Glauben und der Kultur der herrschenden ethnischen Gruppe ab.

Eine weitere Variable, die für den Zugang der Einzelnen zu Gratifikationen in Agrargesellschaften eine Rolle spielte, war ihr jeweiliger *Rechtsstatus*. Drei verschiedene Rechtsstatus verdienen Beachtung: Adel, Leibeigenschaft und Sklaverei. Der Adelsstatus hebt bestimmte Menschen von anderen ab, indem er sie mit Vorteilen ausstattet; Leibeigenschaft und Sklaverei dagegen bürden Nachteile auf.

Der Begriff der Sklaverei ist zur Beschreibung einer Reihe sehr verschiedener Positionen von Knechtschaft in Hortikultur- und Agrargesellschaften benutzt worden. So waren zum Beispiel der Erste Minister und andere hohe Beamte in der Osmanischen Türkei dem Rechtsstatus nach Sklaven des Sultans, dennoch hatten sie weitreichende Machtbefugnisse. Derselbe Terminus wird aber auch auf Catos Feldarbeiter und andere angewandt, denen praktisch jede Gratifikation verwehrt wurde, außer daß man sie am Leben ließ.[165]

Der Begriff des Adels erweist sich als nicht minder divergent in sich. Ein Autor, der den Adelsbegriff in Frankreich untersuchte, sagt: »Eine allgemeine Theorie des Adels hat es nie gegeben, denn wenn auch die Vorstellung vom Adligen als ›vivant noblement‹ für ganz Frankreich galt, so hatte doch jede Provinz ihre eigenen Anschauungen über Freiheit vom Kopfzins und andere Privilegien, die sich aus dem Besitz eines adligen Lehens ableiteten.«[166] Was sich von den verschiedenen Provinzen innerhalb Frankreichs sagen läßt, trifft auf die Agrarwelt insgesamt noch viel mehr zu. Die Inhalte der Begriffe von Adel, Sklaverei oder Leibeigenschaft unterschieden sich je nach Region und Gesellschaft erheblich voneinander. Ihr gemeinsamer Nenner bestand darin, daß Zugehörigkeit zum Adel stets verbunden war mit bestimmten gesetzlich garantierten Privilegien, während Sklaverei und Leibeigenschaft

165 Der Begriff der Leibeigenschaft war gleichermaßen variabel. Siehe z. B. D. Kumar, »Caste and Landlessness in South India«, *Comparative Studies in Society and History*, 4 (1962), S. 341 f.

166 C. A. J. Armstrong, »France of the Hundred Years War and the Renaissance«, in: J. M. Wallace-Hadrill and John McManners (Hrsg.), *France: Government and Society* (London: Methuen, 1957), S. 94. Siehe auch Blum, S. 349, über die verschiedenen Formen des Adels im 19. Jahrhundert in Rußland.

immer gesetzlich aufgezwungene Freiheitsbeschränkungen bedeuteten. Diese besonderen Vor- und Nachteile waren niedergeschrieben im Gesetzbuch der Nation, für ihre Konkretisierung sorgten Gerichte und andere Agenturen gesellschaftlicher Autorität. Wo diese Status erblich waren (gewöhnlich waren sie es genau wie Religionszugehörigkeit und ethnische Zugehörigkeit), stellten sich meist auch Statusdiskrepanzen ein. Aus der Geschichte ist bekannt, daß solche Widersprüche tatsächlich zum Alltag gehörten. Wir wissen von den verarmten Adligen, die viel ärmer waren als viele Bürgerliche; und wir kennen die vielen Schilderungen von Sklaven und Leibeigenen, die reicher waren als die große Mehrzahl der Bürgerlichen, ja sogar reicher als manche der weniger wohlhabenden Adligen. Im 18. und 19. Jahrhundert eroberten in Rußland zum Beispiel eine ganze Anzahl Leibeigener verschiedene Gewerbebereiche und wurden extrem wohlhabend.[167] So erkaufte sich ein Leibeigener mit 135 000 Rubel, einer Fabrik, Grundstücken und Leibeigenen (die ihm gehörten) seine Freiheit und war danach immer noch ein reicher Mann. Zur gleichen Zeit, so berichtete ein Adliger aus der Provinz Riazin, seien ein Viertel der 1700 adligen Familien seiner Provinz so arm gewesen, daß »sie gemeinsam mit ihren Bauern eine Familie bilden, gemeinsam mit ihnen am Tisch essen und in einer Hütte wohnen«.[168] Ähnliche Vergleiche lassen sich für nahezu jede Agrargesellschaft anstellen, in der Adel, Leibeigenschaft und Sklaverei über Generationen hinweg erbliche Status waren.[169]

Wo religiöser und ethnischer Status von großer Bedeutung waren, kam es ebenfalls zu Inkonsistenzen mit dem wirtschaftlichen Status. So erlangten bestimmte Mitglieder untergeordneter religiöser und ethnischer Gruppen, wie die Juden in Europa oder die Christen und Juden im Mittleren Orient, einen beachtlichen Reichtum, während viele Angehörige der herrschenden Gruppen in Armut lebten. Eine der wesentlichen Fragen, welche zukünftige Forschung zu beantworten haben wird, gilt der Bestimmung der Konsequenzen von Statusinkonsistenz in diesen Gesellschaften.

167 Blum, S. 472—474.

168 Ebenda, S. 376.

169 Siehe z. B. Mariéjol, S. 266 f. über Spanien; McManners, »France«, S. 36 über Frankreich; Rosenberg, S. 144 f. über Preußen; Thrupp, *Merchant Class*, S. 236 f. über England; oder Douglas, S. 30—31 über China.

Agrargesellschaften sind immer wieder als Gesellschaften beschrieben worden, in denen es kaum vertikale Mobilität gegeben habe. Das stimmt einfach nicht. Jede sorgfältige Prüfung historischer Quellen zeigt, daß es eine beachtliche Mobilität gab, obwohl sie meist von einer Art war, die Angehörige moderner Industriegesellschaften und insbesondere Amerikaner leicht übersehen. Dies mag erklären, warum Agrargesellschaften in soziologischen Schriften so häufig falsch dargestellt werden.

Um das Ausmaß vertikaler Mobilität in diesen Gesellschaften zu erkennen, muß man viel mehr auf die *Abwärtsmobilität* achten, als dies in der Regel geschieht. Die Rate der Abwärtsmobilität ist nämlich nicht, wie mitunter angenommen wird, notwendig gleich hoch wie die der Aufwärtsmobilität; deshalb ist auch die Rate der Aufwärtsmobilität nicht immer der adäquate Maßstab für die gesellschaftliche Mobilität insgesamt. Es ist die Neigung zu solchen Annahmen, die so viel Verwirrung in den Diskussionen über Mobilität in Agrargesellschaften gestiftet hat. Tatsache ist leider, daß *auf lange Sicht in allen diesen Gesellschaften Mobilität nach unten viel häufiger war als nach oben.* Das Verkennen dieser Sachlage hat die vielen irreführenden Behauptungen über eine niedrige Mobilitätsrate in Agrargesellschaften aufgebracht.

Die Erklärung für dieses ein wenig überraschende Phänomen liegt in der einfachen Tatsache der menschlichen Fruchtbarkeit. Das Menschengeschlecht ist zu seinem Unglück in der Lage, erheblich mehr Nachkommen zu zeugen, als Positionen in einer Agrargesellschaft auszufüllen sind. Dies gilt trotz hoher Kindersterblichkeit, gelegentlich praktizierten Kindesmords, weit häufiger praktizierten Mönchtums, trotz Prostitution (die unter demographischem Aspekt eine Art Vielmännerei darstellt) und Ehelosigkeit sowie der Einflüsse von Krieg, Krankheit und Hungersnot. Obgleich diese Faktoren gelegentlich, wenn sie gleichzeitig auftreten, einen kurzfristigen Engpaß an Arbeitskräften schaffen, haben sie auf die Dauer das konstante Angebot neuer Nachkommen nicht ausgleichen können.[170] In Gesellschaften, die keine Ausdehnung, sei sie nun geographisch oder wirtschaftlich, anstreben, wird überschüssige Arbeitskraft in der Regel die soziale Stufenleiter hinun-

170 Vgl. den 2. Absatz von Fußn. 143; er kommentiert die neuere Forschung über Geburtenbeschränkung im Mittelalter.

tergedrängt in die Klasse der Entbehrlichen, welche die Funktion erfüllt, das demographische Gleichgewicht wiederherzustellen.

Die Auswirkung des Bevölkerungsüberschusses zeigt sich auf allen Stufen von Agrargesellschaften. So kämpfte das einfache Volk, insbesondere die Bauernschaft, beständig mit diesem Problem, wie bereits gezeigt wurde. In manchen Gesellschaften, so in China, versuchten die Menschen eine Lösung, indem sie Familienbesitz mehr oder weniger gleichmäßig unter alle Söhne aufteilten, was allerdings rasch zur Folge hatte, daß der Besitz des Einzelnen so gering war, daß er seinen Inhaber nicht mehr ernährte. Und genau in diesem Augenblick ging der Boden über an jene Minderheit von Beamten, Kaufleuten oder wohlhabenden Bauern, die im Begriff waren, Großgrundbesitzer zu werden. Allerdings wiederholte sich in der Regel unter *deren* Nachfahren derselbe Kreislauf. In diesen Prozeß konnten selbst Familien mit riesigen Ländereien geraten, wenn sie viele Söhne hatten und keiner die schwierige Kunst der Vermögensbildung beherrschte.[171]

In manchen Fällen versuchte man, dem Problem mit dem Mittel des Erstgeburtsrechts oder anderen Erbbestimmungen beizukommen, um eine Aufsplitterung des Familienbesitzes zu vermeiden. Dies gilt besonders für Westeuropa. Folge solchen Verfahrens war natürlich der rapide Niedergang aller ohne Erbe gebliebenen Söhne zugunsten des einzigen, welcher sich den Status des Vaters bewahren konnte. *Es ist eine Tatsache, daß es in Gesellschaften, in denen alle Klassen außer der untersten mehr Nachkommen haben, als Statusvakanzen vorhanden sind, einfach keine Möglichkeit gibt, eine massive Abwärtsmobilität zu verhindern.*

Obwohl Mobilität nach unten die üblichere Form von vertikaler Mobilität in Agrargesellschaften darstellte, gab es durchaus auch Mobilität *nach oben*, und sie war nicht einmal so selten. Trotz des beständigen Drucks nach unten, den die demographischen Zwänge

171 Vgl. dazu Chang, Income, S. 128 ff. über China; Misra, S. 50 über Indien; oder Blum, S. 66, 68, 82 f., 172 und 376 f. über Rußland. Es ist darauf hinzuweisen, daß Fähigkeit und Erfolg des Sohnes eines Vaters, der bereits ein Vermögen hatte gründen können, gewöhnlich nur dessen nächster Nachkommenschaft zugute kamen und nicht etwa auch den Kindern seiner Brüder oder Vettern. Die Chinesen verhielten sich da etwas anders, auch zum weiteren Familienkreis bestanden starke Bande, so daß bis zu einem gewissen Grad alle profitierten, wenn einer zu Vermögen kam. Aber selbst in China lebten die nächsten Verwandten des Erfolgreichen besser als die entfernteren.

ausübten, schafften Einzelne es, aufzusteigen. Entweder erfüllten sie neue Funktionen wie die Kaufmannsklasse in der Epoche expandierenden Handels, oder sie übernahmen Positionen, die durch den Tod von Männern freigeworden waren, die keine Erben hinterließen, oder sie fanden ihren Platz dort, wo andere aufgegeben hatten, weil es ihnen an Geschick oder Glück gefehlt hatte. Der zweite und dritte Fall waren häufiger als der erste. Im Vergleich zu Industriegesellschaften gab es in Agrargesellschaften selten ganz neue Arbeits- und Verdienstmöglichkeiten.

Der Aufstieg, handle es sich nun um inter- oder intragenerationellen, den ein Mensch im Laufe seines Lebens schaffen konnte, beschränkte sich in der Regel auf eine einzige Stufe, die er weiter kam, obgleich es, wie wir sehen werden, einige Fälle gibt, wo jemand »aus den Lumpen in die Daunen« gelangte. Der Aufstieg Schrittchen für Schrittchen bedeutete häufig nichts als ein Weiterkommen innerhalb der Klasse. Wie wir schon gezeigt haben, war keine der großen Gesellschaftsklassen in sich völlig homogen; jede ließ sich in Unterklassen teilen, wie die Klasse der Bauern im England des 13. Jahrhunderts mit ihren Unterkategorien von Freisassen, »husbonds« und Häuslern zeigt. Meist sah der Aufstieg so aus, daß ein Häusler es zum »husbond«, ein »husbond« zum Freisassen oder ein Freisasse bis zum untersten Rang in der regierenden Klasse brachte. So bescheiden sich solche Erfolge in den Augen von Mitgliedern moderner Industriegesellschaften ausnehmen mögen, in Agrargesellschaften stellten sie eine beachtliche Leistung dar, weil die Karten für jede Art von Aufstieg höchst ungünstig lagen. In solchen Gesellschaften war glücklich, wer es schaffte, seinen Nachkommen soviel zu hinterlassen, wie er selbst angetroffen hatte.[172]

Heute zu erklären, warum ein paar nach oben kamen, während der Mehrheit dies nicht gelang, fällt schwer. Unterschiede in Talent und Vitalität zählen sicherlich. Auch Zufälle haben zweifellos ihre Rolle gespielt. Ganz bestimmt waren diejenigen, die verschont blieben von Krankheit und Unglück, im Durchschnitt besser dran als die übrigen. Auch die menschliche Fruchtbarkeit dürfte eine Rolle gespielt haben, indem sie den Eltern einer großen Bauernfamilie einige Vorteile brachte, während sie für die Kinder schon wieder von Nachteil war. Eine große Familie bedeutete

172 Vgl. Chang, *Income,* S. 128 ff.

mehr freie Arbeitskräfte für die Eltern, den Kindern brachte sie hingegen ein kleineres Pro-Kopf-Erbe, besonders in Gesellschaften, in denen Grund und Boden gleichmäßig unter die Nachkommen aufgeteilt wurden. Und schließlich verfügen wir über genügend Belege, die zeigen, wie religiöse Sekten, die harte Arbeit und Askese predigten, oft ihre Anhänger zu gesellschaftlichem und wirtschaftlichem Erfolg führten, besonders dann, wenn sie als Minderheit in einem Volk lebten, dem solche Werte nichts bedeuteten. Der wirtschaftliche Erfolg der Orthodoxen in Rußland ist nur ein Beispiel dafür.[173]

Meist schaffte in jeder Generation eine winzige Minderheit einen spektakulären Aufstieg. Sir Nicholas Bacon, Vater von Sir Francis Bacon, wurde als Sohn eines Schafscherers geboren und stieg dennoch zu einem der höchsten Staatsbeamten und zugleich wohlhabendsten Männer seiner Tage auf.[174] St. Godric of Finchale war einer der erblos gebliebenen Söhne eines armen Bauern zu Ende des 11. Jahrhunderts und mußte sich mehr oder weniger ehrlich durchs Leben schlagen. Im Lauf der Zeit jedoch wurde aus ihm ein wohlhabender Kaufmann, der in den Häfen von England, Schottland, Flandern und Dänemark seine Geschäfte tätigte.[175] Robert Grosseteste, berühmter Bischof von Lincoln in England, soll als Leibeigener geboren sein.[176] Savva Morozow, Begründer des bedeutenden Industrieimperiums im zaristischen Rußland, war der Sohn eines Leibeigenen und verbrachte seine Kindheit mit Fischen und Viehhüten, um danach eine Zeitlang gegen Kost und Logis sowie ein Entgelt von fünf Rubel im Jahr als Weber zu arbeiten. Ein katholischer Primas in Spanien im 18. Jahrhundert war der Sohn eines Köhlers auf Gibraltar.[178] Zur Blütezeit des Janitscharensystems in der Osmanischen Türkei waren praktisch alle wichtigen Staatsbeamten Söhne von armen christlichen Bauern.[179] In China scheinen die Begründer von zumindest drei Dy-

173 Vgl. Valentine Bill, *The Forgotten Class: The Russian Bourgeoisie from the Earliest Beginnings to 1900* (New York: Frederick A. Praeger, 1959), bes. Kap. 4, oder Blum, S. 301 und 310.

174 Eine faszinierende Analyse von Bacons Aufstieg stammt von Simpson, Kap. 2.

175 Pirenne, S. 46.

176 Homans, S. 135.

177 Bill, S. 18.

178 Raymond Carr, »Spain«, in: A. Goodwin (Hrsg.), *The European Nobility in the Eighteenth Century* (London: Black, 1953), S. 47.

179 Lybyer, Kap. 2—5.

nastien bäuerlichen Ursprungs gewesen zu sein, und eine ganze Reihe späterer römischer Kaiser kamen, wie man so sagt, »von unten«.[180] Dies sind nur einige von den vielen, von deren spektakulärem Aufstieg wir heute wissen.

Die Beispiele zeigen, daß der Erfolg zu denen, die bei Pflug und Pfriem blieben, nicht kam. Ackerbau und Handwerk hielten im besten Falle begrenzten Aufstieg bereit. Spektakuläre Fortschritte machten jene, die sich Berufen zuwandten, die in der Regel mit Macht und Reichtum einhergingen – also Handel, Armee, Kirche oder Verwaltung. In diesen Bereichen hatte eine Handvoll, aber auch nur eine Handvoll Männer die Chance, weit über ihren Stand hinauszukommen. Die große Mehrzahl kam auch hier, wenn überhaupt, nur wenig weiter, weil die Spitzenpositionen von ihren Inhabern meist mit aller Kraft, viel Geschick und allen ihnen zu Gebote stehenden Mitteln verteidigt wurden.

Ein wichtiger Punkt, der bislang keineswegs die Beachtung erfahren hat, die er verdient, ist die Frage nach der Stabilität oder deren Fehlen in der Zusammensetzung der oberen Klassen. Logik und gesunder Menschenverstand legen die Vermutung nahe, daß ihre Struktur, sieht man von Zeiten großer Krisen ab, sehr stabil war. Es gibt jedoch einiges Material, welches darauf hindeutet, daß dem nicht so war. Zum Beispiel wissen wir, daß die römische Nation weit in die christliche Zeit hinein fortlebte, während dies für den alten Patrizierstand nicht im mindesten galt. Von den 61 Patrizierfamilien, deren Existenz in den frühen Tagen der Republik historisch verbürgt ist, waren im Jahr 367 v. Chr. nur noch 24 übrig, und zu Beginn des 2. Jahrhunderts n. Chr. gab es nur noch eine.[181] Eine neuere Untersuchung über den französischen Adel in Forez in Zentralfrankreich (einem Gebiet, welches dem heutigen Département Loire entspricht) ergab, daß von den 215 adligen Linien, die im 13. Jahrhundert existierten, 30 Prozent bereits gegen Ende des 13. Jahrhunderts wieder verschwunden waren. Weniger als ein Drittel erlebte das Ende des 14. Jahrhunderts, ein Siebtel noch das des 15. und nur 5 Familien die Französische Revolution im späten 18. Jahrhundert.[182] In England konnten

180 Eberhard, *History,* S. 71, 203 und 239, und Homo, S. 354.

181 Homo, S. 35, und Turner, S. 921.

182 Siehe Edouard Perroys spannende Untersuchung, »Social Mobility among the French Noblesse in the Later Middle Ages«, *Past and Present,* 21 (1962), S. 31.

sich nur wenige große Familien des Mittelalters bis zu den Rosenkriegen und den Proskriptionen der Tudors halten.[183] Selbst im Mittelalter war die Position englischer Adelsfamilien alles andere als sicher.[184] In Rußland gingen viele Fürstenfamilien an der Konfiskation und dem Brauch der gleichmäßigen Aufteilung der väterlichen Hinterlassenschaft unter die männlichen Nachkommen zugrunde.[185] Unsere Beispiele zeigen deutlich, daß in vielen Agrargesellschaften die Angehörigen der regierenden Klassen keineswegs sicher waren in ihren Positionen. Familien, die nicht einfach ausstarben, zerfielen, wenn ihr Erbe in der Schlacht fiel, wenn ihr Besitz konfisziert oder das Familienerbe aufgesplittert wurde oder der Erbe dumm und verschwenderisch war.

Ehe wir diese kurze Erörterung abschließen, möchten wir noch etwas zu *den unterschiedlichen Raten vertikaler Mobilität* sagen. Dies ist ein äußerst schwieriges Thema, wenn es um so komplizierte Gesellschaftssysteme wie die agrarischen geht. Erstens fehlt es an systematischem, quantitativem und verläßlichem Datenmaterial fast völlig. Zweitens gibt es in solchen Gesellschaften nicht eine einzige, die gesamte Mobilität einschließende Rate, sondern buchstäblich mehrere Dutzend verschiedener Raten; eine gibt Auskunft darüber, wie viele Bauern in den Kaufmannsstand, eine andere, wie viele zu den Entbehrlichen, eine dritte, wie viele zu den Vasallen überwechseln usw. Wenn man nur die wichtigsten Klassen in Betracht zieht, die wir in diesem und dem vorangehenden Kapitel definiert haben[186], und die verschiedenen Unterkategorien unberücksichtigt läßt, dann gibt es immer noch 72 (9 x 8) Raten der zwischen diesen Klassen möglichen Mobilität; und wenn in bestimmten Epochen manche Möglichkeiten vielleicht auch gar nicht verwirklicht wurden, so darf doch keine außer acht gelassen werden. Und schließlich steht keineswegs mit Sicherheit fest, ob irgendeine dieser Raten überhaupt typisch ist für die andern. Deshalb sind Kommentare über *die* Mobilitätsrate in solchen Gesellschaften meist äußerst irreführend: *eine einzige gemeinsame Rate gibt es nicht, und es gibt auch keine, die gefahrlos als Indikator für alle andern stehen kann.*

183 H. J. Habakkuk, »England«, in: Goodwin, S. 18.

184 Painter, *Barony*, S. 175—176.

185 Blum, S. 66, 68, 82 f., 172, 376 f. usw.

186 Ich rechne den Herrscher als eigene Klasse und befinde mich damit in Übereinstimmung mit der modernen Systemtheorie.

Das Äußerste, was wir hier auf engem Raum tun können, ist deshalb die Betrachtung einiger der Kräfte, von denen wir vermuten, daß sie die wichtigeren Mobilitätsraten beeinflußten. So scheint erstens Autokratie oder die Dominanz des Herrschers über die regierende Klasse die Mobilitätsrate in dieser Klasse zu steigern[187], während umgekehrt Oligarchie die Mobilitätsrate im Amt des Herrschers steigen läßt. Die Erklärung dafür ist ganz einfach die, daß Macht mit der Dauer ihrer Ausübung wächst, und daß jene, die einen Machtzuwachs bei anderen fürchten und über Mittel verfügen, ihn zu verhindern, dies wahrscheinlich auch tun. *Eine* Einschränkung für die Anwendung dieses Prinzips besteht: wenn Fortbestand oder Wohlergehen beider Parteien durch eine dritte Partei bedroht ist, dann verzichten die beiden ursprünglichen Gegner gewöhnlich darauf, gegeneinander anzutreten. Zweitens erhöhen Kriege, Hungersnöte und andere Katastrophen die Raten der Aufwärtsmobilität, zumindest wenn die Verluste so hoch waren, daß die privilegierteren Klassen die ihrigen nicht aus den eigenen Reihen ausgleichen können. Zugleich senken solche Katastrophen gewöhnlich die Raten der Abwärtsmobilität.

Drittens tragen Praktiken wie Kindesmord, Abtreibung, Ehelosigkeit und Prostitution zur Senkung der Abwärtsmobilität bei. Die Aufwärtsmobilität beeinflussen sie wahrscheinlich weniger, weil die privilegierteren Klassen in der Lage sind, genug Nachkommen zu produzieren, die die höheren Positionen ausfüllen.

Viertens steigert die Eröffnung neuer wirtschaftlicher Möglichkeiten, besonders in Handel und Gewerbe, die Rate des Aufstiegs in die Kaufmannsklasse kurzfristig, in die Klasse der Regierenden langfristig, da Kaufleute ihren Reichtum häufig dazu benutzen, sich Status zu kaufen. Auch die Eröffnung neuer politischer Möglichkeiten, besonders in Form von Eroberung fremder Gebiete, steigert die Mobilitätsraten des siegreichen Volkes. Man steigt auf in die Klassen der Regierenden und Vasallen. Auf der anderen Seite jedoch führt gerade eine solche Eroberung zu einer beträchtlichen Steigerung der Abstiegsrate in der unterworfenen Gruppe.

Damit haben wir einige der wichtigeren Faktoren genannt, die für die Unterschiede in den Mobilitätsraten von Agrargesellschaften verantwortlich zu machen sind. Unser Katalog erhebt keinen Anspruch auf Vollständigkeit, er zeigt jedoch auch so, wie komplex dieses Problem ist.

187 Siehe z. B. Misra, S. 51, oder Lybyer, Kap. 5 und 6.

Ehe wir die Diskussion über Schichtung in Agrargesellschaften abschließen, wollen wir noch kurz zum Thema der gerechten Verteilung Stellung nehmen. Insgesamt vermitteln Agrargesellschaften den Eindruck massiver Ungerechtigkeit im distributiven Bereich. Wie wir inzwischen wissen, erfreute sich eine kleine Anzahl von Einzelpersonen eines immensen Luxus; sie konnten an einem einzigen Tag Güter und Dienstleistungen verzehren, die ausreichten, riesige Mengen einfacher Menschen ein Jahr lang zu ernähren. Gleichzeitig wurde einem Großteil der Bevölkerung das Lebensnotwendige verweigert, das Gesellschaftssystem hielt für sie nur den frühen Tod bereit. Es bedarf keiner großen Phantasie, um sich eine gerechtere Form der Verteilung vorzustellen.

Bezieht man jedoch demographische Faktoren in die Analyse ein, entdeckt man plötzlich, daß das Problem nie so einfach lag, wie es zuweilen denen unter uns erscheint, die im Komfort moderner Industriegesellschaften leben. Trotz aller Verheerungen durch Kriege, Hungersnöte, Seuchen und andere Katastrophen, trotz Kindesmord, Abtreibung, Mönchtum und Prostitution produzierten jene Teile der Bevölkerung, die ihr Auskommen hatten oder vielleicht auch mehr, beständig eine Nachkommenschaft, die allein auf Kosten der stetigen Verringerung von Privilegien zu beschäftigen gewesen wäre. Ohne eine wirksame Methode der Geburtenkontrolle, welche keine Agrargesellschaft je entdeckte, scheint es keine Alternative zur Existenz einer Klasse von Entbehrlichen gegeben zu haben, so hart eine solche Feststellung in modernen Ohren auch klingen mag. Das Höchste, was man hätte erreichen können, hätte die Elite es zugelassen, wäre ein vorübergehendes Verschwinden jener Klasse für jene kurze Zeitspanne gewesen, in welcher der Bevölkerungszuwachs den wirtschaftlichen Zuwachs hätte aufzehren können.

In diesem Gedankengang tritt ein interessanter Aspekt des wirtschaftlichen Surplus ans Licht, der meist übersehen wird. Der Surplus einer Gesellschaft ist nicht allein durch die Produktionsmittel bestimmt, die ihr zur Verfügung stehen, *er hängt auch vom Charakter des Verteilungssystems ab.* Das gleiche Produktionssystem und gleiche Umweltbedingungen vorausgesetzt, können verschiedene Gesellschaften durchaus einen wirtschaftlichen Surplus von völlig unterschiedlicher Höhe haben, je nach Gerissenheit und

Skrupellosigkeit ihrer herrschenden Klassen. In dem Maß, in dem eine Elite den Bauern gestattete, mehr für sich zu behalten, als sie direkt zum Leben brauchten, und in dem Maß, in dem sie es zuließ, daß die Bauern kleine Parzellen ineffizient bewirtschafteten, verringerte sie zugleich den Umfang des wirtschaftlichen Surplus. Dieser Punkt wird in Gesellschaften wie der unsrigen, wo die Produktionstechniken alles und die Verteilungstechniken zweitrangig zu sein scheinen, leicht vergessen.

Ein weiteres Argument läßt sich für die Herrschenden in Agrargesellschaften ins Feld führen. Obwohl sie eindeutig das Volk ausbeuteten (in dem Sinne, daß sie sich mit Gewalt verschafften, was das Volk ihnen freiwillig nicht gegeben hätte), hatten sie dennoch auch eine nützliche Funktion: sie sorgten für ein beachtliches Maß an *Recht und Ordnung*, was sich für einen Agrarstaat, in dem aufgrund der Wirtschaftsweise Anarchie untragbar war, als lebenswichtig erwies. Eine einzige Mißernte, gleich welchen Grund sie hatte (verspäteter Anbau wegen politischer Kämpfe zum Beispiel), konnte den Tod von Tausenden von Menschen bedeuten, zwei aufeinander folgende Mißernten stellten eine Katastrophe dar. Robert Bellah hat es so ausgedrückt: »Wenn die mohammedanischen Rechtsgelehrten sagten, ›hundert Jahre Despotismus sind besser als ein Tag Anarchie‹, dann waren sie nicht nur Apologeten der Herrschenden. Oft standen sie in schärfster Opposition zu ihren Herrschern, hatten sich völlig von ihnen abgewandt. Aber sie wußten, wie Anarchie in solchen Gesellschaften aussah.«[188] Man fühlt sich hier an Luthers gleichermaßen ambivalente Einstellung den deutschen Fürsten gegenüber erinnert.

Kurz, obwohl Herrscher und regierende Klassen in Agrargesellschaften weit mehr für ihre Dienste forderten, als das Volk freiwillig zu zahlen bereit war, leisteten sie gewisse wertvolle Dienste (man könnte hinzufügen, wertvoll für sie selbst und für die anderen). Obschon ihr Verhältnis zum Volk also ein höchst ausbeuterisches und parasitäres war, waren sie nicht nur ausbeuterisch und parasitär. In dieser Tatsache dürfte einer der Hauptgründe für die Langlebigkeit des Agrarstaates als Institution liegen. Es gab einfach keine Alternative.

188 Im persönlichen Gespräch über einen Manuskriptentwurf. Ich habe diesen Absatz auf seinen Rat hinzugefügt.

10. Industriegesellschaften: Teil I

Frage: Was ist der Unterschied zwischen Kapitalismus und Kommunismus?
Antwort: Unter dem Kapitalismus beutet der Mensch den Menschen aus; unter dem Kommunismus ist es umgekehrt.

Russisches Scherzwort

Während der letzten zweihundert Jahre haben die Produktionssysteme vieler Gesellschaften einen tiefgreifenden Wandel erfahren. In diesem relativ kurzen Zeitraum sind Produktionstechniken und Wirtschaftsstrukturen, die über Jahrtausende Geltung hatten, durch neue und radikal andere verdrängt worden. Diese Entwicklung hat den Grund gelegt für eine neue und von der alten fundamental verschiedene Gesellschaft, die moderne Industriegesellschaft.

Zum Nachteil unserer Analyse ist es leider immer noch nicht möglich, eine voll entwickelte Industriegesellschaft zu untersuchen. Wie die Ereignisse der letzten zwanzig Jahre gezeigt haben, ist die technologische Revolution der Moderne keineswegs abgeschlossen, und diejenigen, die vor einigen Jahren so gedacht haben, befanden sich in einem schweren Irrtum. Die Versuchung, über weiter entwickelte Industriegesellschaften als die heute existierenden zu spekulieren, ist groß; solche Bemühungen geraten jedoch allzu leicht zu gesellschaftlicher »Science-fiction« von der Art eines Huxley oder Orwell. In diesem und den nächsten beiden Kapiteln soll deshalb nichts anderes versucht werden als eine Analyse der Verteilungssysteme in den fortgeschrittensten Industriegesellschaften der *Gegenwart* (von den Seiten 568–570 abgesehen, wo wir kurz auf die interessanten, aber tückischen Probleme der Zukunft zu sprechen kommen).

Gemeinsame Züge von Industriegesellschaften

Unter technologischem Aspekt unterscheiden sich die fortgeschritteneren Industriegesellschaften der Gegenwart von Agrargesellschaften ganz erheblich. Die verwendeten Grundstoffe sind vielfältiger, die Energiequellen andere und Werkzeug und Maschinen

viel komplizierter und wirksamer. Die Unterschiede sind in der Tat so groß und auch zahlreich, daß wir im Rahmen unserer Analyse nur die wichtigsten benennen können.
Einer der soziologisch wesentlichsten Unterschiede betrifft die bei der Leistung von »Arbeit« benutzten Energiequellen; wir denken an Tätigkeiten wie Drücken, Ziehen, Heben, Schneiden und Graben, die vorher durch menschliche Muskelkraft vollbracht wurden oder theoretisch vollbracht werden mußten; wir sprechen in diesem Zusammenhang *nicht* von Tätigkeiten wie Einschmelzen von Metall, auch nicht von Wärme-, Licht- oder Kälteerzeugung.[1]
In Agrargesellschaften waren Mensch und Tier die beiden Hauptquellen solcher Energie gewesen. Eine neuere Untersuchung kommt zu dem Schluß, daß im Jahre 1850 in den Vereinigten Staaten 65 Prozent der bei der Arbeit verbrauchten Energie von Mensch und Tier aufgebracht wurden – trotz der Tatsache, daß die Industrialisierung bereits im Gange war.[2] Für weitere 28 Prozent sorgte jene alte Dreieinigkeit von Wind, Wasser und Holz, lange Zeit einzige Unterstützung für Mensch und Tier bei ihren Anstrengungen. Nur 7 Prozent aller Energie kamen aus einer der neueren Quellen, der Kohle.
Hundert Jahre später sah alles ganz anders aus. Die traditionellen Quellen – Mensch, Tier, Wind, Wasser und Holz – lieferten insgesamt nur noch 1,6 Prozent der bei der Arbeit aufgewandten Energie. Alles Weitere stammte von den neuen Kraftstoffen, mineralische und hydroelektrische Energie. Tatsächlich kamen jetzt 65 Prozent der Energie aus Quellen, die, wie Petroleum, Erdgas und Elektrizität, hundert Jahre früher praktisch unbekannt waren. Heute gewinnt bereits eine neue Energiequelle an Bedeutung, die Atomkraft.
Aber nicht nur die Energiequellen sind andere geworden, auch die Verbrauchsmengen sind um ein Vielfaches gestiegen. Im Jahr 1850 betrug die Arbeitsleistung des amerikanischen Volkes nur 435 Pferdestärkenstunden pro Person und Jahr, eine Zahl, die nicht viel über dem Durchschnitt fortgeschrittener Agrargesellschaften liegen dürfte.[3] 1950 war sie auf das Zehnfache gestiegen, auf

1 Diese Definition von Arbeit beruht auf J. Frederic Dewhurst und seinen Mitarbeitern, *America's Needs and Resources* (New York: Twentieth Century Fund, 1955), S. 905—906.
2 Ebenda, S. 1116.
3 Alle Zahlen in diesem Abschnitt basieren auf der Twentieth Century

4470 Pferdestärkenstunden pro Person und Jahr. Wenn man alle Formen von Energieverbrauch einschließt (nicht nur die Arbeit), dann hat in der fraglichen Zeit eine Steigerung auf das Zwanzigfache stattgefunden.

Dem enorm gestiegenen Energieverbrauch im Zusammenhang mit der Entstehung von Industriegesellschaften entsprechen Nutzung und Verbrauch anderer Ressourcen. Noch im Jahre 1800 belief sich die Gesamtproduktion von Eisen auf der ganzen Welt auf etwa 400 000 Tonnen, also auf 1 Tonne für jeweils 2000 Menschen.[4] 1950 wurden 132 Millionen Tonnen Eisen produziert oder mehr als eine Tonne auf jeweils 20 Personen. Mit anderen Worten, der Pro-Kopf-Verbrauch von Eisen ist zwischen 1800 und 1950 weltweit gesehen auf das Hundertfache gestiegen. Beschränkte man den Vergleich auf die fortgeschritteneren Industriegesellschaften, wäre er noch viel spektakulärer. In den Vereinigten Staaten zum Beispiel kam im Jahr 1950 auf zwei Personen eine Tonne Eisen, was einer Steigerung der Weltproduktion aus dem Jahr 1800 auf das Tausendfache entspricht.[5]

Ähnlich hohe Steigerungen erzielte man auch im Verbrauch anderer Rohstoffe. 1949 verarbeitete Amerika 7300 [englische] Pfund Stein, Sand und Kies, 520 Pfund Zement, 210 Pfund Rohsalz, 130 Pfund Phosphate, 89 Pfund Gips, 71 Pfund Schwefel, 23 Pfund Kupfer, 16 Pfund Zink, 13 Pfund Aluminium und 13 Pfund Chrom *pro Person und Jahr*, um nur einige der gebräuchlicheren Stoffe zu nennen.[6] Der Verbrauch der meisten dieser Materialien wächst weiter, ein Ende des Anstiegs ist nicht abzusehen.

Dem stark gestiegenen Verbrauch von Rohstoffen entspricht eine erhebliche Steigerung der *Produktion*. So wuchs das Pro-Kopf-

Fund-Untersuchung über amerikanische Energiequellen (Dewhurst, S. 1114 und 1116) und auf Volkszählungsdaten. Die Pro-Kopf-Zahlen habe ich nach diesen Angaben selbst errechnet.

4 Die Angaben über die Eisenproduktion stammen von W. S. Woytinsky und E. S. Woytinsky, *World Population and Production: Trends and Outlook* (New York: Twentieth Century Fund, 1953), S. 1101 und 1117. Die Bevölkerungsziffern beruhen auf A. M. Carr-Saunders, *World Population* (Oxford: Clarendon Press, 1936), S. 30, und auf dem *Demographic Yearbook, 1953* (New York: United Nations, 1953), S. 14. Die Pro-Kopf-Eisenproduktionsziffern habe ich selbst errechnet.

5 Harrison Brown, *The Challenge of Man's Future* (New York: Viking Compass Books, 1956), S. 189.

6 Ebenda, S. 189—190.

Einkommen der amerikanischen Bevölkerung zwischen 1849 und 1961 von etwa 320 auf 1950 Dollar im Jahr.[7] Da diese Zahlen auf dem Dollarwert von 1949 beruhen, stellen sie eine *reale* Steigerung dar, nicht nur eine auf dem Papier. Dabei ist die Struktur dieser Entwicklung von besonderem Interesse: die Hälfte des Gesamtzuwachses entfällt auf die letzten 20 Jahre, was eine rapide Beschleunigung der Zuwachsrate anzeigt.

So groß die Zahlendifferenzen auch sind, das volle Ausmaß des Wandels von der Agrarwirtschaft zur fortgeschrittenen Industriewirtschaft können sie nicht ausdrücken. Erstens waren die Vereinigten Staaten des Jahres 1849 keineswegs eine typische fortgeschrittene Agrargesellschaft. Die Industrialisierung war seit einigen Jahrzehnten im Gange, besonders in Neu-England. Das Land war relativ dünn besiedelt, was die Errichtung viel größerer Farmen erlaubte als in anderen Agrargesellschaften üblich; dadurch war auch das Pro-Kopf-Einkommen schon damals weit höher als anderswo. Eine viel bessere Vorstellung von der traditionellen Agrarstruktur läßt sich gewinnen, wenn man Zahlen und Staaten betrachtet, die noch um die Mitte des 20. Jahrhunderts im wesentlichen Agrarstaaten sind. 1948 lag beispielsweise das Pro-Kopf-Einkommen in Mexiko, in amerikanischen Dollars ausgedrückt, erst bei 106 Dollar im Jahr, in Brasilien bei 112 Dollar, in Peru bei 82 Dollar, in Ägypten bei 112 Dollar, in Indien bei 75 Dollar und in Thailand bei 79 Dollar. In China verdiente man 1938 – die Inflation des amerikanischen Dollars im folgenden Jahrzehnt einkalkuliert – nur 35 Dollar pro Kopf und Jahr.[8] Wenn man bedenkt, daß alle diese Gesellschaften bis zu einem gewissen Grade an der Industrialisierung partizipierten, dann dürfte klar sein, daß das Pro-Kopf-Einkommen reiner Agrargesellschaften in der Vergangenheit mit ziemlicher Sicherheit 100 Dollar nicht überstieg – unserer Rechnung liegt der amerikanische Dollar von 1949 zugrunde –, sondern vermutlich darunter lag. Mit anderen Worten, das Pro-Kopf-Einkommen der Vereinigten Staaten von heute ist bereits *zwanzigmal* so hoch wie das eines typischen Agrarstaates der Vergangenheit und steigt immer noch.

7 Die erste Zahl stammt von Woytinsky und Woytinsky, S. 381. Die zweite habe ich aus Daten über das Nationaleinkommen, aus Preisindices und Bevölkerungsdaten im *Statistical Abstract of the United States, 1962* (Washington, D. C.: GPO, 1962), S. 5, 312 und 343 errechnet.

8 Woytinsky und Woytinsky, S. 389—393.

Der technische Fortschritt, der für diesen enormen Produktivitätszuwachs verantwortlich ist, hat sich auch auf alle anderen Bereiche menschlichen Lebens ausgewirkt, am direktesten und nachhaltigsten auf die Wirtschaft. Die Industrielle Revolution der beiden letzten Jahrhunderte setzte zuallererst der wirtschaftlichen Autarkie ein Ende. Nicht einmal die Bauern versorgen sich heute noch weitgehend selbst, sieht man von einigen abgelegenen und rückständigen Gebieten ab. Tauschbeziehungen werden immer wichtiger für die einzelnen Mitglieder der Gesellschaften. Das heißt unter anderem, daß im wirtschaftlichen Leben von Industriegesellschaften das Geld eine viel wichtigere Rolle spielt als in agrarischen. In letzteren drang es in den Alltag der Bauernmassen überhaupt nicht ein, während es in fortgeschritteneren Industriegesellschaften integrierender Bestandteil des täglichen Lebens auch des ärmsten Bürgers ist.

Mit dem Fortschritt im Transport- und Verkehrswesen sind die lokalen Märkte aufgelöst und in größere und umfassendere Marktsysteme integriert worden. Folge davon ist, daß es die wirtschaftlich autarke Gemeinde in der fortgeschrittenen Industriegesellschaft praktisch nicht mehr gibt. Der Trend zur Ausweitung von Märkten hat inzwischen einen Punkt erreicht, an dem für die wichtigsten Waren internationale Märkte geschaffen sind, und gäbe es keine politischen Beschränkungen, hätte die ganze Welt bald einen einzigen gemeinsamen Warenmarkt.

Mit der Ausdehnung der Märkte und einer zunehmend komplizierten Technik ist zugleich die Notwendigkeit immer größerer Produktionseinheiten entstanden. In den Vereinigten Staaten gibt es heute eine Reihe von Gesellschaften, die hunderttausend und mehr Arbeiter beschäftigen und in denen das Kapital von Hunderttausenden von Aktionären konzentriert ist. *American Telephone and Telegraph* ist im Augenblick die größte, bei ihr arbeiten eine dreiviertel Million Menschen.

Die enorme Ausdehnung von Wirtschaftsorganisationen hat noch eine weitere Entwicklung mit sich gebracht, die der hochgradigen Spezialisierung. Nach Angaben des US-Arbeitsministeriums gibt es gegenwärtig mehr als zwanzigtausend verschiedene Berufe in unserem Land, von denen die meisten Spezialberufe sind.[9] Dies gilt nicht nur für manuelle Arbeit, etwa am Fließband, sondern

9 Siehe *Dictionary of Occupational Titles*, 2. Aufl. (Washington: GPO, 1949), Bd. I, S. XI.

auch für nicht-manuelle. Der praktische Arzt oder besser der Allgemeinpraktiker wird ganz schnell zum Anachronismus, und das nicht nur in der Medizin, sondern in den meisten Berufen.

Ein hoher Grad an Spezialisierung kennzeichnet auch die einzelnen Gemeinden. Die einen spezialisieren sich auf die Herstellung von Autos, die andern auf Textilien, Freizeit, Bildung oder Verwaltung. Selbst auf internationaler Ebene wird Spezialisierung sichtbar. In einer Welt, die von fortgeschrittenen Industrienationen beherrscht wird, spezialisieren sich einige Länder auf die Produktion von Arbeitsmaschinen, andere auf Öl und die dritten auf andere Rohstoffe. Wäre die Welt nicht in autonome Nationalstaaten aufgeteilt, wäre diese Tendenz noch viel ausgeprägter, weil größere Spezialisierung zugleich wirtschaftlicher sein könnte.

Der Wandel in Technik und Wirtschaft mußte notwendig demographische Veränderungen nach sich ziehen. So haben diese Fortschritte – wie auch schon frühere – eine erhebliche Zunahme sowohl der Bevölkerungszahlen wie der Bevölkerungsdichten ermöglicht. Tabelle 1 zeigt den Bevölkerungszuwachs einer Reihe von Industriegesellschaften, die ehedem fortgeschrittene, stark bevölkerte Agrargesellschaften waren. Aus der Tabelle geht hervor, daß alle Staaten außer Frankreich ihre Bevölkerung in der fraglichen Zeit zumindest verdoppelten, wenn nicht verdreifachten, und noch immer nehmen sie weiter zu.

Die Industrialisierung hat auch zur räumlichen Ausdehnung der Gemeinden geführt. In Agrargesellschaften umfaßten, wie erinnerlich, die größten Gemeinden nie viel mehr als eine Million Einwohner, und in den 5000 Jahren agrarischer Geschichte wurde diese Zahl zudem nur ein paar Mal erreicht und auch dann nur von den Hauptstädten großer Reiche. Heute dagegen gibt es bereits an die hundert Städte mit einer Bevölkerung von einer Million und mehr Menschen und nahezu zwanzig mit einer Einwohnerschaft von 3 Millionen.[10] Groß-New-York hat die 10-Millionengrenze überschritten, und London sowie Tokio nähern sich rasch diesem Umfang.

Industrialisierung bedeutet nicht nur größere Städte, sondern auch einen höheren städtischen Bevölkerungsanteil. In Kapitel 8 haben wir festgestellt, daß in Agrargesellschaften in der Regel 90 Prozent der Bevölkerung auf dem Lande lebten und nur 10 Prozent

10 *World Almanac, 1961* (New York: World-Telegram, 1961), S. 103 und 397 bis 398.

TABELLE 1

Bevölkerungszunahme in ausgewählten Ländern von 1800 (oder dem Jahr der ersten Aufzeichnung) bis 1960

Land	Bevölkerung in Millionen 1800 (oder erstes Jahr der Aufzeichnung)	1960
Belgien	4,3 (1850)	9,2
Frankreich	27,3	45,5
Deutschland	24,6	70,7
Italien	18,1	49,4
Japan	26,0	93,2
Niederlande	3,1 (1850)	11,5
Spanien	10,5	30,1
Schweden	2,3	7,5
UdSSR	37,0	214,4
Königreich England	16,1	52,5

Quellen: für die frühen Jahre, W. S. Woytinsky und E. S. Woytinsky, *World Population and Production: Trends and Outlook* (New York: Twentieth Century Fund, 1953), S. 44, und Irene Taeuber, *The Population of Japan* (Princeton: Princeton University Press, 1958), S. 22; später *Statistical Abstract of the United States, 1962* (Washington: GPO, 1962), S. 911–912, und *World Almanac, 1961* (New York: World-Telegram, 1961), S. 358.

in Städten. In den fortgeschrittensten Industriegesellschaften verkehrt sich dieses Verhältnis in sein Gegenteil. Im Königreich England zum Beispiel waren im Jahr 1955 die Bauern mit nur 4,5 Prozent an der Gesamtbevölkerung beteiligt, obwohl das Land agrarwirtschaftlich keineswegs autark war.[11] In den Vereinigten Staaten arbeiteten 1962 nur 9 Prozent aller männlichen Arbeitskräfte in der Landwirtschaft, und dennoch produzierte diese kleine Gruppe beständig Überschüsse.[12] 5 Prozent aller männlichen Arbeitskräfte hätten für die Erfordernisse der Landwirtschaft ausgereicht (gesetzt den Fall, man hätte auf die schwächsten und

11 J. Frederic Dewhurst and Associates, *Europe's Needs and Resources* New York: Twentieth Century Fund, 1961), Anhang 3—2, Tabelle A.

12 *Statistical Abstract, 1962*, S. 215.

kleinsten Bauern verzichtet). Angenommen, weitere 5 Prozent aller männlichen Arbeitnehmer arbeiten in Nachbarberufen, zum Beispiel als Verteiler landwirtschaftlicher Geräte oder auch als Lehrer oder Dorfpfarrer – Tätigkeiten, die allesamt eine Wohnung auf dem Lande erfordern –, dann scheinen nicht mehr als 10 Prozent der Bevölkerung in echten Landgemeinden leben zu müssen, das heißt in Gemeinden, in denen die Produktion von Nahrung die wirtschaftliche Hauptaktivität darstellt.

Die Industrialisierung wirkt sich auf die Menschen noch in anderer Weise aus, man denke nur an die enorm gesunkenen Geburten- und Sterbeziffern und die entsprechend gestiegene Lebenserwartung. In vielen fortgeschrittenen Industriegesellschaften liegt die Sterbeziffer bei 10 oder weniger pro 1000 Menschen im Jahr, während vor zweihundert Jahren »eine Sterbeziffer von 40 auf 1000 Einwohner nicht außergewöhnlich war ... [und] eine Rate von 25 auf 1000 als extrem niedrig galt«.[13] Der Rückgang der Geburtenziffern war weniger steil, wenn auch gleichfalls recht beachtlich. In den traditionellen Agrargesellschaften der Vergangenheit scheinen die Geburtenziffern durchschnittlich bei 30 auf 1000 Einwohner im Jahr gelegen zu haben, in vielen Fällen auch bei 40 und mehr.[14] In fortgeschrittenen Industriegesellschaften dagegen schwanken sie zur Zeit zwischen 15 und 25 auf 1000 Einwohner; das Mittel dürfte bei 17 oder 18 auf 1000 liegen.[15]

Diese Zahlen weisen auf die wahrscheinlich revolutionärste demographische Entwicklung moderner Zeiten hin, auf die Schaffung sicherer und wirksamer Methoden zur Geburtenbeschränkung. Die unglücklichen Entbehrlichen am Boden des Schichtungssystems jeder Agrargesellschaft zeugen von einer ewigen demographischen Krise. Dank des technischen Fortschritts auf verschiedenen Gebieten nähern sich die fortgeschritteneren Industriegesellschaften heute einem Punkt, an dem die Geburtenrate weitgehend die Wünsche ihrer Mitglieder widerspiegelt. Die Variabilität der Geburtenziffern und ihre Tendenz, den Bewegungen des Wirtschaftszyklus zu folgen, belegen dies.

Auch einige wichtige Entwicklungen auf politischem Gebiet hat die Industrialisierung verursacht. An erster Stelle hat sie dafür

13 Woytinsky und Woytinsky, S. 166 und 163, und *Statistical Abstract of the United States, 1962* S. 913—914.

14 Woytinsky und Woytinsky, S. 141 f.

15 *Statistical Abstract, 1962,* S. 913—914.

gesorgt, daß die Monarchie als Regierungsform praktisch verschwand – zumindest im klassischen Sinne des mit Besitz- und Erbrechten ausgestatteten Herrschers. An ihrer Stelle haben republikanische Regierungen verschiedenen Typs die Macht übernommen, wenn auch in einer Reihe von Fällen ein gewisses monarchisches Beiwerk beibehalten wurde (in England, Skandinavien und den Niederlanden zum Beispiel). In anderen Fällen befanden sich einzelne Individuen zeitweilig im Besitz diktatorischer Macht; ein wirklich stabiles institutionalisiertes System von Einmannherrschaft konnte sich indessen in keinem Fall daraus entwickeln. Sie scheint höchstens eine mögliche, aber wenig wahrscheinliche Alternative zum gebräuchlichen republikanischen Muster zu sein.

Obwohl offensichtlich große Unterschiede darin bestehen, inwieweit die Mitglieder der verschiedenen Industriegesellschaften am politischen Prozeß beteiligt sind, ist die Streuung und Verteilung politischer Macht in Industriestaaten durchschnittlich doch viel breiter als in Agrargesellschaften. Diese Entwicklung hat wichtige Konsequenzen für den Verteilungsprozeß, wie wir gleich sehen werden. Im Augenblick mag die Feststellung genügen, daß eine Begleiterscheinung dieser Entwicklung die Entstehung politischer Massenparteien ist. Sie sind nur im Rahmen von Industriegesellschaften denkbar sowie von solchen, die unter ihrem Einfluß stehen oder im Begriff sind, industrialisiert zu werden.[16]

Diese relative Demokratisierung des Staats geht mit einer zweiten wichtigen Entwicklung einher, der enormen Zunahme vom Staat ausgeübter Funktionen. Am ausgeprägtesten ist dieser Trend in sozialistischen Staaten, besonders in solchen, die von Parteien mit totalitärer Ideologie regiert werden. Aber auch in Staaten wie Amerika zeigt sich dieser Trend, obgleich hier die Lehren weder des Sozialismus noch des Totalitarismus Fuß fassen konnten. Man braucht nur den Katalog der verschiedenen Ministerien und Behörden in diesem Land mitsamt ihren vielen Unterabteilungen anzuschauen, um festzustellen, wie viele und welch vielfältige Funktionen die Bundesregierung heute ausübt.[17] Vergleicht man diesen

16 Siehe z. B. Maurice Duverger, *Political Parties: Their Organization and Activity in the Modern State*, übersetzt von Barbara North und Robert North (London: Methuen, 1959) S. XXIII.

17 Siehe u. a. *The World Almanac, 1961*, S. 121—123; hier sind die wichtigsten Unterabteilungen der zehn Regierungsministerien genannt, und S. 755—756 auch die vielen Behörden.

Katalog mit seinem Gegenstück aus dem späten 18. und frühen 19. Jahrhundert, dann begreift man das Ausmaß des Wandels, der stattgefunden hat.

Eine dritte wichtige politische Entwicklung ist in der Zunahme der militärischen Macht von Regierungen zu sehen. Dieser Trend wurde in den beiden Weltkriegen bereits deutlich erkennbar und ist mit der Entwicklung von Atomwaffen noch weiter verstärkt worden. Für den Verteilungsprozeß allerdings ist diese Entwicklung vielleicht weniger bedeutsam als eine andere, die damit zusammenhängt, wir meinen den Trend zum totalen Krieg oder zur Einbeziehung der gesamten Bevölkerung in die Kriegsanstrengungen. In Agrargesellschaften waren Kriege in der Regel Sache von Berufssoldaten, die Mehrzahl der Bevölkerung hatte nicht viel damit zu tun. Seit dem Ersten Weltkrieg jedoch hat der Unterschied zwischen Soldat und Zivilist an Schärfe immer mehr verloren.

Die größere militärische Stärke der Industriegesellschaften des 19. und 20. Jahrhunderts hat auch zur Schaffung einer ganzen Reihe europäischer Kolonialreiche geführt, die zeitweise praktisch die ganze Welt umfaßten. Dies in Verbindung mit den Fortschritten auf dem Gebiet des Verkehrswesens hatte eine rasche Ausbreitung der europäischen Kultur über weite Teile der Welt zur Folge. Zum ersten Mal in der menschlichen Geschichte scheint das Menschengeschlecht sich dem Punkt zu nähern, an dem alle Völker ein Kulturfundament miteinander gemein haben könnten (was natürlich Subkulturen, die sich nach Gegend, Klasse, Alter, Geschlecht und anderen Merkmalen unterscheiden, nicht ausschlösse). Ob diese Möglichkeit jemals realisiert werden wird, ist nach wie vor fraglich, die technologische Grundlage dafür nimmt allerdings zunehmend und rasch Form an. Das gleiche läßt sich über die Möglichkeit einer gemeinsamen Regierung für den ganzen Erdball sagen. Technologisch betrachtet werden die Hindernisse, die dem im Wege stehen, immer geringer.

Der allgemeine Wissensstand ist in Industriegesellschaften erheblich höher als in agrarischen, insbesondere was die Fähigkeit zu lesen und zu schreiben angeht. Während Kenntnisse im Lesen und Schreiben in Agrargesellschaften auf eine kleine Minderheit beschränkt waren, sind sie in den fortgeschritteneren Industriegesellschaften nahezu universell. In immer mehr Gesellschaften erhält die Mehrzahl aller jungen Menschen sogar eine formelle Ausbildung bis weit ins zweite Lebensjahrzehnt hinein, und eine wachsende Minderheit lernt bis zum Ende seines dritten Jahrzehnts. In den Vereinigten Staaten zum Beispiel gingen im Jahr 1961 92 Prozent aller männlichen Jugendlichen zwischen vierzehn und siebzehn Jahren zur Schule, unter den Achtzehn- und Neunzehnjährigen waren es 49 Prozent und unter den Zwanzig- bis Vierundzwanzigjährigen immer noch 20 Prozent.[18] Ja, 7 Prozent der Männer zwischen fünfundzwanzig und neunundzwanzig und 3 Prozent derer zwischen dreißig und fünfunddreißig waren noch an Schulen und Universitäten eingeschrieben.

Die große Zunahme von Bildungsinstitutionen verdankt sich teilweise der Notwendigkeit einer umfassenderen Ausbildung, es kommt in ihr aber auch der sinkende Bedarf an jugendlicher Arbeitskraft zum Ausdruck. So erfüllen in fortgeschritteneren Industriegesellschaften Bildungsinstitutionen häufig außer ihrer Bildungsfunktion auch die von Hütern und Wächtern, indem sie die Jugend, deren Arbeitskraft nicht gebraucht wird, beschäftigen. In diesem Prozeß jedoch isolieren die Schulen die Jugend von der Erwachsenenwelt, es entsteht eine erhebliche kulturelle Kluft zwischen beiden, und die heranwachsenden Mitglieder dieser Gesellschaften entwickeln immer mehr ihre eigene Subkultur. Die Unterschiede zwischen den Subkulturen der Heranwachsenden und der Erwachsenen in Industriegesellschaften sind häufig ebenso wichtig und ebenso trennend wie jene, die Stadt- und Landbewohner in Agrargesellschaften voneinander trennten. Wie wir später sehen werden, haben wir guten Grund zu der Annahme, daß die kulturelle Kluft zwischen Heranwachsenden und Erwachsenen mit einer sehr wichtigen neuen Entwicklung in den Verteilungssystemen zusammenhängt.

Ehe wir das Thema der Bildungsinstitutionen abschließen, sollten wir noch auf ihren ständig sich wandelnden Charakter hinweisen. In Agrargesellschaften waren Bildungsinstitutionen fast immer Anhängsel religiöser Institutionen. In Industriegesellschaften ist dies viel seltener der Fall. Selbst wo es religiösen Institutionen gelungen ist, ihre formelle Kontrolle über Erziehungs- und Bildungsinstitutionen zu behalten, spielt die formale Instruktion von Religion nur noch selten die Hauptrolle. Bildungsinstitutionen stehen zunehmend unter der Kontrolle von Lehrerverbänden, denen auch Wissenschaftler angehören. Die Entstehung solcher Ver-

18 *Statistical Abstract, 1962*, S. 114.

bände und ihr steigender Einfluß zählen zu den wichtigsten Erscheinungen, die mit dem Aufschwung von Industriegesellschaften verbunden sind.

Und noch ein Phänomen ist in diesem Zusammenhang von Bedeutung, das immer größere Gewicht, das in allen Bereichen menschlichen Lebens auf Planung gelegt wird. In Agrargesellschaften gab es Planung bestenfalls gelegentlich. In der Regel gingen die Menschen davon aus, daß die Ergebnisse ihres Tuns sich ihrer Kontrolle entzogen, sie vertrauten auf Schicksal und Glück. Mit der raschen Zunahme wissenschaftlichen und technischen Wissens und mit der Entwicklung neuer Techniken zur Speicherung, Organisierung und Abrufung von Information, das heißt mit den modernen Rechenmethoden und dem Gebrauch von Computern, ist beständige und umfassende Planung zum ersten Mal in der menschlichen Geschichte zu einer praktischen und rentablen Tätigkeit geworden.

Wie viele Autoren festgestellt haben, hat sich der Wandel von der Agrar- zur Industriegesellschaft auch auf die Familie ausgewirkt.[19] Zunächst einmal hat eine folgenreiche Verschiebung von Funktionen auf andere Institutionen stattgefunden. Viele Dinge, die ehedem in die Verantwortung der Familie fielen, werden heute von anderen übernommen. Unter dem Gesichtspunkt des Verteilungsprozesses betrifft eine wichtige Neuerung die Versorgung der alten Menschen. Einstmals war sie ausschließlich Aufgabe der Familie; heute kümmert sich mehr und mehr der Staat darum. Entfallen diese Funktionen, dann geht auch die Notwendigkeit verloren, in großen Familien zusammenzuleben. Im Unterschied zu Agrargesellschaften sind in Industriegesellschaften Kinder ökonomisch gesehen Passivposten und haben Eltern ein lebhaftes Interesse daran, die Zahl ihrer Nachkommenschaft zu beschränken.

Die Industriegesellschaft hat auch den Frauen größere Freiheit gebracht. Mit weniger Kindern und erweiterten Bildungsmöglichkeiten sind sie in ihrer Berufswahl heute weniger eingeschränkt. Sie verfügen über mehr gesetzlich verbriefte Rechte, das Wahlrecht eingeschlossen; und die Polygamie ist abgeschafft. Kurz, die letzten Spuren der alten Vorstellung von der Frau als Besitz sind im Schwinden begriffen.

Was schließlich die religiösen Institutionen anbelangt, so war die

19 Siehe insbesondere William J. Goode, *World Revolution and Family Patterns* (New York: Free Press, 1963).

Entstehung von Industriegesellschaften mit einem entscheidenden Wandel der Glaubensinhalte verbunden. In Agrargesellschaften war das Verhältnis zu den Schicksalsmächten gewöhnlich als ein persönliches verstanden worden, die herrschenden Religionen waren theistisch in ihrem Charakter.[20] In fortgeschrittenen Industriegesellschaften gewannen neue Religionen an Boden, die jene Mächte entpersonalisierten, zum Teil mit dem Mittel der Überzeugung, zum Teil aber auch mit dem des Zwangs. Der Humanismus steht exemplarisch für die eine, der Kommunismus für die andere Spielart. Diese beiden Glaubensbekenntnisse haben sich durchgesetzt wesentlich auf Kosten älterer Religionen wie Christentum, Judentum, Islam, Buddhismus, Hinduismus und Konfuzianismus, welche in der Agrarperiode aufgekommen waren. Obgleich es zweifelhaft scheint, daß die älteren Religionen völlig verschwinden werden, sind sie doch bis zu einem gewissen Grade verändert worden. Auf unmerkliche Weise unterliegen ihre Theologien einem partiellen Prozeß der Entpersonalisierung.[21]

Dieser Wandel von der persönlichen zur unpersönlichen Theologie, der mit der Entstehung der Industriegesellschaften verbunden ist, kann zum Teil auch Spiegelbild des sich wandelnden Charakters der Gesellschaft selbst, insbesondere ihrer herrschenden Institutionen sein. In Agrargesellschaften arbeiteten die wichtigen politischen und wirtschaftlichen Institutionen meist auf persönlicher erblicher Grundlage; in Industriegesellschaften ist ihre Basis die unpersönliche Bürokratie. Dieser Wandel im Charakter der wichtigsten menschlichen Institutionen kann durchaus zum Wandel der Vorstellung des Menschen von der Höchsten Macht beigetragen haben.[21a]

Die Entstehung von Industriegesellschaften scheint sich auf das religiöse Leben noch in anderer Weise ausgewirkt zu haben. Bünd-

20 Der Hinayana-Buddhismus könnte als Ausnahme bezeichnet werden, aber selbst hier hat sich die Vorstellung von unpersönlichen Mächten weitgehend in eine von persönlichen gewandelt.

21 Vgl. z. B. die Schriften christlicher Theologen wie Tillich und Bultmann oder das neue Buch *Honest to God* des anglikanischen Bischofs Robinson. Man kann allerdings nicht sagen, daß diese Autoren etwas Neues brächten, sie wiederholen nur in neuer Form die alte Doktrin von der Transzendenz Gottes.

21a Ich will hier keineswegs den viel offensichtlicheren Einfluß der modernen Wissenschaft ausschließen, die in ihrem Bereich ebenfalls Macht als nicht personale sieht.

nisse zwischen Staat und Kirche sind in Industriegesellschaften viel seltener als in agrarischen, und wo solche Bande bestehen, sind sie in der Regel dünn. Wie die Entwicklung des Kommunismus zur Staatsreligion in etlichen Staaten jedoch beweist, ist der Trend keineswegs universell.

Die Erklärung für den Zerfall der Bündnisse zwischen Kirche und Staat scheint nicht zuletzt im Niedergang der Erbmonarchie, im Entstehen von Republiken und in der breiteren Verteilung von politischer Macht im allgemeinen zu liegen. In demokratischen oder republikanischen Staaten sind die Regierungen nicht mehr in der gleichen Weise wie bisher auf die Legitimation durch religiöse Gruppen angewiesen, weil sie jetzt ganz konkret und spürbar für einen erheblichen Anteil der Bevölkerung von Nutzen sind und sich dadurch innerweltlich und utilitaristisch rechtfertigen lassen.[22] Viele Regierungen können deshalb auf die Dienste ihrer früheren religiösen Verbündeten verzichten. Die Entwicklung wurde vermutlich noch beschleunigt durch den schwindenden Rückhalt traditioneller Religionen bei bestimmten wichtigen Bevölkerungskreisen sowie durch die Ausbreitung neuer und konkurrierender Kulte wie Humanismus, Freudianismus usw. Angesichts der wachsenden Heterogenität religiöser Überzeugung schritten politische Obrigkeiten viel schneller zur Trennung von Kirche und Staat, als sie es sonst hätten tun können.

Umschwung einer uralten Entwicklungstendenz

Kein Gesellschaftstypus unter den bisher untersuchten verdeutlicht Schwierigkeiten und Grenzen eines *rein* deduktiven und allgemeinen Ansatzes in der Schichtungstheorie besser als die Industriegesellschaft. Bedenkt man die riesige Produktivitätssteigerung in Industriegesellschaften sowie die stark erweiterten Machtbefugnisse des Staates, dann wäre nichts logischer, als eine Ungleichheit in der Macht- und Privilegienverteilung vorauszusagen, die alles in Agrargesellschaften je Dagewesene weit übertrifft. Und doch zeigt bereits ein kurzer Blick auf die Gegenwart, daß dies nicht der Fall ist; und eine sorgfältige Untersuchung bestätigt

22 Siehe Gerhard Lenski, »Religious Pluralism in Theoretical Perspective«, *Internationales Jahrbuch für Religionssoziologie* (Köln: Westdeutscher Verlag, 1965), Bd. I, S. 25—42.

in der Folge den ersten Eindruck noch. Wenn schon, dann scheinen Macht und Privilegien in entwickelten Industriegesellschaften eher weniger ungleich verteilt zu sein als in agrarischen. Kurz, *das Aufkommen entwickelter Industriegesellschaften bewirkt zum ersten Mal einen Umschwung der uralten evolutionären Entwicklung zu stetig zunehmender Ungleichheit.*

Für diese Behauptung lassen sich einige fundamentale Beweise anführen. Zunächst zeigt ein Vergleich der politischen Systeme von Agrar- und Industriegesellschaften, daß in ersteren politische Macht viel stärker konzentriert ist. In Agrargesellschaften liegen die Machtbefugnisse der Regierung fast immer in Händen von einigen wenigen; die große Mehrzahl hat am politischen Prozeß *keinerlei Anteil.* Diese Struktur tritt in Industriegesellschaften nur minderheitlich auf, sie ist beschränkt auf Gesellschaften, die sich in den Anfangsstadien der Industrialisierung befinden, und auf solche, die von totalitären Parteien regiert werden. In der Mehrzahl der Industriegesellschaften haben alle erwachsenen Bürger nicht nur das Recht zu wählen, sondern, was viel wichtiger ist, auch das Recht, sich politisch zu organisieren, um ihre eigenen besonderen Interessen oder Überzeugungen zu vertreten, selbst wenn diese sich im Gegensatz befinden zu den Interessen oder Überzeugungen der an der Macht Befindlichen.[23] Das soll nicht heißen, es gebe keinerlei Ungleichheit mehr in der Verteilung von politischer Macht, oder das demokratische Jahrtausend habe bereits begonnen, dennoch bedeutet es eine wesentliche Reduzierung politischer Ungleichheit sowie eine breite Verteilung politischer Macht, was bei einem Vergleich dieser Gesellschaften mit agrarischen auch sofort sichtbar wird. Ein besonders eindrucksvolles Beispiel dafür stellen die skandinavischen Demokratien dar, in denen seit einigen Jahrzehnten sozialistische Parteien an der Macht sind; aber auch in Ländern wie den Vereinigten Staaten und Frankreich, in denen der politische Einfluß der unteren Klassen nicht so groß war, wird diese Struktur erkennbar. Selbst in Industriegesellschaften, die keine Demokratie kannten, wie das nachstalinistische Rußland oder Argentinien unter Peron, verwandte die politische Elite einen großen Teil ihrer Macht darauf, Pro-

23 In einigen Ländern ist das Recht auf Opposition auf jene beschränkt, die gewillt sind, die demokratische Grundordnung zu stützen, was bedeutet, daß kommunistische und faschistische Parteien gesetzlich verboten sind, aber selbst auf diese Einschränkung verzichten die meisten demokratischen Staaten.

gramme zu entwickeln und zu fördern, die den unteren Klassen zugute kommen sollten, eine Aktivität, die in Agrargesellschaften praktisch undenkbar war.

Ein zweiter Beweis für den Rückgang von Ungleichheit sind die Daten über die Einkommensverteilung. Weiter oben haben wir Daten genannt, die zeigten, daß in Agrargesellschaften die 1 oder 2 Prozent an der Spitze der Bevölkerung in der Regel *nicht weniger als die Hälfte* des gesamten Volkseinkommens beanspruchten.[24] Die Vergleichsziffern für Industriegesellschaften liegen viel niedriger. Offiziellen Regierungsberichten zufolge erhalten die 2 Prozent an der Spitze demokratischer Staaten etwa 10 Prozent der gesamten persönlichen Barbezüge nach Abzug der Steuern. Die britischen Zahlen von 1954 zeigen, daß sie 8,5 Prozent des Gesamteinkommens nach Abzug der Steuern erhielten; in Schweden entfielen im Jahr 1950 auf die 1,8 Prozent ganz oben 9,9 Prozent vor Abzug der Steuern; 1,1 Prozent Dänen bekamen 1949 10,3 Prozent ebenfalls *vor Abzug der Steuern;* die Vereinigten Staaten errechneten für 1958 für die 1,3 Prozent an der Spitze 8,1 Prozent und für die ersten 2,3 Prozent 11,6 Prozent der gesamten Einkünfte *vor Abzug der Steuern.*[25]

Diese Zahlen dürfen natürlich nicht für bare Münze genommen werden. Wie eine ganze Reihe von Autoren nachgewiesen haben, sind Einkünfte von vielen Milliarden Dollar darin nicht eingeschlossen, entweder weil betrogen oder Steuern hinterzogen wurden, häufiger jedoch, weil die Steuergesetze bestimmte Formen von Einkommen nicht als Einkommen definieren.[26] Gabriel Kolko

24 Siehe oben S. 306. In dieser Zahl ist sowohl das Einkommen des Herrschers wie der regierenden Klasse enthalten.

25 Die britischen Angaben stammen von G. D. H. Cole, *The Post-War Condition of Britain* (London: Routledge, 1956), S. 223; die schwedischen von George R. Nelson (Hrsg.), *Freedom and Welfare: Social Patterns in the Northern Countries of Europe* (finanziert von den Sozialministerien Dänemarks, Finnlands, Islands, Norwegens und Schwedens, 1953), S. 54; die dänischen Angaben stammen von K. Lemberg und N. Ussing, »Redistribution of Income in Denmark«, in: Alan Peacock (Hrsg.), *Income Redistribution and Social Policy* (London: Cape, 1954), S. 72; die Zahlen über die Vereinigten Staaten sind dem *The World Almanac, 1961*, S. 744, entnommen. Alle Daten beruhen auf amtlichen Regierungsangaben.

26 Siehe z. B. Gabriel Kolko, *Wealth and Power in America: An Analysis of Social Class and Income Distribution* (New York, Frederick A. Praeger, 1962; deutsch: *Besitz und Macht*, Frankfurt: Suhrkamp, 1967), bes. Kap. 1, oder Philip Stern, *The Great Treasury Raid* (New York: Random House,

zum Beispiel hat gezeigt, daß in den Vereinigten Staaten solche Umstände dazu geführt haben, daß Summen von über 30 Milliarden Dollar im Jahr in den Angaben über Einkommen fehlen; zudem werden die Abschreibungssummen auf 5 bis 10 Milliarden Dollar geschätzt.[27] Kolko sagt, bescheiden gerechnet stellten ein Drittel der Abschreibungskosten Naturaleinkommen für die oberen 10 Prozent der Bevölkerung dar, und ein weiteres Drittel bis die Hälfte aller Steuervergehen entfalle ebenfalls auf diese Gruppe. Folgt man seinen Schätzungen (und sie scheinen, Kolkos unverhohlene politische Sympathien vorausgesetzt, nicht niedrig zu sein), dann bedeutet das, daß das obere Einkommenszehntel zwischen 12 und 18 Milliarden Dollar mehr im Jahr einnahm, als in ihren Steuererklärungen sichtbar wird. Wenn wir, um *jede* konservative Verzerrung zu vermeiden, davon ausgehen, daß nahezu die gesamte Summe an die oberen 2 Prozent der Bevölkerung fiel, dann ergibt sich eine Fehlschätzung von 10 bis 15 Milliarden für diese Gruppe. Da die Gesamtbilanz geschätzter Vergehen und Hinterziehungen sich jedoch auf 20 Milliarden Dollar beläuft, muß ein Teil den restlichen 98 Prozent der Bevölkerung zugeschrieben werden. Nimmt man den oberen Schätzwert der von der höheren Einkommensklasse nicht angegebenen Summe, das heißt 15 Milliarden Dollar, dann kommen wir zu dem Schluß, daß 15,5 Prozent allen Personaleinkommens in Amerika an jene 2,3 Prozent an der Spitze gingen, und zwar vor Abzug der Steuern.

Selbst diese Zahl bleibt hinter dem 50-Prozent-Anteil der Elite am Bruttosozialprodukt in Agrargesellschaften weit zurück. Zu dem Unterschied kommt es zum Teil dadurch, daß in Agrargesellschaften die Staatseinkünfte in der Summe enthalten sind, während sie es in Industriegesellschaften nicht sind. Das könnte auf den ersten Blick nach Willkür und Ungerechtigkeit aussehen. Beides trifft nicht zu. In Agrargesellschaften ist die Regierung, wie wir gesehen haben, fast ausschließlich ein Instrument in der Hand von wenigen zugunsten weniger. In modernen Industriegesellschaften dagegen ist dies ganz anders. Es stimmt zwar, daß die oberen Klassen auch in Industriegesellschaften immer noch unver-

1964) über die Vereinigten Staaten. Siehe Richard M. Titmuss, *Income Distribution and Social Change* (Toronto, Canada: University of Toronto Press, 1962) über England.

27 Kolko, *Besitz und Macht*, S. 31—37.

hältnismäßig von den Aktionen der Regierung profitieren, aber genauso richtig ist, daß die Masse einfacher Bürger in einem Ausmaß davon profitiert, von dem in den Agrargesellschaften der Vergangenheit oder auch in den noch existierenden niemand träumte oder träumt.

Es ist unmöglich, einigermaßen genau zu bestimmen, wie hoch der Prozentsatz der auszugebenden Regierungsgelder ist, der in Industriegesellschaften jenen 2 Prozent an der Spitze zugute kommt, und wieviel dem Rest der Bevölkerung zufällt. Nehmen wir einmal an, alles fiele an die Elite, dann bliebe man immer noch unter jenem Satz von 50 Prozent in Agrargesellschaften. In den meisten Industriegesellschaften belaufen sich die Staatsausgaben auf allen Ebenen, von der lokalen bis zur nationalen, auf nur 20 bis 30 Prozent des Bruttosozialprodukts, das Mittel liegt bei etwa 25 Prozent.[28] Wenn man nun diesen Durchschnittswert zu unserem früheren Schätzwert, also zu jenen 15 Prozent allen Privateinkommens, welche bei den oberen 2 Prozent landen, hinzuzählt (was etwa 12 Prozent des Bruttosozialprodukts ausmacht), dann fielen immer noch weniger als 40 Prozent des Bruttosozialprodukts an die industriellen Nachfolger der agrarischen Elite, an jene 2 Prozent an der Spitze. Wenn wir – etwas realistischer – davon ausgehen, daß nur die Hälfte der durch die Regierung verursachten Gewinne an jene begünstigten 2 Prozent fällt, dann sänke der Anteil der Elite am Bruttosozialprodukt auf nur 25 Prozent.[29] Wenn es vielleicht auch unmöglich ist, in Prozenten

28 Siehe Dewhurst, *Europe's Needs,* S. 407. Außerdem Dewhurst, *America's Needs,* S. 579.

29 Kritische Leser mögen fragen, warum wir hinsichtlich des Anteils der Elite nicht mit niedrigeren Schätzwerten aufwarten. Zum einen ist dies für den Beweis des Kernpunkts unserer These nicht notwendig, und zum andern sind wir so verfahren, weil uns scheint, daß die privilegierten Klassen aus dem, was die Regierung tut, einen viel höheren Gewinn ziehen, als wir gemeinhin annehmen. Schließlich sind es die reichen Inhaber von Privatunternehmen, die die Hauptnutznießer der Ausgaben für Verteidigung und Polizei sind. Sie und nicht die Armen würden am meisten verlieren, wenn ihr Land von Fremden erobert würde, wenn es seine Interessen in Übersee nicht verteidigen könnte oder wenn im Innern Anarchie ausbräche. Sie profitieren unverhältnismäßig an Straßen und anderen staatlichen Einrichtungen, welche Handel und Verkehr erleichtern. Selbst von der technischen Ausbildung, die der Staat bietet, profitieren sie ganz erheblich, weil ihren Industrien dadurch ständig geschulte Techniker, Ingenieure und Wissenschaftler zur Verfügung stehen. Die Ausgaben für Wohlfahrt und Fürsorge, die größtenteils an die unteren Klassen fließen, stellen einen vergleichsweise

genau anzugeben, wie hoch der Anteil der oberen 2 Prozent in entwickelten Industriegesellschaften am Bruttosozialprodukt ist, so kann man doch mit Sicherheit sagen, daß der Prozentsatz erheblich unter dem von Agrargesellschaften bleibt. Vermutlich ist er in Wirklichkeit höchstens halb so hoch, möglicherweise noch nicht einmal das.[30]

Da die gesamten Schätzungen alle auf Daten aus demokratischen Ländern beruhen, wird man zu Recht fragen, ob die Situation in totalitären Staaten nicht anders aussehe. Angesichts der Spärlichkeit zuverlässiger quantitativer Daten ist diese Frage nur schwer zu beantworten. Uns zur Verfügung stehendes Material zeigt immerhin, daß zumindest in der Sowjetunion die Einkommensungleichheit erheblich geringer ist als in den Vereinigten Staaten. Einer neueren Untersuchung zufolge liegt der Mindestlohn in Rußland bei 300 Rubeln monatlich, der Durchschnittslohn beträgt 800 bis 900 Rubel. Leitende Posten in der sowjetischen Industrie sind vergleichsweise mit 4500 bis 7500 Rubel im Monat dotiert, also dem Fünfzehn- bis Fünfundzwanzigfachen des Mindest- und dem Fünf- bis Zehnfachen des Durchschnittslohns.[31] Diese Zahlen werden durch andere Wissenschaftler, die ebenfalls auf diesem Gebiet gearbeitet haben, weitgehend bestätigt.[32] Es liegt auch

geringen Posten unter den Staatsausgaben dar — trotz aller hitzigen Kontroversen, die sie hervorrufen. Deshalb ist es, stellt man alle Faktoren in Rechnung, vermutlich keineswegs unrealistisch zu schätzen, daß ein bis zwei Drittel des Werts aller staatlichen Leistungen jenen hochprivilegierten 2 Prozent zugute kommen.

30 Über den Rückgang der Ungleichheit in Frankreich in den letzten Jahrhunderten siehe Jean Fourastié, *The Causes of Wealth,* übersetzt von Theodore Caplow (New York: Free Press, 1960, erstmals erschienen 1951), Kap. 1.

31 David Granick, *The Red Executive* (Garden City, N. Y.: Doubleday Anchor, 1961), S. 92.

32 Siehe z. B. Nicholas DeWitt, *Education and Professional Employment in the USSR* (Washington, D. C.: National Science Foundation, 1961), bes. S. 537—545 und Anhang Tabelle 6-W. DeWitt stellt fest, die russische Regierung habe Berichte veröffentlicht, aus denen hervorgehe, daß der Durchschnittslohn im Jahr 1955 bei 710 Rubel gelegen habe, und daß sie schätze, er sei bis zum Jahr 1960 auf 800 Rubel angestiegen. DeWitt zeigt weiter, daß Löhne, die in offiziellen sowjetischen Veröffentlichungen genannt sind, zuweilen das Dreizehnfache des Durchschnittseinkommens, Prämien nicht gerechnet, erreichten; Prämien mitgerechnet, welche ja weitgehend auf höhere Einkommensgruppen beschränkt sind, lägen die Lohnunterschiede noch einmal um 20 bis 50 Prozent höher. Siehe auch Emily Clark Brown, »The Soviet Labor Market«, in: Morris Bornstein und Daniel Fusfeld (Hrsg.), *The Soviet Economy* (Homewood, Ill.: Irwin, 1962), Fußnote 19, S. 201—202; für die manuelle

ein neuerer Bericht vor, der vermeldet, Spitzeneinkommen in der Sowjetunion »erreichen die Höhe von einer Million Rubel im Jahr«, oder 80 000 Rubel im Monat.[33] Das entspräche fast dem Dreihundertfachen des Mindest- und dem Hundertfachen der Durchschnittseinkommen. Wie im Falle nichtkommunistischer Staaten lassen diese Zahlen viele spürbare Vergünstigungen für Reiche wie für Arme außer acht; allerdings scheinen diese den Bareinkünften proportional zu sein und damit die Gesamtrelation auch nicht groß zu beeinflussen.

Wenden wir uns den Vereinigten Staaten zu, dann stellen wir fest, daß jemand, der gegenwärtig im inneramerikanischen Verkehrswesen tätig ist und bei einer vollen Anstellung den Mindestlohn erhält, auf 2500 Dollar im Jahr kommt. Das mittlere Einkommen lag im Jahr 1958 laut Steuererklärungen bei 4000 Dollar.[34] Die Einkünfte leitender Herren in der Großindustrie schwankten in den letzten Jahren zwischen 50 000 und über 500 000 Dollar im Jahr, hinzu kamen in fast allen Fällen erhebliche Summen, die nicht aus dem Verdienst stammten, sondern Kapitaleinkommen aus Aktien und Obligationen waren.[35] Vom oberen Ende der Einkommensleiter wissen wir definitiv, daß dort im Jahre 1960 jemand stand, der 28 Millionen Dollar verdiente; und wenn stimmt, was berichtet wird, daß nämlich Jean Paul Gettys Vermögenswerte sich auf 2 Milliarden Dollar beliefen, und er nur bescheidene 4 Prozent Zinsen aus seinen Investitionen zieht, dann muß er Einkünfte von über 80 Millionen Dollar im Jahr haben (obgleich offensichtlich der Löwenanteil vom Staat nicht als

Arbeit nennt sie Bezüge zwischen 450 und 2500 Rubel pro Monat, wobei die Höchstsumme eine große Ausnahme zu sein scheint. Das Durchschnittseinkommen von Arbeitern in der Produktion in fünf großen Betrieben gibt sie mit 750 bis 1000 Rubel im Monat an. Margret Dewar sagt, nach den für 1962 geplanten Reformen werde es in der sowjetischen Industrie vermutlich einen Unterschied von 15 zu 1 im Extremfall geben, das heißt zwischen Leitenden an der Spitze und Arbeitern mit Mindestlohn. Siehe »Labour and Wage Reforms in the USSR«, in: Harry G. Shaffer (Hrsg.), *The Soviet Economy: A Collection of Western and Soviet Views* (New York: Appleton-Century-Crofts, 1963), S. 222.

33 Klaus Mehnert, *Der Sowjetmensch* (Stuttgart: Deutsche Verlagsanstalt, 1958).

34 Siehe *The World Almanac, 1961*, S. 744.

35 Siehe z. B. Mabel Newcomer, *The Big Business Executive* (New York: Columbia University Press, 1955), S. 124, oder die Jahresberichte der *United States News and World Report*.

»Einkommen« bezeichnet würde).[36] Aus diesen Zahlen geht insgesamt hervor, daß amerikanische Führungskräfte in der Industrie das 20- bis 200-fache dessen verdienen, was das Gesetz als Mindestlohn festsetzt, und das 12- bis 125-fache des Durchschnittseinkommens. Lassen wir die Schätzungen von Gettys Gesamteinkommen und nehmen die bescheidenere Zahl von 28 Millionen Dollar als Maximum, dann entspricht sie dem 11 000-fachen Minimum und dem 7000-fachen Durchschnittseinkommen. Diese Werte liegen durchweg wesentlich höher als die entsprechenden Relationen aus der Sowjetunion, woraus hervorgeht, daß Einkommensungleichheit in Rußland viel weniger ausgeprägt ist als in den Vereinigten Staaten, ein Schluß, der mit den unsystematischen und impressionistischen Beobachtungen der meisten aufmerksamen Besucher Rußlands voll übereinstimmt. Die Schlußfolgerung über den historisch bedeutsamen Rückgang der Einkommensungleichheit, die wir anhand von Daten aus demokratischen Ländern gezogen haben, scheint damit auch im Hinblick auf Rußland bestätigt, das keine Ausnahme macht.

Ursachen des Umschwungs

Unter dem Gesichtspunkt der Theorie ist der Rückgang politischer und ökonomischer Ungleichheit im Zusammenhang mit der Entstehung von Industriegesellschaften von größter Bedeutung. Eine wichtige historische Entwicklung wird damit abgebrochen und verkehrt, wobei die Gründe für diesen Umschwung keineswegs auf der Hand liegen. Im Gegenteil, angesichts der gestiegenen Produktivität von Industriegesellschaften und des Machtzuwachses des Staates würde man normalerweise – verglichen mit Agrargesellschaften – eher ein Ansteigen der Ungleichheit prognostizieren. Die Tatsache, daß das Gegenteil eintrat, zeigt, daß entweder eines oder mehrere unserer Postulate, von denen wir ausgingen, falsch sind, oder daß andere Faktoren wirksam wurden, die wir bei un-

36 Zu dem 28-Millionen-Dollar-Einkommen im Jahr 1960 siehe die Rede von Senator Paul Douglas, abgedruckt in der *Washington Post* vom 14. Dez. 1963, S. A—4. Über Gettys Vermögen siehe Philip Stern, S. 21, oder *Newsweek* vom 15. Juli 1963, S. 48. Wie Stern zeigt, gilt nur die Hälfte der Kapitalgewinne als »Einkommen«, sofern sie bei Lebzeiten entnommen werden; bleiben die Vermögenswerte bis zum Tode liegen, gilt nichts davon als Einkommen (S. 91—92).

serer ursprünglichen, äußerst allgemeinen Formulierung nicht (oder zumindest nicht hinreichend) in Betracht gezogen haben. Wie ich gleich zeigen werde, spricht alles für die zweite Interpretation, was wieder einmal beweist, mit welchen Schwierigkeiten jeder Versuch, eine allgemeine Theorie mit Hilfe bloßer Deduktion zu entwickeln, zu rechnen hat.

Zu den Faktoren, die wir in unseren früheren Thesen über die Natur des Menschen und der Gesellschaft nicht berücksichtigt haben, gehört das Verhältnis von technologischer und kultureller Differenziertheit auf der einen und administrativer Effizienz auf der anderen Seite. In modernen Industriegesellschaften sind Kultur im allgemeinen und Technologie im besonderen viel differenzierter als selbst in den fortgeschrittensten Agrargesellschaften.[37] Sie sind in der Tat zu kompliziert, als daß die Inhaber hoher Kommandopositionen die Arbeit all derer unter ihnen auch nur andeutungsweise begreifen könnten. Die »Ignoranz« auf seiten der Leitenden nimmt sogar ständig zu. Das heißt nicht, daß diejenigen, die die Macht in Industriegesellschaften in Händen haben, weniger intelligent oder beschlagen wären als ihre Gegenspieler in Agrargesellschaften, es heißt nur, daß sie *weniger von dem* wissen, was sie wissen müßten, um ihre Untergebenen wirksam unter Kontrolle zu halten. Ihrer vielen Wissenslücken wegen sind sie deshalb oft gezwungen, Anordnungen zu treffen, die auf unzulänglicher Information beruhen, oder bestimmte Dinge ins Ermessen ihrer Untergebenen zu stellen, was Übergriffen auf ihre Rechte Tür und Tor öffnet. Im ersten Fall bleibt die Autorität unbeeinträchtigt, jedoch auf Kosten von Effizienz und Produktivität, im zweiten wird ein gewisses Maß an Autorität und Macht zugunsten von Effizienz und Produktivität geopfert. Kurz, *das Verhältnis von Produktivität und Autorität scheint in Industriegesellschaften zumindest in der Gegenwart kurvilinear zu sein.*[38]

37 Einer der besten Belege dafür ist die rasche Zunahme des Wortschatzes in jeder Industriegesellschaft.

38 Die jüngsten Ereignisse in der Sowjetunion liefern ein gutes Beispiel. Die zunehmende Berufung auf Marktmechanismen bei wirtschaftlichen Entscheidungen stellt die wohlüberlegte Bemühung dar, Effizienz und Produktivität auf Kosten zentralistischer Macht zu steigern. Diese Entwicklung wurde den Sowjets aufgezwungen durch die Unmöglichkeit, einen brauchbaren, durchführbaren und umfassenden Plan für die gesamte sowjetische Wirtschaft zu entwickeln. Berichten zufolge soll ein sowjetischer Wirtschaftler prognostiziert haben, die Planungsarbeit werde, wenn man keine dra-

Wenn die politisch Herrschenden also die Produktivität nicht opfern wollen oder können, dann werden sie kaum auf Herrschaftsmethoden sich stützen können, derer sich ihre agrarischen Gegenspieler durchaus bedienen konnten. In dem Maße allerdings, in dem sie Macht delegieren oder sich auf Marktmechanismen verlassen, ermöglichen und erleichtern sie die Aufsplitterung von Macht und Privilegien.

Ein zweiter Faktor, der zum Umschwung der bisherigen Tendenz zu immer größerer Ungleichheit beigetragen zu haben scheint, sind *Tempo und Höhe von Produktivitätssteigerungen.* In Gesellschaften, in denen das Bruttosozialprodukt sowie das Pro-Kopf-Einkommen schnell steigen und weiterzusteigen versprechen, befinden sich die Eliten in der paradoxen Situation, ihre Nettogewinne maximieren zu können, indem sie auf Pressionen von unten reagieren und gewisse Konzessionen machen. Indem sie den unteren Klassen einen gewissen Anteil am wirtschaftlichen Surplus zusichern, mindern sie die Aggressionen der Arbeiter gegen sich und verringern die zu erwartenden Verluste durch Streiks, Bummelstreiks und Industriesabotage. In einer expandierenden Wirtschaft kann die Elite *relativ gesehen* durchaus ökonomische Konzessionen machen, ohne dabei notwendig *absolut* zu verlieren. Wenn die Konzessionen nicht zu groß ausfallen und die wirtschaftliche Zuwachsrate groß genug ist, dann können relative Einbußen sogar mit *erheblichen* absoluten Gewinnen einhergehen. Beispielsweise wäre das Einkommen einer Elite wesentlich höher, wenn sie 40 Prozent des Bruttosozialprodukts in einer 100-Milliarden-Wirtschaft an sich brächte, als wenn sie eigensinnig auf

stischen Reformen durchführe, bis 1980 um das 36fache steigen und die Arbeitskraft der gesamten Erwachsenenbevölkerung in Anspruch nehmen, was den Effizienzstandard der Planungsverfahren vermutlich nicht erhöhen werde. Ein anderer Sowjetökonom soll gesagt haben, ein guter Plan müsse alle möglichen Zusammenhänge zwischen den geplanten Produkten in Rechnung stellen, wobei diese Zusammenhänge, in Zahlen ausgedrückt, das Quadrat der Zahl der Produkte ausmachten. Da die sowjetische Maschinenindustrie allein 125 000 verschiedene Produkte ausstößt, würde ein umfassender Plan für diese Industrie allein schon 15 Milliarden Faktoren bedenken müssen. Siehe Joseph Alsop, »Matter of Fact«, *The Washington Post* vom 13. Jan. 1964. Während die Anwendung moderner Computer zweifellos die Probleme der Planer erheblich verringern wird, ist in absehbarer Zukunft der kurvilineare Zusammenhang von Produktivität und Verwaltung kaum auszuschalten, besonders nicht in Gesellschaften, in denen die Vielfalt der produzierten Güter und Dienstleistungen ständig steigt.

einem 50-Prozent-Anteil beharrte und die Wirtschaft damit auf einem Stand von 50 Milliarden Dollar festhielte. *Wenn wir davon ausgehen, daß die Mehrzahl der Menschen bereitwillig kleinere relative Konzessionen zugunsten hoher absoluter Gewinne macht, und wenn wir weiter davon ausgehen, daß die führenden Köpfe der Eliten in Industriegesellschaften sich durchaus darüber im klaren sind, welche Gewinne sie aus ihren Konzessionen ziehen können, dann können wir nur prognostizieren, daß sie sie auch machen werden.*

Die Bereitschaft zu Konzessionen kann auch durch das Prinzip des Grenznutzens gefördert werden. Dieses Gesetz erinnert daran, daß die erste Dollarmillion in der Regel mehr für einen Menschen bedeutet als jede weitere Million, die er dazu erwirbt. In Gesellschaften mit einer sehr leistungsfähigen Wirtschaft sind viele Mitglieder der Elite zu gewissen *ökonomischen* Konzessionen bereit, um andere Gratifikationen, zum Beispiel Sicherheit, Ansehen und Muße, auf ein Höchstmaß zu steigern. Mit anderen Worten, ist ein bestimmter Grad an Wohlstand erreicht, hält die Elite es zuweilen für ratsam, einen Teil des wirtschaftlichen Surplus zu opfern, um Aggressionen und Revolutionsgefahr damit abzufangen und sich ein höheres Maß an Ansehen und Einfluß zu sichern. Oder sie erkennt, daß sie nicht einerseits die politischen und wirtschaftlichen Organisationen unter scharfer Kontrolle halten und gleichzeitig andererseits ein angenehmes und bequemes Leben führen kann, und läßt deshalb einen Teil des wirtschaftlichen Surplus in andere Hände gleiten. *Kurz, weil Eliten vielerlei Ziele haben und es ihnen nicht ausschließlich darum geht, ihre materiellen Gratifikationen zu maximieren, kann es geschehen, daß sie in einer sehr leistungsfähigen und expandierenden Wirtschaft zu gewissen Konzessionen durchaus bereit sind.*

Bei der Verringerung von Ungleichheit spielte aber noch ein weiterer Faktor eine Rolle, die Entwicklung neuer und äußerst effektiver Methoden der Geburtenkontrolle. In der Vergangenheit wurde aufgrund der natürlichen Neigung der menschlichen Rasse, sich zu vermehren, in der Regel jeder wirtschaftliche Zuwachs, den der technische Fortschritt brachte, sofort wieder aufgeschluckt. Die Bevölkerungszahlen stiegen bis an die Leistungsgrenzen der Wirtschaft, *außer es entwickelten sich tyrannische politische Systeme, die den »wirtschaftlichen Surplus« der Elite zuspielten und weiterem Bevölkerungszuwachs dadurch Einhalt geboten.* Eine Folge davon war natürlich eine riesige und elende Klasse von Entbehrlichen, deren Existenz dazu diente, jede fundamentale und anhaltende Verbesserung der Situation von Bauern und Handwerkern zu verhindern, da jene mit ihnen beständig um Arbeit konkurrierten.

Heute wandelt sich die Situation rasch, ja sie verspricht, sich in Zukunft sogar noch weiter zu wandeln. Zum ersten Mal in der Geschichte verfügt der Mensch über gesunde, einfache und wirksame Mittel zur Geburtenkontrolle. In Gesellschaften, in denen sie allgemein angewendet werden, ist die Zuwachsrate der Bevölkerung bis auf einen Punkt gesenkt worden, an dem reale und erkleckliche Steigerungen des Pro-Kopf-Einkommens innerhalb recht kurzer Zeit erzielt werden konnten; die Intensität des Konkurrenzdrucks ist dadurch gemildert worden. Nahezu zum ersten Mal seit Jahrhunderten sind die unteren Klassen in einer Lage, ihre Löhne auf Märkten auszuhandeln, die nicht beständig mit Arbeitskräften vollgestopft sind. Diese Entwicklung hat ganz eindeutig zum Rückgang der Ungleichheit beigetragen.

Auch die große Erweiterung menschlichen Wissens hat vermutlich die Ungleichheit geringer werden lassen. In der Vergangenheit waren bei der herrschenden Klasse hauptsächlich ungelernte Arbeitskräfte gefragt, und sie waren dank der menschlichen Fruchtbarkeit auch stets im Überfluß vorhanden. Damit war die große Mehrzahl aller Menschen in einer ganz kläglichen Verhandlungsposition, und entsprechend war auch der Preis, der für die Arbeitskraft bezahlt wurde: minimal. Heute, in den entwickelten Industrie-Ländern, hat sich die Situation radikal gewandelt. Dank der hohen Funktionalität neuen Wissens hat sich ein ganzes Heer beruflicher Spezialisten herausgebildet, die kaum noch untereinander austauschbar sind. Damit wird der Arbeitsmarkt in gewisser Weise starr, es treten Engpässe auf, die den Verkäufer von Arbeitskraft begünstigen, besonders in einer Zeit, in der die Nachfrage nach technischem Können rapide steigt. Zudem erscheint zweifelhaft, ob es sich überhaupt als vorteilhaft erwiese, nicht mehr als das Existenzminimum zu bezahlen, selbst wenn es den herrschenden Klassen gelänge, die notwendigen Arbeiter zu diesem Preis zu bekommen. Die Effizienz einer Arbeit, welche geistige Anstrengung oder Flinkheit erfordert, kann ernsthaft gemindert werden, wenn diejenigen, die sie ausführen, körperlich geschwächt sind. Zwei Männer, die in solch einer Situation mit halber Kraft arbeiten, schaffen nicht, was einer leistet, der im Vollbesitz seiner Kräfte ist; wo es um rohe Kraft allein geht, ist das anders. Zudem sind teure Maschinen und präzise Produktionsprogramme für Irrtümer und Fehler unaufmerksamer Arbeiter in einem Maße anfällig, welches in Agrargesellschaften unbekannt war. All diese Faktoren hindern die herrschenden Klassen daran, die Löhne dieses zahlenmäßig immer stärker werdenden Teils der Bevölkerung auf dem Existenzminimum zu halten, so wie sie das System daran hindern, den Grad wirtschaftlicher Ungleichheit zu erreichen, mit dem man in Agrargesellschaften sowohl in der Vergangenheit wie in der Gegenwart zu rechnen hat.

Der Trend zur Egalität in modernen Industriegesellschaften ist auf *politischem* Gebiet nicht weniger sichtbar als auf wirtschaftlichem. Die Tendenz zu größerer politischer Gleichheit ist in vieler Hinsicht erstaunlicher als die entsprechende Tendenz auf wirtschaftlichem Gebiet, weil der Kampf um politische Macht im wesentlichen ein Null-Summen-»Spiel« ist, bei dem die Gewinne der einen Partei notwendig die entsprechenden Verluste der andern implizieren. Der Kampf um Privilegien ist dagegen dank des ständig steigenden Produktivitätsniveaus ein »Spiel« um positive Summen. Deshalb können die privilegierten Klassen auf dem politischen Sektor nicht relative Verluste hinnehmen und dennoch zugleich absolute Gewinne machen.

Noch sind nicht alle Ursachen für die Ausbreitung demokratischer Herrschaft geklärt. Sie ist ganz offensichtlich nicht von ökonomischen Notwendigkeiten diktiert, wie die Vielzahl nichtdemokratischer, totalitärer Staaten beweist. Und doch weist die relative Häufigkeit demokratischer Regierungen in Industriestaaten und ihr praktisches Fehlen in Agrargesellschaften schon auf einen gewissen Zusammenhang hin. Man könnte sagen, die Industrialisierung schaffe Bedingungen, die der Entstehung der Demokratie förderlich sind, sie aber nicht unumgänglich machen.

Eine günstige Voraussetzung bilden der Rückgang des Analphabetismus und die Ausweitung des Bildungswesens. Wie soll eine Bauernschaft, die aus Analphabeten besteht und keinen Zugang zu informierenden Massenmedien hat, am politischen Prozeß teilnehmen; da haben Mittelstand und Arbeiterklasse, die lesen können und über Informationsmedien verfügen, viel günstigere Vorbedingungen. Auch die Steigerung des Lebensstandards wirkt sich in ähnlicher Weise aus. Bauern und Handwerker, die kaum das Existenzminimum haben, können sich auch den Luxus kontinuierlicher politischer Aktivität nicht leisten; Arbeiter in einer Industriegesellschaft haben mehr Zeit, Kraft und Geld zur Verfügung. Weiter ist auch die moderne Art der Kriegführung einer Entfaltung der Demokratie dienlich, weil sie die gesamte Bevölkerung in einem allen Agrargesellschaften unbekannten Ausmaß einbezieht.[39] Viele Beobachter haben darauf hingewiesen, daß die traditionelle Unterscheidung zwischen Militär- und Zivilbevölkerung heute nahezu entfallen kann; schließlich sieht das Militär heute in den städtischen Produktionszentren seine wichtigsten Angriffsziele. Wenn Andrzejewski und andere recht haben, dann müßte diese Entwicklung einen egalitären Einfluß ausüben, denn Ungleichheit ist dort besonders stark ausgeprägt, wo militärische Aktivitäten auf wenige beschränkt sind.

Wichtiger als alles andere sind jedoch Aufkommen und Ausbreitung *der neuen demokratischen Ideologie,* welche versichert, der Staat gehöre dem Volk.[40] Diese Ideologie spiegelt nicht nur die sich wandelnden wirtschaftlichen Verhältnisse wider, obgleich sie, das haben wir gesehen, durchaus von ihnen beeinflußt ist. Aus dem gesamten Geschichtsmaterial scheint eher hervorzugehen, daß sie in religiösen und philosophischen Bewegungen des 17. Jahrhunderts geboren wurde und sich im 18. rasch ausbreitete in Ländern, die nach wie vor in ihrem Charakter streng agrarisch waren, also etwa den Vereinigten Staaten und Frankreich. Tatsächlich scheint die These, die neue Ideologie habe zur Entstehung industrieller Gesellschaften beigetragen, ebenso gerechtfertigt wie ihre Umkehrung.

Auf jeden Fall wurde die neue Ideologie zu einer wichtigen Kraft im politischen Leben von Industriegesellschaften. Sie faszinierte alle möglichen Menschen, selbst bei der politischen Elite fand sie

39 Siehe z. B. Walter Millis, *Arms and Men: A Study of American Military History* (New York: Putnam, 1956).

40 In gewissem Sinne ist diese Ideologie überhaupt nicht neu, man denke nur an die Praktiken von Jäger- und Sammler- und einfachen Hortikulturvölkern, die wir im 1. Kapitel beschrieben haben. Man kann allerdings die modernen demokratischen Auffassungen durchaus auch aus den Arbeiten politischer Theoretiker aus dem 17. Jahrhundert ableiten, man denke an John Locke, der der alten Idee eine moderne Form gab, die sie zur wichtigen Waffe zunächst in der Welt des Intellekts und dann auch in der politischen Realität werden ließ.

ihre Anhänger, wodurch das traditionelle Monopol auf politische Macht zunehmend unhaltbar wurde. Mit der Ausbreitung der demokratischen Ideologie mußten die Herrschenden erhebliche Konzessionen machen, um massive Herausforderungen ihrer Macht zu verhindern – Herausforderungen, denen zu begegnen sehr teuer geworden wäre, ja die vielleicht sogar zu ihrem Sturz geführt hätten. Die Idee vom Staat als Diener des Volkes ist auch heute noch eine wichtige Kraft, indem sie die egoistischen Impulse der unterprivilegierten Klassen für eine ideelle Sache zu mobilisieren vermag und damit Moral und Egoismus auf eine Weise vereint, die an deren Bündnis unter dem Banner des »Gottesgnadentums« von Königen gemahnt, allerdings mit dem gegenteiligen Effekt.

Überall, wo demokratische Theorie institutionalisiert worden ist, hat sich eine dramatische neue Möglichkeit ergeben: *die Vielen können sich gegen die Wenigen zusammenschließen, und obgleich die Vielen individuell schwächer sind, können sie gemeinsam gleich stark oder stärker sein.* Mit dieser Entdeckung ist einer Vielfalt revolutionärer Entwicklungen im Verteilungsbereich Tür und Tor geöffnet.

Die Rolle der Regierung

Wie in Agrargesellschaften ist auch in Industriestaaten die Kontrolle über den Regierungsapparat im Hinblick auf den Verteilungsprozeß eminent wichtig. Wer den Staat kontrolliert, kann die Regeln bestimmen, die den Wettbewerb um Gratifikationen in der Gesellschaft steuern, und kann aufgrund dieser Macht das Resultat des Wettbewerbs weitgehend beeinflussen.[40a]

Es wäre jedoch falsch anzunehmen, die Regierung spiele in Industriegesellschaften die gleiche Rolle wie in Agrargesellschaften. Angesichts der demokratischen Revolution der Gegenwart ist das nicht möglich. Erstens ist die uralte Vorstellung vom Staat als einem Stück Privateigentum, welches der Vater auf den Sohn vererbt, aus allen entwickelteren Industriestaaten verschwunden; daraus haben sich weitreichende Konsequenzen ergeben. Vor allem bedeutet es, daß Staatsmacht nicht länger allein zugunsten der Wenigen auf Kosten der Vielen eingesetzt werden darf. Es be-

40a Siehe dazu Harold Laski, *The State in Theory and Practice* (New York: Viking, 1935), S. 94.

deutet weiter, daß in der Mehrzahl der fortgeschritteneren Industriegesellschaften alle oder fast alle Teile der Bevölkerung sich organisieren und politisch agieren können, *und sei es in der Absicht, Politik und Programmen derer entgegenzutreten, die sich im Augenblick an der Macht befinden.* Damit ist der Regierungsapparat zum Gegenstand eines nicht endenwollenden Kampfes zwischen einer Vielzahl organisierter Gruppen geworden, die in ihrer Gesamtheit die Einzelinteressen des größten Teils der Bevölkerung vertreten.

Diese typische Struktur kennzeichnet gegenwärtig alle skandinavischen Länder, das Vereinigte Königreich und alle englischsprachigen Länder des Commonwealth in Übersee, die Niederlande, die Schweiz, die Bundesrepublik Deutschland, Australien, Italien, die Vereinigten Staaten und Japan.[41] In allen diesen Ländern gelten drei Grundvoraussetzungen:

1. Es gibt das allgemeine oder praktisch allgemeine Wahlrecht für die Erwachsenenbevölkerung.
2. Gesetz und Sitte schützen das Recht auf organisierte politische Opposition.
3. Benachteiligte Mitglieder der Bevölkerung können sich organisieren und ihre Interessen kollektiv vertreten.

Einige der oben genannten Staaten weigern sich zwar, antidemokratische Parteien am politischen Prozeß teilnehmen zu lassen, sie tun dies jedoch nicht in der Absicht, das Prinzip der politischen Opposition oder das Recht benachteiligter Klassen, sich zu organisieren, zu untergraben, wie Anhänger totalitärer Parteien oft verbreiten. Wie falsch diese Behauptung ist, wird am besten durch die Freiheit widerlegt, welche sozialistische und Arbeiterparteien, die auf dem Boden demokratischer Grundprinzipien stehen, in solchen Gesellschaften haben, selbst wenn sie für radikale Veränderungen im Verteilungssystem eintreten.

41 Die gleiche oder eine ähnliche Struktur zeigt sich auch in einigen anderen Ländern, die hier nicht genannt sind, etwa in Indien und auf den Philippinen. Man kann diese Staaten nicht als entwickelte Industriestaaten bezeichnen; sie agrarisch zu nennen, wäre allerdings ebenso falsch. Wie bereits gesagt, bedürfen solche Länder einer speziellen Analyse, weil sie tatsächlich Mischgesellschaften darstellen. Außerdem sind sie im Unterschied zu den Agrargesellschaften der Vergangenheit gezwungen, in einer Welt zu leben, die von Industriegesellschaften beherrscht wird, eine Tatsache von tiefgreifender Wirkung für sie.

Die Ergebnisse im Kampf um die Macht in den fortgeschritteneren Industriedemokratien sind bislang recht unterschiedlich. Um ihre gesamte Variationsbreite aufzuzeigen, braucht man nur Schweden und Amerika zu vergleichen. In Schweden ist die Sozialistische Partei seit 1932 die führende politische Kraft, sie vertritt die speziellen Interessen der städtischen Arbeiterklasse.[42] Mit Ausnahme einer kurzen Unterbrechung von drei Monaten im Jahr 1936 regierten die Sozialisten entweder allein oder stellten die führende Gruppe in einer Koalitionsregierung. Obwohl einige Parteiführer aus dem Mittelstand oder gar den Oberklassen kommen, sind sich alle Beobachter darin einig, daß die Partei stets als Partei der und für die Arbeiterklasse agierte, zumindest in Fragen, in denen es um Klasseninteressen ging.[43] Dies geht aus der Tatsache hervor, daß die Gewerkschaften bei der Bildung der Partei zu Ende des vergangenen Jahrhunderts die wichtigste Rolle gespielt haben und nach wie vor eine beherrschende Rolle spielen. In den letzten Jahren waren zwei Drittel der Beitrag zahlenden Parteimitglieder zugleich Gewerkschaftsmitglieder; ihre Gewerkschaften hatten sie »geschlossen« eingeschrieben, und zwei Drittel bis drei Viertel der Abgeordneten im schwedischen Reichstag sind Leute, die Gewerkschaftsmitglieder sind oder waren.[44] Außerdem haben in den letzten Jahren etwa 70 Prozent der Arbeiterklasse für die Sozialistische Partei gestimmt, womit sie drei Viertel des

42 Vgl. insbesondere Dankwart A. Rustow, *The Politics of Compromise: A Study of Parties and Cabinet Government in Sweden* (Princeton, N. J.: Princeton University Press, 1955), bes. Kap. 3. Siehe auch Nils Andrén, *Modern Swedish Government* (Stockholm: Almquist und Wiksell, 1961), bes. S. 219—225.

43 Vgl. Gunnar Heckscher, »Interest Groups in Sweden: Their Political Role«, in: Henry W. Ehrmann (Hrsg.), *Interest Groups on Four Continents* (Pittsburgh, Pa.: University of Pittsburgh Press, 1958), S. 162—163. Siehe auch Rustow, Kap. 2—5, Andrén, S. 24—25, oder Wilfrid Fleischer, *Sweden: The Welfare State* (New York: John Day, 1956), bes. Kap. 1.

44 Über den »kollektiven« Beitritt von Gewerkschaftsmitgliedern siehe entweder Rustow, S. 48—49 und 155, oder Andrén, S. 25. Über Gewerkschaftsmitglieder im Reichstag siehe Andrén, S. 57, der von einer Untersuchung berichtet, die im Jahr 1949 erbrachte, daß 37 Prozent aller Mitglieder zu dieser Zeit oder früher in der Gewerkschaft waren. Da nahezu alle diese Leute Mitglieder der Sozialistischen Partei waren und da die Sozialistische Partei fast die Hälfte aller Reichstagsabgeordneten zu jener Zeit stellte, scheinen zwei Drittel bis drei Viertel der sozialistischen Abgeordneten zu diesem Zeitpunkt oder vordem Gewerkschaftsmitglieder gewesen zu sein.

gesamten Stimmenanteils dieser Partei stellen.[45] Was jedoch am meisten zählt: die politische Linie der Partei war stets an dem Ziel orientiert, die Interessen der Arbeiterklasse zu vertreten, ihr den Fortschritt zu bringen; so wurde denn ein Wohlfahrtsstaat geschaffen, in dem soziale Unterschiede auf fast allen Gebieten erheblich verringert werden konnten.[46] Es ist allerdings hinzuzufügen, daß die anhaltende Stärke der Oppositionsparteien und die Unfähigkeit der Sozialisten, eine entscheidende Mehrheit entweder bei den Wahlen oder im Reichstag zu erlangen, sich auf die Führer der Partei hemmend auswirken. Auf der anderen Seite haben inzwischen alle Oppositionsparteien, auch die Konservativen, die Grundprinzipien des Wohlfahrtsstaats akzeptiert.[47]

In den Vereinigten Staaten sieht die Situation ganz anders aus. Zunächst einmal kann die Republikanische Partei, die sich der Verteidigung traditioneller Besitzrechte rühmt, auf viel größere Wahlerfolge verweisen als ihre schwedische Schwesterpartei, die Konservative Partei (ja sogar größere Erfolge als Konservative und Liberale zusammen). Auch wenn sie seit 1932 nur acht Jahre lang die Exekutive der Bundesregierung stellte und die Zeit ihrer Mehrheit im Kongreß sogar noch kürzer dauerte, war ihre Macht angesichts der nicht vorhandenen Fraktionsdisziplin im Kongreß und der häufigen Unterstützung durch die Demokraten aus dem Süden doch sehr groß.[48] Dank der für sie günstigen Aufteilung von Wahlbezirken stand noch in jüngster Zeit die Stärke der Republikaner in krassem Mißverhältnis zu der insgesamt im Land auf sie entfallenden Stimmenzahl, sieht man vom »einheitsparteilichen« Süden ab.[49]

Wichtiger als die Macht der Republikanischen ist jedoch der Charakter der Demokratischen Partei, der einzig signifikanten Alter-

45 Rustow, S. 140—141. Diese Angaben beruhen auf Gallup-Umfragen.

46 Siehe Fleisher, a. a. O.; Nelson, a. a. O.; J. A. Lauwerys, *Scandinavian Democracy* (Kopenhagen: Danish Institute et al., 1958), bes. Kap. 1 und 5; oder Göran Tegner, *Social Security in Sweden* (Tiden: Swedish Institute, 1956).

47 Siehe u. a. Andrén, S. 30, oder Rustow, S. 232 f.

48 Zur Parteidisziplin im Kongreß vgl. Donald Matthews, *U. S. Senators and Their World* (Chapel Hill, N. C.: University of North Carolina Press, 1960), bes. Kap. 6.

49 Neue Entscheidungen des Obersten Gerichtshofs können eine Veränderung bringen, obwohl der Streit um gerechte Verteilung noch lange nicht beendet ist.

native. Obwohl diese Partei immer wieder als Instrument der Arbeitergewerkschaften und als Repräsentant der Arbeiterklasse bezeichnet wurde, ließ sich ihr Verhältnis niemals mit dem zwischen der Sozialistischen Partei Schwedens und den Gewerkschaften oder der Arbeiterklasse dort vergleichen. Obwohl die Führer der Demokratischen Partei in ihren Reden und offiziellen Parteiprogrammen häufig eine ausgeprägte Neigung zur Arbeiterklasse erkennen lassen, kann man nicht sagen, dies habe sich in den von der Partei erlassenen Gesetzen entsprechend konsistent niedergeschlagen. So konnte es zum Beispiel geschehen, daß noch im Jahr 1959 fünfzehn Personen, deren Jahreseinkommen zwischen 1 und 28 Millionen Dollar lag, *keine vom Bund auferlegten Einkommensteuerzahlungen irgendeiner Art zu leisten hatten,* während alle, die weniger als 1000 Dollar im Jahr verdienten, zu einer Durchschnittssteuer von 13 Dollar herangezogen wurden, und das, obgleich die Demokraten im Weißen Haus und im Kongreß seit 1932 während des größten Teils der Zeit die Mehrheit hatten.[50]

Diese Situation spiegelt den Charakter der Demokratischen Partei und die ausgeprägten Unterschiede zwischen ihr und den Sozialisten in Schweden deutlich wider. Maurice Duverger, dem renommierten französischen Politikwissenschaftler zufolge ist die Amerikanische Demokratische Partei ihrem Stile nach eine Partei des 19. Jahrhunderts, der zentrale Lenkung, Parteidisziplin und ideologische Bindung, also jene Elemente fehlen, welche den Typus der Partei des 20. Jahrhunderts kennzeichnen.[51] Statt dessen ist sie eine lockere (wenn auch haltbare) Föderation lokal verwurzelter Politiker und politischer Organisationen, die nur in dem Maße zusammenarbeiten, in dem sie eine Kooperation auch für ergiebig halten. Jeder Einzelne und jede örtliche Organisation kann sich Unterstützung in Form von Stimmen und Geld suchen, wo sie mag und wo sie sie findet. Das gilt sogar für jene Parteimitglieder, die in den Kongreß gewählt werden; eine Situation, die viele in ein *quid pro quo*-Verhältnis zu finanzstarken

50 Vgl. dazu die Stellungnahme von Sen. Paul H. Douglas von Illinois, in: *The Washington Post,* vom 14. Dez. 1963, S. A-4, oder auch seine Rede vor dem Senat am 1. Nov. 1963 über die Besteuerung von Millionären. Siehe *The World Almanac, 1961,* S. 744 über die Steuern für Einkommen unter 1000 Dollar im Jahr. Eine ausgezeichnete Erörterung dieses Themas stammt von Stern, bes. Kap. 16.

51 Duverger, a. a. O., vgl. insbesondere die Einleitung.

Lobbyisten zwingt, die Unternehmerinteressen im besonderen und Privilegien im allgemeinen vertreten.[52]

Verglichen mit der Schwedischen Sozialistischen Partei kommt es in der Amerikanischen Demokratischen Partei häufiger vor, daß Führungspositionen »zu haben« sind für einen, der Geld oder finanziellen Rückhalt hat und der persönlich einigermaßen attraktiv ist. Folge davon ist, daß Angehörige des oberen Mittelstandes und der Oberklassen im Vorteil sind. So konnte Donald Matthews in seiner Untersuchung über den Senat der Vereinigten Staaten zeigen, daß zwischen 1947 und 1957 58 Prozent der demokratischen Senatoren Unternehmer- und Akademikersöhne waren, und daß nur 5 Prozent aus Arbeiterfamilien kamen.[53] Weitere 33 Prozent stammten aus Bauernfamilien; stellt man jedoch in Rechnung, daß 87 Prozent unter ihnen das College besucht hatten (und dies zu einer Zeit, da nur 15 Prozent der gesamten amerikanischen Bevölkerung studieren konnten), dann kann man wohl mit Recht davon ausgehen, daß die meisten ihrer Väter zumindest dem oberen Mittelstand angehörten.[54] Es sind demnach vermutlich nicht mehr als 10 Prozent dieser einflußreichen Führer der Demokratischen Partei in der Arbeiterklasse oder in armen Bauernfamilien geboren. Und wie Matthews Daten zeigen, ist der Prozentsatz derer, die zum Zeitpunkt ihrer Wahl diesen Klassen angehören, noch viel geringer. Daß diese Zahlen durchaus repräsentativ sind, beweist eine Aussage von G. Mennen Wil-

52 Vgl. Matthews, Kap. 8; Raymond Bauer, Ithiel de Sola Pool and Lewis Dexter, *American Business and Public Policy: The Politics of Foreign Trade* (New York: Atherton, 1963), bes. Kap 23 und 24; oder V. O. Key, Jr. *Politics, Parties and Pressure Groups,* 3. Aufl. (New York: Crowell, 1952), bes. Kap. 18. Diese Autoren stimmen darin überein, daß der Einfluß von Lobbyisten und von Geld in der amerikanischen Politik häufig überschätzt werde, daß er allerdings aber auch nicht banalisiert werden dürfe. Die Verwundbarkeit des Kongresses in diesem Punkt beruht nicht nur auf der Struktur der Parteiorganisationen, sondern auch auf seiner eigenen mangelnden Bereitschaft, ausreichende Geldmittel für einen angemessenen Mitarbeiterstab seiner Angehörigen bereitzustellen. Eine gegenteilige und, wie ich glaube, viel zu optimistische Einschätzung des Einflusses von Geld in der amerikanischen Politik stammt von Alexander Heard, *The Costs of Democracy: Financing American Political Campaigns* (Garden City, N. Y.: Doubleday Anchor, 1962), bes. Kap. 4.

53 Matthews, S. 21.

54 Ebenda, S. 27. Der Rest der Senatoren, 3 Prozent, waren Söhne von Vätern, die Büro- oder Verkaufsangestellte waren. Die nationalen Ziffern beruhen auf Dewhurst, *America's Needs,* S. 380.

liams, dem ehemaligen Gouverneur von Michigan, einem Staat, in dem der Arbeitereinfluß in der Demokratischen Partei so groß ist wie nirgendwo im Lande. In einem Artikel in der *Harvard Business Review* stellt Williams fest, daß in Michigan »auf den Kandidatenlisten und denen ihrer Stellvertreter für die Wahl zum Demokratischen Nationalkonvent 1956 die Unternehmerseite diejenigen, die sich mit der Arbeiterschaft identifizierten, zahlenmäßig klar überwog« und daß Unternehmer und Akademiker die Mehrheit der Abgeordnetensitze in diesem Staat innehatte.[55] Wenn dies sogar für Michigan gilt, dann dürfte die Struktur in den meisten andern Staaten, besonders in den »einheitsparteilichen« Staaten des Südens noch viel ausgeprägter sein.

Daraus geht klar hervor, daß die Amerikanische Demokratische Partei zur Arbeiterklasse nicht dasselbe Verhältnis hat wie die Sozialistische Partei in Schweden. Wenn man dann noch bedenkt, daß die Demokratische Partei die Macht bis zu einem Grade teilen mußte, den die Sozialisten in Schweden nie erlebten, dann wissen wir, daß wir es mit sehr unterschiedlichen Situationen zu tun haben. Tatsächlich ist zu sagen, daß *in den Vereinigten Staaten im Gegensatz zu Schweden die besitzenden Klassen und ihre Verbündeten nach wie vor die herrschende politische Macht darstellen.*

Unter den fortgeschritteneren Industriegesellschaften mit demokratischen Regierungssystemen scheinen die Vereinigten Staaten und Schweden hinsichtlich der politischen Machtstruktur die beiden möglichen Extreme zu sein. Die meisten anderen industrialisierten Demokratien stehen irgendwo dazwischen. Die übrigen skandinavischen Länder kommen dem schwedischen Modell nahe, wobei der Hauptunterschied darin zu sehen ist, daß die Sozialistischen Parteien hier nicht das gleiche Maß an Unterstützung im Volke gefunden haben, und daß entsprechend die Parteien, die die Besitzenden vertreten, aus den Wahlen bisher immer noch

55 Zitiert bei Heard, S. 109. Daß Williams diese Fakten für der Veröffentlichung wert hielt und die Art, in der er sie publizierte, zeigt, daß selbst die liberalen Führer der Demokraten die Unterstützung von Angehörigen privilegierter Klassen suchen. Während die meisten unter den Michigan-Demokraten, die aus Unternehmer- und Akademikerkreisen kommen, zweifellos liberal sind, gibt es doch auch ein paar ganz wenige Sozialisten darunter. In Schweden würden die meisten von ihnen ihrer politischen Position nach der liberalen Partei angehören und nicht der sozialistischen.

etwas stärker und politisch mächtiger hervorgehen als in Schweden.[56]

England scheint gerade in der Mitte zwischen dem schwedischen und amerikanischen Modell zu liegen und zwar in mehrerlei Hinsicht.[57] Ein Indikator dafür ist die Repräsentanz der Arbeiterklasse in parlamentarischen Institutionen. In Schweden waren im Jahr 1949 37 Prozent aller Mitglieder des Reichstags Mitglieder von Arbeitergewerkschaften oder waren es zumindest gewesen, in Großbritannien gehörten im Jahr 1959 19 Prozent der Mitglieder des Unterhauses der Arbeiterklasse an; in den Vereinigten Staaten kamen im Jahr 1949 nur 3 Prozent aller Abgeordneten im Repräsentantenhaus aus der Arbeiterklasse.[58] Die Britische Sozialistische Partei ist, ähnlich der Schwedischen, für finanzielle Subversion durch Besitzinteressen relativ wenig anfällig. Aber im Unterschied zu den schwedischen Sozialisten gelang es den britischen nicht, einigermaßen kontinuierlich die Wahlen zu gewinnen und zu regieren. Dennoch stellen sie für ihre Hauptgegner, die Konservativen, eine so ernsthafte Bedrohung dar, daß diese eine Menge aus dem Sozialistischen Wohlfahrtsprogramm übernehmen mußten (einschließlich der Verstaatlichung von Eisenbahn und Bergbau). Allerdings sollte auch erwähnt werden, daß die Sozialisten es für tunlich hielten, von ihren extremeren Positionen in Sachen Verstaatlichung der Industrie abzurükken, und daß das staatliche Bildungswesen in Großbritannien nach sozialistischen Maßstäben hinter dem amerikanischen weit hinterher hinkt.[59]

In Australien hat sich eine ähnliche Struktur entwickelt, obwohl die Australische Arbeiterpartei nicht so eng mit den Gewerk-

56 Duverger, S. 31; Lauwerys, Kap. 3; Rustow, »Scandinavia: Working Multiparty System«, in: Sigmund Neumann (Hrsg.), *Modern Political Parties: Approaches to Comparative Politics* (Chicago: University of Chicago Press, 1956), S. 169—193.

57 Siehe z. B. Robert Alford, *Party and Society: The Anglo-American Democracies* (Chicago: Rand McNally, 1963), S. 15, Kap. 5 usw.

58 Siehe Andrén, S. 57 über den Schwedischen Reichstag, und Alford, S. 98 über das Unterhaus und das Repräsentantenhaus.

59 Siehe z. B. D. E. Butler und Richard Rose, *The British General Election of 1959* (London: Macmillan, 1960); Cole, Kap. 29; Alford, Kap. 5; Samuel H. Beer, »Great Britain: From Governing Elite to Mass Parties«, in: Neumann, S. 9—57; Anthony Richmond, »The United Kingdom«, in: Arnold Rose (Hrsg.), *The Institutions of Advanced Societies* (Minneapolis: University of Minnesota Press, 1958), S. 43—130; usw.

schaften verbunden und nicht so stark am Ziel des Sozialismus orientiert zu sein scheint wie die Britische Arbeiterpartei.[60] In Belgien war die Sozialistische Partei (vormals Arbeiterpartei) seit 1914 meist an der Regierungsbildung innerhalb einer Koalition beteiligt; allerdings hat sie die 40-Prozent-Grenze bis heute noch nicht überwinden können. Außerdem wurde sie von Gemäßigten beherrscht, die einen pragmatischen Ansatz zugrunde legten.[61] Frankreich und Italien nähern sich mehr dem amerikanischen Modell; in keinem der beiden Länder haben die beiden großen Arbeiterparteien, Sozialisten und Kommunisten, jemals effektiv die Regierung gebildet, wie etwa die britischen Sozialisten dies in der Zeit von 1945 bis 1950 und neuerdings nach 1964 taten. Zudem waren die Parteien, die sich an der Macht befanden, für finanzielle Zuwendungen von seiten der Besitzinteressen sehr empfänglich, eine Tatsache, die sich in ihrer Gesetzgebung, wenn schon nicht in dem, was sie sagen, deutlich niederschlägt.[62] Obgleich die übrigen entwickelten Industrienationen im einzelnen starke Unterschiede aufweisen, scheinen die meisten eher dem amerikanischen Regierungsmodell als dem schwedischen oder auch nur dem britischen zuzuneigen. Dies gilt für die Bundesrepublik Deutschland, für die Schweiz, für Holland, Kanada, Japan und Neuseeland.[63]

Aus dem bisher Dargelegten könnte man schließen, die amerikanische Struktur oder eine leichte Modifikation in britischer Richtung stelle die Modalstruktur für entwickelte Industriedemokratien dar. Damit ließe man jedoch eine außerordentlich wichtige

60 Siehe L. F. Crisp, *The Australian Federal Labour Party, 1901—1951* (London: Longmans, 1955); Louise Overacker, *The Australian Party System* (New Haven, Conn.: Yale University Press, 1952); Alford, S. 15 und Kap. 7; und Gwendolen Carter, »The Commonwealth Overseas: Variations on a British Theme«, in: Neumann, S. 85—89 und 92—105.

61 Felix Oppenheim, »Belgium: Party Cleavage and Compromise«, in: Neumann, S. 155—168.

62 Eine ausgezeichnete Erörterung dieses Gegenstandes stammt von Henry W. Ehrmann, *Organized Business in France* (Princeton, N. J.: Princeton University Press, 1957), Kap. 5. Siehe auch Philip Williams, *Politics in Post-War France* (London: Longmans, 1954), bes. Teil 4.

63 Siehe z. B. R. M. Chapman, W. K. Jackson und A. V. Mitchell, *New Zealand Politics in Action* (London: Oxford University Press, 1962); Sigmund Neumann, »Germany: Changing Patterns and Lasting Problems«, und Carter, a. a. O. in Neumann, S. 354—393, 305—353 und 61—74; sowie Duverger, a. a. O.

Tatsache außer acht: *die Verschiebung nach links im politischen Spektrum.* In praktisch allen genannten Staaten hat der langfristige Trend, was die Exekutive angeht, eine Stärkung jener Parteien und jener Fraktionen innerhalb dieser Parteien gebracht, die auf die Wünsche und Bedürfnisse des Volkes am meisten eingehen. Zeitweise hat sich dieser Trend in einem Wählerschwund für die konservativen und einem Wählerzuwachs bei den liberalen und sozialistischen Parteien niedergeschlagen.[64] Dann wieder ist er in einer allmählichen Linksbewegung der großen Parteien insgesamt sichtbar geworden. Oft fielen, wie in den Vereinigten Staaten, beide Tendenzen zusammen. Dieser Trend läßt vermuten, daß die Modalstruktur entwickelter Industriedemokratien letztlich erheblich weiter links liegen wird als die gegenwärtige amerikanische Struktur, obgleich noch nicht abzusehen ist, wie weit links. Angesichts der Schwierigkeiten, der ökonomischen wie der wahlstrategischen, denen schwedische und britische Sozialisten bei ihren Anstrengungen, das klassische sozialistische Programm zu verwirklichen, gegenüberstehen, scheint es unwahrscheinlich, zumindest für die nächste Generation, daß der Trend die Modalstruktur weit über die gegenwärtige britische Form hinaustreiben wird.[65] Er könnte sogar schon erheblich vorher zum Stillstand kommen.

Herrschende Klasse: Mythos oder Wirklichkeit?

Mit der Entstehung und Ausbreitung der politischen Demokratie haben sich die Theoretiker der Macht immer mehr über die Frage entzweit, inwieweit der Begriff einer regierenden oder herrschenden Klasse in Industriegesellschaften anwendbar sei. Manche behaupten, keine große Veränderung im Vergleich zur Vergangenheit feststellen zu können, und sprechen überzeugend von Macht-

64 Eine Umfrage von George Gallup belegt den Niedergang der Republikanischen Partei in den letzten Jahrzehnten. Danach bezeichneten sich 1940 38 Prozent aller Amerikaner als Republikaner und 42 Prozent als Demokraten (der Rest nannte sich unabhängig). 1950 war das Verhältnis 33 zu 45 Prozent, 1960 30 zu 47 Prozent und 1964 25 zu 53 Prozent. Siehe *The Washington Post* vom 8. Nov. 1964.

65 Material über die Schwierigkeiten, mit denen schwedische und britische Sozialisten zu kämpfen haben, siehe Rustow, *Compromise,* Kap. 8; Fleisher, Kap. 12 und 13; oder Cole, Kap. 29.

elite und Establishment; andere bestreiten deren Existenz und reden nicht minder überzeugend von politischem Pluralismus, Machtausgleich und strategischen Eliten.[66]

Wie so oft bei Kontroversen dieser Art können beide Positionen ein gewisses Maß an Wahrheit für sich reklamieren. Vergleicht man zum Beispiel traditionelle Agrargesellschaften mit modernen industriellen, dann ist sofort ersichtlich, daß politische Macht heute viel breiter gestreut ist als früher, zumindest in den demokratischen Ländern, die ja die große Mehrheit bilden. Man kann nicht ernsthaft behaupten, die Regierungsinstitutionen in diesen Gesellschaften seien in einem auch nur annähernd vergleichbaren Maße für die Privilegierten gemacht und von ihnen beherrscht, wie wir es in praktisch allen Agrargesellschaften gesehen haben. Wenn man aber eine dieser Gesellschaften am Ideal der Gleichheit mißt, dann wird allerdings deutlich, daß keine diesem Anspruch gerecht wird. In allen Industriegesellschaften herrschen sehr substantielle Unterschiede in der Verteilung politischer Macht; die meisten politischen Entscheidungen werden von einem kleinen Personenkreis getroffen, der Durchschnittsbürger spielt dabei keinerlei Rolle. Ja, er wird sich häufig der getroffenen Entscheidungen nicht einmal bewußt.

Wie wir in einem früheren Kapitel gesagt haben, gewinnt man viel, wenn man dieses Problem in *variablen* und nicht in kategorialen Begriffen angeht. Noch viel mehr geht einem auf, wenn man untersucht, *inwieweit* die politische Führung entwickelter Industriestaaten dem Idealtypus einer herrschenden Klasse entspricht, die Macht und Privilegien monopolisiert, als wenn man sich auf die Frage kapriziert, ob es eine herrschende Klasse gibt oder nicht.

66 Unter den jüngeren amerikanischen Autoren auf diesem Gebiet sind Floyd Hunter und C. Wright Mills die prominentesten Vertreter der Elitetheorie, während Robert Dahl, Suzanne Keller, David Riesman und Kenneth Galbraith einflußreiche Verteidiger der Gegenposition sind. Siehe bes. Floyd Hunter, *Community Power Structure* (Chape Hill, N. C.: University of North Carolina Press, 1953); C. Wright Mills, *The Power Elite* (Fair Lawn, N. J.: Oxford, 1956); Robert Dahl, *Who Governs?: Democracy and Power in an American City* (New Haven, Conn.: Yale University Press, 1961); Suzanne Keller, *Beyond the Ruling Class: Strategic Elites in Modern Society* (New York: Random House, 1963); David Riesman et al.; *The Lonely Crowd* (New Haven: Conn.: Yale University Press, 1950); und Kenneth Galbraith, *American Capitalism: The Concept of Countervailing Powers* (Boston: Houghton Mifflin, 1952).

Auf dieser Basis erkennt man schnell, daß der Grad der Annäherung an die idealtypische Elite in den einzelnen Industriegesellschaften unterschiedlich hoch ist. In den skandinavischen Demokratien ist die Abweichung so stark, daß der fortgesetzte Gebrauch traditioneller Begriffe wie »herrschende Klasse« nur Verwirrung stiften kann. In diesen Gesellschaften scheinen Unterschiede in puncto Macht und Privilegien sich jenem Minimum zu nähern, welches möglich ist, ohne daß die Chancen der Sozialisten, ihre anderen Partei- und Staatsziele zu erreichen, ernsthaft gefährdet werden.[67] Außerdem sind in diesen Gesellschaften Macht und Privilegien weitgehend voneinander getrennt: wer die größte politische Macht hat, ist nicht länger zugleich auch im Besitz entsprechend großer wirtschaftlicher Privilegien, und wer sich großer wirtschaftlicher Privilegien erfreut, hat meist nicht viel politischen Einfluß. In Gesellschaften dagegen, die eher dem amerikanischen Modell entsprechen, sind die Unterschiede, was die Verteilung von Macht und Privilegien anlangt, nicht nur viel größer, beide korrelieren auch viel höher miteinander. Das Wort von der herrschenden Klasse ist deshalb hier eher angemessen, obgleich es, wie wir bereits gesagt haben, auch hier nicht in derselben Weise trifft wie in traditionellen Agrargesellschaften. In totalitären Gesellschaften faschistischer Prägung (ein relativ ungewöhnlicher Typus) kommt man dem Elite-Ideal in der Regel schon viel näher. Macht und Privilegien sind deutlich ungleich verteilt und korrelieren viel höher miteinander als in Demokratien nach amerikanischem Muster. In totalitären Gesellschaften kommunistischer Prägung ist die Machtverteilung extrem ungleich, die der Privilegien dagegen viel weniger, obgleich im Unterschied zu Skandinavien Macht und Privilegien hier noch korrelieren.

67 Diese Feststellung ist nichts als eine Spekulation; immerhin beruht sie auf Beobachtungen der skandinavischen Sozialistischen Parteien und ihres Zögerns, totale ökonomische Gleichheit einzuführen — trotz ihrer historisch-ideologischen Verpflichtungen. Hier scheint das Bewußtsein der Parteiführer davon zum Ausdruck zu kommen, daß die zielstrebige Verfolgung dieses einen Ziels ihre Chancen, auch andere wichtige Ziele zu erreichen, gefährden könnte, wie zum Beispiel das Parteiziel, an der Regierung zu bleiben, oder das nationale Ziel, Produktion und Produktionseffizienz maximal zu steigern. Die Richtigkeit dieser Interpretation läßt sich nur dann exakt überprüfen, wenn diese Sozialistischen Regierungen auf mehr ökonomische Gleichheit dringen und die entsprechenden Folgen ihrer Bemühungen zu beobachten sind.

Kurz, *die einzelnen Industriegesellschaften unterscheiden sich in diesem Punkte sehr stark voneinander, dennoch ist die modale Struktur von der in traditionellen Agrargesellschaften völlig verschieden, was die Notwendigkeit eines sehr sorgfältigen Umgangs mit Begriffen wie »herrschende Klasse«, »regierende Klasse« und »politische Elite« im Hinblick auf Industriegesellschaften anzeigt.*

Wenn man von den vergangenen und gegenwärtigen Strukturen absieht und derzeitige Tendenzen und mögliche zukünftige Strukturen bedenkt, dann wird die Notwendigkeit einer vorsichtigen Terminologie noch deutlicher. In fast allen Industriegesellschaften sah und sieht die langfristige Entwicklung nach einer Verringerung der politischen wie der wirtschaftlichen Unterschiede aus. Hauptausnahmen von dieser Generalisierung scheinen zu sein (1) die Sowjetunion, wo es seit 1931 einen eindeutigen Anstieg der ökonomischen Unterschiede gibt, und (2) Skandinavien, wo eine Verlangsamung, ja vielleicht sogar ein Stillstand in der Entwicklung zu ökonomischer Gleichheit eingetreten zu sein scheint.[68] Beide Ausnahmen betreffen Gesellschaften, in denen die ökonomische Ungleichheit bereits erheblich reduziert ist; und man darf wohl davon ausgehen, daß der Stillstand oder der Umschwung des allgemeinen Trends die Tatsache widerspiegelt, daß ihre Führer einer Vielzahl teilweise nicht miteinander vereinbarer Ziele sich verpflichtet wissen und nicht bereit sind, alle übrigen zugunsten dieses einen Ziels aufs Spiel zu setzen.[69] Denkt man also an die Zukunft, so bieten sich zwei Prognosen an. Erstens *wird sich die große Mehrzahl der entwickelteren Industriegesellschaften noch weiter vom traditionellen elitären Ideal entfernen, welches eine winzige Minderheit vorsieht, die Macht und Privilegien monopolisiert.* Zweitens *wird dieser Trend zum Stillstand kommen, lange bevor das Gleichheitsideal erreicht ist, nach welchem Macht und Privilegien unter alle Mitglieder der Gesellschaft gleichmäßig verteilt sind.*

68 Über die Sowjetunion siehe Mehnert, Kap. 6—8, oder Alex Inkeles, »Social Stratification and Mobility in the Soviet Union: 1940—1950«, *American Sociological Review*, 15 (1950), S. 465—479; über Schweden siehe Fleisher, Kap. 12 und 13.

69 Siehe dazu Fußnote 67.

Trotz einer ganz beachtlichen Entwicklung in Richtung auf das demokratische Ideal hin gehört politische Ungleichheit in allen entwickelten Industriegesellschaften nach wie vor zu den Grundtatsachen des Lebens; und politische Macht ist auch die Grundlage eines zwar wenig beachteten, aber dennoch wichtigen Klassensystems. Der Platz des Einzelnen in der Hierarchie dieses Systems kann von entscheidender Bedeutung für seine Chancen sein, die Dinge zu erlangen, die er sich wünscht. Obgleich der politische Status offensichtlich in einem totalitären Staat von größerer Bedeutung ist als in einem demokratischen, hängt in beiden doch eine Menge von ihm ab.

Weil die Struktur des politischen Klassensystems in totalitären Staaten klarer definiert ist, wollen wir mit ihnen beginnen. In solchen Staaten lassen sich zumindest vier wichtige Klassen ganz leicht ausmachen, von denen jede in einem anderen Verhältnis zu den Mitteln politischer Herrschaft – das heißt zur Partei – steht.

An der Spitze der Hierarchie befindet sich stets eine ziemlich kleine Gruppe von *Parteifunktionären*, Menschen, die der Partei hauptberuflich dienen, und für die die Arbeit in der Partei zugleich ihren Lebensunterhalt bedeutet. Diese Klasse läßt sich weiter unterteilen in eine kleine Parteielite, die den Entscheidungsprozeß innerhalb der Partei bestimmt, und die große Mehrzahl der kleineren Funktionäre, deren Aufgabe darin besteht, die Entscheidungen der Elite auszuführen. Den Funktionären folgt die Klasse der *Parteimitglieder*, Personen, die der Partei angehören, ohne voll für sie tätig zu sein. Auch diese Gruppe kann ihrerseits wieder unterteilt werden in Aktivisten, die auf freiwilliger Basis Führungsaufgaben auf der unteren Parteiebene übernehmen, und andere, die kaum mehr tun, als was nötig ist, um ihre Mitgliedschaft in der Partei aufrechtzuerhalten.

Weiter unten in der Klassenhierarchie totalitärer Staaten steht die Klasse derer, die zwar nicht in der Partei sind, von ihr aber trotzdem nicht als Gegner betrachtet werden. Diese Klasse von Nichtmitgliedern war stets die größte, sie umfaßt zumindest drei Personengruppen: (1) solche, die gerne Parteimitglieder wären, denen es aber an den entsprechenden Qualifikationen dafür fehlt; (2) solche, die insgeheim Gegner der Partei sind und aus Prinzip keine Mitglieder werden wollen; und (3) solche, die indifferent sind. Dieser Klasse der Nichtparteimitglieder folgt gewöhnlich eine Klasse von Menschen, die offiziell als Feinde der Partei klassifiziert sind. Diese Klasse variiert sowohl in ihrem Umfang wie in ihrer sozialen Situation beträchtlich. Die ihr angehören, sind vom Gefängnis oder sogar vom Tode bedroht, oder dürfen, sind die Umstände günstig, in Freiheit leben, wobei sie allerdings Sanktionen und Beschränkungen unterliegen, die für andere nicht gelten.

Politische Klassensysteme dieses Typs entwickeln sich automatisch in jeder Industriegesellschaft, in der eine einzige autoritäre Partei die Macht im Staat hat. Angesichts der Heterogenität einer modernen Industriegesellschaft und der egoistischen Impulse der Menschen können sich unmöglich alle freiwillig auf ein einziges Parteiprogramm oder eine einzige politische Linie einigen. Unterschiedliche Reaktionen auf die Programme einer totalitären Partei lassen sich nicht vermeiden, sie legen das Fundament für die Aufspaltung der Bevölkerung in Parteimitglieder, Nichtmitglieder und Parteigegner. Die Erfordernisse der Partei führen dann ganz natürlich zu einer Unterteilung der Parteimitglieder in die oben beschriebenen Kategorien.

Daß ein solches Klassensystem existiert, wird allmählich auch in der kommunistischen Welt erkannt; der erste, der offen darüber sprach, war Milovan Djilas, einst Titos Stellvertreter. In einer Reihe von Aufsätzen aus den frühen 1950er Jahren verurteilte Djilas streng die Entstehung dessen, was er »die neue Klasse« nannte.[70] Er schrieb, die neue Klasse »setzt sich aus jenen zusammen, die besondere Privilegien und wirtschaftliche Vorteile aufgrund ihres Verwaltungsmonopols genießen«. Spezifischer sprach er von »Parteibürokratie« und meinte diejenigen, die wir als Parteifunktionäre bezeichnet haben. Seit dem Tode Stalins wurde immer wieder Kritik an dieser neuen Klasse laut, sogar in der Sowjetunion, auch wenn die meisten Kritiker immer noch recht vorsichtig mit dem verhaßten Etikett »Klasse« umgehen, wenn sie von den Adressaten ihrer diesbezüglichen Attacken sprechen.[71]

Dank der Arbeit dieser Kritiker sowie ausländischer Wissenschaftler ist es heute möglich, ein recht klares Bild vom Charakter dieses

70 Vgl. Milovan Djilas, *Die neue Klasse* (München, 1957).

71 Vgl. Mehnert, oder Hugh McLean und Walter Vickery, *The Year of Protest, 1956: An Anthology of Soviet Literary Materials* (New York: Vintage Books, 1961).

Klassensystems zu zeichnen und anzugeben, wie es in der Sowjetunion funktioniert. Um mit offiziellen Parteiverlautbarungen zu beginnen: sie zeigen, daß annähernd 10 Millionen Menschen gegenwärtig Mitglied in der Kommunistischen Partei sind.[72] Das sind etwa 8 Prozent der Erwachsenenbevölkerung. Es ist heute keineswegs klar, in welcher Weise und in welchem Maß einfache Parteimitglieder von ihrer Mitgliedschaft profitieren. In der Vergangenheit erwuchsen daraus handfeste materielle Vorteile. So beschrieb ein russischer Flüchtling in einem Interview nach dem Zweiten Weltkrieg die Situation wie folgt:

»Nehmen Sie die knappen Zeiten; wer überlebte und wer nicht? Die Parteimitglieder überlebten, weil sie, auch wenn alle anderen nichts hatten, in besondere Läden gehen und dort etwas bekommen konnten.«

Über die damalige Situation sagte er:

»Nehmen Sie an, ich bin Kommunist und Sie sind es nicht, dann lebe ich gut und Sie leben schlecht. Bin ich nicht in der Partei und habe drei Kinder, dann bekommen sie nicht die Ausbildung, die sie brauchen, und sie haben auch nicht die richtige Ernährung. Bin ich in der Partei, dann haben wir genug Geld und es geht uns gut, und unsere Kinder können zur Schule gehen.«[73]

Heute, da Nahrung und andere Konsumgüter nicht mehr knapp sind, scheinen Parteimitgliedschaft und -Aktivität hauptsächlich für den beruflichen Aufstieg als Qualifikationen von Bedeutung zu sein. Wer der Partei nicht angehört, darf offensichtlich in den meisten Bereichen nicht auf Spitzenpositionen hoffen.[74] Dazu ist allerdings zu sagen, daß in den letzten Jahren die Aufnahme in die Partei begabten und ehrgeizigen Leuten relativ leicht gemacht wurde. Ja, es scheint zum Programm zu gehören, gerade solche Leute für die Partei zu werben.[75]

72 Merle Fainsod, *How Russia Is Ruled,* rev. Aufl. (Cambridge, Mass.: Harvard University Press, 1963), S. 249.

73 Alex Inkeles und Raymond Bauer, *The Soviet Citizen* (Cambridge. Mass.: Harvard University Press, 1959), S. 324—325. Vgl. auch das auf Seite 328 bis 329 zitierte Interview.

74 Vgl. Fainsod, S. 215 und 234; Granick, S. 173; Inkeles und Bauer, S. 324 bis 329; oder DeWitt, S. 537 und 463—466.

75 T. H. Rigsby, »Social Characteristics of the Party Membership«, in: Alex Inkeles und Kent Geiger (Hrsg.), *Soviet Society* (Boston: Houghton Mifflin, 1961), S. 140.

Der Wunsch der Parteiführer, die klügeren Köpfe aus der Bevölkerung in die Partei zu holen, hat zu einer interessanten und wichtigen Verschiebung in der Zusammensetzung der Mitgliedschaft geführt. Aus offiziellen Parteistatistiken geht hervor, daß die Partei unverhältnismäßig viele Akademiker und in leitender Funktion Tätige unter ihren Mitgliedern hat, während Arbeiter und Bauern unterrepräsentiert sind. So zeigt ein Bericht, daß 73 Prozent der Delegierten auf dem XXI. Parteitag im Jahr 1959 und 52 Prozent aller Parteimitglieder zumindest die höhere Schule besucht hatten, obwohl nur 16 Prozent der Gesamtbevölkerung diesen Bildungsstand aufweisen konnten.[76] Da Bildungsstand und Berufsstatus so hoch korrelieren, herrschen im Berufsklassensystem ähnliche Diskrepanzen zwischen dem Status von Parteimitgliedern und dem von anderen. So stellen Akademiker und Halbakademiker trotz der Tatsache, daß sie nur mit 1,8 Prozent an der Gesamtbevölkerung und mit etwa 4 Prozent an der Gesamtzahl aller Beschäftigten beteiligt sind, mehr als ein Viertel aller Parteimitglieder.[77] Ein Experte hat es so formuliert: »Obwohl die Integration der Akademiker in die Kommunistische Partei noch lange nicht gelungen ist, findet doch eine erhebliche Verzahnung zwischen beiden Gruppen statt ... Der Grad der Verzahnung zwischen den obersten Stufen der Partei und der Verwaltungselite ist sogar noch höher.«[78] Neue Berichte aus Jugoslawien zeigen, wie ähnlich die Situation dort ist, und weniger systematisches Material aus anderen kommunistischen Ländern beweist, daß die Struktur praktisch universell ist.[79]

Die Dinge lagen nicht immer so in der Kommunistischen Partei. Zur Zeit der Russischen Revolution waren mehr als 60 Prozent der Parteimitglieder den Listen zufolge Arbeiter, weitere 8 Prozent waren bäuerlicher Abstammung.[80] 1956 war der Arbeiteranteil fast um die Hälfte zurückgegangen (auf 32 Prozent), und

76 Siehe DeWitt, S. 533 und 534, sowie Tabelle 6—79. Fainsods Mitgliederzahlen sind etwas niedriger, dennoch bleibt der Unterschied zwischen ihnen und der Gesamtbevölkerung beachtlich (siehe S. 281).

77 DeWitt, S. 533 und 535.

78 Ebenda, S. 536—537.

79 Aus einem Referat vor dem VIII. Jugoslawischen Parteitag geht hervor, daß heute zumindest die Hälfte aller Parteimitglieder Behördenangestellte »und so weiter« (vermutlich Angehörige der Intelligenz) sind. Siehe *Washington Post* vom 9. Dez. 1964, S. A-22.

80 Fainsod, Tabelle 3, S. 250.

obwohl der der Bauern gestiegen war (auf 17 Prozent), stellten sie zusammen noch nicht die Hälfte der Parteimitglieder.[81] Bei aller proletarischen Ideologie scheint diese Entwicklung nahezu unvermeidlich. Merle Fainsod erkannte, welcher Faktor für diese Entwicklung hauptsächlich verantwortlich zu machen ist, als er schrieb: »Die herrschende Macht in der sowjetischen Gesellschaft, die Partei, kann ihre Regierungsaufgaben wirksam nur erfüllen, wenn sie die geschultesten und gebildetsten Vertreter der jüngeren Generationen an sich zieht. Bei der Konsolidierung ihrer Position als regierende Elite muß sich die Partei die aufstrebende Schicht in der Sowjetgesellschaft einverleiben – Ingenieure und Techniker, Betriebsleiter, Bürokraten und andere Repräsentanten der neuen technischen, administrativen und kulturellen Intelligentsia.«[82] Kurz, *es gibt in totalitären Staaten keine Alternative zur zumindest partiellen Koordination des politischen Klassensystems mit dem Berufs- und Bildungsklassensystem.*

Zwar profitieren vermutlich alle Parteimitglieder in irgendeiner Weise von ihrer Mitgliedschaft, die Hauptnutznießer sind jedoch die Parteifunktionäre, welche die »Neue Klasse« bilden, die Djilas angegriffen hat. Die genaue zahlenmäßige Stärke dieser Klasse ist nicht bekannt, man schätzt sie auf 150 000 bis 750 000 Menschen.[83] Die Macht, die diese Klasse in Händen hat, ist riesig, sie leitet sich letztlich aus ihrer Herrschaft über den Staat her. Das bedeutet, daß das gesamte Polizeiwesen und die Armee zu ihrer Verfügung stehen und jederzeit von ihr eingesetzt werden können, um ihre Entscheidungen durchzusetzen.

Da die Partei autoritär und hierarchisch aufgebaut ist, hingen Amtsdauer und Aufstieg innerhalb der Parteihierarchie bisher zum großen Teil von der Fähigkeit des Einzelnen ab, den ihm Übergeordneten zu gefallen. Die Folge davon war in vielen Fällen Unsicherheit der Position. Zu extremen Verhältnissen kam es dann in der Stalin-Ära. Premierminister Chruschtschow berichtete in seiner berühmten Rede auf dem XX. Parteitag: »Von den 139 Mitgliedern und Kandidaten für das Zentralkomitee der Partei, die auf dem XVII. Parteitag gewählt worden waren, sind 98 verhaftet und erschossen worden (zumeist in der Zeit zwischen 1937

81 Ebenda, S. 276.

82 Ebenda, S. 282.

83 Die niedrigere Schätzung stammt von Fainsod, S. 206—207, die höhere von Mehnert.

und 1938)«, und weiter sagte er, daß von den 1966 Delegierten, die auf jenem Parteitag in Ausübung ihres Stimm- oder Beratungsrechts anwesend waren, 1108 »verhaftet und konterrevolutionärer Verbrechen angeklagt wurden«.[84] Seit Stalins Tod ist die Sicherheit von Parteifunktionären zwar beträchtlich gestiegen, völlig ausgeschaltet sind die Gefahren aber nicht. Erst vor kurzem hat jemand, der Bescheid weiß, gesagt:

»Das Leben des Apparatschik bleibt gefährlich. Es hat zwar seit den dreißiger Jahren kein Blutbad vom Ausmaß der Großen Säuberung mehr gegeben, Umwälzungen und Umbesetzungen im Apparat sind jedoch häufig, und die Bestrafung von ernsthaften Fehltritten ist streng. Selbst der Mächtigste kann in rasender Geschwindigkeit von den höchsten Höhen in die tiefsten Tiefen stürzen.«[85]

Der hohen Risiken wegen sind allerdings die Kompensationen auch beachtlich. Besonders zwei Dinge fallen dabei auf. Erstens gibt es die Möglichkeit eines raschen Aufstiegs, unabdingbares Korrelat von Umwälzungen, Entlassungen und Säuberungen. Je mehr hohe Beamte aus dem Dienst entfernt werden, desto mehr Positionen stehen jüngeren Leuten aus unteren Rängen offen. Außerdem tritt hier ein Multiplikatoreffekt ein, weil die Entlassung eines einzigen Beamten von hohem Rang in der Regel eine ganze Reihe von Beförderungen notwendig macht, wenn man es mit einer Organisation von vielen Ebenen zu tun hat.

Die zweite Kompensation, die die Partei traditionell zu bieten hat, besteht in großzügig zugestandenen Privilegien. Besonders in der Stalin-Ära, als die Risiken so extrem hoch waren, verfuhr man nach diesem Rezept.[86] Unterdessen lassen sich die Privilegien, die den Mitgliedern der politischen Elite selbst heute noch zugestanden werden, in vieler Hinsicht durchaus mit denen der Besitz- und Managereliten in kapitalistischen Ländern vergleichen.[87] Und zwar zählen dazu nicht nur materielle Vorteile, wie hübsche Wohnungen und Häuser, schöne Kleidung, gutes Essen und Bedienstete, sondern auch die Möglichkeit, seinen Kindern

84 Fainsod, S. 195—196.

85 Ebenda, S. 207.

86 Siehe z. B. David J. Dallin, *The New Soviet Empire* (New Haven, Conn.: Yale University Press, 1951), Kap. 9.

87 Siehe Mehnert, bes. Kap. 5 und 8, oder Djilas.

den Zugang zu Elitepositionen zu verschaffen.[88] Dies ist besonders wichtig, weil damit der Grund gelegt ist für die erbliche Übertragung von Macht und Privilegien von einer Generation auf die nächste.

Trotz aller großzügigen Gratifikationen ist die politische Elite nicht durchweg zufrieden. Aus sowjetischen Schriften geht hervor, daß Apparatschiks häufig ihre Amtsgewalt zu privaten Vorteilen genutzt haben, zuweilen in recht beachtlichem Maße.[89] Djilas' These vom sinkenden Einfluß der Ideologie der Gleichheit in den Reihen der Partei selbst und vom wachsenden nackten Egoismus erfährt darin ihre Bestätigung.

Obwohl die Existenz eines politischen Klassensystems in totalitären Staaten mit Einparteiensystem, wie beispielsweise die Sowjetunion es kennt, besonders gut sichtbar wird, läßt sie sich durchaus auch in jedem Land mit Mehrparteiensystem beobachten, in dem Charakter und Intensität der politischen Aktivität eines Menschen seine Aussichten auf Gratifikationen beeinflussen. Es bestehen natürlich gewisse Unterschiede in Struktur und Funktionsweise solcher Systeme. Vorab kann eine demokratische Partei den Staat nicht in gleicher Weise beherrschen wie eine totalitäre. Sie kann deshalb auch nicht so großzügig mit Staatsgeldern umgehen, um ihr Parteipersonal zu ernähren. Das bedeutet, daß die politische Klasse, das heißt die Klasse der Parteifunktionäre oder Berufspolitiker, in demokratischen Ländern kleiner ist. Zum Zweiten sind eben aufgrund der Unmöglichkeit, mit Staatsgeldern großzügig umzugehen, die Parteiführer gezwungen, sich woandershin zu wenden. In vielen Fällen werden dadurch reiche Einzelne in die Lage versetzt, sich ihren Zutritt zum inneren Kreis demokratischer Parteien zu »erkaufen«.[90] Am wahrscheinlichsten ist dies im Falle ideologisch nicht gebundener Parteien, in denen eine Art Maklerprinzip herrscht, wie zum Bei-

88 Vgl. Mehnert, a. a. O., oder David Burg, »Observations of Soviet University Students«, in: Richard Pipes (Hrsg.), *The Russian Intelligentsia* (New York: Columbia University Press, 1961), S. 80—81.

89 Fainsod, S. 240—242. Vgl. auch die sowjetischen Romane, etwa Dudinzews *Der Mensch lebt nicht vom Brot allein* (Hamburg, 1957).

90 Zu diesen Beispielen vgl. James Reichley, *The Art of Government: Reform and Organization Politics in Philadelphia* (New York: Fund of the Republic, 1959); Robert Lynd und Helen Lynd, *Middletown in Transition* (New York: Harcourt, Brace and World, 1937), bes. Kap. 3 und 9; oder Key, S. 537, 547 u. v. a.

spiel in den Vereinigten Staaten; am seltensten dürfte es dieses Phänomen in sozialistischen und in Arbeiter-Parteien geben, in denen eine starke Gleichheitsideologie bestimmend ist. Drittens ist in den meisten Mehrparteienstaaten zwischen Parteimitgliedern und Nicht-Parteimitgliedern kaum zu unterscheiden, mit der Konsequenz, daß viele, die sich als Parteimitglieder oder Anhänger verstehen, keine Beiträge zahlen und keinerlei Anteil an der Parteiarbeit haben. Schließlich gibt es in Ländern mit Mehrparteiensystem kaum eine Klasse politisch Diskriminierter, und wenn eine solche Gruppe existiert (wie im Falle der Kommunisten in den Vereinigten Staaten), dann ist die betroffene Anzahl von Menschen meist gering, und der Einzelne kann in der Regel diese Gruppe ohne weiteres verlassen, wenn er bereit ist, von seinen abweichenden Auffassungen abzurücken.[91] In totalitären Systemen dagegen hängt jedes Entkommen aus dieser Klasse allein von der Entscheidung der Parteioffiziellen ab, die an der Macht sind; die bloße Versicherung, einer habe seiner ehemaligen Überzeugung abgeschworen, garantiert noch kein Entrinnen.

Zugehörigkeit zur politischen Klasse ist in Staaten mit mehreren Parteien häufig ebenso lohnend wie in Staaten mit Einparteiensystem. Obschon man seit langem weiß, daß durch politische Aktivität auch in Mehrparteienstaaten ein ungeahnter Aufstieg möglich ist, haben diejenigen, die den politischen Kreisen selbst nicht angehören, diese Möglichkeiten in ihrem vollem Umfang bisher nicht erkannt. In einer berühmten Untersuchung über zwanzig amerikanische Stadtoberhäupter (City bosses), die vor mehr als dreißig Jahren durchgeführt wurde, zeigte sich, daß mindestens neun von ihnen Vermögen hinterließen, die offiziell auf 1 Million Dollar und mehr geschätzt wurden; einer war darunter, der es auf 11 Millionen Dollar gebracht hatte.[92] Zwei andere waren zu irgendeinem Zeitpunkt ihrer Laufbahn Millionäre gewesen und fünf weitere hinterließen Vermögen zwischen 200 000 und 800 000 Dollar. Nur drei akkumulierten kein nennenswertes Ver-

91 Eine bemerkenswerte Ausnahme davon bildet die Lage der Neger heute im tiefsten und früher im gesamten Süden. Zu beachten ist, daß diese Struktur in Gebieten existierte, die kein echtes Mehrparteiensystem kannten.

92 Harold Zink, *City Bosses in the United States: A Study of Twenty Municipal Bosses* (Durham, N. C.: Duke University Press 1930), S. 37—38. Einige der folgenden Zahlen beruhen auf Daten, die in Einzelbiographien im zweiten Teil des Buches vorgestellt sind.

mögen, und über das Vermögen eines Einzigen waren keine Informationen zu beschaffen. All dies vollbrachten sie zu einer Zeit, da der Dollar noch mindestens doppelt so viel wert war wie heute, und trotz der Tatsache, daß keiner aus einer wohlhabenden Familie stammte (sechs waren in tiefster Armut aufgewachsen und acht hatten ein armes Zuhause gehabt).[93] Diese Männer stellen keine Einzelfälle dar, wir könnten die Liste erheblich verlängern.[94] In jüngerer Zeit scheinen die Möglichkeiten, mit Hilfe der Politik zu Geld zu kommen, beträchtlich zurückgegangen zu sein, obgleich eine Untersuchung über den finanziellen Werdegang von Präsident Johnson anzeigt, wie vorschnell es wäre, würde man annehmen, solche Quellen seien völlig versiegt. Dieser Studie zufolge waren Präsident Johnson, seine Frau und seine Töchter im Jahr 1964 etwa 9 Millionen Dollar wert; dieses riesige Vermögen »war aufgehäuft worden fast ausschließlich während der Zeit, als Mr. Johnson im Staatsdienst war, vor allem seit er dem Senat angehörte und im Jahr 1948 seinen Aufstieg an die Spitze des Staates antrat«.[95]

Man kann immer wieder hören, daß Parteiführer in Ländern wie den Vereinigten Staaten ihre großen Vermögen auf illegalem Wege erwirtschafteten. Dies stimmt zwar zuweilen, es wird dabei aber die Tatsache übersehen, daß denjenigen, die hohe Posten in Parteiorganisationen bekleiden, auch viele Möglichkeiten offenstehen, reich zu werden, ohne jemals das Gesetz zu verletzen. Das Stadtoberhaupt von Memphis machte sein Vermögen, indem es die Versicherungsgeschäfte der Stadt größtenteils über eine Firma laufen ließ, in welcher er selbst die Majorität hatte. Pendergast verdiente Tausende von Dollars, indem er der Stadt Kansas Zement verkaufte, den sie in außergewöhnlichen Mengen zu Höchst-

93 Ebenda, S. 9.

94 Vgl. etwa die Karriere des ehemaligen Stadtoberhauptes von Kansas City, Tom Pendergast, der innerhalb eines einzigen Jahres bei Pferdewetten 2 Millionen Dollar setzte und 600 000 Dollar verlor und mit einem einzigen »Geschäft« 300 000 Dollar verdiente. Im Laufe von zehn Jahren verschwieg Pendergast in seinen Steuererklärungen Einkünfte von mehr als 1 Million Dollar (der Bericht sagt leider nicht, wieviel er insgesamt angab). Siehe William Reddig, *Tom's Town: Kansas City and the Pendergast Legend* (Philadelphia: Lippincott, 1947), S. 278—279, und Maurice Milligan, *The Missouri Waltz* (New York: Scribner, 1948), S. 191.

95 *New York Times* vom 10. Juni 1964, S. 25. In späteren Berichten stiegen die Schätzungen des Familienvermögens der Johnsons auf 14 Millionen Dollar.

preisen erwarb. Andere haben ihre Informationen über Baupläne der Stadt zu Boden-Spekulationen genutzt oder haben in Unternehmen investiert, deren Absatzmärkte der Protektion von Regierungsbehörden unterstanden, Behörden, auf die ihr eigener Einfluß sich erstreckte. Kurz, an völlig legalen Möglichkeiten, sich zu bereichern, fehlte es der politischen Elite in den Vereinigten Staaten ganz bestimmt nicht.

Trotz der Tatsache, daß die amerikanischen und sowjetischen politischen Eliten enorm von ihren Schlüsselpositionen in politischen Ämtern profitiert haben, sollte nicht davon ausgegangen werden, es handle sich hier um die Universalstruktur von industriellen Gesellschaften. In einigen Fällen haben politische Eliten jede finanzielle Selbstbereicherung sorgfältig vermieden. Dies gilt für die sozialistischen Partei-Eliten in Skandinavien ebenso wie für die britischen. Auch in der Konservativen Partei Englands scheinen ähnliche Vorkommnisse in den letzten Jahren selten gewesen zu sein. Die Erklärung für diese Unterschiede dürfte hauptsächlich im Charakter der Parteiorganisationen liegen. Die sozialistischen Parteien, bei denen die Ideologie der Gleichheit und strenge Disziplin herrschen und die auf Terror verzichten, bedürfen solcher außergewöhnlichen Gratifikationen nicht, die Einzelnen haben in der Regel weder den Wunsch noch die Gelegenheit, ihr politisches Amt als Mittel zur Selbstbereicherung zu benutzen. Gleiches läßt sich über Parteien wie die der Konservativen in England sagen, wo die Disziplin streng ist, wo Subeliten (wie die Hinterbänkler im Parlament) wenig Unabhängigkeit besitzen und wo die Parteispitze vornehmlich von sehr vermögenden Personen gebildet wird, die viel weniger daran interessiert sind, ihr Parteiamt zu einer Quelle privater finanzieller Bereicherung zu machen, als mit seiner Hilfe Klassen- und Staatsinteressen zu schützen.

Während Zugehörigkeit zur politischen Klasse sich in nichttotalitären Staaten häufig als sehr lohnend erweist, gilt dies für reine Mitgliedschaft in der Partei nicht. Psychische Gratifikationen sowie die Chance, in die Reihen der Parteifunktionäre aufzusteigen, scheinen das Höchste zu sein, was eine Partei bloßen Mitgliedern zu bieten hat.[96] Hier liegt zweifellos einer der Gründe, warum

96 Vgl. Duverger, S. 109—116, oder Robert Dahl, *Who Governs?: Democracy and Power in an American City* (New Haven, Conn.: Yale University Press, 1961), S. 97—100.

diese Klasse selten mehr als eine kleine Minderheit der Gesamtbevölkerung umfaßt. In den Vereinigten Staaten zum Beispiel haben Untersuchungen ergeben, daß nicht mehr als 10 Prozent der Erwachsenenbevölkerung sich jemals aktiv in Parteiorganisationen betätigten.[97] In Europa scheint die Situation nicht viel anders zu sein. Duverger hat gezeigt, daß nur eine Minderheit der Wähler, die bei Wahlen die hochorganisierten sozialistischen Parteien unterstützen, auch Beitrag zahlende Mitglieder sind; in Frankreich, Deutschland und Holland bleiben sie unter 10 Prozent.[98] Weiter hat er nachgewiesen, daß die echten Aktivisten nur eine kleine Fraktion unter den Beitrag zahlenden Mitgliedern darstellen; er schreibt: »In keiner Partei scheinen sie mehr als die Hälfte der [zahlenden] Mitglieder auszumachen: wenn sie es auf ein Drittel oder Viertel bringen, dann kann die Partei als sehr aktiv angesehen werden.«[99]

Wenn man die politischen Klassensysteme historisch vergleichend betrachtet, dann kristallisieren sich zwei wichtige Entwicklungstendenzen heraus. Zum einen scheint eine recht starke Tendenz *zu einem Sinken der Bedeutung politischer Klassensysteme im Verhältnis zu anderen Klassensystemen zu herrschen, insbesondere im Vergleich zum Berufsklassensystem.* In entwickelten Industriegesellschaften werden immer weniger Gratifikationen nach Maßgabe des Status im politischen System verteilt. Besonders gut sichtbar ist diese Tendenz in den Vereinigten Staaten, wo die politische Klasse seit etwa hundert Jahren von großen Teilen der Besitz-, Unternehmer- und Managerklassen unter Beschuß genommen wird. In der Hoffnung, die Kosten der Regierung zu senken und gleichzeitig ihre Effizienz zu erhöhen, haben diese Gruppen eine Reihe wichtiger Reformen durchgesetzt, die die Machtbefugnisse von Berufspolitikern einschränken sollen.[100] Eine der ersten Reformen hatte zum Ziel, das traditionelle Protektionswesen,

97 Vgl. Angus Campbell, Philip Converse, Warren Miller und Donald Stokes, *The American Voter* (New York: Wiley, 1960), S. 90—93.

98 Duverger, Buch 1, Kap. 2, bes. S. 95. In einigen Ländern, wie Schweden und England, wo viele Gewerkschaftsmitglieder automatisch auch der Sozialistischen Partei angehören, steigt der Anteil auf ein Drittel und mehr, aber nur weil die Verantwortung dafür nicht beim Einzelnen liegt.

99 Ebenda, S. 114.

100 Eine gute Darstellung dieser Reformbewegung stammt von Edward Blanfield und James Wilson, *City Politics* (Cambridge; Mass.: Harvard University and M. I. T. Presses, 1963), bes. Teil 3 sowie das Schlußkapitel.

welches den Parteiführern weitreichende Befugnisse bei der Besetzung von Positionen einräumte, zu ersetzen durch ein System des zivilen Dienstes, in dem das Verdienst als Kriterium gilt. Obwohl Parteiführer immer wieder Wege gefunden haben, bis zu einem gewissen Grad diese Bestimmungen zu umgehen, sind ihre Befugnisse in Fragen der Stellenbesetzung doch ganz erheblich beschnitten worden. Um nur ein Beispiel anzuführen: in New York ging der Anteil freier Ernennungen in Amtshierarchien, das heißt solcher, bei denen man sich nicht an die Bestimmungen des zivilen Dienstes hielt, in der ersten Hälfte dieses Jahrhunderts um mehr als 80 Prozent zurück.[101] Sicher liegt diese Zahl höher als das Mittel, dennoch zeigt sie die allgemeine Entwicklung an.

Eine zweite wichtige Reform betrifft die Schaffung einer Art Stadtdirektorium als Lokalregierung und ähnlicher Institutionen, durch die immer mehr Macht in die Hände professioneller Administratoren gelangte. Heute haben mehr als 36 Prozent der amerikanischen Städte mit einer Bevölkerung von 5000 und mehr Einwohnern ihre Stadtdirektoren.[102] Ein Autor hat es so ausgedrückt: »Obwohl der Stadtdirektor die Rolle des ›Experten‹ im Amt spielt, der nur dazu da ist, aufgrund seines Wissens Fragen zu beantworten und zu verwalten, sind in Wirklichkeit er und seine Mitarbeiter diejenigen, von denen in solchen Städten heute praktisch die politische Innovation ausgeht.«[103] Selbst in Städten, die kein Stadtdirektorium haben, wird dieser Trend zur ständig steigenden Macht auf seiten von Administratoren oder Managern sichtbar, einer Macht, die mit der Größe und Kompliziertheit der von ihnen verwalteten Ämter und Abteilungen dauernd zunimmt.[104]

Ähnliche Tendenzen herrschen in der Sowjetunion. In den ersten beiden Jahrzehnten kommunistischer Herrschaft genügten häufig Parteimitgliedschaft und Loyalität als Qualifikation, um auf

101 Theodore J. Lowi, *At the Pleasure of the Mayor: Patronage and Power in New York, 1898—1958* (New York: Free Press, 1964), Tabelle 4.1. Lowi berichtet auch, daß der Prozentsatz von Berufungen von Nichtparteimitgliedern ins »Kabinett« der Bürgermeister von 10 Prozent in der Zeit vor der Depression auf 30 Prozent seit dem Zweiten Weltkrieg gestiegen ist (S. 92).

102 Charles Adrian, *Governing Urban America*, 2. Aufl. (New York: McGraw-Hill, 1961), S. 220.

103 Ebenda, S. 250.

104 Siehe Banfield und Wilson, S. 184

wichtige Posten in Industrie und Regierung zu kommen.[105] Die Folge war, daß im Jahr 1934 50 Prozent aller Fabrikdirektoren in der Sowjetunion nur Volksschulbildung hatten. Heute reicht Parteitreue nicht mehr aus. Höhere Bildung ist Hauptkriterium und Parteimitgliedschaft als Voraussetzung von zweitrangiger Bedeutung. Während Parteimitgliedschaft offensichtlich nach wie vor wesentlich ist für die Berufung in leitende Positionen, scheint der Eintritt in die Partei für beruflich qualifizierte Leute kaum mehr als eine Formalität zu sein. Ein weiteres Zeichen für die Schwächung von Partei und politischem Klassensystem darf in den jüngsten Entscheidungen der Sowjetunion und anderer osteuropäischer Länder gesehen werden, welche eine Verminderung der Planung in der Wirtschaft und einen größeren Spielraum für die Marktmechanismen vorsehen.[106] Welche Gründe diesen Entscheidungen auch zugrunde liegen mögen, sie werden mit ziemlicher Sicherheit Managern und Akademikern einen größeren Einfluß verschaffen und die Macht von Parteifunktionären weiter verringern. Auch in den Ländern Westeuropas, in denen die Sozialisten regieren, hat der politische Status heute nur noch relativ wenig Gewicht, und in anderen wie zum Beispiel in England, wo es ein stabiles Zivildienstsystem gibt, auch kaum mehr. Kurz, politische Klassensysteme scheinen in den meisten entwickelten Industrieländern zur Zeit ihren Niedergang zu erleben.

Die Ursachen dafür sind unterschiedlicher Natur, die meisten jedoch hängen mit der enormen Zunahme von Größe und Kompliziertheit der Wirtschafts- und Verwaltungsorganisationen zusammen. Ein erhebliches Maß an Autonomie ist für die Manager dieser Organisationen zum wesentlichen Erfordernis geworden. Hinzu kommt ferner, daß das Management technisch geschult sein muß. Die einzige Alternative wäre, Effizienz und Produktivität zu opfern, ein Preis, den wenige politische Eliten zu zahlen gewillt oder in der Lage sind.[107]

Die zweite Tendenz ist strittiger, weil ihr Belegmaterial sich auf die Vereinigten Staaten und die Sowjetunion beschränkt. Es ist möglich, daß sie nicht für alle oder auch nur die Mehrzahl der

105 Siehe Fainsod, S. 503—505.

106 Verschiedene Aspekte dieser Entwicklung sind im Jahr 1964 immer wieder durch die Presse gegangen. Siehe oben Fußnote 38.

107 Für eine eingehende Erörterung dieses und verwandter Punkte siehe S. 413—414 dieses Kapitels und S. 457—463 des nächsten.

entwickelten Industriegesellschaften gilt. In diesen beiden Staaten allerdings läßt sich *eine klare kurvilineare Tendenz in der Korrelation des Status im politischen Klassensystem mit dem in verschiedenen anderen wichtigen Klassensystemen beobachten.* In den ersten Phasen der Industrialisierung korrelierten Status im politischen Klassensystem und Status im Berufs-, Bildungs- und Besitzsystem sehr hoch miteinander und spiegelten damit die Agrarstruktur wider. Mit der Entstehung von Massenparteien und der wachsenden Macht der Arbeiterklasse wurde diese Korrelation in allen Industriegesellschaften geringer, besonders in sozialistisch oder kommunistisch regierten Ländern. In der jüngsten Zeit jedoch gab es deutliche Anzeichen für eine Umkehrung dieser Entwicklung.[108] Sowohl in den Vereinigten Staaten wie in der Sowjetunion korreliert politischer Status immer stärker mit Berufs- und Bildungsstatus, und in den Vereinigten Staaten außerdem auch mit Besitz- und Vermögensstatus. Ob dieser Trend auch in den westeuropäischen Demokratien besteht, läßt sich gegenwärtig noch nicht sagen.

Obwohl die Ursachen dieser Entwicklung in den beiden genannten Ländern nicht identisch sind, hängt ihr gegenwärtiger Umschwung in beiden Fällen mit der Schwächung des politischen Schichtungssystems zusammen. In den Vereinigten Staaten spiegelt sich darin ganz sicher die rückläufige Zahl von Patronageämtern auf der unteren Ebene, jener Positionen, die vormals Menschen aus bescheidenen Verhältnissen eine Möglichkeit boten, in der Politik Karriere zu machen. Mit der Ausweitung des zivilen Dienstes sind die traditionellen Aufstiegskanäle innerhalb der Partei enger geworden, die hohen Parteiposten fallen immer häufiger an vermögende Personen, die sich diese Positionen »leisten« können. In der Sowjetunion scheint die steigende Korrelation zwischen politischem, wirtschaftlichem und beruflichem Status auf die Schwächung der Partei aufgrund ihrer Einbuße an ideologischem Impetus und auf ihr daraus direkt resultierendes Bestreben zurückzuführen zu sein, durch Einverleibung der führenden Elemente der Bevölkerung wieder an Stärke zu gewinnen. Damit dürfte die Korrelation zwischen politischem Status einerseits und

108 Im Falle der Vereinigten Staaten siehe Dahl, Kap. 4 über die Entstehung »des neuen Menschen«, oder auch Banfield und Wilsons Schlußkapitel. Zur UdSSR vgl. die vorher zitierten Statistiken (S. 435 ff.) über die sich wandelnde Zusammensetzung der Partei.

Berufs- und Bildungsstatus andererseits in der Sowjetunion mindestens ebenso hoch sein wie in jeder nichtkommunistischen Demokratie.

Das Besitzklassensystem

Ein zweites und wichtiges Machtmittel in der Mehrzahl aller entwickelten Industriegesellschaften ist der Besitz von Privateigentum. Dies gilt in besonderem Maße für Gesellschaften amerikanischer Prägung, wo Reichtum ein Mittel sein kann, welches politische und wirtschaftliche Macht garantiert. In Gesellschaften, die dem schwedischen Muster entsprechen, sowie in faschistischen Staaten verliert der Reichtum viel von seiner politischen Nützlichkeit, behält jedoch seinen wirtschaftlichen Wert. In kommunistischen Staaten dagegen ist auch sein wirtschaftlicher Wert beschränkt auf den Kauf von Konsumgütern und Dienstleistungen und auf einen bescheidenen Zinsgewinn.[109]

Wo Privateigentum als Machtquelle fungiert, entwickelt sich notwendig ein System von Besitzklassen. Entgegen Marxens Erwartungen hat jedoch keine Polarisierung der Menschen entlang dieser Linie stattgefunden. Im Gegenteil, Tabellen über die Vermögensverteilung in entwickelten Industriegesellschaften zeigen durchweg eine nirgendwo unterbrochene sanft ansteigende Linie von winzigem Besitz bis zu riesigen Vermögensmassen, ohne daß es an irgendeinem Punkt eine klare Demarkationslinie gäbe. Belegmaterial hierzu enthalten die Tabellen 2 und 3, in denen neuere Zahlen über die Vermögensverteilung in den Vereinigten Staaten und in England verzeichnet sind.

Trotz dieses Gradienten und trotz der Tatsache, daß in diesen Gesellschaften praktisch jeder einen gewissen Besitz sein eigen nennt, ist es in bestimmtem Sinne nicht nur möglich, von *besitzenden Klassen* zu sprechen, es ist sogar sinnvoll, dies zu tun. Aus den Tabellen 2 und 3 geht deutlich hervor, daß es Mitglieder in der englischen oder amerikanischen Gesellschaft gibt, die vom System des Privateigentums in einer Weise profitieren, wie andere dies

109 In der UdSSR zum Beispiel trägt Geld, das auf sechs Monate oder länger angelegt wird, 5 Prozent Zinsen, während tägliches Geld 3 Prozent bringt. Siehe F. D. Holzman, »Financing Soviet Economic Development«, in: Bornstein und Fusfeld, S. 148.

TABELLE 2

Geschätzte Vermögensverteilung in den USA, 1953

Vermögenswerte in Dollar	Prozentsatz der Erwachsenenbevölkerung	Prozentsatz des Gesamtvermögens
weniger als 3 500	50,0	8,3
3 500 bis 10 000	18,4	10,2
10 000 bis 20 000	21,2	29,3
20 000 bis 30 000	5,8	13,4
30 000 bis 50 000	2,7	9,5
50 000 bis 100 000	1,0	6,2
100 000 bis 1 000 000	0,9	16,6
1 000 000 bis 10 000 000	0,04	5,2
10 000 000 und mehr	0,0006	1,3
Gesamt	100,0	100,0

Quellen: Errechnet nach Robert J. Lampman, *The Share of Top Wealth-holders in National Wealth: 1922–1956* (Princeton, N. J.: Princeton University Press, 1962), Tabellen 34 und 99.

nicht tun: *manche besitzen mehr als ihren Verhältnisanteil, das heißt mehr, als ihrem Pro-Kopf-Anteil am Privateigentum entspräche, und erhalten deshalb auch mehr als ihren Verhältnisanteil an Gratifikationen, die aus solchem Besitz erwachsen.* Solche Personen haben ein besonderes Interesse an der Erhaltung dieser historischen Institution. Diesen Teil der Bevölkerung meine ich deshalb, wenn ich von der besitzenden Klasse spreche.

Lampmans jüngster Untersuchung über die Vermögensverteilung in den Vereinigten Staaten zufolge scheinen grob gesprochen 25 Prozent aller Amerikaner der so definierten besitzenden Klasse anzugehören; sie verfügen über annähernd 80 Prozent des gesamten Privatvermögens.[110] In England und Wales, wo die Besitz-

110 Diese Schätzungen basieren auf der Lorenz-Kurve, die Lampman in: *The Share of Top Wealth-Holders in National Wealth: 1922—1956* (Princeton, N. J.: Princeton University Press, 1962), S. 212 bringt. Zu fast identischen Ergebnissen kommt John C. Bowen in einer Untersuchung, die unabhängig

TABELLE 3

Geschätzte Vermögensverteilung in England, 1946–47

Vermögenswerte in Pfund	Prozentsatz der Bevölkerung	Prozentsatz des Gesamtvermögens
unter 100	60,6	4,2
100 bis 999	27,8	11,6
1 000 bis 4 999	8,9	21,0
5 000 bis 9 999	1,4	11,4
10 000 bis 24 999	0,9	16,4
25 000 bis 99 999	0,4	19,2
100 000 und mehr	0,06	16,3
Gesamt	100,0	100,0

Quelle: Kathleen M. Langley, »The Distribution of Capital in Private Hands in 1936–38 and 1946–47 (part 2)«, *Bulletin of the Oxford University Institute of Statistics* (Februar 1951), Tabelle XVB, S. 46; von Lampman als Tabelle 100 übernommen.

unterschiede lange Zeit noch viel eklatanter waren, war die besitzende Klasse in den späten 40er Jahren zwar nur mit knapp 12 Prozent an der Bevölkerung beteiligt, verfügte aber über rund 85 Prozent allen Vermögens in privater Hand.[111]

In manchen Fällen genügt es, einfach zwischen denen, die der besitzenden Klasse angehören, und allen, die nicht dazuzählen, zu unterscheiden. In anderen ist eine weitergehende Differenzierung angebracht. Um beispielsweise die politischen Aktivitäten der besitzenden Klasse begreifen zu können, muß man unbedingt differenzieren zwischen der Vielzahl derer, die ein relativ bescheidenes Vermögen ihr eigen nennen (zum Beispiel 11 000 $ im Jahr 1953 in den Vereinigten Staaten oder 1000 £ 1946–47 in England), und jener winzigen Minderheit, deren Vermögen groß genug ist, um eine wichtige politische und wirtschaftliche Machtquelle darzustellen. Diese Gruppe kann man als *Besitzelite* bezeichnen.

von der Lampmans durchgeführt wurde. Siehe *Some Aspects of Transfer Taxation in the United States* (unveröffentlichte Dissertation, Universität Michigan, 1958), Diagramm 11. 6 und Tabelle 6. 13.

111 Lampman, S. 212 und 216.

Auch hier gibt es keinen offensichtlichen oder notwendigen Schnitt; es ließe sich jedoch ein sinnvoller machen zwischen den Angehörigen der Besitzklasse im allgemeinen und jenem Teil, dessen Einkünfte aus Vermögen *allein* so hoch sind, daß sie einen komfortablen Lebensstil erlauben. Um Vergleiche auf internationaler Ebene zu erleichtern, will ich die Besitzelite definieren als *jenen Teil der Bevölkerung, dessen Einkünfte aus Vermögen allein zumindest zweimal so hoch sind wie das nationale Mittel aus allen Einkommensquellen.*

In dem Zeitraum, den Lampmans Untersuchung umfaßt, im Jahr 1953 also, scheinen nur 2/8 Prozent der amerikanischen Bevölkerung zu dieser Elite gezählt zu haben, und doch verfügte diese winzige Zahl von Menschen über 20 Prozent allen Privatvermögens.[112] In den späten 40er Jahren gehörten 1 Prozent der Bevölkerung Englands zur Besitzelite, sie besaß *45 Prozent* allen Privatvermögens.[113] Diese wie auch die für die besitzende Klasse insgesamt errechneten Zahlen zeigen, daß in beiden Ländern eine relativ kleine Minderheit den Löwenanteil der *direkten* Vorteile aus der Institution des Privateigentums an sich zog.[114]

Zum Teil ist diese Verteilungsstruktur das natürliche Ergebnis einer Marktwirtschaft, in der bestimmte Kräfte wirken, die notwendig Einkommens- und Vermögensungleichheit erzeugen. Zum Beispiel bringen – wir haben bereits darauf hingewiesen – die Men-

112 Zu diesen Schätzungen kam es auf folgende Weise. Den Regierungsstatistiken zufolge lag das mittlere *Bar*einkommen von Familien und Alleinstehenden in jenem Jahr bei 3789 Dollar (siehe *Statistical Abstract, 1962*, S. 332). Ihr Gesamteinkommen dürfte sich demnach auf 4000 Dollar belaufen haben, das Doppelte dieser Summe würde jemanden als Mitglied der Besitzelite ausweisen. Die übrigen Rechnungen wurden angestellt auf der Basis der Tabellen 34 und 99 in Lampmans Buch.

113 Diese Zahlen beruhen auf den Einkommensdaten, die David Marsh nennt: *The Changing Social Structure of England and Wales, 1871—1951* (London: Routledge, 1958), S. 219, und auf der Vermögensverteilung in Lampman, S. 214; wir gehen von einer Durchschnittsverzinsung von 6 Prozent für Investitionen aus.

114 Manche behaupten, alle Mitglieder der Gesellschaft profitierten von der Existenz des Privateigentums als System insofern, als es die Menschen motiviere, härter zu arbeiten und Vermögen zu akkumulieren, und dadurch das Bruttosozialprodukt rascher wachsen lasse als andere Systeme. Diese These ist ebenso schwer zu beweisen wie zu widerlegen; um mich nicht in diesem Problem zu verfangen, will ich nur die *direkten und unmittelbaren* Vorteile erörtern, die dem Besitzer selbst aufgrund seiner Besitzrechte erwachsen.

schen unterschiedliche Gaben mit auf die Welt, manche sind von der Natur mit mehr Intelligenz und anderen wirtschaftlich verwertbaren vorteilhaften Eigenschaften ausgestattet als andere. Hinzu tritt der Faktor der Knappheit, das heißt die Tatsache, daß die Nachfrage nach den meisten Gütern und Dienstleistungen ihr Angebot übersteigt; er garantiert unter Bedingungen von Privateigentum den einen das, was den andern fehlt. Die Tatsache unterschiedlicher Knappheit von Gütern bewirkt zudem, daß, was die einen besitzen, sich unweigerlich als wertvoller erweist, als was die anderen haben.

Man weiß zwar allgemein, daß solche Faktoren eine Rolle spielen, dennoch übersehen viele immer wieder die Tatsache, daß *in einer freien Marktwirtschaft, das heißt einer, die frei ist von politischer Reglementierung, geringfügige Ungleichheit leicht größere nach sich zieht und große Ungleichheit noch größere.* Kurz, die freie Marktwirtschaft selbst begünstigt Monopolisierung von Besitz in den Händen von wenigen. Der Grund dafür liegt hauptsächlich im Einfluß der »Fixkosten«, die den größeren Unternehmern innerhalb eines Industriezweigs einen ständigen Wettbewerbsvorteil vor ihren kleineren Konkurrenten gewähren, weil sie den Preis ihrer Produkte niedriger halten können als die andern. Mit ihren niedrigeren Preisen erobern sie sich größere Marktanteile, die ihnen wiederum gestatten, ihre Preise weiter zu senken, während ihre Konkurrenten zu Preissteigerungen gezwungen sind; sie setzen damit einen circulus vitiosus in Gang, der in aller Regel mit der Ausschaltung der kleineren Firmen endet.[115] Mit anderen Worten, in einer völlig freien Marktwirtschaft, die keine politischen Beschränkungen erfährt, herrscht eine natürliche Tendenz, die »die Reichen reicher und die Armen ärmer werden läßt«. In der Vergangenheit schwächten mangelhafte Transport- und Verkehrssysteme in Verbindung mit der begrenzten Entwicklung von rationellen Wirtschaftsorganisationen und Verwaltungssystemen diese Tendenz ab; der moderne Fortschritt in Technologie und gesellschaftlicher Organisation läßt jedoch diese Schranken rasch verschwinden.

Unter solchen Voraussetzungen sollte man in nichtkommunistischen Staaten mit zunehmender Vermögenskonzentration rech-

115 Die ausgezeichnete Beschreibung eines klassischen Beispiels für diesen Prozeß liefert Edward Higbee, *Farms and Farmers in an Urban Age* (New York: Twentieth Century Fund, 1963).

nen. Daß es dazu nicht gekommen ist, ist hauptsächlich dem Einfluß *politischer* Kräfte zu verdanken, die in Industriegesellschaften nicht weniger als in Agrargesellschaften die wichtigste Determinante bei der Verteilung von Vermögen zu sein scheinen. Ja, es ist keine Übertreibung, wenn wir sagen, daß wirtschaftliche Kräfte in modernen Industriegesellschaften zunehmend in einem gesetzlich definierten Rahmen wirken und agieren. Immer häufiger bestimmen Regierungsbehörden, welchem Verwendungszweck wirtschaftliche Mittel zugeführt werden, so letztlich deren Wert bestimmend.

In demokratischen Staaten ist in dieser Situation die besitzende Klasse und besonders ihre Elite notgedrungen in gewisser Weise im Nachteil, einfach weil sie zahlenmäßig klein ist. Da die besitzende Klasse ein Geschöpf des Marktsystems ist, wird sie stets eine Minderheit der Bevölkerung sein. Ihre Mitglieder haben deshalb ein angestammtes Interesse daran (ob anerkannt oder nicht), alle außerhalb ihrer eigenen Reihen daran zu hindern, politische Entscheidungen zu beeinflussen. In der Frühphase der Industrialisierung erreichte man dies, indem man das Wahlrecht an bestimmte Vermögensvoraussetzungen band, so daß nur vermögende Männer wählen konnten. Diese Praxis erwies sich indes als politisch nicht haltbar und wurde schließlich aufgegeben. In den Vereinigten Staaten ließ man sie um 1840, in Europa erst gegen Ende des 19. Jahrhunderts, in einigen Fällen erst im 20. fallen.[116] In Schweden beispielsweise bestanden Wahlrestriktionen, die auf der Vermögenslage der Wähler basierten, noch bis nach dem Ersten Weltkrieg.[117]

Obwohl es scheinen könnte, als sei mit der Aufhebung dieser Restriktionen das Urteil über die besitzende Klasse und die Institution des Privateigentums gesprochen, ist dies mitnichten der Fall. Der Grund dafür liegt zum Teil im Charakter der modernen Demokratie, die Vermögen zu einer wichtigen politischen Machtquelle macht. Angesichts der Größe moderner Industriestaaten ist direkte Demokratie unmöglich, es bedarf einer Regierung in Form einer Volksvertretung. Das bedeutet, daß Wahlbezirke groß und Wahlen teuer sind. Wer in ein hohes politisches Amt gewählt wird (die Wählerschaft ist hier am größten), muß deshalb entwe-

116 Siehe Chilton Williamson, *American Suffrage: From Property to Democracy, 1760—1860* (Princeton, N. J.: Princeton University Press, 1960).

117 Siehe Rustow, *Compromise,* S. 84—85, oder Fleisher, S. 18—19.

der (1) von Haus aus reich sein, oder (2) von anderen reichen Personen, oder (3) von großen Massenorganisationen finanziert werden, deren je einzelnes Mitglied über bescheidene Mittel verfügt wie etwa im Falle von sozialistischen oder Arbeiter-Parteien. Solange sich die dritte Variante vermeiden läßt, ist die besitzende Klasse im allgemeinen und die Besitzelite im besonderen leicht in der Lage, ihre finanziellen Mittel in politische Mittel umzumünzen.[118] Die Möglichkeiten, so zu verfahren, werden noch erhöht durch die große Kompliziertheit des modernen Regierungsprozesses, der nur noch für den Experten durchschaubar ist. Der Gesetzgebungsprozeß impliziert häufig eine verwirrende Zahl von Schritten, von denen der Durchschnittsbürger zumeist gar nichts weiß und die er auch nicht sieht, zudem sind Gesetze gewöhnlich in der Fachsprache der Juristen abgefaßt.

Deshalb können die besitzende Klasse und ihre Elite in vielen Fällen Gesetze, die ihren Interessen abträglich sind, blockieren und statt dessen für günstige sorgen, vorausgesetzt sie üben dabei eine gewisse Zurückhaltung und vermeiden eine massive Reaktion von seiten des Volkes. Als Resultat dieser Situation darf der recht merkwürdige Charakter interpretiert werden, der das politische Leben moderner Demokratien auszeichnet, *wo aus den Reden der Politiker viel Egalitäres sich entnehmen läßt, während die Gesetzgebung viel eher aristokratisch anmutet.*[119] Man denke an die eigenartige Situation, daß die »offiziellen« Steuersätze in den Vereinigten Staaten im Jahr 1960 bis zu dem einer Konfiskation nahekommenden Satz von 91 Prozent des Einkommens bei 200 000 Dollar und mehr im Jahr reichten, *während der durchschnittliche Satz, den Personen mit Einkünften von 5 Millionen Dollar und mehr in Wirklichkeit zahlten, bei mageren 24,6 Prozent lag.*[120] Ähnlich sieht es bei den Erbschaftssteuern aus: 1958

118 Siehe Ehrmann, *France,* S. 224 f. über die Verwendung von finanziellen Zuwendungen der Besitzelite im französischen Wahlkampf.

119 Siehe Sterns Bericht über den Demokratischen Kongreßabgeordneten, der sagte: »Der Haushaltsausschuß ist der merkwürdigste aller Ausschüsse hier — er ist am schwersten zu begreifen. Hält man sich an die Abstimmungsergebnisse seiner Mitglieder hier im Saal des Abgeordnetenhauses, dann *müßten* die Liberalen fast die Mehrheit haben. Doch die öffentlichen *Abstimmungs*ergebnisse und die *Arbeits*ergebnisse im Ausschuß hinter verschlossenen Türen sind zwei Paar Stiefel« (a. a. O., S. 284). Vgl. auch Ehrmann, *France,* Kap. 5.

120 Diese Zahl (aus: Bureau of Internal Revenue, *Statistics of Income*) steht bei Stern, S. 6.

sollten für ererbte Vermögen von 20 Millionen und mehr offiziell 69 Prozent an den Staat abgeführt werden, *die tatsächlichen Steuern für Vermögen dieses Umfangs beliefen sich jedoch nur auf 15,7 Prozent ihres Werts.*[121]

Auf die Dauer kann der relative Erfolg der besitzenden Klasse und ihrer Eliten allerdings ebensosehr von der Natur des von ihnen so geschätzten Machtmittels abhängen wie von ihrem Geschick zur politischen Intrige und Manipulation. *Geld ist seiner Natur nach fast unendlich teilbar, was bedeutet, daß jedes Mitglied der Gesellschaft zu Eigentum kommen und dadurch auch lernen kann, seine persönlichen Interessen mit denen der besitzenden Klasse zu identifizieren.* Zwar sind in vielen Fällen Besitz oder Vermögen viel zu gering, um diese Art von Identifikation hervorzurufen, in den meisten Industriegesellschaften haben aber viele Menschen, die nicht zur besitzenden Klasse gehören, Vermögen, die groß genug sind, um Ambivalenz oder gar offene Unterstützung für das System von Privateigentum aufkommen zu lassen. Dadurch erhält die besitzende Klasse in vielen Kontroversen über Besitzrechte erhebliche Schützenhilfe von Personen außerhalb der eigenen Reihen, so daß das System sich selbst in Gesellschaften am Leben erhalten kann, in denen es das allgemeine Wahlrecht gibt. Eines ist allerdings zu sagen, diese Unterstützung ist *nicht bedingungslos.* Treibt die besitzende Klasse ihre Forderungen bis zu einem Punkt, an dem das Wohl derer bedroht ist, dic sie zwar unterstützen, ihr jedoch nicht angehören, dann wird ihr diese Unterstützung weitgehend entzogen. Das Bewußtsein davon scheint den Mitgliedern der besitzenden Klasse als Schranke gegen ihre eigenen egoistischen Tendenzen zu dienen.

Schließlich kommt der besitzenden Klasse ein weiteres Moment zugute, die Unterstützung nämlich, die sie durch die aufkommende Manager-Klasse erfährt. Diese Klasse, die zwar zahlenmäßig klein ist, verfügt über ein enorm wichtiges Machtmittel und unterstützt aus Gründen, die wir im nächsten Kapitel diskutieren wollen, in der Regel die besitzende Klasse in ihrem Kampf gegen ihre Widersacher. Die Bedeutung dieses Umstandes läßt sich kaum überschätzen.

Trotz all dieser Einzelfaktoren zeigt die Kräfteverteilung ein Ungleichgewicht an zuungunsten der besitzenden Klasse mitsamt ihrer Elite. *So erlebte sie im Laufe der Zeit die langsame, aber siche-*

121 Ebenda, S. 254.

re Einschränkung ihrer Rechte und Machtbefugnisse. In den meisten Industriegesellschaften deutete sich diese Entwicklung zunächst in der Ausweitung des Wahlrechts an. Neuerdings wird sie sichtbar in der Verabschiedung von immer mehr Gesetzen, die die Möglichkeiten der Nutzung von Eigentum einschränken. Immer häufiger haben im Falle eines Konflikts die »Menschenrechte« Vorrang vor den Besitzrechten und die allgemeinen Interessen vor den Privatinteressen. Gefördert und gestützt wurde diese Entwicklung durch die Verabschiedung des Anti-Trust-Gesetzes, der Nahrungsmittel- und Drogengesetze, des Gesetzes über den Mindestlohn, die sozialen Sicherheitsprogramme, die Arbeitslosenunterstützung und eine Vielzahl weiterer Gesetze. Obgleich manche dieser Gesetze nicht frei sind von illusionären Momenten – man denke nur an die »offiziellen« Steuersätze –, steckt doch einige Substanz in ihnen – selbst in Ländern, in denen nach amerikanischem Muster regiert wird. Auch ein nur milde progressives Steuersystem, das heißt eines, das die Reichen höher besteuert als die Armen, stellt einen beachtlichen Fortschritt dar gegenüber traditionellen Agrar- oder frühen Industriegesellschaften, in denen die Steuersysteme *normalerweise regressiv* waren. Schließlich manifestiert sich der Trend zu größerer Gleichheit in der Zunahme *öffentlichen Eigentums, staatlichen Besitzes und staatlicher Unternehmen* (1954 zum Beispiel stand ein Viertel bis ein Drittel der gesamten arbeitenden Bevölkerung Englands im zivilen Dienst der englischen Regierung).[122]

Es läßt sich kaum sagen, wo diese Entwicklung ihre Grenze finden wird. Manche meinen, sie führe unerbittlich zur völligen Abschaffung von Privateigentum. Verfügbares Datenmaterial gibt dieser Auffassung jedoch nicht Recht. Selbst in der Sowjetunion hielt es die Kommunistische Partei für untunlich, den Privatbesitz von Eigentum völlig abzuschaffen, sie gestattet heute dem Einzelnen, ein Haus, einen Garten von mehreren Morgen Bodenfläche, Ersparnisse sowie persönliche Habe verschiedener Art zu besitzen.[123] Was von viel größerer Bedeutung ist, die utilitaristischen und we-

122 Cole, S. 121—122. Für eine ausführlichere Erörterung des Themas im allgemeinen siehe J. W. Grove, *Government and Industry in Britain* (London: Longmans, 1962).

123 Vgl. Mehnert, a. a. O., bes. Kap. 6, oder Kazimierz Grzybowski, *Soviet Legal Institution: Doctrines and Social Functions* (Ann Arbor, Mich.: University of Michigan Press, 1962), S. 148.

niger dogmatischen Sozialistischen Parteien Europas sind dabei, ihre ehemaligen Forderungen nach vollständiger Verstaatlichung der Industrie aufzugeben, und akzeptieren, ja vertreten sogar das Prinzip einer gemischten Wirtschaft.[124]

Zum Teil stellt diese Entwicklung die Reaktion der Sozialisten auf politischen Widerstand dar, welcher offensichtlich im Verhältnis zum Ausmaß des erreichten Wandels wächst, ein Phänomen, welches darauf schließen läßt, daß ein Prinzip der Selbstbeschränkung wirksam wird. Man könnte die Hypothese aufstellen, daß *in dem Maß, in dem Parteien, die die Arbeiterklasse vertreten, Gesetze durchbringen, die mehr Gleichheit bei der Verteilung von Privateigentum garantieren, die Zahl der Menschen abnimmt, die für eine weitere Verstaatlichung der Wirtschaft eintreten, während die Zahl der Gegner von Verstaatlichung steigt.* Wenn diese Hypothese begründet ist, dann würde sie den wachsenden Widerstand erklären, auf den die erfolgreicheren Sozialistischen Parteien in den letzten Jahren gestoßen sind.

Das scheint aber noch nicht die ganze Wahrheit zu sein; in der Programmänderung, die die Sozialisten vornehmen, wenn sie an die Macht kommen, scheint sich auch eine wachsende Unsicherheit hinsichtlich des Nutzens ihrer traditionellen Politik auszudrükken. Zum einen wächst die Erkenntnis, daß totaler Besitz allen Eigentums dem Staat eine fast erdrückende administrative Last aufbürdet. Zum andern werden durch exzessive Zentralisierung mangelnde Leistungsfähigkeit und unrationelles Arbeiten gefördert. Und schließlich wächst auch die Überzeugung, daß ein hoher Grad von Verstaatlichung gewisse gesellschaftlich notwendige Formen von Motivation untergräbt, die auf der natürlichen Tendenz des Menschen beruhen, ihre persönlichen Mittel zu maximieren. So scheint zwar langfristig die Entwicklung auf einen weiteren Abbau von Besitzrechten hinauszulaufen, die Abschaffung der Institution des Privateigentums jedoch ist unwahrscheinlich, ja nicht einmal das Privateigentum an den Produktionsmitteln dürfte verschwinden.

124 Vgl. u. a. Kurt Shell, *The Transformation of Austrian Socialism* (New York: University Publishers, 1962), bes. Kap. 6 und 7. Siehe auch Fleisher, Kap. 12 und 13, oder Rustow, *Compromise*, Kap. 8 über die schwedischen Sozialisten oder Cole, Kap. 29 über die britischen.

11. Industriegesellschaften: Teil II

> Wenn man sich's genau überlegt, ist es schon merkwürdig: je weniger einer für seine Schufterei kriegt, desto dringender ist es für die Welt, daß er weiterarbeitet.
>
> *Mr. Dooley*

Die meisten Mitglieder von Industriegesellschaften sehen im *Berufsklassen*system, dem Gegenstand dieses Kapitels, die Hauptdeterminante von Macht, Privilegien und Prestige. Obwohl sich nicht ausmachen läßt, wie hoch der Anteil der Gratifikationen aus beruflicher Tätigkeit an der Gesamtmenge *aller* Gratifikationen ist, kann man doch sagen, daß annähernd drei Viertel und mehr allen *Bar*einkommens auf ihrer Grundlage verteilt werden.[1] Für die große Mehrzahl der Menschen, also für diejenigen, die nicht der Besitzelite angehören, liegt der Prozentsatz sogar noch erheblich höher.

Die große Bedeutung des Berufsklassensystems zeigt sich auch in der Tatsache, daß eine der Hauptgratifikationen, die die meisten übrigen Klassensysteme zu verteilen haben, im möglichen Zugang zu gefragten und vorteilhaften Berufen besteht. Ganz sicher gilt dies im Hinblick auf das Bildungsklassensystem, und in geringerem Maße auch für die Klassensysteme, deren Kriterien Alter, Geschlecht, Statusgruppenzugehörigkeit, politischer Status, ja sogar Besitz sind.

Die Unternehmerklasse

Zu Beginn der Industrialisierung schien die Unternehmerklasse dazu ausersehen, die herrschende Klasse in den neuen Gesellschaften zu sein. Die Situation hat sich gewandelt. In einigen Industriegesellschaften ist diese Klasse bereits verschwunden, in den mei-

1 Wir beziehen uns hier auf offizielle Daten über das Nationaleinkommen in nichtkommunistischen Ländern, die zeigen, daß drei Viertel und mehr des Nationaleinkommens aus Löhnen und Gehältern oder Einkünften aus Vermögen bestehen. Siehe z. B. *Statistical Abstract of the United States, 1962* (Washington: GPO, 1962), Tabelle 426, oder Allan M. Cartter, *The Redistribution of Income in Postwar Britain* (New Haven; Conn.: Yale University Press, 1955), Tabelle 2.

sten anderen verliert sie langsam aber stetig an Umfang und Macht.

Der nahen Verwandtschaft dieser Klasse mit der Besitzklasse wegen, und weil die beiden häufig verwechselt werden, wollen wir hier klar zwischen ihnen unterscheiden. Zur Unternehmerklasse zählen *jene Menschen, die aktiv mit der Leitung von Geschäftsunternehmen befaßt sind, die sich in ihrem Besitz befinden.* Aus dieser Definition geht hervor, daß die Unternehmerklasse eine Einheit innerhalb des beruflichen Schichtungssystems und nicht innerhalb des Besitzsystems darstellt. Allerdings beruht ihre Stellung im ersteren auf den Mitteln, die über ihren Standort im letzteren entscheiden. Dennoch sind nicht alle Mitglieder der Unternehmerklasse auch Mitglieder der Besitzklasse, wie auch nicht alle, die zur Besitzklasse gehören, Unternehmer sind. Viele Kleinunternehmer verfügen nicht über ausreichend Kapital, um sich für die Besitzklasse zu qualifizieren, und viele aus der Besitzklasse üben keine aktive Kontrolle über Geschäftsunternehmen aus. Kurz, bei allen Überschneidungen lassen sich die beiden Klassen sowohl auf der analytischen wie der empirischen Ebene leicht unterscheiden.

Der Niedergang der Unternehmerklasse läßt sich auf verschiedene Weise zeigen, insbesondere was die Vereinigten Staaten anlangt, wo ihr Verfall viel ausgeprägter ist als in anderen nichtkommunistischen Ländern. Im Jahre 1870 stellten hier die Unternehmer 11,4 Prozent der arbeitenden Bevölkerung; im Jahr 1954 waren es noch 6 Prozent.[2] Der Zensus des Jahres 1960 enthüllte einen weiteren Rückgang; die Zahl der auf dem Bausektor, in der Fabrikation, in Transport und Verkehr, in Versorgungsbetrieben, im Groß- und Einzelhandel, im Bank- und Finanzgeschäft, im Versicherungs- und Grundstücksgeschäft und in etlichen kleineren Kategorien in ihren eigenen Unternehmen selbst mitarbeitenden Besitzer sank von 2,2 auf 1,7 Millionen oder von 5,2 auf 2,9 Prozent der männlichen arbeitenden Bevölkerung.[3] In der gleichen Zeit stieg die Zahl der bezahlten Manager in denselben Industrien von 1,6 auf 2,3 Millionen.

Weit wichtiger ist allerdings, daß die Unternehmerklasse an Macht eingebüßt hat. Die ersten, die auf diese Entwicklung aufmerksam

2 Kurt Mayer, »Recent Changes in the Class Structure of the United States«, in: *Transactions of the Third World Congress of Sociology* (London: International Sociological Association, 1956), Bd. III, S. 70.

3 *U. S. Census Population, 1960: Occupational Characteristics*, Tabelle 25.

machten, waren die Professoren Berle und Means, die bereits vor rund 30 Jahren mit reichem Belegmaterial für die These aufwarteten, in den Vereinigten Staaten fielen der Besitz von Vermögen und die Herrschaft darüber immer stärker auseinander.[4] Sie untersuchten die 200 größten Gesellschaften des Landes, die nahezu die Hälfte des gesamten amerikanischen Aktienbesitzes kontrollierten, und stellten fest, daß 44 Prozent davon von Managern und nicht von den Besitzern geleitet wurden, und daß eben diese 44 Prozent 58 Prozent aller Vermögenswerte dieser Firmen kontrollierten, woraus hervorgeht, daß diese Struktur vornehmlich für die größeren Konzerne galt.[5] Wie Berle und Means zeigten, war diese Struktur das konsequente Ergebnis der extremen Aufsplitterung von Besitz in jenen Mammutaktiengesellschaften, in denen es fast nur noch den Managern gelingen konnte, die Aktienbesitzer mehrheitlich zu organisieren. Den Managern war dies vor allem deshalb möglich, weil sie Handlungsvollmacht für die Gesellschaft besaßen und weitere Mittel in der Hand hatten, die sie sich zunutze machen konnten. Berle und Means formulierten es so: »Managementbefugnisse und -herrschaft scheinen, auch wenn sie nicht gesetzlich verankert sind, vergleichsweise sicher, wenn das Aktienkapital breit gestreut ist.«[6]

Spätere Untersuchungen haben diese Schlüsse nicht nur bestätigt, sondern auch die Basis der wachsenden Macht der Managerelite klar herausgearbeitet.[7] So führte zum Beispiel Robert Gordon um die Mitte der 40er Jahre eine wichtige Untersuchung über Führungsbefugnisse und Entscheidungsgewalt in großen amerikani-

4 Adolf A. Berle und Gardiner C. Means, *The Modern Corporation and Private Property* (New York: Macmillan, 1932), bes. Buch I.

5 Ebenda, S. 94.

6 Ebenda, S. 88.

7 Interessantes Datenmaterial direkt zu dieser Entwicklung liefert Mabel Newcomer, *The Big Business Executive* (New York: Columbia University Press, 1955), Tabelle 4, S. 27. Aus dieser Tabelle geht hervor, daß im Jahre 1900 nur 7,3 Prozent aus einem Sample amerikanischer Aktiengesellschaften Direktorien hatten, deren Mitglieder zur Hälfte oder mehr als zur Hälfte aus Mitgliedern des firmeneigenen Managements sich zusammensetzten; im Jahr 1952 war diese Zahl auf 33,5 Prozent angewachsen. Siehe auch E. S. Mason (Hrsg.), *The Corporation in Modern Society* (Cambridge, Mass.: Harvard University Press, 1959), der schreibt: »Heute ist fast jeder damit einverstanden ..., daß im Regelfall die Kontrolle in den Händen des Managements liegt; und daß das Management normalerweise auch seine eigenen Nachfolger bestimmt« (S. 4).

schen Gesellschaften durch und kam dabei zu folgendem Ergebnis:

»Meist hat in großen Gesellschaften das Direktorium (welches die Eigner repräsentiert) als formelle Gruppe seine Funktion der aktiven Entscheidung abgetreten. Direktoren ›von draußen‹ üben, wenn überhaupt, vornehmlich die Funktion von Finanz- und Wirtschaftsberatern aus. Der Wert der Beratung durch einen kompetenten und engagierten Direktor sollte nicht unterschätzt werden. Die Aufgabe, wirkliche Entscheidungen zu fällen – das Wesen der Führungsfunktion –, liegt heute allerdings hauptsächlich bei der Geschäftsleitung, d. h. der Exekutive. Diejenigen, die für eine Restauration des Direktoriums als Entscheidungsinstanz eintreten, haben das Problem der Managementorganisation großen Maßstabs nicht erkannt. Daß die Führungsfunktion dem Direktorium entgleitet, ist unvermeidlich. Es kommt darin nur die Tatsache zum Ausdruck, daß *eine wirksame Führung von Großunternehmen nur geleistet werden kann von einer einzelnen Gruppe ständig in diesem Sinne arbeitender Angestellter, die willens und in der Lage sind, die dafür notwendige Zeit aufzubringen.*«[8]

Wie Gordon sagt, beruht die wachsende Macht der Managerelite nicht allein auf ihrer Fähigkeit, Wahlen zu manipulieren, sondern auch auf der zunehmenden Kompliziertheit der großen Aktiengesellschaft und allem, was damit zusammenhängt. Die Leitung einer solchen Aktiengesellschaft ist zu einem vollen Beruf geworden, der hohe Anforderungen stellt; und wer nicht in der Lage oder dazu bereit ist, sich voll einzusetzen, was für die meisten Eigentümer und Direktoren gilt, sieht bald, daß ihm die Kontrolle entgleitet und an andere fällt.

Einkommensstatistiken vermitteln zusätzliche Einblicke in die Macht von Unternehmern bzw. Managern. In den oben genannten Industrien, in denen die Unternehmerzahlen rückläufig und die der Manager ansteigend sind, lag 1959 das mittlere Einkommen von Managern bei 7479 Dollar im Jahr; das Durchschnittseinkommen von Besitzern oder Unternehmern dagegen belief sich in denselben Industrien auf nur 5 932 Dollar.[9] Damit liegen sie sogar unter dem nationalen Durchschnitt, der für geistige und technische Berufe (6 778 Dollar) sowie für Vorarbeiter (6 705 Dol-

8 Robert A. Gordon, *Business Leadership in the Large Corporation* (Berkeley, Calif.: University of California Press, 1961; erstmals erschienen bei der Brookings Institution, 1945), S. 145—146.

9 *U. S. Census of Population, 1960: Occupational Characteristics,* Tabelle 25.

lar) errechnet wurde, und nur knapp über dem Durchschnittslohn der in einer Kategorie zusammengefaßten Handwerker, Vorarbeiter und in ähnlicher Weise Tätigen (5 318 Dollar).

Untersuchungen über die Privatindustrie in anderen Ländern zeigen weitgehend die gleiche, wenn auch weniger ausgeprägte Struktur. In England zum Beispiel fiel innerhalb einer einzigen Generation, von 1921 bis 1951 nämlich, der Prozentsatz der Arbeitgeber von 5 auf 3 Prozent.[10] Und was viel wichtiger ist, die Kontrolle über die größten Firmen scheint in die Hände von Managern überzugehen, die heute bereits fast die Hälfte der Sitze im Aufsichtsrat der größten Gesellschaften innehaben, während auf die Hauptaktionäre weniger als 20 Prozent entfallen.[11] Diese Zahlen verdienen deshalb besondere Beachtung, weil alles dafür spricht, daß diejenigen, die zugleich entweder Spitzenmanager und Direktoren oder Großaktionäre und Direktoren sind, auch die beherrschenden Figuren im Entscheidungsprozeß sind, während andere Direktoren weniger Gewicht haben.[12] Der Trend zur stärkeren Aufsplitterung von Aktienbesitz setzt sich auch in England durch. Im Jahr 1936 verfügten die jeweils zwanzig größten Aktienbesitzer der einzelnen Großgesellschaften in England gemeinsam jeweils über durchschnittlich 30 Prozent des Aktienkapitals; 1950 war ihr Anteil auf 19 Prozent zurückgegangen.[13] Ganz ohne Zweifel ist darin ein Umstand zu sehen, der zum Niedergang der Unternehmerklasse in England beitrug.

Neueren Datums sind die Ergebnisse, zu denen David Granick in einer Vergleichsstudie über Geschäftsunternehmen in vier Ländern – England, Frankreich, Westdeutschland und Belgien – kommt. Obwohl er feststellte, daß die im Familienbesitz befindliche und von der Familie geleitete Firma in einigen Industriebereichen und in einigen Ländern immer noch blüht (insbesondere

10 David Marsh, *The Changing Social Structure of England and Wales 1871—1951* (London: Routledge, 1958), Tabelle 42. Für Statistiken über die auf dem Rückzug befindliche Unternehmerklasse in Belgien, Frankreich, Westdeutschland, Italien und den Niederlanden von 1950 bis 1962 siehe Margaret Gordon, *Retraining and Labor Market Adjustment in Western Europe* (Washington: GPO, 1965), Tabelle 7, S. 23.

11 P. Sargant Florence, *Ownership, Control, and Success of Large Companies: An Analysis of English Industrial Structure and Policy, 1936—1951* (London: Street and Maxwell, 1961), S. 191—193.

12 Ebenda, S. 79—80.

13 Ebenda, Tabelle IIIC, S. 68—69 oder S. 186.

in Westdeutschland), sind die Aussichten für ein Fortleben des Familienunternehmens in eigener Regie gering.[14] Als einen der Hauptgründe nennt Granick die Unfähigkeit des Familienunternehmens, mit dem Nachfolgeproblem fertigzuwerden. Fähige und tatkräftige Väter haben nicht immer fähige und tatkräftige Söhne, und selbst wenn sie sie haben, ist die Existenz mehrerer Erben, die gegensätzliche Auffassungen in der Geschäftspolitik vertreten, häufig ein schweres Handikap. Nach Granicks Meinung bringen nur ganz wenige Familien in drei aufeinanderfolgenden Generationen Unternehmer von einem Format hervor, das sie erfolgreich konkurrieren läßt mit modernen, von Managern geleiteten Konkurrenzunternehmen. Den wichtigsten Grund dafür, daß Familienunternehmen gegenwärtig auf dem Kontinent so stark sind, wie es der Fall ist, sieht Granick in der großen Inflation des Ersten Weltkrieges und der frühen 20er Jahre, der viele damals bestehende Firmen und Betriebe zum Opfer fielen. Die meisten Familienunternehmen sind deshalb noch so jung, daß sie entweder von ihrem Gründer selbst oder von seinen Söhnen geleitet werden. Granick zufolge »zieht die wirkliche Prüfungszeit für die Stabilität über Generationen hinweg [das heißt, von der dritten Generation an] jetzt erst herauf«.[15]

Trotz ihres Niedergangs hat die Unternehmerklasse und ihre Elite immer noch sehr viel Macht. Auf der lokalen Ebene ist dies deutlicher als auf der nationalen, in kleinen Gemeinden mehr als in großen, in Staaten, in denen das amerikanische Muster politischer Herrschaft vorherrscht, mehr als dort, wo das schwedische oder englische Muster praktiziert wird.[16] Durch ihre Bereitschaft und Möglichkeit, Kandidaten öffentlicher Ämter den notwendigen finanziellen Rückhalt zu geben, erwirbt diese Elite oft einen erheblichen Einfluß in der politischen Arena.

14 David Granick, *The European Executive* (Garden City, N. Y.: Doubleday Anchor, 1964), Kap. 24, und bes. S. 312—313.

15 Ebenda, S. 312.

16 Siehe z. B. A. B. Hollingshead, *Elmtown's Youth* (New York: Wiley, 1949), bes. Kap. 6; Robert Lynd und Helen Lynd, *Middletown in Transition* (New York: Harcourt, Brace and World, 1937), Kap. 3 und 9; oder Arthur Vidich und Joseph Bensman, *Small Town in Mass Society: Class, Power and Religion in a Rural Community* (Princeton, N. J.: Princeton University Press, 1958), Kap. 5. Alle schildern die Macht der Unternehmerklasse in kleinen amerikanischen Gemeinden. Man vergleiche diese Untersuchungen mit x-beliebigen über die Politik in skandinavischen Ländern.

Ein Blick in die Zukunft läßt die Aussichten dieser Klasse nicht besonders rosig erscheinen. Die Kräfte, die ihren Niedergang in Gang gesetzt haben, zeigen keine Anzeichen von Schwäche. So scheint die Unternehmerklasse mit der Zeit weitgehend auf die Rand- und Zwischenbereiche der Wirtschaft entwickelter Staaten verwiesen zu werden, mit dem Ergebnis, daß die meisten ihrer Mitglieder weder besonders mächtig noch besonders privilegiert sein werden. Vielleicht sind sie am Ende kaum mehr zu unterscheiden von der Klasse der Büroangestellten oder den oberen Schichten der Arbeiterklasse. Macht und Einfluß, die die Mitglieder dieser Klasse heute noch haben, werden vermutlich auf jene Mitglieder der Managerklasse übergehen, die an ihre Stelle treten.
Der Niedergang der Unternehmerklasse impliziert natürlich nicht notwendig den gleichzeitigen Niedergang der besitzenden Klasse. Dennoch sind die beiden ineinander verzahnt, und es wäre erstaunlich, trüge der Niedergang der Unternehmerklasse nicht zur Schwächung der besitzenden Klasse bei. Zu den offensichtlicheren Ursachen, die uns diese Prognose wagen lassen, kommt ein ideologischer Faktor, der nicht außer acht gelassen werden darf. In der Vergangenheit hat die besitzende Klasse Besitzrechte stets mit dem Argument verteidigt, daß diejenigen, die solche Rechte besaßen, auch diejenigen waren, die aktiv die Wirtschaft der Gesellschaft lenkten und leiteten, und daß diese Rechte nur der angemessene Lohn für solche Mühen seien. Heute, wo Besitz und Management zunehmend getrennt sind, entfällt eine der Hauptrechtfertigungen von Besitzrechten an großen Industrieunternehmen offensichtlich. Aus dieser Situation muß die besitzende Klasse ideologisch verwundbarer hervorgehen, als sie es in der Vergangenheit war.

Die Klasse der Parteifunktionäre

Die Klasse der Parteifunktionäre oder Berufspolitiker ist im letzten Kapitel ausführlich behandelt worden. Sie zeichnet sich durch die einzigartige Qualität aus, *als eine Einheit* innerhalb von zwei Klassensystemen gleichzeitig zu wirken. Sie steht nicht nur in einem ganz bestimmten und eigenen Verhältnis zu der oder den herrschenden politischen Organisationen in einer Gesellschaft, sie hat auch eine einzigartige Berufsrolle.

Wir brauchen dem, was wir über diese Klasse gesagt haben, nicht viel hinzuzufügen, außer daß sie in kommunistischen Staaten im besonderen und in totalitären Staaten im allgemeinen viele jener fundamentalen Funktionen erfüllt, die in der Vergangenheit der Unternehmerklasse zugefallen waren. Mit anderen Worten, sie lenkt und leitet die Wirtschaftsinstitutionen der Gesellschaft ebenso wie die politischen. In jüngster Zeit hat diese Klasse allerdings viele von ihren Machtbefugnissen zugunsten der Managerklasse eingebüßt, und zwar aus den gleichen Gründen wie die Unternehmerklasse. Die Veränderung wurde begünstigt durch die zunehmende Größe und Kompliziertheit wirtschaftlicher Organisationen, welche die Leitung durch Außenstehende immer schwieriger werden lassen. Obgleich die führenden Mitglieder der Managerklasse in der Regel zugleich Parteimitglieder sind, lassen sich ihre Interessen dennoch nicht mit denen von Parteifunktionären gleichsetzen, wie sich im nächsten Abschnitt deutlich zeigen wird. Damit ist die Verlagerung der Macht nicht nur eine von einem Bein aufs andere.

Die Managerklasse

Im beständigen Kampf um Macht und Privilegien in modernen Industriegesellschaften gibt es keine Gruppe, die es so rasch so weit gebracht hätte wie die Managerklasse. Wie aus unserer bisherigen Analyse hervorgeht, hat diese Klasse ihren Weg hauptsächlich auf Kosten der Klassen der Besitzenden, der Unternehmer und der Politiker gemacht, und es ist durchaus damit zu rechnen, daß diese Entwicklung in der Zukunft anhält.

Der Schlüssel zu dieser wichtigen Entwicklung liegt, wie wir bereits gesagt haben, in der strategisch bedeutsamen Position der Managerklasse in der Struktur moderner Riesenorganisationen. Ihre Mitglieder sitzen genau im Zentrum der Ereignisse, alle Kommunikationsstränge laufen bei ihnen zusammen. Sie haben damit unmittelbaren Zugang zu wichtigen Informationen, die sie für ihre eigenen Ziele und Zwecke nutzen können, wenn sie mit Besitzern, Parteifunktionären oder Wahlbeamten, die dem Gesetz nach für die Formulierung der Organisationspolitik verantwortlich sind, verhandeln. Diese Situation tritt immer dann ein, wenn der Versuch gemacht wird, Entscheidung und Politik einerseits und Verwaltung andererseits voneinander zu trennen, weil die Administratoren einfach zwischen denen, die Politik machen, und der Organisation selbst stehen und dadurch in der Lage sind, den Informationsfluß in beiden Richtungen selektiv zu filtern. *Je größer und komplexer eine Organisation wird, desto mehr Gelegenheiten bieten sich dafür und desto wertvoller wird eine Spitzenmanagerposition als Mittel im Kampf um Macht und Privilegien.* Nirgendwo hat die Managerklasse mehr gewonnen als auf dem Privatsektor der amerikanischen Wirtschaft. In vielen Aktiengesellschaften sind die Manager heute praktisch autonom, während das Direktorium zum Anhängsel des Managements geworden ist und seine Funktion als Instrument der Aktionäre, das er ursprünglich ja sein sollte, verloren hat. Damit ist es den Managern möglich geworden, fast wie Unternehmer die Bedingungen, zu denen sie arbeiten, selbst zu bestimmen, und sie haben sich fürstlich entlohnt. Schranken scheinen ihnen nur noch gesetzt durch (1) die Menge der verfügbaren Mittel innerhalb der Firma, (2) die Gefahr, sie könnten durch exzessive Forderungen bei den Aktionären eine massive Reaktion auslösen, und (3) die Gefahr, den Ruf der Gesellschaft auf dem wichtigen Kapitalmarkt zu schädigen (ein Markt, an den sich die meisten Firmen periodisch wenden müssen, wenn sie weiter expandieren und dadurch weiter konkurrenzfähig bleiben wollen).

Diese Schranken wirken jedoch offensichtlich nicht allzu restriktiv. Eine Untersuchung über die Spitzenpositionen in den 428 größten Aktiengesellschaften (Banken ausgenommen) in den Vereinigten Staaten aus dem Jahr 1950 stellte fest, daß über 40 Prozent der Präsidenten Gehälter und andere Bareinnahmen von über 100 000 Dollar im Jahr hatten, und daß 84 Prozent mehr als 50 000 Dollar verdienten.[17] Die Autorin der Untersuchung, Mabel Newcomer, hat darauf hingewiesen, daß mit diesen Zahlen die tatsächlichen Einkünfte der Manager zu niedrig angesetzt sind, weil in ihnen weitere wichtige Formen von Vergütung nicht enthalten sind, wie zum Beispiel Spesenzahlungen für Clubmitgliedschaften, Unterhaltung, Reisespesen für Ehefrauen, die einen »entscheidenden Aktivposten in der Geschäftswelt darstellen«, oder auch der Wert von Aktienvorkaufsrechten und in manchen Fällen der Beitrag, den die Gesellschaft in den Pensionsfond zahlt.

17 Newcomer, S. 124.

Und dennoch hatten siebzig dieser Männer ein höheres Einkommen als der Präsident der Vereinigten Staaten (steuerpflichtige Spesen eingeschlossen).[18]

In einer anderen Studie untersuchte im gleichen Jahr David Roberts ein viel breiteres Sample von Aktiengesellschaften. Es umfaßte 939 jener 3000 öffentlichen, das heißt nicht in Familienbesitz befindlichen Gesellschaften, deren Gehaltszahlungen für die Verwaltungsspitzen der *Securities and Exchange Commission* vorlagen; hier wurden also auch viele kleinere Gesellschaften untersucht, die in der Newcomer-Studie nicht erfaßt sind. Aber auch in diesem Rahmen lag das mittlere Einkommen der Chefmanager dieser Konzerne bei 68 000 Dollar im Jahr, die mittleren 50 Prozent des Samples verdienten 46 000 bis 100 000 Dollar jährlich.[19] Eine Reihe von Jahresstatistiken der Gehälter leitender Herren in Amerika kam zu denselben Resultaten. Die Statistik für das Jahr 1960 zum Beispiel ergab für die 605 führenden Gesellschaften Amerikas, daß bei Umsätzen von 30 Millionen Dollar das Durchschnittseinkommen der leitenden Direktoren bei 61 000 Dollar lag. In Firmen mit einem Umsatz von 100 Millionen Dollar betrug ihr Durchschnittseinkommen 88 000 Dollar, und bei Umsätzen von 400 Millionen Dollar lag es bei 133 000 Dollar.[20] Die Tabellen aus dem folgenden Jahr nennen bei Umsätzen von 1 Milliarde Dollar Gehälter von 250 000 und bei 10 Milliarden von 400 000 Dollar.[21] Auch in diesen Zahlen sind wie bei Newcomer die Aktienoptionen und andere Zusatzgewinne und Vergünstigungen nicht enthalten, die häufig recht beachtlich sind.

Dieselben Statistiken enthalten auch Informationen über die Einkünfte anderer hoher Manager. Der zweite Mann kam 1962 auf etwa 71 Prozent der Einkünfte des Spitzenmanagers, während der dritte und vierte im Durchschnitt 59 respektive 54 Prozent davon verdiente.[22]

18 Ebenda, S. 123 und 127.

19 David R. Roberts, *Executive Compensation* (New York: Free Press, 1959), S. 15.

20 Diese und die folgenden Zahlen stammen von Arch Patton, »Trends in Executive Compensation«, *Harvard Business Review*, 38 (September-Oktober 1960), S. 146.

21 Arch Patton, »Executive Compensation in 1960«, ebenda, 39 (September-Oktober 1961), S. 152.

22 Arch Patton, »Executive Compensation Here and Abroad«, ebenda, 40 (September-Oktober 1962), S. 152.

1962 enthielt die Untersuchung zum ersten Mal auch Angaben über die Bezahlung entsprechender Führungspositionen in anderen Ländern, vornehmlich England, Westdeutschland, Frankreich, Argentinien und Australien. Die Gehälter der Spitzenmanager privater Unternehmen differieren von Land zu Land nur wenig. Gesellschaften mit Umsätzen von 1 Million Dollar bezahlten durchschnittlich 13 000 Dollar, etwa 60 Prozent dessen, was bei den Amerikanern üblich war; Firmen mit Umsätzen von 100 Millionen Dollar zahlten im Schnitt 35 000 Dollar oder 40 Prozent des entsprechenden amerikanischen Gehalts.[23] Man kann jedoch davon ausgehen, daß die zusätzlichen Vorteile und Vergünstigungen in fast allen diesen Ländern größer sind als in den Vereinigten Staaten; und gerade sie sind als Einkommensquelle äußerst wichtig, weil in den meisten Fällen dafür keine Steuer bezahlt wird. Ein englischer Manager mit einem Grundgehalt von 22 500 Dollar im Jahr und unbesteuerten Zusatzbezügen von 14 000 Dollar verfügt über ein Gesamteinkommen, das, bedenkt man den hohen Steuersatz, einem amerikanischen von 155 000 Dollar entspricht.[24]

Über die Höhe der Managergehälter ist natürlich viel und meist Kritisches gesagt worden. Man hat auch versucht, sie als funktionale Notwendigkeit, bedingt durch die hierarchische Struktur der Gesellschaft selbst, zu rechtfertigen. So wies erst kürzlich ein Soziologe darauf hin, daß in einer fünfzehnstufigen Organisation mit einem Gehalt von 4000 Dollar an der Basis und einer 15prozentigen Steigerung mit jedem höheren Rang (die Leute sollen ja aufsteigen wollen!) das Spitzengehalt bei 28 000 Dollar läge, daß aber aufgrund des progressiven Steuersystems, welches die Unterschiede zwischen den Rängen verringert, sogar größere Lohn- und Gehaltsunterschiede nötig seien.[25] Seine Argumentation lautete weiter, das progressive Steuersystem könne einen hundertfachen Lohnunterschied zwischen Basis und Spitze der Hierarchie erfordern. In dieser Überlegung werden der offizielle und der tatsächliche Steuersatz für verschiedene Einkommensstufen ver-

23 Ebenda, S. 145.

24 Roy Lewis and Rosemary Stewart, *The Managers: A New Examination of the English, German, and American Executive* (New York: Mentor Books, 1961), S. 224.

25 Wilbert E. Moore, *The Conduct of the Corporation* (New York: Random House, 1962), S. 14.

wechselt. Die Bundeseinkommensteuer, das heißt die am stärk sten progressive Steuer der Vereinigten Staaten, nimmt von de Einkünften derer, die weniger als 5000 Dollar im Jahr verdie nen, gegenwärtig 9 Prozent weg, während diejenigen, die zwi schen 20 000 und 50 000 Dollar haben, nur 22 Prozent Steue zahlen.[26] Wenn man die Auswirkung rückwirkender Steuern wie der Umsatzsteuer, und anderer nichtprogressiver Steuern, wi der Vermögenssteuer, berücksichtigt, dann dürfte der tatsächlich Steuerunterschied zwischen dem Spitzenmanager einer Organisa tion mit einer fünfzehnstufigen Hierarchie und einem Arbeiter der den niedrigsten Lohn erhält, vermutlich nicht viel mehr al 10 Prozent betragen, eher weniger.[27] Das bedeutet, daß ein Ein kommensunterschied von 8 zu 1, und nicht von 100 zu 1, gro genug wäre, und daß folglich ein Jahreseinkommen von 32 00 Dollar dem funktionalen Problem, die Motivation am Leben zu erhalten, durchaus gerecht würde.

Auch die sowjetische Erfahrung lehrt, daß Unterschiede von 10 oder mehr zu 1, wie sie in der amerikanischen Industrie existie ren, funktionell nicht notwendig sind. Einem Experten zufolg lag der maximale Unterschied hier in den letzten Jahren bei nu 25 zu 1, und die Lohnskala für 1962 schrieb eine maximale Dif ferenz von 15 zu 1 vor.[28] Auch in diesen Zahlen wird der tat sächliche Unterschied nicht sichtbar, weil auch sowjetische Mana ger hohe Nebengewinne und Vergünstigungen haben; sie zeige jedoch, daß industrielle Großunternehmen sehr wohl ohne Ein kommensunterschiede von 100 zu 1 funktionieren. (Sie zeige auch, daß sowjetische Manager viel höher entschädigt werden als funktionell notwendig ist.)

Die fantastisch hohen Gehälter von Managern in der amerikani

26 Philip Stern, *The Great Treasury Raid* (New York: Random House, 1964 S. 6.

27 Siehe z. B. Gabriel Kolko, *Wealth and Power in America: An Analysis o Social Class and Income Distribution* (New York: Frederick A. Praege 1962), S. 36—38. (deutsch: *Besitz und Macht*, Frankfurt: Suhrkamp, 1967, S 41 ff.).

28 Siehe David Granick, *The Red Executive* (Garden City, N. Y.: Doubleda Anchor, 1964), S. 92, und Margaret Dewar, »Labour and Wage Reforms in th UdSSR«, in: Harry B. Shaffer (Hrsg.), *The Soviet Economy: A Collection o Western and Soviet Views* (New York: Appleton-Century-Crofts, 1963), S 222. Siehe auch die Angaben über das amerikanische Militär, das komplizie ter ist als jede amerikanische Aktiengesellschaft, jedoch eine Einkommens begrenzung von unter 30 000 Dollar im Jahr vorsieht.

schen Industrie lassen sich nur durch deren Machtposition innerhalb der Organisation erklären. Wie weiter oben bereits gesagt, sind ihre Gehälter und Zusatzvergünstigungn deshalb so hoch, weil es innerhalb der Organisation keine Gruppe gibt, die es verhindern könnte.[29] Unter diesen Umständen folgen die Manager im allgemeinen der Devise: lade dem Karren auf, soviel er tragen kann.

Darin dürfte auch die Erklärung für die Unterschiede der Managergehälter von Industrie zu Industrie liegen, die den Ökonomen so lange ein Rätsel blieben. Zum Beispiel sind die Spitzengehälter in den öffentlichen Versorgungsbetrieben und bei der Eisenbahn erheblich niedriger als die Gehälter in vergleichbaren Positionen in Industriekonzernen.[30] Es dürfte kein Zufall sein, daß die beiden erstgenannten der Kontrolle durch die Regierung viel stärker unterworfen sind.

Damit ist bereits auch eine Erklärung für die beträchtlichen Einkommensunterschiede zwischen der Managerelite in der Privatindustrie und in verstaatlichten Industrien (man denke an England oder die Sowjetunion) oder in der Regierung gegeben (man denke an die amerikanischen Stadtdirektoren, an die Schulleiter oder die Beamten im höheren Staatsdienst). Während Manager in staatlichen Industrien oder im Dienste der Regierung im Vergleich zur breiten Masse der Bürger sehr gut bezahlt sind, können ihre Gehälter und Vergünstigungen mit denen ihrer Kollegen in der Privatindustrie ganz bestimmt nicht Schritt halten. Die obere Grenze in der Privatindustrie lag in den letzten Jahren bei über 800 000 Dollar, während Schulpräsidenten und Stadtdirektoren allenfalls 48 000 bzw. 30 000 Dollar erreichten.[31] Auch hier scheint die

29 Siehe Robert Gordon, S. 109—110 und 130. Auch Moore hat dies erkannt, wie seine Feststellung zeigt: »Gehälter von leitenden Herren werden von den Mitgliedern des Direktoriums festgesetzt, und die Manager gehören eben diesem Direktorium selber an. Gute Manieren mögen sie daran hindern, die Höhe ihres Gehalts selbst zu benennen, die Unabhängigkeit von Direktorium und Managern von externer Überwachung oder Kontrolle ermöglicht jedoch, wie ich glaube, jede Scheinrationalisierung dessen, was Schmuh und Unterschlagung gleichkommt« (S. 15).

30 Siehe Newcomer, S. 124, oder Robert Gordon, S. 275.

31 *Time,* 5. Juni 1964, S. 86n; hier steht zu lesen, daß Frederick Donner von General Motors 1963 der bestbezahlte Manager der amerikanischen Industrie war und 806 000 Dollar verdiente, seine Aktienoptionen usw. nicht eingeschlossen. Die Daten für Schulleiter und Stadtdirektoren stammen aus dem *Municipal Year Book, 1963* (Chicago: International City Managers' Associa-

Ungleichheit mit der Art und Weise zusammenzuhängen, in der die Gehälter festgesetzt werden. In der Privatindustrie hat die Managerelite zunehmend die Macht, ihre eigenen Gehälter zu bestimmen, während in der Verwaltung diese Macht in den Händen anderer liegt.[32] Diese Hypothese könnte auch die relativ niedrigen Einkommen der russischen Managerelite erklären.

Ein weiterer Vorteil der Managerelite, und noch dazu einer, der häufig übersehen wird, liegt in der *Arbeitsplatzsicherheit*. Robert Gordon kam aufgrund seiner sorgfältigen Untersuchung zu dem Schluß, daß amerikanische Spitzenmanager »mit einem hohen Grad an Sicherheit damit rechnen können, ihren Posten auf Dauer zu behalten. Entlassungen auf Managerposten sind selten, und das Spitzenmanagement, das gewöhnlich Handlungsvollmacht besitzt und den Verwaltungsapparat sicher in der Hand hat, braucht sich kaum um den Erhalt seiner Position zu sorgen.«[33] Entsprechendes schreibt Robert Dahl über die Amtsdauer von Schulleitern: »Einmal ernannt, ist es schwer, einen Schulleiter wieder zu entlassen, nicht nur weil er seine eigene Gefolgschaft hinter sich versammelt innerhalb der Schule, sondern auch weil er die Unterstützung von Berufsgruppen im ganzen Land mobilisieren kann, wenn seiner Entfernung aus dem Amt nicht Überlegungen zugrunde liegen, die sich auf mangelnde berufliche Qualifikation stützen.«[34] So ist zwar die Basis ihrer Sicherheit im Amt jeweils eine andere, die Tatsache eines sicheren Arbeitsplatzes gilt jedoch für beide Arten von Managertätigkeit in gleicher Weise.

tion, 1963), S. 222. Aber auch diese Zahlen verschleiern die wirklichen Unterschiede, weil Industriemanager viel größere Vorteile haben als die Herren in Regierung und Verwaltung. Der Unterschied zwischen Stadtdirektoren und Schulleitern verdankt sich vermutlich der Tatsache, daß Schulleiter von den größten Städten des Landes angestellt werden, was für Stadtdirektoren nicht zutrifft (die großen Städte hängen nach wie vor der traditionellen Form von Bürgermeister und Gemeinderat als Regierungsform an).

32 Es wäre indessen falsch anzunehmen, daß diese Macht ganz und gar in anderen Händen liegt. Ein geschickter Stadtdirektor oder Schulleiter kann viel tun, um seine Bezüge zu steigern. Er kann für die ihm Unterstellten höhere Löhne fordern und damit den Unterschied zwischen sich und den andern verringern, um damit eine Adjustierung seines eigenen Gehalts nach oben in Gang zu setzen, auf daß der »geziemende« Abstand wiederhergestellt wurde. Dies ist nur eine der Möglichkeiten, die ihm zur Verfügung stehen.

33 Robert Gordon, S. 311.

34 Robert Dahl, *Who Governs? Democracy and Power in an American City* (New Haven, Conn.: Yale University Press, 1961), S. 151.

Daß Unterschiede zwischen kommunistischen und demokratischen Ländern bestehen, was die Sicherheit von Managerposten angeht, verwundert nicht (und vermutlich gilt dies nicht nur im Hinblick auf kommunistische, sondern auch auf andere totalitäre Staaten). In kommunistischen Ländern sind die Manager viel weniger sicher, sie sind viel häufiger von Degradierung oder Entlassung betroffen, mitunter enden sie sogar im Gefängnis oder werden zum Tode verurteilt. Eine Untersuchung darüber, welche Positionen Werksdirektoren, deren Ersetzung durch andere durch die Sowjetpresse ging, später einnahmen, ergab, daß 40 Prozent von ihnen einfach entlassen worden waren oder auf Posten landeten, die eindeutig eine Degradierung bedeuteten.[35] Im Vergleich zu westlichen sind diese Manager noch auf andere Weise im Nachteil, sie können in ihrer Blütezeit keinen nennenswerten Privatbesitz akkumulieren, der ihnen später nach Degradierung oder Entlassung als Polster dienen könnte.[36] Obgleich im letzten Jahrzehnt auch in der Sowjetunion eine entschieden höhere Arbeitsplatzsicherheit für die Manager zu verzeichnen ist, läßt sie sich doch noch keineswegs vergleichen mit der ihrer amerikanischen und westeuropäischen Gegenspieler.[37] Dies scheint ein unvermeidliches Nebenprodukt totalitärer oder halbtotalitärer Regierungsformen zu sein.

Dieser relative Mangel an Sicherheit hat indessen nicht verhindern können, daß die Zugehörigkeit zur sowjetischen Managerklasse halb erblich geworden ist. Dem verfügbaren Datenmaterial nach zu urteilen, scheinen Manager, die sich des Wohlwollens der Parteielite erfreuen, ihren Kindern besondere Ausbildungsvorteile verschaffen zu können, die, wie überall, den Weg in die Managerklasse oder einen der anderen privilegierten Kreise der sowjetischen Gesellschaft pflastern.

Chruschtschow selbst hat gesagt, daß nur ein Drittel der Studenten in den 50er Jahren Bauern- und Arbeiterkinder waren, und ein neulich ausgebürgerter sowjetischer Student berichtet: »Nur

35 Granick, *Red Executive,* S. 112. Siehe auch Merle Fainsod, *How Russia Is Ruled,* rev. Aufl. (Cambridge, Mass.: Harvard University Press, 1963), S. 106 über die Unsicherheit von Managern unter Stalin.

36 Sie können Ersparnisse akkumulieren und auch andere persönliche Habe, die Möglichkeiten sind jedoch viel beschränkter als im Westen, wo die Einkünfte der Manager so viel höher sind.

37 Granick, *Red Executive,* S. 112–114.

eine Handvoll Studenten an den Prestigeuniversitäten stammt aus Familien, die nicht selbst der Intelligenz angehören«, und »je höher das Prestige einer Universität oder eines Instituts, desto mehr ›Elite‹ studiert dort«.[38] Seit die Managerklasse zu den *rukovodiashchie kadry*, den führenden Kadern innerhalb der Intelligenz gehört, darf man annehmen, daß ihre Söhne zahlreich vertreten sind an den besten Universitäten und Instituten.[39]

In den frühen 40er Jahren veröffentlichte James Burnham, ein desillusionierter Ex-Marxist, ein Buch mit dem Titel *The Managerial Revolution*, in dem er die These entwickelte, die Managerklasse sei die zukünftige herrschende Klasse in den Industriegesellschaften.[40] Burnham schrieb, in den kapitalistischen Ländern verdränge die Managerklasse rasch die besitzende Klasse aus ihrer herrschenden Stellung, und in der Sowjetunion sei dies nicht anders, dort verdränge sie eben die Parteielite. Es sei nur eine Frage der Zeit, so meinte er, bis die Manager, insbesondere die für die Produktion verantwortlichen, die neue herrschende Klasse verkörperten.

Viele Überlegungen in Burnhams Analyse scheinen fragwürdig oder sind direkt falsch, und doch stellte er eine sehr wichtige Frage, die Frage nämlich, in welchem Verhältnis die Managerklasse und ihre Elite zu den übrigen mächtigen Klassen und deren Eliten stehen. Stellen sie gegnerische Gruppen dar, die in einen Kampf auf Leben und Tod um die Herrschaft verstrickt sind, wie Burnham meint? Oder ist ihr Verhältnis anderer Art?

In den letzten Jahren hat eine wachsende Zahl von Beobachtern die Meinung vertreten, Burnham habe recht, wenn er den Managern zunehmende Macht attestiere, er habe jedoch unrecht, wenn er sage, sie verdrängten die älteren Eliten. So vertritt zum Beispiel C. Wright Mills die Auffassung, daß die Managerelite die Besitzelite nicht verdränge, sondern mit ihr verschmelze »zu der

38 David Burg, »Observations of Soviet University Students«, in: Richard Pipes (Hrsg.), *The Russian Intelligentsia* (New York: Columbia University Press, 1953), S. 80—81. Über die weiter zurückliegende Zeit siehe Alex Inkeles, »Social Stratification and Mobility in the Soviet Union: 1940—1950«, *American Sociological Review*, 15 (1950), S. 472—476.

39 Siehe Leopold Labedz, »The Structure of the Soviet Intelligentsia«, in: Pipes, S. 70—71, über den Status der Manager innerhalb der Intelligenz; siehe auch Inkeles, S. 466.

40 (Bloomington, Ind.: Indiana University Press, 1960, erstmals erschienen 1941.)

mehr oder weniger einheitlichen Schicht der Vereinigten Reichen«.[41]

Während Mills' Belege für diese Behauptung noch ausstehen, liegt ausreichend Material, indirektes und direktes, darüber vor, daß diejenigen, die es schaffen, der Managerelite in der Privatindustrie anzugehören, ziemlich sicher sein können, auch der Besitzklasse anzugehören. Rein logisch gesehen sollte jemand mit einem Einkommen von 50 000 Dollar und mehr keine großen Schwierigkeiten haben, auch in relativ kurzer Zeit ein Vermögen mit einem Nettowert von 133 000 Dollar zu akkumulieren.[42] Mit einem Gehalt von dieser Höhe, zu dem Aktienoptionen, weitere Sondervergünstigungen, Zinsen aus vorhandenem Vermögen und Kapitalgewinne hinzukommen, sollte dies wirklich ganz einfach sein. Alle verfügbaren Daten geben diesen Überlegungen denn auch voll recht. Wenn Mitglieder der Managerelite gezwungen waren, ihr Nettovermögen offenzulegen, dann stellte sich heraus, daß sie in der Regel auch zur Besitzelite zählten. Charles Wilson, früherer Präsident von General Motors und später Verteidigungsminister, sowie Robert McNamara, früherer Präsident der Ford Motor Company und später ebenfalls Verteidigungsminister, sind nur zwei Beispiele dafür. Beim Eintritt in den Regierungsdienst mußten beide ihr Vermögen offenlegen, und es zeigte sich, daß Wilson GM-Aktien im Werte von 2,5 Millionen Dollar besaß, McNamara verfügte über Ford-Aktien im Werte von 1,6 Millionen Dollar und hatte eine Option auf weitere Aktien 18 Dollar unter Marktwert, was zusammen noch einmal 270 000 Dollar ergab.[43] Von ihren übrigen Vermögenswerten war nicht die Rede. Wie Tabelle 2 im 10. Kapitel zeigt, waren diese Männer keine bloßen Randfiguren der Besitzelite, sie gehörten zum inneren Kreis.

Weitere Beweise für den engen Zusammenhang zwischen Manager- und Besitzeliten stellen die in letzter Zeit gesammelten Daten über die soziale Herkunft der Manager dar. Eine der besten Untersuchungen zu diesem Thema stammt von Newcomer, weil hier nur Personen erfaßt sind, die eindeutig der Managerelite an-

41 Mills, *The Power Elite* (Fair Lawn, N. J.: Oxford University Press, 1956), S. 147.

42 Siehe Fußnote 112 im vorigen Kap., hier findet sich eine Erläuterung für die 133 000 Dollar als Minimalkriterium für die Zugehörigkeit zur Besitzelite.

43 *The New York Times*, 16. Jan. 1953, S. 8; 26. Dez. 1960, S. 12, 30 und 31.

gehören. Mehr als ein Drittel der Manager in Newcomers Sample stammen aus »vermögendem« Haus[44], und etwa die Hälfte ihrer Väter waren in Positionen tätig, die eine Zugehörigkeit zur Besitzelite wahrscheinlich machten.[45] Aus diesen Zahlen geht hervor, daß nicht nur Zugehörigkeit zur Managerklasse zu Mitgliedschaft in der Besitzklasse führen kann, sondern daß es auch umgekehrt sein kann. Beide Muster sind üblich.

Und noch ein weiteres Band eint die beiden Klassen: ihr gemeinsames Interesse an der Erhaltung der Institution des Privateigentums. Die bisherige Darlegung dürfte klar gezeigt haben, daß die Managerelite oder zumindest der Teil, der in der Privatindustrie arbeitet, diese Institution nicht minder schätzt als die Besitzelite. Überall, wo Industrien verstaatlicht wurden, sind Autonomie und Macht der Manager eingeschränkt worden, ihre Gehälter gesunken (zumindest im Vergleich mit den Industrien, die in privater Hand verblieben).[46]

Dennoch ist die Verbindung zwischen besitzender und Managerklasse beileibe keine totale. Erstens arbeiten, wie wir gesehen haben, nicht alle Manager in der Privatindustrie. Abgesehen von den hohen Beamten, Stadtdirektoren und Schulleitern sind viele in staatlichen Industrien sowie im Dienste von Organisationen wie den skandinavischen Genossenschaften tätig, die nicht nach dem Profitprinzip arbeiten.[47] Das Durchschnittseinkommen dieser Manager ist viel niedriger als das von Managern in der Privatindustrie, und ihre Möglichkeiten, Besitz und Vermögen zu akkumulieren, sind deshalb lange nicht so groß. Zweitens hängt ihre Position, was Macht und Privilegien anlangt, nicht davon ab, ob es Privatindustrie gibt oder nicht. Und schließlich stehen sie, als zumeist für den öffentlichen Dienst ausgebildete Akademiker, Privatunternehmen, für die Profit vor Gemeinwohl geht, mehr oder

44 Newcomer, S. 63.

45 Ebenda, S. 53—54. Unter diejenigen, deren Zugehörigkeit wir als »wahrscheinlich« bezeichnen, rechnen wir: Direktor derselben Gesellschaft aufgrund seiner Position als Sohn (11,6 Prozent), Finanzunternehmer (5,5 Prozent), Unternehmer in Industrie, Bergbau und Transportwesen (8,9 Prozent), Handelsunternehmer (15,8 Prozent), höhere Beamte (7,3 Prozent), Rechtsanwälte (5,1 Prozent) und Ärzte (2,7 Prozent). Insgesamt 56,9 Prozent.

46 Siehe z. B. Lewis und Stewart, S. 126.

47 Zu den skandinavischen Genossenschaften siehe u. a. Marquis Childs, *Sweden: The Middle Way*, rev. Aufl. (New Haven, Conn.: Yale University Press, 1947).

weniger kritisch gegenüber. Kurz, aufgrund ihrer Ausbildung und ihrer persönlichen Situation sind diese Männer meist keine großen Verfechter von Privatunternehmen oder glühende Anhänger der besitzenden Klasse. Erfahrung und Interessen lassen sie ihr eher ambivalent oder sogar feindlich gegenübertreten.

Selbst in der Privatindustrie herrscht keine völlige Interessenidentität zwischen Managern und besitzender Klasse. Wenn die Manager ihre Machtbefugnisse benutzen, um den Aktienbesitzern die Kontrolle über ihre AG zu entwinden, greifen sie damit das Prinzip des Privateigentums und der Besitzrechte an. Und wenn sie ihre Macht über das Direktorium dazu nutzen, ihre Gehälter anzuheben und andere Vergünstigungen einzuheimsen, dann tasten sie das Fundament der besitzenden Klasse an.

Wir müssen deshalb die besitzende und die Managerklasse als zwei *analytisch* getrennte und eigene Einheiten behandeln, die *empirisch* mehr oder weniger stark verbunden sein können. Vom empirischen Standpunkt her gesehen, besteht das Problem darin zu bestimmen, inwieweit diejenigen, die zur Besitzelite gehören, auch zur Managerelite zählen und umgekehrt; analytisch betrachtet, läßt sich leicht erkennen, daß Zugehörigkeit zur einen nicht automatisch Zugehörigkeit auch zur anderen Elite nach sich zieht. Außerdem ist festzustellen, daß dort, wo keine doppelte Zugehörigkeit vorliegt, eine Konfliktbasis gegeben ist. In den Vereinigten Staaten, wie wahrscheinlich in den meisten nichtkommunistischen Ländern, überschneiden sich im Falle von Managern der Privatindustrie die beiden Klassen recht häufig (obwohl selbst Mills nicht mehr sagt, als daß Manager- und Besitzelite im Begriff seien, zu einer »mehr oder weniger einheitlichen Schicht« zu verschmelzen). Für Manager im Staatsdienst und in anderen nicht auf Gewinnbasis arbeitenden Organisationen ist die Überschneidung allerdings viel geringer und die Bande zwischen den beiden Klassen sind viel dünner und brüchiger.[48]

In der Sowjetunion hat sich ein ähnliches Verhältnis entwickelt zwischen der Managerklasse und den Parteifunktionären. In seiner Analyse über sowjetische Manager schreibt David Granick,

48 Eine ähnliche Unterscheidung mag angebracht sein im Falle von Beamten und Grundbesitzern in Agrargesellschaften. Es scheint jedoch, daß selbst auf der analytischen Ebene der Zusammenhang enger ist in Agrar- als in Industriegesellschaften. Leider müssen wir hier aus Raumgründen auf eine ausführliche Erörterung dieses Gegenstandes verzichten.

bei Industriemanagern und hauptamtlichen Parteifunktionären handle es sich »weitgehend ... um den gleichen Typus von Personen. In beiden Gruppen müssen normalerweise die Mitglieder zuverlässige Parteigenossen sein, die politisch aktiv sind; ihre Einkünfte entsprechen sich weitgehend, selbst ihre Ausbildung verläuft recht ähnlich.«[49]

Obgleich sowjetische Manager eine Menge mit den Parteifunktionären gemein haben und, wie Granick berichtet, während einiger Phasen ihrer Laufbahn sogar identisch sein können, herrscht keineswegs vollkommene Interessenidentität. An vielen Punkten gehen ihre Interessen auseinander, ein Faktum, welches die Parteielite sehr wohl erkannt hat, trennt sie doch das Amt des Werksmanagers und des Parteisekretärs in jedem Betrieb der Sowjetunion säuberlich voneinander. Fainsod hat dies vor kurzem so ausgedrückt:

»Dem Parteiapparat ist daran gelegen, seine Rolle von der des Managements abzugrenzen, trotz der Tatsache, daß Spitzenmanager auch Parteimitglieder sind. Mit ihrer eigenen unabhängigen Hierarchie von Sekretären in Betrieben und Organisationen ist die Partei bestrebt, von sich ein Bild zu zeichnen, das sie als Wächter über die Interessen des gesamten Volkes zeigt und von dem wesentlich engeren Gesichtskreis mancher Industriemanager unterscheidet. Durch diese besondere Aufgabe des Parteiapparates steht sie sowohl in einem *kooperativen wie auch potentiell antagonistischen Verhältnis* zur Betriebsleitung.«[50]

Mit seinem zweiten Punkt behauptet Granick nicht, daß es sich bei Industriemanagern und Parteifunktionären »in der Regel« um die gleichen Personen zu verschiedenen Zeitpunkten ihrer Laufbahn handle, sondern nur, daß dies »häufig« vorkomme. Aber selbst dies scheint übertrieben, und Granick legt nur einige vereinzelte Belege dafür vor. Seine beiden Tabellen zu diesem Thema zeigen eher, daß der Wechsel aus einer Managerposition in der Industrie auf einen Parteifunktionärsposten oder umgekehrt bestenfalls eine seltene Erscheinung ist.[51] Einem anderen

49 *Red Executive*, S. 273.

50 Fainsod, S. 516 (Hervorhebung von mir). Siehe auch Granick, *Red Executive*, Kap. 10, und Klaus Mehnert, *Der Sowjetmensch*, Kap. 7 über die antagonistischen Aspekte dieses Verhältnisses, die, wie die beiden Autoren und auch Fainsod zeigen, oft weit mächtiger sind.

51 Granick, S. 274 und 276.

Experten zufolge beginnt die Trennung zwischen Manager und Parteifunktionär bereits während des Studiums.[52]

Zusammenfassend kann man sagen, daß in der Sowjetunion wie anderswo die Managerklasse und ihre Elite eine Klasse für sich innerhalb der Gesellschaft bilden. Mit der politisch herrschenden Klasse verbindet sie jedoch eine ganze Menge, und es kommt durchaus zu Überschneidungen zwischen beiden. Die Managerklasse scheint deshalb eine ambivalente Rolle in den vielen Kämpfen um Macht und Privilegien in der Sowjetunion spielen zu müssen.

Die Klasse der Militärs

In seinem Buch *The Power Elite* beschreibt C. Wright Mills die gegenwärtige amerikanische Gesellschaft als von drei stark ineinander verfilzten Gruppen beherrscht, den Reichen, der politischen Führung und den Kriegsherren.[53] Indem er die militärische Elite dazuzählt, verleiht er einer Auffassung Ausdruck, die im letzten Jahrzehnt zunehmend Unterstützung gewonnen hat. In ihrem Kern besagt diese Einschätzung nichts anderes, als daß durch die ständige militärische Krise der Gegenwart ungeheuer viel Macht in die Hände der Militärs gelangt ist: extreme Vertreter dieser Ansicht sagen sogar, das Militär drohe zur herrschenden Klasse in der Gesellschaft zu werden.

Niemand bezweifelt, daß das Militär in der modernen Welt eine große Rolle spielt und mächtig ist. Es bleibt allerdings zu fragen, ob seine Macht *innerhalb* der einzelnen Gesellschaften so erheblich größer ist als in der Vergangenheit, und ob es so beherrschend ist, wie oft gesagt wird.

Zum ersten Punkt ist zu sagen, daß sich die Position des Militärs in *Amerika* zweifellos gewandelt hat. Das ist jedoch etwas ganz anderes, als wenn man sagt, sie habe sich in der ganzen Welt gewandelt oder diese Veränderung sei eine Folge der Entwicklung vom Agrar- zum Industriestaat. Wie wir gesehen haben, war das Militär in den Agrargesellschaften eine starke Macht, und in einer Vielzahl von Fällen war es sogar die beherrschende Macht.[54] Eine

52 Burg, S. 83—85.

53 a. a. O.

54 Siehe z. B. Andrzejewski über Prätorianismus, *Military Organization and*

genaue Untersuchung zeigt, daß die untergeordnete Stellung des amerikanischen Militärs in der Vergangenheit eine ganz und gar untypische Struktur kennzeichnete, in der sich die einmalige Kombination von Geschehnissen der amerikanischen Geschichte widerspiegelte, welche es dieser Nation ermöglichte, ohne eine starke Militärmacht zu überleben und zu blühen.

Was den zweiten Punkt anlangt, so wird die Macht des modernen Militärs stark übertrieben dargestellt, zumindest was die entwikkelteren Industrievölker betrifft. Es ist sicher richtig, daß die militärischen Anlagen in den Vereinigten Staaten, der Sowjetunion und den meisten anderen Industrieländern sehr groß sind und riesige Budgets erfordern, die Befugnisse des Militärs sind jedoch ganz klar festgelegt und *definiert* und ziviler Kontrolle unterstellt. Dies läßt sich nicht nur von allen Großmächten heute sagen, es traf sogar, und das ist bemerkenswert, auf die expansionistische Nazi-Ära zu.

Das sowjetische Militär oder verschiedene seiner Vertreter haben verschiedentlich nach einer Ausweitung ihrer Macht gestrebt, sind aber jedesmal schroff zurückgewiesen worden. Das bekannteste Beispiel dafür aus den letzten Jahren stellt Marschall Schukow dar, der im Jahre 1957 von seinem Posten als Verteidigungsminister fristlos entlassen wurde.[55]

In den Vereinigten Staaten gibt es nicht einen einzigen dem von Schukow vergleichbaren Fall, in dem die zivile Autorität herausgefordert worden wäre.[56] Kein Mensch kann bestreiten, daß der Militärhaushalt enorm gewachsen ist, dennoch gingen diese Steigerungen weitgehend auf zivile Bestrebungen zurück; und wenn das Militär in rein militärischen Belangen an Autonomie gewonnen hat, ist dies hauptsächlich auf die zunehmende Kompliziertheit militärischer Technologie und Organisation zurückzuführen. In anderen Dingen hat sich die Position des Militärs kaum verbessert, ja in manchen hat sie sich sogar verschlechtert, insbesonde-

Society (London: Routledge, 1954), S. 104—107, oder John J. Johnsons faszinierende Untersuchung *The Military and Society in Latin America* (Stanford, Calif.: Stanford University Press, 1964).

55 Vgl. z. B. Wolfgang Leonhard, *Kreml ohne Stalin* (Köln: 1959) oder Fainsod, S. 482—487.

56 Am nächsten käme dem wahrscheinlich die MacArthur-Affaire unter der Trumanregierung. Sie war jedoch die Aktion eines einzelnen Mannes und fand keine Unterstützung bei anderen hohen Militärs.

re was die Verteilung von Macht und Privilegien außerhalb des Bereichs streng militärischer Angelegenheiten angeht. So weist beispielsweise eine neue Untersuchung nach, daß zwischen 1929 und 1949 die Offiziersgehälter im Verhältnis zu den Gehältern im zivilen Dienst sanken, und zwar verschlechterte sich der Koeffizient von 2.98 auf 2.53.[57] Derselben Untersuchung zufolge gingen auch die Zusatzvergünstigungen, insbesondere was die Unterbringung angeht, zurück. Es wird berichtet, daß »ein Oberleutnant in der Zeit zwischen den Kriegen so wohnte wie im Jahr 1959 ein Oberst«. Auch die Herabsetzung des Pensionsalters hat sich für viele Offiziere als handfester Nachteil erwiesen, wobei das Problem noch weiter verschärft wird durch die neue Bestimmung, die es ihnen untersagt, im Dienste von Unternehmen tätig zu werden, die Militäraufträge in dem Bereich ausführen, dem sie früher angehörten. Und schließlich waren es im Jahre 1958 höchstens noch eine Handvoll Spitzenoffiziere, die Gehälter von 20 000 Dollar und mehr bezogen – was weniger als die Hälfte dessen ist, was Schulpräsidenten im Endgehalt verdienen.

Diese Fakten gewinnen dann an Bedeutung, wenn wir uns ins Gedächtnis zurückrufen, daß das Militär in den letzten Jahren wiederholt Anstrengungen unternommen hat, seinen finanziellen Status zu verbessern. Daß es dabei nicht so recht zum Ziel kam, kann nur als Beweis dafür gewertet werden, daß ihm die *relevante* Art von Macht fehlt, dies im Rahmen des gegenwärtigen Verteilungssystems durchzusetzen. *Die Macht zu haben, ganze Völker mit atomaren Raketen auszulöschen, ist offensichtlich etwas ganz anderes, als die Macht zu haben, den eigenen Anteil am Nationaleinkommen zu steigern; die Macht im einen Falle steht nicht für die im anderen.* Das Dilemma, in dem das Militär sich befindet, erinnert uns daran, daß *Stärke* und *Reichweite* von Macht zuweilen zweierlei Dinge sind, und daß enorme Macht auf dem einen Gebiet nicht notwendig in vergleichbare Macht auf anderen Gebieten sich verwandeln läßt, zumindest nicht mit legalen Mitteln.

An diesem Punkt stellt sich die Frage, warum das Militär, als es ihm nicht gelang, seine Position mit legalen Mitteln zu verbessern, nicht zur Gewalt gegriffen hat. Es handelt sich hier um ein

57 Diese und die anderen Informationen in diesem Abschnitt stammen aus Morris Janowitz, *The Professional Soldier* (New York: Free Press, 1960), S. 181—187.

wirklich bemerkenswertes Phänomen der modernen Welt: *erfolgreiche Militärputsche gibt es in entwickelten Industrieländern praktisch überhaupt nicht.* In den Agrargesellschaften der Vergangenheit und in unterentwickelten oder gerade erst sich industrialisierenden Ländern der modernen Welt ist sehr oft geputscht worden. In den entwickelteren Industriestaaten jedoch gab es nur einen Fall. Er trat ein in Japan in der Zeit unmittelbar vor dem Zweiten Weltkrieg; aus Berichten darüber geht hervor, daß es sich auch hier um keinen echten Militärputsch handelte, da er von mächtigen Gruppen aus dem zivilen Bereich nachdrücklich unterstützt wurde, die bis zur Niederlage Japans im Jahre 1945 ein gewichtiges Wort in Staatsangelegenheiten mitzureden hatten.

Die Erklärung für das praktische Ausbleiben von Militärputschen liegt keineswegs auf der Hand, die Frage muß noch gründlich erforscht werden. Jede Erklärung scheint jedoch den wichtigen ideologischen Wandel, welcher stattgefunden hat, berücksichtigen zu müssen. Solange der Staat als Privateigentum einer einzelnen Familie betrachtet wurde, die sich ihre Privilegien mit Gewalt verschafft hatte, gab es keine wirkliche ideologische Schranke gegen militärische Übergriffe. Mit der Ausbreitung der demokratischen Staatstheorie erfuhr die Situation eine entscheidende Veränderung. Die neue Ideologie verstärkte den Widerstand gegen Militärputsche *innerhalb der Militärs selbst.* In dem Maß, in dem Militärführer aus dem Zivilleben kommen und in der demokratischen Tradition aufwachsen, treten sic auch Militärputschen entgegen.

Ein zweiter Faktor ist vermutlich in dem sich wandelnden Charakter des Kriegs selbst zu sehen. In der modernen Kriegführung gibt es keine Zivilisten im echten Sinne mehr; praktisch die ganze Bevölkerung ist in den Krieg hineingezogen. Selbst in Friedenszeiten ist die Grenze zwischen Zivilisten und Militärs nicht mehr so deutlich wie einst. Immer mehr Offiziere leben, ja arbeiten »außerhalb der Garnison« und geraten dadurch stark unter zivile Einflüsse.[58] Ergebnis dieser Entwicklungen konnte nur eine Schwächung des traditionellen Selbstbildes der Militärs als einer Gruppe für sich mit besonderen und verdienstlichen Qualitäten sein, welche die Anwendung von Gewalt als einem Instrument

58 Eine ausgezeichnete Erörterung dieser Entwicklungen stammt von Janowitz.

politischer Aktion im Innern erlauben. Wenn diese Analyse zutrifft, *dann kann der Militärdienst durchaus ununterscheidbar werden vom Zivildienst, zumindest unter dem Blickwinkel des Verteilungsprozesses.*

Die Klasse der Geistesarbeiter

Keine der Veränderungen, die mit der Industrialisierung einhergingen, war ähnlich bedeutsam wie die Revolutionierung des Wissens. Seit Beginn der Industriellen Revolution vor zweihundert Jahren ist der Wissensfundus der Menschen um ein Vielfaches gewachsen.

Für das Berufsklassensystem war diese Entwicklung von allergrößter Bedeutung. Zum einen zeichnet sie für den heutigen Umfang, Einfluß und Wohlstand der Klasse der Geistesarbeiter verantwortlich; zum anderen ist durch sie die Ausbildung zu einem viel wertvolleren Mittel zum Zweck geworden und haben die Bildungsinstitutionen bei der Verteilung von Macht und Privilegien ein viel höheres Gewicht erlangt als je zuvor in der Geschichte. Schließlich hat sie den ehedem vorhandenen Bedarf an ungelernten oder angelernten Arbeitskräften drastisch reduziert und bedroht damit Millionen von Menschen in ihrer Lebensexistenz. Ihrer enormen Bedeutung wegen sollen die einzelnen Momente dieser Entwicklung sorgfältig betrachtet werden.

Ein besonders lästiges Problem hinsichtlich der Klasse der Geistesarbeiter ist das der Definition. Wie Wissenschaftler zu Recht festgestellt haben, ist es viel leichter, über »die höheren Berufsstände« zu reden, als sie zu definieren.[59] Dennoch gibt es einige eindeutige Kriterien. Einmal bezieht sich der Terminus stets auf eine Tätigkeit, welche die Beherrschung eines komplizierten Systems von Spezialwissen und der damit verbundenen Fähigkeiten, die überwiegend intellektueller Natur sind, voraussetzt. Hinzu kommt, daß solche Fähigkeiten selbst von fähigen Leuten nicht schnell erworben werden können: das Absolvieren einer höheren Bildungsanstalt wird zunehmend zur Voraussetzung für den Zugang zu allen geistigen Berufen. Und schließlich verfügen Menschen,

59 Siehe z. B. A. M. Carr-Saunders und P. A. Wilson, *The Professions* (Oxford: Clarendon Press, 1933), Einleitung; oder Roy Lewis und Angus Maude, *Professional People* (London: Phoenix House, 1952), Kap. 4.

die geistige Berufe ausüben, trotz ihres erheblichen *Einflusses* auf andere selten über viel formale *Autorität;* in diesem Punkte unterscheiden sie sich stark von den Angehörigen der Managerklasse. Wir wollen hier in unserer Analyse einen Beruf dann als einen geistigen Beruf ansehen, wenn er diesen Anforderungen entspricht; die Klasse der Geistesarbeiter soll jener Ausschnitt der Bevölkerung sein, der in diesen Berufen tätig ist.

Diese Klasse hat sich entwickelt aus der Priesterklasse sowie aus bestimmten Gruppen der Vasallenklasse in den Agrargesellschaften; dazu gehörten Physiker, Mathematiker, Astrologen, Lehrer und ähnliche. Sieht man von den Priestern ab, so handelte es sich um eine kleine Gruppe, deren Einfluß begrenzt war. Der Grund dafür lag vor allem darin, daß ihr »Wissen« häufig einfach nicht verläßlich war. Einzelnen von ihnen gelang es mitunter, die Gunst mächtiger Herrscher oder mächtiger Mitglieder der regierenden Klasse zu erlangen, sie kamen in einigen Fällen sogar zu Ruhm und Vermögen; die Mehrzahl von ihnen besaß jedoch weder das eine noch das andere.

Während der letzten zweihundert und ganz besonders der letzten fünfzig Jahre ist die Klasse der Geistesarbeiter zu einer starken Macht in der Gesellschaft geworden. Mit der *Verläßlichkeit* technischen Wissens stieg auch die Nachfrage nach Personen, die darüber verfügten. Der reine und meßbare *Umfang* solchen Wissens ist gewachsen und hat eine ständig steigende Zahl und immer größer werdende Vielfalt von Spezialisten notwendig gemacht. Und schließlich hat mit der Tendenz zu größerer ökonomischer Gleichheit und dem Anstieg des Lebensstandards auch die Zahl der Personen zugenommen, die für die Dienste von Geistesarbeitern bezahlen können. Alle drei Faktoren zusammen bewirkten eine enorm gestiegene Nachfrage nach geschulten Geistesarbeitern.

Genaue Angaben darüber, wie viele Gebildete es in traditionellen Agrargesellschaften gab, sind schwer zu beschaffen; dennoch läßt sich eine gewisse Vorstellung vom Umfang der stattgehabten Veränderung gewinnen, wenn man den Anteil der Geistesarbeiter an der gesamten Arbeitskraft in Ländern, die vor rund einer Generation noch Agrargesellschaften waren, mit ihrem Anteil in entwickelteren Industriestaaten der Gegenwart vergleicht. Im Falle der Agrargesellschaften waren es zwischen knapp 1 Prozent (in Mexiko im Jahr 1940) und knapp 3 Prozent (in Griechenland im Jahr 1928).[60] Wenn man diejenigen unter den Gebildeten, deren Arbeit eher die beginnende Industrialisierung dieser Gesellschaften widerspiegelt, ausklammern könnte, dann würde die obere Grenze vermutlich bei höchstens 2 Prozent, vielleicht sogar darunter liegen. Im Jahre 1960 dagegen arbeiteten in Amerika fast 10 Prozent der männlichen Bevölkerung in akademischen, technischen oder verwandten Berufen, und diese Zahl stellt offensichtlich keinen Spitzenwert dar.[61] Tatsächlich deutet alles darauf hin, daß sie in Zukunft weiter- und zwar unbegrenzt weitersteigen wird. In anderen Industrieländern ist die Ziffer noch nicht so hoch, der Trend ist jedoch derselbe.[62]

Mit dem Umfang sind auch Einfluß und Einkommen der Klasse der Geistesarbeiter gestiegen. Der Einfluß ist schwer zu messen, das Einkommen bereitet keine Mühe. Die Einkommensstatistiken aller entwickelten Industriestaaten zeigen eine deutliche Überlappung zwischen den Klassen der Geistesarbeiter und der Manager, in ihren Mittelwerten unterscheiden sie sich kaum. In den Vereinigten Staaten zum Beispiel lag im Jahr 1959 das mittlere Einkommen aller als Geistesarbeiter und Techniker Klassifizierten nur 10 Prozent unter dem von gehaltsempfangenden Managern und Beamten (6778 gegenüber 7479).[63] Ein neuer Bericht über die Sowjetunion macht deutlich, daß die mittleren Einkommensunterschiede zwischen Geistesarbeitern und Managern etwas größer sind, aber auch hier zeigen sich erhebliche Überschneidungen. Einige führende Professoren und Akademiker zum Beispiel haben Grundgehälter, die denen von Spitzenmanagern großer Industriebetriebe oder zumindest von Ministern der Staatsregierung durchaus vergleichbar sind. Aus derselben Untersuchung

60 W. S. Woytinsky und E. S. Woytinsky, *World Population and Production: Trends and Outlook* (New York: Twentieth Century Fund, 1953), S. 356—357.

61 1870 hatten die geistigen Berufe einen Anteil von nur 2,5 Prozent an der gesamten amerikanischen Arbeitskraft. Siehe Burton Clark, *Educating the Expert Society* (San Francisco, Calif.: Chandler, 1962), Karte 2.2., S. 47.

62 Eine neuere Untersuchung zeigt, daß die Zahl der Akademiker und Halbakademiker in der Sowjetunion von 520 000 in den 20er Jahren auf 6 820 000 oder annähernd 6 Prozent der gesamten Arbeitskraft im Jahr 1957 stieg (siehe Nicholas DeWitt, *Education and Professional Employment in the USSR* (Washington, D. C.: National Science Foundation, 1961), S. 456). Die Zahl der Akademiker und Techniker in England und Wales stieg von 420 000 im Jahr 1881 auf 1 240 000 und damit auch hier auf 6 Prozent der gesamten Arbeitskraft im Jahr 1951 (siehe David Marsh, S. 126 und 145).

63 *U. S. Census of Population, 1960: Occupational Characteristics,* Tabelle 25.

geht außerdem hervor, daß Mitglieder der höheren Berufsstände durchaus zu jenen zählen, die bei herausragender Leistung mit außerordentlich hohen und lukrativen Prämien rechnen können.[64] In den hohen Bezügen der Geistesarbeiter findet das Gesetz von Angebot und Nachfrage recht deutlich seinen Niederschlag.[65] Im Vergleich zu Agrargesellschaften besteht, wie wir gesehen haben, eine viel stärkere Nachfrage nach intellektueller Arbeitskraft. Außerdem sind die Leistungsstandards anspruchsvoller, weil der Fundus zuverlässigen Wissens gegenüber der Vergangenheit so stark gewachsen ist. Wenn die geistigen Berufe überdurchschnittliches Können verlangen und das Angebot an Geistesarbeitern einer Normalverteilungskurve entspricht, dann müßte jede Steigerung der Standards das Angebot qualifizierter Leute in kürzester Zeit reduzieren. Diese Faktoren werden zum Teil aufgefangen und ausgeglichen durch die erhebliche Verbesserung der Ausbildungssysteme; und dennoch hat das steigende Angebot geschulter Geistesarbeiter nicht mit der viel schneller steigenden Nachfrage in den meisten Bereichen Schritt halten können. Folge davon ist, daß diejenigen, die die Dienste solcher Fachkräfte in Anspruch nehmen wollen, teuer dafür bezahlen müssen.

Dies ist jedoch nicht die ganze Wahrheit. Neben ihrer natürlichen Fähigkeit brauchen Geistesarbeiter auch noch eine teure und zeitraubende Ausbildung. Aus diesem Grunde gibt es auch kaum eine Fluktuation zwischen geistigen Berufen, ein Mangel an Kräften auf dem einen Gebiet läßt sich in der Regel nicht durch Anwerbung von Leuten beheben, die auf einem anderen Gebiet arbeiten, in dem Überschuß herrscht. Diese »natürlichen« Engpässe im Angebot werden in vielen Fällen noch verstärkt durch »künstliche« oder »von Menschen geschaffene«. Die meisten geistigen Berufe haben sich irgendwie organisiert und benutzen ihre Organisation, um den Zustrom neuer Arbeitskräfte zu steuern und zu kontrollieren. Prinzipiell soll damit die Qualität der auf dem jeweiligen Gebiet arbeitenden Personen überwacht werden; praktisch wird

64 DeWitt, S. 537—545, und bes. Tabelle VI—81.

65 Vor einigen Jahren wurde dies anhand eines einzelnen Berufes gut verdeutlicht, als gezeigt wurde, daß das mittlere Einkommen von Zahnärzten in umgekehrtem Verhältnis zu ihrer Dichte variierte, wobei die Analyse sich jeden Staat gesondert vornahm und dadurch die Unterschiede des Pro-Kopf-Einkommens gut unter Kontrolle hatte. Siehe Milton Friedman und Simon Kuznets, *Income from Independent Professional Practice* (New York: National Bureau of Economic Research, 1945), Karte 11C und 12C, S. 165—166.

damit ein größerer Mangel an Arbeitskräften geschaffen, als er sonst herrschen würde. Dies kann ganz nebenbei geschehen, wenn die führenden Männer einer Berufsgruppe strengere Zulassungsnormen festsetzen, als wirklich notwendig wäre. In einigen Fällen haben einzelne Berufsgruppen auch geplant Schritte unternommen, um den Preis für ihre Dienste zu steigern. Am leichtesten ist dies auf Gebieten, wo Geistesarbeiter ihre eigenen Arbeitgeber und dennoch organisiert sind, während ihre Klientel aus vereinzelten und unorganisierten Individuen besteht; die amerikanischen Ärzte stellen einen solchen Fall dar.

Auch auf der Nachfrageseite kann es mitunter zu Engpässen kommen, die das freie Funktionieren des Marktsystems einschränken. Zuweilen herrscht eine monopsonistische oder oligopsonistische Situation, und die betroffenen Geistesarbeiter müssen erkennen, daß es nur einen einzigen oder einige wenige Käufer für die Dienste gibt, die sie anbieten. Umstände der ersten Art herrschen in der Sowjetunion und in anderen totalitären Staaten (obwohl es bis heute nicht möglich war, Lohnskalen völlig zu koordinieren; ein gewisses Maß an lokaler Autonomie hat sich als wirksamer erwiesen). Die oligopsonistische Situation gilt eher für die Vereinigten Staaten, etwa im Falle von Lehrern und Kindergärtnerinnen, die immer wieder erfahren, daß es in einer bestimmten Gemeinde nur eine Handvoll potentieller Käufer für ihre Dienste gibt. Sowohl unter monopsonistischen wie unter oligopsonistischen Bedingungen ist die Position des Verkäufers geschwächt, die Preise sinken und werden gedrückt. Hier kann durchaus die Erklärung dafür liegen, daß das Durchschnittseinkommen von Geistesarbeitern in der Sowjetunion niedriger ist als in den Vereinigten Staaten.

Eine Analyse der Klasse der Geistesarbeiter wäre unvollständig, wiese sie nicht auf die vielen Verbindungen hin, die zwischen ihr und den Klassen von Besitzenden, Managern und Politikern in allen entwickelten Industriegesellschaften bestehen. Untersuchungen sozialer Interaktionsmuster zeigen, daß die meisten Angehörigen der Klasse der Geistesarbeiter Wohngegend, Clubs, Kirchen, Bekannte und Heiratspartner mit diesen anderen mächtigen und privilegierten Klassen teilen.[66] Viele sind Geistesarbeiter und

66 Vgl. M. Lloyd Warner und Paul Lunt, *The Social Life of a Modern Community* (New Haven, Conn.: Yale University Press, 1941), oder Hollingshead, a. a. O.

Besitzende zugleich, weil ihre hohen Einkünfte es ihnen gestatten, erhebliche Vermögen zu akkumulieren.[67] Der Charakter ihrer Arbeit erleichtert ihnen auch den Zugang zur Klasse der Politiker. So ergab eine Untersuchung über den amerikanischen Senat, daß 64 Prozent seiner Mitglieder Akademiker waren (hauptsächlich Anwälte).[68] Im Englischen Parlament variierte die Zahl seit dem Zweiten Weltkrieg zwischen 52 und 54 Prozent, was verglichen mit dem Durchschnittswert für die Jahre zwischen den Kriegen einer Steigerung von 45 Prozent entspricht.[69] In Frankreich ist die Lage ähnlich, in den meisten andern Demokratien ebenfalls, obwohl das Mißverhältnis nicht überall so extrem ist.[70] In der Sowjetunion gehören etwa 30 Prozent der Gebildeten der Partei an, und umgekehrt zählen 25 Prozent aller Parteimitglieder zur Klasse der Kopfarbeiter.[71] Kurz, obgleich die Klasse der Geistesarbeiter eine eigene Entität mit speziellen Interessen darstellt, ist sie dennoch eng mit den herrschenden Klassen der Industriegesellschaften verwoben und bedeutet für sie eine wichtige Stütze. Wir werden darauf in unserer Erörterung des Klassenkonflikts noch zurückkommen.

67 Eine Übersicht, die das Federal Reserve Board zusammenstellte, ergab, daß der Nettoverdienst von Akademikern sich auf drei Viertel dessen belief, was Mitglieder der Managerklasse erhielten. Siehe »1953 Survey of Consumer Finances: part 4, Net Worth Consumers, Early 1953«, *Federal Reserve Bulletin* (Sept. 1953), S. 12. Eine andere Untersuchung aus der gleichen Zeit (1950) kommt zu einer etwas niedrigeren Zahl, sie spricht von 60 Prozent. Siehe Horst Menderhausen, »The Pattens of Estate Tax Wealth«, in: Raymond Goldsmith, *A study of Saving in the United States* (Princeton, N. J.: Princeton University Press, 1956), Bd. III, Tabelle W-60.

68 Donald Matthews, *U. S. Senators and Their World* (Chapel Hill, N. C.: University of North Carolina Press, 1960), S. 32.

69 J. F. S. Ross, *Elections and Electors: Studies in Democratic Representation* (London: Eyre and Spottiswoode, 1955), S. 440.

70 Zu Frankreich siehe Philip Williams, *Politics in Postwar France* (London: Longmans, 1954), S. 206, der darauf hinweist, daß um die Jahrhundertwende und auch noch später etwa die Hälfte aller Mitglieder der Nationalversammlung Akademiker waren. Einen weniger extremen Fall nennt R. M. Chapman et al. *New Zealand Politics in Action* (London: Oxford University Press, 1962), S. 145 über Neuseeland. Die gesamten Daten zeigen, daß ein Viertel der in die General Assembly gewählten Kandidaten im Jahr 1960 Akademiker waren.

71 DeWitt, S. 534—536.

Die bisher untersuchten Berufsklassen nahmen alle eine privilegierte Stellung in der Gesellschaft ein, sowohl was Macht wie auch was Privilegien anlangt. Wir wollen uns nun den Klassen zuwenden, deren Mitglieder weniger begünstigt sind. Wir möchten allerdings darauf hinweisen, daß es keine scharfe Grenzlinie zwischen den einen und den andern gibt. Im Gegenteil, in den Fragen von Macht und Privilegien bestehen eindeutig Überschneidungen; einige glückliche Angehörige der weniger begünstigten Klassen erfreuen sich mitunter eines höheren Maßes an geschätzten Gratifikationen als viele, die zur Klasse der Besitzenden, Manager, Politiker und Gebildeten gehören und dort relativ erfolglos geblieben sind.[72]

Am besten von den unteren Klassen in Industriegesellschaften erging es bisher stets der Klasse der Büroarbeiter. Ihre Ursprünge lassen sich zwar bis in die Agrargesellschaften zurückverfolgen, ihren riesigen zahlenmäßigen Umfang hat sie jedoch erst im letzten Jahrhundert erreicht. Ihr Wachstum war eines der Nebenprodukte der Rationalisierung und Bürokratisierung der modernen Industrie sowie der sich unentwegt ausdehnenden Organisationen.

Die Erfahrungen der Engländer auf diesem Gebiet sind recht typisch. Im Jahr 1851 lag der Anteil der Büroarbeiter an der gesamten Arbeitskraft noch nicht bei 1 Prozent; hundert Jahre später waren sie mit 10,5 Prozent beteiligt.[73] In den Vereinigten Staaten stieg der Prozentsatz von 0,6 Prozent im Jahr 1870 auf 15,2 Prozent im Jahr 1962.[74] Ein zweiter wichtiger Punkt in der Entwicklung dieser Klasse betrifft ihre Zusammensetzung nach Geschlechtern. Früher waren nahezu sämtliche Bürokräfte Männer. 1851 lag der männliche Anteil in England bei 99,9 Prozent; 1951 war er auf 40,4 Prozent gesunken und ist inzwischen vermutlich weiter zurückgegangen.[75] Eine ähnliche Entwicklung ist in den Vereinigten Staaten und anderen Industrieländern zu beobachten.

72 Die Überschneidung betrifft mehr Mitglieder der oberen Klassen, weil auf den oberen Stufen des Verteilungssystems die Gratifikationen — relativ betrachtet — eher rückläufig sind.

73 David Lockwood, *The Blackcoated Worker: A Study in Class Consciousness* (London: G. Allen, 1958), S. 36.

74 Zu den Zahlen für 1870 siehe Mayer, S. 70; zu 1962 siehe *Statistical Abstract, 1962,* Tabelle 297, S. 226.

75 Lockwood, a. a. O.

In der Vergangenheit lag der Status von Büroarbeitern genau zwischen dem der privilegierten Klassen und der Massen der manuellen Arbeiter. Ihre Position in der Berufshierarchie entsprach etwa jener der petite bourgeoisie in der Besitzhierarchie. Im Unterschied zu den Massen der manuellen Arbeiter konnten sie mit einigermaßen guten Arbeitsbedingungen rechnen: sie waren kaum körperlichen Gefahren, Lärm, Gerüchen und Schmutz ausgesetzt. Sie hatten längeren Urlaub und kürzere Arbeitszeiten, sie standen durch ihre Tätigkeit häufig in persönlichem Kontakt mit den Mitgliedern der privilegierten Klassen und konnten sich auch eine relativ vornehme und achtbare Lebensweise leisten. Und schließlich war ihr Einkommen höher und ihr Arbeitsplatz sicherer, als die Massen der Arbeiter sich dies je erhoffen konnten.[76]
In der letzten Zeit hat sich diese Situation gewandelt, die Kluft zwischen der Klasse der Büroarbeiter und der Arbeiterklasse ist ständig kleiner geworden. Nach Lockwood »konnte sich [in den Jahren vor dem Ersten Weltkrieg] der durchschnittliche Büroarbeiter im Einkommen mit dem gelernten Arbeiter vergleichen«; im Jahr 1956 hatte sich die Position der Büroarbeiter soweit verschlechtert, daß sie dem durchschnittlichen manuellen Arbeiter nichts mehr voraus hatten.[77] In den 50 Jahren zwischen 1905 und 1955 waren die Durchschnittslöhne der britischen Arbeiter um 674 Prozent gestiegen, während die Einkünfte von Bürokräften nur um 265 auf 463 Prozent angehoben wurden.[78] Trenddaten über die Sowjetunion stehen nicht zur Verfügung; aktuelle Zahlen zeigen jedoch, daß Bürokräfte in Industrieunternehmen Einkommen haben, die etwas über denen angelernter Arbeiter in der Manufaktur und etwas unter denen gelernter Arbeiter liegen.[79] In den Vereinigten Staaten übertraf in den zwanzig Jahren zwischen 1939 und 1959 das mittlere Einkommen eines Handwerkers, eines Vorarbeiters u. ä. das von Bürokräften, während einfache Fabrikarbeiter oder angelernte Arbeiter mit den Bürokräften bereits in Konkurrenz traten. Folgende Zahlen, die nur für männliche Arbeitskräfte gelten, mögen diese Entwicklung verdeutlichen[80]:

76 Hier wie auch anderswo in diesem Abschnitt stütze ich mich auf David Lockwoods ausgezeichnete Analyse dieser Klasse; a. a. O.

77 Lockwood, S. 67.

78 Ebenda, S. 217.

79 DeWitt, Tabelle VI—81, S. 543.

80 Die Zahlen für das Jahr 1939 stammen aus *Historical Statistics of the*

	1939	1959
Büroarbeiter u. ä.	$ 1 421	$ 4 785
Handwerker u. ä.	$ 1 309	$ 5 240
Fabrikarbeiter	$ 1 007	$ 4 299

In Prozenten ausgedrückt, unter Zugrundelegung der Bezüge von Bürokräften als Basis, tritt die Struktur klarer hervor:

	1939	1959
Büroarbeiter u. ä.	100	100
Handwerker u. ä.	92	110
Fabrikarbeiter	71	90

Die Kluft zwischen Büroarbeitern und Arbeiterklasse hat sich auch in anderen Punkten geschlossen, zum Beispiel was Arbeitszeit, Urlaub, Altersgrenze und Altersversorgung anlangt.[81]

Etliche Gründe für die Verschlechterung der Position der Bürokräfte liegen auf der Hand. Zum einen hat die Emanzipation der Frauen aus dem Mittelstand, die es ihnen ermöglichte, außer Haus zu arbeiten, eine Flut potentieller Bürokräfte entstehen lassen. Viele Betätigungsbereiche sind Frauen weitgehend verschlossen, weil Familienaufgaben sie daran hindern, über eine Reihe von Jahren kontinuierlich zu arbeiten. Sie konzentrieren sich deshalb auf Gebiete, die keine kontinuierliche Betätigung erfordern, und hier stellt Büroarbeit offensichtlich eine gute Möglichkeit dar. Trotz der Tatsache, daß die Nachfrage nach Bürokräften ständig gestiegen ist, hat sie nicht mit dem Angebot Schritt halten können, und dadurch haben auch die Bezüge in diesem Bereich nicht Schritt gehalten mit denen in den meisten anderen.

Ein zweiter Grund, der vermutlich zum Absinken der Klasse der Büroarbeiter beigetragen hat, ist in dem heutigen Umfang der Büros zu suchen. Vor rund fünfzig Jahren noch waren die meisten Büros so klein, daß ihre Angestellten eine persönliche Beziehung zum Arbeitgeber entwickeln konnten. In der modernen Behörde oder dem Industriebüro, wo Tausende arbeiten, sind die Büroangestellten der Leitung nur noch statistisch bekannt und zu einer Belastung des Profits geworden. Unter solchen Umstän-

United States: Colonial Times, to 1957 (Washington: GPO, 1960), S. 168; für 1959 aus *U. S. Census of Population, 1960*, Bd. I, Teil 1. Tabelle 208.

81 Lockwood, S. 53 ff.

den haben moderne Manager kaum irgendwelche Bedenken, die zu entlassen, deren Dienste nicht mehr gebraucht werden. Damit hat die Klasse der Büroarbeiter erheblich an Boden verloren, denn in der Zeit vor 1920 »ging man allgemein davon aus, daß Büroangestellte sich darauf verlassen konnten, eine Dauerstellung zu haben, vorausgesetzt sie waren tüchtig und charakterlich untadelig«.[82]

Schließlich hat die Einführung von Büromaschinen, welche den Bürokräften die Rechenarbeit abnehmen, sich auf einen Anstieg der Nachfrage nach Bürokräften stark hemmend ausgewirkt. Addiermaschinen, Rechenmaschinen, und neuerdings Computer, um Schreibmaschinen, Diktaphone und Vervielfältigungsmaschinen sowie eine Vielfalt anderer Dinge gar nicht erst zu nennen, ersetzen Tausende von Bürokräften.

Im Unterschied zu den Arbeitern, auf die sie lange Zeit herabsahen, zögerten die Büroangestellten in ihrer Mehrzahl, sich zu organisieren und entweder den Zustrom neuer Arbeitskräfte oder den Einsatz von Maschinen auf ihrem Gebiet zu beschränken. Damit waren sie dem freien Spiel des Marktes ausgeliefert, was in den vergangenen Jahrzehnten sehr zu ihrem Nachteil ausschlug. Diese Entwicklung hat einige Soziologen zu dem Schluß veranlaßt, die historische Kluft zwischen manuellen und nichtmanuellen Arbeitern sei im Schwinden begriffen. Sie sagen, man habe im Berufsklassensystem heute nicht mehr von zwei wesentlichen Einheiten auszugehen, sondern von einer Dreiteilung, die sich um eine »mittlere Masse« von »Büroarbeitern, Verkäufern, Handwerkern, Vorarbeitern, Kleinunternehmern, Halb- oder Pseudoakademikern und Technikern, Managern und Angestellten in Kleinbetrieben und Arbeitern mit hohen Einkünften« organisiere.[83]

Ohne die wachsende Einkommensangleichung leugnen zu wollen, die sich auch im Lebensstil auswirkt, müssen wir darauf hinweisen, daß ein grundsätzlicher Unterschied bestehen bleibt, der ausreicht, um Theorien, wonach eine Unterscheidung zwischen manueller und nichtmanueller Tätigkeit nicht mehr nötig sei, mit Skepsis zu begegnen: *die Mitglieder der Klasse der Büroarbeiter*

82 Ebenda, S. 56.

83 Siehe Harold Wilensky, »Orderly Careers and Social Participation: The Impact of Work History on Social Integration in the Middle Mass«, in: *American Sociological Review*, 26 (1961), S. 529–530.

haben viel größere Chancen, in die Klassen von Unternehmern, Managern und Geistesarbeitern aufzusteigen. Statistische Daten aus dem Jahr 1962 weisen aus, daß 37 Prozent aller Männer zwischen fünfundzwanzig und vierundsechzig Jahren, deren erste Arbeitsstelle nach Schulabschluß das Büro war, es zum Geistesarbeiter, Unternehmer oder Manager gebracht haben; unter denjenigen, die als Handwerker angefangen hatten, waren nur 26 Prozent aufgestiegen.[84] Die *Söhne* von Büroangestellten sind den *Söhnen* von Handwerkern gegenüber sogar noch mehr im Vorteil. 42 Prozent der ersten konnten aufsteigen gegenüber nur 26 Prozent der zweiten Gruppe.[85] Fast alle fortgeschrittenen Industrieländer, die Daten über Mobilität vorlegen, nennen ähnliche Ziffern.[86] Angesichts solchen Materials ist es nicht angebracht, auf die Unterscheidung zwischen manueller und nichtmanueller Arbeit zu verzichten, sie beruht auf einem Umstand, der in den Verteilungssystemen praktisch aller fortgeschrittenen Industrienationen das Leben der Einzelnen nachhaltig bestimmt.

Die Klasse der Verkäufer

Der wachsende Umfang von Unternehmen brachte es mit sich, daß viele Funktionen, die ehedem in einer einzigen Berufsrolle gebündelt waren, heute je einzeln zur Basis spezialisierter Rollen geworden sind. Die Funktion des Verkäufers ist dafür ein gutes Beispiel. In den kleinen Werkstätten, die charakteristisch waren für agrarische Gesellschaften, versah der Meister mit seinen Gesellen und Lehrlingen alle anfallenden Arbeiten vom Einkauf der Rohmaterialien bis zum Verkauf des Fertigprodukts. Abgesehen von einigen größeren Handelshäusern war niemand ausschließlich mit dem Verkauf von Waren befaßt.

In modernen Industriegesellschaften ist dies alles anders geworden. Die Ausdehnung der Unternehmen und die damit verbundene Spezialisierung erfordern immer mehr Menschen, die sich

84 »Lifetime Occupational Mobility of Adult Males, March 1962«, U. S. Bureau of the Census, *Current Population Reports* (1964), Serie P-23, No. 11 Tabelle 2.

85 Ebenda, Tabelle 1.

86 Siehe S. M. Miller, »Comparative Social Mobility«, *Current Sociology*, 9 (1960), No. 1, S. 66—80.

allein mit dem Verkauf beschäftigen und auch ausschließlich davon leben. So stieg beispielsweise in den Vereinigten Staaten der Prozentsatz der ausschließlich in der Verkaufsbranche Tätigen von 2,5 Prozent im Jahr 1870 auf 6,5 Prozent im Jahr 1962.[87] Die Frauen sind in diesem Bereich zwar zahlreich vertreten, stellen aber keinesfalls wie bei den Bürokräften die Mehrheit: nur 32 Prozent allen Verkaufspersonals waren im Jahr 1962 Frauen. Aus offiziellen Angaben geht hervor, daß das mittlere Einkommen von männlichem Verkaufspersonal weitgehend dem entspricht, was männliche Bürokräfte und gelernte Handwerker verdienen. Wie allerdings aus den unten genannten Zahlen hervorgeht, ist das mittlere Einkommen in der Verkaufsbranche inzwischen über das von Bürokräften hinausgewachsen, während es hinter das von Handwerkern weiter zurückfällt.[88]

	1939	1959
Büroarbeiter u. ä.	$ 1 421	$ 4 785
Handwerker u. ä.	$ 1 309	$ 5 240
Verkäufer	$ 1 277	$ 4 987

Allerdings ist die Gesamtziffer, die für die Verkaufsbranche genannt wird, irreführend, weil die Aufgliederung der Berufe fast eine Zweiteilung deutlich werden läßt. Auf der einen Seite gibt es eine Reihe von Unterkategorien mit mittleren Einkommen, die erheblich unter den Mittelwerten der gesamten Branche liegen. 1959 zählten dazu Zeitungsverkäufer mit 567 Dollar, Hausierer und Hökerer mit 2826 Dollar und Verkäufer im Klein- und Einzelhandel mit 4027 Dollar (damit 272 Dollar unter dem mittleren Einkommen von angelernten Arbeitern). In diese drei Kategorien fiel allein fast die Hälfte aller Verkäufer. Auf der anderen Seite steht eine etwa ebenso große Gruppe von Verkäufern, deren mittleres Einkommen weit über dem Durchschnitt der gesamten Klasse liegt. Dazu gehören Börsenmakler mit 7730 Dollar, Verkäufer, die bei Industriekonzernen beschäftigt sind, mit 6835 Dollar sowie Grundstücksmakler mit 6508 Dollar, Versicherungsagenten mit 6331 und Vertreter aus dem Großhandel mit 6146 Dollar. Insgesamt kann sich diese zweite Gruppe durchaus mit den Geistesarbeitern vergleichen, deren Durchschnittseinkommen

87 Mayer, S. 70, und *Statistical Abstract, 1962*, Tabelle 297, S. 226.

88 *Historical Statistics*, S. 168, und *U. S. Census of Population, 1960*, Bd. I, Teil 1, Tabelle 208.

1959 nur 5 Prozent über dem Durchschnittseinkommen dieser gutgestellten Gruppe von Verkäufern lag.

Diese Unterschiede innerhalb der Klasse der Verkäufer liefern den Schlüssel zur Erklärung, nach welchen Gesichtspunkten hier Gratifikationen verteilt werden. Alle höheren Einkommen entfallen auf Bereiche, in denen in der Regel das Dollarvolumen der getätigten Verkäufe pro Verkäufer recht hoch ist, während niedere Einkommensbereiche mit niedrigen Dollarvolumen zusammenfallen. Das bedeutet, daß in den erstgenannten Bereichen Gehälter und Provisionen trotz ihrer absolut höheren Summen gewöhnlich einen viel kleineren Prozentsatz der Gesamtkosten ausmachen. Dies wiederum heißt, daß sie leichter angehoben werden können, ohne daß der Preis des Produkts oder der Profit des Betriebes nachhaltig berührt wird. Und weil in einer kapitalistischen Wirtschaft für jede Firma das Absatzvolumen von lebenswichtiger Bedeutung ist, wird jeder intelligente Manager darauf sehen, daß es sich so weit wie möglich erhöht. Wenn ein stärkerer Ansporn der Verkäufer sich dabei als förderlich erweist, dann werden solche Gratifikationen auch geboten.

Tabelle 1 illustriert den Charakter einiger wichtiger Zusammenhänge. Wie daraus hervorgeht, macht in einer Industrie mit niedrigem Absatzvolumen pro Verkäufer selbst eine kleine Gehaltserhöhung oder Provisionssteigerung des Verkäufers eine erhebliche Steigerung der Verkäufe erforderlich, soll auch nur das ursprüngliche Profitniveau erhalten bleiben. Unter diesen Umständen wird das Management natürlich den niedrigsten Lohn zahlen, zu dem es Personal, welches befähigt ist, die Funktion auszuüben, überhaupt bekommen kann, und es wird mit Hilfe von Werbung und ähnlichen Techniken versuchen, den Absatz stabil zu halten. In einer Industrie mit hohem Absatzvolumen pro Verkäufer dagegen verlangt eine vergleichbare Gehaltssteigerung nur einen gelinden Verkaufszuwachs. In solchen Industrien weiß das Management, daß der Ansporn eines höheren Einkommens die Verkäufer motiviert, fleißiger zu arbeiten, und daß man besser daran tut, eine gute Garde von Verkäufern anzuheuern, die dann für die entsprechenden Gewinnsteigerungen sorgt. Kurz, in manchen Industrien lohnt es sich, den Verkäufern die Chance zu geben, überdurchschnittlich viel zu verdienen, und in anderen lohnt es sich nicht.

Was Aufstiegschancen anlangt, so befinden sich Verkäufer sogar

TABELLE 1

Verhältnis von Verkaufskosten, Verkaufsvolumen und Profiten (hypothetisch)

Verkaufskosten pro Verkäufer pro Tag	andere Kosten*	Profit	Gesamtverkaufsvolumen	zu verkaufende Stückzahl	Verkaufssteigerungen
Industrie mit niedrigem Dollarverkaufsvolumen pro Verkäufer:					
$ 15	$ 75	$ 10	$ 100	100	
$ 20	$ 90	$ 10	$ 120	120	20%
Industrie mit mittlerem Dollarverkaufsvolumen pro Verkäufer:					
$ 15	$ 885	$ 100	$ 1 000	100	
$ 20	$ 929	$ 100	$ 1 049	105	5%
Industrie mit hohem Dollarverkaufsvolumen pro Verkäufer:					
$ 15	$ 8 985	$ 1 000	$ 10 000	100	
$ 20	$ 9 075	$ 1 000	$ 10 095	101	1%

* Es wird davon ausgegangen, daß sie im Verhältnis zu den Verkäufen variieren.

in einer besseren Situation als Bürokräfte. Die Zensusbehörde legte für 1962 eine Statistik vor, die zeigt, daß 41 Prozent der Männer zwischen fünfundzwanzig und vierundsechzig, die als Verkäufer angefangen hatten, in die Klassen von Geistesarbeitern, Unternehmern oder Managern aufgestiegen waren, im Vergleich zu nur 37 Prozent derjenigen, die im Büro, und zu 26 Prozent, die als Handwerker begonnen hatten. In einer ähnlichen Lage befinden sich die Söhne von Verkäufern, 47 Prozent schafften den Aufstieg, während es unter Söhnen von Bürobediensteten nur 42 und unter Handwerkerkindern sogar nur 27 Prozent zum Geistesarbeiter, Unternehmer oder Manager gebracht hatten.[89]

In kommunistischen Staaten hat das Verkaufspersonal nur eine minimale Bedeutung; wir verfügen über keinerlei Angaben über sein Einkommen, können aber mit Sicherheit davon ausgehen,

89 »Lifetime Occupational Mobility of Adult Males, March 1962«, Tabelle 1 und 2, a. a. O.

daß es unter dem nationalen Gesamtdurchschnitt liegt.[90] Alle Regierungen kommunistischer Staaten mit Ausnahme der jugoslawischen haben bis vor kurzem sowohl die Produktion wie die Distribution von Gütern kontingentiert; das Moment der Auswahl war – von der Konsumentenebene abgesehen – minimal.[91] Und selbst hier sicherte der beständige Vorgang der Produktion von Kapitalgütern zulasten von Konsumgütern den Absatz nahezu jeden Produkts, ohne daß ein besonderer Kaufanreiz nötig gewesen wäre.

Die Arbeiterklasse

In traditionellen Agrargesellschaften gehörte die große Mehrzahl der Bevölkerung der Klasse der Bauern an. Obwohl ein kleiner Rest dieser Bauernschaft in mehr oder minder modifizierter Form in allen Industriegesellschaften noch immer existiert, hat die Arbeiterklasse, ein Abkömmling der alten Handwerkerklasse, ihr den Rang als größte Berufsklasse längst abgelaufen. Dabei sind die Angehörigen dieser neuen Klasse nicht, oder zumindest nicht in ihrer Mehrzahl, die Nachkommen von Handwerkerfamilien einer früheren Zeit. Vielmehr sind die meisten unter ihnen entwurzelte Nachkommen von Bauern, die aufgrund von Intensivbewirtschaftung des Bodens und Ernteüberschüssen sowie der Mechanisierung des Ackerbaus gezwungen waren, ihr Land zu verlassen.

Obwohl in den entwickelteren Industriegesellschaften die Arbeiterklasse die größte Berufsklasse ist, hat sie selten jenes zahlenmäßige Übergewicht erreicht, das die Bauern einst hatten. Mit einer einzigen Ausnahme, der von England nämlich, war die Arbeiterklasse niemals mit mehr als 60 Prozent an der gesamten männlichen Arbeitskraft beteiligt, im Mittel stellte sie 50 Prozent. Die zahlenmäßige Stärke der Arbeiterklasse war stets sehr

90 Ihr Einkommen dürfte wohl kaum höher sein als das von Büroangestellten in Industrieunternehmen, und die Einkünfte der letzteren erreichen im Mittel nicht mehr als 88 Prozent des nationalen Durchschnitts (DeWitt, S. 543).

91 Wie weiter oben bereits gesagt, gibt es definitive Anzeichen für Veränderungen auf diesem Gebiet im gesamten östlichen Europa, einschließlich der Sowjetunion, weil die Parteielite offensichtlich beabsichtigt, den Marktmechanismen von Angebot und Nachfrage mehr Spielraum zu lassen und Planung und Kontingentierung einzuschränken.

unterschiedlich und steht offensichtlich in einem kurvilinearen Verhältnis zum Grad der Industrialisierung einer Gesellschaft. In den Frühphasen der Industrialisierung steigt der Anteil der Arbeiter an der gesamten Arbeitskraft in dem Maße, in dem der Anteil der Bauern fällt. Wenn schließlich die bäuerliche Bevölkerung auf eine kleine Minderheit zusammengeschmolzen ist und die Abwanderung aus ländlichen Gebieten sich auf ein dünnes Rinnsal verengt, ist ein Wendepunkt erreicht und die Arbeiterklasse beginnt ihrerseits zumindest relativ gesehen abzunehmen.

Zensusdaten zeigen, daß der Anteil der manuellen Arbeiter an der *städtischen* Bevölkerung in vielen Industriegesellschaften bereits sinkt. In den Vereinigten Staaten zum Beispiel fiel der Prozentsatz der manuell arbeitenden Männer in den Städten von 70 Prozent im Jahre 1870 auf 60 Prozent im Jahre 1960.[92] Eine neuere Untersuchung über Mobilität auf nationaler Ebene in Schweden ergab, daß nur 61 Prozent aller männlichen Arbeitskräfte in der Stadt manuellen Betätigungen nachgingen im Vergleich zu 73 Prozent in der letzten Generation.[93] Eine ungarische Statistik aus dem Jahr 1949 zeigte einen ähnlichen Rückgang zwischen zwei Generationen an; zum Zeitpunkt der Untersuchung arbeiteten nur 72 Prozent aller in den Städten lebenden Männer manuell, während es in der Generation davor noch 82 Prozent gewesen waren.[94] Vergleichbare Entwicklungen lassen sich in vielen anderen Ländern beobachten, Frankeich, Japan, Norwegen und Westdeutschland eingeschlossen.[95]

Die moderne Arbeiterklasse schließt – wie ehedem die Klasse der Bauern – Menschen aus recht verschiedenen Verhältnissen ein. Auf der einen Seite zählen zu ihr eine Handvoll Leute, die mehr verdienen als der Durchschnittsmanager oder -Akademiker; auf der andern gehören ihr auch jene an, die ihren Lebensunter-

92 Errechnet aus *Historical Statistics*, S. 74, und *U. S. Census of Population 1960*, Bd. I, Teil 1.

93 Diese Zahlen stützen sich auf Gosta Carlsson, *Social Mobility and Class Structure* (Lund: Gleerup, 1958), Tabelle 6.1. Die Angaben könnten etwas verzerrt sein aufgrund unterschiedlicher Geburtenziffern, der Effekt wäre jedoch ein geringerer (nicht ein höherer) Unterschied zwischen den beiden Generationen, schließlich sind die Familien in der Arbeiterklasse traditionell größer als im Mittelstand. Das gleiche gilt für die ungarischen Zahlen weiter unten.

94 Wir stützen uns hier auf S. M. Miller, S. 72.

95 Miller, ebenda.

halt nicht verdienen können und von der Fürsorge abhängig sind. Trotz dieser Unterschiede gibt es, wie im Falle der Bauern, ein Merkmal, welches es gestattet, sie alle einer Klasse innerhalb des Berufsklassensystems zuzuordnen: *sie leben von einer Arbeit, die begrenzte manuelle Fertigkeiten erfordert, die von den meisten andern Mitgliedern der Gesellschaft nach einer relativ kurzen Ausbildungszeit auch beherrscht würden.*

Die Folge davon ist, daß Angehörige der Arbeiterklasse sich stets in einer schlechten Wettbewerbsposition den andern von uns untersuchten Klassen gegenüber befinden. Dies gilt besonders dann, wenn sie individuell auf einem freien Markt oder unter annähernd freien Marktbedingungen zu konkurrieren versuchen, weil fast immer ein Überangebot an manuellen Arbeitern herrscht. Weil in der Regel die Zahl der Anwärter auf solche Arbeitsplätze die verfügbaren Stellen übersteigt (oder in der Vergangenheit überstieg, sind die Käufer von Arbeitskraft gewöhnlich in der Lage, kaum mehr als das Existenzminimum bieten und zahlen zu müssen – *zumindest solange wirklich die Bedingungen des freien Marktes herrschen.*

Im Verlauf der Geschichte sah die Lage der meisten Arbeiter allerdings nicht ganz so garstig aus, zumindest nicht in den entwickelteren Industriegesellschaften. Weitere Faktoren traten hinzu und verbesserten die Situation. Erstens brauchten in den Frühphasen der Industrialisierung hochqualifizierte Handwerker oft jahrelang, bis sie ihr Handwerk beherrschten (obschon in vielen Fällen die Lehrzeit hätte kürzer sein können, wenn man eine raschere Ausbildung im Auge gehabt hätte). Dadurch kam von seiten des Angebots eine gewisse Inelastizität in die Marktlage. Wer hochqualifizierte Arbeitskräfte beschäftigte, wußte, daß er nicht binnen kurzem Ersatz schaffen konnte. Damit war das Angebot von Handwerkern in den einzelnen Bereichen, welches potentiell nahezu unbegrenzt sein mochte, zum je einzelnen Zeitpunkt eng begrenzt. Diese Situation verschaffte den betreffenden Handwerkern eine gute Verhandlungsposition, die es ihnen erlaubte, Löhne zu verlangen und auch zu erhalten, die über dem Existenzminimum lagen. Das Ausmaß, in dem dies möglich war, hing jeweils davon ab, wie leicht und wie schnell Ersatz anzulernen war.

Seit Beginn der Industriellen Revolution sind unzählige neue Maschinen entwickelt worden; viele davon können knifflige und komplizierte Arbeit ausführen, zu denen die Menschen früher Monate oder Jahre brauchten. Noch wichtiger ist, daß die Maschinen nicht nur schneller, sondern auch wirksamer sind. Es ist zwar schwierig, das Tempo dieser Entwicklung genau zu messen; aber Engpässe am Markt, an denen allein die Qualifikationsnormen schuld sind, werden offensichtlich seltener und ein ständig steigender Prozentsatz manueller Berufe kommt mit einer kürzeren Ausbildungszeit aus. Während früher ihr Können sich für viele Arbeiter als eine Art Schutz erwies, zählt es heute weniger und verliert vielleicht völlig an Bedeutung.[96]

Zweiter Faktor bei der Veränderung der Situation ist die *gewerkschaftliche Organisierung*. Obwohl die Gewerkschaftsbewegung ihren Anfang im 18. Jahrhundert nahm, hat sie ihre wesentlichen Erfolge erst in den letzten sechzig Jahren errungen.[97] Indem die Arbeiter in Verhandlungen mit Unternehmern über Löhne, Arbeitszeit und Arbeitsbedingungen als Kollektiv auftraten, gelang es ihnen, ein beachtliches Maß an Kontrolle über das Angebot von Arbeitskräften zu erlangen. Gut organisiert konnten sie auch eine Situation schaffen, in der es keine Arbeit unter einem bestimmten Preis gibt. Um dies zu erreichen, mußten sie sich immer wieder gegen den Einsatz von Streikbrechern aus den Reihen der Arbeitslosen wehren. Früher wurde die Gewerkschaft in solchen Fällen direkt (das heißt auch unter Anwendung von Gewalt) aktiv; heute operiert sie eher mit politischen Mitteln.

Es gibt natürlich Grenzen, über die die Gewerkschaften bei ihren Bestrebungen nicht hinausgehen können. Vor allem können sie den Preis der Arbeitskraft nicht so hoch treiben, daß ihre Arbeit-

96 Siehe z. B. Gerhard Bry, *Wages in Germany, 1871—1945* (Princeton, N. J.: Princeton University Press, 1960), S. 283—286, der einen Rückgang der Einkommensunterschiede zwischen manuellen Arbeitern in Deutschland, England und den Vereinigten Staaten vermeldet und dies *zum Teil* »den Massenproduktionstechniken und der damit einhergehenden Aufsplitterung und Zerlegung qualifizierter Arbeiten in einfachere Verrichtungen« zuschreibt. Aber, so sagt er, es sind auch noch andere Faktoren dafür verantwortlich. Siehe auch J. Frederic Dewhurst et al., *Europe's Needs and Resources* (New York: Twentieth Century Fund, 1961), Anhang 3—5, wo ebenfalls über rückläufige Lohnunterschiede zwischen gelernten und ungelernten Arbeitern in elf europäischen Ländern berichtet wird.

97 Über die frühen Gewerkschaften siehe z. B. G. D. Cole, *The Common People, 1746—1946* (London: Methuen, 1956, erstmals erschienen 1938), Kap. 14, oder Carroll Daugherty, *Labor Problems in American Industry*, 5. Aufl. (Boston: Houghton Mifflin, 1941), S. 318—324.

geber oder ihre Industrie an Wettbewerbsfähigkeit verliert. So zu verfahren, hieße die Gans schlachten, die die goldenen Eier legt. In gewisser Weise scheinen die Vereinigten Bergarbeiter (United Mine Workers) dies in der Kohleindustrie nach dem Zweiten Weltkrieg getan zu haben: indem sie die Löhne im Bergbau entsprechend hoch trieben, beschleunigten sie die Verdrängung der Kohle durch das Öl. In entwickelten Industriestaaten wachsen die Chancen, neue Materialien an die Stelle von herkömmlichen zu setzen, beständig. Das Beispiel der Kohleindustrie verdeutlicht auch eine andere Grenze, welche der kollektiven Verhandlung sowie der Gewerkschaftsaktivität gesetzt ist. Wenn die Löhne in einer Industrie stark steigen, sind die Unternehmer verstärkt aufgefordert, Menschen durch Maschinen zu ersetzen, wodurch wiederum die Zahl der Arbeiter, die von der Gewerkschaftsaktivität profitieren, gesenkt wird.

Wesentlichste Auswirkung gewerkschaftlicher Aktivität dürfte wohl die Kluft sein, die innerhalb der Arbeiterklasse selber aufgerissen wurde, die Arbeiter in organisierte und nichtorganisierte spaltend. Für die ersteren ist ihre Mitgliedschaft in der Gewerkschaft ein wertvolles Mittel, durch dessen Einsatz ihre Löhne weit über das Existenzminimum gesteigert, ihre Arbeitsbedingungen verbessert und ihr Abeitsplatz einigermaßen gesichert werden konnten. Für die andern wirft gewerkschaftliche Organisierung nur indirekt etwas ab.[98]

Ein dritter Faktor, der sich auf die Dauer als folgenreicher erwiesen hat denn Qualifikationsniveau oder gewerkschaftliche Organisation, ist die *politische Organisation.* Solange der Herrschaftsapparat fest in den Händen der besitzenden Klassen und ihrer Verbündeten bleibt, ist gerade die Existenz der Arbeitergewerkschaften ständig in Gefahr. Zum Beispiel machte die Combination Act von 1799 und 1800 Gewerkschaftliche Organisierung äußerst

98 Es liegt Material darüber vor, daß in Industrien oder Gemeinden, in denen ein großer Teil der Arbeiterklasse organisiert ist, die Arbeitgeber Nichtorganisierter bestrebt sind, ihre Löhne einigermaßen wettbewerbsfähig zu halten, um die Gefahr der Organisierung ihrer Arbeitnehmer abzuwenden. Wenn Gewerkschaften politisch aktiv werden und es ihnen gelingt, Mindestlöhne gesetzlich zu verankern u. ä., profitieren davon auch die nicht gewerkschaftlich organisierten Arbeiter. Auf der anderen Seite hindert die Praxis des gewerkschaftspflichtigen Betriebs den nichtorganisierten Arbeiter, um Stellungen zu konkurrieren, für die er vielleicht sogar die höhere Qualifikation hat.

gefährlich; und noch 1930 benutzte die Besitzelite von Middletown (und vielen anderen amerikanischen Gemeinden) den örtlichen Verwaltungsapparat dazu, die Gewerkschaften zu bekämpfen.[99]

In den meisten entwickelten Industrieländern sind die Arbeiter heute in Sozialdemokratischen, Sozialistischen oder Kommunistischen Parteien organisiert, die entweder selbst an der Regierung beteiligt sind oder doch einen wesentlichen Einfluß ausüben. In den Vereinigten Staaten gibt es keine derartige Klassenpartei, die Demokratische Partei arbeitet jedoch mit den Gewerkschaften und der Arbeiterklasse zusammen. In Kanada gibt es nicht einmal das: die Arbeiterstimmen verteilen sich hier auf die Parteien in etwa dem gleichen Verhältnis wie die der andern Klassen auch.[100] In kommunistischen Ländern regiert die Kommunistische Partei im Namen der Arbeiterklasse; wie wir jedoch gesehen haben, ist sie keine Arbeiterpartei mehr in dem Sinne, in dem Sozialdemokratische, Sozialistische Arbeiter- oder Kommunistische Parteien in demokratischen Ländern es sind.

Im allgemeinen versuchen die Arbeiterparteien das Prinzip der freien Marktwirtschaft einzuschränken und seinen Einfluß auf die Festsetzung der Löhne zu verringern. Dafür stehen verschiedene Mittel zur Verfügung. Einer der ersten Schritte besteht häufig in der Verknappung des Arbeitskräfteangebots mit gesetzlichen Mitteln, insbesondere in Form einer Beschränkung der Arbeit von Kindern und Jugendlichen. Später werden dann Versuche unternommen, den Arbeitern das Recht auf Organisation und kollektives Verhandeln gesetzlich zu garantieren, ein Prinzip, welches monopsonistische und oligopsonistische Elemente in die Marktsituation einführt. Und schließlich versucht die Partei in der Regel, einen gesetzlichen Mindestlohn festzulegen, der über dem Existenzminimum liegt, um so den Bereich einzuengen, innerhalb dessen die Unternehmer um die Arbeiter konkurrieren können. Ein weiterer wichtiger Punkt auf dem Programm von Arbeiterparteien ist die Durchsetzung von Anrechten auf gewisse Güter und Dienstleistungen auf der Grundlage des Bürgerrechts (siehe

99 Über die Combination Acts siehe G. D. H. Cole und R. W. Postgate, *The British Common People, 1746—1938* (New York: Knopf, 1939), Kap. 14; über Middletown (Muncie, Indiana) siehe Lynd und Lynd, Kap. 2.

100 Robert Alford, *Party and Society: The Anglo-American Democracies* (Chicago: Rand McNally, 1963), Kap. 9.

S. 564 ff.). Andere politische Programmpunkte haben das gleiche Ziel: den Einfluß der Marktfaktoren von Angebot und Nachfrage bei der Festsetzung der individuellen Löhne einzudämmen. Um das Problem etwas anders zu formulieren, könnte man sagen, daß *die Bemühungen der Arbeiterparteien weitgehend darauf abzielen, die Verteilung von Gütern und Dienstleistungen eher nach politischen als nach wirtschaftlichen Gesichtspunkten zu bestimmen.*

Schließlich hat sich die Situation der Arbeiterklasse durch all jene Faktoren verändert und verbessert, die zum Rückgang politischer und ökonomischer Ungleichheit beigetragen haben. Mit anderen Worten, die Arbeiterklasse hat von Aufkommen und Ausbreitung der neuen demokratisch-egalitären Ideologie, dem steigenden Produktivitätsniveau, dem Rückgang der Geburtenziffern und der wachsenden Einbeziehung der gesamten Bevölkerung in den Krieg profitiert. Alle diese Momente haben die Einkünfte der meisten Arbeiter erheblich über das Existenzminimum steigen lassen.

Es läßt sich kaum exakt feststellen, wie hoch heute in den meisten Industriegesellschaften ein Lohn wäre, der sich ausschließlich am Existenzminimum orientierte, und deshalb auch schwer zu sagen, wie weit der Durchschnittsarbeiter sich von diesem Minimum entfernt hat. Dennoch gibt es informative Untersuchungen über die Entwicklung der *Real*löhne, das heißt der Löhne, in denen die Anpassungen an die von Jahr zu Jahr veränderten Lebenshaltungskosten in den verschiedenen Ländern berücksichtigt sind; und diese Untersuchungen werfen durchaus ein gewisses Licht auf das Problem. So zeigt eine neuere Untersuchung, daß in der Zeit zwischen 1871 und 1958 die realen Wochenlöhne in Deutschland sich mehr als verdoppelt haben.[101] Aus derselben Untersuchung geht hervor, daß in England der Reallohn sich zwischen 1871 und 1944 fast verdoppelte, während er in Amerika aufs Vierfache stieg. In den beiden letztgenannten Ländern ist es überdies seitdem zu weiteren Lohnsteigerungen gekommen.[102] Die Lohnsteigerungen fanden trotz der erheblichen Kürzung der Arbeitswo-

101 Bry, errechnet aus den Tabellen A-50 und A-54.

102 In den Vereinigten Staaten stiegen die Reallöhne zwischen 1944 und 1959 um 10 Prozent, was eine 4,4fache Steigerung von 1871 bis 1959 bedeutet. Für die Zeit von 1944 bis 1959 siehe Harold Vatter, *The U. S. Economy in the 1950's: An Economic History* (New York: Norton, 1963), Tabelle 8-2.

che statt, die im Jahr 1871 in Deutschland etwa zweiundsiebzig und in den Vereinigten Staaten und England sechzig Arbeitsstunden hatte.[103] Norwegische Statistiken weisen für die kurze Periode zwischen 1920 und 1955 ebenfalls fast eine Verdopplung der Reallöhne auf[104], während die Zahlen über Italien für die Zeit von 1948 bis 1959 eine Steigerung von 13,6 Prozent ergeben.[105] Wenn wir davon ausgehen, daß der Durchschnittslohn in den von uns genannten Perioden bereits über dem Existenzminimum lag, dann folgt daraus, daß das Durchschnittseinkommen von Mitgliedern der Arbeiterklasse heute in allen entwickelten Industriegesellschaften erheblich über dem Existenzminimum liegt.

Die Löhne von Industriearbeitern sind, gemessen am Einkommen der privilegierten Klassen, in der modernen Zeit nicht nur absolut, sondern auch relativ gestiegen. Einkommensstatistiken aus den Vereinigten Staaten für die Zeit zwischen 1939 und 1959 nennen beispielsweise folgende Steigerungsraten, allerdings im Geldlohn (nicht im Reallohn) für männliche Arbeiter[106]:

Nichtmanuelle Arbeiter:	
Akademiker, Geistesarbeiter u. ä.	366%
Unternehmer, Manager und Beamte	312%
Bürokräfte u. ä.	337%
Verkaufskräfte	391%
Manuelle Arbeiter:	
Handwerker, Vorarbeiter u. ä.	400%
gelernte Arbeiter	427%
ungelernte Arbeiter (nicht-landwirtschaftl.)	438%
Hilfsarbeiter	397%

103 Ebenda, S. 274—275.

104 Siehe Walter Galenson, *Labor in Norway* (Cambridge, Mass.: Harvard University Press, 1949), Tabelle 3 für die Periode zwischen 1920 und 1938, und Mark Leierson, *Wages and Economic Control in Norway, 1945—1957* (Cambridge, Mass.: Harvard University Press, 1959), Tabelle 4 für die Jahre 1938 bis 1955.

105 Daniel Horowitz, *The Italian Labor Movement* (Cambridge, Mass.: Harvard University Press, 1963), S. 275—276.

106 Diese Prozentsätze basieren auf Zahlen für das Jahr 1939 in *Historical Statistics*, S. 168, und Zahlen für 1959 in *U. S. Census of Population, 1960*, Bd. I, Teil 1, Tabelle 208.

Französische Statistiken für die Zeit von 1910 bis 1954 weisen die gleiche Struktur auf, nur stärker ausgeprägt: während der Nennwert des Einkommens verschiedener Manager- oder Akademikerberufe während dieser Zeit um das 100- bis 170-fache stieg, kletterte er in einigen Arbeiterberufen auf das 200- bis 350-fache.[107] Auch in kommunistischen Ländern sind die Einkommensunterschiede zwischen Arbeitern und nichtmanuell Tätigen im Vergleich zur vorkommunistischen Ära zurückgegangen. Die Zugewinne der Arbeiterklasse verdanken sich nicht nur höheren Löhnen, sondern weitgehend auch dem veränderten Charakter und der wachsenden Bedeutung jenes Machtmittels, welches Bürgerrecht heißt.

Diese politischen und wirtschaftlichen Fortschritte haben in Verbindung mit gewissen anderen Entwicklungen zu einer wichtigen weiteren Veränderung der sozialen Situation der Arbeiterklasse geführt. In den Frühphasen der Industrialisierung waren Arbeiter und Mittelstand durch eine ungeheure kulturelle Kluft getrennt. Sie ist im Schwinden begriffen oder doch zumindest erheblich geringer geworden. Zum Teil liegt dieser Wandel in der Verbesserung der ökonomischen Situation der Arbeiter sowie in der Massenproduktion von Konsumgütern begründet, die es auch Menschen mit geringem Einkommen erlaubt, Waren zu kaufen, die sich von ihren teureren Gegenstücken nicht so leicht unterscheiden lassen, wie dies vor fünfzig oder hundert Jahren noch der Fall war. Zum Teil haben die politischen Fortschritte der Arbeiterklasse den Antagonismus zwischen ihr und den bestehenden politischen Institutionen stark gemindert; das Bewußtsein des Durchschnittsarbeiters liegt heute mehr auf der Linie des Mittelständlers. Und was das Wichtigste ist, das allgemeine Recht auf Schule und nicht zuletzt die Massenmedien befördern den Trend zur kulturellen Angleichung der Klassen. Folge all dieser Entwicklungen war die Übernahme vieler Elemente der Mittelstandskultur in die Arbeiterklasse, was vermutlich die traditionelle Ablehnung der herrschenden sozialen Ordnung durch die Arbeiter verringerte.

107 Jean Fourastié, *The Causes of Wealth,* übersetzt von Theodore Caplow (New York: Free Press, 1960, erstmals erschienen 1951), Tabelle 3.

In dem Maß, in dem die Arbeiterklasse gewachsen ist, hat der bäuerliche Teil der Bevölkerung abgenommen. In den Vereinigten Staaten zum Beispiel waren Bauern und Landarbeiter im Jahr 1870 mit 40 Prozent an der gesamten Arbeitskraft beteiligt, 1962 stellten sie nur noch 7 Prozent.[108] Und alles spricht dafür, daß dieser Anteil in der nächsten Generation noch weiter zurückgeht, mehr als 2 bis 3 Prozent werden es dann nicht mehr sein.[109] In Europa liegt die Situation ganz ähnlich. Einer neueren Untersuchung zufolge fiel der Prozentsatz bäuerlicher Arbeitskräfte in nicht-kommunistischen Staaten von 42 Prozent im Jahr 1920 auf 27 Prozent im Jahr 1950 und ist auch im letzten Jahrzehnt weiter gesunken.[110] In Westdeutschland waren es 1950 32 Prozent, 1957 noch 17 Prozent, in den Niederlanden fiel der bäuerliche Anteil von 16 Prozent im Jahr 1950 auf 11 Prozent im Jahr 1958. In England, wo der niedrigste Stand der Welt erreicht wurde, waren die Bauern 1955 mit nur 4,5 Prozent in der arbeitenden Bevölkerung vertreten. Es sieht so aus, als werde in den entwickelten Industrieländern die bäuerliche Bevölkerung bald nur noch mit 10 Prozent an der Gesamtbevölkerung beteiligt sein, die Sowjetunion vielleicht ausgenommen.[111]

Ebenso wichtig wie der zahlenmäßige Rückgang der Landbevölkerung ist die Veränderung des ländlichen Lebens selber. Strukturen, welche die städtische Wirtschaft prägen, durchdringen und

108 Die Zahl für das Jahr 1870 stammt aus Mayer, S. 70; die für 1962 aus dem *Statistical Abstract, 1962,* S. 215. Für Männer allein lag 1962 die Zahl bei 9 Prozent.

109 In dem kurzen Zeitraum von sieben Jahren zwischen 1955 und 1962 fiel ihr Anteil um 4 Prozent. Außerdem zeigen die Statistiken, daß die bäuerliche Bevölkerung im Augenblick einen sehr hohen Prozentsatz älterer Menschen einschließt, an deren Stelle vermutlich niemand mehr tritt, wenn sie sterben.

110 Diese und die folgenden Zahlen stammen alle aus Dewhurst, *Europe's Needs,* Anhang 3—2 Tabelle A.

111 Dewhurst, *Europe's Needs,* S. 74. Die Sowjetunion hat bekanntlich auf dem landwirtschaftlichen Sektor mit großen Schwierigkeiten zu kämpfen, noch im Jahr 1955 waren die Bauern mit 45 Prozent an der gesamten männlichen arbeitenden Bevölkerung beteiligt (DeWitt, Tabellen VI-42-44). Dennoch nimmt die bäuerliche Bevölkerung relativ gesehen ab, und in der nächsten Generation wird die sowjetische Struktur der amerikanischen und westeuropäischen wahrscheinlich stark ähneln.

verwandeln zunehmend ländliche Gebiete. Landwirtschaft für den Eigenbedarf gehört in allen fortgeschrittenen Industriestaaten schon bald der Vergangenheit an. Kaum noch produzieren Bauern für den Eigenbedarf. Sie produzieren für den Markt. Dieser Prozeß hat bereits einen Punkt erreicht, an dem viele Bauern ein Produkt in seinem Rohzustand, also unverarbeitet verkaufen, um es dann als Fertigprodukt über den Einzelhandel zurückzukaufen (Milchbauern, die ihrerseits zunehmend Milch und andere Molkereiprodukte für den Eigenbedarf kaufen müssen).

Aber selbst das vermittelt noch nicht den richtigen Einblick in die radikale Veränderung, welche die Landwirtschaft der Vereinigten Staaten gegenwärtig durchmacht. Wie Edward Higbee in *Farms and Farmers in an Urban Age* so dramatisch beschreibt, verliert die Landwirtschaft zur Zeit rasch ihre Spezifität und wird anderen Industrieformen immer ähnlicher.[112] Die Mechanisierung hat einen Punkt erreicht, wo eine einzige Maschine, die Kopfsalat verpackt, 20 000 Dollar und mehr und ein einziger Dieseltraktor 32 000 Dollar kosten.[113] Tatsächlich übersteigt die durchschnittliche Kapitalinvestition für landwirtschaftliche Arbeiter die Durchschnittsinvestition für Arbeiter in allen anderen Industrien um ein Drittel.[114] Und die Bauern, welche den immer schärferen Wettbewerb überleben und prosperieren, sehen sich in ein Netz von Geschäftsbeziehungen, Regierungskontrollen und finanziellen Transaktionen verstrickt, welches nicht weniger kompliziert ist als das ihrer städtischen Gegenspieler in der Geschäftswelt. Wer sich in diesen traditionell nicht-landwirtschaftlichen Belangen nicht auskennt, muß bald aufgeben.

Wichtigste Folge dieser Entwicklung ist, daß der kleine unabhängige Bauer, der einst so wesentlich war im amerikanischen Leben, so schnell und so gewiß verschwindet wie der sprichwörtliche Indianer. Die große Mehrzahl war bereits gezwungen, sich in die städtische Arbeiterklasse einzureihen, auch wenn die Zensusbehörde viele von ihnen noch großzügig zu den Bauern rechnet. In der kurzen Periode zwischen 1940 und 1960 sank die bäuerliche Bevölkerung der Vereinigten Staaten um die Hälfte, von 30,5 Mil-

112 *Farms and Farmers in an Urban Age* (New York: Twentieth Century Fund, 1963).

113 Ebenda, S. 10 und 54.

114 Ebenda, S. 11. 1960 beliefen sich die Zahlen auf 21 300 bzw. 15 900 Dollar.

lionen auf 15,6.[115] 44 Prozent von ihnen waren Kleinbauern, deren jährliche Nettoeinnahmen aus der Landwirtschaft sich im Durchschnitt auf nur 217 Dollar im Jahr 1959 beliefen, und die nur überlebten, weil sie aus anderer Arbeit 2884 Dollar nach Hause brachten.[116] Die nächsthöhere Gruppe hatte Nettoeinkünfte aus der Landwirtschaft von durchschnittlich 1740 Dollar pro Jahr, ihr Einkommen aus anderen Quellen betrug 1816 Dollar. Nach Higbee wird diese Gruppe, zu der 34 Prozent aller amerikanischen Bauern zählen, mit Sicherheit in Kürze ausgepowert oder auch ausgestorben sein (fast zwei Drittel von ihnen sind 45 Jahre und älter).[117] Kurz, es scheint, daß höchstens 22 Prozent der 15,6 Millionen Menschen von den im Jahr 1960 lebenden Bauern eine reale Zukunftschance als Landwirte haben. Der Rest darf hoffen, aus seinem Hof eine Nebeneinnahmequelle zu machen, während er seine Existenz durch manuelle Arbeit in der Stadt sichert.

Manche Bauern haben versucht, mit Hilfe organisierter Aktion im Stile der Gewerkschaften gegen diese Entwicklung anzugehen, ihre Anstrengungen waren jedoch nicht von großem Erfolg gekrönt. Zum Teil lag dies an der Komplexität ihrer Probleme. Die bäuerliche Bevölkerung war nicht nur zahlreich, sie war auch weit übers Land verstreut, was Kommunikation und Koordination äußerst schwierig machte. Hinzu kam, daß das Problem auch ein ideologisches war: die große Mehrheit amerikanischer Bauern war in einer Tradition extremen Individualismus aufgewachsen, die es ihnen sehr schwer machte, sich zu kollektiver Aktion zusammenzuschließen.[118]

In den letzten Jahren, als immer deutlicher wurde, wie ernst ihre Situation war, und als es immer weniger Bauern gab, waren sie in ihren organisierten Bemühungen etwas erfolgreicher. Dies gilt im

115 *Statistical Abstract, 1962,* Tabelle 839. Dieser Rückgang ist zum Teil auf die revidierte Definition von »bäuerliche Bevölkerung« zurückzuführen, die 1960 vorgenommen wurde; die Neudefinition ihrerseits war allerdings weitgehend bedingt durch die radikal veränderte wirtschaftliche Situation der Landbevölkerung, welche sich innerhalb der verflossenen zwanzig Jahre ergeben hatte.

116 Higbee, S. 45–46.

117 Ebenda, S. 52.

118 Es darf durchaus angenommen werden, daß keins dieser Merkmale, das ideologische eingeschlossen, nur auf den amerikanischen Farmer zuträfe. Stalins große Schwierigkeiten mit den russischen Bauern sind nur ein Zeichen für deren ebenfalls individualistischen Blickwinkel.

besonderen für die Genossenschaften, die an Macht und Einfluß zu gewinnen scheinen. Higbee erklärt ihr Aufkommen so:

»Obwohl es widersinnig scheint, daß eine Bauernorganisation ausgerechnet dann stärker werden sollte, wenn die Zahl der Bauern allgemein zurückgeht, ist die Erklärung dafür doch ganz einfach. Die Effektivität von Genossenschaften steigt, wie die Effektivität anderer vertikal organisierter Unternehmerorganisationen auch, wenn die Schwachen herausfallen und die überlebenden Stärkeren sich daran machen, wirksamere Organisationen aufzubauen. Dazu bedarf es solcher Bauern, die finanziell so stark und wirtschaftlich so versiert sind, daß sie ihre Produktion freiwillig kontrollieren und nach Bedarf einschränken können, um eine für kollektive Verhandlungen günstige Marktlage zu schaffen. Die Methode, derer sie sich bedienen, ist die gleiche wie in der Industrie: Organisation der Arbeitskräfte und Berufsverbände im Stile der American Medical Association.«[119]

Die Bauern, die den gegenwärtigen Kampf überstehen, werden etwas ganz anderes sein als die unabhängigen Kleinbauern der Vergangenheit. Sie werden der besitzenden Klasse angehören, versiert sein im immer komplizierteren landwirtschaftlichen Management. Allein die Kapitalinvestition an Land und Gebäuden jener 22 Prozent Bauern, die voraussichtlich übrigbleiben werden, beläuft sich auf durchschnittlich 90 000 Dollar und steigt dauernd weiter.[120] Das obere Drittel dieser Bauerngruppe investiert bereits durchschnittlich 135 000 Dollar, genug, um sie zur Besitzelite zählen zu können. Für alle, die diese Zahlen erstaunen und die an die traditionelle Familienfarm denken, fügen wir hinzu, daß es 1959 in den Vereinigten Staaten 408 Farmen gab, die eine Million Dollar und mehr umsetzten, und weitere 800 mit Umsätzen von 500 000 bis 1 000 000 Dollar.[121] Viele dieser Farmen werden wie hochautomatisierte Industrien betrieben, mit bezahlten Managern und Fließbandarbeitern, was die Ähnlichkeit zwischen dem neuen Landwirtschaftssystem und der modernen Industrie noch erhöht.

Die gleichen Tendenzen kristallisieren sich auch in der europäischen Landwirtschaft heraus, obwohl die bäuerliche Bevölkerung

119 Ebenda, S. 37.
120 Vgl. Higbee, Tabellen 1 und 13.
121 *U. S. Census of Agriculture, 1959: Large-Scale Farming in the U. S.* (Washington: U. S. Bureau of the Census, 1963), S. 8.

hier noch relativ zahlreich ist und die Entwicklung in der Landwirtschaft um etwa eine Generation nachhinkt. Dennoch ist der Trend eindeutig. Ein Autor hat es neulich so formuliert: »Alle diese Veränderungen laufen darauf hinaus, aus dem [westeuropäischen] Bauernhof etwas wie eine Fabrik zu machen, die Rohmaterialien ankauft, sie in Maschinen füttert (Boden und Vieh) und das Produkt dann auf den Markt bringt.«[122] Derselbe Autor behauptet aber auch, der Familienhof bleibe in Europa das Ideal, ihn zu erhalten sei Ziel nahezu aller westeuropäischen Regierungen.[123] Weil sich das gleiche von den Amerikanern und ihren Regierungen bis in die letzten Jahre hinein auch sagen ließ, mag man die Skepsis, mit der wir solchen Behauptungen begegnen, verzeihen.

Die Position der sowjetischen Bauernbevölkerung ist schwerer zu charakterisieren als die irgendeiner anderen industriellen Gesellschaft. In mancher Hinsicht ist dieses Land extrem entwickelt und hat mit seiner agrarischen Vergangenheit radikal gebrochen; in anderer ist es dagegen recht rückständig. Letzteres wird besonders deutlich in dem hohen Prozentsatz von Menschen, die nach wie vor in der Landwirtschaft gebraucht werden, sowie im niedrigen Produktivitätsstandard. Noch im Jahr 1955 war etwas mehr als die Hälfte der arbeitenden Bevölkerung in der Landwirtschaft beschäftigt.[124] Die Zahl für die männlichen Arbeitskräfte allein war zwar etwas niedriger, betrug aber immer noch 45 Prozent. Obwohl die Beschäftigtenziffern der russischen Landwirtschaft höher waren und das Land größer ist, lag der Agrarertrag in Rußland um 20 Prozent unter dem von Amerika; wobei wir Zahlenangaben der Sowjetbehörden selbst zugrunde legen.[125] Die Ver-

122 P. Lamartine Yates, *Food, Land and Manpower in Western Europe* (London: Macmillan, 1960), S. 201. Vgl. Margaret Gordon, Tabelle 6, S. 21, sie bringt statistisches Material über den Rückgang der bäuerlichen Bevölkerung in Belgien, Frankreich, Westdeutschland, Italien, den Niederlanden und Großbritannien seit dem Zweiten Weltkrieg.

123 Ebenda, S. 186—188.

124 Diese und die folgenden Schätzungen basieren auf DeWitt, Tabellen VI-42-44. Die Zahlen dürften etwas zu hoch liegen, weil in ihnen auch die landwirtschaftlichen Arbeiter eingeschlossen sind, die auf Kolchosen administrativ tätig sind oder als Handwerker mitarbeiten. Siehe Lazar Volin, »The Collective Farm«, in: Alex Inkeles und Kent Geiger, *Soviet Society: A Book of Readings* (Boston, Mass.: Houghton Mifflin, 1961), S. 337.

125 Siehe z. B. B. I. Braginskii und D. Dumov, »Labor Productivity in Agriculture in the USSR and the USA«, in: Shaffer, S. 181.

hältnisse, unter denen die Bewohner der meisten russischen Dörfer leben, sind überdies nach wie vor extrem einfach.
Andererseits hat die Sowjetregierung die älteren Formen landwirtschaftlicher Organisation nachhaltig beseitigt. Seit den 30er Jahren arbeitet die überwältigende Mehrzahl der Bauern auf großen Kolchosen mit Hunderten oder Tausenden anderer Bauern zusammen, die Arbeit wird ihnen von Verwaltungsdirektoren zugewiesen und steht unter deren Kontrolle. Obwohl der Entlohnungsmodus und auch einige andere Züge der kollektiven Landwirtschaft ihre spezifische Form haben, ist ein Experte zu dem Schluß gekommen, daß der russische Bauer »in vieler Hinsicht nicht mehr zu unterscheiden ist vom russischen Fabrikarbeiter«.[126] Kurz, *wie in allen entwickelten Industriegesellschaften scheinen sich auch in der Sowjetunion die Unterschiede zu verwischen, die in der Vergangenheit Bauern und Landarbeiter von städtischen Arbeitern trennten, mit dem Resultat, daß die Klasse der Bauern allmählich von anderen Klassen absorbiert wird.*

Die Klasse der Arbeitslosen und der Zwangsarbeiter

Auf der untersten Stufe der Berufshierarchie in entwickelten Industriegesellschaften befindet sich häufig eine Klasse von Arbeitslosen oder auch von solchen, die Zwangsarbeit verrichten müssen. Auf die erste Gruppe stößt man eher in demokratischen Ländern, auf die zweite in totalitären Staaten.[127] Beide Klassen entstehen, wenn die in der Gesellschaft Führenden nicht fähig oder nicht bereit sind, ein Gleichgewicht zwischen Angebot und Nachfrage auf dem Arbeitsmarkt herzustellen.
Wie unsere Analyse der Entbehrlichen in den Agrargesellschaften gezeigt hat, blickt die Klasse der Arbeitslosen auf eine lange und bittere Geschichte zurück. Das hat sie jedoch nicht daran gehindert, für die herrschenden Klassen eine ganz wichtige soziale

126 Volin, S. 343. Für eine eingehendere Untersuchung über die russische Bauernschaft siehe Naum Jasny, *The Socialized Agriculture for the USSR* (Stanford, Calif.: Stanford University Press, 1949).
127 Eine neue Untersuchung des sowjetischen Ökonomen Yefim Manevich spricht von einer erheblichen Arbeitslosigkeit in verschiedenen Gegenden Rußlands. Siehe Edward Crankshaw in: *The Washington Post* vom 18. Juli 1965, S. A-22.

Funktion zu erfüllen. Ihre Existenz diente stets dazu, die Löhne zu drücken; sie zwang Bauern und Arbeiter, in ihren Forderungen vorsichtiger und zurückhaltender zu sein, als sie es sonst hätten sein müssen.

Über die Zukunft dieser Klasse läßt sich kaum etwas sagen. In den letzten Jahren hatten die meisten westlichen hochindustrialisierten Demokratien recht niedrige Arbeitslosenquoten. 1955 beispielsweise lag in England, Finnland, Frankreich, Island, Luxemburg, den Niederlanden, Norwegen, Schweden und der Schweiz die Arbeitslosigkeit bei nur etwa 1 Prozent, und im nichtkommunistischen Europa insgesamt bei nur 4,2 Prozent.[128]

Die höchsten Arbeitslosenziffern in Europa wurden interessanterweise in den vier am wenigsten industrialisierten Ländern Griechenland, Italien, Portugal und Spanien registriert. Das zeigt, daß Arbeitslosigkeit mit zunehmender Industrialisierung dazu tendiert, zu sinken. Es wäre indes ein großer Fehler anzunehmen, nur dieser eine Faktor spiele eine Rolle, oder Arbeitslosenquoten gingen mit fortschreitender Industrialisierung automatisch zurück. Die Untersuchung der Geschichte eines jeden einzelnen Landes zeigt, daß zunehmende Industrialisierung auch von *steigender* Arbeitslosigkeit begleitet sein kann. In den Vereinigten Staaten zum Beispiel ist die Arbeitslosenquote unter den männlichen Arbeitern von 2,8 Prozent im Jahr 1953 auf 7,9 Prozent im Jahr 1961 gestiegen, trotz erkennbar fortschreitender Industrialisierung. Daraus geht hervor, daß die Arbeitslosenziffer auch eine Funktion von Faktoren ist wie Krieg, Konjunkturzyklus und technologische Innovation (in diesem Falle Automation). Jedes einzelne Moment beeinflußt die Nachfrage nach Arbeitskräften und damit die Arbeitslosenquote.

Viele Beobachter der heutigen Situation zeigen sich ernsthaft besorgt über den Einfluß der Automation auf die moderne Wirtschaft, und ihre Befürchtungen entbehren nicht der Grundlage. Automation könnte sehr wohl Arbeitslosigkeit großen Ausmaßes nach sich ziehen. Andererseits ist eine solche Entwicklung aber nicht unvermeidlich: es liegt durchaus in der Macht der Menschen, institutionelle Einrichtungen zu schaffen, um solche Folgen zu ver-

128 Dewhurst, *Europe's Needs,* Tabelle 3—9. Siehe auch Margaret Gordon, Tabelle 1, S. 9, die ein Mittel von 1,1 Prozent Arbeitslosen für die sieben führenden westeuropäischen Länder im Jahr 1961 errechnet hat, verglichen mit einem Mittel von 2,5 Prozent für die gleichen Staaten im Jahr 1955.

hindern. Die Frage ist nur, ob die Menschen ihre Möglichkeiten nützen werden.[129]

Prognosen in einem Bereich wie diesem sind immer kühn, doch die Wahrscheinlichkeit einer massiven Arbeitslosigkeit, jener in den 30er Jahren vergleichbar, scheint nicht groß zu sein. In den meisten entwickelten Industriegesellschaften verfügt die Arbeiterklasse, also die Gruppe, die vornehmlich bedroht ist, wenn Arbeitslosigkeit überhand nimmt, heute über die notwendigen politischen Mittel sowie über die nötige Erfahrung, sich zu verteidigen. Dies gilt ganz eindeutig für Länder, deren politischer Organisation das schwedische oder auch das englische Modell zugrunde liegt. Auf Länder amerikanischer Prägung trifft dies nicht in gleichem Maße zu, obwohl die politische Führung gerade in solchen Ländern auch auf die kleinsten Steigerungen der Arbeitslosenziffern zu reagieren scheint. Bedenkt man außerdem das hohe Produktivitätsniveau und den Wohlstand, die zunehmend alle Industrieländer auszeichnen, dann dürften die privilegierten Klassen zum Schutz ihrer vielen Vorteile mit ziemlicher Sicherheit zu Konzessionen bereit sein.

Und noch ein weiterer Faktor spricht gegen einen wesentlichen Anstieg der Arbeitslosenziffern. Die neuen einfachen und billigen Mittel der Empfängnisverhütung machen es unwahrscheinlich, daß die Arbeitslosen und auch diejenigen, die von Arbeitslosigkeit bedroht sind, so große Familien haben werden, wie es in der Vergangenheit der Fall war (wenn sie nicht aus Versehen durch falsche Wohltätigkeit dazu ermuntert werden). Kurz, es mag Schwankungen geben und vielleicht sogar einen geringen anhaltenden Anstieg der Arbeitslosigkeit, *eine wesentliche Steigerung der Arbeitslosenquote auf Dauer wird es vermutlich nicht geben.*

Der Arbeitslosigkeit als niedrigstem Status im Berufsklassensystem demokratischer Industriestaaten entspricht in totalitären Staaten die *Zwangsarbeit.* Eine Klasse von Zwangsarbeitern ist kein unabdingbares Merkmal totalitärer Staaten, wie die Nach-Stalin-Ära in der Sowjetunion zeigt. Auf der anderen Seite läßt die Tatsache, daß sowohl das nazistische wie das kommunistische Regime Zwangsarbeit praktizierten, vermuten, daß sie nicht zufällig oder beiläufig in solchen Staaten auftritt.

Es ist immer wieder gesagt worden, eine Klasse von Zwangsarbei-

129 Siehe Kenneth Galbraith, *The Affluent Society* (Boston: Houghton Mifflin, 1958).

tern sei in Deutschland und in Rußland nur in Reaktion auf politische Abweichung entstanden. Obwohl die Arbeitslager in beiden Ländern tatsächlich zur Gettoisierung der Abweichler geschaffen wurden, kam es zu ihrer Ausdehnung doch vor allem, weil billige Arbeitskräfte gebraucht wurden.[130] Die Existenz politischer Gefangener und anderer Inkriminierter ermöglichten es diesen totalitären Regimen, unzähligen Menschen für ihre Arbeit gerade das Existenzminimum oder noch weniger zu bezahlen, trotz der erklärten sozialistischen oder semisozialistischen Ideologie der Regime.

Wie viele Menschen in Nazi-Deutschland oder in der Sowjetunion als Zwangsarbeiter arbeiteten, läßt sich auch heute noch nicht sagen. In beiden Fällen gingen ihre Zahlen mit absoluter Sicherheit in die Millionen. Im Falle von Rußland spricht man von 10 Millionen zum Zeitpunkt von Stalins Tod.[131] Wie der russische Romanschriftsteller Alexander Solschenizyn in seinem kaum verschlüsselten Roman *Ein Tag im Leben des Iwan Denissowitsch* schreibt, führten die meisten Angehörigen dieser Klasse, genau wie die Entbehrlichen in den Agrargesellschaften, ein »elendes, trauriges, brutales und kurzes« Leben.[132]

Gegenwärtig gibt es in keiner entwickelten Industriegesellschaft eine nennenswerte Klasse von Zwangsarbeitern, die zur Erfüllung wirtschaftlicher Ziele geschaffen worden wäre, und die Aussichten, es könnte eine entstehen, scheinen ebenfalls gering. Die Kommunisten und andere Zwangsarbeit-Geber haben inzwischen erkannt, daß diese Art von Arbeit bei ungelernten oder angelernten Arbeitern viel besser aufgehoben ist, und daß sie sich für Tätigkeiten, die Lehre oder Studium voraussetzen, überhaupt nicht eignet. Menschen, die am Rande des Existenzminimums leben und allein durch Furcht motiviert werden, leisten in anspruchsvolleren Positionen in der Regel nicht viel. Angesichts des rapiden technischen Fortschritts, der den Bedarf an ungelernten Arbeitern ständig verringert, ist es unwahrscheinlich, daß eine der entwickelteren Industrienationen aus wirtschaftlichen Gründen Zwangsarbeit einführen wird. Sollte sich in naher Zukunft eine neue Klasse von Zwangsarbeitern bilden, dann viel eher in Asien, Afrika oder Lateinamerika, oder in Ländern, die erst jetzt den

130 Siehe z. B. Fainsod, S. 432–433 und 459–460.

131 Ebenda, S. 458–460, oder Inkeles und Geiger, S. 253.

132 (München: Knaur, 1970).

schmerzvollen Prozeß des Übergangs zur Industrialisierung durchmachen. In einer Industriegesellschaft, die unter totalitäre Herrschaft gerät, könnte sich eine Klasse von Zwangsarbeitern für eine gewisse Zeit allerdings als profitabel erweisen, zumindest in den Augen der politischen Elite.

12. Industriegesellschaften: Teil III

Frage: Wie hoch ist das ideale Einkommen?
Antwort: 10 Prozent mehr als bisher.
Amerikanisches Scherzwort

Das Bildungsklassensystem

Bildungsinstitutionen waren in traditionellen Agrargesellschaften selten, und unter dem Gesichtspunkt der Verteilung spielten sie auch keine besondere Rolle. Sie erfüllten vornehmlich zwei Funktionen: erstens als Schulen, die den Kindern der herrschenden Klasse den »letzten Schliff« gaben, ihnen die sozialen Fertigkeiten vermittelten, derer sie in ihrer Stellung im Leben bedurften, und zweitens als Institutionen zur Ausbildung von Knaben, die hauptsächlich aus der Vasallenklasse kamen und hier mit den Fähigkeiten ausgestattet wurden, die sie später im Dienste ihrer Herren brauchen würden.[1] In beiden Fällen störten sie die Übertragung von Macht und Privilegien vom Vater auf den Sohn in den traditionellen Bahnen von Erblichkeit nicht.[2] Konkurrenz konnte insofern nicht aufkommen, als die große Mehrzahl aller Knaben nie die Chance hatte, eine Schule zu besuchen, und deshalb von vornherein zum Analphabetismus verurteilt war. Die Söhne von Bauern und Handwerkern lernten, was sie brauchten, indem sie ihrem Vater zusahen oder bestenfalls indem sie bei einem Meister in die Lehre gingen.

Eine der bedeutsamsten Folgen der modernen Bildungsrevolution war die Zerschlagung dieses alten aristokratischen Bildungssystems. In entwickelten Industriegesellschaften sind Analphabetismus und Ignoranz nicht nur für die Analphabeten und die Ignoranten nachteilig, sondern auch für die übrige Gesellschaft. Ein hohes

1 Die klassische Darlegung der ersten Funktion stammt von Thorstein Veblen, *The Theory of the Leisure Class* (New York: New Modern Library, 1934, erstmals erschienen 1899), Kap. 14.

2 Pitirim Sorokin bezieht in der Frage der Rolle von Schulen in traditionellen indischen und chinesischen Gesellschaften die Gegenposition (siehe *Social Mobility*, New York: Harper and Row, 1927, S. 191—193), die neuere Forschung unterstützt ihn dabei allerdings nicht (siehe Kap. 8 und 9 dieses Bandes).

Produktivitätsniveau in einer industriellen Gesellschaft erfordert eine Arbeiterschaft, die zumindest lesen kann, und es gibt genug Hinweise darauf, daß das Produktivitätsniveau der Wirtschaft eng verknüpft ist mit dem Bildungsstand ihrer Arbeiterschaft. Die privilegierten Klassen haben also ein begründetes Interesse daran, allen die Möglichkeit einer Ausbildung zu bieten – eine Situation, die sich von der in Agrargesellschaften radikal unterscheidet. Dazu kommt, daß infolge der Demokratisierung von Regierung und Staat in den meisten Industriegesellschaften die Volksmassen ein Mittel in der Hand haben, welches sie bei der Forderung nach Bildungseinrichtungen einsetzen können.

Dieser Wandel läßt sich anhand der derzeitigen Statistiken über Schulbesuch glänzend belegen. In den Vereinigten Staaten gehen mehr als 99 Prozent aller Kinder zwischen sieben und dreizehn Jahren zur Schule, und unter den Vierzehn- bis Siebzehnjährigen sind es immerhin 90 Prozent.[3] Die Achtzehn- und Neunzehnjährigen stehen noch zu 40 Prozent in der Ausbildung. 1960 absolvierten annähernd 18 Prozent aller amerikanischen Jugendlichen das College, die Zahl der jungen Männer allein lag bei 24 Prozent.[4] Die amerikanischen Zahlen sind zwar die höchsten in der Welt, die übrigen Industrienationen entwickeln sich jedoch in dieselbe Richtung.[5]

Obgleich die Ausweitung des Bildungswesens den Konkurrenzkampf um dieses wertvolle Machtmittel verschärft, sollte man den Grad der bisher erreichten Gleichheit der Bildungschancen doch nicht übertreiben. Wie die Wolfle-Untersuchung aus dem Jahr 1950 zeigt, kann die Korrelation von Intelligenz und akademischem Erfolg kaum als vollkommen bezeichnet werden. Es stellte sich nämlich heraus, daß einige, die ihrer Intelligenz nach zu den schwächsten 5 Prozent gehörten, das College erfolgreich durchliefen, während andere, die zu den 0,1 Prozent an der Spitze zähl-

3 *Statistical Abstract of the United States, 1962* (Washington, D. C.: GPO, 1962), S. 115.

4 Diese Zahlen beruhen auf dem *Statistical Abstract, 1962,* Tabellen 18 und 168.

5 Siehe z. B. J. Frederic Dewhurst et al., *Europe's Needs and Resources* (New York: Twentieth Century Fund, 1961), Tabelle 10-9, die zeigt, daß in den sechzehn Ländern Westeuropas die mittlere Zuwachsrate für den Besuch höherer Schulen zwischen 1938 und 1955 bei 81 Prozent lag. In der gleichen Periode wuchs die Bevölkerung Westeuropas nur um 16 Prozent (Anhang 2-1 Tabelle A).

ten, die Oberschule nicht schafften.[6] Genauer gesagt, 69 Prozent jener 0,1 Prozent an der Spitze absolvierten das College mit Erfolg im Vergleich zu 49 Prozent unter den ersten 5 Prozent und 34 Prozent unter den obersten 20 Prozent.[7] Andere Untersuchungen kommen zu demselben Schluß: *die Korrelation zwischen Intelligenz und schulischem Erfolg ist recht hoch, aber auch nicht mehr.*[8]

Eine ganze Reihe sozialer und psychologischer Faktoren ist für dieses unausgewogene Verhältnis verantwortlich; einen der wichtigsten stellt zweifellos der unterschiedliche familiäre Hintergrund dar. Eltern, die den Klassen von Geistesarbeitern, Managern Besitzenden und Politikern angehören, können ihren Kindern vielerlei Vorteile bieten, die nicht nur finanzieller Natur sind, sondern auch – und das ist gleichermaßen wichtig – Dinge einschließen wie sprachliche Fähigkeiten, Motivation und Möglichkeiten privaten Studiums. Es scheint nicht übertrieben, wenn gesagt wird, *die Familie ist der mächtigste Einzelfaktor, welcher der egalitären Tendenz in den modernen Bildungssystemen entgegenwirkt.* Wie bereits gezeigt, spielt dieser Faktor in der Sowjetunion offensichtlich eine ebenso wichtige Rolle wie in den Vereinigten Staaten.[9]

In den entwickelteren Industriegesellschaften wird der formale Bildungsnachweis immer mehr zu einem wichtigen Machtmittel. Grund dafür ist vor allem die zunehmende Bürokratisierung im Umgang mit Personal, selbst wieder Ergebnis des steigenden Umfangs von Organisationen. In den kleineren Organisationen der Vergangenheit waren Anstellung, Entlassung und Beförderung gelegentlich auftretende Probleme, die informell gehandhabt wurden. Die Kriterien waren individualistisch, Erklärungen gab es keine: wenn der Sohn des Inhabers über die Köpfe erfahrener Leute hinweg seinen Aufstieg machte, dann war dies eben selbstverständlich. Heute dagegen wird erwartet, daß personelle Entscheidungen auf der Basis universeller Standards getroffen wer-

6 Dael Wolfle, *America's Resources of Specialized Talent* (New York: Harper and Row), Tabelle G. 2.

7 Ebenda, Tabelle VI. 1.

8 Siehe z. B. Burton Clark, *Educating the Expert Society* (San Francisco, Calif.: Chandler, 1962), Tabelle 2.1 und 2.2.

9 Siehe David Burg, »Observations of Soviet University Students«, in: Richard Pipes (Hrsg.), *The Russian Intelligentsia* (New York: Columbia University Press, 1961), S. 80–81.

den. Das heißt, daß der Personalchef dem Zwang unterliegt, nach objektiven Kriterien zu suchen, die solche Entscheidungen rechtfertigen können. Weil Bildungsinstitutionen eine selektive Funktion ausüben und Informationen über den Bildungsstand des Einzelnen leicht erhältlich sind, sind Personalleiter nicht zu Unrecht der Meinung, sich bei Entscheidungen über Anstellung und Beförderung auf Leistungsnachweise als fundamentale Kriterien verlassen zu können. So ist zu erklären, daß für bestimmte Positionen nur Oberschulabsolventen und für andere nur Collegeabsolventen in Frage kommen. *Damit hat der Bildungsstatus als Mittel im Kampf um Macht und Privileg ständig an Bedeutung gewonnen.* Er ist zur notwendigen Voraussetzung für den Zugang zu den meisten einträglichen Posten in entwickelten Industriegesellschaften geworden. Die Tage, da man nach einer Lehre bei einem anerkannten Kenner der Materie (das heißt z. B., daß man nach altem Brauch »das Gesetz gelesen« hatte) oder auch durch allmähliches sich Hochdienen bis zur Spitze aufsteigen konnte, werden in bürokratisierten Industriegesellschaften bald der Vergangenheit angehören.[10]

10 Siehe z. B. Lloyd Warner und James C. Abegglen, *Occupational Mobility in American Business and Industry, 1928—1952* (Minneapolis: University of Minnesota Press, 1955), S. 198, die zeigen, daß der Prozentsatz der amerikanischen Unternehmensleiter ohne Collegeausbildung von 55 Prozent zur Zeit der Taussig-und-Joslyn-Untersuchung im Jahr 1928 auf 24 Prozent im Jahr 1952, dem Zeitpunkt ihrer Untersuchung fiel. Die Zahlen lägen noch niedriger, ließe man die Älteren unter ihnen fort. Weitere Zahlen zu dieser Entwicklung liefert Mabel Newcomer, *The Big Business Executive* (New York: Columbia University Press, 1955), Tabelle 24, S. 68. Auch Warner hat gezeigt, daß Collegeausbildung heute praktisch Voraussetzung für einen leitenden Posten in der Bundesregierung ist. Die Prozentsätze derer, die für eine gewisse Zeit am College waren, schwanken zwischen einem Minimum von 93 Prozent im Falle von Karrierebeamten im Zivildienst und einem Maximum von 98 Prozent unter Militärführern und Beamten im Außenministerium. Siehe W. Lloyd Warner et al., *The American Federal Executive* (New Haven, Conn.: Yale University Press, 1963), Tabelle 33B, S. 354. Ähnliche Strukturen zeigen sich auch an anderen Punkten. Siehe z. B. Roy Lewis und Rosemary Stewart, *The Managers: A New Examination of the English, German, and American Executive* (New York: Mentor Books, 1961), Kap. 3 über die sich wandelnde Rekrutierungsstruktur leitenden Personals in der britischen Industrie; David Granick, *The European Executive* (Garden City, N. Y.: Doubleday Anchor, 1964), bes. S. 19—43 und 354—355 über Frankreich, Belgien und England; und David Granick, *The Red Executive* (Garden City, N. Y.: Doubleday Anchor, 1961), Kap. 4, oder Nicholas DeWitt, *Education and Professional Employment in the USSR* (Washington, D. C.: National Science

Solche Anstellungspraktiken führen zu einer Organisationsstruktur, die sehr stark dem kastenähnlichen System des Militärs mit seiner scharfen Trennung zwischen Offizieren und Mannschaftsgraden gleicht. Das Management entspricht den Offizieren, sie werden außerhalb der Organisation rekrutiert und über die Köpfe von Produktionsarbeitern und anderen hinweg, die erfahrener und älter sind, eingestellt. Normalerweise rekrutieren sich die Manager direkt aus den Colleges und Universitäten. Andere Angestellte, die nicht diesen Bildungsstand zu haben brauchen, können auch nicht ins Management aufsteigen, außer in ihrer Eigenschaft als Vorarbeiter, eine Randrolle, die der Rolle des Stabsfeldwebels in der Armee entspricht. Der Aufstieg von Industriearbeitern ist, wie der von Mannschaftsgraden, in der Regel auf die eigene, gesonderte Hierarchie beschränkt, was allen ohne Collegeausbildung die Mobilität nach oben weitgehend verwehrt.

Warner und Abegglen wiesen in ihrer Untersuchung über Führungskräfte der amerikanischen Industrie auf einen merkwürdigen Aspekt dieser Entwicklung hin. Sie stellten eine *umgekehrte* Korrelation fest zwischen Bildungsstand der leitenden Herren in einer Industrie oder einem Betrieb und der jeweiligen Zuwachsrate.[11] Daraus zogen sie den Schluß, daß die Anforderungen in puncto Bildung an das leitende Personal übertrieben sein könnten. Dieser Schluß, so spekulativ er auch sein mag, stellt eine ernsthafte Herausforderung der funktionalistischen These dar, die Gesellschaft benutze ihre Gratifikationen, um ihre fähigsten Mitglieder in die verantwortungsvollen Positionen zu bekommen und um ihre Effektivität in diesen Positionen zu sichern. Er führt außerdem zu der Überlegung, daß der Bildungsstand nicht nur für Fähigkeit und Motivation, sondern auch für Zugehörigkeit zu einer begün-

Foundation, 1961) über die Sowjetunion. Granick schreibt über die Sowjetunion: »In Gesprächen habe ich den Eindruck gewonnen, daß Universitätsausbildung praktisch absolute Voraussetzung bei der Bewerbung um eine leitende Stellung in der Industrie ist« (*Red Executive,* S. 46). Eine neue Untersuchung (1960) über japanische Wirtschaftsführer ergibt, daß 91 Prozent von ihnen Universitätsausbildung haben. Siehe James Abegglen und Hiroshi Mannari, »Japanese Business Leaders: 1880—1960«, unveröffentlichtes Manuskript, verfaßt für die Conference on State and Economic Enterprise in Modern Japan, Association for Asian Studies, 1963, S. 47, oder James Abegglen, *The Japanese Factory: Aspects of Its Social Organization* (New York: Free Press, 1958), Tabelle 1, S. 28.

11 Warner und Abegglen, S. 140—141.

stigten Klasse steht, deren Mitglieder mehr mit ihren persönlichen und ihren Klasseninteressen sich befassen als mit dem Gedeihen der Nation oder des Betriebs.

Statistiken aus den letzten Jahren zeigen deutlich den Zusammenhang zwischen Einkommen und Bildung, wenn man den Störfaktor des Alters unter Kontrolle hält. 1960 zum Beispiel ergaben sich in den Jahreseinkommen weißer amerikanischer Männer zwischen fünfundvierzig und vierundfünfzig folgende Unterschiede[12]:

0–7 Jahre Ausbildung	$ 3 872
8 Jahre Ausbildung	$ 4 722
1–3 Jahre Oberschule	$ 5 335
4 Jahre Oberschule	$ 5 829
1–3 Jahre College	$ 6 765
4 und mehr Jahre College	$ 9 233

Vergleiche mit früheren Jahren zeigen relativ und absolut zunehmend größere Unterschiede. 1946 zum Beispiel verdienten Oberschulabsolventen 26 Prozent mehr als Mittelschüler, 1958 war der Unterschied auf 48 Prozent angewachsen.[13] Ähnlich stieg die Differenz zwischen Oberschülern und Collegeabgängern von 57 Prozent im Jahr 1939 auf 65 Prozent im Jahr 1958.[14] Obwohl diese Zeiträume viel zu kurz sind, um umfassende Schlüsse zuzulassen, zeigen sie doch einen wichtigen Trend an.

Man könnte sich fragen, ob die Ausbildung selbst von so großer Bedeutung oder ob sie nur Symptom mehrerer Grundfaktoren wie Intelligenz oder Familienhintergrund sei. Wie eine neue Untersuchung zeigt, ist Bildung kein bloßes Symptom, sondern ein Faktor von eigener lebenswichtiger Bedeutung. Diese Untersuchung legt ein Sample von mehreren hundert männlichen Studenten im Jahr 1962 zugrunde, die sich im Herbst 1952 an der Universität von Illinois eingeschrieben hatten, jedoch ohne Prüfung abgegangen waren. Es wurden Daten eingeholt über ihre derzeitige Position, ihren familiären Hintergrund, ihre Intelligenz (Tests aus der

12 *U. S. Census of Population, 1960: Occupation by Earnings and Education* (Washington: U. S. Bureau of the Census), Tabelle 1, S. 3. Diese Zahlen stellen durchweg Mittelwerte dar.

13 Herman P. Miller, »Annual and Lifetime Income in Relation to Education: 1939—1959«, *American Economic Review*, 50 (1960), S. 969.

14 Ebenda. Verschiedene Vergleichsjahre werden deshalb zugrunde gelegt, weil es keine Daten über Mittelschulabsolventen des Jahrgangs 1939 gibt.

Studentenzeit lagen vor) und ihren späteren Bildungsgang. Als Hauptdeterminante des Berufsstatus, den die Männer 1962 erreicht hatten, erwies sich die Ausbildung, die sie inzwischen noch erworben hatten. Diejenigen, die ans College zurückgekehrt waren und ihre Prüfung abgelegt hatten, saßen fast durchweg in den höheren Positionen; diejenigen, die nicht mehr ans College gegangen oder ohne Prüfung wieder abgegangen waren, konzentrierten sich auf Positionen von mittlerem oder niedrigem Status. Herkunft (gemessen am Beruf des Vaters) und selbst Intelligenz zählten wenig im Vergleich zum formalen Bildungsnachweis (gemessen an Universitätsabschlußzeugnissen).[15]

Eine interessante Frage, die noch nicht die ihr gebührende Beachtung gefunden hat, gilt der Überlegung, inwieweit gebildete Leute selbst aktiv bestrebt waren, die Gratifikationen von Bildung zu steigern. Dieses Problem überhaupt zu sehen, stellt für Forscher bereits eine schwierige Aufgabe dar: allen Gebildeten scheint es nur natürlich, Bildung zu fördern und die Gebildeten zu belohnen, weil, wie sie sagen, »dies letztlich dem allgemeinen Wohl zugute kommen muß«. Leider zeigt sich, wenn man erst länger darüber nachdenkt, daß die gebildete Klasse in dem, was sie da sagt, durchaus der Unternehmerklasse verwandt ist, die ja auch seit jeher behauptet, was gut sei fürs Geschäft, nütze auch dem Lande. Die eigennützigen Aspekte einer solchen Ideologie werden, wenn andere sie formulieren, sofort sichtbar; von der eigenen Gruppe artikuliert, ist dem nicht so. In einer der wenigen ernsthaften Erörterungen zu diesem Thema meint Michael Young, ein englischer Soziologe, der derzeitige Trend zum Sozialismus und Wohlfahrtsstaat könnte immer noch verkehrt werden durch eine neue Bewegung in Richtung einer »Meritokratie«, einer Elitegesellschaft, in der die Begabtesten und Gebildetsten herrschten.[16] So spekulativ und schwer zu überprüfen – zumindest in verbindlicher Form – diese Hypothese ist, sie verdient große Aufmerksamkeit.

Ehe wir die Untersuchung der Rolle von Bildung im Verteilungs-

15 Siehe Bruce Eckland, »Academic Ability, Higher Education and Occupational Mobility«, *American Sociological Review*, 30 (1965), S. 735–746. Einige der obigen Feststellungen basieren auf Daten, die in einer früheren Version dieses Aufsatzes enthalten waren, später aber weggelassen wurden.

16 *The Rise of Meritocracy, 1870–1933: The New Elite of Our Social Revolution* (New York: Random House, 1959).

prozeß abschließen, müssen wir die einzigartige Funktion reflektieren, welche Bildungsinstitutionen für die Zementierung bestehender politischer und distributiver Systeme dadurch spielen, daß sie die genehmen politischen Ideologien verbreiten. In totalitären Staaten geschieht dies ganz offen und ohne Apologie, und die Ergebnisse sind höchst eindrucksvoll. In der Sowjetunion zum Beispiel scheint die große Mehrheit derer, die nach der Revolution aufgewachsen und zur Schule gegangen sind, die Legitimität des Monopols der Kommunistischen Partei auf politische Macht fraglos und kritiklos zu akzeptieren.[17]

In demokratischen Staaten ist die ideologische Funktion von Bildungsinstitutionen weniger offen und auch weniger einseitig. Die Lehrenden neigen vielmehr zu der Behauptung, ihre Einrichtungen seien ausschließlich mit der Vermittlung objektiver Wahrheiten und wichtiger Techniken befaßt. Politischen Konflikten gehen sie gewöhnlich aus dem Wege. Dennoch ergibt eine sorgfältige Inhaltsanalyse von Lehrplänen in der Regel, daß sie darauf angelegt sind, im Schüler Respekt für die politischen Traditionen und das Erbe seines Volkes zu wecken, was natürlich ein Akzeptieren der politischen Grundvoraussetzungen und ihrer Korrelate im Verteilungsprozeß impliziert. Diese Struktur wird besonders gut sichtbar auf der Unterstufe und in jenen Institutionen, die Kinder aus Unter- und Mittelschichten ausbilden. An den besseren Universitäten dagegen, auf denen unverhältnismäßig viele Kinder aus der oberen Mittel- und Oberschicht studieren, werden mehr und häufiger kritische Gedanken geäußert. Obwohl systematisches Material zu diesem Punkt noch fehlt, scheint die Intention doch die zu sein, eine »reformistische Mentalität« in einer signifikanten Minderheit von Führern der nächsten Generation zu entwickeln. Solche Menschen sind sämtlichen *Grund*elementen des politischen und distributiven *status quo* verpflichtet, akzeptieren jedoch die Notwendigkeit einer Modifikation in *sekundären* Fragen. Der verstorbene Präsident Kennedy oder auch Gouverneur Nelson Rockefeller von New York sind gute Beispiele für diesen Typus. Sie sind weder Revolutionäre noch sture Konservative. Ihre Beteiligung an der politischen Führung demokratischer Länder trägt viel zur Lebensfähigkeit dieser Staaten bei und verringert die Wahrscheinlichkeit einer Revolution. Damit stützen diese Entwicklun-

17 Siehe bes. Alex Inkeles und Raymond Bauer, *The Soviet Citizen* (Cambridge, Mass.: Harvard University Press, 1959).

gen im Bildungsbereich den Konstitutionalismus samt allen Implikationen, die für die Praxis der Verteilungssysteme damit verbunden sind.

Rassische, ethnische und religiöse Klassensysteme

Viele, *wenn auch nicht alle* fortgeschritteneren Industrievölker der modernen Welt weisen tiefe rassische, ethnische oder religiöse Spaltungen auf. In Kanada nimmt die Spaltung zwischen französischen Katholiken und »englischen« Protestanten immer heftigere Formen an. Westdeutschland kennt Grenzen zwischen Katholiken und Protestanten ebenso wie Holland, wo die Protestanten noch einmal gespalten sind in liberale und konservative Gruppen. Belgien ist geteilt in holländischsprechende Flamen und französischsprechende Wallonen, wobei erstere in der Mehrzahl gläubige Katholiken und letztere überzeugte Antiklerikale sind. Die Tschechoslowakei ist gespalten in Tschechen und Slowaken. In der Sowjetunion gab es lange Zeit eine Spaltung zwischen Russen und Ukrainern, hinzu kommen hier noch eine Vielzahl anderer Minderheiten wie Esten, Letten und Litauer sowie Juden, Armenier, Georgier und Usbeken, um nur einige zu nennen. Auch zwischen Gläubigen und Nichtgläubigen herrscht eine Trennung. In den Vereinigten Staaten stehen sich ebenfalls verschiedene Gruppen gegenüber, Neger und Weiße, Juden und Nichtjuden, Protestanten und Katholiken, die Bewohner des Nordens und die des Südens. Selbst in einer relativ so homogenen Gesellschaft wie der englischen werden Unterschiede gemacht zwischen Engländern, Schotten, Walisern oder zwischen den Alteingesessenen, den irisch-katholischen Einwanderern und den neuen farbigen Zuwanderern aus Westindien und Pakistan.

Solange solche Gruppen für den Verteilungsprozeß irrelevant sind, können sie nicht als Klassen oder Statusgruppen betrachtet werden. Wenn Zugehörigkeit zu ihnen jedoch den Zugang zu wichtigen und knappen Gratifikationen zu beeinflussen beginnt, dann müssen sie geradezu als solche behandelt werden. Solche Gruppen als Klassen zu bezeichnen, bedeutet nicht, daß sie ausschließlich Klassen seien oder daß sie gar mit anderen Klassen gleichzusetzen wären. Es bedeutet jedoch, daß es sich um Personengruppen handelt, die sich im Hinblick auf ein bestimmtes Merkmal, das sich im

Verteilungsprozeß nachhaltig bemerkbar macht, in der gleichen Position befinden – in diesem Fall Rasse, ethnische Zugehörigkeit, Religion oder Region.

Das Problem, wie stark die oben zitierten und ähnliche Gruppen den Verteilungsprozeß beeinflussen, ist noch wenig erforscht. Die meisten vorliegenden Befunde betreffen die Vereinigten Staaten, wo feststeht, daß alle vier Gruppen, die rassische, ethnische, religiöse und regionale, eine entscheidende Rolle im Verteilungsprozeß spielen und damit auch die Bezeichnung Klasse oder Statusgruppe verdienen, wenn auch in unterschiedlichem Ausmaß.

Besonders deutlich geworden ist dies im Falle der beiden wichtigsten Rassengruppen, die von vielen amerikanischen Soziologen aufgrund ihrer eigenartigen Rolle im Schichtungssystem lange Zeit als »Kasten« bezeichnet wurden. Der deutlichste Beweis und Maßstab für ihre Bedeutung findet sich in den Zensusdaten über die Einkommen von Schwarzen und Weißen. 1959 beispielsweise war das mittlere Einkommen von Weißen fast doppelt so hoch wie das von Schwarzen (4337 gegenüber 2254 Dollar).[18] Dasselbe Muster wiederholt sich in nahezu allen Dimensionen des Verteilungssystems. Die Schulzeit von Weißen dauert durchschnittlich 10,9 Jahre, die von Negern 8,2; hinzu kommt, daß die *Qualität* der Ausbildung, die den Schwarzen zuteil wird, viel niedriger ist.[19] Über ihre Unterbringung in Gettos brauchen wir erst gar nichts weiter zu sagen.[20] Auch was formelle soziale Beziehungen anlangt, gilt diese Trennung; zu vielen Clubs, Kirchen, Vereinen und natürlich zu den meisten weißen Familien, in die sie mitunter durch Heirat geraten, wird Schwarzen der Zutritt verwehrt. Und schließlich sind die Schwarzen, obwohl sie 10 Prozent der Gesamtbevölkerung ausmachen, mit nur einem Prozent im amerika-

18 *U. S. Census of Population, 1960*, Bd. I, Teil 1, Tabelle 218.

19 Zur Länge der Schulzeit bei den verschiedenen Rassen siehe *Statistical Abstract, 1962*, Tabelle 148. Wegen der qualitativen Unterlegenheit der Ausbildung Schwarzer, die inzwischen von Pädagogen nicht mehr bestritten wird, sind die oft zitierten Statistiken über den Zusammenhang von Einkommen, Ausbildung und Rassenzugehörigkeit ziemlich irreführend. Ohne eigene Schuld ist der Durchschnittsneger, der die Oberschule absolviert hat, bei weitem nicht so gut ausgebildet wie sein weißer Gegenspieler; hieraus erklärt sich zweifellos zumindest zum Teil auch sein niedrigeres Einkommen.

20 Siehe z. B. St. Clair Drake und Horace Cayton, *Black Metropolis: A Study of Negro Life in a Northern City* (New York: Harcourt, Brace and World, 1945), Kap. 8.

nischen Kongreß vertreten, so wie sie in den meisten öffentlichen Positionen unterrepräsentiert sind.

Es stimmt natürlich, daß das Ausmaß der Ungleichheit in den letzten hundert Jahren zurückgegangen ist, es handelt sich jedoch um einen äußerst langwierigen Prozeß. Zu alledem verlief er völlig unsystematisch und unberechenbar, was zum Beispiel aus der Tatsache erhellt, daß die Weißen die Neger gelegentlich aus Berufen hinausdrängten, die sie ihnen zuvor als Monopol überlassen hatten.[21] In den 50er Jahren kamen zwar auf einigen Gebieten Fortschritte zustande, die Einkommensunterschiede stiegen jedoch weiter. 1951 zum Beispiel war das mittlere Einkommen weißer Männer 1,62 mal so hoch wie das farbiger; 1959 war das Verhältnis auf 1,86 angestiegen.[22]

Obwohl die weiße Bevölkerung der Vereinigten Staaten immer wieder als homogene Gruppe angesehen wird, ist sie in Wirklichkeit in vier große Unterklassen oder Statusgruppen aufgeteilt, die in lebhafter Konkurrenz um knappe Mittel zueinander stehen. Diese Gruppen, die nach kombinierten Kriterien von Religion und Region definiert sind, werden gebildet von 1) den weißen Protestanten im Norden, 2) den weißen Protestanten im Süden, 3) den Katholiken und 4) den Juden. Obgleich Religion ein wesentliches Kriterium bei der Klassifizierung ist, heißt das nicht, daß alle oder auch nur die meisten Angehörigen der verschiedenen Gruppen treue Anhänger jenes Glaubens wären, mit dem man sie identifiziert. Wie der Terminus hier verwendet ist, bezieht er sich auf die Volksgruppen, mit denen die Einzelnen sich identifizieren und identifiziert werden und die ihnen als Basis ihrer primären Beziehungen dienen, und nicht auf Kirchen oder formale religiöse Vereinigungen.[23] Unter dem Aspekt von Statusgruppenzugehörig-

21 Zum Beispiel hatten die Neger eine Zeitlang ein Monopol auf das Friseurgewerbe in Washington, D. C., wie in vielen anderen Städten und Gemeinden auch. Später kamen weiße Friseure und nahmen ihnen den größten Teil der weißen Kundschaft weg.

22 Die Zahl für 1951 stammt von Herman P. Miller, *Income of the American People* (New York: Wiley, 1955), Tabelle 51; die Daten für 1959 sind nach dem *U. S. Census of Population, 1960* errechnet, Bd. I, Teil 1, Tabelle 218.

23 Mit diesem Unterschied beschäftigt sich genauer Gerhard Lenski, *The Religious Factor* (Garden City, N. Y.: Doubleday, 1961), bes. S. 18—20 und 35—42. Siehe auch Will Herberg, *Protestant—Catholic—Jew* (Garden City, N. Y.: Doubleday, 1956), und Milton Gordon, *Assimilation in American Life: The Role of Race, Religion and National Origins* (Fair Lawn, N. J.: Oxford University Press, 1964).

keit sind die religiösen Bindungen der Einzelnen viel weniger wichtig als die Gruppenidentifikation, die sie selbst und die anderen vornehmen.

Von den vier Gruppen haben die weißen Protestanten des Nordens seit eh und je die privilegierteste Position. Oder um es etwas anders auszudrücken: Zugehörigkeit zur Gruppe der weißen Protestanten aus dem Norden bringt die meisten Gratifikationen ein. Der Status dieser Gruppe steht in klarem Zusammenhang mit der politischen Geschichte des Landes. Die ersten Siedlungen sowie die Gründung der Nation waren vornehmlich protestantische Aktionen. Im Jahre 1820 war erst 1 Prozent der weißen Bevölkerung katholischen oder jüdischen Glaubens.[24] Die Gruppe der Schwarzen stellte, obwohl ihr in den frühen Jahren 20 Prozent der Bevölkerung angehörten, keine ernsthafte soziale, politische oder wirtschaftliche Bedrohung dar, weil sie in ihrer großen Mehrheit aus Sklaven bestand, die Analphabeten waren und keine Bürgerrechte besaßen.[25] Zwischen 1790 und 1860 fand ein erbitterter Kampf um die Macht zwischen den Protestanten des Südens und des Nordens statt, der erst im Bürgerkrieg mit der Niederlage des Südens sein Ende fand. Danach stellten die weißen Protestanten aus dem Norden die mächtigste und privilegierteste Statusgruppe im Lande dar.

Der jeweilige Status der anderen Gruppen bestimmte sich hauptsächlich nach ihrem Verhältnis zu den herrschenden Protestanten des Nordens. Sie hatten es in der Hand zu sagen, Zugehörigkeit zur katholischen Gruppe sei der Mitgliedschaft in der jüdischen Gruppe vorzuziehen, und diese wiederum sei besser als Zugehörigkeit zur Gruppe der Schwarzen.[26] Dieses Stufenleitersystem wurde nicht bewußt artikuliert, sondern war eher spontanes Nebenprodukt gängiger sozialer Interaktion. Es beruhte hauptsächlich auf dem Grad der kulturellen Ähnlichkeit der einzelnen Minder-

24 Gerald Shaughnessy behandelt die viel größere katholische Gruppe, *Has the Immigrant Kept the Faith?* (New York: Macmillan, 1925). Über die Juden siehe Bernard Weinryb, »Jewish Immigration and Accomodation to America«, in: Marshall Sklare (Hrsg.), *The Jews: Social Patterns of an American Group* (New York: Free Press, 1958), S. 4.

25 *Statistical Abstract, 1962*, Tabelle 15.

26 Neuere Forschung zeigt, daß Minderheitengruppen dazu neigten, bei ihrer Beurteilung anderer Gruppen den Wertmaßstab der weißen Protestanten im Norden anzulegen, zum Teil sogar bei der Beurteilung ihrer eigenen. In dem Maß, in dem dies geschieht, wird der Einfluß der herrschenden Gruppe verstärkt.

heitengruppen mit der herrschenden und spiegelte die jeweilige Bereitschaft der Mitglieder der herrschenden Gruppe, Primärbeziehungen zu Mitgliedern der einzelnen anderen Gruppen zuzulassen und aufzunehmen. So waren Katholiken als Christen, die obendrein aus Nordwesteuropa kamen und zuweilen Englisch sprachen, mehr angesehen als die nichtchristlichen Juden aus Osteuropa mit ihrer fremdartigeren Lebensweise, sie wiederum galten jedoch mehr als die nichtweißen Neger mit ihrer noch fremderen Herkunft. Diese Werte scheinen entscheidender gewesen zu sein als der wirtschaftliche Status, was auch erklärt, warum die Katholiken vor den reicheren Juden rangierten.

Die Positionen von Statusgruppen sind wie die von anderen Klassen keineswegs unverrückbar. In den letzten dreißig Jahren ist besonders die Position der Protestanten im Norden von allen vier ihrer Rivalen scharf angegriffen worden, die Gruppe hat tatsächlich erheblich an Boden verloren. Der Bodengewinn der »Minderheiten«-Gruppen oder die Verluste, die die historisch dominante Gruppe erlitten hat, lassen sich kaum genau messen, einige Beispiele sind jedoch informativ. Innerhalb der letzten Generation fiel eine ganz beachtliche Zahl von hohen politischen Ämtern, die einstmals als Domäne der Protestanten des Nordens galten, an andere Gruppen. Die Wahl Kennedys zum Präsidenten im Jahr 1960 ist zwar das spektakulärste, aber keineswegs das einzige Beispiel.[27] Die Republikanische Partei, politisches Vehikel der weißen Protestanten aus dem Norden, hat im Kongreß Schlappen erlitten, die sie schon öfter zwangen, mit dem südlichen Flügel der Demokratischen Partei, dem politischen Vehikel der weißen Protestanten aus dem Süden, eine informelle Allianz einzugehen, um ihren Einfluß zu bewahren. Dies bedeutete erhebliche Konzessionen an speziell südliche Interessen, beispielsweise die Abschaffung der unterschiedlichen, politisch bestimmten Frachtsätze, wel-

27 In England setzte diese Entwicklung dank der vielen zugewanderten irischen Katholiken schon früher ein. Siehe z. B. Robert Dahl, *Who Governs?: Democracy and Power in an American City* (New Haven, Conn.: Yale University Press, 1961), S. 32—51 über New Haven, Conn.; Elin Anderson, *We Americans: A Study of Cleavage in an American City* (Cambridge, Mass.: Harvard University Press, 1938), Kap. 10 über Burlington, Vermont; Kenneth Underwood, *Protestant and Catholic: Religious and Social Interaction in an Industrial Community* (Boston: Beacon Press, 1957), Kap. 17 über Holyoke, Massachusetts; oder Edward Banfield, *Big City Politics* (New York: Random House, 1965), Kap. 2 über Boston.

che die industrielle Entwicklung des Südens über lange Zeit behinderten. In der Geschäftswelt sind die beruflichen Vorteile der Zugehörigkeit zur Gruppe der Protestanten aus dem Norden infolge der Bürokratisierung der Industrie weitgehend entfallen, obwohl gewisse Vergünstigungen auf den höheren Statusebenen, auf denen unpersönliche bürokratische Standards sich schwerer anwenden lassen, vermutlich noch existieren.[28] Eine Zeitlang, besonders zwischen den beiden Weltkriegen, praktizierten viele der besseren Bildungsinstitutionen im Lande eine Art numerus clausus für jüdische Studenten, eine Politik, von der insbesondere weiße protestantische Studenten des Nordens profitierten, weil andere Statusgruppen sich sowieso kaum bewarben.[29] Schließlich verschafft auch heute noch Zugehörigkeit zur Gruppe der weißen Protestanten im Norden Zugang zu den feineren sozialen Kreisen, ein Vorteil, der von erheblichem wirtschaftlichem und politischem Wert sein kann.

Weiße Protestanten im Norden sind nicht die einzigen, die versucht haben, Zugehörigkeit zur in-group zu einem Mittel im Kampf um Macht und Privilegien zu machen. Wann immer es möglich war, haben Minderheitengruppen genauso gehandelt. Wenn Katholiken oder Juden zu bestimmen hatten über Positionen, dann begünstigten auch sie meist Mitglieder ihrer eigenen Gruppen. Ganz besonders deutlich wird dies bei der Praxis von politischer Patronage auf Gemeindeebene, wo katholische Parteifunktionäre katholische Bewerber um Stellen im Rathaus oder bei der Polizei begünstigten.[30] Wie die Protestanten des Nordens

28 Es ist interessant, daß in einer Untersuchung über die Managerelite der Prozentsatz derer, die sich von sich aus als Katholiken oder Juden bezeichneten, zwischen 1900 und 1950 nur von 11 auf 14 Prozent gestiegen ist (siehe Mabel Newcomer, *The Big Business Executive*, New York: Columbia University Press, 1955, Tabelle 13). Hinzuzufügen ist allerdings, daß etwa die Hälfte der Befragten ihre religiöse Präferenz gar nicht bekanntgab und der Prozentsatz derer, die nichts sagten, von 44 auf 56 Prozent kletterte; dahinter könnte sich eine Zunahme derer verbergen, die weniger angesehene Präferenzen haben. Untersuchungen über Rechtsanwälte legen ebenfalls nahe, daß führende Anwaltsbüros lange zögern, ehe sie Juden und Mitglieder anderer ethnischer Minderheiten anstellen. Siehe z. B. Jack Ladinsky, »Careers of Lawyers, Law Practice and Legal Institutions«, *American Sociological Review*, 28 (1963), S. 47—54.

29 Siehe z. B. C. Bezalel Sherman, *The Jew within American Society* (Detroit: Wayne State Press, 1961), S. 174—178.

30 Siehe Dahl, S. 40—44, oder Underwood, Kap. 17 und bes. Fußnote 29 auf S. 460—461.

haben auch Mitglieder von Minderheitengruppen sich gerne mit Leuten ihrer eigenen Gruppe umgeben, insbesondere in ihren Primärbeziehungen; zuweilen ist aus dieser Neigung ein entscheidendes Machtmittel geworden, besonders bei einer so wohlhabenden Gruppe wie den Juden.[31] Und schließlich haben Minderheitengruppen in der Regel Mitglieder ihrer eigenen Gruppe politisch unterstützt, was sich natürlich ebenfalls ausgewirkt hat.[32] Obwohl solches Handeln immer wieder kritisiert und verurteilt wird, zumindest wenn die Mehrheit es praktiziert, stellt es dennoch eine ganz natürliche menschliche Reaktion dar: man unterstützt den, der am ehesten so ist wie man selbst.

Die jüngsten Entwicklungen haben den Grad der Ungleichheit, die von der amerikanischen Statusgruppenhierarchie erzeugt worden war, erheblich gesenkt. Dazu haben vielerlei Faktoren beigetragen; wichtigster Punkt dürfte die Veränderung in der Zusammensetzung der Wählerschaft gewesen sein, die sich durch die starke Zuwanderung nichtprotestantischer Gruppen nach 1880 sowie im Zusammenhang mit dem erst jüngst durchgesetzten Wahlrecht für die Schwarzen ergab. Diese Konstellation hat die weißen Protestanten des Nordens in die Position einer statistischen Minderheit innerhalb der Wählerschaft gedrängt. Die Zensusbehörde legte für das Jahr 1957 Zahlen vor, die zeigen, wie sich die erwachsene Bevölkerung Amerikas verteilt[33]:

weiße Protestanten im Norden	38 Prozent
Katholiken	26 Prozent
weiße Protestanten im Süden	20 Prozent
schwarze Protestanten	9 Prozent
Juden	3 Prozent
andere	4 Prozent

31 Insbesondere die jüdische Gruppe neigte zur Exklusivität in ihren Primärbeziehungen. Siehe etwa Milton Gordon, S. 178—182.

32 Siehe beispielsweise Lucy Dawidowicz und Leon Goldstein, *Politics in a Pluralistic Democracy: Studies of Voting in the 1960 Election* (New York: Institute of Human Relations Press, 1963); Samuel Lubell, *The Future of American Politics*, rev. Aufl. (Garden City: Doubleday Anchor, 1956); oder Angus Campbell et al., *The American Voter* (New York: Wiley, 1960), S. 319—321.

33 »Religion Reported by the Civilian Population of the United States: March 1957«, *Current Population Reports*, 2. Feb. 1958, Serie P-20, No. 79, Tabelle 2.

Diese demographischen Entwicklungen in Verbindung mit einem demokratischen politischen System haben es den weißen Protestanten im Norden schwer gemacht, sich ihre traditionellen Vorteile zu bewahren. Die Schwierigkeiten wurden noch verstärkt durch die Übernahme vieler Elemente der demokratisch-egalitären Ideologie ins Verfassungssystem, ja sogar in die persönliche Anschauung von Mitgliedern der begünstigten Gruppe selber.

Betrachtet man Statusgruppenschichtung unter vergleichender Perspektive, dann scheint der allgemeine Trend in den meisten entwickelten Industriegesellschaften auf eine Reduzierung der Ungleichheit zwischen solchen Gruppen hinauszulaufen. Weber hat dies schon vor fünfzig Jahren erkannt und als Folge des zunehmenden wirtschaftlichen Wandels erklärt.[34] Obwohl er es nicht ausgesprochen hat, dürfen wir annehmen, daß er im raschen wirtschaftlichen Wandel den Grund für die Auflösung der etablierten Struktur sozialer Beziehungen und damit auch für die Aufhebung der wichtigen Praxis der Trennung nach Statusgruppen sah.

Ohne die Bedeutung dieses Faktors schmälern zu wollen, möchten wir doch bezweifeln, ob damit bereits alles erklärt ist. Die Entstehung und Verbreitung der demokratisch-egalitären Ideologie spielt ganz bestimmt eine wichtige Rolle, und sie ist nicht nur eine Funktion von zunehmendem wirtschaftlichem Wandel. Wie die Korrelation dieser beiden Variablen letztlich auch aussehen mag, die ideologische Variable ist offensichtlich die unmittelbarere und mächtigere Determinante in dieser Entwicklung. Die demokratisch-egalitäre Ideologie war und ist insofern eine starke Waffe in den Händen von Minderheitengruppen, als sie ihrer Sache die Aura der Legitimität verleiht. Die Mitglieder von Minderheitengruppen sind dadurch mobilisiert und gestärkt worden, während in die Reihen ihrer Widersacher ein starkes Moment von Unsicherheit und Verwirrung einzog.

In diesem Zusammenhang ist es interessant, noch einmal festzustellen, daß der Charakter der neuen Ideologie einem allmählichen Wandel unterlag. Im 18., 19. und im frühen 20. Jahrhundert schienen Attacken gegen Ungleichheit häufig auf einer ideologischen Ablehnung von Ungleichheit an sich zu basieren. Heute spiegelt sich in ihnen zunehmend Ablehnung von *zugeschriebenen* Formen von Macht und Privilegien wider, während *erworbene*

34 Siehe z. B. Max Weber, *Wirtschaft und Gesellschaft* (Köln/Berlin: Kiepenheuer und Witsch, 1964, Studienausgabe), S. 687 ff.

Formen akzeptiert sind. Michael Young meint beobachtet zu haben, daß viel von dem Enthusiasmus, der einst der Errichtung einer sozialistischen Ordnung in England galt, heute auf die Schaffung einer Meritokratie verwendet werde.[35] Der neueren Logik zufolge darf es Erblichkeit von Macht und Privilegien nicht geben; sie dagegen mittels Leistung zu erlangen, ist rechtens, besonders wenn Bildungsleistung zugrunde liegt. Youngs zentrales Interesse galt der Herausbildung dieser modifizierten Ideologie in England, die allerdings auch in den meisten anderen entwickelten Industrieländern zutage tritt, die Sowjetunion und die Vereinigten Staaten eingeschlossen.[36]

Obwohl die Ungleichheit, die Schichtung aufgrund von Statusgruppen mit sich bringt, offensichtlich abgenommen hat, kann man ganz bestimmt nicht sagen, diese Form von Schichtung habe auch im Bewußtsein der Bürger durchweg entsprechend an Bedeutung verloren. Im Gegenteil, gerade der Kampf gegen die Ungleichheit hat sie vielen Menschen erst ins Bewußtsein gehoben. Ein gutes Beispiel hierfür ist der Rassenstreit in den Vereinigten Staaten, wo der Rückgang rassenbedingter Ungleichheit einhergeht mit einem geschärften Sinn für Rassenidentität. Bei Konflikten zwischen religiösen und ethnischen Gruppen kann eine ähnliche Situation auftreten, man denke an Kanada. Trotz der geringer gewordenen Ungleichheit zwischen französischen Katholiken und »englischen« Protestanten regen sich die Kanadier gegenwärtig über diese Frage mehr auf denn je. Die Emotionen gehen so hoch, daß mehr als ein Achtel aller Frankokanadier und mehr als ein Viertel ihrer Intelligenz für eine Teilung des kanadischen Volkes eintreten.[37] Eine kleine Minderheit hat sich herausgebildet, die sogar Gewalt und Terror als Mittel nicht scheut. Solche Geschehnisse zeigen, daß zwischen dem Grad der Ungleichheit von Statusgruppen und ihrer Bedeutung im Bewußtsein der Einzelnen kein notwendiger Zusammenhang besteht.

Geschlechtsklassen

Ein weiterer Aspekt des Verteilungssystems moderner Gesellschaf-

35 Michael Young, ebenda.

36 In der Sowjetunion findet dies seinen Niederschlag in dem zunehmenden Zögern, mit dem das historische Ziel des Kommunismus angegangen wird.

37 *Maclean's*, 76 (2. Nov. 1963), S. 14.

ten, der bisher stark vernachlässigt wurde, ist die Klassenbildung aufgrund der Geschlechtszugehörigkeit. Schuld an diesem Versäumnis sind hauptsächlich die Soziologen mit ihrer Neigung, als Grundeinheit von Schichtungssystemen die Familie und nicht den Einzelnen zu betrachten.

Eine solche Art der Analyse eignet sich sehr wohl für Agrargesellschaften, in denen Macht, Privilegien und Prestige nahezu aller Frauen vom Status der Männer abhingen, mit denen sie lebten, sowie von dem Verhältnis, in dem sie zu ihnen standen. Mit der Industrialisierung hat sich die Situation der Frau schlagartig verändert, man kann sie nicht länger als reines Anhängsel des Mannes betrachten. Mit der Industrialisierung haben sich die Möglichkeiten, andere Rollen als die herkömmlichen der abhängigen Ehefrau, Tochter oder weiblichen Verwandten zu spielen, ganz erheblich erhöht. Kurz, die traditionellen Schranken, die so lange das weibliche Schichtungssystem vom männlichen trennten, zerbröckeln zusehends. Deshalb dürfen Analysen entwickelter Industriegesellschaften keinesfalls die Geschlechtsrolle im Verteilungsprozeß außer acht lassen oder sie als bekannt voraussetzen.

Eine der entscheidendsten Veränderungen hat im politischen Bereich stattgefunden, lange Zeit absolute Privatdomäne der Männer. Noch im Jahr 1900 hatten die Frauen nur in Neuseeland und in vier Staaten von Amerika überhaupt das Wahlrecht.[38] Heute sind sie im Besitz dieses Rechts in allen entwickelten Industrieländern, die Schweiz ausgenommen. Außerdem können Frauen sich heute um öffentliche Ämter bewerben oder dafür kandidieren, in vielen Fällen sind sie dabei erfolgreich und gelegentlich gelingt es ihnen sogar, einen Kabinettsposten oder ein anderes hohes Regierungsamt zu erringen. Sie haben sich auch den Zutritt zu fast allen führenden höheren Bildungsinstitutionen erkämpft. Praktisch alle Berufe stehen ihnen heute offen, und was Besitzrechte anlangt, so herrscht absolute Gleichheit. Im Scheidungsrecht haben sie sogar mehr als Gleichberechtigung erreicht.

Und trotz aller dieser wichtigen Siege genießen die Frauen keine völlige Gleichberechtigung; ein Mann zu sein, bedeutet nach wie vor einen erheblichen Vorteil. Nirgendwo wird dies so deutlich wie auf dem Arbeitsmarkt. Obwohl die Frauen laut Gesetz zu

38 William J. Goode, *World Revolution and Family Patterns* (New York: Free Press, 1963), S. 55.

nahezu allen Bereichen Zutritt haben[39], werden sie bei ihrem Versuch, auch die einträglicheren Positionen zu besetzen, auf vielerlei Weise behindert. Im Jahr 1960 waren in den Vereinigten Staaten nur 6,7 Prozent aller Ärzte Frauen, unter den Rechtsanwälten waren es 3,5 Prozent und unter den Ingenieuren sogar nur 0,9 Prozent.[40] Die Frauen in der UdSSR schneiden etwas besser ab in dieser Beziehung, sie sind mit je einem Drittel unter den Ingenieuren und Anwälten vertreten und stellen sogar drei Viertel aller Ärzte.[41] Aber selbst in Rußland zeigen diesbezügliche Statistiken, daß die Frauen unverhältnismäßig stark auf die akademischen Randberufe und die unteren Berufsstufen konzentriert sind. Die Struktur in den Vereinigten Staaten sieht ähnlich aus, relativ wenige Frauen gehören den höheren Einkommensklassen an. Nur 3 Prozent Frauen hatten im Jahr 1959 Einkünfte von 10 000 Dollar und mehr, und nur 6 Prozent verdienten mehr als 7 000 Dollar.[42] Klammert man nun noch die Tatsache aus, daß Frauen zu einem Drittel unter den Besitzern großer Vermögen vertreten sind, dann sind die Zahlen sogar noch niedriger.[43] Und im inneren Kreis der politischen Elite glänzen die Frauen ebenfalls mehr durch Abwesenheit.

Es ist viel gesagt und geschrieben worden über die Ursachen der Verbesserung des Status der modernen Frau einerseits, über ihren Fehlschlag bei dem Bemühen, volle Gleichheit zu erreichen, andererseits. Zum ersten Punkt hat William Goode gemeint, »die entscheidende Variable« sei das Aufkommen der demokratisch-egalitären Ideologie gewesen.[44] Nach seiner Ansicht war die Forderung nach Gleichberechtigung die logische Fortführung dieser Ideologie, Erfolg war ihr beschieden aufgrund der vorausgehenden Ausbreitung eben dieser neuen Auffassung. Äußerst kritisch steht Goode der Auffassung gegenüber, die aufkommende Ma-

39 Michail Soschtschenko, dem sowjetischen Satiriker zufolge sind sie sogar zu Leiterinnen von Badehäusern für Männer avanciert, einem der letzten Außenposten männlicher Vorherrschaft.

40 *U. S. Census of Population, 1960: Occupational Characteristics,* Tabelle 1.

41 DeWitt, Tabelle VI—45. Dazu ist zu sagen, daß der Arztberuf in der Sowjetunion nicht so lukrativ und angesehen ist wie in den Vereinigten Staaten.

42 Aus *Statistical Abstract, 1962,* Tabelle 451.

43 Robert Lampman, *The Share of Top Wealth-Holders in National Wealth: 1922—1956* (Princeton, N. J.: Princeton University Press, 1962), S. 96.

44 Goode, S. 56 ff.

schinentechnik und die daraus resultierende gesteigerte Spezialisierung sowie geringere Anforderungen an berufliches Können hätten etwas mit dem verbesserten Status der Frau zu tun.[45] Goode vertritt die Ansicht, Frauen seien stets zu den gleichen Leistungen wie die Männer fähig gewesen, eine derartige Behauptung sei deshalb naiv.

Ohne die Bedeutung des ideologischen Faktors leugnen zu wollen, ist zu bezweifeln, daß Goode dem technologischen Faktor Gerechtigkeit hat widerfahren lassen. Wenige ernsthafte Wissenschaftler würden heute behaupten, Frauen seien unfähig, die notwendigen Fertigkeiten zu erwerben. Aber sie würden sagen, daß die begrenzte technologische Entwicklung von Agrargesellschaften es einfach nicht gestattete, daß eine signifikante Zahl von Frauen sich solche Fertigkeiten und Fähigkeiten erwarb. Erstens machte die hohe Sterblichkeitsrate, die in diesen Gesellschaften herrschte, es notwendig, daß Frauen weit mehr Kinder gebaren als heute, um nur den Bestand der Arbeitskraft konstant zu halten. Das Fehlen von arbeitssparenden Maschinen im Haushalt bedeutete zudem, daß ihre Zeit zum größten Teil von den für die Reproduktion notwendigen Hausarbeiten verschlungen wurde (das Bewußtsein von dieser Situation kommt zum Ausdruck in dem traditionellen Satz: »der Mann arbeitet vom Sonnenaufgang bis zum Sonnenuntergang, die Frau ist niemals fertig«). Wenn ein bißchen Zeit übrigblieb, dann mußte die Frau in Hochdruckzeiten, wie zum Beispiel während der Ernte, dem Mann noch helfen. Hinzu kommt die Tatsache, daß Spezialkenntnisse in Agrargesellschaften meist in einer ausgedehnten Lehrzeit erworben wurden, die das Wohnen im Haus des Lehrherrn erforderlich machte – ein System, welches sich für die Ausbildung junger Mädchen nicht sonderlich eignete. Kurz, das Problem bestand nicht darin, daß Frauen die diffizileren Fähigkeiten der vorindustriellen Epoche biologisch und intellektuell nicht hätten verkraften und sich aneignen können, sondern eher darin, daß die sozialen Verhältnisse in Agrargesellschaften ihnen dies in extremer Weise erschwerten und in vielen Fällen einfach unmöglich machten. Die moderne Entwicklung, die den Frauen immer mehr Rechte einträgt, scheint deshalb das Resultat sowohl ideologischer wie auch technologischer Kräfte zu sein.

45 Ebenda.

Für die Tatsache, daß Frauen nicht die volle Gleichberechtigung erreicht haben, scheinen mehrere Faktoren verantwortlich zu sein. Erstens kriegen die Frauen nach wie vor die Kinder, und obwohl sie je einzeln längst nicht mehr so viele Kinder zur Welt bringen, sind Schwangerschaft, Menstruation und Menopause immer noch Nachteile im scharfen Konkurrenzkampf um die einträglicheren Posten.[46] Zweitens bürdet das traditionelle Familiensystem, welches keineswegs tot ist, der Frau die Hauptlast der Verantwortung auf; sie muß die Mahlzeiten zubereiten, das Haus in Ordnung halten, für die Kleidung der Familie sorgen, einkaufen, gar nicht zu reden von der Kinderaufzucht, den Geselligkeitspflichten und der Teilnahme an Bürgeraktivitäten. Die moderne Hausfrau hat zwar viele mechanische Hilfen, die Anforderungen sind jedoch immer noch hoch und, wie oft gesagt wurde, das von ihr erwartete Leistungsniveau scheint mit der Einführung jedes neuen arbeitsparenden Hilfsmittels zu steigen. Und weil drittens Frauen im Durchschnitt in der Arbeitswelt nicht so erfolgreich waren wie die Männer und weil man mit gutem Grund annehmen kann, daß dies auch weiterhin so bleiben wird, lehnen jene, die über den Zugang zu so wichtigen Mitteln wie Stipendien oder über die Zulassung zu Ausbildungsprogrammen der Industrie bestimmen, weibliche Kandidaten viel öfter ab, als deren Leistungen und andere Qualifikationen es rechtfertigen würden.[47] Dies alles und nicht zuletzt das Wissen, daß es einen viel risikoloseren und illusionsreicheren Weg zu Gratifikationen gibt, veranlaßt die meisten Frauen, die Suche nach Erfolg in Wirtschaft und Politik aufzugeben und statt dessen auf dem Heiratsmarkt und in der Welt der Familie zu konkurrieren.[48]

Trotz der Tatsache, daß moderne Feministinnen diese Alternative immer wieder kritisieren, können sie sie nicht nur belächeln. Sie stellt nämlich fast ebensoviele Möglichkeiten, zu Gratifikationen zu kommen, in Aussicht wie der Wettbewerb in der Welt des Mannes, wobei die Wahrscheinlichkeit des Erfolgs weit höher

46 Es ist interessant, daß die Männer, die zutiefst im Wettbewerb der Privatindustrie stecken, häufig zögern, ausgedehnte Ferien zu machen, aus Sorge, sie könnten ihren Konkurrenten eine Chance geben, und der Gefahren wegen, die ihre Abwesenheit für sie bedeuten könnte.

47 Wolfle, S. 232—233.

48 Der vielleicht deutlichste Beweis dafür ist der relative Mangel an Hingabe an die Arbeit, den die Frauen zeigen. Siehe dazu Goode, S. 63—66.

ist.[49] Eine Frau kann durch eine vorteilhafte Heirat zur Hälfte an einem sehr beträchtlichen Einkommen partizipieren, sie kann Zutritt zu exklusiven Kreisen finden und genug freie Zeit haben, die Dinge zu tun, die ihr Spaß machen. Selbst eine Frau, deren Heirat finanziell gesehen weniger erfolgreich ist, kann in der Regel mit einem erheblichen Maß an wirtschaftlicher Sicherheit und später, wenn die Kinder größer sind, auch mit viel freier Zeit rechnen. Daneben wirft Heirat natürlich auch etliche psychische Gratifikationen ab, die allen verwehrt sind, die nicht heiraten. An dem relativen Mangel an Interesse für Karrieren, die auf Kosten einer Ehe gehen, scheint man doch ablesen zu dürfen, daß die Attraktionen der Ehe im Bewußtsein der meisten Frauen jene der Karriere mehr als aufwiegen. Während man demnach zwar mit einer gewissen weiteren Verringerung der Ungleichheit im Status der Geschlechter in der Arbeitswelt rechnen darf, ist es unwahrscheinlich, daß die Ungleichheit völlig aufgehoben oder weit unter das gegenwärtige Maß reduziert werden wird.

Altersklassen

Analysen des Verteilungsprozesses übersehen in der Regel eine dritte Basis, auf der Klassenunterschiede gemacht werden: das Alter. Vielleicht denkt deshalb niemand daran, weil die meisten Menschen selbst alle Lebenszyklen durchlaufen. Anders ausgedrückt, das Alter ist, *auf lange Sicht* betrachtet, kein Unterscheidungskriterium. Diese Überlegung übersieht jedoch die Tatsache, daß die meisten Menschen so sehr auf ihre unmittelbare Situation konzentriert sind, daß ihre Handlungen in erster Linie Reaktionen auf aktuelle Bedürfnisse und Probleme und nicht auf Zukunftsaussichten darstellen. Damit hat aber das Alter Auswirkungen auf den Verteilungsprozeß, die wir keinesfalls außer acht lassen dürfen, besonders nicht in modernen Industriegesellschaften.
Der wesentlichste Punkt im Hinblick auf die Altersschichten in allen entwickelten Industriegesellschaften ist das wirtschaftliche, politische und organisationelle Übergewicht des älteren Teils der Bevölkerung. Die wichtigen Machtinstrumente befinden sich weitgehend in ihren Händen. So lag 1953 das mittlere Alter von An-

49 Wie bereits gesagt, erreichen in der Arbeitswelt nur wenige Frauen die oberen Ränge; die meisten arbeiten in weniger einträglichen Positionen.

gehörigen der Besitzelite bei fast fünfundfünfzig Jahren und von den ganz Reichen, deren Vermögen 5 Millionen Dollar und mehr wert war, bei neunundsechzig.[50] In der Politik sieht es ähnlich aus: das mittlere Alter von US-Senatoren in der Zeit von 1947 bis 1957 betrug fünfundsechzig Jahre.[51] Mehr noch, aufgrund des Senioritätsprinzips, welches die Wahl von Vorsitzenden und die Ernennung in Schlüsselpositionen bestimmt, war das mittlere Alter der einflußreicheren Senatsmitglieder sogar noch höher. Eine Untersuchung über Unternehmensleiter im Jahr 1952 ergab ein Durchschnittsalter von vierundfünfzig; eine andere Studie, die sich auf die Managerelite beschränkte, errechnete für 1950 einen Durchschnitt von einundsechzig Jahren.[52] Und eine Untersuchung über amerikanische Militärführer ermittelte 1950 ein Durchschnittsalter von 54,5 Jahren.[53]

Die Situation in anderen entwickelten Industrieländern ist nicht viel anders. Der Altersdurchschnitt im englischen Unterhaus lag 1959 bei einundfünfzig Jahren, was bedeutet, daß 1964, also vor der nächstfolgenden Wahl, das mittlere Alter sechsundfünfzig war.[54] In Schweden waren 1953 die Mitglieder des Oberhauses durchschnittlich siebenundfünfzig und die Mitglieder des Unterhauses zweiundfünfzig Jahre alt.[55] Wie Michels bereits vor rund 50 Jahren geschrieben hat, geraten sogar radikale und revolutionäre Organisationen schließlich unter die Herrschaft älterer Männer. Die Sowjetunion macht da keine Ausnahme. Bereits vor 10 Jahren konnte man von der Sowjetunion sagen, daß ihre politische Elite »entschieden mittleren Alters« sei.[56] Heute ist diese Gruppe dank dem Verzicht auf Säuberungen in den Jahren danach, was das Alter anlangt, praktisch nicht mehr zu unterscheiden von ihren Gegenspielern in nichtkommunistischen Ländern.

50 Siehe Lampman, Tabelle 48—49.

51 Siehe Donald Matthews, *U. S. Senators and Their World* (Chapel Hill, N. C.: University of North Carolina Press, 1960) Abb. 1.

52 Warner und Abegglen, S. 30, und Newcomer, S. 112.

53 Aus Morris Janowitz, *The Professional Soldier* (New York: Free Press, 1960), S. 63.

54 Aus D. E. Butler und Richard Rose, *The British General Election of 1959* (London: Macmillan, 1960), S. 125.

55 Nils Andrén, *Modern Swedish Government* (Stockholm: Almquist und Wiksell, 1961), S. 57.

56 Raymond Bauer, Alex Inkeles und Clyde Kluckhohn, *How the Soviet System Works* (Cambridge, Mass.: Harvard University Press, 1956), S. 158.

Auch in der Einkommensverteilung wird diese Struktur sichtbar, obgleich die Vorherrschaft der älteren Generation hier nicht so stark ausgeprägt ist. In den Vereinigten Staaten lag im Jahr 1959 das Durchschnittsalter von Männern mit Einkommen von 15 000 Dollar und mehr bei 49,4 Prozent.[57] Die Situation sieht anderswo ganz ähnlich aus.

In einem Punkte aber hat die jüngere Generation einen Vorteil vor der älteren. In der gegenwärtigen Periode der rasch zunehmenden Bildungsmöglichkeiten korrelieren Alter und erreichter Bildungsstand bei der Erwachsenenbevölkerung aller fortgeschrittenen Industrienationen *umgekehrt* miteinander. Dies verschafft der jüngeren Generation einen entscheidenden Vorteil in Gesellschaften, in denen Arbeitsmöglichkeiten so häufig an formelle Leistungsnachweise gebunden sind. Früher oder später wird jedoch dieser Vorteil schwinden, weil eine derartige Struktur ihre Grenzen in sich selbst findet.

Die Beziehungen der Generationen zueinander in entwickelten Industrieländern ähneln in vielem denen, die in Agrargesellschaften anzutreffen sind. In einem ganz wichtigen Punkt jedoch unterscheiden sie sich: *In Agrargesellschaften waren die jungen Menschen stark in die Erwachsenenwelt integriert und untereinander isoliert, während in entwickelten Industriegesellschaften dank der Allgemeinheit öffentlicher Schulen die jungen Menschen von der umfassenderen Erwachsenenwelt eher abgeschnitten und in die engere Welt ihrer Altersgenossen verbannt sind.* Die Resultate dieser Entwicklung wollen wir weiter unten untersuchen (S. 561 ff.).

Klasse und Statuskonsistenz

Wenn wir die vielen Faktoren betrachten, die den Verteilungsprozeß in modernen Industriegesellschaften beeinflussen, dann stellt sich unweigerlich die Frage, wie sie miteinander zusammenhängen. Dies wiederum führt zu Fragen danach, wie Diskrepanzen zwischen den Status eines Menschen sich auf seine Handlungen auswirken, und wie seine Handlungen sich auf die Gesellschaft, deren Teil er ist, auswirken.

Die Beschäftigung mit diesen Fragen ist durchaus als neue Ent-

57 Aus *U. S. Census of Population, 1960: Occupational Characteristics,* Tabelle 31.

wicklung zu bezeichnen. Wie wir bereits gesagt haben, wurde die multidimensionale Auffassung von Schichtung selbst erst vor rund 30 Jahren in den Arbeiten von Weber und Sorokin entwickelt. Es ist also erst ein Anfang in der Erforschung dieser Probleme gemacht.

Zum ersten Punkt – wie stark ist der Zusammenhang zwischen den verschiedenen Dimensionen – haben alle verfügbaren Daten gezeigt, daß der Status von Einzelnen und Familien im einen Bereich niemals nur Folge ihres Status in einem anderen Bereich ist; Korrelationen zwischen Vermögen, politischem Status, Berufsstatus, Bildungsstatus, Rang in der Statusgruppe, Altersstatus und Geschlechtsstatus sind stets unvollkommen, meist sogar sehr unvollkommen.

Der engste Zusammenhang besteht vermutlich zwischen Ausbildung und Beruf, aber auch hier haben amerikanische Untersuchungen einen Korrelationskoeffizienten errechnet, der .77 nicht übersteigt und in einigen Fällen nur bei .30 liegt.[58] Auf der andern Seite gibt es auch Zusammenhänge, deren Korrelation gegen .00 geht. Man denke nur an das Verhältnis von Alter und Geschlecht, und auch die folgenden Paare bringen nicht viel: Geschlecht und Vermögen; Alter und Berufsstatus; und schließlich Alter und Geschlecht einerseits und Rang in der Statusgruppe und Bildungsstand andererseits. Andere Zusammenhänge wiederum fallen mehr in den mittleren Bereich.

In einigen seltenen Fällen sind die Korrelationen zwischen den Kriterien sogar negativ. Dies gilt im Hinblick auf Alter und Geschlecht, weil die Frauen heutzutage die Männer überleben. Was aber wichtiger ist, es gilt auch für Alter und Bildungsstatus, weil die Jüngeren wegen des steigenden Bildungsstandards mehr Schuljahre aufzuweisen haben als die Älteren.

Die niedrigen Korrelationen zwischen den verschiedenen Statuskriterien machen deutlich, daß sehr viele Menschen sich vor inkonsistente Status unterschiedlichsten Typs gestellt sehen. Wie wir im

58 Den höchsten Koeffizienten nennt Warners Untersuchung über »Jonesville«. Siehe W. L. Warner et al., *Social Class in America* (Chicago: Science Research, 1949), Tabelle 13, S. 172. Godfrey Hochbaum et al. berichten von einer Korrelation von .65 aus Minneapolis, in »Socioeconomic Variables in a Large City«, *American Journal of Sociology*, 61 (1955), S. 34. Robert Angell nennt die Zahlen .39 für Detroit und .30 aus Samuel Stouffers Untersuchung über Kommunismus und bürgerliche Freiheiten, in »Preferences for Moral Norms in Three Problem Areas«, ebenda, 67 (1962), S. 651—652.

4. Kapitel gezeigt haben, läßt sich auf der Basis deduktiver Logik eine gute Begründung der Hypothese vorbringen, daß Diskrepanzen zwischen wichtigen Statusdimensionen zu einer erheblichen Quelle der Spannung werden können, einmal für die betroffenen Individuen und durch sie auch für die Gesellschaft, deren Teil sie sind. Bisher ist noch wenig über dieses Thema gearbeitet worden, das Vorhandene scheint die Hypothese jedoch zu bestätigen. Zum Beispiel zeigten die Daten der beiden Untersuchungen über Greater Detroit aus den frühen 50er Jahren, daß Menschen mit divergierendem Status eher die Demokratische Partei unterstützen und in Streitfragen liberale Positionen bezogen als Menschen mit konsistentem Status.[59] Das galt besonders für Fälle, wo rassisch-ethnischer Status und Berufsstatus divergierten; bei starken Inkonsistenzen waren auch politische Vorlieben stark ausgeprägt. Die gleiche Struktur herrschte – wenn auch in geringerem Maße – bei Diskrepanzen zwischen beruflichem und Bildungsstatus. In einer Untersuchung, deren Sample auf nationaler Basis ausgewählt wurde, sind ganz ähnliche Ergebnisse verzeichnet worden. Menschen mit inkonsistentem Status (Beruf, Bildung und Einkommen betreffend) waren viel offener für Veränderungen der Machtverteilung innerhalb der amerikanischen Gesellschaft als solche mit konsistentem Status.[60]

Die Zahl der in dieser Weise von Statusdiskrepanzen betroffenen Menschen scheint nicht groß zu sein, zumindest nicht im Verhältnis zur Gesamtbevölkerung. Wichtiger als Zahlen kann jedoch die Tatsache sein, daß Statusinkonsistenzen auch solche Menschen in die Reihen der Unzufriedenen führen, die über wichtige und stark gefragte Fähigkeiten oder Mittel verfügen. Anders ausgedrückt, solche Personen sind hervorragend geeignet, die Führung zu übernehmen und Mittel zur Verfügung zu stellen, welche die

59 Siehe dazu Gerhard Lenski, »Status Crystallization: A Non-vertical Dimension of Social Status«, *American Sociological Review*, 19 (1954); eins dieser Samples, dessen Methodologie nicht völlig befriedigt, wird hier unter die Lupe genommen. Daten zu beiden Erhebungen, die methodologisch vertretbar sind, kommentiert Gerhard Lenski in »Comment«, *Public Opinion Quarterley*, 28 (1964), bes. Tabelle 2 und 3. Siehe auch Werner S. Landecker, »Class Crystallization and Class Consciousness«, *American Sociological Review*, 28 (1963), S. 219—229, wo das erste dieser Samples aus anderer Perspektive analysiert ist, jedoch ganz ähnliche Resultate erzielt werden.

60 Erving Goffman, »Status Consistency and Preference for Change in Power Distribution«, *American Sociological Review*, 22 (1957), S. 275—281.

ungebildeten Mitglieder der Arbeiterklasse und der Klasse der Besitzlosen selber gar nicht aufbringen könnten. Wie bereits an anderer Stelle gesagt, können Statusinkonsistenz und die Reaktionen darauf durchaus zur Hauptquelle jener revolutionären Führerschaft werden, von der Marx und Engels (ohne dies weiter zu erklären) gesagt haben, sie komme aus den Reihen der privilegierteren Klassen.

Aufgrund so begrenzter Untersuchungen wie der oben zitierten könnte man kaum mehr sagen, als daß diese Hypothese eine interessante Spekulation sei. Es liegt jedoch ein ganz beachtlicher Berg unsystematischen Materials vor, welches die Hypothese stützt. Die Rolle ethnischer und rassischer Minderheiten in radikalen Bewegungen ist längst bekannt, und man hat auch beobachtet, daß selbst die erfolgreichen Angehörigen dieser Minderheiten von solchen Bewegungen angezogen werden; ja in vielen Fällen stellen sie die Führung.[61]

Offensichtlich ziehen nicht alle Formen von Statusdiskrepanz politische Unzufriedenheit nach sich. So findet man zum Beispiel wenig davon bei wohlhabenden Frauen oder jungen Mitgliedern der Managerklasse. Eine der Aufgaben von Theorie und Empirie in den kommenden Jahren wird es sein, die Bedingungen zu spezifizieren, unter denen diese Reaktion eintritt, ebenso wie jene, unter denen eine alternative oder auch keinerlei Reaktion zu erwarten ist.

Vertikale Mobilität

In Industriegesellschaften wird, wie in allen anderen, die wir untersucht haben, beständig um Macht und Privilegien gekämpft. Zuweilen nehmen die Kämpfe die Form von Konflikten zwischen

61 Siehe z. B. Robert Michels über die Rolle der Juden in der sozialistischen Bewegung in Europa, *Political Parties: A Sociological Study of Oligarchical Tendencies in Modern Democracy,* übersetzt von Eden und Cedar Paul (New York: Dover, 1959, erstmals erschienen 1915), S. 258—262, oder S. M. Lipset, über die Rolle ethnischer Minderheiten in der Sozialistischen Partei Kanadas, in: *Agrarian Socialism* (Berkeley, Calif.: University of California Press, 1950), S. 191. Siehe auch Stanislaw Ossowski, *Class Structure in the Social Consciousness,* übersetzt von Sheila Patterson (New York: Free Press, 1963), S. 53 über die Rolle verarmter Mitglieder des polnischen Adels in den frühen revolutionären Bewegungen dieses Landes.

Einzelnen an, zuweilen sind ganze Klassen davon betroffen. Weil der zweite Fall häufig das Ergebnis von Frustrationen ist, die sich aus dem ersten ergeben haben, wollen wir zuerst jene Einzelkämpfe untersuchen.

Ein wichtiger Unterschied, der sich bei jedem Vergleich zwischen Agrar- und Industriegesellschaften ergibt, ist *die schwindende Bedeutung der zugeschriebenen Qualitäten innerhalb des Verteilungsprozesses.* Alte erbliche Unterschiede zwischen Adligen, Freien und Sklaven sind fast völlig aufgehoben.[62] Die Vor- und Nachteile, die mit den zugeschriebenen oder weitgehend zugeschriebenen Qualitäten von Rasse, Ethnizität und Religion einhergehen, haben ebenfalls an Bedeutung verloren. Schließlich hat auch der zugeschriebene Geschlechtsstatus nicht mehr seine ehemalige Bedeutung. Hand in Hand mit dieser Entwicklung ging die Verbesserung der Bildungsmöglichkeiten in breitem Rahmen; Bildung als Mittel und Voraussetzung im Wettbewerb um Arbeitsplätze wird zunehmend wichtiger. Ergebnis all dieser Bestrebungen war eine Erhöhung jenes Teils der Gratifikationen, die gleichsam auf Wettbewerbsbasis zu erlangen sind.

Ein zusätzlicher Faktor, der vermutlich den Wettbewerb gesteigert und Mobilität stimuliert hat, ist *der sich wandelnde Charakter der Wirtschaft.* Die Berufsstruktur von Agrargesellschaften war einer hohen vertikalen Mobilitätsrate nicht förderlich. Zu viele Mitglieder der Gesellschaft waren gezwungen, mit Einkommen vorliebzunehmen, die nicht mehr als die nackte Existenz sicherten. Die Berufsstruktur selbst setzte damit der Aufwärtsmobilität ihre Grenzen. In jeder Generation konnte nur ein kleiner Teil der Bevölkerung aufsteigen. In modernen Industriegesellschaften dagegen ist die Berufsstruktur viel differenzierter. Es gibt keinen einzigen Beruf, der die große Mehrheit aller Arbeitenden zwänge, am Rande des Existenzminimums zu leben. Statt dessen sind die Einkommens- und Machtunterschiede sehr groß. Und damit ist auch das Potential für Bewegung viel größer.

Genauere Zahlenvergleiche zwischen Mobilitätsraten in Agrar- und Industriegesellschaften sind nicht möglich, es stehen jedoch

62 In England, einem der wenigen Länder, wo es noch eine Erbadelsklasse gibt, sind deren Rechte so stark reduziert und die Rechte der Bürgerlichen so erheblich erweitert worden, daß es in den letzten Jahren zum ersten Mal in der Geschichte einige Adlige für vorteilhaft hielten, ihren Titel abzulegen. Hauptsächlich taten sie dies, um das Recht zu haben, im Unterhaus zu sitzen, welches das Oberhaus als Ort der politischen Macht verdrängt hat.

Daten aus einer ganzen Reihe von Industriegesellschaften zur Verfügung. Sie zeigen, daß in den letzten Jahren annähernd 30 Prozent der Söhne von Vätern aus nichtlandwirtschaftlichen Berufen die Schwelle zwischen manueller und nichtmanueller Arbeit entweder nach oben oder nach unten überschritten haben. Wenn wir die verschiedenen Länder je einzeln miteinander vergleichen, sind die Zahlen überraschend einheitlich, wie aus folgender Tabelle hervorgeht[63]:

Vereinigte Staaten	34%
Schweden	32%
England	31%
Dänemark	30%
Norwegen	30%
Frankreich	29%
Westdeutschland	25%
Japan	25%
Italien	22%

63 Die Zahlen über England, Dänemark, Norwegen, Frankreich und Japan beruhen auf den Daten S. M. Millers, S. 69—75; jene über die Vereinigten Staaten stammen aus »Lifetime Occupational Mobility of Adult, March, 1962«, U. S. Bureau of the Census, *Current Population Reports* (1964), Serie P-23, No. 11, Tabelle 1; die schwedischen Daten beruhen auf Gösta Carlsson, *Social Mobility and Class Structure* (Lund: Gleerup. 1958), S. 93; zu Italien siehe Joseph Lopreato, »Social Mobility in Italy«, *American Journal of Sociology*, 71 (1965), S. 313; zu Westdeutschland siehe zwei Untersuchungen, aus denen wir ein Mittel gezogen haben, einmal S. M. Miller, S. 80, zum andern Karl Martin Bolte, *Sozialer Aufstieg und Abstieg* (Stuttgart: Enke, 1959), S. 223 (die Zahlen waren im einzelnen 26 bzw. 24 Prozent). Die französische Zahl ist ebenfalls ein Mittel aus zwei Untersuchungen; zugrunde liegen einmal 31 und zum andern 27 Prozent. Studien, die keine Repräsentativerhebungen auf nationaler Ebene sind, habe ich im Text nicht berücksichtigt, Erhebungen mit zweifelhaften Verfahren ebenfalls nicht, und auch keine Untersuchungen über Länder, die nicht als entwickelte Industriestaaten klassifiziert werden können. Mag immerhin erwähnt sein, daß diese Untersuchungen zu folgenden Resultaten kamen: Puerto Rico 34 Prozent; Belgien (Mittel aus zwei lokalen Studien) 33 Prozent; Australien (eine Lokalstudie) 31 Prozent; Indien (eine Lokalstudie) 25 Prozent; Ungarn 25 Prozent; Finnland (zweifelhafte Methode) 20 Prozent; Italien (zweifelhafte Methode) 18 Prozent. All diese Zahlen basieren auf S. M. Miller, S. 66—79. Der Mittelwert für die weniger industrialisierten Länder, das heißt alle oben genannten außer Belgien, Australien und der Sowjetunion, liegt bei 25 Prozent im Vergleich zu 30 Prozent für die entwickelteren Industrienationen, die im laufenden Text aufgezählt sind.

Wenn man ein dreistufiges Klassifikationsschema für städtische Berufe anlegt, in dem die unteren Schichten der Stehkragenberufe mit den gelernten Arbeitern, denen sie dem Einkommen nach immer näher kommen, zusammengefaßt sind, dann sind die vertikalen Mobilitätsraten höher und zugleich weniger einheitlich, wie die folgenden Zahlen zeigen[64]:

Vereinigte Staaten	55 %
Schweden	48 %
England	45 %
Dänemark	40 %
Japan	36 %

Obwohl wir für Agrargesellschaften der vorindustriellen Epoche nicht über vergleichbare Zahlen verfügen, dürfte es unwahrscheinlich sein, daß eine solche Intensität vertikaler Mobilität erreicht wurde, abgesehen vielleicht von kurzen Perioden unter außergewöhnlichen Umständen, also etwa nach einer Pestepidemie oder nach der Eroberung und Unterwerfung eines fremden Volkes.

Die Rate vertikaler Mobilität scheint nicht nur höher in Industriegesellschaften, auch *der Charakter der Bewegung ist ein anderer.* Weiter oben haben wir festgestellt, daß das vorherrschende Muster von Mobilität in Agrargesellschaften eines *nach unten* war. In Industriegesellschaften ist der Umfang der Aufwärtsmobilität so viel größer, daß in der Regel zumindest ein Gleichgewicht erreicht wird; *in den meisten Fällen übersteigt die Aufwärts- sogar die Abwärtsmobilität.* Ganz deutlich geht dies aus den Untersuchungen über Mobilität hervor, die wir oben zitiert haben. Wenn man die Zahl der Absteigenden von der Aufsteigenden abzieht und durch die Zahl der in städtischen Berufen tätigen Männer, deren Väter auch schon in städtischen Berufen arbeiteten, dividiert, dann erhält man folgende Koeffizienten (wobei die Berufe nach einem einfachen Schema von manueller und nichtmanueller Tätigkeit klassifiziert sind)[65]:

64 Den Zahlen für die Vereinigten Staaten, Schweden, England, Dänemark und Japan liegen dieselben Datensammlungen zugrunde, die in Fußnote 63 angegeben sind. Norwegen haben wir weggelassen, weil die vorliegenden Daten die nichtmanuellen Berufe, Frankreich, weil sie die manuellen nicht aufgliedern. Westdeutschland fehlt, weil die obere Schicht der nichtmanuellen Gruppe so dünn ist, daß man fast mit nur zwei Ebenen rechnen kann und nicht mit drei.

65 Die Quellen sind dieselben wie in Fußnote 63.

Schweden	+.16
Vereinigte Staaten	+.15
Japan	+.09
Norwegen	+.07
Italien	+.07
Westdeutschland	+.02
Frankreich	+.02
England	—.001
Dänemark	—.03

In sechs der acht Fälle überstieg die Aufwärts- die Abwärtsmobilität, und in den beiden restlichen Beispielen ist das Übergewicht der Abwärtsmobilität nur ganz gering. Legt man ein dreistufiges Klassifikationsschema zugrunde, dann verändert sich die Struktur nur wenig.[66]

Selbst diese Zahlen untertreiben noch. Material über Schweden, England, Japan und die Vereinigten Staaten zeigt, daß im Lauf der Karriere des Einzelnen insgesamt gesehen eine Aufwärtsverschiebung von manuellen zu nichtmanuellen Berufen stattfindet.[67] Diese Tatsache ist insofern von Bedeutung, als fast alle diese Untersuchungen dazu tendieren, Söhne in der Mitte ihrer Berufslaufbahn mit Vätern zu vergleichen, deren Karrieren weiter fortgeschritten sind. Wenn der Einfluß dieser Verzerrung angemessen berücksichtigt würde, wären höchstwahrscheinlich alle Koeffizienten positiv.

66 Die Koeffizienten der fünf Länder, für die dies möglich ist, sind: die Vereinigten Staaten +.16; Schweden +.15; Japan +.11; Dänemark —.02; und England —.05.

67 Über Schweden siehe C. Arnold Anderson, »Lifetime Interoccupation Mobilitiy Patterns in Sweden«, *Acta Sociological,* 1 (1960), Tabelle 1-A und 2-A, die mehr Fluktuation aus den Kategorien »Industriearbeit« und »allgemeine Arbeit« in Richtung »städtische Unternehmer« und »Funktionäre« zeigen als umgekehrt. Über England, Japan und die Vereinigten Staaten siehe S. M. Lipset und Reinhard Bendix, *Social Mobility in Industrial Society* (Berkeley, Calif.: University of California Press, 1959), Tabelle A-1. Da die in dieser Tabelle genannten Zahlen auf Vergleichen zwischen gegenwärtiger Stellung und erster Anstellung basieren und da der erste Job oft nur ein vorübergehender ist, übertreiben diese Zahlen den Trend vermutlich. Für eine realistischere Einschätzung solcher Verschiebungen siehe Anhang Tabelle 1 von A. J. Jaffe und R. O. Carleton, *Occupational Mobility in the United States 1930—1960* (New York: King's Crown, 1954), wo Altersgruppen über drei Volkszählungen hinweg beobachtet sind.

Die Aufhebung des großen Übergewichts von Abwärtsmobilität, Kennzeichen aller Agrargesellschaften der Vergangenheit, verdankt sich vornehmlich zwei Faktoren, die beide schon erwähnt wurden. Der erste hat zu einer Steigerung der Rate der Aufwärtsmobilität geführt, der zweite zu einem Rückgang der Abwärtsmobilität. Beim ersten handelt es sich um die *radikale Veränderung der Berufsstruktur von Gesellschaften, die im Zusammenhang mit der modernen Industrialisierung aufgrund technologischer und organisationeller Fortschritte zustande kam.* Mit zunehmender Verwendung von Maschinen hat der Bedarf an ungelernten und angelernten Arbeitern in Relation zur Nachfrage nach gelernten und hochqualifizierten Kräften (akademische und andere nichtmanuelle Berufe eingeschlossen) stetig abgenommen. Die organisationelle Umwälzung hatte einen ähnlichen Effekt: Die Organisationen sind größer und komplizierter geworden, die Probleme der Koordination haben sich rasch vervielfacht und eine allmähliche Ausweitung des Büro- und Managerstabes erforderlich gemacht. Kurz, Industrialisierung bedeutete einen höheren Anteil an einträglicheren und auch sonst erstrebenswerteren Posten unter den Arbeitsplätzen.

Der zweite Faktor ist *die Einführung und Verbreitung wirksamer Methoden der Empfängnisverhütung.* Zum ersten Mal in der Geschichte stehen einem großen Teil der Menschheit akzeptable und wirksame Mittel zur Geburtenkontrolle zur Verfügung. Kinderproduktion und wirtschaftliche Kapazität der Kinderaufzucht klaffen nicht mehr so weit auseinander, daß Abwärtsmobilität in großem Maßstab, Merkmal aller Agrargesellschaften, unvermeidlich ist. Heute bestimmt sich die Produktion von Nachkommen doch eher nach den vorhandenen wirtschaftlichen Möglichkeiten.

Einen dritten Faktor bei der Herstellung eines Gleichgewichts zwischen Aufwärts- und Abwärtsmobilität stellen *Entstehung und Ausbreitung der Massenmedien dar.* Film, Radio, Fernsehen, Zeitschriften und Zeitungen haben, wie wir gezeigt haben, alle zu einer besseren Information der unteren Klassen über die Lebensweise der privilegierteren beigetragen. Zwar romantisieren oder verzerren die Massenmedien häufig das, was sie beschreiben; viele Dinge vermitteln sie jedoch völlig korrekt. Folge davon ist eine beachtliche Verminderung der kulturellen Kluft, welche in der Vergangenheit die Klassen voneinander trennte und Aufwärtsmobilität so schwierig machte.

Ein weiterer Unterschied zwischen Agrar- und Industriegesellschaften liegt in den *Mitteln, mit welchen Mobilität erreicht wird.* Wie früher festgestellt, gab es in den Agrargesellschaften eine Reihe von Kanälen, in denen Aufstieg vollzogen werden konnte; eine einzelne Institution, die eine beherrschende Rolle bei der Auslese von Aufstiegskandidaten gespielt hätte, gab es nicht. In Industriegesellschaften unterliegt, wie wir gesehen haben, jeder Mensch einem ausgedehnten Prüfungs- und Ausleseprozeß durch Bildungsinstitutionen, der immer bestimmender für die späteren Lebenschancen wird. Daten über Amerika zeigen, daß beruflicher Aufstieg heute bereits etwas mehr auf den schulischen Leistungen eines Menschen beruht als auf seiner Leistung am Arbeitsplatz. Ein Vergleich der ersten Arbeitsstellen eines repräsentativen Querschnitts von amerikanischen Männern im Alter zwischen fünfundzwanzig und vierundsechzig Jahren mit den Berufen ihrer Väter ergab, daß 34 Prozent die Grenze von manueller zu nichtmanueller Arbeit nach oben überschritten hatten. Wenn man die aktuellen Tätigkeiten derselben Leute mit ihren Anfangsbeschäftigungen verglich, dann waren nur 28 Prozent aufgestiegen.[68] Ähnliche Unterschiede ergaben sich bei einer Gliederung der Berufshierarchie in drei und vier Stufen.[69] Infolge der wachsenden Zahl von Untersuchungen über vertikale Mobilität ist es heute möglich, Mobilitätsraten zu vergleichen, und zwar sowohl innerhalb von Staaten über gewisse Zeiträume hinweg wie auch zwischen Staaten für etwa die gleiche Zeitspanne. Den innerstaatlichen Aspekten ist weit weniger Aufmerksamkeit zuteil geworden, vermutlich weil es Schwierigkeiten bereitete, Daten über frühere Zeiten zu beschaffen. Bisher stammen die meisten Trenddaten aus den Vereinigten Staaten. Die Untersuchungen, denen die Daten entnommen sind, variieren stark in Umfang, Methode und Typ des verwendeten Materials. Dennoch *weisen alle eine*

68 Diesen Zahlen liegen Daten zugrunde aus »Lifetime Occupational Mobility of Adult Males, March, 1962«, *Current Population Report,* Series P-23, No. 11, Tabelle 2 und 3.

69 Bei drei Ebenen waren die Zahlen 55 bzw. 51 Prozent; bei vier Ebenen 60 bzw. 55 Prozent. Die drei Ebenen sehen wie folgt aus: (1) Geistesarbeiter, Manager und Unternehmer, (2) Bürokräfte, Verkaufspersonal, Handwerker und Vorarbeiter, (3) Facharbeiter, ungelernte Arbeiter und Hilfsarbeiter, Landwirtschaft und Bergbau ausgenommen. Die vier Ebenen sehen genauso aus, nur daß die zweite nochmal unterteilt ist in Büro- und Verkaufspersonal einerseits und Handwerker und Vorarbeiter andererseits.

erstaunliche Stabilität auf in ihren Gesamtergebnissen über Mobilität sowie in ihrem Trend zur allmählichen Aufwärtsmobilität.[70] Auch im Falle internationaler Vergleiche wird ein gewisses Maß an Einheitlichkeit sichtbar. Tatsächlich haben Lipset und Bendix in ihrer Pionierstudie auf diesem Gebiet geschlossen: »Unser wichtigstes Ergebnis besteht darin ... daß die Länder einander vergleichbar sind in ihren hohen Raten vertikaler Mobilität.«[71] Neu-

70 Es ist unmöglich, das gesamte Material zu überprüfen, das hinter dieser Feststellung steht, einige wenige Beispiele müssen genügen. Die Untersuchung von Warner und Abegglen folgt der früheren von Taussig und Joslyn über die soziale Herkunft amerikanischer Wirtschaftsführer; sie zeigt, daß die Söhne von Bauern und Arbeitern im Jahr 1928 zu 28 Prozent dieselben Chancen wie der Durchschnittsamerikaner hatten, Unternehmensleiter zu werden, und zu 32 Prozent im Jahr 1952 (diese Zahlen beruhen auf Daten von Warner und Abegglen in Tabelle 7, S. 46). Eine Untersuchung über die Mobilität in Indianapolis ergab, daß der Prozentsatz von Bauern- und Arbeiterkindern, aus denen Geistesarbeiter, Manager und Unternehmer wurden, in der Zeit zwischen 1910 und 1940 von 8 auf 10 Prozent anstieg. Siehe Natalie Rogoff, *Recent Trends in Occupational Mobility* (New York: Free Press, 1953); die Zahlen sind errechnet auf der Grundlage von Tabelle 54 bis 59. Eine Repräsentativerhebung, deren Interviews im Jahr 1952 gemacht wurden, zeigte eine Zunahme des Prozentsatzes von Arbeiter- und Bauernkindern, die nichtmanuelle Berufe ergriffen, von 17,4 Prozent für die zwischen 1873 und 1892 Geborenen auf 22,9 Prozent bei jenen, die zwischen 1923 und 1932 zur Welt gekommen waren. Siehe Gerhard Lenski, »Trends in Inter-Generational Mobility in the United States«, *American Sociological Review,* 23 (1958), Tabelle 7. In jüngerer Zeit haben Jackson und Crockett die Ergebnisse verschiedener nationaler Samples, die zwischen 1947 und 1957 befragt wurden, verglichen und festgestellt, daß »in der Mobilitätsstruktur und den Mobilitätsraten seit dem Zweiten Weltkrieg keine dramatischen Veränderungen« zu verzeichnen sind. Eine eingehende Betrachtung von Tabelle 4 ihres Artikels macht deutlich, daß, hätte man den Anteil nichtmanuell tätiger Interviewter in den Untersuchungen von 1947 und 1957 konstant gehalten, sich eine geringfügige Erhöhung des Prozentsatzes von Arbeiter- und Bauernkindern, die aufstiegen, ergeben hätte. Siehe Elton Jackson und Harry Crockett, »Occupational Mobility in the United States: A Point Estimate and Trend Comparison«, ebenda, 29 (1964), S. 5—15. Eine Untersuchung über die soziale Herkunft japanischer Industriebosse von 1880 bis 1960 kommt zu dem Schluß: »Diejenigen, die die führenden Positionen besetzen, kommen konstant aus den gleichen sozialen Verhältnissen; das Ganze vermittelt den Eindruck von großer Stabilität, und dies trotz der riesigen Veränderungen, die in der Berufsstruktur der Gesellschaft sowie in Wirtschaft und Politik vor sich gehen« (Abegglen and Mannari, S. 38). Die Untersuchung zeigt auch eine geringfügige Steigerung des Prozentsatzes von Unternehmensleitern, die aus bescheidenen Verhältnissen kommen.

71 a. a. O., S. 27.

erdings hat S. M. Miller sie der Übertreibung des Ähnlichkeitsgrades zwischen Mobilitätsraten und -strukturen geziehen; aber selbst er hat zugestanden, daß »es vermutlich eine höhere Konvergenz gibt, als die meisten Leute geglaubt haben«, um dann hinzuzufügen: das »bedeutet nicht, daß die gegenwärtige Konvergenz überwältigend ist«.[72] Miller ging es darum festzuhalten, daß es sehr wohl große Unterschiede gibt, die beachtet werden müssen. In diesem Punkt ist ihm nicht zu widersprechen, insbesondere nicht nach der Veröffentlichung der Untersuchung der amerikanischen Zensusbehörde über vertikale Mobilität in den Vereinigten Staaten im Jahr 1964, die höhere und stärker abweichende Raten nennt, als frühere und weniger verläßliche Untersuchungen sie vorgelegt haben.[73]

Wenige Versuche sind bislang unternommen worden, um diese Unterschiede zu erklären. Zuweilen hat man sie auf ein unterschiedliches Maß an Industrialisierung zurückgeführt und sie damit als Resultat derselben Kräfte betrachtet, die auch für die Unterschiede zwischen Agrar- und Industriegesellschaften verantwortlich sind. (Diese These stimmt mit dem oben zitierten Datenmaterial überein, aus welchem hervorging, daß die Vereinigten Staaten die höchste Mobilitätsrate und Italien die niedrigste im Sample industrieller Staaten aufwiesen.) In engem Zusammenhang damit steht die Erklärung, welche die Unterschiede der veränderten Berufsstruktur und der viel höheren Anzahl von erstrebenswerten Berufen zuschreibt.[74] Da dieser Wandel eine direkte Folge der Industrialisierung ist, hängt er natürlich auch mit der historischen Verschiebung von agrarischen zu industriellen Organisationsmustern zusammen.

Vermutlich spielen auch andere Faktoren eine Rolle, bisher ist jedoch erstaunlich wenig getan worden, um sie zu analysieren. Zum Beispiel steht zu vermuten, daß Mobilitätsraten davon abhängen, ob es Statusgruppen gibt und welche Macht und Bedeutung sie haben. Wo es sie gibt und insbesondere wo sie einen starken Einfluß auf Bildungs- und Berufschancen ausüben, könnte man wahrscheinlich mit fallenden Mobilitätsraten rechnen. Um ein anderes Beispiel zu nehmen: das Privateigentum dürfte als

72 A. a. O., S. 58.

73 Siehe Fußnote 63 oben.

74 Siehe zum Beispiel Jackson und Crockett, S. 13—15, oder Lenski, »Trends«, S. 522.

stabilisierende Kraft wirken, weil es dazu tendiert, berufliche Mobilität zwischen den Generationen zu reduzieren. Stimmt das, dann könnte man prognostizieren, daß bei sonst gleichen Bedingungen die Mobilitätsrate in kommunistischen Ländern höher liegt als in nichtkommunistischen. Und wenn schließlich Können und Fähigkeit nicht mit einiger Konsistenz genetisch übertragen werden, dann dürfte die Mobilitätsrate in dem Maß variieren, in dem Gesellschaften ihrer Jugend gleiche Bildungschancen einräumen. Aber leider werden die Probleme der Überprüfung einer solchen Hypothese, schon während man sie entwickelt, deutlich erkennbar. Angesichts der begrenzten Zahl von Fällen, das heißt von Gesellschaften, sowie der großen Zahl von relevanten Variablen und der Vielfalt der in den verschiedenen nationalen Untersuchungen verwandten Meßtechniken scheint eine strenge Überprüfung einfach nicht möglich – zumindest gegenwärtig.

Ehe wir diese Diskussion abschließen, muß noch etwas zu der nahezu völlig vernachlässigten Frage der *vertikalen Mobilität bei Frauen* gesagt werden. Die meisten, die über Mobilität geschrieben haben, halten diese Frage entweder für unwichtig, oder sie nehmen an, sie sei in der Erörterung männlicher Mobilität aufgehoben. Beides trifft nicht zu.

Für die große Mehrzahl aller Frauen stellt die Rolle der Ehefrau und Mutter die Hauptgratifikationsquelle ihres Lebens dar. Im Unterschied zu männlichen Berufsrollen jedoch ist diese Rolle äußerst vielgestaltig, die Gratifikationen, die sie abwirft, variieren fast ebensosehr wie das gesamte Spektrum männlicher Rollen. Da die Gratifikationen, die einer Hausfrau erwachsen, weitgehend durch die Rolle, die ihr Mann spielt, bestimmt sind, ist dies nur natürlich. Für Schichtungsanalysen wäre es also viel realistischer, man unterschiede beispielsweise zwischen der Rolle *einer Hausfrau, die mit einem Bankbeamten verheiratet ist,* und *einer Hausfrau, die einen ungelernten Arbeiter zum Mann hat.*

Für die große Mehrheit der Frauen, die die Ehe einer Karriere vorziehen, liegt die beste Chance für Aufwärtsmobilität in der Periode, in der sie umworben werden. Der Heiratsmarkt und die Mittel, die für die Frauen zählen, unterscheiden sich ganz erheblich von den Märkten und Mitteln, welche die Männer miteinander konkurrieren lassen. Während eine erfolgreiche Ausbildung und die Faktoren, die sie mitermöglichen, auf dem Arbeitsmarkt entscheidend sind, spielen sie für Frauen auf dem

Heiratsmarkt bei weitem keine so große Rolle. Dagegen wird der äußeren Erscheinung mehr Bedeutung beigemessen, obwohl auch Bildung, Herkunft, Geschick im Umgang mit anderen und ähnliche Faktoren eine Rolle spielen. Da die äußere Erscheinung in hohem Maße genetisch bestimmt ist (obwohl in der Zeit der Kosmetik, ja der kosmetischen Operationen dies nicht überbetont werden sollte), scheint ihre relativ hohe Bedeutung ein Zufallselement ins Spiel zu bringen und dadurch die vertikale Mobilität zu stimulieren. Man kann heute wegen des geringen vorhandenen Datenmaterials indes noch nicht mit Sicherheit sagen, ob die Mobilitätschancen von Frauen niedriger oder höher sind als die von Männern. Das bisher verfügbare Material legt den verblüffenden Schluß nahe, daß die Chancen der Frauen eher *etwas größer* sind.[75]

Klassenkämpfe

Wenn Chancen und Möglichkeiten für individuelle Mobilität unzureichend sind, dann verlegen die Menschen sich häufig auf die kollektive Aktion als ein Mittel zur Erlangung der Gratifikationen, die sie suchen; es kommt zu Klassenkämpfen. Industriegesellschaften sind davon viel häufiger betroffen als Agrargesellschaften, und der Grund dafür dürfte jener sein, den Marx schon vor mehr als hundert Jahren genannt hat: diese neuen Gesellschaften halten für die weniger mächtigen und weniger privilegierten Teile der Gesellschaft *unvergleichliche und nie dagewesene Kommunikationsmöglichkeiten bereit.*

Nach der Marxschen Theorie waren Klassenkämpfe immer Kämpfe, die entweder Gewalt bereits implizierten oder in Zukunft implizieren würden. Die bisherige Geschichte betrachtend, sah Marx fast keine Alternative. Eine solche Auffassung ist weitgehend ge-

75 Eine Zusammenfassung relevanter Daten bringen Lipset und Bendix, S. 42—46. Daten der Detroit-Studie von 1958 zeigen, daß 30 Prozent der Männer und 34 Prozent der verheirateten Frauen von einer Generation zur andern die Grenzen zwischen manueller und nichtmanueller oder bäuerlicher Arbeit überschritten hatten (der Status verheirateter Frauen wurde gemessen am Berufsstatus ihrer Väter und ihrer Ehemänner). Schloß man die Kinder von Bauern aus, so stiegen die Zahlen auf 31 bzw. 37 Prozent. In beiden Fällen war Aufwärtsmobilität größer als Abwärtsmobilität. Einzelheiten siehe Lenski, *Factor*, S. 12—16.

rechtfertigt, wenn sie auf der Untersuchung vorindustrieller Gesellschaften beruht, sie ist es dagegen kaum, wenn sie auf die fortgeschritteneren Gesellschaften bezogen wird. Die Existenz demokratischer Institutionen in den meisten dieser Gesellschaften eröffnet eine neue Möglichkeit – die Möglichkeit gewaltloser, institutionalisierter Kämpfe, in denen legale politische Mittel benutzt werden.

Aufgrund von Marxens besessener Beschäftigung mit jenem einzigen Machtfaktor – dem Eigentum – wird eine zweite Modifikation seiner klassischen Theorie notwendig. Es trifft durchaus zu, daß das Eigentum eine der Hauptursachen für Klassenkampf in den meisten Industriegesellschaften bildet, es ist aber nicht die einzige. Klassenkonflikte betreffen Berufsklassen, politische Klassen, rassische, ethnische, religiöse und auch Geschlechts- und Altersklassen. Und wie wir sehen werden, gedeihen diese Klassenkonflikte sogar in »klassenlosen« Gesellschaften, das heißt in Gesellschaften, in denen der Privatbesitz an den Produktionsmitteln abgeschafft ist, wie etwa in der Sowjetunion. Zudem ist zu beachten, daß diese verschiedenen Formen von Klassenkonflikt häufig hoffnungslos ineinander verzahnt sind.[76] In solchen Fällen läßt sich nur unter großen Schwierigkeiten bestimmen, welches Klassensystem den Konflikt schürt.

Drittens und letztens ist Marx insofern zu modifizieren, als Klassenkämpfe bei weitem keine so beherrschende Rolle in entwickelten Industriegesellschaften spielen, wie die marxistische Theorie erwarten läßt. Viele Menschen reagieren auf soziale Ungleichheit mit Apathie und Gleichgültigkeit, andere, indem sie die »da oben« imitieren, sie individuell nach oben streben oder einfach mit ihnen kooperieren. Um die Sache weiter zu komplizieren, alle diese Reaktionsmuster finden sich innerhalb derselben Klasse und oft sogar im selben Individuum. Und zwar gilt dies nicht nur für Gesellschaften, die sich in der Übergangsphase vom Feudalismus zum Kapitalismus befinden, wo Marx damit rechnete, sondern sogar für die entwickeltsten kapitalistischen Staaten. Kurz, obwohl der Marxsche Begriff vom Klassenkampf nach wie vor ein nützliches Instrument für Schichtungstheorie darstellt, wird seine Nützlichkeit beträchtlich gesteigert, wenn man sich von der engen

76 Mit Ralf Dahrendorf könnte man von »Überlagerung« (»superimposition«) sprechen. Siehe *Soziale Klassen und Klassenkonflikt in der industriellen Gesellschaft* (Stuttgart, 1957).

und unrealistischen Bedeutung löst, die ihm in der klassischen marxistischen Theorie zuteil wird.
In modernen Industriegesellschaften gehören Klassenkämpfe *ums Privateigentum* zu den wichtigsten Konflikten, einmal der Einsätze wegen, um die es dabei geht, und zum andern wegen der Häufigkeit, mit der sie den Kernpunkt politischer Auseinandersetzungen bilden. Die Auseinandersetzungen um Besitzrechte nehmen unterschiedliche Formen an. Zuweilen gehen sie als illegale Aktivitäten vonstatten, vornehmlich in Form von Eigentumsdelikten. Solche Aktionen ärgern zwar die Mitglieder der besitzenden Klasse, stellen jedoch eine viel geringere Bedrohung dar als gewisse legale Alternativen. Zwei der Alternativen verdienen besondere Aufmerksamkeit, weil sie beide der besitzlosen Klasse beachtliche Gewinne eingetragen haben. Wir meinen (1) die Kämpfe zwischen Arbeiterschaft und Management und (2) die Kämpfe zwischen linken und rechten politischen Parteien.
Obgleich diese beiden Formen von Klassenkampf mitunter nur als zwei Seiten derselben Sache angesehen werden, sind sie es nicht. Im einen Fall werden die Besitzrechte durch Forderungen der *Arbeiterschaft,* genauer eines besonderen Teils, nämlich der *organisierten Arbeiterschaft,* bedroht; im anderen geht die Bedrohung hauptsächlich von den Implikationen des *Bürgerrechts* aus. Zwar gehören den profitierenden Gruppen vielfach dieselben Individuen an, aber es ist nicht immer so. Unterschiede existieren beispielsweise dort, wo es sich um *Arbeitslose* oder auch um *Unorganisierte,* das heißt um Arbeiter handelt, die keine Gewerkschaftsmitglieder sind. Wenn eine einzelne Gewerkschaft eine Lohnerhöhung durchsetzt oder dem Unternehmer ein weiteres Recht für die Arbeiter abtrotzt, dann profitieren nur ihre eigenen Mitglieder, zumindest direkt. Verbesserungen dagegen, die liberale und sozialistische Parteien in der politischen Arena erkämpfen, wirken sich in der Regel als Wertsteigerung des Bürgerrechts aus, ein Gut, in das Organisierte und Unorganisierte, Beschäftigte und Arbeitslose, ja alle Mitglieder der Gesellschaft sich gleichermaßen teilen.
Auf dieses besondere Gut und seine Auswirkungen auf den Verteilungsprozeß wollen wir in diesem Kapitel noch näher eingehen. Hier mag die Feststellung genügen, daß die gegenwärtigen Bestrebungen, den Wert des Bürgerrechts zu steigern, eine der wesentlichsten Konsequenzen der Entstehung und Verbreitung demokratisch-egalitärer Ideologie darstellen.

Aufgrund ihrer Identifizierung mit dieser Ideologie konnten liberale und sozialistische Parteien eine Anhängerschaft gewinnen, die sie sonst keinesfalls haben würden. Viele Einzelne, deren ökonomische Interessen sie normalerweise eher konservativen Parteien zugetrieben hätten, haben sich ihnen aus ideologischen Gründen angeschlossen. Dies gilt besonders für Intellektuelle, die schon aufgrund ihrer Betätigung für solche Appelle sehr empfänglich sind. In geringerem Maße gilt es aber auch für jene Menschen, die an Colleges und Universitäten unter ihren Einfluß kommen.

Diese Entwicklung ist aus verschiedenen Gründen sehr wichtig. Erstens stellen solche ideologisch Bekehrten in vielen Fällen die Führung liberaler und sozialistischer Parteien. Sie verfügen über Fähigkeiten und Kenntnisse, die für die komplizierte Steuerung der modernen demokratischen Politik gebraucht werden – Fähigkeiten, die den meisten Mitgliedern der Arbeiterklasse weitgehend abgehen oder bei ihnen doch nur unvollkommen entwickelt sind. Es ist durchaus möglich, daß die Linksparteien ohne diese Konvertiten niemals irgendwelche nennenswerten Siege erzielt hätten; und ohne diese Siege wiederum wäre die Mehrzahl der Arbeiter und der übrigen Mitglieder der besitzlosen Klasse vielleicht von den friedlichen, gesetzlichen Wegen abgewichen und hätte gewaltsame, revolutionäre Aktionen unternommen.

Zweitens ist diese Entwicklung wichtig, weil die Präsenz solcher ideologischen Konvertiten in Führungspositionen vermutlich eine Änderung der Ziele der liberalen und sozialistischen Parteien mit sich gebracht hat. Zwar erwiesen sich die ideologischen Überlegungen für die Konvertiten als stärker denn ökonomische Klasseninteressen; daraus folgt jedoch nicht, daß jedes Eigeninteresse in ihnen erloschen sei. Im Gegenteil, in den meisten Fällen ist es durchaus lebendig geblieben, mit dem Ergebnis, daß Linksparteien mitunter Ziele verfolgten, die für die Arbeiterklasse und die besitzlosen Klassen nicht besonders vorteilhaft waren. So wurden zum Beispiel die politischen Linien dieser Parteien zuweilen sanft, wenn auch wahrscheinlich nicht mit Absicht, dahingehend verändert, daß sie eher die Entstehung einer Meritokratie begünstigten als den Sozialismus. Obwohl beide Systeme das Prinzip der Chancengleichheit propagieren, ist das erstgenannte den meisten Formen von Gleichheit, welche das zweite System unterstützt, nicht sonderlich förderlich.

Obgleich die neue demokratisch-egalitäre Ideologie den liberalen und sozialistischen Parteien viele Konvertiten zugetrieben hat, bleibt die ältere kapitalistische Ideologie mächtig und zieht für die konservativen Parteien viele Anhänger an. In jedem Land, das freie Wahlen abhält, unterstützen viele Arbeiter konservative oder unabhängige Parteien. In England zum Beispiel zeigen Meinungsumfragen, daß die Konservative Partei die Unterstützung von einem Viertel bis einem Drittel der Arbeiterklasse genießt.[77] In den Vereinigten Staaten wählen ein Drittel bis die Hälfte der Arbeiterklasse republikanisch, zumindest bei den Präsidentschaftswahlen.[78] In Westdeutschland war die Arbeiterklasse 1955 in drei Gruppen von nahezu gleichem Umfang gespalten: (1) die Anhänger der Sozialdemokraten, (2) die Anhänger von Zentrums- und Rechtsparteien und (3) diejenigen ohne Parteipräferenz.[78a] In Frankreich haben bei den Wahlen 1951 30 Prozent der Arbeiter für Zentrums- oder Rechtsparteien gestimmt und 20 Prozent sind der Wahl ferngeblieben.[78b]

Weitere Belege über den Einfluß kapitalistischer Ideologie liefern Untersuchungen über die Ansichten von Arbeitern über Management, Privateigentum und ähnliche Fragen. In einer Arbeiteruntersuchung in Norwegen, einem Land mit einer höchst populären sozialistischen Regierung, wurde die Frage gestellt: »Glauben Sie, daß Arbeiter und Spitzenmanagement gemeinsame oder gegensätzliche Interessen haben?« Nicht weniger als 44 Prozent antworteten, sie hätten gemeinsame Interessen, weitere 29 Prozent äußerten die Überzeugung, daß die beiden Gruppen manche gemeinsamen und manche gegensätzlichen Interessen hätten; nur 27 Prozent sagten, die Interessen seien antagonistisch.[79] Zu ähnlichen Ergebnissen kamen auch amerikanische Untersuchungen. In

77 Robert Alford, *Party and Society: The Anglo-American-Democracies* (Chicago: Rand McNally, 1963), Tabelle B-1.

78 Ebenda, Tabelle B-3.

78a Errechnet nach Morris Janowitz, »Social Stratification and Mobility in West Germany«, in: *American Journal of Sociology*, 64 (1958), Tabelle 16, S. 22.

78b *Sondages*, Etude des électeurs des différents partis d'après l'enquête sur les attitudes politiques des Français. Institut français d'opinion publique, 1952, Nr. 3.

79 J. A. Lauwerys, *Scandinavian Democracy* (Kopenhagen: Danish Institute et al., 1958), S. 239. Diese Zahlen beruhen auf einer Untersuchung, die das Institute for Social Research in Oslo in vierunddreißig Betrieben dieser Stadt durchführte, in denen ein Sechstel aller Industriearbeiter, die in Betrieben mit Beratungskomitees beschäftigt sind, arbeiten.

einer Studie über das Verhältnis der Klassen zueinander in Paterson, New Jersey, einer Gemeinde, die bekannt ist für ihre schlechten Beziehungen zwischen Arbeitern und Management, wurde ein Sample von Produktionsarbeitern gefragt: »Wie kommen die Klassen miteinander aus? Sind sie eher wie Feinde, wie gleiche Partner oder wie Führer und Gefolgschaft?« Fast die Hälfte sah die Beziehung als paternalistisch oder kooperativ, und nur ein Drittel sah Gegnerschaft (das letzte Fünftel hatte keine Meinung oder gab vage Auskünfte).[80] Schließlich könnte man Purcells Untersuchung über die Arbeiter von Konservenfabriken in drei Städten zitieren, die ergab, daß die große Mehrheit sowohl ihrer Gewerkschaft wie ihrer Firma wohlgesonnen war.[81] Dies galt sogar für Gewerkschaftsführer. Obgleich es zweifellos Aktiengesellschaften und Körperschaften gibt, in denen Spannungen die Situation dominieren, wird die traditionelle kapitalistische Ideologie – bundesweit gesehen – doch von einer großen Zahl von Arbeitern offensichtlich akzeptiert.

Die Gründe dafür sind nicht schwer zu finden. Schulen und Massenmedien sind von Besitzenden, Unternehmern und Managerklassen beherrscht, sie gestatten zwar ein gewisses Quantum an Kritik, im großen und ganzen jedoch unterstützen diese Institutionen das System. Darüber hinaus haben sich diese Klassen allerdings verhandlungs- und konzessionsbereit gezeigt, so daß die Lebensumstände der großen Mehrzahl aller Bürger de facto entschieden besser geworden sind. Und schließlich haben besitzende und Managerklasse, mit Rasse, ethnischer Zugehörigkeit und Religion geschickt manipulierend, es immer wieder vermocht, die Opposition zu spalten und einen Teil der Arbeiterklasse aufgrund von Statusgemeinsamkeiten an sich zu binden. Klassisches Beispiel dafür ist die geschickte Ausnutzung der Rassenzugehörigkeit in weiten Teilen der Vereinigten Staaten, besonders im Süden. Man bevorzugte bei der Vergabe von Arbeitsplätzen ebenso wie bei der Beförderung weiße Arbeiter, schützte sie damit vor der Konkurrenz schwarzer Arbeiter und schuf so eine tiefe Kluft zwi-

80 Jerome Manis und Bernard Meltzer, »Attitudes of Textile Workers to Class Structure«, *American Journal of Sociology*, 60 (1954), S. 33.

81 Theodore Purcell, *Blue Collar Man: Patterns of Dual Allegiance in Industry* (Cambridge; Mass.: Harvard University Press, 1960), bes. Tabelle 38. Vgl. auch seine Besprechung anderer Untersuchungen, die zu ähnlichen Resultaten kommen, S. 248—252.

schen den Rassen innerhalb der Arbeiter- und der Besitzlosenklasse, die eine wirksame Kooperation zwischen ihnen praktisch vereitelte. Gerechterweise muß man jedoch hinzufügen, daß diese Kluft nur aufgerissen werden konnte mit Hilfe und unter Kooperation der weißen Arbeiter selber.

Im Unterschied zu den Kämpfen der Bauern in Agrargesellschaften haben die der Arbeiterklasse beachtliche Erfolge gebracht. Manche Rechte sind am Verhandlungstisch errungen worden, andere in der politischen Arena. Im Verlauf dieser Ereignisse ist der Lebensstandard der Arbeiter soweit gestiegen, daß die große Mehrzahl von ihnen heute über dem Existenzminimum lebt. Besonders sichtbar wird dies, wenn man die vielen Vorteile bedenkt, die heute aus dem Bürgerrecht abgeleitet werden. Folge dieser Entwicklungen ist auch die gegenwärtig minimale Unterstützung gewaltsamer revolutionärer Aktion. Eindrucksvoller Beleg dafür ist die Unfähigkeit der Kommunistischen Partei, eine nennenswerte Anhängerschaft zu finden, sieht man von Frankreich und Italien ab. Aber selbst in diesen Ländern zeigen jene, die die Partei bei Wahlen unterstützen, offensichtlich wenig Begeisterung für revolutionäre Gewalt; wäre dies der Fall, hätten sie dank ihrer großen Zahl mit einer einigermaßen gut organisierten Bemühung ganz bestimmt Erfolg.

In der Sowjetunion und anderen kommunistischen Ländern, in denen das Privateigentum weitgehend abgeschafft ist und keine politische Demokratie herrscht, sind die Klassenkonflikte, denen ökonomische Gegensätze zugrunde liegen, bei weitem nicht so offen und virulent. Es wäre jedoch falsch anzunehmen, das kommunistische System habe ökonomische Klassengegensätze überwunden; sie sind bestenfalls unterdrückt. Einen Hinweis darauf geben die vom Russian Research Center der Harvard-Universität durchgeführten Interviews mit russischen Emigranten zu Ende des Zweiten Weltkriegs. Sicher muß man davon ausgehen, daß diese Leute sich in vielem von denen unterscheiden, die geblieben sind; verfügbares Datenmaterial zeigt jedoch, daß die Unterschiede keine extremen waren.[82] So berichteten fast 60 Prozent der Flüchtlinge, sie hätten die Sowjetunion unfreiwillig verlassen; der Prozentsatz, der sich als Mitglied der Kommunistischen Partei bezeichnete, war unter ihnen doppelt so hoch wie im Land, und dies trotz

82 Für eine ausführliche Diskussion des Charakters dieses Samples und Problems siehe Inkeles und Bauer, S. 7—10 und 25—40.

der Tatsache, daß ein Eingeständnis der Parteimitgliedschaft die Ablehnung der Immigration in die Vereinigten Staaten zur Folge haben konnte.[83] Außerdem kamen die Flüchtlinge aus allen Klassen und Gruppen der Bevölkerung.

Einige der interessantesten Befunde dieser Untersuchung ergaben sich aus Antworten auf folgende Frage: »Vor Ihnen liegt eine Liste, in der Klassen der Sowjetgesellschaft paarweise zusammengestellt sind. Wir möchten nun gerne von Ihnen wissen ... ob deren Interessen jeweils zusammenfallen oder einander zuwiderlaufen. Kreuzen Sie an, was sie für richtig halten.« Die Tabellierung der Antworten ergab, daß viele Befragte aus allen Klasssen einen Gegensatz sahen zwischen den Interessen von Arbeitern und Bauern einerseits und jenen der Intelligentsia, das heißt der Akademiker, Manager und anderer Stehkragenarbeiter andererseits. Während zum Beispiel 80 Prozent der Bauern der Meinung waren, ihre Interessen und die der Arbeiter seien die gleichen, sahen nur 44 Prozent eine Interessenkoinzidenz zwischen sich und der Intelligenz und nur 48 Prozent zwischen sich und den Stehkragenarbeitern. Im Falle von manuellen Arbeitern lagen die Ergebnisse bei 88, 56 bzw. 67 Prozent. Bei der Intelligenz ergab sich folgendes Bild: 89 Prozent sahen eine Interessenübereinstimmung zwischen sich und den Stehkragenarbeitern, aber nur 69 empfanden eine Interessengleichheit mit den Bauern, und mit den Arbeitern verbunden fühlten sich 72 Prozent.[84] Eine Reihe von Fragen über die jeweilige Gefährlichkeit der verschiedenen Klassen führte zu ähnlichen Resultaten. Aus der Summe aller Antworten ging nach Meinung der Arbeiter und Bauern die Intelligenz als gefährlichste Klasse der sowjetischen Gesellschaft hervor, während Intelligenz und Stehkragenarbeiter die Arbeiterklasse für besonders gefährlich hielten.[85] Sicher erschwert es der besondere Charakter des Samples, Vergleiche zu ziehen; die Daten zeigen jedoch, daß die ökonomischen Klassengegensätze in der Sowjetunion vermutlich ebenso stark sind wie in nichtkommunistischen Ländern, ungeachtet der mächtigen Anstrengungen der Regierung, sie zu unterdrücken, und trotz der Abschaffung des Systems von Privateigentum. Diese Antagonismen scheinen offenbar solange überleben zu sollen, wie das gegenwärtige Berufsklassensystem besteht.

83 Ebenda, S. 31–32.
84 Ebenda, Tabelle 85.
85 Ebenda, Tabelle 89.

In allen entwickelteren Industriegesellschaften liegen tendenziell die wichtigsten Machtmittel in Form von Besitz, Beruf, Bildung und Zugehörigkeit zur Politikerklasse in Händen derselben Personen. Deshalb ist es oft schwierig, wenn nicht unmöglich, eine bestimmte einzelne Form von Klassenkampf von anderen möglichen Formen zu unterscheiden. In der Sowjetunion beispielsweise gilt der Tendenz nach Parteimitgliedschaft für jene, die zugleich eine Universitätsbildung haben und der Akademiker- oder Managerklasse angehören. In den Vereinigten Staaten und anderen nichtkommunistischen Ländern geht Zugehörigkeit zur Akademiker- und Managerklasse gewöhnlich mit höherer Schulbildung und Zugehörigkeit zur Klasse der Besitzenden und politisch Aktiven einher. Natürlich ist die Korrelation nicht 1 : 1, was auch, wie an anderer Stelle bereits angedeutet, zu Kämpfen unter den privilegierten Minderheiten selbst führt; dies ist jedoch von sekundärer Bedeutung im Vergleich mit dem grundlegenderen Kampf zwischen denen, die »haben«, und denen, die »nichts haben«.

Kämpfe zwischen rassischen, ethnischen und religiösen Statusgruppen werden leicht Teil des Kampfes zwischen ökonomischen Klassen. Solange die Mitglieder untergeordneter Statusgruppen in der Arbeiter- und den besitzlosen Klassen konzentriert sind, ist es schwer, genau auszumachen, inwieweit ihre Kämpfe ökonomische Klassenkämpfe und inwieweit sie Statusgruppenkämpfe sind. Steigen einige dieser Leute jedoch auf im Berufs- und Besitzklassensystem, dann wird der Einfluß der Statusgruppenzugehörigkeit viel deutlicher.

Immer mehr spricht heute dafür, daß der Einfluß von Statusgruppen aufs Wahlverhalten, einer der besten Indikatoren für Klassenkonflikt, nicht viel geringer ist als der der Berufsklasse. Eine der ergiebigsten Untersuchungen auf diesem Gebiet ist Alfords Studie über Wahlverhalten in vier der fünf englischsprachigen Demokratien. Er präsentiert die Ergebnisse einer Reihe von Erhebungen auf nationaler Ebene über Wahlpräferenzen, die er mehrdimensional tabuliert mit Berufsklassen und Religion. Die Quintessenz seiner Befunde ist in Tabelle 1 zusammengefaßt. Um die Analyse zu erleichtern, sind Religion und Klasse in jeweils zwei Kategorien unterteilt: Religion ist gegliedert in Katholiken und Protestanten, Klasse in manuelle und nichtmanuelle Berufe.

TABELLE I

Mittlerer Unterschied der Parteipräferenz nach Berufsklasse bei konstantgehaltener Religion. Mittlerer Unterschied der Parteipräferenz nach Religion bei konstantgehaltener Berufsklasse und Prozentsatz der katholischen Bevölkerung für vier englischsprachige Demokratien.

Land	Mittl. Unterschied nach Klasse bei konstantgehaltener Religion	Mittl. Unterschied nach Religion bei konstantgehaltener Klasse	Prozentsatz der katholischen Bevölkerung	Zahl der Erhebungen
England	37	6	unter 10	3
Australien	33	16	20–25	7
USA	18	21	25	7
Kanada	4	20	45	9
durchschnittliches Mittel	23	16		

Quelle: Robert Alford, *Party and Society: The Anglo-American Democracies* (Chicago: Rand McNally, 1963), Tabellen 6–3, 7–4, 8–4, 9–5.

Wie aus der Tabelle hervorgeht, ist die Struktur in den vier Ländern durchaus unterschiedlich, wobei England und Kanada die beiden Extreme darstellen. In England beeinflußt die Berufsklasse das Wahlverhalten sehr stark, während die religiöse Statusgruppe nur einen geringeren Faktor darstellt; in Kanada ist es gerade umgekehrt. In drei der vier Länder jedoch ist der Streit zwischen religiösen Statusgruppen wichtig genug, um bei der Wahl kräftig zu Buche zu schlagen. Die Tabelle zeigt außerdem, daß *die Bedeutung von Konflikten zwischen religiösen Statusgruppen direkt mit der numerischen Stärke der wichtigsten Minderheitengruppen variiert.*

Man könnte nun vermuten, die Unterschiede im Wahlverhalten von Protestanten und Katholiken spiegelten nur einen grundlegenden Unterschied ihrer jeweiligen politischen Überzeugungen und Ideale wider, es bestehe kein Zusammenhang zwischen ihnen und dem Verteilungsprozeß. Intellektuelle Differenzen spielen zweifellos eine Rolle, aus dem Material geht aber hervor, daß *es sich auch um ein Verteilungsproblem handelt, daß nämlich Statusgruppen um Macht, Privileg und Prestige wetteifern.* Mehr noch, diese Ziele werden ihres säkularen Werts wegen angestrebt, und nicht nur weil sie der Erreichung und Erfüllung theologisch begründeter Ideale dienlich sind.

Es scheint zum Beispiel mehr als zufällig, daß in Ländern, in denen die Katholiken traditionell die herrschende Gruppe stellen, wie in Italien und Frankreich, sie eher die konservativen Parteien unterstützen, während sie dort, wo sie in der Minderheit sind, wie in England und den Vereinigten Staaten, den liberalen Parteien zuneigen. Dieses scheinbar widersprüchliche Muster ergibt nur einen Sinn, wenn man die angestammten Interessen herrschender Gruppen an der Erhaltung des *status quo* und die gegensätzlichen Interessen von Minderheiten daran, den *status quo* zu verändern, in Rechnung stellt. Weiter ist das Ergebnis einer Untersuchung von Detroit interessant, welche zeigte, daß die Wahrscheinlichkeit einer Stimmabgabe von Katholiken für die Demokratische Partei hoch korrelierte mit dem Grad ihres Engagements an ihre katholische Untergruppe, das heißt, es kam darauf an, ob ihre engsten Freunde und Verwandten auch Katholiken waren, und nicht darauf, wie oft sie selbst die Messe besuchten.[86] Im Gegenteil, es stellte sich eine leichte negative Korrelation zwischen Messebesuch und Unterstützung der Demokratischen Partei heraus. Eine bundesweite Repräsentativerhebung anläßlich der Präsidentschaftswahlen im Jahr 1960 schließlich ergab, daß ein Wechsel bei Katholiken von Eisenhower zu Kennedy mit dem je individuellen Engagement an der katholischen Gemeinde viel höher korrelierte als mit einer engen Bindung an die katholische Kirche, wie sie etwa abzulesen wäre an der Zahl der Messebesuche.[87]

Eine weitgehend ähnliche Struktur findet sich auch im Falle von anderen Statusgruppen. Die herrschende Gruppe unterstützt eher konservative oder ähnliche Parteien, während Minderheitengruppen Parteien anhängen, die für politische Veränderungen eintre-

86 Lenski, *Factor,* S. 174—175 und 181—184.

87 Philip Converse, »Religion and Politics: the 1960 Elections«, in: Angus Campbell, Philip Converse, Warren Miller und Donald Stokes, *Elections and the Political Order* (New York: Wiley, 1966), S. 106—109.

ten.[88] *Was zuweilen ausschließlich als Kampf zwischen ökonomisch unterschiedlichen Klassen verstanden wurde, erweist sich so bei näherem Hinsehen auch als Kampf zwischen Statusgruppen.* Wie die Erfahrungen solcher Länder wie Kanada und Holland beweisen, kann der ökonomische Klassenkampf mitunter dem Kampf zwischen Statusgruppen sogar untergeordnet sein.

Ehe wir die Erörterung von Statusgruppenkämpfen abschließen, möchten wir betonen, daß sie – nicht weniger als ökonomische Klassenkämpfe – das Potential zu revolutionärer Gewalt enthalten. Die immer wiederkehrende Struktur der Rassenunruhen in den Vereinigten Staaten, die jüngsten terroristischen Aktivitäten gewisser frankokanadischer Gruppen sowie die erneut aufflackernden Kämpfe der Ukrainer beweist dies.

Es ist noch gar nicht lange her, da war der *Geschlechtsstatus* Grundlage einer ganz besonderen Art von Klassenkampf in den meisten entwickelten Industriegesellschaften. Die Frauen kämpften heftig um ihre Gleichberechtigung und Gleichstellung mit den Männern. Als Resultat ihrer Anstrengungen haben sie heute vor dem Gesetz die gleichen Rechte. In der Arbeitswelt und im politischen Bereich haben sie allerdings keine volle Gleichheit erlangt, die Mehrzahl der Frauen scheint dies jedoch nicht sehr zu kümmern. Die Erklärung für diese offensichtlich paradoxe Situation ist im Familiensystem zu suchen, welches es, wie wir bereits festgestellt haben, den meisten Frauen gestattet, ihre Ziele mittels Heirat etwa mit dem Aufwand zu erreichen, den die meisten Männer in Form von Arbeit und politischer Aktivität für die ihren leisten. Bezeichnend ist, daß der Hauptvorwurf militanter Feministinnen heute lautet, die Hausfrauenrolle sei intellektuell verdummend; die meisten Frauen scheinen jedoch zu realisieren, daß dieser Vorwurf sich mit gleicher Gültigkeit auch gegen die meisten Beschäftigungen der Männer erheben läßt.[89] Daraus erklärt sich vermutlich, warum die Frauenbewegung an Schwung

88 Das bedeutet, daß in nichtkommunistischen demokratischen Ländern Minderheiten dazu neigen, liberale, sozialistische, ja sogar kommunistische Parteien zu unterstützen. In kommunistischen Ländern, wo die kommunistische Partei sich in vielen Dingen zu einer konservativen Partei entwickelt, die den politischen *status quo* vertritt, sind Minderheitengruppen wie die Ukrainer eher antikommunistisch als die herrschende ethnische Gruppe, die Großrussen.

89 Siehe Betty Friedan, *The Feminine Mystique* (New York: Norton, 1963); sie liefert ein Beispiel für die moderne Version militanten Feminismus.

und Kraft verloren hat: *für die meisten Frauen ist die Schlacht um die Gleichberechtigung geschlagen.*

Von allen Klassenkämpfen in modernen Gesellschaften dürfte jener zwischen den *Altersklassen* am stärksten unterschätzt werden, und zwar insbesondere der zwischen Jugend (im Sinne von Heranwachsenden und jugendlichen Erwachsenen) und Erwachsenen. Die Bedeutung dieses Kampfes wird in der Tat so sehr verkannt, daß er in Diskussionen über Klassenkämpfe in der Regel überhaupt übersehen oder mit ökonomischen Klassenkämpfen verwechselt wird. Dennoch liegt genügend Material vor, das auf einen Kampf zwischen Altersklassen als eigenen Klassenkampf hinweist und zeigt, wie gravierend und wie schwer zu handhaben dieser Kampf ist.

Seine Basis hat dieser Kampf in der Tatsache, daß die jüngere Generation der Autorität der älteren unterworfen ist und die ältere Generation den Löwenanteil aller Gratifikationen einstreicht. Zweifellos war diese Situation in politisch stabilen und stark institutionalisierten Gesellschaften immer schon gegeben. In zwei Punkten hat sie sich jedoch gewandelt, und diese neueren Entwicklungen stimulieren intergenerationellen Konflikt. Erstens hat die Industrialisierung die Bildungserfordernisse entscheidend gesteigert und zugleich die Gelegenheiten, aus der Arbeit Jugendlicher Profit zu ziehen, erheblich eingeschränkt.[90] Dadurch ist der Zeitraum wirtschaftlicher Abhängigkeit von der älteren Generation und damit auch der Unterordnung stark ausgedehnt worden. Jungen von zwölf oder vierzehn Jahren können nicht mehr ihren Lebensunterhalt selbst verdienen und sich damit ihre Unabhängigkeit sichern, wenn sie dies wollen. Zweitens sind die Jugendlichen aufgrund dieser Entwicklungen und besonders der für alle geltenden langen Schulzeit wegen in eine Welt verwiesen, die fast ausschließlich aus ihren Altersgenossen besteht, eine Welt, in die wenige Erwachsene mehr als einen Blick tun. Damit sind die Möglichkeiten für Kontakt und Kommunikation in einer Klasse, deren Mitglieder gemeinsam unter dem gleichen Mißstand leiden, maximal. Kurz, die idealen Bedingungen für Klassenkampf, wie Marx ihn bestimmt hat, sind gegeben.

Um das Bild abzurunden, müssen noch zwei weitere Faktoren

90 1962 betrug die Arbeitslosenziffer für Personen zwischen vierzehn und neunzehn 12,5 Prozent, bei den Fünfundzwanzig- bis Vierundvierzigjährigen lag sie bei nur 5,1 Prozent. Errechnet aus *Statistical Abstract, 1962,* Tabellen 281 und 283.

genannt werden. Erstens befindet sich die Klasse dieser Unzufriedenen infolge ihrer Jugend physisch auf dem Höhepunkt ihrer Kraft und Energie und ist zudem mit relativ wenigen sozialen Verantwortlichkeiten eingedeckt. Zweitens haben sie aufgrund ihrer Jugend kaum Möglichkeiten, innerhalb der normalen politischen Kanäle für Abhilfe zu sorgen; die große Mehrheit darf noch nicht wählen und diejenigen, die wahlberechtigt sind, erkennen bald, daß die großen politischen Parteien fest in der Hand einer Generation sind, die nicht sonderlich an ihren Problemen interessiert ist. Dadurch kommt es zu Generationskämpfen, zunehmend zu gewaltsamen, vielleicht sogar revolutionären.

Es ist kein Zufall, daß junge Leute in den radikalen und revolutionären Bewegungen *beiderseits des Eisernen Vorhangs* eine hervorragende Rolle spielen. Kommunistische Führer in nichtkommunistischen Ländern weisen oft stolz auf ihre Anziehungskraft auf die Jugend hin, in dem Bewußtsein, damit bewiesen zu haben, daß sie die Partei der Zukunft seien.[91] Was sie vergessen, ist, daß in den Ländern, in denen ihre Partei am Ruder ist, die jüngere Generation sich ebenfalls an der Spitze der Opposition befindet. Man braucht sich nur daran zu erinnern, welche Rolle die Jugend beim ungarischen Aufstand sowie bei den polnischen Unruhen im Jahr 1956 oder während der ostdeutschen Unruhen von 1953 gespielt hat, um das Maß an Gegnerschaft zu erkennen. Selbst in Rußland existiert dieses Problem und scheint an Bedeutung sogar zuzunehmen. Die Jugend im allgemeinen und die Studentenschaft im besonderen spielen eine große Rolle in der Freiheitsbewegung, die vor rund einem Jahrzehnt erwachte, als der extreme Druck der Stalin-Ära nachließ.[92]

In diesem Kampf der Generationen gegeneinander lassen sich die Elemente von Eigeninteressen, welche beide Seiten motivieren, oft schwer erkennen, weil beide Seiten ihren Kampf gerne im Namen abstrakter Prinzipien führen. So kämpft die jüngere Generation für »Freiheit« und gegen »Bürokratie«, während die ältere sich für »Recht und Ordnung« und »Führung durch erfahrene Männer« einsetzt. In vielen Fällen verzahnen sich der ökonomische Klassenkampf und der zwischen Altersklassen in nichtkommuni-

91 Siehe z. B. Philip Williams, *Politics in Post-War France* (London: Longmans, 1954), S. 52—53 über die Kommunistische Partei Frankreichs.

92 Eine gute Darstellung dieser Bewegung stammt von einem russischen Flüchtling, einem Studenten, siehe Burg, S. 89—99.

stischen Ländern hoffnungslos ineinander; in den kommunistischen Staaten ist es eher der politische Klassenkampf, der in den Kampf der Altersklassen miteingeht. Unter solchen Bedingungen ist das einzige leicht erkennbare Anzeichen dafür, welche Rolle der Kampf zwischen Altersklassen spielt, die ungleiche Verteilung der Generationen auf die beiden Lager. Alle Verdunkelung durch Wolken irreführender Rhetorik und Ideologie kann indes dem Kampf nichts von seiner Realität nehmen.

Im Unterschied zu dem Konflikt zwischen den Geschlechtern wird sich der zwischen den Generationen in naher Zukunft nicht lösen lassen. Einige aktuelle Entwicklungen werden die Situation zwar entspannen, andere werden sie jedoch zweifellos verschärfen. Positiv ist die Tendenz auf seiten der Regierungsbehörden und anderer Institutionen zu verzeichnen, die längere Ausbildung als eine Form von Beruf oder Arbeit zu betrachten, welche Förderung verdient. Ganz deutlich wird dies in kommunistischen Ländern, wo Studienförderung die Regel ist, aber auch in nichtkommunistischen Staaten nehmen Staats- und Privatstipendien beständig zu. Diese Entwicklung in Verbindung mit der Tendenz zur Frühehe, welche sich bekanntermaßen domestizierend auswirkt, wird vielleicht die Integration der Jugend in die Klasse der Erwachsenen beschleunigen. Auf der anderen Seite erhöht sich durch die Verlängerung der Ausbildung die Zahl derer, die noch keine selbständigen Erwachsenen sind und noch in eigenen gesonderten Bildungs- und Schulgemeinschaften konzentriert leben. Und schließlich muß als stabilisierend in der herrschenden Situation die kontinuierliche Präsenz sowie die enorme Bedeutung der riesigen bürokratischen Organisationen bedacht werden, die ihrer ganzen Struktur nach zum Senioritätsprinzip neigen, welches zwangsläufig Spannungen zwischen den Generationen hervorrufen muß. Der Blick in die Zukunft läßt demnach Veränderungen im Charakter der Klassenkämpfe zwischen den Generationen erwarten, der Kampf selbst dürfte jedoch aller Wahrscheinlichkeit nach fortdauern.

Das Bürgerrecht und der wieder in Gang kommende Umverteilungsprozeß

Unter allen Konsequenzen aus Klassenkämpfen in der Gegenwart sticht eine ihrer außerordentlichen Bedeutung wegen sofort ins

Auge. Wir meinen den Wandel im Charakter jenes Machtmittels, das wir als Bürgerrecht bezeichnen.

Viele mögen es merkwürdig finden, wenn wir Bürgerrecht unter die gleiche Kategorie subsumieren wie Besitz, Beruf, Bildung und all die anderen Machtmittel, die wir weiter oben besprochen haben. Aber genau das ist es.[93] In der Vergangenheit war dieser Aspekt des Bürgerrechts leichter zu erkennen, weil es damals der wertvolle Besitz einiger weniger Privilegierter war. In Agrargesellschaften waren nur die Mitglieder der regierenden Klasse Bürger im modernen Sinne des Wortes, abgesehen von den städtischen Zentren, wo sich mehr Menschen in dieses wertvolle Gut teilten. Heute ist praktisch jedes Mitglied industrieller Gesellschaften Bürger und damit Nutznießer einer breiten Skala wichtiger Vergünstigungen und Vorteile.

Die Rechte, welche das Bürgerrecht garantiert, unterscheiden sich von Staat zu Staat ein wenig. In nahezu allen entwickelten Industrieländern jedoch berechtigt es den Einzelnen zu einem viele Jahre dauernden Schulbesuch, zur Benutzung öffentlicher Straßen und Autobahnen, öffentlicher sanitärer Einrichtungen, der Wasserversorgung, von Parks und anderen Erholungsstätten, er kann Polizei und Feuerwehr in Anspruch nehmen und erhält eine bestimmte Form von Einkommen, wenn er alt, arbeitsunfähig oder arbeitslos ist. Das Bürgerrecht schützt durch Regierungsverordnungen, die von Privatunternehmen befolgt werden müssen, in nichtkommunistischen Ländern die Einzelnen vor wirtschaftlicher Ausbeutung durch Monopole und Oligopole, und zwar was die Preisbildung von Waren wie die Festsetzung von Löhnen angeht. Schließlich verleiht in einer wachsenden Zahl von Ländern das Bürgerrecht dem Einzelnen ein Anrecht auf eine gewisse ärztliche Versorgung und aufgrund staatlicher Unterstützungen auch auf vielerlei kulturelle Aktivitäten zu Preisen, die unter den Kosten liegen.

Was es uns vermutlich so schwer macht, uns das Bürgerrecht als ein Machtmittel vorzustellen, liegt darin, daß es die Menschen tendenziell und der Intention nach auf eine gleiche Basis stellt, während alle anderen Mittel eher Ungleichheit schaffen. Diese Tatsache macht zwar das Bürgerrecht zu einem einzigartigen Mittel, dennoch bleibt es ein Mittel. Was für alle von uns erwähnten

93 Siehe T. H. Marshall, *Citizenship and Social Class* (London: Cambridge University Press, 1950), S. 1—85.

und behandelten Mittel gilt, trifft auch auf das Bürgerrecht zu, es erleichtert den Erwerb von Gratifikationen oder Vorteilen.
Der sich wandelnde Charakter des Bürgerrechts in modernen Zeiten – seine Ausdehnung auf alle Teile der Bevölkerung und die Hinzufügung vieler neuer Rechte – hat eine alte Funktion der Regierung wiederaufleben lassen, die in Agrargesellschaften weitgehend verschwunden gewesen war, die Umverteilungsfunktion nämlich. Indem der Staat die Rolle des Bürgers mit mehr Rechten ausstattete, eine Rolle, in die sich alle teilen, und die Kosten für diese Rechte disproportional jenen auflädt, die am besten zahlen können, nimmt er in der Industriegesellschaft einen Transfer der Gewinne von jenen vor, die mehr haben, zu jenen, die weniger haben. Die Ökonomen sind sich gegenwärtig über den Umfang dieses Transfers immer noch nicht einig. Einige bezweifeln sogar, ob überhaupt eine effektive Einkommensumverteilung erreicht wird. Die große Mehrheit jedoch ist der Überzeugung, daß die Umverteilungsfunktion erfüllt wird, und zwar in zunehmendem Maße, obwohl sicherlich nicht so drastisch, wie es die offiziellen Steuersätze und die polemische Literatur zu diesem Thema nahelegen. Man ist sich auch darüber einig, daß diese Funktion in den einzelnen Staaten mit unterschiedlichem Nachdruck erfüllt wird und daß sie am stärksten ausgeprägt ist in Ländern, die das schwedische Muster politischer Lenkung praktizieren. Angesichts des Trends zum schwedischen Muster kann man indessen damit rechnen, daß die Bedeutung des Bürgerrechts in den meisten Industriegesellschaften in den nächsten Jahrzehnten weiter zunehmen wird.

Prestige – Kriterium von Schichtung

Wenig Aufmerksamkeit haben wir in unserer Arbeit auf die dritte wichtige Gratifikation verwendet, hinter der die Menschen herjagen, auf Ansehen und Prestige. Die Erklärung dafür liegt zum einen darin, daß die Analyse von Macht und Privileg bereits ein dickleibiges Buch erforderte, und zum andern in unserer These, Prestige sei eher als eine Funktion von Macht und Privileg zu verstehen als umgekehrt. Wir bestreiten keineswegs, daß von Prestige zu Macht und Privileg eine Rückkopplung stattfindet, die kausale Beziehung verläuft jedoch nach unserer Ansicht von Macht und Privileg zu Prestige.
Da ein Großteil der Literatur über Schichtung in modernen Indu-

striegesellschaften und besonders in den Vereinigten Staaten sich mit der Verteilung von Prestige befaßt, ist eine kurze Erörterung dieses dritten Elements der klassischen Dreieinigkeit angebracht. Zumindest sollten wir von jenem Datenmaterial Notiz nehmen, welches für unsere These von einer wesentlichen Abhängigkeit des Prestiges von Macht und Privileg relevant ist.

Prestige kann jeder sozialen Einheit anhaften, handle es sich um Individuum, Rollenträger oder Gruppe. Von Interesse sind für uns hier vornehmlich Untersuchungen über das Prestige von Einzelnen und von Rollen. Einen Markstein in der Forschung über Rollenprestige stellt die Untersuchung von North und Hatt über Berufsprestige in den Vereinigten Staaten dar, die kurz nach dem Ende des Zweiten Weltkriegs durchgeführt wurde.[94] In dieser auf Bundesebene unternommenen Studie wurden neunzig Berufe nach ihrem Prestige beurteilt und in eine Rangfolge gebracht. Dudley Duncan hat die Bewertungen jüngst einer weiteren Analyse unterzogen und eine Korrelation von .91 zwischen den Einstufungen und einem kombinierten Meßwert aus Bildungsstand und Einkünften für jene fünfundvierzig Berufe errechnet, die mit Zensusangaben verglichen werden konnten.[95] Anders ausgedrückt, *fünf Sechstel der Varianzbreite von Berufsprestige lassen sich statistisch mit Hilfe einer linearen Kombination der Indikatoren von Einkommen und Bildungsstand des jeweiligen Berufs erklären.* Wenn wir in Übereinstimmung mit dem theoretischen Rahmen unserer Analyse Bildung als ein Mittel und damit als eine Form von Macht betrachten, und wenn uns das Einkommen als Maßstab für Macht und Privileg gilt, *dann bedeutet das, daß die Prestigeunterschiede in diesem Sample amerikanischer Berufe weitgehend als Spiegel beruflicher Macht und Privilegien angesehen werden können.*

Eine dritte Untersuchung zeigt, daß der Zusammenhang kein spezifisch amerikanischer ist. Inkeles und Rossi haben die Ähnlichkeit von amerikanischen Prestigenormen mit britischen, japanischen, neuseeländischen, russischen und deutschen nachgewiesen.[96]

94 National Opinion Research Center, »Jobs and Occupations: A Popular Evaluation«, *Opinion News,* 9 (1. Sept. 1947), S. 3—13, abgedruckt in Bendix und Lipset, S. 411—426.

95 Siehe O. D. Duncan, »A Socioeconomic Index for All Occupations«, in: Albert J. Reiss, *Occupation and Social Status* (New York: Free Press, 1961), S. 124.

96 Alex Inkeles und Peter Rossi, »National Comparisons of Occupational Prestige«, *American Journal of Sociology,* 61 (1956), S. 329—339.

In allen Fällen ergab die Korrelation einen Koeffizienten von zumindest .90; das Mittel lag bei .94. Die Anzahl der verglichenen Berufe war zwar begrenzt und schloß notwendig jene aus, die nicht vergleichbar waren, das heißt, Vergleiche zwischen Parteisekretären und Unternehmern waren im Falle von Sowjetunion und Vereinigten Staaten nicht möglich; wir verfügen auch über keine Untersuchung im Stile der Duncanschen, die zeigen könnte, wie hoch Berufsprestige in solchen Ländern mit Einkommen und Bildung korreliert; die Teilchen des Puzzles, die wir in Händen haben, passen jedoch wunderbar zusammen, und unsystematisches Material läßt stark vermuten, daß die Struktur im wesentlichen dieselbe ist.

Was *individuelles* Prestige anlangt, so legen die Daten einen ähnlichen Schluß nahe: auch individuelles Prestige scheint weitgehend eine Funktion von Macht und Privileg zu sein. So zeigte sich zum Beispiel in der vielzitierten Untersuchung einer Stadt im Mittelwesten, daß das Prestige von Einzelnen und Familien mit altamerikanischer Herkunft im Urteil anderer Gemeindemitglieder hoch korrelierte (.93) mit einem kombinierten Meßwert aus Beruf und Bildung.[97] In jüngerer Zeit fand Hollingshead in seiner Untersuchung einer Stadt im Osten eine Korrelation von .91 zwischen der Beurteilung der Klassenlage einerseits und der von Berufs- und Bildungsrang andererseits.[98] Es ließen sich weitere Beispiele anführen, die auf derselben Linie liegen. Kurz, *die Hauptdeterminanten von individuellem oder von Familienprestige ebenso wie die von Berufsprestige sind Variable, die normalerweise unter den Kategorien von Macht und Privileg subsumiert sind.* Daraus folgt, daß wir – auch bei unserer geringen Beachtung des Prestigephänomens in diesem Buch – die Faktoren, welche die Verteilung von Prestige in modernen Industriegesellschaften weitgehend bestimmen, untersucht haben.

Zukünftige Entwicklungen

In unserer Analyse moderner Industriegesellschaften haben wir uns mit gegenwärtigen Organisations- und Verteilungsstrukturen

97 Warner et al., *Social Class*, Tabelle 14.

98 A. B. Hollingshead und Frederick Redlich, *Social Class and Mental Illness: A Community Study* (New York: Wiley, 1958), S. 394.

befaßt und bewußt jede Spekulation über Strukturen der ferneren Zukunft vermieden. Dennoch sind solche Fragen faszinierend. Die Industriegesellschaften haben ganz sicherlich ihr stabiles Gleichgewicht noch nicht gefunden. Im Gegenteil, sie wandeln sich sogar immer schneller. Das heißt, wir können durchaus damit rechnen, daß die meisten entwickelten Industriegesellschaften in ein- oder zweihundert Jahren sich von den heutigen ebenso stark unterscheiden wie die heutigen von den ersten, die vor rund hundertfünfzig Jahren sich entwickelten. Mit anderen Worten, die Industriegesellschaften, die wir in diesem Buch beschrieben haben, könnten sich durchaus als bloße Übergangsformen herausstellen, genauso instabil wie die von uns in den Anfangskapiteln beschriebenen Gesellschaftsformen.

Bei der Prognose zukünftiger Entwicklungen im Verteilungsprozeß sind sechs Faktoren, die wir alle schon erwähnt haben, von besonderer Bedeutung. Erstens versprechen die neuen Verhütungsmethoden der Menschheit ein Maß an Kontrolle über die menschliche Fruchtbarkeit, welches alles bisher und auch in der Gegenwart Dagewesene weit übertrifft. Zweitens schafft der Geburtenzuwachs besonders in den weniger entwickelten Ländern, aber auch in den entwickeltsten, Bedingungen, die eine Geburtenplanung auf nationaler Ebene wahrscheinlich werden lassen. Drittens ermöglicht der technologische Fortschritt phantastische Produktionssteigerungen von Gütern und Dienstleistungen sowie eine drastische Reduzierung des Bedarfs an menschlicher Arbeitskraft. Viertens begünstigt der technologische Fortschritt erhebliche Fortschritte auch in den Techniken der sozialen Kontrolle. Fünftens erlaubt der technologische Fortschritt in Transport und Verkehr die Schaffung eines einzigen Weltstaats, welcher das gegenwärtige Vielstaatensystem verdrängen könnte. Und schließlich hat der technologische Fortschritt im militärischen Bereich die virtuelle Vernichtung der Menschheit bereits möglich gemacht.

Im Augenblick kann niemand mit Sicherheit sagen, wie man diese Möglichkeiten nutzen, wie man sie kombinieren wird und wie sie miteinander interagieren werden, um neue Strukturen sozialer Organisation hervorzubringen. Einige fundamentale Möglichkeiten lassen sich dennoch erkennen. Erstens besteht ganz bestimmt die Möglichkeit einer Auslöschung menschlicher Existenz in einer atomaren Katastrophe oder in einem biochemischen Krieg. Zweitens besteht die Möglichkeit, daß ein solcher Krieg zu einem dauernden Rückfall auf die agrarische Stufe ohne Aussicht auf eine Restauration der Industriegesellschaften führt.[99] Drittens besteht die Möglichkeit, daß neue Techniken sozialer Kontrolle von einer kleinen Minderheit monopolisiert und zu ihrem alleinigen Vorteil verwendet werden, etwa im Sinne von Orwells Vision, die er in seinem Buch *1984* niedergeschrieben hat. Viertens besteht die Möglichkeit, daß neue Produktionstechniken in Verbindung mit einem freiwilligen oder erzwungenen Programm der Geburtenkontrolle eine Ära des Überflusses und der relativen Gleichheit aller in einem einzigen Weltstaat (oder auch in einer Reihe von sich wechselseitig zum militärischen Patt zwingenden Nationalstaaten) schaffen. Schließlich besteht die Möglichkeit, daß trotz aller technologischen Innovationen die Menschen sich dafür entscheiden, die soziale Ordnung mehr oder weniger so zu lassen, wie sie ist. Welchen Weg die Menschen einschlagen werden, läßt sich nicht voraussagen, und da sie so radikal verschieden voneinander sind, scheint eine ins einzelne gehende Spekulation über ihre Natur – zumindest für den Augenblick – immer noch besser bei Science-fiction-Autoren aufgehoben zu sein.

99 Siehe Harrison Brown, *The Challenge of Man's Future* (New York: Viking Compass Books, 1956), S. 222—225; hier wird diese Möglichkeit in hervorragender Weise dargelegt und erörtert.

13. Rückblick und Ausblick

> Dies ist nicht das Ende. Es ist nicht einmal der Anfang vom Ende. Aber es ist vielleicht das Ende vom Anfang.
>
> *Winston Churchill*

Nachdem wir Betrachtung und Analyse des Verteilungsprozesses in einer Reihe höchst unterschiedlicher Gesellschaftstypen abgeschlossen haben, ist es an der Zeit, nach der Adäquanz der Theorie zu fragen, die wir in den Kapiteln 2 bis 4 entwickelt und in Abbildung 2 im 4. Kapitel zusammengefaßt haben. Wird diese Theorie durch das ethnographische, historische und soziologische Material belegt, oder widerspricht es ihr? Sind im Falle ihrer Bestätigung Modifikationen oder Zusätze notwendig? Welche weitere Arbeit ist erforderlich? Mit diesen Überlegungen wollen wir uns in diesem Kapitel vornehmlich beschäftigen.
Eine weitere Frage, an deren Klärung uns ebenfalls gelegen ist, betrifft das Verhältnis dieser Theorie zu den älteren theoretischen Traditionen. Inwieweit hat uns unsere Untersuchung veranlaßt, die Positionen von Funktionalisten zu übernehmen, und inwieweit sind wir den Konflikttheoretikern gefolgt? Und, so muß man hinzufügen, inwiefern hat uns unsere Untersuchung zu Positionen geführt, die von beiden abweichen?

Die allgemeine Theorie nach ihrer Überprüfung

Im Lichte des Materials, welches in den Kapiteln 5 bis 12 vorgestellt wurde, kann man die Grundfrage nach der Validität der in den Eingangskapiteln dargelegten allgemeinen Theorie im wesentlichen affirmativ beantworten. Die Grundzüge von Verteilungssystemen scheinen in der Tat von der Interaktion jener *konstanten Elemente* im menschlichen Leben geprägt zu sein, die wir anfangs genannt haben, sowie von dem *variablen Element der Technologie*. Wie in der Hypothese angenommen, scheint der Einfluß dieser Faktoren durch eine Reihe von gesellschaftlich-organisationellen Faktoren vermittelt, deren Wandel stark von vorangehenden technologischen Veränderungen abhängt. Natürlich war es diese systematische Kovariation, welche die Entwicklung der gesellschaftlichen Typologie ermöglichte, die sich als so wertvoll erwies.

Daß die Theorie ein so hohes Maß an Bestätigung erfuhr, kam nicht völlig unerwartet; die Art, in der sie konstruiert ist, dürfte der Grund dafür sein. Trotz eines gewissen gegenteiligen Anscheins war die Theorie, die in den ersten Kapiteln dargelegt wurde, keine simple Übung in deduktiver Logik. Eher stellte sie das Endprodukt eines langwierigen Induktions- und Deduktionsprozesses dar. In gewissem Sinne war sie auf die Fakten oder doch zumindest auf jene Fakten zugeschnitten, die mir bekannt waren, als ich dieses Buch zu schreiben begann. Immerhin war die Theorie, mit der ich anfing, nicht dieselbe wie die, die ich zehn Jahre vorher gelehrt hatte. Im Gegenteil, im Lauf jenes Jahrzehnts veränderte und modifizierte ich meine theoretische Position beständig, um zu einer engeren Entsprechung zwischen Theorie und Datenmaterial zu kommen. In diesem Prozeß wandelte sich meine Position von einer ursprünglich im Grunde funktionalistischen zu einer, die ich als synthetische oder synthetisierende bezeichnet habe. Mit anderen Worten, mir wurde die Notwendigkeit immer klarer, Hypothesen und Postulate aufzunehmen, die in der funktionalistischen Tradition nur eine nebensächliche oder gar keine Rolle spielten, jedoch ohne dabei meine Position völlig aufzugeben.

Angesichts des Materials, welches in den Kapiteln 5 bis 12 dargelegt ist, scheinen allgemeine Theorie und Daten recht gut zueinander zu passen; eine vollkommene Entsprechung besteht allerdings nicht und einige Modifikationen und Veränderungen sind notwendig. Zunächst einmal zeigt unsere Untersuchung von fortgeschrittenen Hortikultur- und Agrargesellschaften, daß der Zusammenhang von Technologie und politischer Organisation nicht so einfach ist wie angenommen. Es finden sich in diesen Gesellschaften erhebliche Unterschiede im Stand der politischen Entwicklung, die einhergehen mit offensichtlich viel geringeren Unterschieden der Technologie. Daraus folgt, daß wir den Stand des technologischen Fortschritts entweder als *notwendige, aber nicht hinreichende* Ursache politischen Fortschritts ansehen müssen oder als eine Art von »Schwelleneffekt« erzeugend, wo ein kleiner technologischer einen großen politisch-organisationellen Fortschritt verursacht (oder ermöglicht). Vielleicht trifft beides zu. Eins ist sicher, daß nämlich auf gewissen Stufen technologischer

Entwicklung ein ganz beachtliches Maß an Veränderung in der politischen Entwicklung möglich wird. Für den Verteilungsprozeß ist dies von entscheidender Bedeutung, weil die Stufe der politischen Entwicklung eine wichtige Determinante für den Charakter von Verteilungssystemen darstellt.

Eine zweite Modifikation, die angezeigt ist, erfordert eine Unterscheidung auf analytischer Ebene zwischen den Begriffen »Technologie« und »Ökonomie«. Rückblickend scheinen diese beiden Termini in den vorangehenden Kapiteln häufig wechselweise benutzt worden zu sein. In den meisten Fällen war dies unproblematisch, weil Unterschiede in der Wirtschaft, das heißt in der ökonomischen Organisation einer Gesellschaft, gewöhnlich mit Unterschieden in der Technologie, das heißt in den kulturellen Mitteln, mit denen eine Gesellschaft sich auf ihre Umwelt bezieht, einhergehen. So ist eine Jäger- und Sammlertechnologie begleitet von einer Jäger- und Sammlerökonomie. Zu Schwierigkeiten muß es allerdings dann kommen, wenn einzelne Gesellschaftstypen einen vergleichbaren technologischen Entwicklungsstand aufweisen, wie im Falle agrarischer und maritimer Gesellschaften. Hier scheinen beiden die gleichen technologischen Elemente zur Verfügung zu stehen, die eine Gesellschaft betont jedoch Momente, welche die andere geringer bewertet oder unbeachtet läßt. Die Gründe dafür spiegeln – zumindest zum Teil – die Einflüsse von Umweltfaktoren wider, wenngleich auch andere Faktoren wirksam sein dürften. Wirtschaftliche Unterschiede, die unabhängig von technologischen Unterschieden auftauchen, scheinen in ihrer Auswirkung auf Verteilungssysteme den politischen Unterschieden vergleichbar zu sein. Die Bindeglieder in der Kausalkette lassen sich deshalb angemessener wie folgt darstellen[1]:

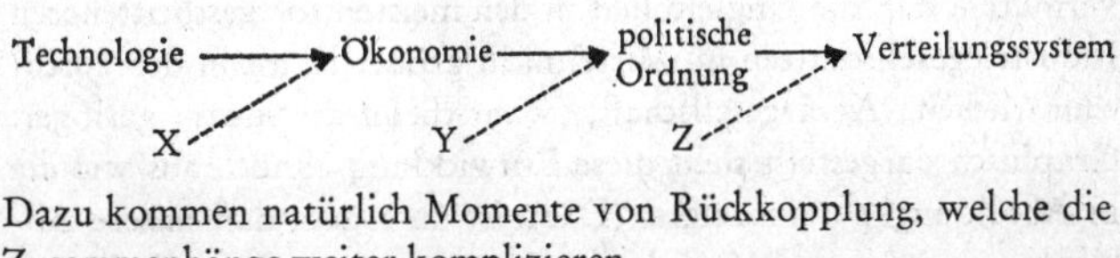

Dazu kommen natürlich Momente von Rückkopplung, welche die Zusammenhänge weiter komplizieren.

Unsere Befunde demonstrieren nicht nur die Bedeutung von Tech-

1 Die Symbole X, Y und Z sollen daran erinnern, daß unsere Theorie davon ausgeht, daß auch andere Faktoren an jedem Punkt der Kausalkette ihren Einfluß ausüben.

nologie und sozialer Organisation bei der Herausbildung und Prägung von Verteilungssystemen, sie demonstrieren auch den Einfluß anderer Faktoren, auch solcher, die in den Kapiteln 2 bis 4 nicht erkannt und benannt wurden. Zwei sind ihres großen Gewichts wegen zu nennen: (1) *Unterschiede in der Ideologie* und (2) *Unterschiede in den persönlichen Eigenschaften politischer Führer.*

Ideologie scheint ihre größte Wirkung in fortgeschritteneren Gesellschaften zu entwickeln. Ideologische Unterschiede großen Ausmaßes und von großer Bedeutung für Verteilungssysteme setzen die Existenz von Ideologiespezialisten voraus, die ihren Rückhalt bei den entsprechenden religiösen und politischen Institutionen haben. Diese Entwicklungen scheinen ihren Ausgang zwar in fortgeschrittenen Hortikulturgesellschaften genommen zu haben, sind jedoch erst in Industriegesellschaften zur vollen Blüte gelangt.[2]

Wie wichtig Ideologie ist, zeigt besonders deutlich der etwas unerwartete Stillstand und durchaus mögliche Umschwung des Trends zur steigenden sozialen Ungleichheit, der in der Entwicklung von Jäger- und Sammler- zu Agrargesellschaften so stark ausgeprägt war. In Kapitel 4 (S. 123) stellten wir die Prognose auf, der Grad der Ungleichheit in Verteilungssystemen variiere direkt mit der Höhe des Surplus einer Gesellschaft. Später modifizierten wir versuchsweise diese Prognose etwas und schlossen die Möglichkeit ein, daß Menschen, denen es individuell an Macht fehlt, ein gewisses Maß an »Gegenmacht« dadurch entwickeln können, daß sie sich organisieren; nicht ohne Blick auf die Fakten, sagten wir weiter »voraus«, daß dies am ehesten für demokratische Staaten mit egalitärer oder sozialistischer Ideologie gelte. Obwohl wir kein allgemeines quantitatives Maß für Ungleichheit entwickeln konnten, läßt das von uns gesichtete Material stark vermuten, daß die Ungleichheit in den meisten fortgeschritteneren Industriegesellschaften im Mittel nicht größer ist als in der durchschnittlichen Agrargesellschaft, wahrscheinlich sogar geringer. Graphisch dargestellt sieht diese Entwicklung ähnlich aus wie die in Abbildung 1 aufgezeigte. (Dazu ist zu sagen, daß unsere Abbildung nur eine grobe graphische Zusammenfassung sein kann.)

Der Einfluß von Unterschieden in den persönlichen Eigenschaften politischer Führer scheint seine größte Wirkung ebenfalls in den

2 Man könnte hinzufügen, daß sie auch in industrialisierenden Mischgesellschaften blühen.

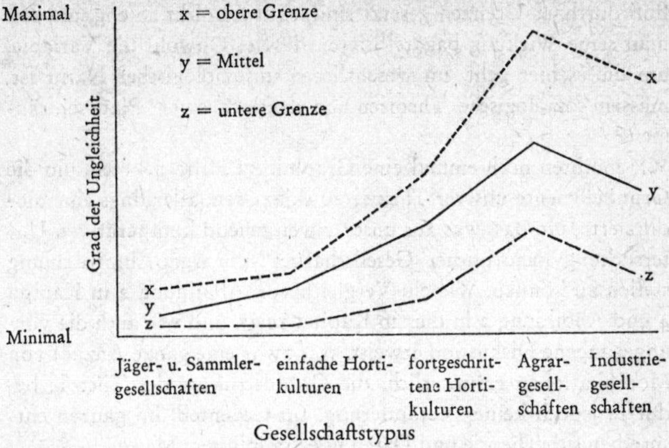

Abb. 1: Grad sozialer Ungleichheit in den verschiedenen Gesellschaftstypen

fortgeschritteneren Industriegesellschaften zu haben, besonders wenn die verfassungsmäßige Regierungsform auf einem Tiefstand angelangt ist. Wie bereits festgestellt, gleichen charakterliche Unterschiede sich nicht gegenseitig aus, wenn es nur um wenige Personen geht, und schon gar nicht im Falle eines einzelnen, also etwa dem des Herrschers oder Führers eines Staates. In modernen Industriegesellschaften verfügen die politischen Führer über immense Machtbefugnisse, besonders in Krisen- und Revolutionszeiten. In Krisenperioden, wie der großen Depression in den 30er Jahren, nimmt die Macht der Führer deshalb zu, weil die andern ihre Befugnisse freiwillig an sie delegieren; und in Zeiten der Revolution, so in Rußland im Jahre 1917, steigern die politischen Führer ihre Macht, indem sie sie sich einfach nehmen. In beiden Fällen haben Herrscher oder Führer (und ihre unmittelbare Umgebung ebenfalls) riesige Machtbefugnisse. Ist der Herrscher verrückt oder fanatisch, wie im Falle Hitlers und Stalins, ist die gesamte Gesellschaft davon betroffen. Ist er krank (man denke an Wilson in seinen letzten Jahren), unentschlossen oder schlecht informiert, dann erwachsen daraus höchstwahrscheinlich schwerwiegende Folgen für die Nation. Die Tatsache, daß andere im Staat gesund, entschlossen oder versiert sind, wird in aller Regel den Einfluß der Unzulänglichkeiten auf seiten des Herrschers oder Führers nicht aufheben können. Obwohl dem persönlichen Einfluß durchaus Grenzen gesetzt sind, sind sie nicht so eng, als daß man seine Wirkung bagatellisieren dürfte. Obwohl die Variable, um die es hier geht, im wesentlichen unsoziologischer Natur ist, müssen soziologische Theorien ihr dennoch einen Platz einräumen.[3]

Wir möchten noch einmal eine Graphik zu Hilfe nehmen, um die Grundelemente unserer Theorie zu skizzieren, allerdings eine modifizierte, um das, was aus unserer weitgehend komparativen Untersuchung menschlicher Gesellschaften sich ergab, in Rechnung stellen zu können. Wie ein Vergleich von Abbildung 2 in Kapitel 4 und Abbildung 2 in diesem Kapitel zeigt, und wie auch die vorangegangene Diskussion erweist, war zwar eine ganze Anzahl von Modifikationen erforderlich, die Grundstruktur der Theorie bedurfte jedoch keiner Veränderung. Im Gegenteil, im ganzen entsprechen sich Theorie und Daten in erstaunlichem Maße.

Die wesentlichen Unterschiede zwischen den Diagrammen haben wir besprochen; bleibt noch auf einige Details hinzuweisen. Zunächst hat unsere Untersuchung die Notwendigkeit eines kleinen Pfeils deutlich gemacht, der eine Rückkopplung vom Typus der politischen Ordnung in Richtung Surplushöhe anzeigt. Wie aus unserer Analyse von Agrargesellschaften hervorgeht, hängt die Höhe des wirtschaftlichen Surplus mitunter ebensosehr von der Gesellschaftsordnung wie vom erreichten Stand der Technologie ab. Schaffung und Erhaltung eines wirtschaftlichen Surplus in Agrargesellschaften wäre vermutlich ohne ein autoritäres, undemokratisches und ausbeuterisches politisches System unmöglich ge-

3 Eins der deutlichsten Anzeichen für die Bedeutung dieser Variablen in der Moderne stellt der Einfluß von Papst Johannes XXIII. auf die römisch-katholische Kirche dar. Zum Zeitpunkt seiner Wahl hätte kein Soziologe den revolutionären Charakter seines Pontifikats vorausgesagt. Alle Stellungnahmen sprachen von ihm als einem Kompromißkandidaten, dessen vornehmste Tugenden in den Augen seiner Wähler sein Alter und sein harmloser Werdegang waren. Die für ihn stimmten, taten dies hauptsächlich in der Erwartung, er werde die harmlose Rolle des Wächters spielen. Und dann wurde er zum revolutionärsten Papst der Moderne. Es stimmt zwar, daß sein revolutionärer Einfluß nur möglich war aufgrund der bereits herrschenden und weitverbreiteten Tendenzen in seiner Kirche; seinen Vorgängern war es allerdings gelungen, diese Kräfte daran zu hindern, sich zu entfalten. Außerdem sahen sich eben diese Kräfte bei vielen Gelegenheiten auch von dem Nachfolger Papst Johannes' wieder gebremst. Kurz, wäre Johannes nicht Papst geworden, wäre die Entwicklung des Katholizismus erheblich anders gelaufen. Dasselbe läßt sich über Deutschland ohne Hitler sagen, etc.

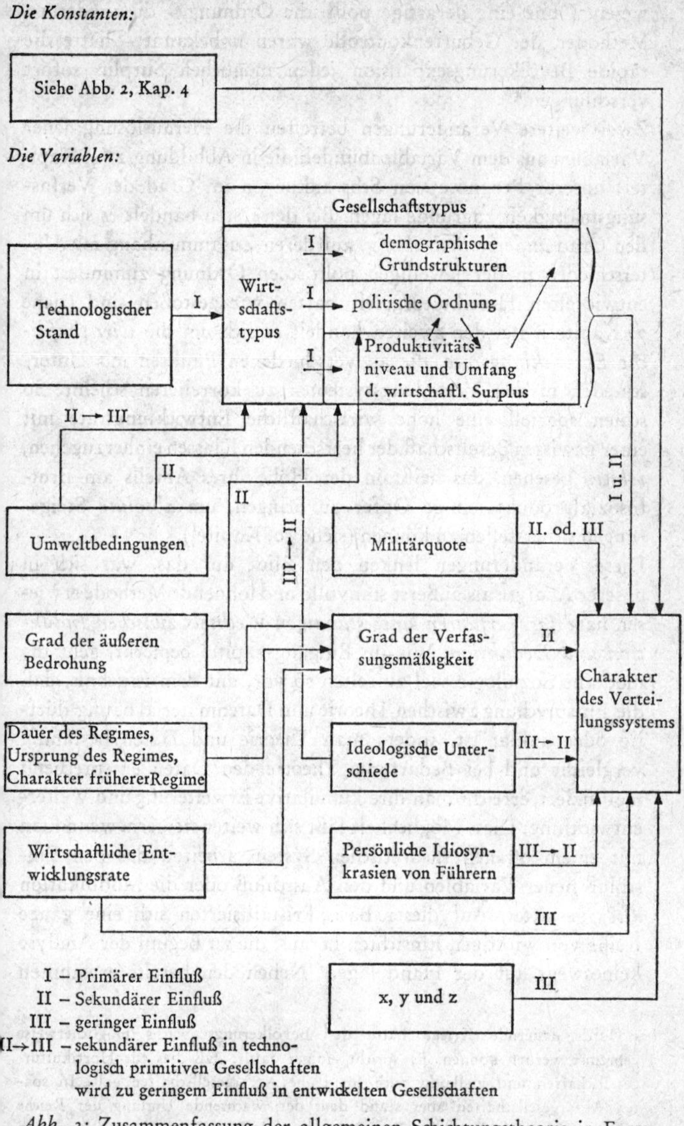

Abb. 2: Zusammenfassung der allgemeinen Schichtungstheorie in Form eines Diagramms

wesen. Ohne eine derartige politische Ordnung – die modernen Methoden der Geburtenkontrolle waren unbekannt – hätte die rapide Bevölkerungsexpansion jeden möglichen Surplus sofort verschlungen.[4]

Zwei weitere Veränderungen betreffen die Herauslösung jener Variablen aus dem Variablenbündel, die in Abbildung 2 (4. Kapitel) unserer Prognose von Schwankungen im Grad der Verfassungsmäßigkeit zugrunde lagen. Bei der ersten handelt es sich um den Grad *äußerer Bedrohung*, auf deren Zusammenhang mit Unterschieden in der jeweiligen politischen Ordnung zumindest in entwickelten Hortikulturgesellschaften wir gestoßen sind (siehe 7. Kapitel). Bei der zweiten handelt es sich um die *wirtschaftliche Entwicklungsrate*, die an verschiedenen Punkten mit Unterschieden in den Verteilungssystemen zu korrelieren scheint. So schien speziell eine hohe wirtschaftliche Entwicklungsrate mit einer gewissen Bereitschaft der herrschenden Klassen einherzugehen, *relativ* gesehen, das heißt in der Höhe ihres Anteils am Bruttosozialprodukt, einige Opfer zu bringen, um *absolute* Steigerungen sicherstellen zu können (siehe 10. Kapitel).

Diese Veränderungen lenken den Blick auf das, was sich in unserer Analyse als äußerst sinnvolle und lohnende Methode erwiesen hat: *das Verfahren eines ständigen Wechsels zwischen Induktion und Deduktion.* Wie im Eingangskapitel bemerkt, geht die moderne Soziologie viel zu selten so vor, mit dem Ergebnis, daß die Entsprechung zwischen Theorie und Datenmaterial häufig dürftig oder unklar ist. Indem man Theorie und Daten beständig vergleicht und bei Bedarf die Theorie den Daten entsprechend modifiziert, erreicht man ihre kumulative Erweiterung und Weiterentwicklung. Diese Möglichkeit läßt sich weiter steigern, wenn man mit einem offenen theoretischen System arbeitet, das den Einschluß neuer Variablen und den Ausschluß oder die Modifikation *alter* gestattet. Auf dieser Basis kristallisierten sich eine ganze Reihe von wichtigen Einsichten heraus, die zu Beginn der Analyse keineswegs auf der Hand lagen. Neben den bereits erwähnten

4 Durch dauernde Kriege hätte der Bevölkerungszuwachs möglicherweise gebremst werden können. Es spricht einiges dafür, daß dies für Hortikulturgesellschaften und vielleicht auch für frühe Agrargesellschaften galt. In späten Agrargesellschaften aber stand dem der wachsende Umfang der Reiche entgegen; die Schaffung der Pax Romana und ihres Äquivalents in anderen Reichen stellten ein ernsthaftes Hemmnis dabei dar.

Einflüssen politischer Institutionen auf die Höhe des wirtschaftlichen Surplus ließen sich auch die Konstatierung der hohen Inzidenz von Abwärtsmobilität in Agrargesellschaften, die Klärung der ökonomischen Logik von Potlatch-Praktiken in Hortikulturgesellschaften und die allgemeine Klarstellung der Bedeutung von politischen Institutionen und ihrem Stellenwert in der Kausalkette, an deren Ende die durch sie geprägten Verteilungssysteme stehen, hier anführen. Noch eine ganze Reihe von Beispielen ließen sich nennen. Kurz, eine offene Theorie, wie wir sie benutzt haben, verbindet die besten Elemente geschlossener Theorien mit denen des Elektrizismus und vermeidet zugleich deren Gefahren und Schwierigkeiten, so eine Basis für beständige Erweiterung und Entfaltung schaffend.

Konservatismus und Radikalismus in neuem Licht

Ehe wir uns den Problemen der Zukunft zuwenden, noch ein Wort zu den beiden älteren theoretischen Traditionen auf dem Gebiet der sozialen Schichtung, zu Konservatismus und Radikalismus. Im 1. Kapitel haben wir die Hypothese aufgestellt, diese Traditionen würden langsam verdrängt von einer neueren Theorie, die im Grunde eine Synthese aus beiden sei. Nichts liegt also näher, als daß wir im Schlußkapitel unsere Theorie daraufhin untersuchen, ob sie tatsächlich eine Synthese aus den älteren Traditionen darstellt.

Die vermutlich beste Methode, dies zu tun, dürfte in der kritischen Betrachtung der acht Streitpunkte oder Grundsatzfragen bestehen, die am Ende des 1. Kapitels zusammengestellt sind und die in der Vergangenheit Radikale und Konservative gespalten haben. Dabei wird sich herausstellen, inwieweit die in den Kapiteln 2 bis 12 entwickelte Theorie den älteren Traditionen entspricht oder von ihnen abweicht.

Der erste Streitpunkt betrifft die *Natur des Menschen.* Seit eh und je mißtrauten die Konservativen der menschlichen Natur und unterstrichen die Notwendigkeit restriktiver sozialer Institutionen, während die Radikalen einen optimistischeren Standpunkt einnahmen. Die Position, die wir mit unserer Theorie hinsichtlich der Natur des Menschen beziehen, neigt stark in die *konservative* Richtung, auch wir messen seinen ausgeprägt egoistischen Elementen großes Gewicht bei.

Der zweite kontroverse Punkt zwischen den beiden älteren Traditionen geht die *Natur der Gesellschaft* an. Die Konservativen vertraten in der Regel die Auffassung von der organischen Natur, vom Systemcharakter der Gesellschaft, während die Radikalen die Gesellschaft eher als einen Rahmen ansahen, in dem Kämpfe stattfinden. In dieser Hinsicht orientiert sich unsere Theorie stark an der *radikalen* Richtung, auch sie sieht in menschlichen Gesellschaften höchst unvollkommene Systeme.

Drittens unterschieden sich Radikale und Konservative in der Beantwortung der Frage, *inwieweit Systeme der Ungleichheit mittels Zwang erhalten werden.* Die Radikalen wiesen auf die Rolle des Zwangs hin, während die Konservativen mehr die des Konsensus hervorhoben. Hier neigt unsere Theorie in die *konservative* Richtung, wenn es sich um Analysen von Gesellschaften mit geringem oder ohne wirtschaftlichen Surplus dreht, während sie in Gesellschaften mit stattlichem Surplus, genau wie die *Radikalen,* eher das Moment des Zwanges überwiegen sieht.

Viertens unterschieden sich die Vertreter der beiden Traditionen hinsichtlich ihrer Einschätzung *des Grades von Ungleichheit, der schließlich zum Konflikt führt.* Die Radikalen haben im Konflikt eine der wichtigsten Konsequenzen von Ungleichheit gesehen; die Konservativen haben ihn bagatellisiert. Obwohl unsere Analyse sich wenig mit den Folgen von Ungleichheit befaßte, vertritt sie in diesem Punkt weitgehend die *radikale* Position.

Fünftens gingen die Urteile von Konservativen und Radikalen in der Frage auseinander, *wie Rechte und Privilegien erworben werden.* Die Radikalen sprachen von Gewalt, Betrug und dem Prinzip der Erblichkeit, während für die Konservativen harte Arbeit, das Delegationsprinzip usw. im Vordergrund standen. Unsere Analyse hat gezeigt, daß beide Arten von Faktoren eine Rolle spielen, wobei letztere über die Verteilung des zum Leben Notwendigen bestimmen und erstere die Verteilung des Surplus beeinflussen. Aber selbst in der Verteilung des Surplus fehlt das Element der harten Arbeit nicht, weil diejenigen, die den Eliten dienen, gezwungen sind, für das, was sie erhalten, zu arbeiten, und weil sie um ihren Anteil am Surplus sogar in Konkurrenz zueinander treten müssen. Die Situation ist demnach nicht völlig eindeutig. Weiter hat unsere Analyse gezeigt, daß die Bedeutung von Gewalt je nach Gesellschaftstypus verschieden ist. In den am wenigsten entwickelten Gesellschaften und in verfassungsmäßig entwickelten Gesellschaften spielt Gewalt nur eine geringe Rolle. *Die Synthese ähnelt deshalb keiner der beiden älteren Traditionen,* beide vereinfachen zu sehr.

Sechstens stritten sich Konservative und Radikale über die Frage der *Unvermeidlichkeit von Ungleichheit.* Die Konservativen behaupteten, Ungleichheit sei unvermeidlich, während die Radikalen, zumindest die in der egalitären Tradition wurzelnden, dies stets bestritten haben. Hier neigt die Synthese stark auf die *konservative* Seite, obwohl wir die Position ein wenig modifizieren müssen, indem wir erklären, daß Ungleichheit (angesichts der Natur des Menschen) zwar offensichtlich unvermeidlich, ihr Maß jedoch äußerst variabel ist sowohl innerhalb wie auch zwischen verschiedenen Gesellschaftstypen.

Siebtens ist die Position der Synthese hinsichtlich der *Natur von Staat und Gesetz* eine Mischung aus Elementen beider älteren Traditionen. In Übereinstimmung mit der radikalen erkennt die Synthese an, daß Staat und Gesetz häufig als Instrumente der Unterdrückung und Ausbeutung fungieren, besonders in Agrar- und den fortgeschrittensten Hortikulturgesellschaften. Aber selbst hier tragen diese Institutionen zum Gemeinwohl bei – indem sie zumindest die Anarchie verhindern, wenn schon nichts anderes. In anderen Gesellschaften, besonders in Jäger- und Sammler- und auch in einfachen Hortikulturgesellschaften, leisten diese Institutionen weit mehr fürs Gemeinwohl als für die privilegierte Minderheit. Dieses Gleichgewicht wird übrigens auch beeinflußt durch Faktoren wie: Grad der Verfassungsmäßigkeit, Militärquote in der Bevölkerung sowie ideologische Bindungen der Elite. Kurz, *die Synthese stimmt mit keiner der beiden traditionellen Positionen* voll überein.

Achtens und letztens unterschieden sich Konservative und Radikale meist in ihrem *Klassenbegriff;* die Konservativen bevorzugten eine nominalistische Definition, die Radikalen eine realistische. Im Unterschied dazu zielt die Synthese eher darauf ab, dies als eine im wesentlichen empirische Frage anzusehen, wobei sie allerdings davon ausgeht, daß die konservative oder nominalistische Auffassung korrekt ist, solange das Datenmaterial nichts anderes sagt. Insgesamt stützt das Material in diesem Bereich eher die *konservative* als die radikale Position.

Aus dieser knappen Zusammenfassung wird deutlich, daß die Synthese beiden älteren Traditionen ähnelt – und keiner. In drei der acht Streitpunkte neigt sie der konservativen Richtung zu, in zwei der radikalen. In den drei verbleibenden stellt sie eine komplizierte Mischung aus Elementen beider Traditionen dar: streng konservativ im Hinblick auf ökonomisch und technologisch rückständige Gesellschaften, und radikal im Hinblick auf die entwickelteren. Insgesamt ist sie *eine äußerst komplizierte Mischung aus Elementen dieser beiden älteren Traditionen und dabei doch zugleich eigenständig und von ihnen verschieden.*

Uns ist an der Feststellung gelegen, daß die Synthese nicht in einer Art fehlgeschlagenem Versuch zustande kam, eine Kompromißlösung zu finden und »eine Versöhnung« zwischen den älteren Traditionen zustande zu bringen. Sie ist auch nicht Ergebnis einer blinden Auswahl von Elementen aus beiden Auffassungen – die würde zum Eklektizismus und nicht zur Synthese führen. Unsere Strategie war vielmehr, bis an die Quelle jeder ernsthaften Gesellschaftstheorie zurückzugehen – zu den Fragen, die die Natur von Mensch und Gesellschaft betreffen –, und von diesem Punkt aus systematisch aufzubauen, wobei wir uns auf die akkumulierten Erkenntnisse beider Traditionen dort bezogen, wo sie sich als relevant erwiesen. So zu verfahren, bedingte zugleich, daß neue Fragen gestellt und alte neu formuliert wurden; auch der häufige Wechsel von kategorialen zu variablen Begriffen wurde dadurch notwendig. Obwohl es hier nicht möglich war, die Probleme in ihrer Mehrzahl in systematischer und quantitativer Form zu behandeln, haben wir den Versuch unternommen, Hypothesen zu formulieren, um sie einer Überprüfung in quantitativer Form zugänglich zu machen; wir haben Daten beschrieben in, man könnte vielleicht sagen: protoquantitativer Weise. Mit anderen Worten, wir wollten versuchen, die zentrale Tendenz und die Variationsbreite der untersuchten Zusammenhänge aufzuzeigen. Damit unterscheidet sich unser Ansatz von den älteren Traditionen sowohl methodologisch als auch substantiell.

Tagesordnung für die Zukunft

Eines ist klar, es ist noch viel zu tun. Bislang ist bestenfalls ein Anfang gemacht. Wir dürfen jedoch hoffen, daß die vorliegende Analyse eine Grundlage abgibt, auf der weitere Arbeit aufbauen kann, und daß die Zeit diffuser und oft auch zusammenhangloser Forschung im Bereich der Schichtung zu Ende geht.

Wenn dem so ist, dann kann man natürlich fragen, was die nächsten Aufgaben sind, die Aufgaben der unmittelbaren Zukunft. Ihnen wollen wir uns zum Schluß zuwenden.
Zuallererst müssen wohl die hier vorgelegten Daten und die auf ihnen fußenden Schlüsse *geprüft und wieder geprüft werden.* Bedenkt man die große, in die Hunderte gehende Zahl von Verallgemeinerungen großen und kleinen Maßstabs, welche wir in den ersten zwölf Kapiteln vorgenommen haben, dann wäre es ein Wunder, wenn sie *sämtlich* der kritischen Überprüfung standhalten würden. Einige werden zweifellos widerlegt werden. Wenn es sich dabei um kleinere Fragen handelt, die die zugrunde liegende Theorie nicht in ihrem Kern betreffen, dann dürften daraus keine Schwierigkeiten entstehen. Wenn sich jedoch die allgemeine Theorie selbst als brüchig erweist, dann ist unser Versuch weniger als ein Anfang gewesen. Für diese letztere Möglichkeit scheint jedoch angesichts des beachtlichen Beweismaterials, welches bereits untersucht ist, wenig zu sprechen.
Hält die Theorie der kritischen Prüfung, die ihr zuteil werden wird, stand, dann wird die nächste Aufgabe die sein, *ihre Formulierung zu präzisieren.* In ihrer gegenwärtigen Form ist sie nämlich nicht präzis genug. Quantitative Formulierungen der Zusammenhänge waren in der Regel nicht möglich, und nichtquantitative Formulierungen waren häufig weniger präzis, als man wünschen möchte. Zum Beispiel unterscheidet Abbildung 2 in diesem Kapitel zwischen primären, sekundären und geringfügigen Einflüssen. Was aber bedeuten diese Termini? Offensichtlich sollen sie sagen, daß letztere, *individuell* gesehen, weniger mächtig sind als erstere; aber gilt dies auch für das *Kollektiv?* Anders ausgedrückt, läßt sich die Verschiedenheit von Verteilungssystemen eher anhand des einen Faktors der Unterschiede im Gesellschaftstypus allein oder anhand aller anderen Faktoren zusammen erklären? Unsere Analyse deutet darauf hin, daß ersteres der Fall sein könnte, weil die Unterschiede *zwischen* Gesellschaftstypen generell größer zu sein scheinen als die Unterschiede *innerhalb* von Systemen. Allerdings könnte es sich dabei um das nicht intendierte Ergebnis unseres Vorgehens handeln, zentrale Tendenzen innerhalb von Systemen hervorzuheben, es könnte sich aber auch die Realität, die wir zu verstehen suchen, darin spiegeln. Diese und viele ähnliche Fragen sollte man nicht allzu lange in der Schwebe lassen.

Das Problem, inwieweit *innergesellschaftliche* Unterschiede und deren Ursachen sich in der Verteilungsstruktur auswirken, stellt einen Aspekt der Schichtungstheorie dar, welcher dringend der Präzisierung bedarf. Allzu oft waren wir in unserer Analyse gezwungen, über solche Fragen mit höchst impressionistischen Urteilen über zentrale Tendenzen und wichtige Bereiche, sowie die für die Unterschiede verantwortlichen Ursachen hinwegzudeuten. Unter theoretischen Gesichtspunkten sind innergesellschaftliche Unterschiede äußerst wichtig, sie müssen viel sorgfältiger erforscht werden, als es hier geschehen konnte. Manche werden sagen, in solchen Dingen sei größere Präzision nicht möglich, wir hingegen sind optimistisch. Auch mit begrenzten Mitteln läßt sich ein Fortschritt erzielen, wie der tastende Versuch weiter oben zeigt, bei dem es darum ging, die Faktoren, welche für die Unterschiede zwischen Fortes' A- und B-Gruppen entwickelter Hortikulturgesellschaften verantwortlich sind, systematisch und quantitativ zu ermitteln (siehe Kapitel 7). Es gibt keinen Grund, warum diese Art von Analyse nicht auf die meisten Strukturen innergesellschaftlicher Unterschiede sich anwenden lassen sollte.

Zu den Bereichen, die näher präzisiert werden sollten, gehören insbesondere die folgenden: da ist zunächst die wichtige Frage, inwieweit *Ideologien* Verteilungssysteme beeinflussen, und unter welchen Bedingungen ihr Einfluß maximal oder minimal ist. Die gleiche Frage stellt sich im Hinblick auf die Rolle *altruistischen Verhaltens*. Drittens gibt es Fragen hinsichtlich der Zusammenhänge von *Macht, Privileg und Prestige*. In welchem Grad ist Prestige eine Funktion von Macht und Privileg, und inwieweit kann es unabhängig variieren? Wir sind hier davon ausgegangen, daß Prestige »weitgehend« eine Funktion von Macht und Privileg sei, das ist jedoch viel zu ungenau. Wenn Fragen wie diese erforscht werden, wird nicht nur eine Präzisierung der vorliegenden Theorie erreicht, es werden auch Modifikationen und Veränderungen nötig sein. Wie bereits gesagt, ist es gar nicht vorstellbar, daß die vielen Verallgemeinerungen in diesem Buch sich als gültig erweisen werden.

Und schließlich muß die vorliegende Theorie *erweitert* werden. Neue Variable, neue Gesellschaftstypen, neue Strukturen von Zusammenhängen müssen bedacht werden. Wie schon gesagt, habe ich absichtlich bestimmte Gesellschaftstypen außer acht gelassen. Mit einigen reinen Typen wie Fischer-, Hirten- und maritimen

Gesellschaften habe ich mich überhaupt nicht befaßt[5], auch nicht mit Mischtypen wie den sich industrialisierenden agrarischen – ich denke an das heutige Indien – oder den sich industrialisierenden hortikulturellen, wie zum Beispiel etliche afrikanische Gesellschaften es sind. Einige von ihnen, insbesondere die sich industrialisierenden Agrar- und Hortikulturgesellschaften sind von enormer Bedeutung, weil sie die unterentwickelten Länder der modernen Welt bilden, die bei ihrem Versuch, sich zu industrialisieren, so traumatische Erfahrungen machen müssen.

Unsere Theorie muß auch durch die Erforschung neuer strukturreller Zusammenhänge zwischen den Variablen erweitert werden. Aus Abbildung 2 geht hervor, daß die Theorie in ihrer gegenwärtigen Form die jeweiligen Einflüsse meist nur in einer Richtung untersucht. Als eine erste Annäherung ist dies durchaus gerechtfertigt, die deutlich vorhandenen Rückkopplungsmomente vom Verteilungssystem auf andere fundamentale Variable müssen jedoch unbedingt beachtet werden. V. Gordon Childe hat uns in seiner Untersuchung über die Anfänge der Zivilisation im Mittleren Osten vor fünftausend Jahren auf einen solchen Fall aufmerksam gemacht.[6] In seinem spannenden Buch *Man Makes Himself* schreibt Childe, in der Zeit vor 2600 v. Chr. sei die Kurve der Quote von Erfindungen und technologischen Fortschritts deutlich und rasch angestiegen. Danach sei diese aufsteigende Entwicklung ins Stocken geraten, ja sie habe sich schließlich sogar in ihr Gegenteil verkehrt und sei bis zur Industriellen Revolution auch nicht wieder so recht in Schwung gekommen. In seiner Erklärung dieses merkwürdigen Phänomens führt Childe als einen wesentlichen Grund die neue Verteilungsstruktur mit der praktischen Monopolisierung des wirtschaftlichen Surplus durch eine winzige herrschende Klasse an. Unter solchen Bedingungen bestand für die Produzenten kein Anreiz mehr, die Produktionstechniken zu verbessern, weil alle Profite und Gewinne von der politischen Elite verschlungen wurden, während die Elite selbst viel zu weit vom Produktionsprozeß entfernt war, um Erfindungen machen zu können. Und was noch hinzukommt, sie verfügte über nahezu unbe-

5 Peter Carstens, der das Manuskript las, meinte, die Hinzunahme von Fischergesellschaften hätte eine wichtige Quelle zusätzlichen Materials für die allgemeine Theorie dargestellt. Raum- und Zeitbeschränkungen verschieben diese Aufgabe in die Zukunft.

6 *Man Makes Himself* (London: Watts, 1936), Kap. 9.

grenzte Arbeitskräftereserven; ein Ansporn, arbeitssparende Erfindungen zu machen, fehlte völlig. Die Herausbildung der neuen Verteilungssysteme im Zusammenhang mit der Entstehung von Agrargesellschaften schwächte demnach ernsthaft und nachhaltig jene Kräfte, die den technologischen Fortschritt beförderten.

Wer dieser Frage sorgfältig nachgeht, wird sehen, daß auch eine Rückkopplung zu einigen anderen unabhängigen Variablen in unserem theoretischen System vorhanden ist, und daß diese ebensoviel Aufmerksamkeit verdienen wie die primären Strukturen in der Kausalkette. Eins der besten Beispiele dafür ist der Einfluß von Verteilungssystemen auf politische Institutionen, insbesondere in demokratischen Ländern, wenn auch durchaus nicht nur hier. Ein anderes gutes Beispiel ist der Einfluß von Prestigesystemen auf Machtsysteme, weil, wie neuere Forschung zeigt, Prestigesysteme dazu dienen, den Zugang zu Machtpositionen zu beschränken.

Kurz, es bleibt noch viel zu tun.

Bibliographie

Abegglen, James: *The Japanese Factory: Aspects of Its Social Organization* (New York: Free Press, 1958).

Abegglen, James, and Hiroshi Mannari: »Japanese Business Leaders: 1880–1960«, unveröff. Manuskript, vorbereitet für die Conference on State and Economic Enterprise in Modern Japan, Association for Asian Studies, 1963.

Adrian, Charles: *Governing Urban America*, 2. Aufl. (New York: McGraw-Hill, 1961).

Albright, William F.: *From the Stone Age to Christianity*, 2. Aufl. (Garden City, N. Y.: Doubleday Anchor, 1957).

–: *The Archaeology of Palestine* (London: Penguin, 1956).

Alderson, A. D.: *The Structure of the Ottoman Dynasty* (Oxford: Clarendon Press, 1956).

Alford, Robert: *Party and Society: The Anglo-American Democracies* (Chicago: Rand McNally, 1963).

Allen, W. E. D.: *The History of the Georgian People* (London: Routledge 1932).

Anderson, C. Arnold: »Lifetime Inter-occupation Mobility Patterns in Sweden«, *Acta Sociologica*, I (1960), S. 168–202.

Anderson, Elin: *We Americans: A Study of Cleavage in an American City* (Cambridge, Mass.: Harvard University Press, 1938).

Andrén, Nils: *Modern Swedish Government* (Stockholm: Almqvist & Wiksell, 1961).

Andrewes, A.: *The Greek Tyrants* (New York: Harper Torchbooks, 1963).

Andrzejewski, Stanislaw: *Military Organization and Society* (London: Routledge, 1954).

Angell, Robert C.: »Preferences for Moral Norms in Three Problem Areas«, *American Journal of Sociology*, 67 (1962), S. 650 bis 660.

Armstrong, C. A. J.: »France of the Hundred Years War and the Renaissance«, in: J. M. Wallace-Hadrill and John McManners (eds.), *France: Government and Society* (London: Methuen, 1957), S. 83–104.

Aydelotte, Frank: *Elizabethan Rogues and Vagabonds* (Oxford: Clarendon Press, 1913).

Aylmer, G. E.: *The King's Servants: The Civil Service of Charles I* (London: Routledge, 1961).

Baegert, Jacob, S. J.: *Account of the Aboriginal Inhabitants of the California Peninsula*, übers. u. bearbeitet von Charles Rau,

Smithsonian Institution: Annual Reports for 1863 and 1864, nachgedruckt in: Carleton S. Coon (ed.), *A Reader in General Anthropology* (New York: Holt, 1948), S. 61–83.

Bailey, F. G.: *Tribe, Caste, an Nation* (Manchester: Manchester University Press, 1960).

Banfield, Edward: *The Moral Basis of a Backward Society* (New York: Free Press, 1958).

–: *Big City Politics* (New York: Random House, 1965).

–, and James Wilson: *City Politics* (Cambridge, Mass.: Harvard University und M. I. T. Presses, 1963).

Barber, Bernard: *Social Stratification: A Comparative Analysis of Structure and Process* (New York: Harcourt, Brace and World, 1957).

Barber, Elinor: *The Bourgeoisie in 18th Century France* (Princeton, N. J.: Princeton University Press, 1955).

Bauer, Raymond, Alex Inkeles, and Clyde Kluckhohn: *How the Soviet System Works* (Cambridge, Mass.: Harvard University Press, 1956).

–, Ithiel de Sola Pool, and Lewis Dexter: *American Business and Public Policy: The Politics of Foreign Trade* (New York: Atherton, 1963).

Baxter, P. T. W., and Audrey Butt: *The Azande and Related Peoples* (London: International African Institute, 1953).

Beer, Samuel H.: »Great Britain: From Governing Elite to Mass Parties«, in: Sigmund Neumann (ed.), *Modern Political Parties: Approaches to Comparative Politics* (Chicago: University of Chicago Press, 1956), S. 9–57.

Bellah, Robert: *Tokugawa Religion: The Values of Pre-industrial Japan* (New York: Free Press, 1957).

Bendix, Reinhard, and S. M. Lipset (eds.): *Class, Status, and Power: A Reader in Social Stratification* (New York: Free Press, 1953).

Bennett, H. S.: *Life on the English Manor: A Study of Peasant Conditions, 1150–1400* (London: Cambridge University Press, 1960).

Bergel, Egon: *Social Stratification* (New York: McGraw-Hill, 1962).

Berger, Peter: *Invitation to Sociology* (Garden City, N. Y.: Doubleday Anchor, 1963).

Berle, Adolf A., and Gardiner C. Means: *The Modern Corporation and Private Property* (New York: Macmillan, 1932).

Bierstedt, Robert: »An Analysis of Social Power«, *American Sociological Review*, 15 (1950), S. 730–738.

Bill, Valentine: *The Forgotten Class: The Russian Bourgeoisie*

from the Earliest Beginnings to 1900 (New York: Frederick A. Praeger, 1959).
Blau, Peter: *Exchange and Power in Society* (New York: Wiley, 1964).
Bloch, Marc: *Feudal Society,* übers. von L. A. Manyon (Chicago: University of Chicago Press, 1962).
Blum, Jerome: *Lord and Peasant in Russia from the Ninth to the Nineteenth Century* (Princeton, N. J.: Princeton University Press, 1961).
Boak, A. E. R.: *A History of Rome to 565 A. D.,* 3. Aufl. (New York: Macmillan, 1943).
Bolte, Karl Martin: *Sozialer Aufstieg und Abstieg* (Stuttgart: Enke, 1959).
Bose, Ashish: »The First Census of Free India«, *Modern Review, 95* (1954), S. 111–119.
Bowen, John C.: *Some Aspects of Transfer Taxation in the United States* (unveröff. Dissertation, University of Michigan, 1958).
Braginskii, B. I., and D. Dumov: »Labor Productivity in Agriculture in the USSR and the USA«, in: Harry G. Shaffer (ed.), *The Soviet Economy: A Collection of Western and Soviet Views* (New York: Appleton-Century-Crofts, 1963), S. 176–184.
Braidwood, Robert: »The Agricultural Revolution«, *Scientific American,* 203 (1960), S. 130–148.
Bram, Joseph: *An Analysis of Incan Militarism,* Monographs of the American Ethnological Society, 4 (1941).
Bridges, Rev. Thomas: »The Canoe Indians of Tierra del Feugo«, in: Carleton S. Coon (ed.), *A Reader in General Anthropology* (New York: Holt, 1948), S. 84–116.
Brown, Emily Clark: »The Soviet Labor Market«, in: Morris Bornstein and Daniel Fusfeld (eds.), *The Soviet Economy* (Homewood, Ill.: Irwin, 1962), S. 195–220.
Brown, Harrison: *The Callenge of Man's Future* (New York: Viking Compass Books, 1956).
Bry, Gerhard: *Wages in Germany,* 1871–1945 (Princeton, N. J.: Princeton University Press, 1960).
Buchanan, K. M., and J. C. Pugh: *Land and People in Nigeria* (London: University of London Press, 1955).
Buck, John Lossing: *Secretariat Paper No. 1: Tenth Conference of the Institute of Pacific Relations,* Stratford on Avon, 1947, nachgedruckt in: Irwin T. Sanders et al. (eds.), *Societies around the World* (New York: Dryden Press, 1953).
Burg, David: »Observations of Soviet University Students«, in: Richard Pipes (ed.), *The Russian Intelligentsia* (New York: Columbia University Press, 1961).

Burnham, James: *The Managerial Revolution* (Bloomington, Ind.: Indiana University Press, 1960).

Butler, D. E., and Richard Rose: *The British General Election of 1959* (London: Macmillan, 1960).

Cambridge Ancient History (London: Cambridge University Press, 1939), bes. Bd. 12.

Cambridge History of India (London: Cambridge University Press, 1937), bes. Bd. 4, *The Mughal Period.*

Campbell, Angus, Philip Converse, Warren Miller, and Donald Stokes: *The American Voter* (New York: Wiley, 1960).

–: *Elections and the Political Order* (New York: Wiley, 1966).

Carcopino, Jerome: *Daily Life in Ancient Rome: The People and the City at the Height of Empire,* übers. von E. O. Lorimer (London: Routledge, 1941).

Carlsson, Gosta: *Social Mobility and Class Structure* (Lund: Gleerup, 1958).

Caron, Pierre: »The Army«, in: Arthur Tilley (ed.), *Medieval France* (London: Cambridge University Press), S. 154–165.

Carr, Raymond: »Spain«, in: A. Goodwin (ed.), *The European Nobility in the Eighteenth Century* (London: Black, 1953), S. 43 bis 58.

Carr-Saunders, A. M.: *World Population* (Oxford: Clarendon Press, 1936).

–, and P. A. Wilson: *The Professions* (Oxford: Clarendon Press, 1933).

Carstairs, G. M.: »A Village in Rajasthan«, in: M. N. Srinivas (ed.), *India's Villages* (Calcutta: West Bengal Government Press, 1955), S. 33–38.

Carter, Gwendolen: »The Commonwealth Overseas: Variation on a British Theme«, in: Sigmund Neumann (ed.), *Modern Political Parties: Approaches to Comparative Politics* (Chicago: University of Chicago Press, 1956), S. 58–107.

Cartter, Allan M.: *The Redistribution of Income in Postwar Britain* (New Haven, Conn.: Yale University Press, 1955).

Chang, Chung-li: *The Chinese Gentry: Studies in Their Role in Nineteenth-Century Chinese Society* (Seattle, Wash.: University of Washington Press, 1955).

–: *The Income of the Chinese Gentry* (Seattle, Wash.: University of Washington Press, 1962).

Chapman, R. M., W. K. Jackson, and A. V. Mitchell: *New Zealand Politics in Action* (London: Oxford University Press, 1962).

Chi, Tsui: *A Short History of Chinese Civilization* (New York, Putnam, 1943).

Childe, V. Gordon: *Man Makes Himself* (London: Watts, 1936).
–: *New Light on the Most Ancient East*, rev. Ausgabe (London: Routledge, 1952).
–: *Social Evolution* (London: Watts, 1951). Deutsch: *Soziale Evolution* (Frankfurt: Suhrkamp, 1968).
–: »The New Stone Age«, in: Harry Shapiro (ed.), *Man, Culture, and Society* (Fair Lawn, N. J.: Oxford Galaxy, 1960), S. 94–110.
Childs, Marquis: *Sweden: The Middle Way*, rev. Ausgabe (New Haven, Conn.: Yale University Press, 1947).
Chorley, Katharine: *Armies and the Art of Revolution* (London: Faber, 1943).
Clark, Burton: *Educating the Expert Society* (San Francisco, Calif.: Chandler, 1962).
Clough, S. B.: *The Economic Development of Western Civilization* (New York: McGraw-Hill, 1959).
–, and C. W. Cole: *Economic History of Europe* (Boston: Heath, 1941).
Cole, G. D. H.: *The Post-war Condition of Britain* (London: Routledge, 1956).
–, and R. W. Postgate: *The British Common People, 1746–1938* (New York: Knopf, 1939).
Colson, Elizabeth: »The Plateau Tonga of Northern Rhodesia«, in: Elizabeth Colson and Max Gluckman (eds.), *Seven Tribes of British Central Africa* (Manchester: Manchester University Press, 1951), S. 94–163.
–, and Max Gluckman (eds.): *Seven Tribes of British Central Africa* (Manchester: Manchester University Press, 1951).
Cooley, Charles Horton: *Social Organization* (New York: Scribner, 1909).
Coser, Lewis: *The Functions of Social Conflict* (New York: Free Press, 1956).
Coulton, G. G.: *Medieval Panorama* (New York: Meridian Books, 1955).
Cowell, F. R.: *Cicero and the Roman Republic* (London: Penguin, 1956).
Crisp, L. F.: *The Australian Federal Labour Party, 1901–1951* (London: Longmans, 1955).
Crowder, Michael: *The Story of Nigeria* (London: Faber, 1962).
Current Population Reports: »Lifetime Occupational Mobility of Adult Males, March, 1962«, U.S. Bureau of the Census (1964), Serie P-23, No. 11.
–: »Religion Reported by the Civilian Population of the United States: March, 1957«, U.S. Bureau of the Census (1958), Serie P-20, No. 79.

Dahl, Robert: *Who Governs?: Democracy and Power in an American City* (New Haven, Conn.: Yale University Press, 1961).
–, and Charles Lindblom: *Politics, Economics, and Welfare* (New York: Harper and Row, 1953).
Dahrendorf, Ralf: *Class and Class Conflict in Industrial Society* (Stanford, Calif.: Stanford University Press, 1959).
Dallin, David J.: *The New Soviet Empire* (New Haven, Conn.: Yale University Press, 1951).
Daugherty, Carroll: *Labor Problems in American Industry*, 5. Aufl. (Boston: Houghton Mifflin, 1941).
Davis, Kingsley: *Human Society* (New York: Macmillan, 1949).
–: »The Origin and Growth of Urbanization in the World«, *American Journal of Sociology* 60 (1955), S. 429–437.
–, and Wilbert Moore: »Some Principles of Stratification«, *American Sociological Review*, 10 (1945), S. 242–249.
Dawidowicz, Lucy, and Leon Goldstein: *Politics in a Pluralist Democracy: Studies of Voting in the 1960 Election* (New York: Institute of Human Relations Press, 1963).
de Jouvenal, Bertrand: *On Power: Its Nature and the History of Its Growth*, übers. von J. F. Huntington (New York: Viking, 1949).
Demographic Yearbook, 1953 (New York: United Nations, 1953).
Denig, Edwin Thompson: *Five Indian Tribes of the Upper Missouri* (Norman, Okla.: University of Oklahoma Press, 1961).
Dewar, Margaret: »Labour and Wage Reforms in the USSR«, in: Harry B. Shaffer (ed.), *The Soviet Economy: A Collection of Western and Soviet Views* (New York: Appleton-Century-Crofts, 1963), S. 216–225.
Dewhurst, J. Frederic, and Associates: *America's Needs and Resources* (New York: Twentieth Century Fund, 1955).
–: *Europe's Needs and Resourves* (New York: Twentieth Century Fund, 1961).
DeWitt, Nicholas: *Education and Professional Employment in the USSR* (Washington, D. C.: National Science Foundation, 1961).
de Young, John E.: *Village Life in Modern Thailand* (Berkeley, Calif.: University of California Press, 1958).
Dicey, A. V.: *The Law of the Constitution* (London: Macmillan, 1885).
Dictionary of Occupational Titles, 2. Aufl. (Washington: GPO, 1949).
Dixon, Roland: »The Northern Maidu«, in: Carleton S. Coon (ed.), *A Reader in General Anthropology* (New York: Holt, 1948), S. 263–292.

Djilas, Milovan: *The New Class: An Analysis of the Communist System* (New York: Frederick A. Praeger, 1959).
Douglas, Robert K.: *Society in China* (London: Innes, 1894).
Downey, Glanville: *Constantinople: In the Age of Justinian* (Norman, Okla.: University of Oklahoma Press, 1960).
Drake, St. Clair, and Horace Cayton: *Black Metropolis: A Study of Negro Life in a Northern City* (New York: Harcourt, Brace and World, 1945).
Drucker, Philip: *Indians of the Northwest Coast* (New York: McGraw-Hill, 1955).
Duncan, O. D.: »A Socioeconomic Index for All Occupations«, in: Albert J. Reiss, *Occupations and Social Status* (New York: Free Press, 1961), S. 109–138.
–: »Social Organization and the Ecosystem«, in: Robert E. Faris (ed.), *Handbook of Modern Sociology* (Chicago: Rand McNally, 1964), S. 36–82.
Duverger, Maurice: *Political Parties: Their Organization and Activity in the Modern State,* übers. von Barbara North und Robert North (London: Methuen, 1959).

Eberhard, Wolfram: *A History of China,* 2. Aufl. (Berkeley, Calif.: University of California Press, 1960).
–: *Conquerors and Rulers: Social Forces in Medieval China* (Leiden: Brill, 1952).
–: *Social Mobility in Traditional China* (Leiden: Brill, 1962).
Eckland, Bruce: »Academic Ability, Higher Education, and Occupational Mobility«, *American Sociological Review, 30* (1965), S. 735–746.
Eggan, Fred: *Social Organization of the Western Pueblos* (Chicago: University of Chicago Press, 1950).
Ehrmann, Henry W.: *Organized Business in France* (Princeton, N. J.: Princeton University Press, 1957).
Eisenstadt, S. N.: »Religious Organizations and Political Process in Centralized Empires«, *The Journal of Asian Studies,* 21 (1962), S. 271–294.
–: *The Political Systems of Empires: The Rise and Fall of the Historical Bureaucratic Societies* (New York: Free Press, 1963).
Erman, Adolf: *Life in Ancient Egypt,* übers. von H. M. Tirard (London: Macmillan, 1894).
Evans, Joan: *Life in Medieval France* (London: Oxford University Press, 1925).
Ewers, John C.: »The Horse in Blackfoot Indian Culture, with Comparative Material from Other Western Tribes«, Smithsonian Institution, Bureau of American Ethnology, Bulletin 159 (1955).

Fainsod, Merle: *How Russia Is Ruled*, rev. Ausgabe (Cambridge, Mass.: Harvard University Press, 1963).
Fallers, Margaret Chave: *The Eastern Lacustrine Bantu* (London: International African Institute, 1960).
Fei, Hsiao-Tung: *China's Gentry* (Chicago: University of Chicago Press, 1953).
–: »Peasantry and Gentry: An Interpretation of Chinese Social Structure and Its Changes«, *American Journal of Sociology*, 52 (1946), S. 1–17.
Feuer, Lewis (ed.): *Karl Marx and Friedrich Engels: Basic Writings on Politics and Philosophy* (Garden City, N. Y.: Doubleday Anchor, 1959).
Fleisher, Wilfrid: *Sweden: The Welfare State* (New York: John Day, 1956).
Florence, P. Sargant: *Ownership, Control, and Success of Large Companies: An Analysis of English Industrial Structure and Policy, 1936–1951* (London: Street & Maxwell, 1961).
Forde, C. Daryll: *Habitat, Economy and Society* (London: Methuen, 1934).
–: »Primitive Economics«, in: Harry Shapiro (ed.), *Man, Culture, and Society* (Fair Lawn, N. J.: Oxford Galaxy, 1960), S. 330–344.
Fortes, Meyer, and E. E. Evans-Pritchard (eds.): *African Political Systems* (London: Oxford University Press, 1940).
Fourastié, Jean: *The Causes of Wealth*, übers. von Theodore Caplow (New York, Free Press, 1960, Erstausgabe 1951).
Fried, Morton: *The Fabric of Chinese Society: A Study of the Social Life of a Chinese County Seat* (New York: Frederick A. Praeger, 1953).
Friedan, Betty: *The Feminine Mystique* (New York: Norton, 1963).
Friedman, Milton, and Simon Kuznets: *Income from Independent Professional Practice* (New York: National Bureau of Economic Research, 1945).

Galbraith, Kenneth: *American Capitalism: The Concept of Countervailing Power* (Boston: Houghton Mifflin, 1952).
–: *The Affluent Society* (Boston: Houghton Mifflin, 1958).
Galenson, Walter: *Labor in Norway* (Cambridge, Mass.: Harvard University Press, 1949).
Gamble, Sidney D.: *Peking: A Social Survey* (Garden City, N. Y.: Doubleday, 1921).
Ganshof, Francois: »Medieval Agrarian Society in Its Prime: France, the Low Countries, and Western Germany«, in: *The Cambridge Economic History*, Bd. I, S. 278–322.

Gibb, H. A. R.: *Mohammedanism: An Historical Survey* (New York: Mentor Books, 1955).
Gibbs, James L. (ed.): *Peoples of Africa* (New York: Holt, 1965).
Gleason, S. E.: *An Ecclesiastical Barony in the Middle Ages: The Bishopric of Bayeux, 1066–1204* (Cambridge, Mass.: Harvard University Press, 1936).
Gluckman, Max: »The Lozi of Barotseland in Northwestern Rhodesia«, in: Elizabeth Colson and Max Gluckman (eds.), *Seven Tribes of British Central Africa* (Manchester: Manchester University Press, 1951), S. 1–93.
Goffman, Erving: »Status Consistency and Preference for Change in Power Distribution«, *American Sociological Review*, 22 (1957), S. 275–281.
Goldhamer, Herbert, and Edward Shils: »Types of Power and Status«, *American Journal of Sociology*, 45 (1939), S. 171–182.
Goldman, Irving: »The Zuni Indians of New Mexico«, in: Margaret Mead (ed.), *Cooperation and Competition among Primitive Peoples*, rev. Ausgabe (Boston: Beacon Press, 1961), S. 313–353.
Goldschmidt, Walter: *Man's Way: A Preface to the Understanding of Human Society* (New York: Holt, 1959).
Goode, William J.: *World Revolution and Family Patterns* (New York: Free Press, 1963).
Goodwin, A.: »Prussia«, in: A. Goodwin (ed.), *The European Nobility in the Eighteenth Century* (London: Black, 1953), S. 83–101.
Gordon, Margaret: *Retraining and Labor Market Adjustment in Western Europe* (Washington: GPO, 1965).
Gordon, Milton: *Assimilation in American Life: The Role of Race, Religion, and National Origins* (Fair Lawn, N. J.: Oxford University Press 1964).
Gordon, Robert A.: *Business Leadership in the Large Corporation* (Berkeley, Calif.: University of California Press, 1961, ursprünglich publiziert von Brookings Institution, 1954).
Gottschalk, Louis: *The Era of the French Revolution* (Boston: Houghton Mifflin, 1929).
Gouldner, Alvin, and R. A. Petersen: *Notes on Technology and the Moral Order* (Indianapolis, Ind.: Bobbs-Merrill, 1962).
Granick, David: *The European Executive* (Garden City, N. Y.: Doubleday Anchor, 1964).
–: *The Red Executive* (Garden City, N. Y.: Doubleday Anchor, 1961).
Gray, H. L.: »Incomes from Land in England in 1436«, *English Historical Review*, 49 (1934), S. 607–639.
Grove, J. W.: *Government and Industry in Britain* (London: Longmans, 1962).

Grzybowski, Kazimierz: *Soviet Legal Institution: Doctrines and Social Functions* (Ann Arbor, Mich.: University of Michigan Press, 1962).

Habakkuk, H. J.: »England«, in: A. Goodwin (ed.), *The European Nobility in the Eighteenth Century* (London: Black, 1953), S. 1–21.

Halphen, L.: »Industry and Commerce«, in: Arthur Tilley (ed.), *Medieval France* (London: Cambridge University Press, 1922), S. 179–211.

Hatcher, Mattie Austin: »Descriptions of the Tejas or Asinai Indians: 1691–1722«, *Southwestern Historical Quarterly*, 30 (1927), S. 283 bis 304.

Heard, Alexander: *The Costs of Democracy: Financing American Political Campaigns* (Garden City, N. Y.: Doubleday Anchor, 1962).

Heckscher, Eli F.: *An Economic History of Sweden*, übers. von Goram Ohlin (Cambridge, Mass.: Harvard University Press, 1954).

Heckscher, Gunnar: »Interest Groups in Sweden: Their Political Role«, in: Henry W. Ehrmann (ed.), *Interest Groups on Four Continents* (Pittsburgh, Pa.: University of Pittsburgh Press, 1958), S. 154–172.

Heilbroner, Robert: *The Making of Economic Society* (Englewood Cliffs, N. J.: Prentice-Hall, 1962).

Herberg, Will: *Protestant-Catholic-Jew* (Garden City, N. Y.: Doubleday, 1956).

Herskovits, Melville: *Dahomey: An Ancient West African Kingdom* (Locust Valley, N. Y.: Augustin, 1938).

Hewes, Gordon: »The Rubric ›Fishing and Fisheries‹«, *American Anthropologist*, 50 (1948), S. 238–246.

Higbee, Edward: *Farms and Farmers in an Urban Age* (New York: Twentieth Century Fund, 1963).

Historical Statistics of the United States: Colonial Times to 1957 (Washington: GPO, 1960).

Hitti, Philip K.: *History of the Arabs* (London: Macmillan, 1960).

Hobbes, Thomas, *Leviathan* (New York: Liberal Arts, 1958).

Hobhouse, L. T., G. C. Wheeler, and M. Ginsberg: *The Material Culture and Social Institutions of the Simpler Peoples* (London: Chapman & Hall, 1930).

Hobsbawm, E. J.: *Primitive Rebels*, 2. Aufl. (New York: Frederick A. Praeger, 1963).

Hochbaum, Godfrey et al.: »Socioeconomic Variables in a Large City«, *American Journal of Sociology*, 61 (1955), S. 31–38.

Hodgkin, Thomas: *Nigerian Perspectives: An Historical Anthology* (London: Oxford University Press, 1960).

Hogbin, H. Ian: *Transformation Scene: The Changing Culture of a New Guinea Village* (London: Routledge, 1951).
Hollingshead, A. B.: *Elmtown's Youth* (New York: Wiley, 1949).
–, and Frederick Redlich: *Social Class and Mental Illness: A Community Study* (New York: Wiley, 1958).
Holmberg, Allan: *Nomads of the Long Bow: The Siriono of Eastern Bolivia*, Smithsonian Institution, Institute of Social Anthropology, Publication No. 10 (1950).
Holzman, F. D.: »Financing Soviet Economic Development«, in: Morris Bernstein and Daniel Fusfeld (eds.), *The Soviet Economy* (Homewood, Ill.: Irwin, 1962), S. 145–160.
Homans, George C.: *English Villagers of the Thirteenth Century* (Cambridge, Mass.: Harvard University Press, 1942).
–: »Status among Clerical Workers«, *Human Organization*, 12 (1953), S. 5–10.
–: *Social Behavior* (New York: Harcourt, Brace and World, 1961).
Homo, Léon: *Roman Political Institutions* (London: Routledge, 1929).
Honigmann, John: *The World of Man* (New York: Harper & Row, 1959).
Hook, Sidney: *The Hero in History: A Study in Limitation and Possibility* (Boston: Beacon Press, 1955, Erstausgabe 1943).
Horowitz, Daniel: *The Italian Labor Movement* (Cambridge, Mass.: Harvard University Press, 1963).
Hoskins, W. G.: *The Midland Peasant: The Economic and Social History of a Leicestershire Village* (London: Macmillan, 1957).
Howitt, A. W.: *Native Tribes of South-east Australia* (London: Macmillan, 1904).
Hughes, A. J. B., and J. van Velsen: *The Ndebele* (London: International African Institute, 1954).
Hughes, Philip: *A Popular History of the Catholic Church* (New York: Macmillan, 1950).
Hunter, Floyd: *Community Power Structure* (Chapel Hill, N. C.: University of North Carolina Press, 1953).

Inkeles, Alex: »Social Stratification and Mobility in the Soviet Union: 1940–1950«, *American Sociological Review*, 15 (1950), S. 465–479.
–, and Raymond Bauer: *The Soviet Citizen* (Cambridge, Mass.: Harvard University Press, 1959).
–, and Kent Geiger (eds.): *Soviet Society: A Book of Readings* (Boston: Houghton Mifflin, 1961).
–, and Peter Rossi: »National Comparisons of Occupational Prestige«, *American Journal of Sociology*, 61 (1956), S. 329–339.

Jackson, Elton: »Status Consistency and Symptoms of Stress«, *American Sociological Review*, 27 (1962), S. 469–480.

–, and Peter Burke: »Status and Symptoms of Stress: Additive and Interaction Effects«, *American Sociological Review*, 30 (1965), S. 556–564.

–, and Harry Crockett: »Occupational Mobility in the United States: A Point Estimate and Trend Comparison«, *American Sociological Review*, 29 (1964), S. 5–15.

Jaffe, A. J., and R. O. Carleton: *Occupational Mobility in the United States 1930–1960* (New York: King's Crown, 1954).

Janowitz, Morris: »Social Stratification and Mobility in West Germany«, *American Journal of Sociology*, 64 (1958), S. 6–24.

–: *The Professional Soldier* (New York: Free Press, 1960).

Jasny, Naum: *The Socialized Agriculture of the USSR* (Stanford, Calif.: Stanford University Press, 1949).

John of Salisbury: *The Statesman's Book*, übers. von John Dickinson (New York: Knopf, 1927).

Johnson, John J.: *The Military and Society in Latin America* (Stanford, Calif.: Stanford University Press, 1964).

Jolliffe, J. E. A.: *The Constitutional History of Medieval England* (London: Black, 1937).

Jones, A. H. M.: *Studies in Roman Government and Law* (Oxford: Blackwell, 1960).

Jusserand, J. J.: *English Wayfaring Life in the Middle Ages*, 3. Aufl., übers. von L. T. Smith (London: Benn, 1925).

Karin, A. K. N.: *Changing Society in India and Pakistan* (Dacca: Oxford University Press, 1956).

Keen, Maurice: *The Outlaws of Medieval Legend* (London: Routledge, 1961).

Keller, Suzanne: *Beyond the Ruling Class: Strategic Elites in Modern Society* (New York: Random House, 1963).

Key, V. O., Jr.: *Politics, Parties, and Pressure Groups*, 3. Aufl. (New York: Crowell, 1952).

Kolko, Gabriel: *Wealth and Power in America: An Analysis of Social Class and Income Distribution* (New York: Frederick A. Praeger, 1962).

Kosambi, D. D.: *An Introduction to the History of India* (Bombay: Popular Book Depot, 1956).

Kroeber, A. L.: *Handbook of American Indians of California*, Smithsonian Institution, Bureau of American Ethnology, Bulletin 78 (1925).

–: »Native Culture of the Southwest«, University of California Publications, *American Archaeology and Ethnology*, 23 (1928), S. 375–398.

–: »The Chibcha«, in: Julian Steward (ed.), *Handbook of South American Indians,* Smithsonian Institution, Bureau of American Ethnology, Bulletin 143 (1946), vol. II, S. 887–909.
Kumar, D.: »Caste and Landlessness in South India«, *Comparative Studies in Society and History,* 4 (1962), S. 337–363.
Kuper, Hilda: *The Swazi* (London: International African Institute, 1952).

Ladinsky, Jack: »Careers of Lawyers, Law Practice, and Legal Institutions«, *American Sociological Review,* 28 (1963), S. 47–54.
Lampman, Robert: *The Share of Top Wealth-holders in National Wealth: 1922–1956* (Princeton, N. J.: Princeton University Press, 1962).
Landecker, Werner S.: »Class Crystallization and Class Consciousness«, *American Sociological Review,* 28 (1963), S. 219–229.
Landtman, Gunnar: *The Kiwai Papuans of British New Guinea* (London: Macmillan, 1927).
–: *The Origin of the Inequality of the Social Classes* (London: Routledge, 1938).
Lang, David M: *The Last Years of the Georgian Monarchy, 1658–1832* (New York: Columbia University Press, 1957).
Langley, Kathleen M.: »The Distribution of Capital in Private Hands in 1936–38 and 1946–47 (part 2)«, *Bulletin of the Oxford University Institute of Statistics* (February, 1951).
Langlois, Charles V.: »History«, in: Arthur Tilley (ed.), *Medieval France* (London: Cambridge University Press, 1922), S. 30 bis 153.
Laski, Harold: *The State in Theory and Practice* (New York: Viking, 1935).
Lasswell, Harold: *Politics: Who Gets What, When, How* (New York: McGraw-Hill, 1936).
–, and Abraham Kaplan: *Power and Society: A Framework for Political Inquiry* (New Haven, Conn.: Yale University Press, 1950).
Latourette, Kenneth S.: *A History of Christianity* (New York: Harper & Row, 1953).
Lauwerys, J. A.: *Scandinavian Democracy* (Copenhagen: Danish Institute et al., 1958).
Laws of Manu, übers. von G. Bühler, in: Max Müller (ed.), *Sacred Books of the East* (Oxford: Clarendon Press, 1886), vol. 25.
Leiserson, Mark: *Wages and Economic Control in Norway, 1945–1957* (Cambridge, Mass.: Harvard University Press, 1959).
Lemberg, K., and N. Ussing: »Redistribution of Income in Denmark«, in: Alan Peacock (ed.), *Income Redistribution and Social Policy* (London: Cape, 1954), S. 55–89.

Lenski, Gerhard: »Comment«, *Public Opinion Quarterly*, 28 (1964), S. 326–330.

–: »Religious Pluralism in Theoretical Perspective«, in: *Internationales Jahrbuch für Religionssoziologie* (Köln: Westdeutscher Verlag, 1965), Bd. I, S. 25–42.

–: »Social Participation and Status Crystallization«, *American Sociological Review*, 21 (1956), S. 458–464.

–: »Status Crystallization: A Non-vertical Dimension of Social Status«, *American Sociological Review*, 19 (1954), S. 405–413.

–: *The Religious Factor* (Garden City, N. Y.: Doubleday, 1961).

–: »Trends in Inter-generational Mobility in the United States«, *American Sociological Review*, 23 (1958), S. 514–523.

Leonhard, Wolfgang: *The Kremlin since Stalin*, übers. von Elizabeth Wiskemann and Marian Jackson (New York: Frederick A. Praeger, 1962).

Lewis, Oscar: *The Effects of White Contact upon Blackfoot Culture*, Monographs of the American Ethnological Society, 6 (1942).

Lewis, Roy, and Angus Maude: *Professional People* (London: Phoenix House, 1952).

–, and Rosemary Stewart: *The Managers: A New Examination of the English, German and American Executive* (New York: Mentor Books, 1961).

Leyburn, James G.: *Frontier Folkways* (New Haven, Conn.: Yale University Press, 1936).

Lindsay, Philip, and Reg Groves: *The Peasants' Revolt*, 1381 (London: Hutchinson, o. J.).

Link, Edith M.: *The Emancipation of the Austrian Peasant, 1740 bis 1798* (New York: Columbia University Press, 1949).

Linton, Ralph: *The Tanala: A Hill Tribe of Madagascar* (Chicago: Field Museum of Natural History, 1933).

–: *The Tree of Culture* (New York: Vintage Books, 1959).

Lipset, S. M.: *Agrarian Socialism* (Berkeley, Calif.: University of California Press, 1950).

–, and Reinhard Bendix: *Social Mobility in Industrial Society* (Berkeley, Calif.: University of California Press, 1959).

Lockwood, David: *The Blackcoated Worker: A Study in Class Consciousness* (London: G. Allen, 1958).

Lopreato, Joseph: »Social Mobility in Italy«, *American Journal of Sociology*, 71 (1965), S. 311–314.

Lowi, Theodore J.: *At the Pleasure of the Mayor: Patronage and Power in New York, 1898–1958* (New York: Free Press, 1964).

Lowie, Robert: »Social and Political Organization of the Tropical Forest and Marginal Tribes«, in: Julian Steward (ed.), *Hand-*

book of South American Indians, Smithsonian Institution, Bureau of American Ethnology, Bulletin 143 (1949), vol. V, S. 313–367.
–: *Social Organization* (New York: Holt, 1948).
Lubell, Samuel: *The Future of American Politics,* rev. Ausgabe (Garden City, N. Y.: Doubleday Anchor, 1956).
Lybyer, Albert H.: *The Government of the Ottoman Empire in the Time of Suleiman the Magnificent* (Cambridge, Mass.: Harvard University Press, 1913).
Lynd, Robert, and Helen Lynd: *Middletown in Transition* (New York: Harcourt, Brace & World, 1937).

Macdermott, Mercia: *A History of Bulgaria* (London: G. Allen, 1962).
Mair, Lucy: *Primitive Government* (Baltimore: Penguin, 1962).
Majumdar, R. C. (ed.): *The History and Culture of the Indian People* (Bombay: Bharatiya Vidya Bhavan, 1951, 1953).
Malinowski, Bronislaw: *A Scientific Theory of Culture* (Chapel Hill, N. C.: University of North Carolina Press, 1944).
–: *Crime and Custom in Savage Society* (New York: Harcourt, Brace and World, 1926).
Malo, David: *Hawaiian Antiquities,* übers. von N. B. Emerson, Bernice P. Bishop Museum, Special Publication No. 2, 1951.
Manis, Jerome, and Bernard Meltzer: »Attitudes of Textile Workers to Class Structure«, *American Journal of Sociology,* 60 (1954), S. 30–35.
Manoukian, Madeline: *Akan and Ga-adangme Peoples of the Gold Coast* (London: International African Institute, 1950).
Mariéjol, Jean Hippolyte: *The Spain of Ferdinand and Isabella,* übers. und hrsg. von Benjamin Keen (New Brunswick, N. J.: Rutgers University Press, 1961).
Marriott, McKim: »Little Communities in an Indigenous Civilization«, in: McKim Marriott (ed.), *Village India: Studies in the Little Community* (Chicago: University of Chicago Press, 1955), S. 171–222.
Marsh, David: *The Changing Social Structure of England and Wales, 1871–1951* (London: Routledge, 1958).
Marsh, Robert: *The Mandarins: The Circulation of Elites in China, 1600–1900* (New York: Free Press, 1961).
Marshall, Lorna: »The Kung Bushmen of the Kalahari Desert«, in: James L. Gibbs (ed.), *Peoples of Africa* (New York, Holt, 1965), S. 241–278.
Marshall, T. H.: *Citizenship and Social Class* (London: Cambridge University Press, 1950).

Mason, E. S. (ed.): *The Corporation in Modern Society* (Cambridge, Mass.: Harvard University Press, 1959).

Matthews, Donald: *U.S. Senators and Their World* (Chapel Hill, N. C.: University of North Carolina Press, 1960).

Mattingly, Harold: *Roman Imperial Civilization* (Garden City, N. Y.: Doubleday Anchor, 1959).

Mayer, Kurt: »Recent Changes in the Class Structure of the United States«, in: *Transactions of the Third World Congress of Sociology* (London: International Sociological Association, 1956), vol. III, S. 66–80.

McKisack, May: *The Fourteenth Century* (Oxford: Clarendon Press, 1959).

McLean, Hugh, and Walter Vickery: *The Year of Protest, 1956: An Anthology of Soviet Literary Materials* (New York: Vintage Books, 1961).

McManners, J.: »France«, in: A. Goodwin (ed.), *The European Nobility in the Eighteenth Century* (London: Black, 1953), S. 22–42.

McNeill, W. H.: *The Rise of the West* (New York: Mentor, 1965).

Mehnert, Klaus: *Soviet Man and His World*, übers. von Maurice Rosenbaum (New York: Frederick A. Praeger, 1961).

Menderhausen, Horst: »The Pattern of Estate Tax Wealth«, in: Raymond Goldsmith, *A Study of Saving in the United States* (Princeton, N. J.: Princeton University Press, 1956), vol. III, S. 277–381.

Merriman, Roger B.: *The Rise of the Spanish Empire* (New York: Macmillan, 1934).

Métraux, Alfred: *Native Tribes of Eastern Bolivia and Western Matto Grosso,* Smithsonian Institution, Bureau of American Ethnology, Bulletin 134 (1942).

–: »The Guaraní«, in: Julian Steward (ed.), *Handbook of South American Indians,* Smithsonian Institution, Bureau of American Ethnology, Bulletin 143 (1948), vol. III, S. 69–94.

–: »Tribes of the Eastern Slopes of the Bolivian Andes«, in: Julian Steward (ed.), *Handbook of South American Indians,* Smithsonian Institution, Bureau of American Ethnology, Bulletin 143 (1948), vol. III, S. 465–506.

Michael, Franz: *The Origin of Manchu Rule in China: Frontier and Bureaucracy as Interacting Forces in the Chinese Empire* (Baltimore: Johns Hopkins, 1942).

Michels, Robert: *Political Parties: A Sociological Study of Oligarchical Tendencies in Modern Democracy*, übers. von Eden und Cedar Paul (New York: Dover, 1959, Erstausgabe 1915).

Middleton, John, and David Tait (eds.): *Tribes without Rulers:*

Studies in African Segmentary Systems (London: Routledge, 1958).
Miller, Herman P.: *Income of the American People* (New York: Wiley, 1955).
–: »Annual and Lifetime Income in Relation to Education: 1939 bis 1959«, *American Economic Review,* 50 (1960), S. 962–986.
Miller, S. M.: »Comparative Social Mobility«, *Current Sociology,* 9 (1960), No. 1.
Milligan, Maurice: *The Missouri Waltz* (New York: Scribner, 1948).
Millis, Walter: *Arms and Men: A Study of American Military History* (New York: Putnam's Sons, 1956).
Mills, C. Wright: *The Power Elite* (Fair Lawn, N. J.: Oxford University Press, 1956).
Mishkin, Bernard: *Rank and Warfare among the Plains Indians,* Monographs of the American Ethnological Society, 3 (1940).
Misra, B. B.: *The Indian Middle Classes* (London: Oxford University Press, 1961).
Moore, Wilbert E.: *Social Change* (Englewood Cliffs, N. J.: Prentice-Hall, 1963).
–: *The Conduct of the Corporation* (New York: Random House, 1962).
Moreland, W. H.: *The Agrarian System of Moslem India* (Allahabad: Central Book Depot, o. J.).
–: »The Revenue System of the Mughul Empire«, in: *The Cambridge History of India,* vol. 4, S. 449–475.
Morgan, Lewis Henry: *Ancient Society* (New York: Holt, 1877).
Morley, Sylvanus G.: *The Ancient Maya* (Stanford, Calif.: Stanford University Press, 1946).
Mosca, Gaetano: *The Ruling Class,* übers. von Hannah Kahn (New York: McGraw-Hill, 1939).
Mousnier, R.: *La Vénalité des offices sous Henri IV et Louis XIII* (Rouen: Éditions Maugard, 1945).
Municipal Year Book, 1963 (Chicago: International City Managers' Association, 1963).
Murdock, George Peter: *Our Primitive Contemporaries* (New York: Macmillan, 1934).
–: *Social Structure* (New York: Macmillan, 1949).
–: »World Ethnographic Sample«, *American Anthropologist,* 59 (1957), S. 664–687.
–: *Africa: Its Peoples and Their Culture History* (New York: McGraw-Hill, 1959).
Murphy, Robert, and Buell Quain: *The Trumaí Indians of Central Brazil,* Monographs of the American Ethnographical Society, 24 (1955).

Nabholz, Hans: »Medieval Agrarian Society in Transition«, in: *The Cambridge Economic History*, vol. I, S. 493–561.

National Opinion Research Center, »Jobs and Occupations: A Popular Evaluation«, *Opinion News*, 9 (Sept. 1, 1947), S. 3–13. Nachdruck in: Bendix and Lipset, *Class, Status, and Power*, S. 411–426.

Nelson, George R. (ed.): *Freedom and Welfare: Social Patterns in the Northern Countries of Europe.* (Sponsored by the Ministries of Social Affairs of Denmark, Finland, Iceland, Norway, and Sweden, 1953).

Neumann, Sigmund: »Germany: Changing Patterns and Lasting Problems«, in: Sigmund Neumann (ed.), *Modern Political Parties: Approaches to Comparative Politics* (Chicago: University of Chicago Press, 1956), S. 354–394.

Newcomer, Mabel: *The Big Business Executive* (New York: Columbia University Press, 1955).

»1953 Survey of Consumer Finances: Part IV, Net Worth of Consumers, Early 1953«, *U.S. Federal Reserve Bulletin* (September, 1953).

Oberg, K.: »The Kingdom of Ankole in Uganda«, in: M. Fortes and E. E. Evans-Pritchard (eds.), *African Political Systems* (London: Oxford University Press, 1948), S. 121–162.

Olmstead, A. T.: *History of the Persian Empire* (Chicago: University of Chicago Press, 1948).

Oppenheim, Felix: »Belgium: Party Cleavage and Compromise«, in: Sigmund Neumann (ed.), *Modern Political Parties: Approaches to Comparative Politics* (Chicago: University of Chicago Press, 1956), S. 155–168.

Oppenheimer, Franz: *The State*, übers. von John Gitterman (Indianapolis: Bobbs-Merrill, 1914).

Orenstein, Henry: *Gaon: Conflict and Cohesion in an Indian Village* (Princeton, N. J.: Princeton University Press, 1965).

Ossowski, Stanislaw: *Class Structure in the Social Consciousness*, übers. von Sheila Patterson (New York: Free Press, 1963).

–: »Old Notions and New Problems: Interpretations of Social Structure in Modern Society«, *Transactions of the Third World Congress of Sociology*, 1956, vol. 3, S. 18–25.

Overacker, Louise: *The Australian Party System* (New Haven, Conn.: Yale University Press, 1952).

Painter, Sidney: *Studies in the History of the English Feudal Barony* (Baltimore: Johns Hopkins, 1943).

–: *The Rise of the Feudal Monarchies* (Ithaca, N. Y.: Cornell University Press, 1951).

Pareto, Vilfredo: *The Mind and Society,* übers. von A. Bongiorno und Arthur Livingston und hrsg. von Livingston (New York: Harcourt, Brace & World, 1935).

Parsons, Talcott: »The Distribution of Power in American Society«, *World Politics,* 10 (Oktober, 1957).

–: *The Social System* (New York: Free Press, 1951).

Patton, Arch: »Executive Compensation Here and Abroad«, *Harvard Business Review,* 40 (September–Oktober, 1962), S. 144–152.

–: »Executive Compensation in 1960«, *Harvard Business Review,* 39 (September–Oktober, 1961), S. 144–152.

–: »Trends in Executive Compensation«, *Harvard Business Review,* 38 (September–Oktober, 1960), S. 144–154.

Perroy, Edouard: »Social Mobility among the French *Noblesse* in the Later Middle Ages«, *Past and Present,* 21 (1962), S. 25 bis 38.

Petersen, William: »The Demographic Transition in the Netherlands«, *American Sociological Review,* 25 (1960), S. 334–347.

Pirenne, Henri: *Economic and Social History of Medieval Europe* (New York: Harvest Books, o. J., Erstausgabe 1933).

Pospisil, Leopold: »Kapauku Papuan Political Structure«, in: F. Ray (ed.), *Systems of Political Control and Bureaucracy in Human Societies,* Proceedings of the 1958 meetings of the American Ethnological Society, S. 9–22.

Postan, Michael: »The Trade of Medieval Europe: The North«, in: *The Cambridge Economic History of Europe* (London: Cambridge University Press, 1952), vol. II (1952), S. 119–256.

Power, Eileen: *Medieval People* (Garden City, N. Y.: Doubleday Anchor 1954, Erstausgabe 1924).

Purcell, Theodore: *Blue Collar Man: Patterns of Dual Allegiance in Industry* (Cambridge, Mass.: Harvard University Press, 1960).

Radcliffe-Brown, A. R.: *The Andaman Islanders* (New York: Free Press, 1948, Erstausgabe 1922).

Ramsay, Sir James H.: *A History of the Revenues of the Kings of England: 1066–1399* (Oxford: Clarendon Press, 1925).

Reay, Marie: *The Kuma* (Melbourne: Melbourne University Press, 1959).

Reddig, William: *Tom's Town: Kansas City and the Pendergast Legend* (Philadelphia: Lippincott, 1947).

Reichley, James: *The Art of Government: Reform and Organization Politics in Philadelphia* (New York: Fund for the Republic, 1959).

Reischauer, Robert K.: *Japan: Government-Politics* (New York: Nelson, 1939).

Ribton-Turner, Charles J.: *A History of Vagrants and Vagrancy and Beggars and Begging* (London: Chapman & Hall, 1887).

Richards, Audrey I.: »The Bemba of Northeastern Rhodesia«, in: Elizabeth Colson and Max Gluckman (eds.), *Seven Tribes of British Central Africa* (Manchester: Manchester University Press, 1951), S. 164–193.

–: »The Political System of the Bemba Tribe of North-eastern Rhodesia«, in: M. Fortes and E. E. Evans-Pritchard (eds.), *African Political Systems* (London: Oxford University Press, 1940), S. 83–120.

Richmond, Anthony: »The United Kingdom«, in: Arnold Rose (ed.), *The Institutions of Advanced Societies* (Minneapolis: University of Minnesota Press, 1958), S. 43–130.

Riesman, David, et al.: *The Lonely Crowd* (New Haven, Conn.: Yale University Press, 1950).

Rigsby, T. H.: »Social Characteristics of the Party Membership«, in: Alex Inkeles and Kent Geiger (eds.), *Soviet Society* (Boston: Houghton Mifflin, 1961).

Roberts, David R.: *Executive Compensation* (New York: Free Press, 1959).

Rogoff, Natalie: *Recent Trends in Occupational Mobility* (New York: Free Press, 1953).

Roscoe, John: *The Baganda* (London: Macmillan, 1911).

Rosenberg, Hans: *Bureaucracy, Aristocracy and Autocracy: The Prussian Experience 1660–1815* (Cambridge, Mass.: Harvard University Press, 1958).

Ross, J. F. S.: *Elections and Electors: Studies in Democratic Re-*presentation (London: Eyre & Spottiswoode, 1955).

Rostovtzeff, Michael: *The Social and Economic History of the Roman Empire*, rev. Ausgabe (Oxford: Clarendon Press, 1957).

Rowe, John H.: »Inca Culture at the Time of the Spanish Conquest«, in: Julian Steward (ed.), *Handbook of South American Indians*, Smithsonian Institution, Bureau of American Ethnology, Bulletin 143 (1946), vol. II, S. 183–330.

Russell, J. C.: *British Medieval Population* (Albuquerque, N. Mex.: University of New Mexico Press, 1948).

–: »Late Ancient and Medieval Population«, *Transactions of the American Philosophical Society*, 48 (1958), S. 37–101.

Rustow, Dankwart A.: »Scandinavia: Working Multiparty System«, in: Sigmund Neumann (ed.), *Modern Political Parties: Approaches to Comparative Politics* (Chicago: University of Chicago Press, 1956), S. 169–193.

–: *The Politics of Compromise: A Study of Parties and Cabinet Government in Sweden* (Princeton, N. J.: Princeton University Press, 1955).

Schapera, I.: *Government and Politics in Tribal Societies* (London: Watts, 1956).
–: »The Political Organization of the Ngwato of Bechuanaland Protectorate«, in: M. Fortes and E. E. Evans-Pritchard (eds.), *African Political Systems* (London: Oxford University Press, 1940), S. 56–82.
–: *The Tswana* (London: International African Institute, 1953).
Seligmann, C. G.: *The Melanesians of British New Guinea* (London: Cambridge University Press, 1910).
Serrano, Antonio: »The Charrua«, in: Julian Steward (ed.), *Handbook of South American Indians*, Smithsonian Institution, Bureau of American Ethnology, Bulletin 143 (1946), vol. I, S. 191–196.
Service, Elman: *Primitive Social Organization: An Evolutionary Perspective* (New York: Random House, 1962).
Shaughnessy, Gerald: *Has the Immigrant Kept the Faith?* (New York: Macmillan, 1925).
Sheddick, V. G. J.: *The Southern Sotho* (London: International African Institute, 1953).
Shell, Kurt: *The Transformation of Austrian Socialism* (New York: University Publishers, 1962).
Sherman, C. Bezalel: *The Jew within American Society* (Detroit: Wayne State Press, 1961).
Simmel, Georg: *The Sociology of Georg Simmel*, hrsg. u. übers. von Kurt Wolff (New York: Free Press, 1950).
Simmons, Leo: *Sun Chief* (New Haven, Conn.: Yale University Press, 1942).
Simpson, Alan: *The Wealth of the Gentry* 1540–1660 (London: Cambridge University Press, 1961).
Singh, Mohinder: *The Depressed Classes: Their Economic and Social Condition* (Bombay: Hind Kitabs, 1947).
Sjoberg, Gideon: *The Preindustrial City* (New York: Free Press, 1960).
Sondages, Étude des électeurs des différents parties d'après l'enquête sur les attitudes politiques des Français. Institut français d'opinion publique, 1952, No. 3.
Sorokin, Pitirim: *Social and Cultural Dynamics* (New York: Bedminister Press, 1962).
–: *Social Mobility* (New York: Harper & Row, 1927).
–: *Society, Culture and Personality* (New York: Harper & Row, 1947).

Southall, Aiden: *Alur Society: A Study of Processes and Types of Domination* (Cambridge: Heffer, 1956).
Spencer, Baldwin, and F. J. Gillen: *The Arunta: A Study of Stone Age People* (London: Macmillan, 1927).
Spencer, Herbert: *Principles of Sociology* (New York: Appleton-Century-Crofts, 1897).
Stamp, L. Dudley: »Land Utilization and Soil Erosion in Nigeria«, *Geographical Review*, 28 (1938), S. 32–45.
Statistical Abstract of the United States, 1962 (Washington: GPO, 1962).
Steed, Gitel P.: »Notes on an Approach to a Study of Personality Formation in a Hindu Village in Gujarat«, in: McKim Marriott (ed.), *Village India: Studies in the Little Community* (Chicago: University of Chicago Press, 1955), S. 102–144.
Stern, Philip: *The Great Treasury Raid* (New York: Random House, 1964).
Steward, Julian: *Basin-Plateau Aboriginal Socio-political Groups*, Smithsonian Institution, Bureau of American Ethnology, Bulletin 120 (1938).
–: »The Economic and Social Basis of Primitive Bands«, in: *Essays in Anthropology Presented to A. L. Kroeber* (Berkeley, Calif.: University of California Press, 1936), S. 331–350.
–: »The Tribes of the Montaña and Bolivian East Andes«, in: Julian Steward (ed.), *Handbook of South American Indians*, Smithsonian Institution, Bureau of American Ethnology, Bulletin 143 (1948), vol. III, S. 507–533.
–: *Theory of Culture Change* (Urbana, Ill.: University of Illinois Press, 1955).
–: *Handbook of South American Indians*, Smithsonian Institution, Bureau of American Ethnology, Bulletin 143 (1946–1950).
–, and Louis Faron: *Native Peoples of South America* (New York: McGraw-Hill, 1959).
Stirling, M. W.: *Historical and Ethnographical Material on the Jivaro Indians*, Smithsonian Institution, Bureau of American Ethnology, Bulletin 117 (1938).
Stubbs, William: *The Constitutional History of England*, 5. Aufl. (Oxford: Clarendon Press, 1891).
Sumner, William Graham: *What Social Classes Owe to Each Other* (New York: Harper & Row, 1903).
–: *Folkways* (Boston: Ginn, 1906).
–, and Albert Keller: *The Science of Society* (New Haven, Conn.: Yale University Press, 1927).
Sutherland, Edwin: *White Collar Crime* (New York: Holt, 1949).

Svalastoga, Kaare: *Prestige, Class, and Mobility* (London: Heinemann, 1959).
Swanton, John: *Source Material on the History and Ethnology of the Caddo Indians,* Smithsonian Institution, Bureau of American Ethnology, Bulletin 132 (1942).

Takekoshi, Yosoburo: *The Economic Aspects of the History of the Civilization of Japan* (New York: Macmillan, 1930).
Tawney, R. H.: *The Acquisitive Society* (New York: Harcourt, Brace and World, 1920).
Tegner, Gören: *Social Security in Sweden* (Tiden: Swedish Institute, 1956).
Thompson, James Westfall: *Economic and Social History of the Middle Ages* (New York: Appleton-Century-Crofts, 1928).
Thrupp, Sylvia: »The Guilds«, in: *The Cambridge Economic History of Europe* (London: Cambridge University Press, 1963), vol. III, S. 230–280.
–: *The Merchant Class of Medieval London* (Ann Arbor, Mich.: Ann Arbor Paperbacks, 1962).
Thurnwald, Richard: *Economics in Primitive Communities* (Oxford: International Institute of African Languages and Cultures, 1932).
Titmuss, Richard M.: *Income Distribution and Social Change* (Toronto, Canada: University of Toronto Press, 1962).
Trevor-Roper, H. R.: »The Gentry 1540–1640«, *The Economic History Review Supplements,* No. 1. (o. J.).
Tumin, Melvin: *Caste in a Peasant Society* (Princeton, N. J.: Princeton University Press, 1952).
Turnbull, Colin: *The Forest People* (New York: Simon and Schuster, 1961).
–: »The Lesson of the Pygmies«, *Scientific American,* 208 (Januar 1963), S. 28–37.
–: »The Mbuti Pygmies of the Congo«, in: James L. Gibbs (ed.), *Peoples of Africa* (New York: Holt, 1965), S. 279–318.
Turner, Ralph: *The Great Cultural Traditions* (New York: McGraw-Hill, 1941).

Underwood, Kenneth: *Protestant and Catholic: Religious and Social Interaction in an Industrial Community* (Boston: Beacon Press, 1957).
U. S. Census of Agriculture, 1959: Large-Scale Farming in the U.S. (Washington: U. S. Bureau of the Census, 1963).
U. S. Census of Population, 1960: Occupation by Earnings and Education (Washington: U.S. Bureau of the Census, o. J.).

U. S. Census of Population, 1960: Occupational Characteristics (Washington: U. S. Bureau of the Census, 1962).

van den Berghe, Pierre: »Dialectic and Functionalism: Toward a Theoretical Synthesis«, *American Sociological Review,* 28 (1963), S. 695–705.

van Werveke, H.: »The Rise of Towns«, in: *The Cambridge Economic History of Europe* (London: Cambridge University Press, 1963), vol. 3, S. 1–41.

Vatter, Harold: *The U. S. Economy in the 1950's: An Economic History* (New York: Norton, 1963).

Veblen, Thorstein: *The Theory of the Leisure Class* (New York: Modern Library, 1934, Erstausgabe 1899).

Vernadsky, George: *History of Russia* (New Haven, Conn.: Yale University Press, 1958).

Vidich, Arthur, and Joseph Bensman: *Small Town in Mass Society: Class, Power, and Religion in a Rural Community* (Princeton, N. J.: Princeton University Press, 1958).

Volin, Lazar: »The Collective Farm«, in: Alex Inkeles and Kent Geiger (eds.), *Soviet Society* (Boston: Houghton Mifflin, 1961), S. 329–349.

von Hagen, Victor: *The Ancient Sun Kingdoms of the Americas* (Cleveland: World Publishing, 1961).

Warner, W. Lloyd, et al.: *Social Class in America* (Chicago: Science Research, 1949).

–: *The American Federal Executive* (New Haven, Conn.: Yale University Press, 1963).

–, and James C. Abegglen: *Occupational Mobility in American Business and Industry, 1928–1952* (Minneapolis: University of Minnesota Press, 1955).

–, and Paul Lunt: *The Social Life of a Modern Community* (New Haven, Conn.: Yale University Press, 1941).

Weber, Max: *From Max Weber: Essays in Sociology,* übers. von H. H. Gerth und C. Wright Mills (Fair Lawn, N. J.: Oxford University Press, 1946).

–: *The City,* übers. von Dan Martindale und Gertrude Neuwirth (New York: Free Press, 1958).

–: *The Religion of China,* übers. von Hans Gerth (New York: Free Press, 1951).

–: *The Religion of India,* übers. von Hans Gerth und Don Martindale (New York: Free Press, 1958).

–: *The Theory of Social and Economic Organization,* übers. von

A. M. Henderson and Talcott Parsons (New York: Free Press, 1947).
–: *Wirtschaft und Gesellschaft* (Tübingen: Mohr, 1925; Studienausgabe Berlin/Köln: Kiepenheuer und Witsch, 1964).
Weinryb, Bernard: »Jewish Immigration and Accommodation to America«, in: Marshall Sklare, *The Jews: Social Patterns of an American Group* (New York: Free Press, 1958).
White, Leslie: *The Science of Culture* (New York: Grove Press, 1949).
Wilensky, Harold: »Orderly Careers and Social Participation: The Impact of Work History on Social Integration in the Middle Mass«, *American Sociological Review*, 26 (1961), S. 521–539.
Williams, F. E.: *Papuans of the Trans-Fly* (Oxford: Clarendon Press, 1936).
Williams, Philip: *Politics in Post-war France* (London: Longmans, 1954).
Williams, Robin: *American Society* (New York: Knopf, 1951).
Williamson, Chilton: *American Suffrage: From Property to Democracy 1760–1860* (Princeton, N. J.: Princeton University Press, 1960).
Winstanley, Gerrard: *Selections from His Works*, hrsg. von Leonard Hamilton (London: Cresset Press, 1944).
Wissler, Clark: »The Influence of the Horse in the Development of Plains Culture«, *American Anthropologist*, 16 (1914), S. 1–25.
Wittfogel, Karl A.: *Oriental Despotism: A Comparative Study of Total Power* (New Haven, Conn.: Yale University Press, 1957).
Wolf, Eric: *Sons of the Shaking Earth* (Chicago: University of Chicago Press, 1959).
Wolfle, Dael: *America's Resources of Specialized Talent* (New York: Harper & Row, 1954).
Woodham-Smith, Cecil: *The Reason Why* (New York: McGraw-Hill, 1953).
World Almanac, 1961 (New York: World-Telegram, 1961).
Woytinsky, W. S., and E. S. Woytinsky: *World Population and Production: Trends and Outlook* (New York: Twentieth Century Fund, 1953).
Wrong, Dennis: »The Oversocialized View of Man«, *American Sociological Review*, 26 (1961), S. 183–193.

Yang, Martin C.: *A Chinese Village: Taitou, Shantung Province* (New York: Columbia University Press, 1945).
Yates, P. Lamartine: *Food, Land, and Manpower in Western Europe* (London: Macmillan, 1960).

Young, Michael: *The Rise of Meritocracy, 1870–2033: The New Elite of Our Social Revolution* (New York: Random House, 1959).

Zaleznik, A., et al.: *The Motivation, Productivity, and Satisfaction of Workers* (Cambridge, Mass.: Harvard University Press, 1958).

Zink, Harold: *City Bosses in the United States: A Study of Twenty Municipal Bosses* (Durham, N. C.: Duke University Press, 1930).

Autorenverzeichnis

Sachregister

Alphabetisches Verzeichnis der suhrkamp taschenbücher wissenschaft